达州档案志

《达州档案志》编委会 主编

西南交通大学出版社
·成都·

┌───┐
图书在版编目（CIP）数据

达州档案志 /《达州档案志》编委会主编. —成都：
西南交通大学出版社，2022.11
　ISBN 978-7-5643-8916-1

　Ⅰ. ①达… Ⅱ. ①达… Ⅲ. ①档案工作－概况－达州
Ⅳ. ①G279.277.13

中国版本图书馆 CIP 数据核字（2022）第 169261 号
└───┘

Dazhou Dang'an Zhi
达州档案志

《达州档案志》编委会／主　编　　　　责任编辑／吴　迪
　　　　　　　　　　　　　　　　　　助理编辑／徐茂嘉
　　　　　　　　　　　　　　　　　　封面设计／原谋书装

西南交通大学出版社出版发行
（四川省成都市金牛区二环路北一段 111 号西南交通大学创新大厦 21 楼　610031）
发行部电话：028-87600564
网址：http://www.xnjdcbs.com
印刷：四川煤田地质制图印刷厂

成品尺寸　210 mm×285 mm
印张　23.5　插页　24　字数　642 千
版次　2022 年 11 月第 1 版
印次　2022 年 11 月第 1 次

书号　ISBN 978-7-5643-8916-1
定价　288.00 元

图书如有印装质量问题　本社负责退换
版权所有　盗版必究　举报电话：028-87600562

《达州档案志》编委会

主　任　李　渠

副主任　李　华　李　军

委　员　韩家翼　龚乃桢　牟德洪　高　峰　肖文武
　　　　张　莉　蒲志国　包利平　邱子洪　桂征雄
　　　　李泽宽　林君旎　王　龙　曾绍辉　罗丹梅
　　　　周代娟　张松林　鲁东旭　刘桂林　朱鹏霏
　　　　高　艳　赵昌亮　唐渠东　刘晋岑　徐　静
　　　　王小倩　刘芳玲　周　霜

一、领导关怀

1988年9月13日

四川省档案局副局长龙玉春（左一）到达县地区档案馆检查指导工作

1989年6月

四川省档案局局长张仲仁（右一）到达县地区档案馆检查指导工作

1989年6月

四川省档案局办公室主任陈涛（左三）参观达县地区档案馆干湿温度自控仪

1996年12月

中共达川地委宣传部部长徐有胜（右一）在地区档案局微机室检查指导工作

1997年3月

四川省档案局副局长李荣忠（右二）到达川地区档案馆检查指导工作

1997年11月7日

四川省档案局局长吴性儒（左一）在中共达川地委副书记陈志明（左二）、地区档案局局长张全修（左三）陪同下参观达川地区档案馆库房

2007年12月20日

四川省档案局局长胡金玉（中）到达县档案局调研

2012年2月13日

达州市人民政府市长何健(左二)到市档案馆调研

2012年12月14日

四川省档案局副局长周书生（右三）到达县档案馆调研

2013年5月16—18日

四川省档案局副局长张新（左一）到达州检查指导

2013年5月27—30日

达州市人大常委会副主任张德珍（左二）带领档案执法检查组到万源、达县、通川区等地开展执法检查

2013年7月23—25日

四川省档案局副巡视员朱虹（右二）实地查看大竹县民政局五保供养对象档案

2015年4月16日

达州市人民政府副市长、市公安局长徐承（左四）到达州市档案馆新馆建设工地检查指导工作

2015年7月6日下午

市委常委、秘书长李天满（左四）到市档案馆施工现场看望工作在一线的建筑工人

2015年10月20—21日

四川省档案局党组书记、局长丁成明（左一）到达州市档案局调研

2016年7月12日

中共达州市委书记包惠调研档案馆项目建设情况，并召开专题会，听取市档案馆建设项目的进展情况汇报

2017年1月3日

达州市人民副市长、市公安局长王景弘（右三）调研市档案馆新馆建设

2018年4月13日

四川省档案局（馆）副局（馆）长张辉华（左四）到大竹县档案局（馆）调研

二、档案业务工作

1986年3月

达县地区地级机关档案工作先进集体先进个人表彰大会召开

1986年6月

达县地区档案局在通江县召开全区首次档案保护工作会议

1987年9月

达县地区举行学习《中华人民共和国档案法》座谈会

1988年6月

地委组织部整理档案

1988年10月

南充地区档案学习组到达县地区档案局学习参观

1989年

教师传授裱糊技巧

1989年6月

四川省档案工作会议在达县市召开

1989年6月

四川省档案工作会议在达县市召开，参会人员合影。3排左起：四川省档案局副局长龙玉春、地区行署秘书长黄云周、四川省档案局局长张仲仁、地区档案局局长赵应量、中共达县地委副书记郭谦恕、中共达县地委秘书长杨从荣、地区行署副专员杨帆、四川省档案局副局长李云忠

1990年

达县地区企业档案管理升级培训班结业典礼会场

1990年4月

业务指导干部座谈会

1991年

电大学生实习整理档案

1991年4月

达县地区地级机关企事业单位档案工作会议

1991年4月

地区档案局组织有关人员整理档案

1991年5月

群众在地、县（市）《中华人民共和国档案法》街头宣传点积极了解档案法有关知识

1991年5月

地、县（市）档案局在街头宣传《中华人民共和国档案法》及实施办法

1991年6月

校对地区档案馆指南

1992年4月

达县地区档案局长工作会议召开

1992年9月

纪念《中华人民共和国档案法》颁布五周年谈座会召开

1996年8月

达川市有关部门在街头设立宣传点,宣传《中华人民共和国档案法》

1997年2月

达川地区档案工作会议召开

达县丝绸厂档案升省级先进考评会

达县地区档案局局长赵应量（中）在档案升级中进行考评检查

1997年11月7日

达川地区档案馆晋升省二级档案馆考评会

2009年8月24日

达县档案局工作人员在南外镇政府指导新农村档案

2012年8月22日

达州市档案局局长张强（中）参观达县档案馆爱国主义教育基地

2013年4月16—19日

达州市档案局对市级单位档案干部进行基础业务技能培训

2013年12月

《中国档案报》记者到宣汉县档案局采访安定芳（右一）

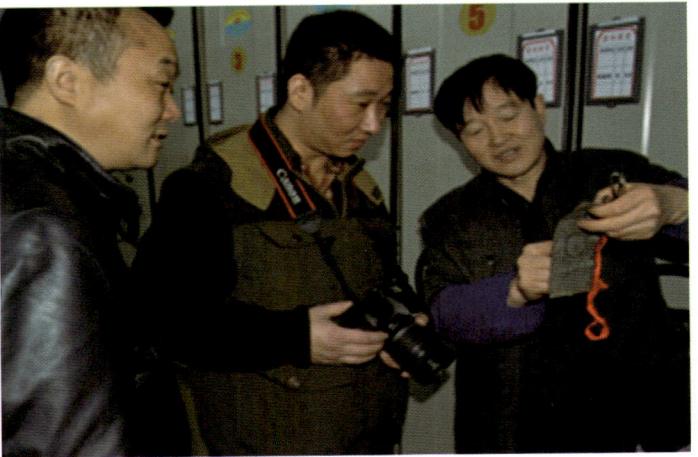

2014年3月5日

全市社会公共信息资源整合暨档案接收工作会

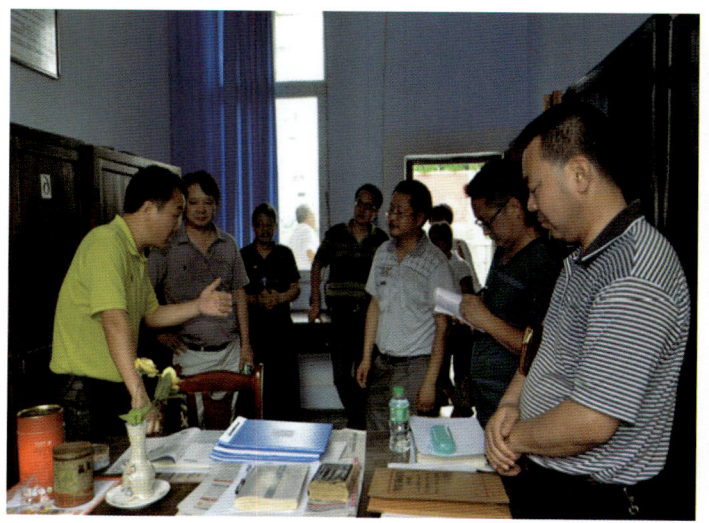

2014年6月19日

达州市档案局干部职工到宣汉县开展调研，指导留守学生（儿童）档案工作

2014年6月25日

达州市档案局业务人员到市国有资产经营管理公司指导和交流职教园区建设项目档案工作

2015年6月9日

达州市档案系统举行"国际档案日"暨"档案——与你相伴"主题宣传活动

2015年7月16—17日

达州市档案局党组书记、局长张强（右三）带领局党组成员及7个县（市、区）档案局局长参观成都市国家综合档案馆

2015年9月9日

达州市著名书画家潘广体、王朝兴、龙清武、蒋锡才代表市老年书画研究会向市档案馆捐赠书画作品

2015年12月15日

达州市档案局对市中级人民法院档案工作规范化管理工作进行省一级认定

2016年3月21日

大竹县档案馆新馆开馆首日(21日)接待查阅利用群众

2016年5月11日

渠县举行档案工作会暨业务培训会

2016年5月27日

达州市精准扶贫档案工作现场会在大竹县档案馆新馆会议室召开

2016年6月8日

达州市档案局组织通川区档案局、达州市城建档案馆在通川区城市中心广场举行"6·9国际档案日"主题宣传暨"两学一做"党员活动宣传日活动

2016年7月15日

达州市2016年上半年档案工作总结评估会在宣汉县召开

2016年8月11日

达州市档案局组成认定组对河市机场档案工作规范化管理工作进行省三级认定

2016年8月16日

达州市档案局局长张强（右一）检查渠县档案局半年工作落实情况

2016年11月6日

全市档案馆基础业务工作研讨会（渠县）

2017年6月5日

达州市档案局在达川区华夏康年大酒店会议室举办2017年达州市档案业务培训会

2017年6月9日

达州市档案局组织通川区档案局、达川区档案局、达州市城建档案馆在通川区城市中心广场举行"6.9国际档案日"主题宣传活动

2017年6月14日

达州市档案局举办全市档案业务培训（研讨）会

2017年6月14日

达州市档案局在达川区华夏康年大酒店举办"法治档案大讲堂"活动

2017年10月

市档案局工作人员在万源市进行档案业务指导

2017年12月4日

达州市档案馆参加"12.4"国家宪法日法治宣传教育活动

2018年

达川区举行全区脱贫攻坚迎检资料业务培训

2018年4月11日

达州市档案保密工作会议召开。市委常委、宣传部部长邓瑜华（左二）出席会议并讲话，市政府副市长、市公安局局长王景弘（左三）总结并安排部署工作。市委秘书长陈刚（左一）主持会议

2018年4月25日

大竹县档案馆第一批档案数字化扫描成果通过验收

2018年5月15日

全市档案安全工作及业务研讨会议

2018年5月30日

达州市档案局副局长李华（左三）一行到开江县各乡镇、部门开展档案督导工作

2018年6月

达州市档案局组织人员赴遂宁市档案局（馆）学习考察

2018年6月9日

达州市档案局、达川区档案局职工向市民活动发放宣传资料

2018年6月9日

达州市档案局联合通川区、达川区档案局在西外罗浮广场举办"档案见证改革开放"主题展览

2018年7月18日

通川区档案局干部职工到大竹县参观学习档案数字化加工

2018年8月14日

达州市档案局局长韩家翼（右三）一行到开江县对基层档案工作督导检查情况进行交流

2018年12月4日

达州市档案局组织通川区档案局、达川区档案局在"国家宪法日"开展宣传活动

2019年10月10日

达州市档案馆副馆长龚乃桢（右一）调研通川区罗江镇档案室建设情况

三、档案馆库建设

1980年竣工的达县地区档案馆

1983年竣工的开江县档案馆

1983年竣工的达县档案馆

1983年竣工的渠县档案馆

1986年竣工的万源县档案馆

2007年竣工的达县档案馆

2013年12月竣工的渠县档案馆新馆

2014年6月竣工的万源市档案馆新馆

2015年12月竣工的大竹县档案馆新馆

2017年12月竣工的达州市档案馆新馆

2018年11月竣工的开江县档案馆新馆

四、基础设施建设

渠县档案馆档案库房

20世纪80年代达县地区档案馆档案库房

大竹县档案陈列馆(爱国主义教育基地)

开江县档案馆档案库房

大竹县档案馆宽敞明亮的档案查阅服务大厅

达州市档案馆查阅利用大厅（2019年）

达州市档案馆库房（2019年）

基础设施建设

五、档案学会工作

1983年2月

四川省档案学会在大竹召开档案馆专题学术讨论会

1983年2月

四川省档案学会在大竹同期召开档案工作成果展

1990年10月

达县地区档案学会成立暨第一次学术讨论会

1992年9月23日

达川地区档案学会第二次会员代表大会暨学术讨论会

1996年10月30日

达县地区档案学会第二次学术研讨会

2013年12月2日

2013年度达州市档案学会年会暨学术交流会

2014年11月28日

2014年度达州市档案学会年会暨民生档案专题学术交流会

2015年12月6日

2015年度达州市档案学会年会暨档案学术交流会

六、党的建设与联系帮扶

2013年4月

达州市档案局干部职工向芦山地震灾区人民捐款

2013年7月23—25日

四川省档案局副巡视员朱虹（左二）赴达州开展群众路线教育实践活动专题调研及档案安全执法检查

2014年4月15日

达州市档案局组织干部职工集中观看电影《杨善洲》

2015年3月26日

市档案局党组书记、局长张强（左三）前往帮扶联系村实地调研

2015年5月25日

达州市档案局开展"三严三实"专题教育党课

2015年8月3日

达州市档案局开展"三严三实"及思想政治建设第二专题学习会

2015年9月10日

达州市档案局联合通川区档案局、达川区档案局组织党员干部在达州监狱开展现场警示教育活动

2016年2月

达州市档案局局长张强（左二）率领局领导班子成员到帮扶村看望慰问困难群众

2016年7月25日

达州市档案局党组成员、副局长、支部书记李华（左二）给全体党员作专题党课辅导

2017年6月28日

达州市档案系统在高望都酒店开展学习贯彻省十一次党代会精神宣讲会

2017年7月12日

达州市档案局党员干部到神剑园张爱萍将军故里开展党员活动日活动

2018年3月30日

达州市档案馆北岩寺社区"双报到"活动座谈会

2018年9月10日

达州市档案系统市委四届六次全会精神专题学习会

2019年1月4日

达州市档案局党组书记、局长韩家翼（中）主持召开中心组述学评学考学专题会议

2019年1月29日

达州市档案局（馆）局（馆）长韩家翼（左一）率干部职工走访慰问对口帮扶村困难群众

2019年2月12日

中共达州市档案局党支部召开支部党员大会

2019年3月6日

达州市档案局（馆）局（馆）长韩家翼（中）主持召开领导班子学习（扩大）会

2019年4月9日

达州市档案局局（馆）长韩家翼（左一）带领机关支部全体党员赴城乡党建结对共建村开展送党课下基层联合党日活动

凡例

一、《达州档案志》以马克思列宁主义、毛泽东思想、邓小平理论、"三个代表"重要思想、科学发展观、习近平新时代中国特色社会主义思想为指导，以党的路线、方针、政策为指针，运用历史唯物主义和辩证唯物主义的立场、观点、方法，分析史实，考证史料。

二、本志时间上限1911年，下限2018年，组织机构记述到2019年局馆分设时，部分内容有所上溯和下延。本着立足当代，突出时代、地方和行业特色的原则，实事求是地记述达州档案工作的历史和现状，力图达到思想性、科学性、资料性相统一，发挥"存史、资政、育人"功能。

三、本志采取章、节、目3个层次，以述、记、志、图、表、录等体裁综合应用，以志为主，横排纵述。

四、本志行文采用规范的语体文、记述体。

五、达州市名前后几经改称，直至1999年6月设立达州市。1993年7月行政区划调整后，本志不再记述巴中、通江、南江、平昌和邻水县的相关内容。

六、本志采用公元纪年，年份均用阿拉伯数字；币制以人民币记载，记数均用阿拉伯数字。

七、对单位、机构等名称第一次出现时用全称，后用简称。

八、本志资料主要来源于达州市档案局（馆）档案室。

九、有关政府的政策、法令、文件等均原文摘录，未加改动。

目录

概　述 ·· 1

大事记 ·· 10

第一章　档案馆（室）工作 ································· 34
　第一节　档案收集 ··· 34
　第二节　档案整理 ··· 57
　第三节　档案鉴定 ··· 69
　第四节　档案保护 ··· 72
　第五节　档案开放利用 ······································ 97
　第六节　信息化建设 ·· 118
　第七节　统计　经费 ·· 125

第二章　机关、企事业单位档案工作 ················· 129
　第一节　机关档案工作 ····································· 129
　第二节　农村档案工作 ····································· 133
　第三节　企业档案工作 ····································· 145
　第四节　事业单位档案工作 ······························ 154
　第五节　特色档案工作 ····································· 157

第三章　档案资源 ·· 168
　第一节　馆藏档案 ·· 168
　第二节　馆藏资料 ·· 186

第四章　档案事业管理 ····································· 188
　第一节　发展规划 ·· 188
　第二节　档案达标升级 ····································· 190
　第三节　档案规范化管理 ·································· 198

第五章　档案法治建设 ····································· 204
　第一节　宣传　教育 ·· 204
　第二节　执法队伍建设 ····································· 220
　第三节　规范性文件管理 ·································· 224
　第四节　行政权力平台建设 ······························ 226
　第五节　执法监督检查 ····································· 227

第六章　组织机构 …… 236
第一节　行政管理机构 …… 236
第二节　党的组织 …… 248
第三节　群团组织 …… 249

第七章　自身建设 …… 252
第一节　职工队伍建设 …… 252
第二节　机关目标管理 …… 268
第三节　信息、调研、保密 …… 270
第四节　政务服务 …… 283

第八章　党的建设 …… 286
第一节　党建工作 …… 286
第二节　精神文明建设 …… 306

第九章　人物及表彰 …… 317
第一节　人物简介 …… 317
第二节　先进集体 …… 321
第三节　先进个人 …… 330

附　录　文献辑存 …… 333

概 述

达州市位于四川省东北部，大巴山南麓，渠江中上游，川渝陕结合部。东临重庆市城口县、开州区、万州区、梁平县、垫江县，南抵广安市邻水县、广安区和前锋区，西连南充市蓬安县、营山县和巴中市平昌县、通江县，北靠陕西省汉中市镇巴县和安康市紫阳县。西至成都约330公里，南至重庆约200公里，北距西安约370公里。

1993年7月，国务院批准建立达川地区。1999年6月，国务院批准，撤销达川地区，设立地级达州市。2018年末，辖通川区、达川区、万源市、大竹县、渠县、宣汉县和开江县达州市经济技术开发区，全市面积1.66万平方公里，人口700万人，是四川省人口大市、资源富市、工业重镇、交通枢纽和商贸中心，素有"巴人故里、红色达州、中国气都"之称。

达州历史悠久，人杰地灵，有2300余年的历史。自东汉建县以来历为郡、州、府、县治所在地。渠县城坝遗址、宣汉罗家坝遗址折射出巴人文化的源远流长。唐宋时期李峤、李适之、韩滉、刘晏、元稹、张商英曾到此为官，后入朝为相。达州是全国第二大苏区——川陕革命根据地重要组成部分，10万名巴渠儿女参加红军，为中国革命作出巨大贡献。

达州资源富集，物华天宝。已探明天然气、煤、钾盐、页岩、石灰石等矿产42种，其中天然气资源总量达3.80万亿立方米，探明储量7 200亿立方米。达州是国家重要的能源资源战略重地和"川气东送"工程起点，有"中国气都"之称。达州还是全国苎麻、商品粮、生猪、黄花、油橄榄、茶叶等生产基地，被誉为"中国苎麻之乡""中国乌梅之乡""中国醪糟之都""中国黄花之乡""中国油橄榄之都""中国富硒茶之都"。同时，达州交通便捷，襄渝铁路、达成铁路、达万铁路和国道210线、318线在境内纵横交错，与达渝高速公路、达陕高速公路、巴达万高速公路及金垭机场，州河、渠江航道共同构成达州立体交通网络，使其成为四川东部重要的物资集散中心和交通枢纽。

一

档案收集整理 中华人民共和国成立后，中共达县地委对四川省第十区行政督察专员兼保安司令、辖县政府及部分机关单位残留下来的民国档案材料进行对口接管。1960年全地区各县档案馆成立后，相继接收各代管机关移交的旧政权一般档案2.1万余卷进馆。

1978年中共十一届三中全会召开后，地区、县档案馆把接收与征集档案、资料进馆工作，作为馆务建设的首要任务和中心环节。在接收本级各机关、企事业单位、团体档案的同时，接收部分二级单位的档案和区、企事业单位、乡档案近10万卷。1980年，达县地区档案馆建成，按照《省档案馆工作暂行通则》规定开展档案资料接收工作。至此，全地区档案接收工作逐步走向制度化、规范化。1982年6月起，在地区冶煤局、地区商业局、地区粮食局进行接收局级单位档案试点。1983年5月13日，地区档案局在地区土产站召开接收二级单位档案现场会议。随后印发《关于接收地级机关所属二级单位档案资料的几点意见》，明确接收地级机关所属二级单位档案资料的时间和范围。至该年年末，地区、县两级档案馆接收档案100 199卷，占原馆藏253 836卷的39%，是建馆后接收档案最多的一年。

1984年后，全地区档案接收不再采取突击的办法，而是按照《档案馆工作通则》的规定，开展正常的接收工作。对到期档案进行鉴定，剔出一批不需保存的档案材料，并对进馆档案进行系统整理，编制检索工具，使馆藏档案"有规可循，有目可查"，案卷质量明显提高。1989年3月，地区档案局在地区商业局进行现行文件立卷归档试点，促进地级机关现行文件立卷归档工作的规范化、标准化建设。2000年，在市审计局、达县国税局开展文档一体化计算机辅助立卷试点。2002年，全市近百个单位率先启动计算机辅助管理档案工作，各县（市、区）档案馆在原手工检索的基础上，建立机读目录数据库，实行计算机管理。2003年，市档案局选择大竹、达县和市级部分条件较好的单位进行《归档文件整理规则》试点，推进文书立卷改革。到2005年前，实现新规则在全市乡镇各单位的全面普及。

2014年，市档案局推进数字档案馆建设，对馆藏珍贵档案、重点档案、特色档案、利用率高的涉民档案优先进行全文扫描。2015年5月，市档案局组成验收组对市档案馆首期档案数字化项目进行测试和考评，最后评定该项目通过验收，顺利完成市档案馆首期档案数字化加工项目。2016年，市档案局通过市政府统一招标购买社会化服务，对利用率高的馆藏档案优先进行全文扫描。2017年起，市档案局对移交进市档案馆的档案采取"双套制"的方式，既要移交纸质档案，又要移交对应的数字档案。同时，为降低行政成本、优化资源配置、深化档案管理改革，对推进市级部门（单位）文书档案集中整理、市级部门（单位）档案室整合、乡（镇、街道）档案集中管理等方面进行探索。2018年初，规定从本年开始进馆的档案需同时提供全文数字化数据，并开始推行市级部门（单位）文书档案集中整理。

此外，市档案馆积极开展档案、资料征集工作。建馆以后，相继征集到党和国家领导人的题词、批示及党的早期主要领导人陈独秀的亲笔信等50余件，川陕苏区、川东、川北地下党组织形成的革命历史档案30多份（已移交到中央档案馆和中央军事博物馆），反映本地区政治、经济、文化、人物方面的资料1 000余册。同时，主动接收撤销、改制企业等单位的档案资料，向民生和基层延伸。

至2018年末，全市各级各类档案馆馆藏档案全宗1 805个、案卷966 844卷、以件为保管单位档案1 963 656件、总排架长度18 648米、底图335张、照片档案32 737张、录音磁带录像磁带影片档案94盘、实物档案2 059件。

档案保护 中华人民共和国成立后，全地区各级档案馆采取措施，逐步添置和改善档案装具与设备，研究和改善档案的保管条件，修复损毁档案，加强档案科学保管、保护工作，延长档案寿命。同时，强化馆内安全保护措施，定期进行安全大检查，发现问题，及时整改。

20世纪50年代末，全地区各级档案馆成立时条件简陋，一般把办公、住宿的旧房屋作为档案库房，面积小、条件差。70年代，地、县两级财政拨款40多万元修建11个县档案馆库房，为档案保管奠定物质基础。1978年后，省、地、县三级投资120

余万元，新建9个地、县档案馆库房，改善档案保管条件。1981年9月，地区档案馆建成，总建筑面积1754平方米。1987年，经扩建，地区档案馆建设面积达2411平方米，其中库房面积1285平方米。

2009年，国家启动中西部县级档案馆建设项目申报工作，万源市、渠县被列为全省第一批正式启动的16个建设项目之一。2011年，全市7个县级综合档案馆被纳入中央财政支持项目，争取国家项目资金5448万元。2015年2月，市档案馆新馆正式开工建设，新馆位于西外新区，总建筑面积12 800平方米，估算总投资4 480万元。2018年1月，市档案新馆正式投入使用后，档案保管保护条件得到有力改善，确保档案实体安全。至年末，全市档案馆总建筑面积38 354平方米。其中，档案库房17 584平方米，技术用房建筑设面积4 159平方米，对外服务用房建筑面积3 576平方米。

与此同时，地区档案局对已破损和字迹褪色的重要档案进行抢救。1982—1991年，抢救中华人民共和国成立后大竹地委、大竹专署、达县地委、达县专署及其他重要部门的档案18 073页，385万字。裱糊破损档案1万余页，200余万字。1991—1995年，抢救破损褪变档案450卷、5 347件。2001年起，市档案局实施全国重点档案抢救工作的管理改革，按照文件规定的抢救范围和要求进行抢救。至2018年末，全市应抢救国家重点档案65 823卷、204件，已抢救59 062卷、204件。

档案开放利用 1989年4月，达县地区档案局以开江县为试点单位，制定档案开放范围。4月11日，地区行署同意地区档案馆向社会开放民国时期档案5 348卷、资料1 211册、县（乡）志157本。至2018年末，全市开放中华人民共和国成立前档案61 216卷、204件（以件为保管单位档案）；中华人民共和国成立后档案402 869卷、427 913件；开放档案目录案卷级22.14万条，文件级95.34万条。

为适应查阅利用档案需要，各级各类档案馆、室建立后陆续编制检索工具，加强档案编研，开展档案利用工作。1991年起，除采取提供档案原件、档案复印件、制发证明材料、印发资料等方式开展利用服务外，还开展档案展览、来函代查和电话咨询等利用服务方式。2001年开始，全市出现利用人数逐年增长、利用重点转移、利用方式增多等特点，尤其在企业改制、职工参保中，查阅工龄、工种、工作调动、知青下乡返城时间等原始凭证的个人利用者增多，形成继改革开放后平反冤假错案、解决历史遗留问题和上一轮编史修志档案的利用后的又一高潮。2016年2月1日，达州市启动民生档案异地跨馆查档服务工作。同时，市档案局开设档案信息网上查询、现行文件上架阅览、函电代查、节假日预约查档等立体式服务，并向社会承诺，公民持有效证明到馆查阅利用档案一律免费。

2002年初，市档案局与各县（市、区）档案局签订目标任务，建立爱国主义教育基地。5月16日，大竹县档案馆被县委、县政府命名授牌。同年，市档案馆在全省率先制发《达州市建立已公开现行文件利用服务中心标准》，建立现行文件利用服务中心，创新档案利用新形式。2007年，市档案局（馆）建成达州市现行文件利用平台。2018年1月，市档案新馆投入使用，预留1 000平方米的展厅建筑面积。至年末，全市各县（市、区）档案馆均建立爱国主义教育基地和现行文件服务中心。

二

机关、事业单位档案工作 民国24年

(1935),四川省第十五区行政督察专员公署在达县成立,秘书室下设收发室、档案卷(案)室,负责管理公署全部档案资料。1952年7月中旬,达县专员公署设置专署机关档案室,负责管理专署机关形成的全部档案。1955年上半年,地委办公室建立档案室,主要负责地委办公室档案的管理。

1959年1月,中共中央发出关于统一管理党、政档案工作的指示后,地专一级机关单位在党委直接领导下贯彻执行中央这一指示。到1961年末,在全地区259个地、县级机关中建立机关档案室226个,配备专兼职档案人员266名,基本适应全地区各级机关档案工作的需要。

1966年5月"文化大革命"开始后,机关档案工作受到严重破坏,许多机关档案机构被撤销,工作停顿。

1978年12月,中共十一届三中全会后,全地区陆续恢复和建立机关档案工作机构,并要求地级下属单位较多的科委等17个委、局配备专职档案干部,负责对本系统档案工作的业务指导。到1980年末,地级机关、团体、事业单位124个,已建档案室84个。未建档案机构的单位均设置档案专柜,配有专职干部35人,兼职干部90人。县(市、区)级机关单位452个,已建档案室234个,配有兼职干部476人。1982年5月1日,成立达县市城建档案室,集中统一管理城市基建档案。1983年后,全地区各级机关单位贯彻实施国家档案局制定的《机关档案工作条例》,加强领导,依法建立健全档案工作机构和档案管理制度,调整、充实和配备档案干部,改善档案保管条件,为机关档案工作的开展提供保障。

1987年9月5日第六届全国人民代表大会常务委员会第二十二次会议通过《中华人民共和国档案法》,对于推动机关、事业单位档案工作发挥了重要作用,也为规范各单位档案工作,奠定了法治保障。

1989年,按照对档案工作进行集中统一管理的原则,全面推行综合管理的组织形式,实行机关、企业档案的集中统一管理。此后,加强市、县两级机构改革中档案材料的收集、归档、移交等工作的监督指导。

农村档案工作 民国时期,乡镇公所仅置文件柜或档案柜。中华人民共和国成立初,由乡、镇领导指定人员负责文件材料的收集、保管。1955年8月24日,地委批转地委办公室《关于文书处理与档案工作会议的报告》后,乡镇机关开始建立起档案工作。到1959年,全地区有人民公社691个,已建档案室627个。

"文化大革命"期间,农村档案工作受到严重破坏,档案机构被撤销,工作陷入停顿。

1976年后,全地区各乡镇党委和政府贯彻档案工作"恢复、整顿、总结、提高"的方针,将档案工作的中心转移到农村档案工作上,并结合山区特点,加大工作力度,使全市农业农村档案工作呈现出良好的发展势头。至1980年末,全地区135个县辖区(镇)和732个公社均建立档案室,配有兼职档案人员。

1990年,国家档案局、农业部颁布《乡镇企业档案管理暂行规定》后,全地区乡镇企业档案工作开始起步。1996年,开始抓乡(镇)农业技术推广服务站的建档工作,并将其列入目标管理进行考核。1999年,开展县(市)、乡、村三级农科信息网络建设试点工作,并普遍推开。2002年起,农户存贷款管理系统在全市使用。同时,市档案局(馆)支持协助市农村信用联社在全市开展农户信用档案的建档和信用村、镇的命名工作。2005年,全市75个城市社区建档工作全部完成。同时,创建首批信用乡(镇)1个,信用村62个,信用户50余万户。

2010年，按照全市新农村建设档案以"村档乡管为主，重收集、重利用"的工作思路，整体推进全市新农村建设档案工作。11月，大竹县蒲包乡成为达州市首家四川省社会主义新农村档案工作示范乡，在全省率先进入村级档案实行现代化管理的行列。2012年4月27日，达县成功创建为全国社会主义新农村档案工作示范县，成为达州仅1个、全省5个、全国45个示范县（区）之一。2013年11月27日，大竹县成功创建为全国社会议新农村档案工作示范县，为全市农村档案工作创新发展提供了良好的条件。到2014年末，全市有18个乡镇被省档案局命名为四川省社会主义新农村建设档案工作示范乡镇。2016年，市档案局与市扶贫移民局、市民政局等部门协作配合，建立健全扶贫开发档案工作机制，做好对扶贫开发档案工作的监督指导。

企业档案工作 中华人民共和国成立前，全地区私营工矿企业的档案由公司指定人员管理。

1957年，四川省国营万福铁厂首先建立档案室。1959年，万福钢铁总厂建立档案室。至年末，全地区配备专兼职技术档案人员213名，建立技术档案室66个，未建档案机构的企业设置档案专柜。

1960年3月后，全地区工矿企业和科技事业单位按照国务院批准的《技术档案室工作暂行通则》和达县专员公署转发省人大、省委批转省档案管理局《关于贯彻执行〈国务院批转国家档案局关于加强工业企业技术档案工作的报告〉的报告》要求，普遍建立技术档案室，小单位设置档案专柜，实现科技档案的集中统一管理。

1980年，全地区企业和科研、设计部门恢复和建立科技档案机构。至年末，全地区有142个单位恢复或建立科技档案室。

1985年后，全地区地、县（市、区）属企业和科技事业单位按照国家档案局印发的《科技档案工作分片座谈会议纪要》和《国营企业档案工作管理暂行规定》，陆续建立综合档案机构，集中统一管理本企业单位形成的全部档案。1986年9月1日，万福钢铁总厂在全地区率先建立档案馆。随后，渠江钢铁厂、地区钢铁厂和邻水县钢铁厂经党委和行政批准，建立档案馆、室、科等机构，配备领导干部及管理人员，实现企业档案的综合管理。

1987年，《档案法》颁布实施后，企业档案工作走上依法管理的轨道，企业档案工作机构得到进一步健全。1992年，各企业贯彻《工业企业档案分类试行规则》及《实施意见》，开展"四个一"活动。2003年后，市档案局多次到民营企业调研，加大对民营企业档案工作的指导力度，同时跟进破产改制企业的档案工作。

三

1989年，地区档案局与地区商业局在地区肉联厂进行企业档案达标升级试点。6月，经省档案局组织考核评审，使该厂成为全地区第一家企业档案管理省级先进企业。随后，由点到面，在全地区开展企业档案管理升级工作。1990年，地区档案局在邻水县档案馆进行升级试点，带动促进地、县档案馆达标升级活动。

1991年10月，全地区地、县（市、区）机构按照省档案局通知要求，停止企业档案管理升级考评。1992年1月，地区档案馆被省档案局授予档案工作达到省三级标准。1993年，按照省档案局部署，地区档案局在全地区开展企业档案"等级认定"工作。1994年，全地区恢复考评，并对获证企业的档案工作进行复查。1995年，在全地区科技事业单位中开展档案管理升级工作。1996年末，地区档案馆、开江、达县、渠县、大竹、万源、宣汉县档案馆升为省三级档案馆。1997年9月，地区档案馆档案工作达省二级标准。2000年，大竹县档案馆率先达省一级档案馆标准。到2005年，全市累计有226家企业、80个科技事业单位档案工作实行等级认定。县（市、区）国家综合档案馆达省标7个，其中省一级1个，二级1个、省三级5个。县级以上机关档案室达省标851个，其中省一级67个，省二级148个，省三级636个。

2005年7月，市政府办公室转发《市档案局关于贯彻〈四川省档案工作规范化管理办法〉（试行）的意见的通知》，各县（市、区）以此为契机，组织学习、宣传，开展基层单位档案人员培训，掀起档案工作规范化管理的高潮。到2006年末，全市档案规范化管理工作走上正轨，累计有783个单位（扣出期间再次晋升个数）实现档案规范化管理。2011年起，市档案局将业务指导的重心转移到市级单位档案工作规范化管理等级认定上来，加强指导，强化督查，促进创建活动有序开展。至2014年末，全市各级机关、团体、企事业科技单位档案工作实现规范化管理1 675个，其中，省一级133个，省二级625个，省三级917个。此后，市档案局对凡实现档案工作规范化管理满3年的单位和复查合格满3年的单位进行复查。2018年，全市档案工作规范化管理等级认定117家单位，其中被认定为省一级单位9个，省二级单位56个，省三级单位52个。

四

中华人民共和国成立以来，达县专区采取召开会议、制定规划等形式贯彻落实档案法制工作。对档案工作检查的内容主要是档案业务工作情况、档案安全保管及保密等。

1988年1月1日，《中华人民共和国档案法》（下简称《档案法》）正式颁布实施。全地区档案事业步入依法治档的轨道，全地区档案工作法制秩序正式开始确立。市局及各县（市、区）档案局制定普法规划和各年度普法计划，健全机关工作人员学法制度，全面推进档案法制工作。市县档案局每年开展"6·9国际档案日""12·4法制宣传日"活动，举办展览，散发宣传资料，宣传档案法律法规，并为群众提供咨询服务。

1991年11月，地区档案局设立法律监督监察科，各县（市、区）也相继建立健全执法机构，并对执法人员时行培训，持证上岗。1994年，建立一年一次执法情况报告制度，初步形成"分级负责，横向协调，上下沟通，监督有效，适应社会主义市场经济需要的依法治档新机制"。1995年，地区档案局在渠县档案局进行部门执法责任制试点，随后，在全市各级档案部门推行部门执法责任制，并建立健全档案行政执法人员审验登记、档案行政执法报告、档案工作规范性文件备案审查、档案工作规范性文件定期清理和查处违反《档案法》案件的备案登记等5项执法监督制度，初步形成依法治档、依法行政的工作格局。2006年，在全省档案系统率先制定印发《达州市机关单位档案行政执法检查评分细则》《达州市企业、科技事业单位档案行政执法检查评分细则》和《达州市重点建设项目档案行政执法检查评分细则》，规范档案行政执法检查的内容，推动档案法律法规的贯彻执行。2007年，实施行政审批相对集中改革，向市政务中心派驻工作人员，办理中心窗口行政审批事项。2010年，开展档案行政执法责任制示范活动，实行执法与监督分开，并开展档案行政执法案卷评查工作。

与此同时，各级档案局会同当地人大、法制局、法建办开展各种形式的执法监督，对违法案件进行查处。1988—1990年，连续3年对《档案法》的宣传贯彻情况进行大规模的检查、评比和表彰。1991—1995年，全地区纠正违法行为276起，表彰先进集体958个，先进个人543名。2013年5月27—30日，首次以市人大常委会名义开展执法检查，并向市人民政府通报审议意见。至2018年末，市档案局在每年档案行政执法工作中未发生过违反执法程序、违法执法行为。

五

1961年9月9日，达县专区档案管理局正式成立，负责全地区档案工作的业务指导。1966年5月"文化大革命"开始后，全地区档案工作受到严重破坏，许多档案机构被撤销，工作停顿。1973年12月，在地委办公室内设档案管理科，恢复档案业务工作。

1978年12月中共十一届三中全会后，全地区各级各部门贯彻落实全国档案工作会议提出的档案工作"恢复、整顿、总结、提高"的八字方针和地委发〔1980〕1号文件，陆续恢复和建立机关档案工作机构。1980年1月3日，地区恢复档案局，并建立达县地区档案馆。同时，建立各县（市、区）档案局。局馆合署办公，一套人马，两个牌子，为地委和行署直属机构，具体领导工作由地委秘书长负责，编制13人。1981年11月，经地委同意，地区档案局内部设置档案保管科和业务指导科，正式开展工作。1983年12月，机构改革后，达县地区档案局（馆）仍是地委、行署的机构，直属达县地委办公室领导，档案局的正、副局长同时兼任档案馆正、副馆长。1985年6月，地委、行署将地区档案局列入行署编制序列，为行署直属局，受党委、政府双重领导，对本行政区域内档案工作实行统筹规划、组织协调、统一制度、监督和指导。1997年5月，地区档案局与地区档案馆合并，一个机构两块牌子，为地委、行署的直属机构，内设6个科室、编制23名。同时，全地区档案事业被纳入本地国民经济和社会发展规划以及全地区精神文明建设规划，实行目标管理。

2001年机构改革，市档案局（馆）内设机构由五科一室，减为四科一室、核定编制22人，实行局、馆合署办公，设局（馆）长1人，副局（馆）长2人，科级领导职数8名。2010年根据中共四川省委，四川省人民政府关于达州市人民政府机构改革方案（川委厅〔2010〕40号），设立达州市档案局、达州市档案馆。实行局馆合一，一套机构两块牌子，履行全市档案事业行政管理和市级直属机关、团体，事业单位档案保管利用两种职能，为参照公务员法管理的直属正县级事业单位。

2018年1月，市档案局（馆）办公地址由通川中路163号通川区机关院内搬迁至通川区朝阳街道办事处皂角垭社区新宁街1号。3月，政府机构改革，分设达州市档案局和达州市档案馆。2019年5月15日，市机构编制委员会印发通知，根据《达州市机构改革方案》和《关于〈达州市机构改革方案〉的实施意见》精神，经市委机构编制委员会2019年第一次全体会议审定，将原市档案局（市档案馆）的行政职责并入市委办公室，市委办公室对外挂市档案局牌子。市档案馆作为市委直属正县级事业单位，保留参公管理。不再保留与市档案馆合并设立的市档案局。至此，全市有国家综合档案馆7个（通川区未建档案馆）。

六

1978年，中共十一届三中全会后，把提高档案干部队伍的素质作为一项重要的战略任务抓紧不放。在政治、思想上坚持以四项基本原则和党的路线方针、政策为中心，结合理想宗旨，坚持进行为人民服务，热爱档案事业和职业道德等方面的教育，使广大档案干部自觉遵纪守法、全心全意为人民服务，增强事业心和责任感，努力为档案工作多做贡献。到1985年，局、馆有专职档案干部87人，比"文化大革命"前的25人，增加2.5倍。

与此同时，各地各部门广开门路，采取举办档案电大和各种形式的档案干部培训班，选送在职干部到档案专修科、专业证书班，档案中专学校、国家和省档案局或上级主管部门举办的档案干部培训班等渠道和途径学习深造，加强档案干部的专业教育，提高在职档案干部的业务素质。1993年，与重庆师范学院联办档案与秘书专业大专函授班3个。"十五"期间，全市举办档案干部培训班80余期，培训人员4 000余人次，又开展档案专业继续教育评估活动，并以高分被省档案局评为优秀等次。档案科研、宣传等工作也取得可喜成绩。

1989年，地区档案馆实行目标管理，建立岗位职责。1994年4月，地区档案局将省档案局首次下达的6项业务目标，连同地区档案局年初下达的目标一并下达到各县（市）档案局组织实施。2003年6月，市委、市政府首次将档案工作纳入对各县（市、区）党委、政府和市级各部门进行目标考核的内容之一。至此，全市档案工作全面实现目标管理。1996—2005年，达州市档案工作连续十年获全省档案系统目标考核一等奖。2008年3月，市档案局开展机关效能建设优化发展环境活动。2011年，建立"工作明细账"，并层层签订目标责任书，年底统一组织检查考评，奖勤罚懒。2017年，市委、市政府首次将档案工作纳入各县（市、区）和市级各部门（单位）全市年度目标绩效考核范围。到2018年末，全市档案局（馆）定编141名，专职人员126人。其中：研究生2人、大学本科64人、大专52人、高中（含中专）及以下17个。

七

市档案局党组织成立后，围绕创建"四好"（学习好、团结好、勤政好、廉洁好）领导班子，坚持中心组学习制度，落实党风廉政建设责任制，开展党风党纪教育、共产党员先进性教育、机关效能建设和学习实践科学发展观活动，加大干部轮岗交流力度，不断增强班子的凝聚力和战斗力。

2000年5月，市档案局在领导干部中开展以"讲学习、讲政治、讲正气"为主要内容的"三讲"教育活动。2003年6月起，在局（馆）机关党员干部队伍中开展集中教育整顿。2005年1月下旬至6月末，全局23名党员参加保持共产党员先进性教育活动。2006年4月中旬至7月末，开展机关纪律作风集中整顿。2007年2月初至4月末，开展干部队伍作风整顿建设活动。2009年3月初至8月末，开展学习实践科学发展观活动。2013年5月中旬至7月下旬，开展"实现伟大中国梦、建设美丽繁荣和谐四川"主题教育活动。2014年，开展群众路线教育实践活动。2015年，开展"三严三实"和领导干部思想政治建设专题教育活动。2016年，在党员中开展学习党章党规，学习习近平总书记系列重要讲话，做合格党员的"两学一做"学习教育。2018年，市档案局按照市委、市政府统一部署,开展"大学习、大讨论、大调研"活动。

与此同时,开展"四有""四职"教育,"三优一学""五讲四美"教育、"中国梦·兰台情"读书活动和"我为党旗争光辉"等活动,提高广大档案干部的职业道德素养,争创文明单位。1992年3月,地区档案局被达县地委和达县地区行署命名为地级文明单位。随后,按照中共十四大提出的"坚持两手抓,两手都要硬,把社会主义精神文明建设提高到新水平"的要求,坚持两个文明建设一起抓。同时开展强化社会治安综合治理和爱国卫生运动,开展"1+1"结对帮扶工作。到1993年末,14个地、县档案局(馆)全部建成文明单位,无违法违纪行为发生,受到党委和政府表彰。1996年,地区档案局被省政府表彰为"省级文明单位"。此后,一直保持"省文明单位"称号。

市档案局(馆)先后获得"四好领导班子""先进基层党组织""四川省档案系统先进单位"等荣誉称号。2015年,市档案局被国家人社部、国家档案局联合表彰为全国档案系统先进单位。

大事记

民国时期

民国28年（1939年）5月 四川省第十五行政督察区春季行政会议首次将采用新办法整理档案，作为议题之一加以讨论决定，并形成书面意见，印发各县执行。

民国28年（1939年）12月29日 "四川省第十区行政督察专员公署调卷办法"经专员核准公布实施。

民国35年（1946年）12月13日 四川省第十五区行政督察专员兼保安司令公署批准《巴中县政府档案管理暂行办法》。

民国38年（1949年）7月13日 四川省国民政府就宣汉县府造册呈请焚毁该府民国23年至29年（1934—1940年）霉烂档案2 199卷一事，令第十五区行政督察专员公署，立即转饬彻底整理，另置交地，妥为保管，不得擅请焚毁，以重档案，并查明负责保管人员，从严惩处，具报查核。

1949年

12月上旬 国民党四川省第十五区行政督察专员兼达县县长李放六下令县政府、县党部销毁机密档案。

1950年

1月 中共达县地委按照中央人民政府政务院有关精神，对如何进行档案接管工作做出规定。

1953年

大竹专署与达县专署合并时，将民国档案接收到达县专署。

1954年

夏 达县政府历史档案被当成废纸，装运3艘木船售给重庆造纸厂。

1955年

6月 专署制定《关于"文书处理与档案工作"的学习初步计划》，将"文书处理与档案工作"作为各级机关文书处理与档案工作人员业务学习的主要内容。

8月18—21日 地委办公室召开全区文书处理与档案工作会议，讨论修改《中共达县地委办公室文书处理与档案工作细则》。

8月24日 中共达县地委批转地委办公室《关于文书处理与档案工作会议的报告》后，乡、镇机关开始由乡、镇文书人员兼管档案工作。

同年 地委办公室对民国档案中的政治档案进行清理，将原大竹、达县专署接管的原四川省第十区、十五区行政督察专员公署政治档案3 259卷移交给专区公安处保管。

1957年

2月10日至3月5日 地委、专署召开档案专业干部会议，对31名档案专（兼）职干部进行专业培训，制定"档案干部会议学习计划"。

3月 各县委抽调1名专职档案干部参加省委办公厅举办的第二期档案干部训练班。

1958年

2月28日 中共达县地委办公室印发《关于收集革命历史档案的情况及今后意见》，对前段时间全区收集革命历史档案的情况进行总结。

8月 地委印发《达县专区党群系统文书档案工作简要规划》，掀起全区档案工作的大跃进。

同月 地委、专署印发《关于在全区文书档案工作开展评比竞赛的意见》，开展"四比""五查"运动。

12月16日 中共达县地委办公室将收集到的74件革命历史档案上交省委办公厅四川省档案资料利用工作现场会议筹备处举办展览，并出具收条，后未退还。

12月18日 中共达县地委办公室和达县专员公署办公室就全区建立县档案馆的问题作出统一规划。

1959年

2月至12月中旬 全区11个县先后建起档案馆或档案资料馆，归各县委办公室领导。

11月 在地委办公室设立档案管理科。

1960年

8月10—13日 专区召开各县档案馆长会议，讨论通过《全区档案工作的情况和今后工作的意见》《机关档案室工作通则（草案）》。

同年 各县档案馆成立后，相继接收各代管机关移交的旧政权一般档案2.10万余卷进馆。

1961年

4月5日 中共达县地委办公室印发《关于对整风整社运动中形成的文书材料清理归档的意见》，明确立卷范围。

5月22—31日 专区分片（按全专区原划的3个协作区）召开各县专职档案馆长和负责人座谈会议，15人参会。

8月10—13日 专区召开各县档案馆长会议，专题讨论机关档案室、人民公社贯彻"以党的方针政策为纲整理档案"的指导思想等。

9月9日 中共达县地委、达县专员公署决定成立达县专区档案管理局。孙传燧任局长，贺仕友任副局长。

9月19日 中共达县地委办公室印发《关于贯彻执行省委办公厅转发省档案管理局〈关于建立健全农村人民公社文书、档案工作意见（修正稿）〉的通知》，要求各县立即将此件印发到各公社党委试行。

10月4—12日 专区档案管理局、达县档案馆在达县西外公社试点，建立健全文书处理的收发、登记和立卷、归档等制度。

11月30日至12月5日 大竹、渠县、邻水第三次档案工作协作会议在渠县召开。18人参会。

12月16—26日 专区档案管理局工作组在南江县档案馆进行档案材料鉴定试点。

1962年

4月14日 中共达县地委办公室印发

《关于压缩劳动力和城镇人口中部分厂矿、企业撤并、停办后档案材料处理的通知》，对档案材料的移交提出要求。

5月24—27日 专区档案管理局召开各县档案馆专职馆长和专一级机关文书档案人员会议，传达贯彻全省档案工作会议精神，检查和总结1961年全区档案工作情况，安排1962年全区档案工作任务。

6月19日 专区档案管理局印发《关于建立健全人民公社生产大队、生产队文书档案工作的意见（修正稿）》，要求建立和健全生产大队、生产队的文书档案工作制度。

6月27日 地委办公室转发《专区档案管理局〈关于全区档案工作情况和今后工作任务的报告〉》，提出各县在精简机构中注意事项。

1963年

6月12日 地委办公室印发省档案管理局《关于做好档案材料的安全保管和保密的通知》，各县档案馆普遍对档案进行一次保管检查。

8月9—25日 专区档案管理局在地委机关进行档案鉴定试点，鉴定地委办公室等4个单位1954年前档案350卷。

8月28日 地委办公室印发《关于各级文书档案干部积极做好工作为今冬明春农村开展社会主义运动服务的通知》。

8月 专、县档案管理部门开始在开展社会主义教育运动的公社进行试点和调查，总结交流经验与做法。

9月2日 专区开始实施"地委机关档案材料保管期限表"。

9月15日 地委组织部、地委办公室印发《关于调整、充实和审查专、县级机关文书、档案干部的意见》。

9月 专区档案管理局配合达县档案馆在地委开展社会主义教育运动的试点公社——达县罗江公社、魏家公社对档案材料为社会主义教育运动服务的情况进行调查，并提出做好档案工作为社会主义教育运动服务的意见。

1964年

7月29日至9月17日 专区档案管理局抽调8人组成清档工作组，到大竹县人委对原大竹专署的积存档案、伪专署旧政权档案进行清理。

8月 专区档案管理局接收民国24年（1935年）成立的四川省第十区行政督察专员公署和1950年1月成立的大竹专署形成的文书档案9 700余卷。

11月30日 地委办公室印发《关于做好农村、城市社会主义教育运动中所形成的文件材料的收集、立卷、归档、保管工作的通知》。

1965年

3月下旬 专区档案管理局召开各县案工作会议，研究档案材料的清理、鉴定工作。

5月30日 专区档案管理局印发《关于加强档案材料的清理鉴定工作的几点意见》。

1966年

1月12—14日 专区档案管理局召开各县档案馆长座谈会议，传达1965年12月全省档案工作座谈会议精神。

5月 "文化大革命"开始后，全区档案工作受到严重破坏，许多档案机构被撤销，工作停顿。

7月9日 专区档案管理局印发《关于做好企事业单位的合并和体制下放工作中档案材料清理移交的通知》，对档案材料的移交提出意见。

1968 年

9月12日 达县专区革命委员会（简称"专区革委会"）成立后，专区档案管理局工作由地革委办事组接管。

1969 年

2月 专区革委会印发《关于做好文书档案工作和保密工作的几点意见》，重视档案的安全保管和保密教育。

1973 年

12月 中共达县地委在地委办公室内设档案管理科，恢复档案业务工作。

1974 年

4月 地区组织地属机关44人，互查32个单位。有8个优秀单位交流经验。

1975 年

6月 地委办公室举办技术档案干部短期训练班，地属厂矿和部分省、县属厂矿的技术档案干部参加培训。

9月 地委印发《关于进一步做好档案保管和保密工作的通知》，对全区的档案保管和保密工作进行检查。

1976 年

6月 地委组织40余人分成6个小组，检查城区35个省、地属单位的技术档案工作。

1978 年

11月 地委制定《达县地区档案工作七年（1979—1985）的初步规划（草案）》，把开展档案工作竞赛活动列入规划中。

12月2日 达县市档案馆成立。

同年 地区农科所党委决定建立科技档案室，抽调专人管理，到1980年已保存73卷、1万余件。

1979 年

9月1日 在渠县人民法院，从国民党中将政务参赞杨鹏升案卷中，发现陈独秀于1939—1942年住在四川江津时写给杨的亲笔书信40封（其中明信片2张）。

12月16—20日 地区召开全区档案工作会议，各县（市、区）委办公室主任、档案馆馆长，地委各部（委、室）及地级各机关办公室主任和部分业务人员60余人参加会议。

1980 年

1月3日 地委决定恢复达县地区档案局，建立达县地区档案馆和县（市、区）档案局。

4月 地委办公室在开江县召开档案馆长会议，加强县（市）档案馆工作问题的总结交流和研讨。

5月 地区档案馆从渠县法院收集到陈独秀1939—1942年在四川江津期间写给杨鹏升的40封亲笔书信。

7月 赵应量、张全修任地区档案局副局长。

8月5日 地区公安处确定地区档案局为地区重点防火单位（共35个）。

9月16日 地区档案局根据中共中央、国务院、四川省档案局关于开放历史档案的几点意见，对全区保存的7万余卷历史档案和革命历史档案（不包括历史资料）的开放问题，提出意见。

11月25—29日 地区经委、地区建委、地区科委、地区农办和地区档案局联合召开全区科学技术档案工作会议。

1981 年

3月3日至4月7日 地区档案局首次举办科技档案干部训练班。地属厂矿、企事业单位及达县、达县市部分科技档案干部92人参加学习。

7月15—17日 通江、南江、巴中、平昌4县档案、保密工作协作片第二次会议在通江县召开。到会35人。

9月15日 中共白沙工农区委批准成立白沙工农区档案馆。

9月 地区档案馆建成，并投入使用。总建筑面积1754平方米，其中：档案库房面积1285平方米，办公用房469平方米。总投资22.3万元。

11月 地委同意地区档案局（馆）内设业务指导科和档案保管科。

1982 年

1月28日 地区行署转发地区档案局、地区人事局《关于做好档案专业干部业务职称评定工作的意见》的通知，开展业务职称评定工作。

1月10—14日 地区档案局召开县（市、区）档案局长会议，检查总结1980年中共中央16号下发两年来全区贯彻执行情况，讨论安排1982年全区档案工作任务。

2月20日 地区档案局转发巴中县、平昌县档案局制定的《局、馆干部岗位责任制》。

2月20日至3月25日 地区行署批准，在大竹县、邻水县、渠县档案局（馆）进行业务职称评定试点。

5月1日 达县市人民政府批准，成立达县市城建档案室，由市城乡建设环保局管理。

6月19日 中央档案馆副馆长徐思顺、中央档案馆党史研究室主任赵仆到达县地区检查指导档案馆的工作。

7月24日 地委办公室、行署办公室转发地区档案局（馆）《关于接收地级机关文书档案、资料的几点意见》，明确接收的时间和范围。

9月 四川省档案学会达县会员小组成立。

1983 年

2月2日 地区档案局（馆）印发《达县地区档案局（馆）工作人员岗位责任制》，并从即日起执行。

3月 全区第一次档案学术讨论会召开，参加会议代表有21人，收到学术文章38篇，会上印发交流19篇。

5月13日 地区档案局在地区土产站召开接收二级单位档案现场会议，并于18日印发《关于接收地级机关所属二级单位档案资料的几点意见》。

6月14—18日 省档案局、省档案学会在大竹县召开全省县档案馆专题学术讨论会，与会代表和大竹县党政群机关领导320余人参观达县地区档案局首次举办的"双编"成果展览，展出展品22种324件。

7月26日 地区人事局、地区科委、地区档案局联合印发《关于专职文书、科技档案干部业务职称考核评定工作分工的通知》。

8月1日 地委办公室印发《关于认真做好机构改革中档案资料收集、整理、移交工作的通知》。

10月26—28日 全区接收区、乡（社、镇）档案工作会议在平昌县召开。会后，各县（市、区）档案部门开展区、乡（社、镇）档案的接收工作。

12月 赵应量任地区档案局（馆）局（馆）长、张全修任地区档案局（馆）副局（馆）长。

同年 地区档案馆接收原渠江钢铁厂接管保存的民国27年至38年（1938—1949）渠江矿冶股份有限公司档案411卷，填补地、县档案馆保存民国企业档案的空白。

1984年

4月12日 地区城乡建设环境保护局、地区档案局联合印发《关于做好基建工程档案工作的通知》。

6月13—16日 地区档案局在大竹县召开接收区、乡档案工作会议。

7月 地区档案局举办为期1个月的科技档案训练班，为各县（市、区）档案局培训科技档案干部118人。

12月8日 地区档案局印发《关于举办达县地区电大档案学专业班的通知》，决定1985年全区正式开办档案学电大专业班，学制两年。

1985年

5月10日 地委办公室、行署办公室批转地区档案局《关于开展档案工作检查评比的意见》。

5月 地区档案局增设办公室。

6月30日 地委、行署同意将地区档案局列入行署编制序列，为行署直属局，既是党委的机构，又是政府的机构，受党委、政府双重领导。

9月 地区档案局、地区财政局就全区开展积存会计档案的清理工作作出部署。

秋 地区档案局举办的首届四川省电视大学档案专业班开学。

11月26日 地委决定成立中共达县地区档案局党组，赵应量任书记。

12月2日 地委组织部、地委党史办、地区档案局印发《关于征集整理〈中共达县地区组织史资料〉的通知》。

同年起 地、县档案馆组织人员，历时3年，对馆藏民国档案第三次进行整理。

1986年

1月7日 地区档案局印发《关于认真做好选调档案局、馆干部的通知》，明确选调干部的条件。

1月20日 地区档案局向行署报送《达县地区档案工作"七五"发展规划》。

3月 地委、行署召开达县地区地级机关档案工作先进集体、先进个人表彰大会。

5月 唐传光任地区档案局（馆）副局（馆）长。

6月6日 地区档案局在通江县召开档案保护技术专题学术讨论会，23人参会，收到论文22篇，有10篇在大会上交流。

6月28日至7月1日 地区档案局在通江县召开全区首次档案保护工作会议，地委、行署分管领导到会并讲话。

9月1日 达县地区第一家企业档案馆在万福钢铁厂成立。

10月 地区水电局首次召开全区水电科技档案工作会议。

1987 年

1月14日 四川省档案学会达县地区会员小组集体加入达县地区哲学社会科学学会联合会。

6月22日 "达县地区档案专业技术职务初级资格评审委员会"成立，赵应量任主任，张全修任副主任。

7月16日 邻水县档案馆向社会首批开放档案资料13 482卷（册）。

7月31日 达县市城市建设档案室更名为达县市城乡建设档案馆。

9月5日 《档案法》经六届全国人大常委会第二十二次会议通过颁布，并于次年1月1日起实施。

10月24日 "达县地区档案专业中级评委会"成立，负责全区各级档案部门申报的档案人员初、中级职务任职条件的评审和推荐高级专业职务的人员。

10月30日 通南巴平档案工作协作片南江会议结束。

11月10—30日 地级各主管部门组织人员对本系统的档案工作进行检查，没有下属单位的部门进行自查。

同年 全区各级档案部门开展编研工作，编研内部参考资料14种，约38.2万字。

1988 年

3月18日 地区档案局在地委招待所召开地级机关档案工作会议。地级机关、团体、企业、事业单位主管档案工作的领导、办公室主任、档案科（室）负责人和档案干部250余人参加会议。

4月5日 地区档案局印发《关于县（市、区）建立档案专业初级职务评审委员会的通知》。

4月 地区档案局档案保管科更名为馆务科。

5月5—20日 地区档案局举办首批档案修裱技术培训班。大竹、南江、通江等8个县档案馆的馆务工作人员参加培训。

5月28日 地区档案局印发《关于企业单位档案专业人员职务评聘工作有关问题的通知》。

6月 地区教育局、地区档案局在大竹县选定大竹中学、大竹师范、大竹实验小学、大竹职业学校进行学校档案试点。

7月26日 地区档案局、地区司法局印发《关于对地级单位贯彻执行〈档案法〉情况进行检查的通知》，对档案执法检查做出安排和部署。

9月12—19日 省档案局副局长龙玉春率领省政府《档案法》检查组对达县地区贯彻执行《档案法》的情况进行检查。

10月 地区行署转发地区档案局《关于深入贯彻〈档案法〉进一步加强我区档案工作几点意见的报告》的通知。

1989 年

1月18日 地区行署在地委二招待所召开全区学习、宣传、贯彻《档案法》先进集体和先进个人表彰大会。表彰全区25个先进集体和26名先进个人。

2月22日 地区档案局印发《达县地区档案局下达开展档案馆、室达标上等级活动的通知》。

2月28日 地区档案局、地区经委印发《关于加强企业档案管理升级工作的通知》，对全区企业档案管理升级工作提出意见。

2月 地区档案局制定《达县地区档案馆开放档案试行细则》，明确首批向社会开放的档案是民国时期的档案、资料和地方志。

3月19—23日 地区档案局、地区教育局在大竹县召开全区学校档案试点工作会议，研究部署中小学及中等专业学校建档工作问题。

3月 地区档案局在地区商业局进行现行文件立卷归档试点，推行卷内文件目录和重要文件两套制。

5月 地区档案馆将保管的民国时期6 700多卷档案经过审查报行署批准同意，首批向社会开放。

6月6—7日 省档案局在达县地委二招待所召开全省档案工作会议，传达全国档案工作会议精神，研究部署当前工作。

6月14日 经省档案局考核评审，地区肉联厂成为全区第一家企业档案管理省级先进企业。

7月 地区档案局在巴中县召开档案宣传工作会和学术交流会。

9月 地区档案局对中华人民共和国成立后满30年的档案进行开放试点，并提出《关于地县档案馆开放建国后档案控制使用范围的意见》。

10月 地区档案会员小组参加地区社科联举办的"达县地区首届社会科学成果展览"，获得鼓励奖。

11月1日 达县市总工会批准同意达县地区档案局建立工会。

12月5日 省档案局行政执法检查组对达县地区贯彻执法《档案法》情况进行检查。

12月12日 地区档案局成立保密领导小组。唐传光任组长，庞先东任副组长。

1990年

2月18日 地区行署首次以正式文件通报表彰1989年度档案工作达标升级的30个机关单位和48家企业。

2月 地区档案局对专业技术职务评审聘任工作进行验收复查后，因不具备建立档案专业评委会条件，地区中级职务评审工作委托省档案局中评委代评。

7月17日 地区档案局机关党支部开展民主评议党员工作。

9月30日 局党支部制定《关于加强支部建设的意见》。

10月31日 经地区社科联批准达县地区档案学会成立。赖宜生、孙传燧、杨从云、黄云州当选为名誉理事长，赵应量为理事长，会员565名。

10月 地区档案学会召开第一次档案学术讨论会，参会代表121名，收到论文62篇，大会交流19篇。

11月 地区档案局增设法律监督教育科。

1991年

1月2日 地区档案局印发《关于认真学习、宣传、贯彻〈中华人民共和国档案法实施办法〉的通知》（简称《实施办法》），并结合区情，提出施行意见。

3月5日 地区档案馆制定《档案、资料征集制度》，明确征集对象、征集范围、征集内容、征集要求和奖励办法。

4月3日 地区行署首次在《通川日报》上对档案工作达标升级的182个机关、146家企业进行通报表彰。

4月30日 地区档案局制定《达县地区档案局（馆）目标管理责任制考评办法》。

5月7日 地区档案局、地区档案学会在地级机关及驻达各单位建立档案工作协作片（组）档案学会会员小组。

5月 地区档案局和达县、达县市档案局在达县市城区主要街道联合举办为期1周的《档案法》及其《实施办法》宣传活动。

8月 地委、行署将《档案法》的宣传教育纳入全区"二五"普法规划，统一部署。

同月 按照省档案局要求，在全区对《档案法》及其《实施办法》的贯彻实施情况进行检查。

同月 地区档案局赵应量被国家档案局、人事部授予"全国档案系统先进工作者"称号。

10月7—23日 地区教育局、地区档案局抽调40余人，对13个县（市、区）和地属大、中专院校的学校档案工作首次进行检查、评比和表彰。

11月 地区档案局制定《达县地区档案事业发展十年规划和"八五"计划》。

同年 地区档案局被达县市直工委命名为市级精神文明单位。

同年 地区档案馆建立地区档案馆陈列室。

1992 年

1月23日 地区档案馆被省档案局认定档案工作达到省三级标准。

1月28日 地区档案局、地区财政局转发省档案局、省财政厅《关于进一步加强重点档案抢救工作的通知》。

2月20日 地区档案局印发《关于聘用档案利用工作信息员的通知》，决定聘用52名档案利用工作信息员。

3月1日 地区档案局被中共达县市委、市政府授予市级文明单位。

4月22日 地区档案局制定《达县地区档案局工作人员年度考核试行办法》。

8月14日 地区档案局重新组建档案专业初级职务评审委员会，赵应量任主任，张全修任副主任。

8月18日 地区税务局、地区档案局印发《关于在基层税务所开展档案工作达标升级活动》的通知。

8—12月 地区档案局与四川广播电视大学达县分校联合举办档案干部继续教育电视讲座教学班，参训干部59人取得结业证书。

9月5日 地区档案局召开纪念《档案法》颁布5周年座谈会，地委书记李隆春等党政领导应邀出席并讲话。

9月21—23日 地区档案局、地区档案学会在宣汉县召开第二次档案学会和档案学术讨论会。

10月20日 地区档案局、中国农业银行达县地区中心支行印发《达县地区农行系统营业所、信用社档案管理达标验收标准》的通知。

11月7日 地区档案局在地区人大工委、通川报社、地区政协工委、地区教育局、地区纪委、地区文化局等41个地级单位中聘任兼职档案执法监督员。

12月25日 地委办公室、行署办公室印发《关于在调整区乡（镇）建制工作中切实加强档案资料管理的通知》。

同年 地区档案局在局（馆）领导班子中开展以"学习、团结、勤政、廉洁"为主要内容的"四好"活动。

1993 年

1月9日 达县地区民泰贸易公司经地区就业管理局批准成立，雷兆春任经理，主要经营档案用品，实行自主经营，独立核算，自负盈亏。1995年6月，公司撤销。

5月 地区档案局在地级机关组织16名档案干部参加中山大学举办的"现代档案管理研讨班"。

6月14日 地区档案局印发《关于加强

档案安全保护工作的通知》。

8月 地区档案局制定局（馆）在1994年末力争达到地级文明单位规划，并召开职工动员大会，统一思想，明确任务。

9月6日 地区档案局印发《关于加强档案接收与开放工作的通知》，要求档案的接收范围和年限按照国家有关规定执行。

9月 地区档案局举办全区企业档案分类培训班，推动全区企业档案分类工作由点到面全面开展。

10月 地区行政区划调整，达县地区档案局（馆）更名为达川地区档案局（馆），白沙工农区档案馆合并到万源市档案馆。

同年 地区档案局组织116名档案干部参加《档案干部继续教育电视讲座》教学班学员考试，全部合格。

1994 年

3月10日 地区档案局（馆）印发《关于接收地级机关档案的意见》，明确接收范围。

3月30日 地区档案局在达川地区钢铁厂召开地级冶金、机电、纺织、食品和化工等支柱产业企业档案工作座谈会。

4月 省档案局首次向达川地区档案局下达6项业务目标，地区档案局将其分解，连同年初下达的目标，一并下达到各县（市）档案局实施。

5月 地区档案局调送8人参加省档案学校举办的计算机操作及应用技术培训班的学习。

7月26日 地区工商局、地区档案局印发《关于在工商行政管理所开展档案工作达标活动的通知》，决定在全区工商行政管理所中开展档案工作达标（地区标准）活动。

8月4日 地区档案局印发《关于进一步做好信息工作的通知》，要求从8月起，每个县（市）档案局至少上报1条信息。

8月11日 赵应量任四川省人大常委会达川地区工作委员会委员。

11月 地区档案馆对馆藏革命历史档案、丛书和期刊情况进行调查，全区8个综合档案馆中，有5个档案馆保存革命历史档案7卷、文件103份。

12月 地区档案局被地委、地区行署授予地级文明单位称号。

同月 地区档案局获得"四川省档案局档案执法、档案室达标升级、开发区建档、企业等级认定"4个单项优秀奖。

1995 年

1月 张全修任地区档案局（馆）局（馆）长。

5月 地区档案局被中共达川市委、市政府授予市级最佳文明单位称号。

6月 地区档案局在大竹县举办全区乡镇企业文秘档案培训班，78名干部参加培训。吴小平、赵本章任地区档案局（馆）副调研员。

7月 庞先东任地区档案局（馆）副局（馆）长。

7月5—6日 地区档案局召开档案执法经验交流会。各县（市）档案局分管法制工作的领导参加会议。

9月 郭奎生任地区档案局纪检组长。

9月18日 地区乡镇企业局、地区档案局印发《关于加强乡镇企业档案管理工作的通知》。

9月20日 地区档案局向地区计委报送《达川地区档案事业"九五"计划和2010年发展规划》。

同年 地区档案局在渠县档案局进行部门执法责任制试点，经渠县人民政府批准，试行《渠县档案局执法责任制》，并由地区档案局印发各县（市）档案局参考。

同年 地区档案局在大竹县竹阳镇开展村级建档试点工作，受到省、地领导好评。

1996 年

3月20日 地区档案局成立档案执法领导小组，张修全任组长，唐传光任副组长。

4月26日 地委办公室、行署办公室印发《达川地区档案事业发展"九五"计划》《关于加强档案管理升级工作几个问题》。

4月26日 地委办公室、地区行署办公室转发地区档案局《关于加强档案管理升级工作几个问题的报告》。

5月 地区档案馆制定《达川地区档案馆"九五"发展规划》，提出"九五"期间达川地区档案馆工作的奋斗目标。

7月5日 第八届全国人大常委会第二十次会议审议通过《中华人民共和国档案法》（修正案）。

7月 局党组同意成立地区档案局（馆）妇女工作委员会。

8月19日 地区档案局局长张全修代表达川地区到北京参加"第十三届国际档案大会"。

9月26日 全区首次企业档案工作会议在达川市召开，63家企业、80多名代表出席。

10月30日 地区档案学会第二届理事会第一次会议召开。

10月 地委讨论通过《达川地区社会主义精神文明建设"九五"规划纲要》，把全区档案事业列入其中。

11月26日 地区档案局印发《达川地区档案局档案行政执法责任制（试行）》，共8章41节。

12月 地区档案局在全省"二五"普法验收中，被地委、行署和省档案局授予"二五"普法先进集体和优秀单位。

同年 地委、行署召开全区学习、宣传、实施《档案法》动员大会，地委副书记张格民作动员报告，行署分管领导在地区电视台发表讲话。

同年 地区档案局、地区档案学会召开学术讨论会，收到论文28篇，大会交流15篇。

1997 年

1月 地委办公室、行署办公室转发地区档案局《关于机构改革中加强档案管理工作的请示》的通知。

2月14日 地区档案局印发《关于建立健全档案行政执法监督机制的通知》。

4月5日 地区农村小康建设领导小组办公室、地区档案局印发《关于加强农村小康村建档工作的通知》，对加强小康建设建档工作，提出意见。

5月5日 地委、行署决定：地区档案局与地区档案馆合并，一个机构两块牌子，履行全区事业行政管理和地级直属机关、团体、事业单位档案保管、使用两种职能，为地委、行署的直属机构。

同日 地委同意设立中共达川地区档案局（馆）纪律检查组。

5月 地区档案局制定《达川地区档案局关于加强全区档案系统社会主义精神文明建设的意见》。

5月、10月 地区档案局两次组织全区档案局（馆）干部和机关、企事业单位5 633人参加"超星光盘杯"全国档案法知识竞赛和"剑南春杯"全省档案法规知识竞赛活动。

7月 郭奎生任地区档案局（馆）局（馆）长。

8月16日 地区档案局印发《关于加强

档案馆、室达标升级管理工作的通知》。

11月7日 地区档案馆经省档案局考核评审晋升为四川省二级档案馆。

12月 地区档案局经省档案局考核评定获得1997年度全区目标管理全省第一名。

同月 经地区职改领导小组批准同意，组建达川地区档案技术中级职务评审委员会。

1998年

1月6日 地区档案局印发《关于建立档案专业继续教育评估制度的通知》，决定建立档案专业继续教育评估制度。

1月14日 地区档案局修订《达川地区档案局关于行政执法责任制方案》。

8月31日至9月6日 地区档案局在全区档案系统开展"国际档案周活动"宣传。

8月 地区档案局组织全区档案系统职工1500多人，参加国家档案局举办的"中宝杯"档案知识竞赛。

12月22日 省档案局在成都召开全省农业、农村档案工作会议，达川地区档案局、大竹县档案局应邀出席会议，并在大会上作经验交流发言。

1999年

5月25日 地区档案局（馆）维护稳定工作小组成立，张全修任组长，唐传光任副组长。

6月2日 地区财政局、地区档案局印发《关于进一步加强基层财政档案管理工作的通知》，明确3年内升省三级的目标。

6月24日 地区档案局印发《关于认真做好重点建设和重点技改项目档案管理工作的通知》。

6月 达川地区撤地建市，达川地区档案局、达川地区档案馆更名为达州市档案局、达州市档案馆。因机构改革，张全修任市档案局（馆）局（馆）长，唐传光任市档案局（馆）调研员，郭奎生任市档案局副局长，庞先东任市档案馆副馆长，吴小平、赵本章任市档案局（馆）副调研员。

9月 王云任市档案局（馆）副局（馆）长。

9月23日 地区档案局、地区计划委员会、地区建设委员会、地区重点建设办公室印发《关于进一步加强重点建设项目档案工作的通知》。

10月14日 中共达州市档案局党组、达州市档案局制定《关于贯彻落实党风廉政建设责任制的意见》，实行党政"一把手"负总责，分管领导各负其责的责任制。

同年 国家人事部、国家档案局授予张全修为全国档案系统先进工作者。

2000年

4月5日 市档案局制定《保密工作制度（六项）》。

5月25日至8月3日 市档案局在领导干部中开展以"讲学习、讲政治、讲正气"为主要内容的"三讲"教育活动。

5月 市档案局（馆）被市学赛、建功领导小组授予"巾帼建功示范岗"称号。

8月8日 市档案局制定并印发《达州市档案事业"十五"规划》（征求意见稿）。

8月21日 市档案局、市经济体制改革委员会、市经济贸易委员会、市国有资产管理局印发《关于做好企业资产与产权变动中的档案处置工作的通知》。

8月22日 市档案局印发《关于建立健全全宗卷的几点意见》。

8月31日 市档案局第二次修改《达州市档案局行政执法责任制方案》，共8章

47条。

8月 市档案局在市级有关部门聘用档案协助执法人员。

9月 张宗贵任达州市档案局党组书记、局（馆）长。

9月4日起 市档案局开展以"增强党性，严格纪律，强化职责，改进服务"为主要内容的思想作风整顿。

9月5日 市档案局印发《关于进一步加强全市企业档案工作的通知》，对全市企业档案工作提出要求。

2001年

3月 在"三八"节期间，局（馆）女职工参加全市妇女反邪教签名活动和市委机关组织的知识竞赛。

5月28日 市档案局成立"达州市档案资料目录中心领导小组"，王云任组长。

6月 市委办公室、市政府办公室转发《达州市档案局〈关于在机构改革中加强档案管理的意见〉的通知》。

8月7日 达州市消防支队在市档案馆馆区举行消防模拟现场演练。

8月 市委组织部、市人事局研究出台《达州市流动人员人事档案管理暂行办法》，共20条，明确流动人员人事档案范围和管理办法。

9月4日 市档案局印发《关于加强全市重大活动档案的管理工作的通知》，明确重大活动主要内容。

10月22日 市档案局印发《关于市级机构改革中机构变动部门和单位档案归属与流向的处理意见》。

10月 达县籍艺术家魏传义教授首次将其艺术事迹介绍、部分出版作品、部分证书复印件等捐赠给达州市档案馆。

12月4日 市档案局配合市委、市人大、市政府联合举办首届"法制宣传日"活动。

12月5日 市档案局召开机关作风教育整顿动员大会，并成立机关作风整顿领导小组，制定《达州市档案局（馆）关于加强机关作风建设的意见》。

2002年

1月28日 省委办公厅《四川信息》第十七期刊发《达州市农村信用社建立农户信用档案》一文。

2月 市政府办公室批转市农村信用联社《关于推广农村小额信用贷款，创建信用村（镇）的意见》。

3月 市档案局对定编的8个中层职位实行竞争上岗，择优聘用。

5月16日 市档案局印发《关于在全市统一使用科怡软件的通知》，决定在全市统一使用"世纪科怡档案管理系统"软件。

6月上旬 局党组书记、局（馆）长张宗贵随同市委常务副书记张格民到各县（市、区）档案局（馆）调研。

10月31日 市档案局印发《关于对市级机关、事业、企业档案工作已定级单位进行复查的通知》。

同年 全市8个综合档案馆全部接入党政网。

同年 市档案馆在全省率先制定并印发《达州市建立已公开现行文件利用服务中心标准》，建立现行文件利用服务中心、法律文献服务中心。

2003年

3月11日 市档案局印发《关于施行〈归档文件整理规则〉的几点意见》，明确《规则》的适用范围。

3月25日至4月30日 市档案局举办7期市级各机关、团体和企事业单位档案人员《归档文件整理规则》培训班，280余人参训。

5月21日 市委办公室、市政府办公室印发市档案局起草的《达州市重大活动档案资料管理办法》《达州市档案资料征集办法》《达州市国家综合档案馆档案资料接收办法》。

6月初 市委、市政府首次将档案工作纳入对各县（市、区）党委、政府和市级各部门进行目标考核的内容之一。

6月20日起 市档案局（馆）在机关党员干部队伍中开展集中教育整顿。

7月4日 中共通川区委办公室、区政府办公室批转《通川区档案局关于开展社区建档工作的意见》。

7月 市档案局制定的《达州市档案资料征集办法》《达州市国家综合档案馆档案资料接收办法》《达州市重大活动档案资料管理办法》3个管理办法被省档案局评为第五次优秀科技成果二等奖。

2004年

2月10日 市档案局行政审批制度改革领导小组成立，张宗贵任组长，郭奎生、王云任副组长。

3月30日 市档案局印发《达州市档案信息化建设实施意见》，提出全市档案信息化建设的主要目标。

6月28日至7月2日 市档案局举办"四川省电子文档管理系统暨文书档案著录细则与机读目录数据交换格式"培训班，150人参加学习。

6月23日 市档案局与市计委、市建设局、市重点建设办公室联合印发《关于加强全市重点建设项目档案管理工作的通知》。

8月 市档案局组成两个督查小组，对7个县（市、区）档案局当年目标任务的完成进度及情况进行督查。

11月 市档案局干部继续教育工作经省档案局现场考核，以98分的全省最高分，获得优秀等次。

2005年

1月下旬至6月末 全局23名党员参加保持共产党员先进性教育活动。

4月4—5日 市档案局召开全市档案工作会议，传达全省档案工作会议精神，总结2004年全市档案工作，安排部署2005年全市档案工作任务。

7月 市政府办公室转发《市档案局关于贯彻〈四川省档案工作规范化管理办法〉（试行）的意见的通知》，提出全市贯彻意见。

8月24日 市档案局成立电子政务外网建设工作领导小组，张宗贵任组长，郭奎生、王云任副组长。

9月7日 市档案局召开市级单位档案工作规范化管理工作会议，安排部署市级单位档案工作规范化管理工作。

9月20日 市档案局制定《达州市档案事业发展"十一五"规划》，提出"十一五"（2006—2010年）期间全市档案事业发展总体目标。

同年 市档案局连续10年（1996—2005年）获得全省档案系统综合目标考核一等奖。

同年 市档案局与市依法治市领导小组办公室联合表彰全市档案"四五"普法工作先进集体33个，先进个人27名。

2006年

1月1日起 市档案局对新闻报道、信息、理论文章被刊用实行奖励办法。

4月中旬至7月末 市档案局开展机关纪律作风集中整顿。

5月31日、6月5日 副局（馆）长王云带队分别到广安、巴中学习考察档案馆建设情况。

7月3—4日 省档案局副局长刘海锦带领专项检查组到达州市检查市档案馆、大竹县档案馆建设和安全管理工作。

7月5—31日 市档案局组成行政执法领导小组，对四川文理学院、大竹县龙潭水库有限责任公司、达州市中心医院等12个重点建设项目档案工作进行行政执法检查。

10月11日 市档案局成立"四项清理"工作领导小组，张宗贵任组长，王云任副组长。

10月23日 市档案局（馆）制定《达州市档案局"十一五"期间国家重点档案抢救和保护工作规划》。

10月27日 市档案局（馆）成立关心下一代工作委员会，王云任主任，庞先东、梅碧华任副主任。

11月1—3日 市政府督查室组织市档案局对各县（市、区）档案馆库建设和安全管理进行专项督查。

11月28日 四川省经济科技档案工作第七协作组成立暨第一次工作会议在达州市召开。

11月 市档案局在互联网上开通"达州档案"网站，网址：www.dzsdaj.gov.cn。

2007年

2月初至4月末 市档案局开展干部队伍作风整顿活动。

3月1日 市档案局启用行政许可专用章，开始实施行政审批相对集中改革。

5月18日 市档案局成立局机关工作人员目标考核领导小组，张宗贵任组长，王云、龚乃桢任副组长。

6月10日 市档案局修订并印发《达州市档案局机关目标管理暂行办法》，成立局机关目标管理考评组。

7月 龚乃桢任市档案局（馆）党组成员、纪检组长。

7月5日 省档案局副局长张新率省档案局行政执法检查组对达州市通川区档案馆库建设及安全管理进行检查。

7月22日 市档案局成立贯彻国家档案局第八号令工作领导小组，张宗贵任组长，王云、龚乃桢任副组长。

8月9日 市档案局制定《关于贯彻执行〈机关文件材料归档范围和文书档案保管期限规定〉的实施意见》，明确适用范围、编制要求、实施步骤、审查程序、申报审批程序。

8月15日 市审改办、市政务服务中心对市档案局申报的行政许可（审批）项目进行审核，确定市局行政许可（审批）项目有4项。

8月 国家档案局把达州市档案馆民国档案第1、2、5、6、7、8、9、10、11、13号共10个全宗、2 500卷列为二期抢救项目。

9月10日 达州市档案资源网站（www.dzsdaj.gov.cn）正式开通运行。

9月18—21日 市档案局在达县宾馆举办贯彻国家档案局第八号令暨《四川省档案工作规范化管理办法》培训班。

10月 市档案局从各县（市、区）档案局抽调人员，组成4个检查组，对7个县（市、区）档案局馆、21个县级机关、企业、科技事业单位、重点建设项目进行交叉检查。

11月16日 市档案局成立政务信息工作领导小组，张宗贵任组长，龚乃桢任副组长。

12月1日 市档案局将编制的《达州市档案局政务信息公开指南》和《达州市档案局政府信息公开目录》上网公示，征求社会意见。

2008 年

3月2日 市档案局成立精神文明建设领导小组，张宗贵任组长，王云、龚乃桢任副组长。

3月 根据《达州市人事局关于明确达州市农机局等6个事业单位参照公务员法管理的通知》精神，市档案局被确定为参照公务员法管理的事业单位。

4月9日 市档案局召开承担国家重点档案抢救任务的3个县档案局局长、分管领导、馆务股长参加的全市国家重点档案抢救工作暨业务培训会，并观摩市档案馆抢救现场。

4月 市档案局召开全市重点档案抢救工作会议，对抢救的时间、数量、质量和标准提出要求。

6月3日 根据省委、省政府批准的《达州市市县乡机构改革方案》和市委、市政府《关于实施达州市党政机构改革方案有关问题的意见》，设置达州市档案局、达州市档案馆，实行局馆合一。

6月18日 市档案局印发《达州市档案局首问负责制度》《达州市档案局限时办结制度》《达州市档案局服务承诺制度》《达州市档案局责任追究制度》。

6月30日 市档案局纪检组组织全局干部职工收看达州市第二届"清风颂"廉政文艺调演晚会。

7月15日 市档案局（馆）制定《灾害应急救援处置预案》，成立灾害应急救援工作领导小组。

8月 徐晓英晋升为市档案局（馆）副调研员。

8月5日 市档案局、市发展和改革委员会、市经济委员会、市规划和建设局联合转发《四川省重大建设项目档案管理办法》，并提出贯彻意见。

8月30日 市档案局（馆）成立档案工作目标考核领导小组，张宗贵任组长，王云、龚乃桢任副组长。

10月14—15日 省档案局副局长马小彬、信息中心主任张路生、政策法规处副处长陈燕平一行分别到达州市档案局、宣汉县档案局、达县档案局调研、检查指导工作。

2009 年

3月初至8月末 市档案局开展学习实践科学发展观活动。

3月14日 市档案局成立"创建省级文明城市工作先进城市"领导小组和创建办公室，张宗贵任组长，王云、龚乃桢任副组长。

3月23日 市档案局召开全市档案工作会议，传达全省档案工作会议精神，总结2008年全市档案工作，安排部署2009年全市档案工作任务。市委常委、市政府常务副市长何平到会并讲话。

同日 市档案局印发《关于开展档案工作规范化管理复查工作的通知》。

3月26日 市档案局召开干部职工深入学习实践科学发展观活动动员大会。

6月12日 市档案局组织召开干部职工大会，学习传达全市加强公文办理工作推进会议精神。

8月 市委办公室、市政府办公室印发《达州市建立政府公开信息查阅中心和已公开现行文件利用中心实施方案》。

9月 市档案局组成调研组，到渠县、大竹、开江、通川区、宣汉等县（区）的9个乡镇和10个行政村，调研新农村建设档案工作，形成《达州市档案局关于达州市新农村建设档案工作情况的调研报告》。

11月27日 市档案局组织协作组成员单位与广安市、巴中市企业、科技事业单位的档案工作人员开展以"重大建设项目档案工作"为主题的研讨活动。

2010年

3月16日 市档案局（馆）印发《关于接收市级部分单位档案进馆的通知》。

3月24日 省档案局、省体育局、市档案局和市城建档案馆组成验收组对达州市体育中心建设项目档案进行专项验收。

4月15日 在达县举行全市新农村建设档案工作现场会，观摩学习达县河市镇和南外镇两个试点乡镇新农村建设档案工作。

4月15—16日 市档案局召开全市档案工作会议，传达全省档案工作会议精神，总结2009年档案工作，对2010年工作进行安排部署。

6月 市电视台、市档案局联合制作的电视专题片《解密档案》在达州一套《达州直播》栏目播出。

7月10日 市档案局成立惩治和预防腐败体系建设工作领导小组，张宗贵任组长，龚乃桢任副组长。

8月16日 市档案学会成立治理"小金库"工作领导小组，张宗贵任组长，王云、龚乃桢任副组长。

8月 市档案局（馆）接收破产民营企业"四川汉唐实业有限公司"交来的企业文书档案6盒（149件）、会计凭证3 427册、账簿120本。这是市局（馆）馆首次接收民营破产企业档案。

9月11—12日 省档案局局长胡金玉对万源市、渠县档案馆建设前期准备工作进行调研。

9月19—20日 市档案局在万源市召开全市县级综合档案馆建设前期准备工作会议。

9—11月 市档案局对达州大竹海螺新型干法水泥项目（安徽海螺集团有限公司）等17个省市级以上重点建设项目档案工作进行行政执法检查。

10月 刘登奎任市档案局（馆）党组成员、副局（馆）长。

10月14日 省档案局、市档案局组成专家评定组对大竹县蒲包乡社会主义新农村档案工作示范乡的创建工作进行检查验收。

10月14—15日 省档案局馆室业务处处长张路生和副处长吴自忠到达县检查指导新农村建设档案示范县创建活动。

11月22—30日 市档案局在四川省档案学校举办全市重大建设项目档案人员培训班，32名专（兼）职档案人员参加培训。

12月16日 省档案局副巡视员朱虹、信息技术处处长赵明强、利用处处长高勇一行检查达县新农村建设档案工作。

同年 市委办公室、市政府办公室印发《关于进一步加强档案工作的意见》，各县（市、区）结合当地实际，分别出台相关文件。

2011年

1月16—17日 省档案局副局长张新带领相关处室负责人，对万源市档案馆建设情况进行调研。

1月25日 市档案局授予大竹县蒲包乡、万源市官渡镇、宣汉县君塘镇为四川省社会主义新农村建设档案工作示范乡（镇）。

3月30日 市档案局制定《达州市

"十二五"期间国家重点档案抢救和保护工作规划》。

4月7日 市政府召开全市档案工作会议。市委常委、常务副市长何平出席会议并讲话，市政府副秘书长张远见主持会议。

5月26日 市档案局印发《达州市档案事业发展"十二五"规划》。

6月2日 市档案局召开市级单位档案工作规范化管理推进会。

7月15日 市档案局成立绩效管理工作领导小组，张宗贵任组长，王云、刘登奎、龚乃桢任副组长。

9月20日 市档案局成立局机关治理经济发展软环境工作领导小组，张宗贵任组长，王云、刘登奎、龚乃桢任副组长。

同日 市档案局印发《达州市档案信息化建设实施意见（2011—2015年）》，提出总体目标。

9月22日 谯学伟任市档案局党组书记、局（馆）长。

9月 万源市、渠县档案馆作为全省16个首批建设项目正式开工建设。

9—11月 市档案局分3个执法检查组对170多个市级单位的文件资料归档整理情况和室藏档案的安全保管保护情况进行执法检查。

10月15日 市档案局成立市档案系统清理整顿中介机构工作领导小组，谯学伟任组长，王云、刘登奎、龚乃桢任副组长。

11月14日 市委常委李天满到市档案局检查指导、调研档案工作。

11月15日 全市档案工作推进会议在达州高望都宾馆召开。市委常委、市委秘书长李天满出席会议并讲话。

11月21日 市档案局印发《关于加强民营企业档案工作的通知》。

11月22—23日 省政府法制办、省档案局组织立法调研组到达州市开展《四川省综合档案馆管理办法》立法调研。

12月2日 市档案局在市中心广场参加由市法治办统一举办的"12.4"法制宣传活动，以"走向辉煌——达州档案事业发展成就展"为主题开展宣传活动。

12月27日 市档案学会召开第三次会员代表大会，通过《达州市档案学会章程（修订稿）》。

同年 市、县两级档案馆开展"基础业务建设年"活动。

2012年

2月13日上午 市委副书记、市长何健到市档案局，先后视察市档案局办公楼、档案馆库房，听取市档案局局长谯学伟有关市档案馆办公楼排危治漏加固整治维护及新馆建设准备工作汇报。

3月10日至4月25日 市财政投入65万元，对市档案馆进行排危治漏整治。

4月6日 市委、市政府在达州宾馆召开全市档案工作会议，传达学习全国、全省档案工作会议精神，总结回顾2011年全市档案工作，安排部署2012年工作任务。

4月27日 达县档案局历经3年，通过国家档案局、农业部等部门的国家级验收，成功创建为全国社会主义新农村档案工作示范县。

5月23—24日 全市重大建设项目档案工作推进会在宣汉县召开。各县（市、区）49名档案业务骨干参会。

6月20日 市档案局举办首次消防知识培训及火灾应急演练。市档案局及通川区档案局全体干部职工参加此次培训和演练活动。

7月9日 市委组织部任命张强为市档案局党组书记、局（馆）长。

7月10日 市档案局召开市级机关档案

移交进馆工作推进会，市级有关部门（单位）分管档案工作的领导及档案人员32人参加会议。

7月20日 市档案局召开全市重大建设项目暨企业档案工作会议。

8月15日 达州市档案馆与眉山市档案馆签订《归档电子文件载体异地保管保护协议》。

9月24—28日 市档案局、市法治办对各县（市、区）及市级部门贯彻落实《档案法》情况进行检查。

10月初 市档案局到达州市第一中学开展主题为"档案进校园"的档案知识专题图片宣传展览，近1 000名教师、学生参观展览。

10月16日 局党组召开全局行政执法队伍作风整顿活动动员大会，并成立领导小组，制定活动实施方案。

10月 市委办公室、市政府办公室印发《关于转发〈达州市档案馆接收档案实施细则〉的通知》，对各单位档案移交工作做出规定。

10月 徐晓英同志退休

11月 四川省经济科技档案工作第七协作组暨达州市档案学会学术交流会在达州召开。

同年 达州市档案学会换届选举，张强、王云、龚乃桢任名誉理事长。

2013年

1月5日 市档案局（馆）印发《关于公开征集族谱档案资料的通知》，明确征集内容。

1月 市委、市政府印发《关于向市档案馆移交省部级以上荣誉档案和公务礼品档案的通知》。

同月 市档案局对原"达州档案资源网"进行改版和升级，充实"在线视频"，新增《解密档案》6集。

3月7日 市档案馆决定分批次、有计划地将散存在市级各部门（单位）的档案接收进馆。

4月 何国林任档案局（馆）副局（馆）长。

4月16—19日 市档案局对200余个市级机关、企事业单位集中开展文书档案和科技档案的整理操作技能培训暨现场观摩、操作和指导。

5月16—18日 省档案局副局长张新到达州检查指导档案馆建设和新农村档案工作。

5月中旬至7月下旬 市档案局开展"实现伟大中国梦、建设美丽繁荣和谐四川"主题教育活动。

5月23日上午 市政府副秘书长喻东代表市政府组织召开市级单位档案移交工作推进会。

5月27—30日 市人大常委会副主任张德珍带领档案执法检查组到市档案馆、万源市、达县、通川区等地开展档案执法检查。

6月14日 市档案局局长张强主持召开会议，专题研究档案编研工作。

6月24日 市档案馆制定《档案数字化安全管理制度》《档案信息数据安全管理制度》。

8月 郭奎生同志退休。

8月20日 市档案局印发《关于征集达州地方文献的通知》，向市级各单位、社会群众征集地方文献资料。

8月28日 根据市委、市政府确定的25项重点工作，市档案局印发《关于做好25项重点工作档案管理的通知》，加强全市档案资源建设，确保重点工作档案资料的齐全完整。

8月 市档案局编辑论文专著《调研与

探索——达州市档案学会学术交流论文集》，收录市档案学会征集的档案学术论文34篇。

9月13日 市档案局召开重大活动档案工作会议。市卫生局、市文广局等8个单位分管重大活动的领导及工作人员参加会议。

9月26日 市档案局局长张强带领全局职工及各县（市、区）档案局局长赴重庆市万州区档案馆参观学习。

10月17日 市档案局成立行政执法队伍作风整顿活动领导小组，张强任组长，龚乃桢、王云任副组长，并制定《达州档案局档案行政执法队伍作风整顿活动实施方案》。

11月12日 市档案局成立行政权力依法规范公开运行平台工作小组，张强任组长，龚乃桢、王云任副组长。

11月 市档案局重新修订的《达州市档案馆指南》（2013年）正式出版，此次修订自2012年11月启动，历时1年。

12月26日 国家档案局、民政部和农业部在北京联合召开全国社会主义新农村建设档案工作示范县经验交流会。达县档案局局长孙胤到北京参会，并领取"全国社会主义新农村建设档案工作示范县"奖牌。

2014年

1月16日 市档案局局长张强带队对原达州市万福钢铁总厂和青花钢铁总厂两家破产企业的档案情况进行摸底、调查、指导。

2月26日 局党组召开党的群众路线教育实践活动动员大会，并制定实施方案。

2月28日 市规委会第二次会议审定市档案新馆方案设计，建设地址在西外马房坝，占地面积8.7亩，总建筑面积1.28万平方米，估算总投资4 480万元。

3月5日 市档案局召开市级单位档案移交进馆工作推进会。

3月17日 市档案局召开干部职工大会，学习安定芳先进事迹。

3月21日 市档案局召开干部职工大会，专题学习"大竹县十大杰出女性"魏竹容先进事迹。

3月 市档案局召开编研课题研讨会，邀请达川区、宣汉县、万源市档案局的3名同志商讨"陈独秀的40封信"编研事宜。

4月 李华任市档案局（馆）党组成员、副局（馆）长。

4月2日 市档案局印发《关于进一步加强民生档案工作的意见》。

5月4日 市档案局组织召开青年干部座谈会，纪念"五四"运动95周年。

5月20日 市档案局印发《关于做好政府公开信息和已公开现行文件报送工作的通知》，明确报送单位。

5月 在全省召开的留守学生（儿童）档案工作座谈会上，共青团达州市委员会、宣汉县江口学校代表达州市作经验交流发言。

同月 市档案局全体职工赴湖北省十堰市档案局考察学习档案信息化建设及数字化加工工作。

6月7日 市档案局成立达州市编辑出版指导委员会，张强任主任，龚乃桢、李华、王云任副主任。

6月9日 在国家档案局《关于下达2014年度国家档案局科技项目计划》的通知中，将"基于大数据的档案数据去重模型与方法研究"（项目编号2014-X-65）纳入其中。该项目由市档案局和四川文理学院计算机学院承担，是达州市第一个档案专业国家级科研项目。

6月20日 市档案局局长张强主持召开专题会议，研究族谱档案接收工作。

7月18日 市档案局成立全面深化改革领导小组，张强任组长，龚乃桢、李华任副组长，并下设办公室，与局办公室实行"一个机构、两块牌子"。

7月底至8月中旬 市档案局依法对44个市级单位的档案移交进馆工作、2013年度及以前各年度文件材料的归档整理和档案的安全保管保护情况进行执法检查。

9月 徐志任市档案局（馆）副局（馆）长。

11月25日 市档案局成立档案接收进馆工作领导小组，李华任组长，高峰、牟德洪任副组长；成立档案数字化加工工作领导小组，徐志任组长，高艳、罗程任副组长；成立档案接收进馆和数字化加工质量监督工作领导小组，龚乃桢任组长，李军、罗程任副组长。

12月10日 市档案局成立公务用车制度改革领导小组。张强任组长，龚乃桢、李华、徐志任副组长。

12月11日 以省档案局人事处处长汪智勇为组长的"全省档案干部队伍人才建设情况调研组"一行到达州市开展档案干部队伍人才建设情况的调研。

2015年

2月 达州市国家综合档案馆正式开工建设。于10月4日，完成主体工程建设，顺利封顶。

3月26日 市档案局局长张强带领班子成员到通川区碑庙镇大石村开展"挂包帮"定点帮扶对接、调研工作，并召开座谈会。

3月 省档案局离退处处长张洁梅率领调研组一行3人到达州调研考察张爱萍、陈伯钧、王维舟和范绍增等人抗日战争时期的相关资料，为编撰《川人抗战档案文献图集》收集素材。

4月24日 达州市政研保密档案机要工作会议在市政中心综合楼3楼多功能会议厅召开，市委常委、秘书长李天满出席会议并讲话，副市长徐承主持会议。

4—5月 市档案局挑选8名业务骨干组成档案执法检查组，对全市11个机关事业单位档案工作情况进行检查。

5月11—14日 市档案局组织全市企事业单位200人进行档案基础业务培训。

5月 市档案局组成验收组，对市档案馆首期档案数字化项目进行测试和考评，最后评定该项目达到相关的技术标准，通过项目验收。

6月 "6·9国际档案日"当天，市委书记焦伟侠在《达州日报》头版刊发署名文章《奋力开创全市档案事业发展新局面》，号召社会各界支持、重视档案工作。

同月 重庆市城口县档案局副局长邱光伟带领城口县红色文化征集小组成员到达州市档案馆查阅红色文化档案资料。

7月1日 市档案局召开纪念建党94周年暨表彰大会。退休老党员代表和局全体在职党员共26人参加会议。

7月6日 市委常委、秘书长李天满到市档案馆施工现场，调研项目建设情况。

7月30日 全市县级综合档案馆建设项目现场推进会在万源市档案馆召开。

8月3日 局党组讨论通过并印发《党员领导干部双重民主生活会制度》。

8月26—27日 省档案局政策法规处处长张晓芳一行4人到达州开展档案安全专项检查。

10月20—21日 省档案局党组书记、局长丁成明一行到达州市调研档案工作，先后到市档案馆新馆建设现场、市档案局（馆）、达川区档案局（馆）实地调研，听取市档案局工作汇报，并与市、县（市、区）档案局（馆）部分干部座谈交流。市委副书记、市长包惠会见丁成明一行。市委常委、秘书长李天满，副市长徐承，市档案局党组书记、局长张强参加会见并陪同调研。

10月23日 大竹县档案馆举行范绍增将军抗战胜利纪念章捐赠仪式。范绍增子女范之俐、范之维等4人，向县档案馆捐赠范将军抗战胜利纪念章和证书各1件，这是全国首例国家综合档案馆获捐抗战胜利纪念章。

10月 凉山州档案局（馆）长孙子拉约率领各县（区）档案局（馆）长一行27人到达州市考察学习档案馆"五位一体"功能建设、数字档案馆建设等工作。

12月16日 全市档案学会年会暨档案学术交流会召开，各县（市、区）团体会员、市级各团体学会会员参加会议。

12月28日 全国档案工作暨表彰先进会议在北京召开，达州市档案局（馆）被国家人事部、国家档案局表彰为"全国档案系统先进集体"，为全省被表彰的两个市（州）之一，是近20年来达州市档案局获得的最高荣誉。

12月 经省档案局审核，达州市档案局、大竹县房产管理局和万源市城乡居民社会养老保险局被确定为四川省第一批数字档案室建设试点单位。

2016年

1月17日 市档案局向市委、市政府报送的《关于被人社部、国家档案局表彰为"全国档案系统先进集体"的报告》，获得市委书记焦伟侠、市长包惠批示肯定。市委书记焦伟侠批示："祝贺！新档案馆建成在即，要新馆新面貌、新业绩，现在就要练兵备战，预祝2016年再上台阶！"

市长包惠批示："可喜可贺！希望珍惜荣誉，再接再厉，抓好档案馆建设等工作，为全市经济社会发展提供优质高效的档案服务。"

1月8日 市档案局按照市委组织部开展干部人事档案专项审核工作部署，对18名工作人员的干部人事档案进行专项审核。

1月18日下午 市档案局邀请市消防安全培训中心徐教官在二楼会议室对干部职工进行消防知识培训，并开展消防安全演练。

1月27日 市档案局召开全市档案局（馆）长会议，传达贯彻全省档案局（馆）长会议和有关文件精神，总结2015年全市档案工作，部署2016年工作任务。

2月1日 达州市启动民生档案异地查档跨馆服务工作。市档案局印发《关于建立全市国家档案馆民生档案异地查档跨馆服务联络机制的通知》。

2月 达州市2015年度市级部门和公共服务行业政风行风群众满意度测评结果揭晓，市档案局以85.87分在被测评的45个政府部门中排名第三位。

3月16日 市档案局印发《关于报送川陕苏区革命历史档案资料的通知》，明确报送范围和形式。

3月24日 在达州市"两会"召开期间，《达州日报》刊发《默默无闻铸辉煌、继往开来谱新篇——"十二五"达州档案事业发展成就回眸》的整版专题报道。

4月20日 达州市政研保密档案机要机关党建工作会议在市政中心综合楼三楼多功能会议厅召开，市委常委、秘书长李天满出席会议并讲话，市档案局党组书记、局长张强在会上对2015年全市档案工作进行总结，对2016年工作进行安排布置。

4月28日 市档案局召开"两学一做"学习教育工作座谈会。

4月 市档案局开展对企业档案业务人员的专业培训，培训采取小班授课的方式，共5天分9期进行。

5月23—24日 省档案局经科处副调研员钟兰一行，到达州市调研扶贫开发项目档案和高校档案工作。

5月26—27日 市档案局在大竹县召开全市精准扶贫档案工作现场会。

5—6月 市档案局10名业务骨干组成档案执法检查组,对全市22个机关事业单位档案工作情况进行执法检查。

6月8日 市档案局联合通川区档案局、市城建档案馆,在新世纪广场开展以"档案与民生"为主题的"6·9国际档案日"宣传活动暨"两学一做"党员活动宣传日活动。市人大常委会副主任张德珍出席并指导宣传活动。

6月27日 市档案局组织召开"坚定理想信念,明确政治方向"专题研讨会。

同月 截至该月末,市档案馆共接收进馆32家破产改制企业档案,11 000余卷、6 047件,每年利用破产改制企业档案的职工达3 000余人次。

7月12日 市委书记包惠调研市档案馆项目建设情况,并召开专题会,听取市档案馆建设项目的进展情况汇报。

7—8月 市档案局分3个执法检查组,对60个市级单位的文件资料归档整理情况和档案的安全保管保护情况进行执法检查。

8月4日 市档案局在达州市图书馆会议室举办法治讲座。

8月11日 市档案局组成认定组对河市机场档案工作规范化管理工作进行省三级认定。

11月7日 市档案局印发《达州市档案事业发展"十三五"规划》,明确"十三五"期间,全市档案工作发展总体目标。

12月9日 韩家翼任市档案局党组书记、局(馆)长。

同年 集局域网、政务网、互联网"三网合一"的数字档案馆应用平台通过专家组考评验收,正式投入使用,标志市档案馆初步建成数字化档案馆。

2017年

1月19日 市档案局召开机关干部职工大会,传达学习市委四届二次全会暨市委经济工作会议精神。

同日 市档案局印发《关于做好长征档案资料普查工作的通知》,对各地档案馆保管的有关长征档案资料进行专题普查。

3月16日 市档案局、市扶贫和移民工作局印发《关于切实做好脱贫攻坚档案工作的通知》,明确脱贫攻坚档案工作具体要求和工作任务。

3月22日 市档案局以市委办公室、市政府办公室名义印发《关于成立达州市档案重点工作领导小组的通知》。

3月27日 市档案局召开局党组中心组学习(扩大)会,传达学习全市意识形态工作会议精神,组织学习市委书记包惠和市委常委、宣传部部长邓瑜华《在全市意识形态工作会议上的讲话》。

4月19日 市政府副市长、市公安局局长王景弘代表市政府,与各县(市、区)人民政府、达州经开区管委会签订《达州市2017年度档案工作目标责任书》。这是市政府第一次将档案工作纳入政府总体目标任务考核。

4月28日 市委宣传部、市档案局印发《关于加强全市国家档案馆爱国主义教育基地建设的意见》。

6月 王云同志退休。

6月5日 市档案局举办档案业务培训会,对新版《归档文件整理规则》的新标准和新问题进行研讨,市级各机关团体、企事业单位近200名专(兼)职档案管理人员参加培训。

6月9日 副市长王景弘在《达州日报》上发表署名文章《在新的起点上谱写新的篇章——写在"国际档案日"来临之际》,对全市档案事业的科学发展提出希望。

6月14日 市档案局举办全市档案业务培训（研讨）会，分别就脱贫攻坚档案、重大建设项目档案、产业园区档案、档案数字化建设等方面业务进行讲解、答疑。

同日 市档案局举办"法治档案大讲堂"活动。

7月12日 市档案局全体党员干部到通川区罗江镇神剑园张爱萍将军故里开展党员活动日活动。

8月3—4日 省档案局副局长罗亚夫一行4人，到达州开展档案安全风险隐患治理情况专项督查。

11月14—18日 市政府副秘书长谭政治带队，组织市委编办、市档案局、市城建档案馆等单位负责人到中山市、深圳市、佛山市顺德区，对当地档案工作进行考察学习。

11月25日 市政府办公室印发《达州市档案资料征集办法》。该本办法共6章21条。

12月13日 市档案局召开全市深化档案管理工作改革意见征求会，讨论深化档案管理工作改革的系列方案。

2018年

1月30日 全市有8人入选四川省档案人才"283工程"档案优秀人才库。

1月 市档案局（馆）办公地址由通川中路163号通川区机关院内搬迁至通川区龙泉路新宁街1号档案馆。

3月 政府机构改革，达州市档案局和达州市档案馆分设。

4月26日 市档案局印发《关于对文件材料进行集中归档整理的通知》，明确档案集中整理部门，推进档案管理由粗放型向集约型转变。

4月 市委办公室、市政府办公室印发《关于深化档案管理工作改革的实施方案》，明确五大改革措施。龚乃桢任市档案局（馆）党组成员、副局（馆）长。

5月 赵春玲晋升为市档案局（馆）副调研员，并退休。

5月25日起 按照市档案局"大学习大讨论大调研"活动实施方案的安排，3名局领导班子成员分别带队到全市7个县（市、区）和达州经开区以及53个乡（镇、街道）、15个村（社区），开展为期两周的基层档案工作调研督查。

5月 市档案局机关党支部完成换届选举，按规定配备党务工作人员。

5—6月 市档案局组织各县（市、区）档案部门随机对53个基层乡镇（街道）和210多个县级部门的档案工作进行明察暗访，推进机关企事业单位档案工作规范化标准建设。

6月9日 市档案局联合通川区、达川区档案局在西外镇罗浮广场举办"档案见证改革开放"主题展览。

7月18日 市档案局党组印发《关于档案工作2025发展规划的报告》，明确今后一个时期全市档案工作发展思路、发展重点、发展路径。

8月 市档案局在调研、走访、座谈的基础上，以市委办公室、市政府办公室名义印发《进一步加强乡镇（街道）档案工作的实施方案》。

9月12日 省档案局业务指导处副处长林莉带领检查组一行5人，对达川区档案局开展档案行政执法检查工作。

10月30日 国家知识产权局对四川文理学院档案馆提交的实物档案袋专利申请作出授予实用新型专利的通知。

12月13日 市档案局召开全市机构改革档案工作会。各县（市、区）档案局局长、业务指导股（室）负责人、达州经开区党政办负责人30余人，参加工作会。市档案局（馆）长韩家翼在会上对全市机构改革档案工作作出安排部署。

第一章 档案馆（室）工作

第一节 档案收集

一、档案接收

民国档案接收 民国时期，四川第十五区专员兼保安司令公署公文实行统收统发制度。文件办结后，各科室将原稿连同来文装订成卷，按种类编号归档，并登记保管簿。县政府辖各科室应归档文件或档案由各负责人员向档案室管理人员移交。县辖区署档案由前任和后任区长共同造具移交接收文卷清册，在监督员的监督下定期向县政府档案室移交，并办理交接手续。

民国23年至29年（1934—1940年），宣汉县政府档案室接收第一区署和国民兵团等档案2 199卷。1949年12月上旬，专员李放六在出逃通江县前，下令销毁专员公署的机密档案，毁灭罪证。同时，根据国民党达县专署的命令，所辖各县的档案也被严重损毁。

1950年1月，中共达县地委按照中央人民政府政务院有关接管工作的指示精神和中华人民共和国成立初期达县专区面临的形势需要，对档案接管工作作出规定：区内各级党政机关、人民团体、企事业单位对四川省第十五行政督察专员兼保安司令公署、辖县政府及部分机关单位残留下来的民国档案材料进行对口接管（接收）。接管后，由接管单位负责保管。由于中华人民共和国成立初期各机关单位工作人员少，主要忙于建立人民政权，恢复生产，稳定金融和社会秩序等，对已接管（接收）的旧政权档案材料无专人管理，加之保管条件差，使部分档案材料霉烂损毁。达县专署秘书室主任张开源在1952年和1953年擅自决定将达县专署接收的民国档案1.44万余卷和达县县政府接收的部分民国档案出卖或烧毁。从当时干部拣出的很少一部分档案来看，其中有四川省第十五区行政督察专员公署、达县、万源等县政府的统计手册。这些手册中除人口、田土和学校等统计数据外，还有专署及各县行政人员登记表册和专署关于国民教育概况调查等内容。

1953年，大竹专署与达县专署合并，达县专署接收到民国档案。1955年，为响应肃反运动和审查干部需要，对民国档案中的政治档案进行清理，并将原大竹、达县专署接管的民国时期四川省第十区、十五区行政督察专员公署政治档案3 259卷移交给达县专区公安处保管，其他档案（又称一般档案）仍由各接收机关代管。

1960年，专区各县档案馆成立后，相继接收各代管机关移交的旧政权一般档案2.10万余卷进馆，政治档案仍由公安机关保管。1964年，地委办公室、行署办公室组织10人清理小组到大竹县政府将保存民国第十区专署的一般档案进行清理。1968年，按照中共中央、中央军委、中央文革小组《关于按管清查敌伪档案的指示》和四川省革委会筹备小组、成都军区的指示精神，"四川省达县地区革命委员会中国人民解放军达县军分区清查敌伪档案办公室"接收原达县专署保存的民国大竹、达县专署残缺零散档案1 619卷。1970年，该室接收原达县专署保存的原大竹专署接收并移交的四川省第十区行政督察专员公署档案3 193卷。1974年1月，接管清查工作结束，该室向地区革委办事组档案科移交原地区公安处保存的民国政治档案和一般档案8 071卷，资料1 393册（本）。

1983年，地区档案馆接收原渠江钢铁厂接管保存的民国27年至38年（1938—1949年）渠江矿冶股份有限公司档案411卷，填补地、县档案馆保存民国企业档案的空白。

1984年，宣汉县档案馆接收清朝嘉庆十四年（1809年）至宣汉三年（1911）年的档案97卷（件）；民国26年至38年（1937—1949年）宣汉电信局档案108卷，家、族谱43册，照片11张，史书34册。

到1998年末，全区有7个地、县级档案馆接收保存民国档案65 372卷，其中：地区档案馆9 615卷，县级档案馆55 784卷，宣汉、开江县档案馆保存民国档案均在万卷以上。此外，万源市档案馆征集到明清档案7卷、118件；宣汉县档案馆收集到明清档案5卷及家谱、族谱264册，成为全省县级档案馆中保存家、族谱最多的档案馆。

撤销机构档案接收 1953年，大竹专署撤销后，对其档案资料实行对口接收，余下部分零散文件由大竹县人民政府办公室代管。

1962年，全区根据省委、地委指示，贯彻执行国民经济以农业为基础的方针，继续压缩劳动力和城镇人口加强农业生产第一线，撤销、合并和停办一些厂矿、企业。4月14日，为确保其档案材料的完整与安全，地委办公室印发《关于压缩劳动力和城镇人口中部分厂矿、企业撤并、停办后档案材料处理的通知》，对档案材料的移交提出要求：

第一，凡属撤销的厂矿、企业应按下列原则处理：撤销的专属厂矿、企业的档案材料、财会总账、分账交专区主管部门保存。撤销的县属厂矿、企业的档案材料，财会总账、分账整理好后一律交县档案馆保存；撤销的区、公社所属厂矿、企业的档案材料分别交区委、公社党委保存。

第二，凡属合并的厂矿、企业、学校应按下列原则处理：一个单位并入另一个单位时，其档案材料交由并入单位单独保存，主管部门不得分散档案材料；一个单位并入几个单位时，其档案材料应经上级主管部门确定交由其中一个主管单位统一保存，不得分散。

第三，各移交单位对于移交的档案材料，应编造移交清册，交接时双方应按清册逐卷清点，无误后双方签名盖章。各移交单位的档案工作人员在未办清移交手续前，不要调离原工作岗位。

同时，专区与大竹、通江、万源等7个县先后派工作组到撤销厂矿检查和协助清理档案。据统计，专、县所属撤销机构，按规定应交县档案馆的单位124个，已交119个，已交档案材料16 020卷。暂停、合并、转化所有制单位的档案大部分已清理结束，并分别由原单位和新设单位收集、保管。

1964年，专区对由大竹县代管的原大竹专署的文件进行清理，组成文书档案1 089卷，由达县专署机关档案室接收（1969年移交地区革命委员会办事组档案室保管）。

1966年7月9日，专区档案管理局根据省委、地委关于企事业单位的合并和体制下放工作的指示，印发《关于做好企事业单位的合并和体制下放工作中档案材料清理移交的通知》，对档案材料的移交提出意见。凡是合并的企事业单位，应按下列原则移交：一个单位并入另一个单位和几个单位并入一个单位时，其档案材料交由并入的单位单独存放；一个单位并入几个单位时，其档案材料应经上级有关业务部门确定交由其中的一个主要单位单独保存。凡是撤销的企事业单位，属于县属的交由县档案馆保存；属于专属的，移交直属主管单位的机关档案室代为保存。

1955—1966年，专、县档案管理部门按照党和国家关于撤销机关（或部门）档案材料移交工作和关停并转企业档案处理的规定和要求，接收大批撤销机关、团体、企业、事业单位档案、资料。"文化大革命"期间，全区档案接收工作停止。

1983年8月1日，中共达县地委办公室印发《关于认真做好机构改革中档案资料收集、整理、移交工作的通知》，明确：

第一，在机构改革中，凡属变动、撤销、合并的单位，都要把文件、资料的收集清理、整理归档和移交工作，作为一项重要工作切实抓好。

第二，撤销、合并单位移交档案，必须保证案卷质量。

第三，撤销或合并单位的档案，应按以下办法进行处理：

（1）属于撤销的单位（如文教办）其全部档案（包括历年形成的文书、科技、财会等档案，以下简称全部档案），从宣布撤销之日起，应按照规定手续向地区档案馆移交。

（2）一个单位并入另一个单位（如地区物价委员会并入工商局等），或几个业务相近的单位合并为一个单位的（如地区农业局、畜牧局合并为农牧局等），其全部档案材料亦应从宣布合并之日起，由原单位收集、整理好后，向地区档案馆移交。

（3）一个单位内的一部分业务或者一个部门划归其他单位的（如原地区农机局的排灌业务划归水电局管理等），其档案材料不得带入新的单位，仍由原单位（农机局）负责将全部档案资料收集整理好后，向地区档案馆移交，新单位需要利用时可向地区档案馆借用或者复制。

（4）行政局改为企、事业单位的（如地区轻化纺局改为轻化工业公司、纺织工业公司等），其原局的文书档案、资料，从宣布改为企、事业单位之日起，也应按照有关要求，收集、整理好后，向地区档案馆移交。这些单位的科技档案、资料暂由新的公司保存、使用。

（5）机关名称的改变（如地区社队企业局改为乡村企业局），原单位的档案不移交。

（6）撤销、合并单位尚未办理完毕的文件，可以移交给新的单位继续办理，并作为新的单位的档案保存。撤销、合并单位的印章，原由上级机关颁发的，交回颁发机关封存；自制的内部机构的印章，自行处理。为了日后查考方便，撤销、合并单位和机构应将全部印章留存印模式样，作为档案卷移交地区档案馆保存。

1993年，配合区划调整和撤区并乡建镇工作，全区加强撤并单位档案的清理、核对、鉴定、整理和移交工作。白沙工农区撤销后，原96个区级单位中，有近50个单位完成档案整理、移交任务。1995年，督促万源市档案馆接收原白沙工农区撤销单位的1 800余卷档案进馆，并整理、编目、排列上架。

到1998年末，全区国有企业316家，产权变动的企业223家，其中：股份制164家，出售4家，破产7家，兼并2家，租赁

10家，承包经营28家。在223家产权变动企业中，股份制占74%，而全区现阶段的股份制企业，均未完成企业股份制改造，企业内部运行机制和管理模式没有大的变化，档案工作也完全按照以往方式开展，档案工作机构仍存在，档案继续保存在原企业，未单独设立全宗，只是部门企业档案干部略有减少。按照其他方式改制的企业，只有1家租赁企业的会计档案、生产经营管理档案保存在主管部门，其余保存在原企业中。全区7家破产企业的档案经整理后保存在破产企业内，由留守人员看管。

1978—1998年，地、县档案部门按照《机关档案工作条例》和《档案馆工作通则》中有关撤销机关档案移交和接收规定，开展正常的接收工作。地委机关档案室（地区档案馆）将达县专区地质局、中国人民交通银行达县专区支行、达钢指挥部、襄渝铁路西段会战达县民兵师达县专区服务局、达县地区贫协、达县地革委、达县社教团、达县地委国防工业部等撤销机关、团体的档案8 043卷接收入馆。

1999年，地、县档案部门严格按照《国有企业产权变动档案处置办法》的规定，配合职能部门，加大对重点产权变动企业的档案监督指导力度，有1家破产企业档案移交到综合档案馆。

2000年8月21日，市档案局、市经济体制改革委员会、市经济贸易委员会、市国有资产管理局印发《关于做好企业资产与产权变动中的档案处置工作的通知》，要求各改制企业组建国企改制工作清算组时，建立档案工作清理组，负责改制企业档案的处置工作。除规模较大的企业破产后成立企业留守处，其档案仍由留守处负责管理外，其他改制企业的文书档案、职工档案、会计档案由企业主管部门，国家综合档案馆或就业局管理，其余档案由改制后的企业管理、使用。

2001年，市委办公室、市政府办公室转发市档案局《关于在机构改革中加强档案管理的意见》。随后，市档案局印发《关于市级机构改革中机构变动部门和单位档案归属与流向的处理意见》，确保市县乡机构改革中档案不受损毁。是年，由市档案局领导带队，多次到青花、万福钢铁厂等政策性关停企业调查研究后，提出处理意见，并印发《关于进一步加强青花钢铁总厂留守处档案工作的意见》，确保改制企业档案齐全完整，管理规范。

1978—2003年，市、县档案部门接收撤销机关、团体档案12 462卷。

2004年，市档案局支持国有企业改革、农村经济体制改革、事业单位改革和城市公共资源管理体制改革，主动配合并指导改制企业，做好档案的收集、整理、归档等工作，接收部分改制企业档案进馆，防止档案的损毁和流失。同时，按照全市乡镇行政区划调整工作会议要求，各级档案部门做好乡镇区划调整工作中档案的监督指导工作。大竹、达县、开江和渠县档案局经争取成为所在县乡镇区划调整工作领导小组成员单位，并制发管理办法，对乡镇区划调整中档案资料的移交、整理、保管等环节进行监督。全市接收区划调整乡镇档案6 348卷（册）。

此外，督促改制企业按照《资产与产权变动企业档案处置办法》处置档案。市档案馆接收市五金工具厂等改制企业档案1 617卷；达县档案局以县委办公室、县政府办公室的名义印发《关于做好企业产权变动档案处置工作的通知》，安排工作人员帮助改制企业清理档案；开江县档案局与县财政监督局、县经贸委、县安监局等部门印发《关于对已改制企业会计档案限期移交县档案局的通知》，明确改制企业档案移交范围、移交方式、移交时间等事项；宣汉县档案局完成对江口电站等改制企业档案工作的指导。

2005年，市档案局召开市级机关部分机构变动部门档案归属与流向处置工作座谈会，明确撤并单位档案的处置办法。是年，重点指导蜀东化纤厂、市五金工具厂等改制企业档案的处置工作，接收档案2 784卷。

2006年，市档案局监督指导原市财办、市流通行业办、市物资行业办、市外贸局等撤并单位的档案处置工作，接收部分撤并单位档案3 185卷、资料69本、印章247枚。对渠江钢铁厂、达县宏旺磷化有限公司、铜江面粉厂等破产、改制企业的档案处置工作进行监督指导，接收档案1 250卷。

2007年，市档案局对市肉联厂、达钢、恒成能源、民爆公司等破产、改制企业的档案处置工作进行监督指导，接收原地区肉联厂档案2 240卷。到7月末，全市原有国有企业500余家，完成改制280家。全市国家综合档案馆共接收改制企业档案2万余卷，其中：市档案馆接收机构合并、破产企业和重大活动档案538卷、70盒（1 176件）、照片563张、会计档案2 060卷（盒）。

2008年，市档案局接收改制企业档案1 665卷（册）。

2001年8月，市委组织部、市人事局制定《达州市流动人员人事档案管理暂行办法》，共20条，规定流动人员人事档案坚持"集中统一、归口管理"的原则，由市委组织部、市人事局管理。各级流动人员的人事档案管理机构，接受同级党委组织部门、政府人事部门的监督和指导。10月22日，市档案局印发《关于市级机构改革中机构变动部门和单位档案归属与流向的处理意见》，明确市级机构改革中机构变动部门和单位档案的归属与流向等问题。

2010年8月，市档案局（馆）对破产民营企业"四川汉唐实业有限公司"移交的档案资料进行清理。经鉴定和整理，接收进馆该破产企业文书档案6盒（149件）、会计凭证3 427册、账簿120本。这是市档案馆首次接收民营破产企业档案。

2011年，市档案馆接收主渠道档案388卷，接收破产改制企业文书档案3 966卷、650件，职工档案476袋。

2014年，市档案局代市委办公室、市政府办公室起草《关于做好全市政府机构改革中档案处置工作的意见（代拟稿）》，明确档案的归属流向、整理归档、移交工作。1月16日，市档案局局长张强带队对原万福钢铁总厂和青花钢铁总厂两家破产企业的档案情况进行摸底、调查，决定从是年开始有计划、有步骤地开展改制、破产企业重要档案的接收进馆工作。

4月起，市档案局按照"规范整理、服务民生、方便利用"的工作思路，对原地区棉纺织印染总厂和渠江钢铁厂两家破产企业职工工资档案进行整理、著录，历时2个月整理、修复、装订两家破产企业职工工资档案1 149册，著录数据30余万条。

5月26日，市档案局拟定《2014年关于做好全市政府机构改革中档案处置工作的意见（代拟稿）》，对全市政府机构改革中档案处置工作提出总体要求：各级人民政府及其档案行政管理部门与机构变动、职能调整部门（单位）要高度重视，加强领导，确保机构改革中档案的齐全完整。机构变动、职能调整部门（单位）要重视机构改革中的档案工作，在同级档案行政管理部门的监督指导下，依法加强管理，确保档案的完整与安全，做到档案工作与机构改革工作同步进行；要认真组织，明确责任，落实所需经费及人员，做好档案的收集、整理、鉴定和移交等工作。

图1-1 搬运档案

7月16日，局党组书记、局（馆）长张强、纪检组长龚乃桢、调研员王云，相关科室干部职工一行9人，到万源市境内万福和青花两家破产改制钢铁企业，清理和搬运其历年形成的所有档案资料。晚9时，两卡车档案资料，约4万卷（册）运回市档案局。

11月5日，市档案局向市粮食局发出《关于我市机构改革单位档案移交的函》，要求市粮食局在机构改革前，将应移交的档案资料按照要求整理编目，及时移交市档案馆。

是年，市档案局依法接收地区棉纺厂、渠江钢铁厂、万福钢铁厂、青花铁厂等市属破产改制企业的文书、会计、基建、设备、科研、产品等档案近9万卷，为企业职工参保、退休提供利用服务。

2015年，市档案局落实资金，对万福钢铁厂档案进行规范整理，并全部接收进馆。共有文书档案820卷，职工档案9 782卷，会计档案（工资卡、工资表）2 107卷。全年接收青花钢铁厂等破产企业档案7 807卷，目录108 116条。至年末，市档案馆共接收进馆破产改制企业35家，档案4万余卷。

2016年5月，原地区热电厂档案移交工作启动。经多次商讨和论证，市档案局决定将热电厂保管期限为永久、长期（30年）的档案进行规范化整理，达到入馆标准后移交进市档案馆。同时，对短期档案重新鉴定，登记造册，按程序销毁。至6月末，市档案馆共接收进馆破产改制企业32家，档案11 000余卷、6 047件，每年利用破产改制企业档案的职工达3 000余人次，破产改制企业档案利用走在全省的前列。

2017年，市档案局按照市委统一要求，督促指导破产改制企业档案工作，落实改革扫尾工作推进会议精神。截至6月29日，共接收达州市石门煤业有限责任公司、渠江钢铁厂、达州市肉联厂、达州市外贸公司、达州市外贸麻纺总厂、达州市外贸茶叶公司、达州市蔬菜公司、达州市中药材站、达棉总厂、川纺达棉厂、达州市五金站、达州市建设水泥厂、达州市食品公司，共计13家破产企业的文书、会计、职工档案。

机关档案接收 1959年前，全区各级党委和政府系统的档案工作主要任务是建章立制，落实档案管理原则，收集、整理积存文件，建立档案室，集中保管文书档案。1959年1月7日，中共中央《关于统一管理党、政档案工作的通知》发布，要求地级机关需要长期和永久保管的档案在本机关保管15年后，由地级档案馆接收保管；县级机关需要长期和永久保管的档案在本机关保存5年后由县档案馆接收保管。当时，专区未建立档案馆，地委、专署机关档案室代行档案馆的部分职能。

1960年起，根据中共中央《关于统一

管理党、政档案工作的通知》精神,将专区机关需要长期和永久保管的档案保管15年后移交地委和专区档案室保管,县级机关需要长期和永久保管的档案保管5年后移交县档案馆保管。是年,全区10个县档案馆(开江县除外)完成接收档案进馆任务。同时,接收大批资料。据对大竹、渠县、邻水县档案馆统计,3个县档案馆接收档案97个全宗、30 609卷,每个县平均接收档案数超过1万卷,接收资料10 618件。

1961年,全区有10个县档案馆完成接收档案的任务(开江县尚待接收),共接收档案348个全宗、82 397卷。

表1-1 1961年末专区各县档案馆接收档案情况

项 目	全 宗	案 卷	零散文件	已整理	
				全 宗	案 卷
大竹县档案馆	42	8 440	—	42	8 440
渠县档案馆	36	11 338	—	36	11 338
邻水档案馆	31	11 566	127 226	—	—
达县档案馆	32	5 493	—	—	—
开江档案馆	12	7 008	15 000	—	—
宣汉档案馆	29	6 791	—	—	—
万源档案馆	37	6 845	—	—	—
通江档案馆	31	6 795	—	—	—
南江档案馆	30	4 381	—	—	—
巴中档案馆	34	6 315	—	—	—
平昌档案馆	34	7 425	—	—	—
合 计	348	82 397	—	—	—

至1963年,达县、开江、宣汉、万源、大竹和渠县档案馆接收档案207个全宗、57 860卷,资料13 644册(本)。

1964年,专区档案局组织人员对零散文件材料进行清理,组成文书档案1 089卷,由达县专署机关档案室接收,并于1969年移交给地革委办事组档案室保管。

1966年,"文化大革命"开始后,专区各县档案馆及机关档案室工作瘫痪。1968年,达县地革委成立后,先后发出关于做好档案材料的清理移交工作的通知,制定档案清理移交管理办法。

1978年中共十一届三中全会后,全区地、县档案馆把接收与征集档案、资料进馆工作,作为馆务建设的首要任务和中心环节。除按照《省档案馆工作暂行通则》规定,接收本级各机关、团体档案外,接收部分二级单位的档案和区、乡档案近10万卷。

1980年,地区档案馆建立,按照《省档案馆工作暂行通则》规定接收档案资料。至此,全区档案接收工作逐步走向制度化、规范化。至年末,地、县档案馆共接收档案325个全宗、143 075卷,资料29 058册(本),其中地区档案馆接收档案36个全宗、31 523 卷，资料 8 908 卷（册）。各县档案馆库存档案全宗 669 个、176 488 卷，资料 20 952 卷（册）。地区档案馆库存档案 37 316 卷，资料 8 908 卷（册）。

1981年，各县档案馆在协助机关档案室完成积存零散文件的整理工作和档案材料鉴定工作后，陆续开展档案接收工作。除地区档案馆和达县档案馆外，其他10个县档案馆接收档案1 975卷。是年末，地、县档案馆库存档案全宗746个、220 457卷（其中历史档案69 839卷、革命历史档案236卷、册），超过"文化大革命"前馆藏档案1倍以上。库存资料共计29 806卷（册）。

1982年，根据《中央关于统一管理党、政档案工作的通知》和中共中央办公厅批准的《机关档案室工作通则》《档案馆工作通则》的规定，以及全省档案工作会议的安排意见，地区档案局从是年开始，到1984年上半年分期分批、有计划地将地级机关永久、长期档案接收进馆。6月起，在地区冶煤局、地区商业局、地区粮食局进行接收局一级单位档案试点，总结经验。

7月24日，地委办公室、行署办公室转发地区档案局（馆）《关于接收地级机关文书档案、资料的几点意见》，明确接收的时间和范围：根据《机关档案室工作通则》第三十条规定，地级机关的档案应该在本机关保存15年左右，再由档案馆接收保存。拟定接收时间从1950—1966年这段时间的永久、长期档案（有的机关愿意交到1970年的，也予以接收）。接收范围主要是地级局一级单位和二级单位的文书档案（包括地委、行署设在各局的临时办公室和撤销机关的档案），各机关保存的革命历史档案和旧政权档案也应同时移交进馆。此外，各单位编写的大事记、组织沿革、基础数据汇编、文件汇编、专题概要、烈士传、回忆录及有关业务资料，也应移交进馆，统一保存。同时，对接收进馆档案的质量提出要求：档案馆接收现行机关的档案，应该是经过整理、鉴定的案卷。

至年末，地区档案局接收8个单位，1 400余卷档案进馆。全区地、县档案馆接收进馆档案935个全宗、23 8571卷（其中：中华人民共和国成立后档案152 220卷，革命历史档案69卷、册，旧政权档案68 747卷、册），科技档案1 976卷、袋，库存资料3万余卷、册。

1983年4月，《机关档案工作条例》和《档案馆工作通则》颁发。5月13日，地区档案局在地区土产站召开接收二级单位档案现场会；5月18日，印发《关于接收地级机关所属二级单位档案资料的几点意见》，明确接收的时间和范围。鉴于二级单位形成的档案材料与一级机关有极为密切的联系，参照一级机关档案的接收时间，从现在开始，到9月底（个别单位最迟不能超过年底），将地级机关所属二级单位1950—1970年的永久档案接收进馆（1970年后的档案也应收集、整理好，以便今后移交）。接收的范围主要是地级机关的直属单位，如地区商业局的各公司、供销社的各站，农业局的各场、站，科委的各研究所等单位的文书档案，这些单位的科技档案暂不接收。地级机关的直属工厂、矿山的文书档案和科技档案暂不接收。在地区的省级主管机关的二级单位的文书档案要接收进地区档案馆，但地质队的档案不进入档案馆。

到7月末，全区完成移交任务的有：原专区经委、工业局、冶金局、煤炭局、轻化局、机电局、建设银行、粮食局、外贸局、供销社、农机局、水电局、油脂公司和土产站等14个单位，移交1970年前的档案3 187卷。

10月26—28日，全区接收区、乡（社、镇）档案工作会议在平昌县召开。会后，各县（市、区）档案部门开展区、乡（社、镇）档案接收工作。各县档案部门针对实际，调整库房，添置柜架，统一印制卷皮、目录等，并在调查研究和试点的基础上，制订"接收区、乡档案试行办法"或"实施方案"，提出具体措施和要求。同时，根据区、乡文书档案人员变动频繁，住地分散等情况，就地组织业务培训、现场练兵、巡回指导，收到较好效果。此外，采取专（兼）职档案干部与群众相结合的形式，集中力量做好区、乡档案移交前的整理、鉴定。各县（市）档案局（馆）干部分工划片，包干负责业务指导，实行"包业务培训、包业务指导、包检查督促、包案卷质量、包移交时间"的五包责任制，并适当奖惩，调动局馆干部的积极性，提高案卷质量，加快档案接收进程。针对区、乡档案材料普遍收集不齐的现状，各地采取措施，开展收集工作。宣汉县档案馆采取"一弄清、二了解、三动员、四登门"的办法，从52个区、乡中，重新收集到历年档案4 849卷；大竹县档案馆采取"四个结合"，即"上下结合、内外结合、领导和一般干部结合、普遍号召与个别催收结合"的办法，收集到文书材料3万余份，增加档案1 508卷。

至10月末，平昌、开江、白沙等县（区）档案馆结束区、乡档案接收。邻水、南江、通江等县档案馆接收一部分。其他县（市）档案馆也进行试点。据统计，全区共接收121个区、乡档案1.40万余卷进馆，占应接收的14%。

11月5日，地区档案局印发《接收区、镇、乡、社文书档案试行办法》的通知，明确接收区、社档案的范围：只接收区、乡党委（总支、支部）、行政（乡政府、管委、革委）、团委、妇联、贫协和各种经济组织（如农工商联合公司）等工作活动和各项政治运动中自身形成的，以及上级（县委、县政府、县级有关部、委、室、局）直接针对该区、乡的人和事所形成的并具有历史查考和长远利用价值的永久档案。属于其他保管期限的档案和党员、团员、干部个人档案，公安档案，会计档案（凭证、账簿、月季报表），科技档案等暂不接收进馆。

接收区、乡档案的时间，原则上按照《机关档案工作条例》和《档案馆工作通则》的规定执行。县档案馆接收区、乡保管10年左右的档案，个别特殊情况也可提前或延后接收。

接收区、乡档案的质量要求：（1）属于接收范围的档案材料，必须收集齐全、完整；（2）分类要清楚，机构应分开，年代不混淆；（3）组卷符合有关原则，要保持文件之间的有机联系，使案卷正确地反映本机关活动面貌；（4）保管期限划分准确，卷内文件排列科学、系统；（5）标题结构完整，文字简练、通顺、准确；（6）卷内要编张号、填卷内文件目录和备考表，装订结实、美观，案卷封面书写规整；（7）案卷按年代、机构分类、排列，编号方法要统一。

档案移交前必须进行一次整理。一般应按党、政、团、妇等机构分类，按要求组成案卷，达到年代准确、机构不混、问题集中，使之有规可循、有目可查。

接收区、乡档案的方法：由移交单位按照要求整理好后，直接向县档案馆移交。交接双方都要按照规定进行清点并在"案卷目录"上加盖单位印章，签署交接人姓名，以示负责。对于不符合质量要求的案卷，要重新整理，待符合质量要求后，再办理交接手续。同时，在档案搬运、交接过程中，必须做好保密、保卫工作，确保档案的绝对安全。

至年末，地、县档案馆完成地、县级机关、团体、事业单位及部分二级单位的档案接收进馆任务，共接收档案100 199卷，达原馆藏253 836卷的39%。

1984年5月，全区有402个区、乡（占区、乡总数的46%），应移交进馆档案55 302卷。6月13—16日，地区档案局在大竹县召开接收区、乡档案工作会议，总结交流前段时期各地开展区、乡档案接收工作经验，分析当前工作中存在的问题，并参观大竹县阳镇、庙坝、清水等区、乡档案整理、移交工作，着重讨论如何进一步加强党的领导，发动和依靠区、乡文档干部，做好业务指导工作，在保证质量的前提下，加快接收进度，以及在全区开展竞赛评比等问题。

6月23日，经地委办公室同意，地区档案局印发《接收区、乡档案检查评比办法》的通知，明确先进集体、先进个人评比条件及记分标准。各县（市、区）档案局（馆）检查评比工作，由地委办公室、行署办公室领导，具体工作由地区档案局承办。全区评出接收区、乡档案工作先进集体36个、先进个人51名。

是年，全区共接收区、乡档案43 599卷进馆。该年后，全区按照《档案馆工作通则》规定，开展正常的档案接收工作，不再采取突击的办法。

1985年，地、县档案馆按照国家档案局关于《各级国家档案馆接收档案范围的规定》，扩大收集范围。至年末，地、县档案馆共接收档案237 669卷，其中地区档案馆接收档案40 504卷。

1986年，地、县两级档案馆共接收机关档案185 476卷，其中地区档案馆接收39 994卷。

1987年，地区档案馆将地区纪委的案件档案和地区整党办、人才普查办、工业普查办的档案8 000余卷（册、袋）全部接收进馆。地区档案馆共接收71个单位的档案、18 108卷。同时，收集零星文件材料，整理出651卷档案，其中"文化大革命"的档案45卷；声像档案100余册（盒、盘）、5 500余张；资料6 000余册。

至年末，全区综合档案馆共接收档案458 045卷，比1980年增加31.23%，其中地区档案馆接收档案77 331卷，比1980年增加40.76%。全区各级档案馆馆藏结构由单一型向多门类发展。

1988年，地级有98个单位（包括撤销单位）向地区档案馆移交档案30 474卷（册），占馆藏总量一半以上。

1989年，地区民政局、地区人劳局、地区冶煤局、地区粮食局、地区供销社、地区外贸局和地区运输公司等24个单位向地区档案馆移交档案4 587卷。

1990年，全区各级档案馆接收档案20 512卷，资料3 200册，其中地区档案馆接收地级机关移交的档案3 149卷。全区档案馆馆藏档案603 185卷，资料102 714册。

1986—1990年"七五"期间，地、县档案馆新接收进馆档案184 028卷，资料55 250册。

1991年2月，地区档案馆制定《达县地区档案馆接收档案实施细则》，明确档案馆接收工作的基本指导思想：在维护党和国家历史真实面貌的前提下，根据档案分级管理的原则，将应该由本馆接收的一切具有历史凭证作用和科学研究价值的各种门类、各种载体形态的档案，完整齐全地接收进馆，建立内容丰富、门类齐全、结构合理的馆藏体系。是年，地区档案馆接收10多个地级机关的档案、资料2 923卷（册）。

1992年，地区档案馆接收地级机关、单位档案、资料1 516卷（册）。1993年9月6日，地区档案局印发《关于加强档案接收与开放工作的通知》，要求档案的接收范围和年限按照国家有关规定执行。

1994年3月10日，地区档案局（馆）

印发《关于接收地级机关档案的意见》，明确档案接收范围：

（1）中共达川地委（包括各部、委、室、校）、地区纪委及其工作部门和直属的临时性单位形成的档案。

（2）地区政协和群众团体（工会、共青团、妇联、科协等）在工作活动中形成的档案。

（3）地区人大和地区中级人民法院、地区检察分院及其工作部门和直属的临时性单位形成的档案。

（4）地区行署及其各直属工作部门（包括地级各局、行、院、处、办）形成的档案。

（5）地区行署直属工作部门所属的下属单位（如商业局，供销社下属各公司、站，文化局下属团、司、店，农业部门下属各站、司，水电局下属各工程队等）形成的档案。

（6）属地方和上级主管部门双重领导的单位形成的档案。

（7）经协商同意，可选择接收或代存有代表性的工厂、学校、集体所有制等单位形成的档案和本级人事管理权限内著名人物形成的档案。

（8）地级撤销单位的档案。

上述各机关的档案包括建国前保存本地的革命历史档案、旧政权机关形成的档案和建国后形成的文书档案、科技档案、声像档案、会计档案、其他门类专业档案（除国家规定暂不向档案馆移交的档案外），均属接收范围。

按照《档案馆工作通则》的规定，接收在各单位保存10年左右，即1985年以前的，需要永久和长期保管的档案一律接收进馆。如有特殊情况，经协商，可以提前或推迟接收。这次接收的重点是地级部局单位。接收方法采取统一布置、分类指导、集中整理，分批移交。

1995年，地区档案馆新接收地级机关、单位档案、资料2 594卷（册）。

1991—1995年"八五"期间，地区档案馆组织专人接收地属一级单位和部分二级单位1985年前永久、长期保存的档案及有关资料10 448卷（册、本），其中档案9 997卷,资料451册（本）。馆藏资料从1990年的85 720卷（册）增加到1995年末96 168卷（册），增长12.2%，其中科技、声像、专门档案占馆藏总量的13.20%，资料占馆藏总量的24.8%。收集整理照片档案5 698张，录音、录像资料40盒。

2003年5月21日，市委办公室、市政府办公室印发由市档案局起草的《达州市国家综合档案馆档案资料接收办法》，明确国家综合档案馆档案资料的接收范围，档案接收的案卷质量标准，规定凡2003年起移交进馆的各种门类不同载体的档案必须同时移交机读目录，统一市本级档案管理软件。凡移交进馆均须消毒杀虫，并由移交单位交纳一定的消毒杀虫费。至年末，市、县两级档案馆共接收机关档案45万余卷。

2004年，市档案馆依法接收应进馆档案13 697卷（册），征集资料6本、地委机关户口档案5盒、原达县（川）地委印章5枚、照片447张（并已刻录成光盘，实行计算机管理）。

2004—2005年，市档案馆接收档案15 820卷，接收照片档案1 039张，底图3 417张，收集资料1 500余册。达县档案馆将农村税费改革档案873卷接收进馆。至2005年末，全市各级档案馆馆藏档案增加到593 682卷，资料112 236册。

2008年，市档案馆接收机关、乡镇档案80 574卷、657件，接收改制企业档案2 526卷（册、盒）。

2009年，市档案局制定《达州市档案

馆接收档案的范围和质量标准》，明确市档案馆接收档案的范围和质量要求。

2005—2009年，市、县档案部门共接收档案115 838卷、230 912件，照片6 597张、资料1 525册、光盘601张、印章859枚。其中，文书档案105 712卷、230 912件、基建档案3 840卷、会计档案6 286卷、职工档案2 161卷、林权档案1 985件、案件档案2 015件。

2010年3月16日，市档案局（馆）印发《关于接收市级部分单位档案进馆的通知》，具体要求：凡2001年前的档案没有移交进馆的单位（含下属单位）均属移交范围。移交档案的单位各种门类和不同载体的档案（永久、长期卷）均应移交。原破产企业和改制企业的档案移交到主管部门的，由主管部门组织移交。同时，还明确移交质量、移交程序、移交要求。

2011年，市、县两级档案馆开展"基础业务建设年"活动，接收主渠道档案22 933卷（册）、印章20枚、电子档案3盘，接收破产改制企业文书档案4 586卷、650件，职工档案476袋，会计凭证1 923册，账簿406卷，接收撤并单位印章30枚，接收已公开现行文件319件。

2012年7月10日，市档案局召开市级机关档案移交进馆工作推进会，市级有关部门（单位）分管档案工作的领导及档案人员32人参加会议。会议组织参会人员学习国家档案局第9号令，明确各级各类档案馆收集档案的范围；安排布置2012年市级部门（单位）档案移交进馆工作任务，培训讲解档案移交进馆工作的具体要求、质量标准和注意事项。10月，市委办公室、市政府办公室印发《关于转发〈达州市档案馆接收档案实施细则〉的通知》，对各单位档案移交工作作出规定。

是年，市、县两级档案馆接收主渠道档案18 923卷（册）、印章70枚、电子档案3盘，接收破产改制企业档案2 249卷（册），接收撤并单位印章25枚，接收已公开现行文件421件。

2013年1月，市委、市政府印发《关于向市档案馆移交省部级以上荣誉档案和公务礼品档案的通知》。3月7日，市档案馆决定分批次、有计划地将散存在市级各部门（单位）的档案接收进馆，在摸底调研的基础上，制定《达州市档案馆2013年档案接收计划》，明确移交单位、移交时间、移交范围。4月16—19日，采取集中理论授课，分组操作培训的方式对市级单位210名档案干部进行基础业务技能培训。5月23日上午，市政府副秘书长喻东代表市政府组织召开2013年市级单位档案移交工作推进会，对档案移交工作进行再布置、再动员。同时，每月对移交情况进行通报，确保档案移交工作按期按质按量完成。

图1-2 2013年，市级单位档案移交工作推进会

至年末，市、县级档案馆接收档案62 850卷（册），资料6 355册，其中市档案馆接收市政府办公室、市发改委等部门档案11 674卷、47 517件，资料4 517册，族谱档案19册，荣誉档案89件。此后，市档案局每年以市委办公室、市政府办公室名义印发市档案馆年度档案接收计划，明确当年市本级档案移交单位、范围、时限以及移交程序。

2014年3月5日，全市社会公共信息资源整合暨档案接收工作会召开。当年有移交任务的50个市级单位（部门）参会。到6月30日，市档案馆完成对市人大、市旅游局、市计划生育药品管理站、市残联、市经信委、市冶煤局等单位的档案接收、清点，共接收档案4 091卷、13 481件。

11月25日，市档案局成立档案接收进馆工作领导小组，李华任组长，高峰、牟德洪任副组长。12月16日，制定《达州市档案馆2015年档案接收计划》。是年，市档案局以2013年度归档文件整理、数字档案室创建等工作为重点，到机关企事业单位档案室，采取面对面讲解、手把手示范的方式指导新建单位、新任档案员和业务不熟悉的档案员做好归档文件整理，确保按时完成年度归档任务。全市的综合档案馆全年接收档案35 100卷，资料7 000册。市档案馆接收机关企事业单位档案6 993卷、38 171件，资料6 000余册。

2015年，市档案局先后制定《达州市档案馆档案接收进馆制度》《达州市档案馆档案接收进馆监督制度》，争取市委办公室、市政府办公室印发《2015年档案接收工作计划》，采取主动上门指导服务、定期通报移交情况等形式，加大档案接收征集力度。达川区与通川区区划调整后，市档案局及时开展对9个乡镇档案工作的指导。同时，主动指导市投资公司、市交易中心等新设立机构的档案工作，收集整理改革中新形成的档案，做好改革中的档案处置和提供利用工作。是年，全市各级档案馆接收132个单位档案361 664件，其中市档案馆接收共青团达州市委、市政府信访办、市文化局、市妇幼保健院等52个单位的档案19 813卷、46 477件。

至年末，市档案馆藏档案资料从2011年的165个全宗9.8万卷4万件增长到198个全宗15.3万卷22万件、资料2.5万余册，增长260%。该年后，市档案馆接收进馆的档案大部分由中介服务机构负责整理。

2016年，市档案局采取主动上门指导服务，定期通报移交情况等形式，加大档案接收征集力度，全年完成市卫生局、市社保局、四川省烟草公司达州分公司等35家单位的档案接收、清点、入库上架工作，共接收档案9 592卷、78 155件，目录184 585条。各县（市、区）档案馆全年接收档案22 937卷、37 463件，资料1 969册。

2017年起，市档案馆对移交进馆的档案采取"双套制"的方式，既要移交纸质档案，又要移交对应的数字档案。为开展电子档案归档管理和进馆工作，制定《达州市档案馆归档电子档案移交接收办法》，完善国家综合档案馆电子档案接收平台建设。9月18日，市档案局成立接收档案验收工作领导小组，李华任组长，李军、张莉任副组长。是年，市档案馆完成市公路水运工程质量监督站、市公共汽车总公司等6个单位的档案接收、清点、入库上架工作，接收档案2 528卷11 842件，案卷级和文件级目录20 662条，新增全宗4个。各县（市、区）档案馆全年接收档案7 696卷105 836件，资料345册。

2018年初，市档案局拟定2018年档案接收计划，规定从本年开始进馆的档案需同时提供全文数字化数据。全年完成市委组织部、市委政法委、达州电力集团有限公司及市健康教育所4个单位的档案接收、清点、入库上架工作，接收档案23 711件。

同时，市档案馆严格按照《中华人民共和国档案法实施办法》和《达州市档案馆接收档案验收工作流程》规定，对入馆前的档案进行验收，验收工作包括3个环节，即验收前期工作、档案验收、验收后期工作。

验收前期工作主要流程：（1）检查档案

全文数字化数据，对著录和扫描的档案条目、原文数据质量进行验收；（2）清点档案实体数量，检查档案整理质量，发现问题及时通知立档单位处理，检查、核对档案电子目录数据与档案实体是否正确对应，并一起收齐随同档案实体进馆的其他材料。

档案验收工作主要流程：（1）召开验收工作会，验收小组现场查看档案数字化数据、档案实体、档案目录、全文数字化等情况；（2）验收小组对验收结果进行通报，并作出是否通过验收的决定，若通过验收，则验收小组成员在档案验收文据上签字，并由局办公室加盖"达州市档案馆"公章，若未通过验收，则通知立档单位及时处理问题，直至档案质量达到进馆标准并再次通过验收小组的验收。

验收后期工作主要流程：对通过验收的档案，正式进馆，由接收保管利用科负责制作档案移交文据，并由经办人、科室负责人、分管领导、主要领导签章完毕后，再通知立档单位在该文据上签章。该文据一式三份各自保存。

至年末，市档案馆馆藏档案数量达265个全宗，173 837卷，342 841件；馆藏资料26 949册。

技术（科技）档案接收 1959年起，专区各工厂、矿山、设计院、科研院（所）和地质、测绘、水文、气象等单位及工业、交通、科技主管机关内部需归档的技术文件、资料，随时或定期交本单位档案室保管。

1962年，规定"下马"企业、工程档案移交有关部门或主管单位。

1982年起，达县市城区的城建档案由达县市城市建设档案室（馆）接收。

1987年，根据国家档案局、国家科委联合颁发的《科学技术研究档案管理暂行规定》，全区科技档案工作实行集中统一管理，随时或定期向技术档案室移交档案。各厂矿企业单位建立健全档案管理机构和工作制度，负责收集本单位各车间（分厂）、科室在工作活动中形成的具有保存价值的文件、图表、数据、照片、影片、录音录像等各种形式和载体的科研文件材料。按照集中统一管理与分级保管相结合的管理形式，由企业负责管理本企业全局性的档案。到1997年末，全区中小型企业档案馆、室接收保存档案576 216卷，保证档案完整、准确、系统、安全和有效利用。

1998年，达县档案馆接收"五一"煤矿档案1 754卷。至2003年末，全市各单位档案馆、室共接收技术（科技）档案93 578卷、底图280 431张。

2016年3—5月，市档案馆对上年未进馆的科技事业单位进行督促。7—9月，对全市24个科技事业单位开展档案工作执法检查。2017年初，在召开全市档案工作会议时，将经济科技档案工作一并安排布置，并与各县（市、区）签订目标责任书，年终严格考核。10—11月，对上年未进馆的科技事业单位进行执法检查。2018年10月，市政府副秘书长牵头组织建设项目和科技事业单位主管部门的联系协调会，强调做好经济科技档案的重要性，推进全市经济科技档案工作。

专门档案接收 1980—2003年，全市各级机关、团体、企业单位接收专门档案1 419 263卷（册），其中市档案馆接收会计、新闻、纪检、审计、人口普查、工业普查等11类专门档案10 108卷，县级档案馆接收专门档案4万余卷。

二、档案征集

党史资料征集 达州市是川陕革命根据地、川东游击队主要活动地区之一。1921年起，中共老一辈革命家吴玉章、李先念、徐向前、王维舟等先后到此开展革命活动。1927年秋，达县、宣汉、万源、开江等县党组织相继建立。1933年2月，中共川陕省苏维埃政权建立，组建正规红军，开展反三路围攻和三次进攻战役，川东游击队整编，肃反和土地革命，恢复发展苏区经济，开展文教宣传和医药卫生及戒烟等活动，留下许多珍贵的党史资料。

中华人民共和国成立后，各级党委和政府重视收集党的史料。1951年，中央访问团到达县专区，王维舟带走一些材料回北京。1956年12月5日，中共中央办公厅、国家档案局《关于收集革命历史档案的办法的通知》发出后，全区各地采取多种方式宣传和收集。1957年3月至1958年2月，全区收集到川陕时期《中国共产党党章》《川陕省党在工会工作中的任务》《青年团工作决议》等重要文件50余件，革命书籍21本，文艺歌选6本，标语、口号、传单186张（幅），各种证件、图章74件，烈士信件、照片39封（张），银、铜、纸、布币2 126枚（张），刀、矛、手榴弹和机器零件180件，并层层上交，地区档案馆仅存目录和清单。

1958年2月28日，地委办公室印发《关于收集革命历史档案的情况及今后意见》，对前段时间全区收集革命历史档案的情况进行总结，对今后工作提出意见，并确定通江、巴中、南江、平昌、万源和达县为重点县，要求每月向地委办公室汇报一次情况；宣汉、邻水、渠县和大竹等县为一般县，1~2月汇报一次情况。

12月16日，地委办公室将收集到的《目前政治形势与川陕省苏维埃的任务》《川陕省第二次工农兵代表大会决议》《川陕省苏维埃组织法》《土地法令（草案）》《庆祝第三次团员代表大会告全苏区劳苦青年书》《万源县红军时代户口登记册》"公粮收据""苏维埃政府印章""苏区各种货币"等74件革命历史档案（其中：属革命历史文件36件，照片23张，文物15件），上交省委办公厅"四川省档案资料利用工作现场会议"（该会在内江专区召开）筹备处举办展览，并出具收条，后未退还。

1959年12月11日、1961年8月10日，省委办公厅和达县军分区介绍，原红四方面军战史编辑委员会编辑卓凤鸣等3人先后两次到中共达县地委收集编写红四方面军战史资料，并带（借）走《游击队在天生》《反动派与白色士兵吵嘴歌》《工农小曲（第六集）》等14件革命历史档案资料。1964年1月18日和6月16日先后两次退回档案资料13件，另1件无法查找未退还。

1961年5月，渠县召开老红军及地下党员座谈会。随后仅半个月就收集革命历史档案文物25件。同时，通江、南江、巴中和平昌等地也收集一些革命历史资料。

1979年9月1日，中共渠县县委宣传部副部长胡允久提供线索，并带县文化馆李星耀、县进修校唐谨怀一同到渠县人民法院，从国民党中将政务参赞杨鹏升案卷中，发现陈独秀1939—1942年住在四川江津时写给杨的亲笔书信40封（其中明信片2张）。地区档案局获悉后，派张全修赶到渠县接收，并由渠县档案局和县文化馆各派1人直送省上。原件后送中央档案馆保存，地区档案馆和渠县档案馆各存复制件1套。

1980年初，在全省部分老红军、老干部座谈会后，全区各县（市）开展收集整理现代革命史资料工作。4月，地区成立由地委组织部、宣传部、统战部负责人组成的地区资料组，抽调2名专职工作人员，拨给经费。8月，地委召开全区部分老红军、老干部座谈会。随后，地区资料组召开3次全区专业工作人员会议。根据地委要求，全区13个县（市、区）中，除白沙工农区未分任务外，其余12个县（市）成立领导班子，抽调45名人员，其中专职26人。是年，地区资料组和各县（市）资料组在调查、采访、收集地方革命斗争史资料的基础上，完成1919—1949年现代革命史大事记的编写任务，地区资料组编写出《达县地区解放前三十年大事记》（初稿）。

1981年5月，地区妇联派专人到11个单位、30余位老红军、老干部和熟悉情况的人员中了解川陕妇女运动情况，收集整理川陕省委领导妇女工作形成的文件、纲领7份，动员妇女参政参军标语6条，妇女革命歌谣7首，革命故事2个，女老红军花名册1份，访问记录3份，个人回忆录和座谈记录3份，其中有：红四方面军妇女独立营、团、师的资料，中国妇女运动先驱、红四方面军妇女独立团团长、红四方面军总医院政治部主任张琴秋和川陕省委妇女部部长姚明善、川陕省委少共省委妇女部部长李苹等人的革命事迹资料。

同年夏，万源县组织80余名教师和部分机关干部，携带8部相机，对全县革命文物资料进行普征普查，拍照800多张，其中1933—1934年的红军标语和遗物160余张。同时，全县聘请28名文物调查员，调查了解当地的文物、革命历史资料，并对有一定价值的文史资料按每1000字付酬2~5元，以资鼓励。

与此同时，按照中共中央办公厅〔1980〕36号文件要求组织人员，从地、县档案馆、文化馆、图书馆、博物馆和党校、报社等单位的资料中，清理出革命历史文件、资料、刊物、报纸和敌伪档案中反映我党我军活动的材料2 111份（本），其中：属革命历史文件、资料115种、2 035份（本）；属革命刊物、报纸6种、13份（本）；属敌伪档案中反映我党、我军活动的材料59份（本）。清理出来的这部分材料按照规定逐件登记。

是年，地区资料组编发《达县地区现代革命史资料》3期，刊载反映巴山游击队革命斗争的《赵明恩传》，反映王维舟、李家俊领导下的《川东游击军固军坝的起义》、反映王维舟青年革命活动的《辛亥革命时期的东乡》，反映中共领导下的《巴中早期的地方党组织及农民运动》，反映川东游击军政委革命事迹的《唐伯壮烈士纪略》和绥定道委书记、红三十军政委《杨克明传》等。各县（市）资料组在编写出本县（市）革命现代史大事记后，陆续整理和编写出一批重要资料。万源县资料组王永清与西南师范大学王斌合作，编写《川东游击军史话》。渠县资料组出版《渠县现代革命史资料》第一辑。地区资料组初步编写出川北地下党在通江、南江、巴中、平昌的革命活动。

至年末，全区收集到毛泽东、周恩来等老一辈无产阶级革命家资料或档案原件44件，其中：毛泽东1942年在西柏坡与全体警卫人员的合影、毛泽东在长征中与中央领导合影合计2件；朱德1938年写给徐彦刚烈士（开江县人）弟弟徐兴尉的亲笔信1件；周恩来1964年在成都接见达县地区文工团时讲话记录稿1件；陈独秀在1939—1942年写给杨鹏升（渠县人）的亲笔信40件。上述44件原件按照规定全部上交。

1983年初，根据省委办公厅《关于收集现任中央常委著作原件的通知》，由地委办公室拟发文件，并召开地级各大口办公室主任座谈会，同时，派人到川陕革命根据地博物馆，地、县文化馆、图书馆、报社等重点单位调查了解；组织档案馆的人员清查有关全宗的档案资料。到4月中旬，收集到时任中央常委著作原件5件，其中题词2件、书信1件、批示2件。

表1-2　1983年4月中央常委著作原件收集情况

作者	文稿标题	文稿种类	成文时间	份数	页数	现存何处	书写材料
胡耀邦、邓小平	对王波、王直哲"宣汉近况一瞥"的批示	批示	1950年6月7日	1	1	地区档案馆	红墨水
胡耀邦	给达县地委书记杨绍增、范铭、组织部长杜秉清的一封信	书信	1951年	1	3	地区档案馆	墨汁
赵紫阳	对达县蒲家公社修建毛主席纪念塔的批示	批示	1977年3月24日	1	1	地区档案馆	铅笔
邓小平	刘伯坚烈士纪念碑	题词	1982年11月	1	1	平昌县委机关档案室	墨汁
李先念	为创建川陕根据地壮烈牺牲的烈士们永垂不朽	题词	1978年6月24日	1	1	巴中县博物馆	墨汁

1985年12月2日，地委组织部、地委党史办、地区档案局印发《关于征集整理〈中共达县地区组织史资料〉的通知》，规定各个时期党的组织史资料收集、整理、编纂工作由当时党的组织所在县的组织部门、党史办和档案局负责。解放初期的大竹地委组织史资料的征集、整理工作，由大竹县委组织部、党史办、档案局负责。地委所属地委办公室、组织部、宣传部、统战部、党校、地区纪委、工会、青年团、妇联、通川日报等部门的组织沿革、正副职人名录，由上述各单位按时期顺序征集整理。原地委公交部、财贸部、农工部组织史资料征集、整理工作分别由地区经委、农贸办公室负责。

1994年11月，全区对馆藏革命历史档案、丛书、期刊情况进行调查。在全区8个综合档案馆中，有5个档案馆保存革命历史档案7卷、103份文件，其中：地区档案馆2卷、33件；开江档案馆1卷、5件；万源市档案馆1卷、10件；宣汉县档案馆2卷、52件；渠县档案馆1卷、3件。全区有3个档案馆保存革命照片50张，其中：地区档案馆7张，系甘子善、熊吉轩、徐彦刚等7名烈士的照片；万源市档案馆39张，系1925—1933年川东游击军和红军活动情况照片；开江县档案馆4张，系徐彦刚、唐在刚、邱家益青年时代的照片。全区只有地区档案馆、宣汉县档案馆和渠县档案馆馆藏革命历史丛书38种、38册，其中地区档案馆28册，宣汉县档案馆7册，渠县档案馆3册。万源市档案馆馆藏有"党内通讯"第29、30期，系1949年7月、8月出版。

表1-3 达川地区档案馆馆藏革命历史丛书情况

书　名	出版单位	出版日期
目前政治形势	川陕省委	1933年7月
连排班长须知	红三十一军政治部印	
中华苏维埃共和国宪法大纲	川陕省委宣传部印	1934年1月
中国共产党十大政纲	川陕省委宣传部印	1928年
党员须知	川陕省委印	1993年11月
怎样分配土地	红四军政治部	1933年2月
中国共产党章程	红四军政治部翻印	
中华苏维埃共和国婚姻条例	西北政治部印	
童子团站岗读本	川陕省委宣传部	1934年1月
政治保卫队读本	川陕省委宣传部	1933年10月
红色战士读本诗歌集	红四军政治部翻印	
工农小曲	中少共川陕省委宣传部印	1933年3月
革命歌集	中少共川陕省委宣传部印	1933年3月
青年唱歌集	中少共川陕省委宣传部印	1933年3月
对新发展赤区的宣传大纲	川陕省委宣传部	1933年8月
川陕省第二次工农兵代表大会决议	西北军区政治部	1933年8月
支部组织及其工作——共产党的根本原则		
关于帝国主义国民党第五次围剿与我党任务的决议	川陕省委翻印	
列宁主义初步提纲（第四讲）	川陕省委印	
川陕省革命法庭条例草案		
川陕省军区指挥部条例草案		
全国苏维埃第一次代表大会劳动法令（草案）	西部军区政治部翻印	1933年3月
川陕省委第二次代表大会组织问题决议案	川陕省委	
优待专门人才条例	川陕苏维埃政府翻印	
青年团工作决议案	川陕省委	1934年1月
中国农民问题决议案	川陕省苏维埃翻印	1933年7月

1998年，全区收集保存革命历史档案资料13卷（册）、242件。

到2000年，全市保存革命历史档案27卷（册）、273件。其中，达州市档案馆23卷（册）、182件，宣汉县档案馆2卷、15件，开江县档案馆1卷、8件，万源市档案馆1卷（盒）、68件，并按要求以文件级条目输入微机上报省档案资料目录中心统一管理。

2001年，市、县档案馆为纪念中国共产

党建党八十周年向《〈四川档案〉四川省革命历史及建设档案精品（专刊）》提供1939—1942年陈独秀写给杨鹏升的40封亲笔信（影印件）、李家俊烈士像及其在万源囚禁时所书狱中词、红军长征和川陕革命根据地时期无名战士留下的读书笔记、家信、唱歌集、苏维埃政府条戳、各种证件、票据和钱币（布币）等20余件（册、本）重要资料。

至2003年，市档案馆和宣汉、开江和万源市档案馆收集保存革命历史档案资料27卷（册）、62件，革命烈士及红军家属照片8张。

2015年3月，省档案局离退处处长张洁梅率领调研组一行3人到达州，对编撰《川人抗战档案文献图集》进行素材收集，调研考查达州籍开国上将张爱萍、陈伯钧，开国功臣王维舟，爱国将领范绍增等人抗日战争时期的相关资料。10月23日，大竹县档案馆举行范绍增将军抗战胜利纪念章捐赠仪式。范绍增子女范之俐、范之维等4名捐赠者向县档案馆捐赠范绍增将军抗战胜利纪念章和证书各1件，这是全国首例国家综合档案馆获捐抗战胜利纪念章。

2016年3月16日，市档案局印发《关于报送川陕苏区革命历史档案资料的通知》，明确报送范围以馆藏川陕苏区时期历史档案资料为重点，选取反映红军在达州境内革命活动的相关档案资料。报送形式以文字加图片的形式进行报送。

2017年1月19日，市档案局印发《关于做好长征档案资料普查工作的通知》，对各地档案馆保管的有关长征档案资料进行专题普查。长征档案资料是指形成于1934—1936年，反映红军长征历史史实的有关档案资料。

特色档案资料征集 1964年11月30日，中共达县地委办公室印发《关于做好农村、城市社会主义教育运动中所形成的文件材料的收集、立卷、归档、保管工作的通知》，以便把党在农村、城市开展以阶级教育、阶级斗争为纲的社会主义教育运动中形成的档案材料完整地收集、整理、保管起来。

1985年1月8日，地委整党工作指导小组办公室、地区档案局转发中指委办公室、国家档案局《关于认真做好整党文件材料归档、管理工作的通知》和省整办、省档案局《关于在整党中做好档案工作的通知》，要求各地区、各单位结合本地区、本单位实际，抓好整党文件材料的形成、积累、整理、立卷归案和移交等工作。

1991年3月5日，地区档案馆制定《档案、资料征集制度》，明确征集对象、征集范围、征集内容、征集要求和奖励办法。

2001年9月4日，市档案局印发《关于加强全市重大活动档案的管理工作的通知》，明确重大活动主要包括：

（1）党和国家领导人、省委、省政府领导人来达州市视察工作。

（2）中央、国务院各部门负责人，省委、省政府各部门负责人，兄弟市州主要负责人来达州市指导、考察工作。

（3）在达州市召开的全国性、全省性重要会议。

（4）市委、市政府、人大、政协、纪委召开的重要会议。

（5）外国元首、政府首脑、政党领袖和国际组织负责人来达州参观访问。

（6）市主要领导的重要活动。

（7）达州市开展的重大政治、经济、科技成果、文化艺术体育、外事活动以及举行的重大庆典、纪念活动。

（8）达州市范围的重点工程开工竣工。

（9）达州市重大抢险救灾活动。

（10）达州市发生的重大事件。

上述活动中形成的档案，主要包括照片、录音带、录像带、题词手迹、文字材料、软盘、光盘等。外事交往活动中的重要纪念品和公务活动中接收的牌匾、锦旗、模型、工艺品、画册、名人题词等实物。

同年10月，为配合市档案馆建立"个人档案全宗"，达县籍艺术家魏传义教授首次将其艺术事迹介绍、部分出版作品、部分证书复印件等捐赠给达州市档案馆，受到好评。魏传义1928年生于达县，时为中国美术家协会会员、福建省美术家协会顾问、厦门大学教授、厦门艺术研究所名誉所长、厦门书画教育研究院院长。执教艺术高校40多年，兼攻中西绘画、书法和篆刻。

2002年，市档案馆征集名人档案35卷，照片184张。

2003年5月21日，市委办公室、市政府办公室印发市档案局起草的《达州市重大活动档案资料管理办法》《达州市档案资料征集办法》《达州市国家综合档案馆档案资料接收办法》。

《达州市重大活动档案资料管理办法》规定：重大活动档案资料的范围；重大活动档案资料的内容，在活动中形成的不同载体的档案；凡重大活动档案资料均由形成单位系统整理后，3个月内将其移交给市档案馆；市档案馆要逐步创造条件，直接参与重大活动的拍摄录制工作，实现重大活动声像档案的及时归档。

《达州市档案资料征集办法》规定：征集的区域即原达县（川）地区、达州市，国内外保存收藏的有关达州市各历史时期的档案资料的单位和个人；征集范围包括自达州建制以来形成的有关政治、军事、经济、文化、科技等有价值的文字或音像、历史资料、实物等；征集采取有偿与无偿相结合的方式；征集所需经费由同级财政部门列入年度预算，专款专用。

3个《办法》发布后，市档案局先后接收"巴山文化艺术节""四川·宣汉巴人文化节"等重大活动档案资料部分内容。同时，安排部署抗击"非典"中档案资料的收集整理归档等工作。

2005年4月，市档案局与市委保持共产党员先进性教育活动领导小组办公室印发《关于加强保持共产党员先进性教育活动档案管理的通知》，就如何收集、整理、归档全市先教活动中形成的全部文件资料等问题提出要求。全年征集资料1 209册，照片490张（已刻录成光盘）。

2006年，市档案馆收集省第十届运动会档案753件，省第六届残运会档案116件。2007年，接收重大活动档案38件。

2009年，市档案局与达县、通川区档案局签订目标管理责任书，并制定创卫工作档案资料收集整理的实施意见，监督指导各单位创卫工作档案资料的收集、整理和归档。

2010年，市档案馆接收达州"元九"登高节重大活动档案38件。全市共接收新领域档案工作形成的档案10 757卷、4 047件（其中市档案馆接收3 563卷、149件）。

2013年1月5日，市档案局（馆）印发《关于公开征集族谱档案资料的通知》，明确征集内容：（1）各姓氏的族谱，以及反映家族传承历史的音像视频资料等。（2）反映家族繁衍历史的家训、家书、家珍等。同时，要求捐赠族谱须真实可信，无伪造内容。对捐赠珍贵档案的个人（单位），市局将统一向捐赠者（单位）出具捐赠证书，并对捐赠行为进行宣传。

4月11日，市委办公室、市政府办公室印发《关于向市档案馆移交省部级以上荣誉档案和公务礼品档案的通知》，要求市级各部门（单位）要高度重视，落实责任，认真

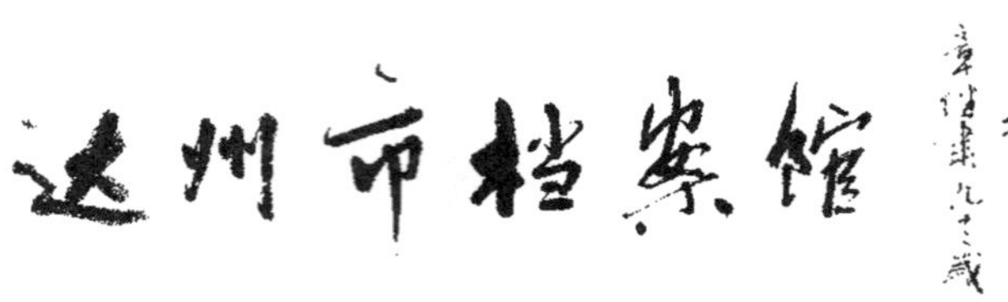

图 1-3 著名书法家，92 岁高龄的章继肃教授为达州市档案馆题写的馆名

做好荣誉档案和公务礼品档案移交工作。《通知》规定市档案馆作为市级部门（单位）荣誉档案和公务礼品档案的永久保存基地。市委、市政府以及市级各部门（单位）凡荣获省部级以上奖励的奖杯、奖牌、锦旗、奖品、荣誉证书和在对外友好交流活动中敬赠的礼品、纪念品必须向市档案馆移交。《通知》要求市档案馆必须建立台账、健全制度、科学保管、合理利用，充分发挥荣誉档案和公务礼品档案见证历史、传承文明、资政育人的社会功能和教育作用。

8月20日，市档案局印发《关于征集达州地方文献的通知》，向市级各单位、社会群众征集反映达州历史变迁、地域地形、水文气象、物产资源、风土民情、民族宗教和反映达州经济社会发展历程的数据汇集、内部刊物、个人书画作品，以及各种版本的乡土志、专业志、年鉴、大事记、族谱等地方文献资料。同时，成立17个文献资料移交单位及业务指导组。到9月10日，共征集资料4 120册，内容涵盖政治、经济、军事、教育、文化、税务、宣传、领导干部丛书、达州籍作家作品等20类。其中有：市地方志办公室副书记何光宇捐赠由其总编的《子贞何氏族谱》。诗人陈官煊历年创作的著作、诗集作品48本，包括《陈官煊童诗精选》《陈官煊讽刺诗选》《想你的时候》《日历老人》《陈官煊诗选》《荒唐岁月》《回眸八〇》《这方土》《来生相爱》《相爱来生》《来生相约》《相约来生》《美国十年》等。达州市学者、书法家章继肃教授的《章继肃文集》《章继肃书法篆刻艺术》和《章继肃书法篆刻》等。原达州市委党史研究办公室主任唐敦教主编的《晋阳唐氏四川巴山文化》。

9月13日，市档案局召开重大活动档案工作会议。市卫生局等8家单位分管重大活动的领导及具体工作人员参加此会议。

10月，中国硬笔书法协会会员、四川省书法家协会会员唐艺向市档案馆捐赠一批由其主编的图书资料。此次捐赠的资料主要包括《万源市志》（上、下册）、《万源市大事记》《万源年鉴》（2010年）、《万源市军事志》《万源保卫战战史陈列馆志》《万源市工商行政管理志》《万源文史资料》（第四辑）等，内容涉及万源市历史、文化、经济、军事等方面，还有《神秘烟霞》《春风化雨》《唐艺书法艺术》等唐艺个人作品集。

图 1-4 市档案局召开重大活动档案工作会议

至年末，市档案局在原有22个姓氏族谱档案的基础上，新增丘、杨、祝、蒲4个姓氏的族谱档案，同时补充完善桂、乐等两个姓氏的族谱档案。

2014年6月，市档案局派员赴宣汉征集到族谱268册，涉及姓氏102个，征集资料383册。6月20日，局党组书记、局（馆）长张强主持召开专题会议研究族谱档案接收工作。12月29日，张强在局二楼会议室主持召开专题会议研究达州老照片征集事宜。市档案馆决定向社会征集达州老照片、老志书、族谱、老收音机、录音机等老旧实物，按照协商议价、现金付费的方式给予实物所有人支付征集费。是年，市档案局征集资料6 866余册，家谱297册。与市民俗摄影协会联合开展征集老照片档案资料活动，征集反映达城变迁的珍贵老照片1 000余张。

2015年，市档案局共征集族谱108册，资料1 004册，书画35本、4幅。

图1-5 达州市档案馆征集的部分族谱

图1-6 李开杰（右）向市档案馆赠送图书

图1-7 张强（左）代表市档案局向唐富雄（右）颁发荣誉证书

2015年2月1日，市档案局（馆）、市档案学会与市摄影家协会、市女子摄影协会在莲湖山庄开展文化交流活动。在交流活动中，张强向市摄影家协会、市民俗摄影协会、市女子摄影协会赠送由市档案馆编著出版发行的大型图片集《达州记忆之民俗篇》。李开杰向市档案馆赠送由市民俗摄影协会出版的图片资料。市摄影家协会唐富雄向市档案馆捐赠反映民俗生活照片1 190张；张强代表市档案局向唐富雄颁发荣誉证书。

图1-8　书画家龙清武（右）捐赠书法作品

9月9日，市委老干局、市档案馆、市老年书画研究会在人民公园举行书画作品集体捐赠仪式。市委老干局、市档案局（馆）相关领导和人员，及部分市老年书画研究会书画名家、文化艺术界人士等百余人参加集体捐赠仪式。书画家潘广体、王朝兴、龙清武、蒋锡才代表市老年书画研究会向市档案馆捐赠书画作品，市档案局（馆）长张强向4位老人颁发收藏证书。

2017年，根据市四届二次政协218号提案，市档案局在摸底调研、论证修改的基础上，形成《达州市档案资料征集办法》。5月，征求相关部门意见，修改完善，送市政府法制办进行合法性审查，并于11月25日以市政府办公室的名义印发各县（市、区）及市级各部门。该办法共6章21条。

至2018年末，市档案局通过达州档案资源网、党政网等形式向社会各界征集进馆档案（资料），主要征集有族谱资料400余册。

第二节　档案整理

一、历史档案整理

民国28年（1939年）1月1日至5月31日，四川第十五区行政督察区批办公文7221件，收文3215件，发文4006件。这些文件按照类、项、目分类整理；对旧卷采用新法卷目单方法，先将每一旧卷内所容文件，登记编号，再按照新卷办法，依据已定各旧卷性质，分门别类，排架储藏，稍分眉目，以期查考便利，成一整个系统。到该5月末，整理就绪，并在春季行政会议上要求各县局的档案加以整顿，并派员到署见习。

民国35年（1946年）11月29日，《巴中县政府档案管理暂行办法》将县政府档案分为镒秘类、镒二类、镒三类、镒四类、镒五类、镒会类等7大类，各类下分若干项，各项下分若干目，各目依照性质分别立卷。立卷时依原文件上所盖归档戳记及创办文类别栏内注明的类、项、目及年、月、日等，在文卷下端粘一标签，以资考查。分科室设归簿一本，依照规定分别登记，其办法是：类名以每类第一字并加主管长官名字最后一字代表，例（镒秘类）用（镒秘）二字代表；项名依次序用阿拉伯数字代表，例镒秘类法规项第一目（中央法规）用（1）字代表；卷名以立卷先后用阿拉伯数字代表，例镒秘类法规项中央法规目第一卷用（1）字代表；以上所述（类）（项）（目）各种代表符号通称为分类号，卷名代表符号通称为卷号，分类号卷号并称为档号；分式标注时，应将分类号写在上方，卷号写在下方，中间界于横线，例镒秘类法规项中央法规目第一卷的档号应编为镒类秘（1.1—1）；每一案卷以50—100件为原则，前卷编满即称为第一卷，以下称为第二、第三卷；分类检查（索）目录以每一大类为一本，以分项按目为单位至"档号""卷名"等栏均于按件立卷时立即登记。

县辖区署档案整理编目无定式，一般分为"文卷类"和"表册类""文卷类"中有民字卷、财字卷、教字卷、建字卷、保字卷、禁字卷、兵役卷、民训讲习卷、人民诉讼卷、前届旧卷等；"表册类"有省府公报、兵役半用刊、教育旬刊、整编保甲册、普通户口册、公共处所表、寺庙调查表、壮丁分类调查表、保民会议划到簿、禁烟切结书等。编目工作未开展，只造有移交接收公物文卷清册等。

中华人民共和国成立后，民国档案由各级人民政府及所属各单位分别接收保管，后集中交到地、县综合档案馆保存。这些历史档案一般存在全宗混乱、年代不清、内容杂乱等问题，又无目可查，利用不便。

1952年，地区和各县档案馆先后对民国时期的档案进行初步整理、编目，使其自成体系，稍分眉目，以便查考。

1956年，为配合肃反和审干运动需要，按照中央和省委指示，全区对民国档案进行初步整理，做到有目可查。

1963年，根据省人委批转省档案管理局《关于贯彻执行国务院批转国家档案局〈关于历史档案的毁坏情况和今后加强管理的意见的报告〉的报告》，对全区历史档案进行调查统计。全区有历史档案12万余卷，其中已清理归档2万余卷。

1968年"文化大革命"期间，为清理

阶级队伍服务，按照中共中央〔1967〕312号文件和省革委筹备小组、成都军区〔1968〕23号文件精神，地、县档案馆组织人员，历时4年，对民国档案进行彻底的清理和整理。按照民国档案的性质内容，划分为党团、政府、司法等9类。同时，按照全宗原则把同一个立档案单位形成的档案整理在一起，并按照文件固有秩序组成案卷，只做全宗号、目录号、案卷号的调整归类，力求保持历史档案原貌。至此，全区整理出民国档案72 442卷，资料6 378册，并建立人物卡片1 597 559张，文件卡片4 884张，组织机构卡片1 593张；汇编参考资料50种；编写全宗介绍109份；开具证明材料631 377份（件）。

1985年起，为适应经济建设、编史修志和历史研究等工作需要，地、县档案馆组织人员，历时3年，对馆藏民国档案进行第三次科学整理。此次整理，在原整理的基础，坚持小动大不动，做到"四不变""三完善""一修复"。即：原档案的全宗号不变、原目录号不变、原案卷号不变、原卷内张页号不变；完善案卷标题、卷内目录、检索工具，对破损档案修补和珍贵档案复制。

到1988年，全区整理民国档案65 372卷，其中地区档案馆9 588卷。通过三次清理和整理编制案卷目录、民国档案内容简介、民国档案人物卡、组织卡等，达到"有规可循，有目可查"，方便档案保管和利用。

2013年6月，按照省档案局要求，市档案局以Excel格式向省档案局信息处报送馆藏民国档案案卷目录。全市各级档案馆馆藏民国档案65 321卷。

至2015年，市、县两级馆藏历史档案均编制案卷目录、机读目录、民国档案内容简介、民国档案人物卡、组织卡等。

表1-4　2015年末全市档案馆馆藏民国档案情况

案馆名称	全宗数（个）	案卷数（卷）
达州市档案馆	14	9 596
万源市档案馆	1	3 465
达县档案馆	16	1 072
宣汉县档案馆	21	24 777
大竹县档案馆	1	1 225
开江县档案馆	8	18 359
渠县档案馆	2	6 827
合　计	63	65 321

2016年，为贯彻落实中共中央总书记习近平关于加强抗战档案史料收集整理、深入开展中国人民抗日战争研究的重要指示精神，按照国家档案局《关于开展〈抗日战争档案汇编〉编纂出版工作的通知》和省档案局有关要求，市档案局对全市各级综合档案馆馆藏抗战档案开展摸底清查，并在清查基础上配合四川省启动《抗日战争档案汇编》编纂工作。7月19日，市档案局印发《关于开展抗日战争档案清查及编纂工作的通知》，明确清查的抗战档案资料的要求：形成时间一般为1931年9月至1945年9月；内容为反映与抗日有关的政治、经济、军事、文化、外交、宣传等方面；可以是文件、电报、传单、文告、日记、日志、照片、文章、曲谱、图画及书籍手稿等，不包括公开出版的报刊、图书。

2018年，市档案局完成抗战档案目录清理2 000条。聘请专人对馆藏民国档案内涉及抗日战争档案进行筛选清理，清理抗战档案1 088卷2 664条。

二、积存文件整理

1957年起，全区开始清理积存文件。1960年，贯彻"以党的方针政策为纲整理档案"的原则，清理历年党、团组织的零散文件。渠县建立党政工团统一档案室195个，经两个月的突击清理历年积存零散文件，立案卷49 222个，资料1 707件。

至1961年10月末，地县级机关（除宣汉、开江县以外）1961年前的积存零散文件清理完毕。至年末，历时5年，全区整理历年积存文件40余万卷，并编制案卷目录，进行系统排列和保管、利用工作。

1963年，全区清理1962年现行文件和历年的积存零散文件。据专、县级机关287个单位统计，已整理归档1962年前零散文件的单位248个，占总数的90%；区、社也清理一批积存文件。据巴中县11个区统计，有10个区清理完1962年前文书档案材料，并整理归档，有66个公社完成1961年积存文件清理归档任务。

1964年7月29日至9月17日，根据地委、专署指示，专区档案管理局抽调8人组成清档工作组，到大竹县人委对原大竹专署的积存档案、旧政权专署档案进行清理。原大竹专署1950—1953年文书档案1 089卷。按照保存时间分：永久177卷，长期583卷，暂时23卷（财会账簿除外）。以单位分：秘书室16卷，监察处7卷，民政科39卷，转委会3卷，财委61卷，财政科209卷，财粮科35卷，税务局37卷，工商科113卷，合作科1卷，建设科19卷，文教科3卷，卫生科1卷，幼儿园2卷，财会账簿303本，大竹百货204卷。旧大竹专署民国元年至38年（1911—1949年）的文书档案2 709卷，其中：秘书室733卷，民政科563卷，军法室63卷，保安司令部185卷，财粮科572卷，教建科556卷，统计室25卷，邮电局13卷。

专区此次清理在方法上，先学习省档案局"关于清理档案工作的有关规定"，明确目的、意义，然后摸清文件的性质、内容，做出计划，采取集中突击，先易后难，由近及远，先清后整，边整边登的工作方法，先把1950—1953年的51箱财会档案进行集中清理。在清理中，着重把计算、预算、决算3种报表账册和其他有保存价值的报表、农业税征收名册等进行清理立卷，对已超过保管期限和失去保存价值应予以销毁部分一一登记。接着清理现行文件，再整理旧政权档案。分别采取以年代为主，加工调整，结合机构问题进行分类组卷和装订等。除按规定需要经过批准销毁的案卷仍保存在大竹县人委外，其余有保存价值的全部运回专署机关档案室保存。此次共清理立卷379 080卷。

三、现行文书档案整理

1960年起，各县档案馆陆续开展档案整理工作，主要对各机关档案室移交进馆的档案以全宗为单位，进行科学分类整理、排列、编目，达到系统化、规范化。地、县档案馆对馆藏档案的整理，坚持"按照档案形成的特点，保持档案之间的历史联系，使整理出的档案能够反映历史活动的真实面貌，便于保管和利用"的原则进行。对组卷不科学的案卷，采取重新组卷；档案卷皮不规范的，更换卷皮；对立档单位不清、年代混淆的案卷重新调整组卷；对卷内文件排列和标题不符合要求的案卷，进行调整加工；按照"全宗排列方案"，编制全宗号、目录号、年代号、案卷号；对新接收的零散文件进行加工整理。通过整理，档号编制"四个"不重复，即在1个馆内全宗号不重复，在1个全宗内目录号不重复，在1个目录内案卷号不重复，在1个案卷内页号不重复。达到组卷科学，装具统一。

1961年，专区建立健全文书处理的归档制度。4月5日，地委办公室印发《关于对整风整社运动中形成的文书材料清理归档的意见》，明确立卷范围：

（1）在整风整社工作中形成的各种计划、总结、小结、简报、专题报告、会议记录、电话记录等。

（2）揭盖子斗争对象的材料，包括其历史自传、群众检举、查证材料、本人交代、处理结论等，按分别清理一人一袋。

（3）退赔斗争的材料，将群众揭发的平调案件、分户（公共户、私人户都要分开）建卡，述明查对情况处理结果情况，有关当事人签名盖章后编号作一类保存。

（4）整顿干部作风材料，包括本人检查、群众意见、组织处理结论等按人分别整理，一人一袋。

（5）整顿党团组织、民兵组织、公社各级行政及其他组织的材料，这四种材料都是指对组织整顿的情况，故应有各种组织整顿前的基本情况，整顿中揭发和解决了些什么问题，整顿的结果怎样，还应有一个该组织成员变化的花名册等。这四种材料可根据文件多少分别组卷。

（6）五类分子在整风整社运动中的表现情况，特别是有什么突出问题，要收集整理归档。

（7）整风整社运动中建立健全的各种规章制度。

（8）其他需要保存查考的各种材料。

同时，要求在收集整理这些文书档案的工作中贯彻"以党的方针政策为纲整理档案"的原则，保持文件的自然联系。整风整社的文书档案清理好后，迅速移交同级党委机关档案室集中统一保存，并办妥移交手续。

6月，在专职馆长座谈会上了解到，1960年的现行文件有50%以上的单位没有立卷归档，致使文件散失、损坏，形成大量的积存零散文件。有的虽已立卷归档，但质量较差。是年，大竹、达县、邻水等县档案馆对接收进馆案卷质量低劣的，进行调整加工7 000多卷，保证案卷质量。

1962年4月14日，地委办公室印发《关于压缩劳动力和城镇人口中部分厂矿、企业撤并、停办后档案材料处理的通知》，对档案材料的收集和整理提出要求：凡是确定撤销、合并和停办的厂矿、企业应立即组织文书档案人员把本单位的文书材料和技术文件材料，财会总账、分账全部收集齐全完整，并按照立卷归档的方法做好整理工作，造册登记，以备移交。在整理中，除不需立卷归档的文件材料可以剔除焚烧外，其余文件材料一律不准焚烧，对焚烧文件必须编造清册，报经县委办公室批准，方可焚烧，不准自行焚烧。

5月24—27日，地委办公室召开各县档案馆负责人会议，对文书立卷归档的几个具体问题形成意见。5月28日，专区档案管理局将这些意见印发给各县委办公室、县档案馆、地专一级机关各单位办公室。

一、关于实行党政档案的统一管理范围问题：那些机关应该实行党政档案的统一管理，凡实行党委制和设有党组、企业支部的国家机关和群众团体，都应该实行党政档案的统一管理。除此之外，其他机关可不算有实行"统管"的任务。几个机关设一个党组或企业支部在计算"统管"任务时，可只算一个机关，党组或企业支部的档案可由其中一个机关保管，其余机关可在机关历史和全宗的情况介绍中将这种情况加以说明。

为保证一个机关档案的完整，在没有"统管"任务的机关，党、团和工会等组织的档案也应当立卷归档，由机关档案室集中统一地管起来。

二、关于转化企业档案的处理问题。企业（如水运、搬运、手工业）由全民所有制转化为集体所有制，其档案材料一般仍由企业保管，如果其中有不适宜由现有企业保管的档案，可将这部分档案由上级主管部门的档案室收回单独保管。

三、关于机关企业、厂矿、学校等部门在撤并中档案的处理问题：这个问题省局和地委办公室已发专门通知，除仍按通知的规定办理外，有3个具体问题说明一下：（1）领导关系变更时，其全部档案（包括文书档案和技术档案）仍由原单位集中统一保管，不要分散，如有特殊情况不便集中保管时，可请示县委办公室决定处理；（2）决定撤销的单位，其档案应由本单位收集全、整理好向有关部门移交。专、县属厂矿交所在地的档案馆保管；省属厂矿原则上交省级主管部门保管，如果省级主管部门有其他处理意见另行研究解决；（3）任何人员不得随意毁坏和带走文书档案（包括技术档案）。

四、关于各种临时办公室文件的立卷归档问题。原则上由临时机构负责立卷归档，机构撤销时，按以下情况分别处理：（1）党委的临时机构设在党委各部门的，由部门保管；（2）党委的临时机构设在政府有关部门的，由政府部门作为党的档案单独保管；（3）某些党政合署办公的机构（如对私改造工作），由行政和党委统战部门保管，一般应分别立卷、归档，如文件确实无法区分，可合并立卷，归党委全宗保管。

五、党政联合发文的处理问题。凡是地委和专署联合发的文件，是用地委文件形式下达的，发至县一级的文件，可以给党外副县长和有关的科、局长阅读，这类文件，党委和政府均应分别立卷、归档保管。至于是否盖公章，由各县自行确定办理。

六、关于生产大队、生产队文书档案工作做些什么的问题。生产大队和生产队文书处理工作，除将上级党政发去的文件和本身形成的有关社员大会、代表会、生产、分配方面的基础材料都应收集整理归档，以便将来查考。档案工作，主要是将上述本身形成的材料和生产大队、生产队的主要干部的笔记收集保管好，上级发去的文件也应妥为保存，不要散失。

1963年，各县档案馆配合保密"三查"工作，部分档案室对保存的档案进行清理检查。同时，将"三查"中清理出未归档零散文件补充档案，解决部分档案材料收集不全的问题。

1966年7月9日，专区档案管理局印发《关于做好企事业单位的合并和体制下放工作中档案材料清理移交的通知》，对档案材料的收集和整理提出意见：凡是确定合并、撤销和体制下放的单位，应指定专人把本单位历年来未整理的积存零散文件和技术文件、技术图纸及财会报表、凭证等材料都要全部收集起来，并且按照有关规定做好立卷工作，以备移交。在整理中，除不需归档的零散文件，应按照国家档案局1956年1月11日"关于几项不归档的文书材料的销毁暂行规定"剔出销毁外，其余文件一律不准销毁。对已经装订成卷的档案材料（包括文书档案、技术、财会档案），也应按照鉴定的范围、原则进行鉴定，分清玉石。

1979年，全区档案工作开始恢复整顿，多数机关建立立卷归档制度，将每年形成的文件材料及时立卷归档。对机关文书处工作采取集中方式进行，立卷环节一般放在机关办公部门，并由负责文件收、发的人员担任文书立卷归档工作。在立卷方法上，地级和县市级机关普遍采用"分级按问题立卷"的方法；区、乡级机关一般不保存上级文件，本身形成的文件，按机构分类整理，以问题特征为主立卷。

1980年，地区档案馆成立后，采取集中精力打歼灭战的办法，本馆专业人员与抽调机关单位业务骨干相结合、举办培训班与现场实习整理相结合等措施，对接收进馆质量不符合要求的档案按照档案整理原则进行整理。同时，各县（市）档案馆与机关档案室配合，对文书立卷归档提出6条质量标准，即：（1）归档的文件齐全、完整，机关当年的永久、长期卷要能反映机关职能活动的全貌；（2）归档范围明确，玉石分清；（3）分门别类，组卷合理；（4）案卷标题确切，简明扼要醒目；（5）保管期限大体一致，排列系统集中；（6）编目细致清晰，编号与档案馆统一，装订整齐美观。并以此作为档案馆接收档案的质量要求，不符合质量标准的不予以接收。是年，全区11个县（市）档案馆有8个县档案馆完成馆内保存的档案整理和鉴定任务。多数县档案馆对档案库房、全宗、分类、排列、编号进行调查、定位等系统化工作。

1981年，遵照党和政府关于文书处理工作的若干规定，协助文书处理部门，建立健全文书处理工作制度。地、县大部分机关坚持做到文书处理部门统一立卷归档，并建立文件统一收发，统一登记，统一编号，统一清退等制度。至年末，多数县档案馆抓档案材料系统化工作，对档案库房定位和柜架的调整以及将馆藏档案、资料的分类、排列、编号、登记等方面做了大量的工作，且普遍编制档案存放指南、目录索引、库房柜架指引等工具，使档案"有规可循，有目可查"。

到1984年，地、县机关档案工作做到头年形成的文件材料，在次年上半年内立卷归档完毕。同时，全区868个区（镇）、乡全部建立文书立卷归档制度，1983年底以前的文件材料全部立卷归档，实现档案集中统一管理。是年后，每年年初制定并印发做好上年度档案资料立卷归档工作的通知，安排部署上年度地属各立档单位档案资料的立卷归档工作，加强业务指导，督促各立档单位做好上年度各种门类、不同载体档案的立卷归档工作。

图1-9　八八级电大班学员在地区档案馆实习整理档案

1987年，按照《档案馆工作通则》要求，对原质量不高的进馆档案重新进行整理和编目，部分全宗建立全宗卷，编制全宗介绍、专题索引等。地区档案馆组织人员完成馆藏6个全宗、4 759卷档案的整理、编目任务。同时，组织人员对已进馆的宣传、统战、团委等部门的1 639卷文书档案重新进行鉴定、整理。巴中、平昌、渠县、通江等县档案馆组织人员对原鉴定剔出的档案和零散文件进行清理鉴定，重新整理出有价值的档案18 897卷。

1988年末，地区档案馆对馆藏档案5万余卷整理结束，此次整理始于1980年。

1989年3月，地区档案局在地区商业局进行现行文件立卷归档试点，推行卷内文件目录和重要文件两套制，贯彻实施《机关档案工作业务建设规范》等3个文件规定，召开现场会议，促进地级机关现行文件立卷归档工作的规范化、标准化建设。会议间地区商业局、地区冶煤局介绍了其做法和经验。地级80余个局级机关单位按时完成1989年度文书立卷归档任务，案卷收集齐全，质量普遍好于往年。地委、行署、地区冶煤、人民银行、农业银行、外贸局、农业局等单位，当年文件材料的归档率、完整率在98%以上。

1990年，地区档案馆按照《四川省各

级综合档案馆业务建设规范》要求，提出进一步完善进馆档案全宗定位、排列、编目的方案，并组织人员实施，完善馆藏档案系统化。是年，地区档案馆对历年收集的 2.3 万册资料进行科学分类、整理，并对整理后的档案、资料全部排列上架、编目造册，方便查找利用。

1991 年，地区档案馆完成库内档案资料的全宗定位，调整 51 917 卷档案的存放位置，以全宗为单位，按照不同门类、不同载体和不同保管期限排列存放；编制和完善 5 万卷档案的全宗号、目录号、年代号；建立档案资料柜架指引卡 327 张和 4 个库房的档案、资料存放索引；填写 211 本案卷目录一览表和备考表，完善部分档案的编目，对 781 本资料进行分类排列、编号、编目，使档案资料管理科学、利用方便，整齐美观。

1997 年，全区各机关整理保存档案 390 209 卷，并由档案人员统一编目造册，在本机关保存 10 年后向当地档案馆移交。

1989—1997 年，全区开展档案达标升级活动，各县档案馆对馆藏全部档案进行科学整理，更换卷皮，整理档案 30 万卷，其案卷质量符合规范要求，分类准确，排列整齐，并编目造册。

2000 年 8 月 22 日，市档案局印发《关于建立健全全宗卷的几点意见》，明确全宗卷的编制原则：各综合档案馆（室）对其所管的每个全宗都应以全宗为单位编制全宗卷；全宗卷内容完整、准确、规范；全宗卷内的文件材料，应按其固有的特点，保持文件材料间的有机联系，反映全宗管理的历史面貌，以便于保管和利用。是年，在市审计局、达县国税局开展文档一体化计算机辅助立卷试点。

2001 年 1 月 1 日起，国家档案局发布的中华人民共和国档案行业标准 DA/T22——2000《归档文件整理规则》开始施行，对文书档案立卷方式进行重大改革。经请示省档案局同意，并结合市情，市档案局决定市级各机关、团体、企事业单位，中央、省属驻达各单位从 2003 年 1 月 1 日起全面执行《规则》。随后，选择条件较好的单位进行试点，推进文书档案立卷方式改革。

2002 年初，市档案局印发《关于施行〈归档文件整理规则〉的几点实施意见》，推行文书立卷改革。各县（市、区）档案局制定《规则》的实施意见。选择大竹、达县和市级部分条件较好的单位率先实行《归档文件整理规则》。

2003 年，市级机关开始施行《归档文件整理规则》。3 月 11 日，市档案局印发《关于施行〈归档文件整理规则〉的几点意见》，明确《规则》适用于各级机关、团体和其他社会组织。范围包括：中央、省属驻达单位；市、县（区）、乡镇党委、政府机关、街道办事处、人民团体及其工作部门、企事业单位，其文书档案必须执行《规则》。同时，要求凡属市档案馆接收范围的市级机关、团体和其他社会组织（包括企事业单位），均应从 2003 年 1 月 1 日起执行《规则》，2002 年以前的文书档案仍采用文书立卷归档方法整理归档。尚未推行《规则》的县（市、区）最迟在 2004 年度执行；中央、省属驻达单位，其档案移交省上有关单位的，按照省档案局规定时间执行《规则》，其余的均应从 2003 年 1 月 1 日起执行《规则》。是年，全市整理编目现行文书档案 402 028 卷。

2004 年，市档案局在全市 8 个市、县（区）党政机关、人民团体、企事业单位、驻达机构、学校、科研院所全面推行文书立卷改革。全年在县级以上党政机关实现新规则普及率 100%。2005 年前，实现新规则在全市乡镇各类单位的全面普及。

2006 年 12 月 18 日，国家档案局颁布实施《机关文件材料归档范围和文书档案保管期限规定》（国家档案局第8号令），明确机关文件材料归档范围是：

（1）反映本机关主要职能活动和基本历史面貌的，对本机关工作、国家建设和历史研究具有利用价值的文件材料。

（2）机关工作活动中形成的在维护国家、集体和公民权益等方面具有凭证价值的文件材料。

（3）本机关需要贯彻执行的上级机关、同级机关的文件材料；下级机关报送的重要文件材料。

（4）其他对本机关工作具有查考价值的文件材料。

机关文书档案的保管期限定为永久、长期两种。长期一般分为30年、10年。

2007年，全市启动、执行国家档案局第8号令。7月22日，市档案局成立贯彻国家档案局第8号令工作领导小组，张宗贵任组长，王云、龚乃桢任副组长。同时，成立"机关文件材料归档范围和文书档案保管期限表"审查委员会，王云任主任，龚乃桢、徐晓英任副组长。审查委员会主要职责为负责对市级各机关、团体申报的《机关文件材料归档范围和文书档案保管期限表》进行复审，并予以审批确认。8月9日，市档案局制定《关于贯彻执行〈机关文件材料归档范围和文书档案保管期限规定〉的实施意见》，明确适用范围、编制要求、实施步骤、审查程序、申报审批程序。同时，根据全市实际情况，决定市级各单位统一于2008年整理2007年度档案时开始执行新的文件材料归档范围和文书档案保管期限表。2006年以前的文书档案归档范围和文书档案保管期限，仍按原规定执行。

与此同时，市档案局在市商务局试点，形成各单位可参照借鉴的《机关文件材料归档范围和文书档案保管期限表》，各县（市、区）档案局也分别在机关、乡镇开展试点。

市、县两级档案局通过政务服务中心综合窗口，公示档案保管期限表审批备案办事指南，落实首问负责制、限时办结制、服务承诺制、责任追究制，确保审批备案程序规范。审查委员会对各单位报送的《机关文件材料归档范围和文书档案保管期限表》进行初审和复审，确保其准确、全面、无误，对难点及共性问题集体讨论，确保审核工作的科学性、系统性。

此外，市档案局将贯彻落实国家档案局第8号令纳入对各县（市、区）档案局的目标考核。市、县两级档案局将贯彻落实国家档案局第8号令的情况作为档案行政执法检查内容，对发现的问题，要求其立即整改。

是年，全市各级档案部门对702个单位的文件材料归档范围和文书档案保管期限表进行审定，审批率83%。

2009年，市档案局对市级80多个单位进行档案业务指导。年末全市完成854个机关、452个乡镇、2 815个行政村、319个城镇社区文件材料归档范围和保管期限表重新制定及审查。

2010年7月，市、县档案局对1 767个单位的《文件材料归档范围和文书档案保管期限表》进行审批，审批率100%，其中市档案局审批180个单位。

2013年，为宣传贯彻国家档案局10号令，市档案局制定《达州市〈企业文件材料归档范围和档案保管期限规定〉实施方案》，选择达竹煤电公司进行试点。同时，根据各立档单位实际情况，对市级50余个单位上门指导。4月16—19日，市档案局对200余个市级机关、企事业单位集中开展文书档案和科技档案的整理操作技能培训暨现场观摩、操作、指导。

2014年，市档案局对市级50余个单位

上门进行指导。6月11—12日，举办3期档案整理操作技能培训班，120余人参加培训。

2016年6月1日起，国家档案局发布修改后的档案行业标准《归档文件整理规则》（DA/T22-2015，以下简称《规则》）开始施行。12月27日，市档案局印发《关于施行〈归档文件整理规则〉的几点意见》，要求各部门（单位）结合实际，重新调整修订本单位分类方案，进一步完善归档范围、归档要求、保管期限等，确保归档文件齐全、完整。同时，对全市贯彻执行《规则》提出有关业务要求：

（一）机关、团体的文书类归档文件材料，企业党群工作、行政管理、经营管理和生产技术管理四大类（或合并为"管理类"）、事业单位管理类（文书类）归档文件材料按照《规则》执行。

（二）2016年（含）后形成的纸质和电子归档文件，应统一按照《规则》执行。2016年以前的归档文件按照修改前《归档文件整理规则》（DA/T22—2000）及市档案局2003年颁发的《关于施行〈归档文件整理规则〉的几点意见》执行。

（三）从2016年（含）起，归档文件分类方案应统一采用"年度—保管期限"方法进行分类、排列。

（四）档号编制应遵循唯一性、合理性、稳定性、扩充性、简单性原则，依据分类方案和排列顺序编写档号。档号结构应统一采用"全宗号—档案门类代码·年度—保管期限—件号"进行编制。

企事业单位"管理类"文件材料，档号结构应采用"全宗号—GL·年度—保管期限—件号"进行编制；保留党群工作、行政管理、经营管理、生产技术管理四大类的单位，门类代码分别为DQ、XZ、JY、SC，如四大类下有复分的，档号结构应采用"全宗号—XZ△△·年度—保管期限—件号"进行编制，其中"△△"为二级类目代码，如XZ11。

各普通高校应根据《高等学校档案实体分类法》，并结合学校实际，编制档号。

（五）纳入国家综合档案馆进馆范围的企事业单位的全宗号由国家综合档案馆给定。

未纳入国家综合档案馆进馆范围的企事业单位全宗号可暂不编制。

（六）件号是组件后的单件归档文件在分类方案最低一级类目内的排列顺序号，应从1开始依序逐件编制，不得跨越不同的类目，不得以盒为单位流水编制件号。

（七）归档文件应统一采用袋装，归档章中的保管期限用"永久""30年""10年"标识。

（八）纸质归档文件应以件为单位编制页码，文件中有图文的页面为一页，页码应逐页编制，分别标注在文件正面右上角或背面左上角的空白位置。已编有页码的，可维持原有页码不再重新编制。

（九）归档文件以件为单位装袋，一件一袋。归档文件材料装袋时不得有金属物，不能包含或产生可能损害归档文件的物质，包括回形针、大头针、燕尾夹、热熔胶、办公胶水、装订夹条、塑料封等。

（十）归档文件的装盒，应按分类方案的最低一级类目的文件排列顺序进行，最低一级类目不同的归档文件不应装入同一盒内。

（十一）盒号即档案盒的排列顺序号，按进馆要求在档案盒盒脊或底边进行标注。例如按"年度—保管期限"分类的归档文件，则盒号应按年度—保管期限依次拉通编制流水号。

（十二）市级单位归档章及字钉的盖制统一使用蓝色印油，各县应在所辖行政区域内统一使用一种颜色。市属单位档案盒背脊填写项目应统一使用字钉盖制，不得用笔填写。

（十三）归档电子文件整理，应按照《数字档案室建设指南》（2014年）、《电子文件归档与管理规范》（GB/T 18894等）、《企业电子文件归档与电子档案管理指南》执行，电子文件与纸质文件整理应保持一致。

（十四）各部门（单位）使用的电子文档管理系统，应符合《规则》《数字档案室建设指南》《企业电子文件归档与电子档案管理指南》等相关规定。

2017年，市档案局创新档案管理思路，对"多档合一"（即综合档案馆整合专业档案馆、大型档案馆整合小型档案馆）的管理服务新体制和成立市级部门（单位）文件档案集中整理中心进行探索，并形成可行性研究报告，上报市深改办审定。开江县档案局召开专题会议，对优化整合档案资源进行研讨，并组织干部到全县各部门调研，形成调研报告报县政府。

是年，为降低行政成本，优化资源配置，深化档案管理改革，市档案局对推进市级部门（单位）文书档案集中整理、市级部门（单位）档案室整合、乡（镇、街道）档案集中管理等方面进行探索。组织起草《关于深化档案管理工作改革的实施方案》，召集各科室业务骨干和7个县（市、区）档案局局长召开3次专题讨论会，组织考察组到深圳、中山、顺德进行专题考察，并将《方案》印发7个县（市、区）档案局和相关市级部门（单位）征求意见。

2018年，市档案局按照"精简、效能、统一"的原则，在不增加市财政新投入的基础上，推行市级部门（单位）文书档案集中整理。构建由市档案局主管、市级部门（单位）配合、财政直接投入的管理模式，逐步打破部门行政壁垒，对市级党政机关、人民团体、事业单位文书档案进行统一整理、统一保管和统一利用，变分散整理为集中整理。4月26日，根据《中共达州市委办公室、达州市人民政府办公室印发〈关于深化档案管理工作改革的实施方案〉的通知》（达市委办〔2018〕28号文件）精神，市档案局印发《关于对文件材料进行集中归档整理的通知》，规范档案业务，降低档案管理运行成本，推进档案管理由粗放型向集约型转变，提高管理实效。通知明确档案集中整理部门包括市委各部委室局、市人大常委会机关、市政府各组成部门、市政协机关。关于文件材料移交时间，要求档案集中整理部门应将2017年度形成的所有文字、图表、声像、实物等文件材料，分批次将本单位应归档的文件材料移送给市档案馆。其中市委各部委室局移交时间为5月2—4日，市人大常委会机关和市政协机关移交时间为5月7日，市政府各组成部门移交时间为5月8—11日。

同时，要求各部门加强对档案集中整理工作的组织领导，明确工作任务，落实工作责任，主动与市档案馆联系沟通衔接，做好文件材料收集、送交、整理、加工等环节工作，并将工作情况纳入年度目标考核内容。具体要求如下：

（一）在收集文件材料时，各部门要做到齐全完整、初步分类，确保文件材料原件应收尽收；移交前须全面清理，形成相应《文件材料移交清单》，并将需整理的文件材料和电子文档运送至市档案馆加工场地，办好交接手续。

（二）市档案局搭建招标平台，由市级相关部门档案工作人员组成招标评委，进行公开招标，确定整理价格。档案集中整理产生的费用，由市级部门自行与负责加工整理的第三方结算。

（三）市档案局加强对归档质量和数字化加工进行监督指导。对集中整理后的档案，直接移交进市档案馆集中保管，并将档案的数字副本返还原单位查阅和利用。

按照试点示范要求：通过价格公开招标，对市委办公室、市人大常委办公室、市政协办公室、市人力资源社会保障局、市卫生计生委、市质监局、市民宗局等12个市级部门2017年度的档案进行集中整理和集中管理；市水务局、市国资经营公司等单位加强对重大建设项目档案工作的监管；大部分市级部门开始进行档案数字化加工工作。

此后，市级各部门（单位）每年4月底前，将上年度形成的文件资料移交市档案馆，通过统一招标购买社会服务的方式进行集中整理和数字化加工，发生的费用由部门（单位）自行与加工整理档案第三方结算。

四、科技档案整理

20世纪50年代初，各单位尚未建立科技档案室。1959年全国技术档案工作大连会议后，国务院于1960年2月批准国家档案局《技术档案室暂行通则》，全区各企事业单位迅速建立健全技术档案室，制定技术文件材料归档制度，实行集中统一管理，对本单位在各项工作活动中形成的全部材料，加以系统整理，按专题（套）组成保管单位（卷、册、袋、盒），根据技术档案保管期限，划分为永久、长期、短期，再按套、按专题，随时或定期向技术档案室归档。

1960年，专区各工业企业、科技部门对本单位归档的技术文件资料按项目、型号专题等组成保管单位（卷、册、袋、盒），划分保管期限。有关部门（单位）对"下马"企业、工程档案进行清理、核对和整理。

1962年11月，国务院批转国家档案局《关于加强对"下马"企业和"下马"工程的档案管理工作的报告》。专区各企业单位贯彻执行国务院指示，对撤、并、停"下马"企业的档案工作进行全面检查，督促"下马"企业和"下马"工程收集、清理和整理档案，然后向有关部门和主管单位移交。"文化大革命"期间，企事业单位档案工作受到严重破坏。

1978年后，全区各企业单位重新启动科技档案工作。1980年12月，国家科委、国家档案局发布《科学技术档案工作条例》；1987年，颁布《科学技术研究档案管理暂行规定》。各企业单位按照科研工作程序，建立健全科研文件材料的形成、积累、整理和归档制度，对每项科研活动的归档文件材料加以系统整理，按照专业分级管理原则，经档案部门审查验收后，移交档案室集中统一管理和保管。

1991年，国家档案局颁发《工业企业档案分类试行规则》，各企业单位档案馆（室）根据工业企业档案分类原则、方法和类目设置进行分类整理、组成案卷和排架管理。工业企业档案分类设置党群工作类、生产技术管理类、产品类等10个一级类目，在一级类目下设二级类目。1997年国家档案局出台《城市建设档案属与流向暂行办法》（档发字〔1997〕20号）。各企业档案室将其形成不同载体的全部档案按照《规则》进行分类，在同类目下编大流水号，将永久、长期卷合并排列，编目造册，方便利用和保管。至2003年末，全市共整理、编目保管科技档案45万余卷。

2002年国家档案局出台《国家重大建设项目文件的将要属与档案整理规范》（DA/T28—2002）。2006年国家档案局、国家发展和改革委员会颁发《重大建设项目档案验收办法》（档发〔2006〕2号），加强重大建设项目档案管理。2008年11月13日，国家发布《科学技术档案案卷构成的一般要求》（GB/T11822—2008）。2009年，国家档案局发布《企业档案工作规范》（DA/T42—2009），进一步规范企业档案管理

五、会计档案整理

20世纪50年代初期，专区会计档案没有统一、科学分类整理。专区各机关、团体、企事业单位的财会工作人员，在整理会计档案时，一般将报表按年度和性质立卷，账簿以本为保管单位，凭证按旬、月、季分包打捆入柜或装箱上锁。有的单位的会计档案未经整理就零乱地堆在文件柜箱里，甚至散失或损毁。有些会计人员在工作变动时不办理档案交接手续，造成会计档案管理混乱。

60年初开始，专区各单位会计档案工作按照1962年财政部、国家档案局《关于修订预算会计账簿、凭证、报表保管期限的通知》精神，开展会计档案整理，建立健全规章制度。根据《预算会计账簿、凭证、报表保管销毁暂行办法》规定，按其报表、凭证的重要程度，分为永久和长期，进行系统整理和编目。

"文化大革命"期间，全区未正常开展会计档案整理归档工作。1984年，财政部、国家档案局颁发《会计档案管理办法》和《关于清理1966年以前积存会计档案的几点原则意见》。

1985年8月，地区档案局、地区财政局在全省会计档案工作会议后，先后3次召开专门会议贯彻落实清理历年积存会计档案会议，研究制定整理会计档案的原则和办法。9月10日起，全区各单位开展清理、整理会计档案。10月3日，地区财政局、地区档案局印发《关于清理积存会计档案的意见》，明确清理积存会计档案的任务、范围、步骤和方法。随后，全区成立2 727个会计档案清理小组，抽调25 577人。全区试点单位570个，采取学、听、做等形式对参加清档人员进行现场培训，实地操作。

1986年8月13—30日，按照省财政厅、省档案局制定的检查验收标准，地区档案局结合本区情况，拟定检查方法和内容，先由各系统自查、互查，再由地区抽调各县（市、区）财政局、档案局负责清理会计档案的人员组成3个检查验收小组，分片对县（市、区）清理会计档案工作进行检查验收。地级机关分成8个大组同时开展这一活动。经片组检查验收，地区审定，评出先进县4个，先进单位71个，先进个人46名，由地区表彰。

至9月末，全区完成中华人民共和国成立后至1985年末会计档案的清理任务。据统计：全区应清理会计档案的单位5 387个，完成清理单位5 192个，占96.38%；建立健全会计档案管理制度的单位4 943个，共清理会计档案4 560 428卷（本、册），其中归档3 690 176卷（本、册），并移交档案馆（室）91 572卷（本、册），销毁1 030 253卷（本、册）。同时，全区在清理积存会计档案中查清113人很难查找清楚的账户，金额8 218.96元；查出贪污11人，金额80 452.97元；查出不合理开支551 064.73元。经该次清理、鉴定、归档和移交等工作，95%以上单位建立档案专室、专柜，档案保管条件有很大改善。至2003年末，全市共整理、编目会计档案73万余卷（册）。至1998年8月21日，财政部、国家档案局发布的《会计档案管理办法》的基础上随着经济的发展，2015年12月11日进行了修订完善丰富了会计档案的内容，规范了会计档案管理标准，也为会计档案管理指明了要求。

六、其他专门档案整理

各级档案部门分别按照国家档案局和专业主管部门颁发的《审计档案管理工作的暂行规定》《纪检监察机关案件档案管理办法》《新闻单位宣传报道档案管理办法》

《人民法院诉讼档案管理办法》和《照片档案管理规范》要求，对其他专门档案进行科学分类整理和编目。

1989年，地区档案馆对地区专业人才普查档案进行分类组卷1 458卷。

至1997年末，全区共整理保存其他专门档案695 817卷，其中审计档案5 015卷，新闻报道档案6 500余卷，诉讼档案53 969卷，照片档案40 476张，其中地区档案馆6 222张。

1979—2003年，全市共整理、编目诉讼、地名、审计、宣传报道、教学、病历、工商、保险、林业和各种普查档案677 416卷。

第三节　档案鉴定

民国时期，省以下机关没有档案保存期限规定，辖区内各机关单位所存民国中央、省、专、县、区、乡档案未鉴定、销毁。

民国37年（1948年）11月29日，宣汉县政府电请十五区行政督察专员公署称：民国30年（1941年）为避免空袭将县府办公室迁至东南乡胡家院内，次年迁回县府办公，其中部分卷宗尚留胡家院内，霉烂、鼠耗、残零，已不能辨别，且已失时效，可否焚毁。12月8日，达县专员兼保安司令公署令其逐卷清查，另造清册，分别注明霉烂程度，报署定夺。民国38年（1949年）6月2日，达县专署兼司令将宣汉县府造册呈请焚毁该府民国23年至29年（1934—1940年）霉烂卷宗2 199卷，转请四川省政府主席核示。7月13日，省政府指令第十五区行政督察专员公署，要求立即转饬彻底整理，另置高地，妥为保管，不得擅自焚毁，以重档案，并查明责任，从严惩处。

中华人民共和国成立后，专区各级档案馆多次开展档案鉴定工作。民国档案虽经多次清理、整理，但未鉴定，无用档案也未销毁。

1960年11月，省档案局转发《永川县档案材料鉴定工作座谈会纪要》，在全省推广永川经验。随后，地委办公室印发《关于对档案材料进行鉴定工作的意见》，明确鉴定方法和步骤，销毁的原则及批准权限。

1961年12月16—26日，专区档案局组织工作组在南江县档案馆进行档案材料鉴定试点，成立鉴定委员会，制订工作计划，组织人员学习鉴定业务知识。又召开县委、县人委有关业务部门人员座谈会，熟悉鉴定全宗的历史情况，拟写保管期限表，经鉴定委员会审查通过后，分别送县委、县人委批准定案，作为鉴定工作的依据。

随后，专区将档案鉴定工作组分为两个作业小组，确定负责人，分工包干负责。各部门业务人员负责鉴定部门的档案材料，档案馆和工作组的人员主要鉴定领导单位——县委、县人委的档案。在鉴定小组内把任务分到个人，各负责一个单位，先表后里，以里为重；先看后定，以看为前提；先粗后细，先暂时后长期永久；先系统看，后按问题逐一逐件看。根据鉴定保管期限表和鉴定从宽、处理从严的原则，以卷为单位，实行个人确定保管期限，如个人不能确定或需要择卷的，填写鉴定处理签，由小组讨论确定。先鉴定短期，从中取出有保存价值的文件补充长期、永久卷。同时，小组间交叉检查，发现问题集体研究决定，带有普遍性的重大问题由鉴定委员会决定。

本着鉴定和提高案卷质量相结合的原则，对案卷繁杂臃肿的、单纯分出立卷的、保管价值中悬殊的材料，进行加工调卷。对剔除保管期限已满准备销毁的档案材料细致审查后造具销毁清册。同时，写一份简要的销毁报告，送鉴定委员会审查通过。对已鉴定的永久、长期卷，结合重新编制案卷目录时，再次逐卷过目审查，发现问题立即纠正。

此次鉴定，县委全宗、县人委全宗原有档案640卷，原初步鉴定为永久242卷，占总数的37.8%，长期338卷，占52.8%，短期60卷，占0.94%。鉴定后有648卷，调整合并17卷，新增25卷，其中永久407卷，占总数的62.8%，长期197卷，占总数的30.4%，短期44卷，占总数的0.68%，其中短期卷中保管期限已满准备销毁25卷。

是年，地委财贸部对保管的149卷档案材料进行鉴定。

表1-5　1961年地委财贸部档案材料鉴定前后变化情况

单位：卷

年度	原保管期限		鉴定变化保管期限		
	永久	长期	永久	长期	短期
1956	5	14	14	5	—
1957	12	20	24	7	1
1958	30	24	33	21	—
1959	20	24	31	11	2
合计	67	82	102	44	3

1962年1月22日，专区档案管理局转发档案局工作组《关于在南江县档案馆对档案材料进行鉴定试点工作情况的报告》，并对鉴定试点工作中几个具体问题提出处理意见。同时，巴中县档案馆开始对进馆部分档案进行鉴定试点。是年，全区有3个县档案馆共鉴定档案1208卷，没有销毁档案。

1963年8月9—25日，专区在地委机关进行档案鉴定试点。鉴定地委办公室等4个单位1954年前档案350卷。9月2日，开始实施"地委机关档案材料保管期限表"，保管期限表是按名称种类结合问题分类，以文件作者、内容、名称拟写条款，共分7类、81条。7类即：（1）会议文件类；（2）领导指导类；（3）计划、统计类；（4）总结、报告类；（5）调查研究类；（6）干部工作类；（7）秘书、行政类。该表分3种保管期限，即永久、长期（10—20年）、短期（9年以下）。

是年，专区、达县、大竹、万源、平昌等10个县开展档案材料鉴定试点，共鉴定档案18个全宗、5389卷，并初步摸清一些经验与办法。

1964年9月，全国档案局长会议提出档案馆要本着"又精又全"的原则，加快清理、鉴定工作，在两年内鉴定完成中华人民共和国成立后形成的档案。根据这一精神，全区10个县档案馆根据地委办公室印发的《关于对档案材料进行鉴定工作的意见》，开展档案鉴定试点。通过试点，清理鉴定档案24个全宗、8067卷。随后，在地专机关及各县档案馆全面开展档案清理鉴定工作。

1965年，根据中央、省、地委备战指示，全区对历年不需归档的文件材料进行鉴定，有86个单位鉴定剔除无保存价值的文件材料2000市斤、16万余件、2000余卷（捆）。5月30日，专区档案管理局印发《关于加强档案材料的清理鉴定工作的几点意见》，要求正在试点的地区和单位，抓好试点，总结经验，指导今后。对于还未动的地区，要求采取紧急措施，把试点搞起来。再有计划、有步骤地一批一批地展开。总的要求，专区县一级主要机关单位的清理、鉴定工作，争取在10月底结束。

1966年，地委办公室开展保密"三查"运动，将有保存价值的文件归档，中央、省、地委文件按规定保存，经过鉴定剔除重份和无保留价值的文件30366份，并按规定销毁。

1973年，地区革命委员会秘书科对大竹专署撤销时移交给达县专署的财会档案51箱、各种财务账簿357本和专区财政局存放在专署档案室的1950—1952年中共达县地方委员会、专署、各县及部分专级单位有关经费开支的单据、凭证等进行鉴定，仅保存预决算报表，其余的已超过保管期限，予以销毁。

继邻水、大竹、平昌和开江4个县档案馆在1978年、1979年鉴定结束后，1980年渠县、巴中和通江3个县档案馆完成鉴定扫尾，其他县档案馆的鉴定也处于扫尾阶段。

1980年起，地区档案馆以国家档案局颁布的《文书档案保管期限表》为鉴定档案价值的主要依据，坚持鉴定档案价值的原则，"根据本机关工作的需要和为国家积累历史文化财富的需要，全面判定档案的保存价值，准确地判定档案的保管期限。"对馆藏档案开展经常性的鉴定工作。同时，全区档案材料的鉴定工作由下到上，先鉴定地、县级机关档案室和区、社的档案，再鉴定档案馆的档案。各县档案馆在鉴定和整理档案材料过程中，发现档案材料不齐不全的，采取措施，与有关部门配合，尽力收集补充齐全。大竹、渠县和邻水档案馆在鉴定整理馆藏到期档案时，从有关部门收集到档案822卷。

至1981年末，全区除达县档案馆外，整个鉴定工作结束。此后，各县档案馆按照鉴定的原则和方法，对进馆到期档案普遍进行鉴定。鉴定结束后，对剔除"待毁档案"，全部复查，从中提取部分仍有保存价值的档案材料继续保存。在此基础上，修改或重新确定档案系统化排列方案，并编制档案存放地点索引、指引、代卷卡、全宗名册等工具，使馆藏档案"有规可循，有目可查"。

1981—1988年，地区档案馆以本馆工作人员为主，适当聘请社会力量，对已进馆档案中质量差的30 853卷进行鉴定和整理，重新组成24 036个保管单位，并采用年代—组织机构排列，按照案卷排列顺序编制案卷号，固定案卷位置，新编制案卷目录，使全馆档案统一装具，整齐美观，方便利用。

至1988年末，地区档案馆共鉴定档案64个全宗、37 337卷，属永久、长期保存32 317卷，占鉴定总数的86.55%，属失去价值应待销毁5 020卷，占鉴定总数的13.45%。

1989年，地区档案馆对原接收进馆的1980年前地级各单位短期卷保管期限已超过且失去保存价值的档案6 038卷进行鉴定。

1990年6月，地区档案馆制定《达县地区档案馆档案鉴定制度》，明确鉴定工作采用直接鉴定法，由鉴定工作人员直接、具体地逐卷逐件审查档案，提出存毁意见，交鉴定委员会（小组）审查。至年末，各县档案馆从1963年开始陆续开展馆藏档案鉴定，先后鉴定档案171 352卷。各级档案馆对馆藏档案鉴定后，划定保管期限，使馆藏档案玉石清楚，加强对有重要价值档案的管理。

是年后，地区档案馆陆续对民兵师修建襄渝铁路移交的8箱财会档案开箱鉴定。对馆藏资料23 354册（本）进行清理鉴定，剔除重份和无保存价值资料2 861册（本）。

1981—1991年，地区档案馆陆续开展档案资料鉴定。对馆藏不符合质量要求的49个单位31 568卷档案和23 354册资料逐卷（册）逐件鉴定，并对鉴定剔出的档案资料进行登记造册，领导审查，专人监销。

1994年，地区档案馆对馆藏1 820卷短期档案进行鉴定，其中无保存价值的1 074卷按规定销毁。

1996年，根据省档案局关于民国档案鉴定研究工作计划要点，地区档案馆成立鉴定研究小组，开展民国档案价值鉴定研究。根据馆藏民国档案现状和历史原因，鉴定工作的指导思想是：解放思想，大胆探索，分清玉石，留其精华，照顾基础，保证质量。鉴定的具体方法为以馆藏全宗为单位，采取直接鉴定法，逐件逐卷审查判定档案价值。鉴定的步骤和做法分为3个阶段：

第一阶段，摸清馆藏民国档案整体概况及构成情况，通过全面审查案卷目录与抽样调卷分析相结合，在摸底分析的基础上，初步制定《民国档案价值鉴定表》。

第二阶段，按表确定的存毁标准，以案卷为计算单位，对14个全宗民国档案存与毁进行初步鉴定。其结果需保存7 034卷，占73.42%，不需保存2 547卷，占26.58%。

第三阶段，以文件为单位，重点对3个全宗，即大竹、邻水县政府、县党部、县警察局全宗的档案进行逐件分析鉴定，最后形成大竹、邻水县政府、县党部、县警察局模拟实验报告。通过模拟鉴定修正《民国档案价值鉴定表》。

1997年，地区档案局组织人员对原清查民国档案时留存的3 338本无籍人员名册、外调介绍信等进行鉴定，剔除无价值的档案、资料，造具清册，由局档案鉴定小组负责人审查后，按规定进行销毁处理。

1999年，地区档案局组织人员对地区税务局（1958—1985年）1 176卷、276 403件档案进行鉴定试点，制定"地区税务局档案保管期限表"，并向省档案局上报鉴定试点工作情况报告。

至2003年，全市各县档案馆共鉴定档案18万余卷。

2004—2015年，全市各机关、团体、企事业单位档案室根据《机关档案工作业务建设规范》和《文书档案保管期限表》的规定，定期对已超过保管期限的档案加以审查、鉴定，剔除确无保存价值的档案，造具销毁档案清册，由机关领导人审核批准后，监销人在销毁清册上签字，由两人在指定地点监销。鉴定后的档案更加精炼，具有查考价值。

"十三五"期间，全市档案部门未有开展档案鉴定工作。

第四节　档案保护

民国时期，四川省政府下达给十五区的公务统计方案，将档案视为一般物品，管档人员称为"档案物品保管人员"，没有专门的保管制度，保管条件差，损毁严重。民国33年（1944年），十五区行政督察专员公署办事细则规定：档案之典藏地点务使干燥、清洁，空气流通，不妨害文件为原则；凡秘密档案管卷人员应妥慎保管，不得损坏，非经许可，不得私行调用；档卷遗失错乱或受贿抄提各事项者，管档人员应负一层责任，秘书应负二层责任。这些规定并未得到认真实施。

中华人民共和国成立后，各级档案馆采取措施，防止人为和自然有害因素对档案的损坏，维护档案的完整与安全，最大限度地延长档案寿命，加强档案科学保管、保护工作。

20世纪50年代末，专区各级档案馆成立时，条件简陋，一般把办公、住宿的旧房舍作为档案库房，面积小，条件差，危及档案安全。70年代，各县自筹资金修建档案馆3 266.2平方米，但库容量小，不符合档案保管标准。

1978年后，全区按照国家档案局颁发的《档案馆建筑设计规范》和《档案库房技术管理暂行规定》的要求，采取省、地、县三级投资办法，开始重建档案库房。

2018年4月，达州市档案馆新馆正式投

入使用后，市档案局优化档案保管保护条件，确保档案实体安全。至年末，全市档案馆总建筑面积38 354平方米。其中，档案库房17 584平方米，技术用房建筑面积4 159平方米，对外服务用房建筑面积3 576平方米。

一、馆库建设

达州市档案馆 1980年，省、地拨款28万元，在地委机关院内修建档案库房。同年2月动工。1981年9月，建成投入使用。总建筑面积1 754平方米，其中档案库房面积1 285平方米，办公用房469平方米。整个建筑为3楼1底，库房基础为现浇混凝土独立基础，主体为砖混结构，采用全框架式大开间库房、小青瓦屋顶、空心墙、小窗户、全密闭，具备档案保管、利用基本条件。地震烈度设防七级，负荷量每平方米600公斤，耐火等级二级。

图1-10 1980年竣工的地区档案馆

1985年，省档案局拨给地区档案局建房补助款2万元。1986年，增补1万元，合计3万元。11月13日，地区计委下达零星基建计划。其后，地区档案局委托地区建筑勘测设计院设计施工图纸，其建筑面积657.29平方米（包括厕所、楼梯间和阳台120.1平方米在内）。

1987年3月10日，地区档案局与达县建筑公司签订修建《达县地区档案局（馆）查阅、办公房承包合同》，商定每平方米工程造价143元，总造价93 992.47元（不包括基础超深和室外堡坎费用）。4月10日，施工队进场施工。11月中旬，房屋主体工程竣工。至此，地区档案馆建筑面积达2 411平方米，其中库房面积1 285平方米，可容纳档案、资料25万余卷（册）。

1988年，地区财政拨款6.8万元解决地区档案馆查阅、办公和技术用房紧张的状况。

至2015年末，市档案馆建筑面积2 411平方米，使用面积1 126平方米，其中：办公室用房240平方米，会议室（含接待室）24平方米，档案、文印、计算机房、储藏室等706平方米，设备用房48平方米，附属用房72平方米、特殊业务用房36平方米。

2018年，市政府同意将市档案馆老馆整体移交给通川区人民政府用于修建通川区档案馆。

达州市档案新馆 2005年10月，市委、市人大、市政府、市政协及市级机关整体搬迁至西外新区市政中心办公，市档案局（馆）仍在原市委大院旧址办公。

2006年2月，市二届人大二次会议通过《达州市国民经济和社会发展第十一个五年规划纲要》，其中，在第十篇三十八章"积极发展文化事业和文化产业"中明确："抓好市文化艺术中心、科技馆、博物馆、档案馆等文化设施建设，推动县级文化馆、科技馆、图书馆、档案馆、方志馆建设。"市档案馆建设由此被列入全市国民经济和社会发展第十一个五年规划。

5月26日，市政府副秘书长邓耀军受市委常委、副市长邓宏志委托，召开市档案局、市规划和建设局、市政府督查室、市财政局、市发改委、市国土局等单位领导参加的会议，专题研究市档案馆建设问题，并形成《研究市档案馆建设的会议纪要》。6月初，市档案局到广安市、巴中市考察学习其修建档案馆的经验，并书面形成《关于广安、巴中两市档案馆的建设情况和市档案馆建设的初步设想的报告》，报市政府。

2007年，市委、市政府把市文化馆、图书馆、博物馆、档案馆作为一个整体项目即达州市文化艺术中心在市发改委立项，并把档案馆的建设列入项目二期工程，档案馆建设规模1万平方米，投资概算2 400万元，统一由市文化局牵头实施。10月31日，市文化艺术中心动工。12月，市政府召开市文化艺术中心二期工程总体规划会议，决定在西外新区金兰路市检察院旁修建市档案馆。按照《档案馆建筑设计规范》和《档案馆建设标准》，市档案馆为市级一类档案馆，总建筑面积12 800平方米。项目由档案库房、对外服务用房、档案业务和技术用房、办公用房等主要功能用房和附属用房构成。其中：档案库房3 800平方米，对外服务用房3 200平方米，档案业务和技术用房3 700平方米，办公用房900平方米，附属用房1 200平方米。工期24个月，项目总投资4 480万元。资金由地方配套、自筹等多渠道解决。随后，市档案馆馆库建设完成项目报批、选址、立项、设计方案的确定等前期工作。

2011年，市委常委、市委秘书长李天满、市政府副市长徐承分别代表市委、市政府到市档案局视察，并向市委书记焦伟侠、市长何健专题汇报市档案馆房屋安全隐患及工作环境。焦伟侠、何健做出《由市国土局、住建局提出选址和规划意见，争取2012年实施》的批示。市档案局贯彻落实市领导批示精神，成立加快市档案馆建设班子，并邀请市发改委、市财政局、市国土资源局、市住建局等部门，开展市档案馆新馆建设立项、规划、选址等工作。是年，市委、市政府将市档案馆的修建列入"2011年民生工程实施方案"，要求"启动市档案馆建设，市级财政按工程进度拨付资金"。

2012年，市政府将市档案馆列入2012年度重大投资建设项目予以重点投资建设。4月16日，市发改委批准立项。6月19日，市档案局与北京国金管理咨询有限公司签订编制可行性研究报告合同。7月，招标核准，确定招标方式为公开招标。同月，取得勘察设计费控制价批复。7月9日，市档案局将该项目移交给市代建管理中心代管代建。8月，取得选址意见书，并完成勘察设计招标，中科院建筑设计研究院有限公司中标。11月，取得建设用地预审意见。12月，市住房和城乡规划建设局发放规划设计条件通知书。同月取得用地红线图。

图1-11 达州市档案馆新馆效果图

2013年1月，市档案新馆取得建设用地规划许可证。4月底项目设计方案第一次上规委会，因建筑面积超立项要求及建筑风格等问题，未能通过规委会审查。10月设计方案第二次上规委会，因方案不够完善、外观造型不够美观等因素，未能通过规委会审查。

2014年2月28日，市规委会第三次会议审定市档案新馆方案设计，建设地址在西外马房坝ⅡB2-2-a地块，占地面积5 800平方米，设计地上8层地下1层，总建筑面积12 631平方米，估算总投资4 480万元。4月，完成立项、定点选址、地形测绘等前期工作。5月初，取得设计方案审查批准书，并完成初步设计。6月，取得初设审查意见。7月中旬，设计单位完成施工图设计。8月5日，市委书记焦伟侠组织市发改、住建、国土、财政、交通、水务、档案等部门负责人召开专题会议，对市档案馆建设项目的设计方案进行审定。8月底，设计单位完成施工图预算，代建中心组织单位预算人员对施工图预算进行内部审查，于9月初将施工图预算送市财政局评审。9月底完成初步评审。

图1-12　2015年10月4日，达州市新建的国家综合档案馆封顶

2015年1月28日，市代建管理中心与中标单位四川九鼎建筑工程集团有限公司签订建设工程施工合同。2月，开工建设。10月4日，完成主体工程建设，顺利封顶。

2017年8月4日，市政府召开专题会，研究新档案馆4项增量工程和供水供电供气问题。11月17日，市委召开专题会，专题研究并解决新档案馆供水供电供气问题。是年，市档案局完成档案馆细水雾消防系统等4项增量工程及相关配套设施。

2018年1月10日，市档案局如期完成新馆搬迁，包括对档案资料的清点核实、下架、包装、标识、押运、入库等工作，全部档案资料入库上架，共搬迁254个全宗档案173 108卷329 644件、资料26 564册，共7 000余箱。随后市档案馆新馆向公众开放。新馆位于通川区西外龙泉路马房坝社区，市八中旁，占地8.7亩，建筑面积12 800平方米，估算总投资4 480万元，采用斜顶式设计，系兼具档案接收、保管、利用、公开查询等多项功能的市级国家综合档案馆。主体建筑9层，其中地下1层，地上8层，1—2楼为档案馆爱国主义教育中心、档案抢救裱糊整理室、档案数字化加工室和办公、业务技术用房及辅助用房等。3—8楼为档案库房和资料库房，其中5—8楼安装有消防喷淋系统、恒温恒湿调控设备、密集架柜、防盗门等设施设备。先后安装视频监控系统、门禁系统、档案密集架，打造完善档案查阅利用大厅，布置党员活动室、廉政文化长廊、机关食堂等，市档案馆的软硬件建设得到完善。

图1-13　市档案馆干部职工积极参与新馆搬迁工作

县（市、区）国家综合档案馆馆库建设 1962年，全区11个县档案馆库房面积1 171平方公尺。

20世纪70年代初，地、县两级财政拨款40多万元修建11个县档案馆库房。

1978年中共十一届三中全会后，省、地、县三级财政投资120多万元，其中地、县两级约80万元，新建9个地、县档案馆库房（有两个县馆正在兴建）。到1986年6月，全区有地区档案馆和平昌、南江、巴中、开江、通江、达县、大竹、渠县8个档案馆新建档案库房，建筑面积10 126平方米，其中库房面积6 811平方米。

1987年，万源县、宣汉县档案馆建成，建筑面积2 400平方米，其中库房面积1 600平方米。至年末，全区地、县（市、区）档案馆建筑面积13 969平方米，其中库房面积8 856平方米。地区档案馆面积1 754平方米，其中库房面积1 285平方米；13个县（市、区）档案馆面积12 215平方米，库房面积7 571平方米，除达县市、白沙工农区未修建档案馆外，其余均有档案库房。达县市城建档案馆面积62平方米，其中库房面积50平方米。

1988年，平昌县财政拨款9.28万元，修建档案馆阅览室和职工用房；南江县财政拨款2万元增加库房面积180平方米，邻水县财政增拨4.2万元修建新馆库。到1989年，全区14个综合档案馆，有12个档案馆修建档案库房，总投资195万余元，总建筑面积14 800多平方米，其中库房面积9 100多平方米，较1 978年增长2.7倍。

至1993年末，全区各级各类档案馆建筑面积1 8473平方米，库房面积10 371平方米，其中地区档案馆建筑面积2 411平方米，库房面积1 285平方米；县级综合档案馆建筑面积14 739平方米，库房面积8 000平方米，地区县级综合档案馆库房面积7 366平方米。

2000年，开江县档案馆完成库房扩建，新增面积346.32平方米。至年末，全市除通川区档案局未建档案馆库房外，其余7个档案馆均建有档案馆库房，建筑符合《档案馆建筑设计规范》要求。全市8个档案馆总建筑面积10 172.17平方米，其中库房建筑面积6 531.45平方米。

2004年2月，省政府召开第28次常务会议，决定对贫困地区修建档案馆酌情给予补助，推动全省档案馆舍建设。省上给予即将完工的达县、宣汉县档案馆和即将动工的大竹县档案馆10万元的补助。

至年末，全市各级档案局馆总建筑面积9 494平方米（其中市馆2 411平方米），档案库房建筑面积6 104平方米（其中市馆1 285平方米）。各级综合档案馆保存档案519 254卷，资料105 017册，录音录像档案41盘，照片档案27 145张，底图1 638张，档案库房处于严重饱和状态。

表1-6 2004年2月达州市各级国家综合档案馆馆库基本情况

县别	修建年代	总建筑面积（平方米）	库房面积（平方米）	现存档案数量（卷）	现存资料数量（册）	需进馆档案数（万卷）
市馆	1980	2411	1285	85 638	24 907	5
通川区	—	140	86	6 059	3 450	10
达县	1959	1059	804	78 923	5 412	5
宣汉县	1986	—	—	81 443	30 244	10
开江县	1972	1388	1 098	69 768	9 079	3

续表

县别	修建年代	总建筑面积（平方米）	库房面积（平方米）	现存档案数量（卷）	现存资料数量（册）	需进馆档案数（万卷）
万源市	1987	2007	1 233	52 091	16661	6.70
大竹县	1985	1276	688	75 616	11650	5
渠　县	1985	1213	910	69 716	3614	10
合　计	—	9494	6 104	519 254	105017	54.70

说明：通川区无档案馆，达县、宣汉县档案馆在建设中

至2005年末，全市7个国家综合档案馆总建筑面积11 080平方米（其中市档案馆2 411平方米），档案库房建筑面积7 250平方米（其中市档案馆1 285平方米）。

2006年，大竹、渠县、开江、万源、通川区等县（市、区）将档案馆库建设列入当地国民经济和社会发展"十一五规划"。

2009年，国家启动中西部县级档案馆建设项目申报工作，各县（市、区）组建档案馆建设工作领导小组，启动申报立项工作。万源市、渠县被列为全省第一批正式启动的16个建设项目之一。两个新馆面积10 264平方米，中央财政总投资2 541万元，地方财政配套资金800余万元。

2010年9月19—20日，市档案局在万源市召开全市县级综合档案馆建设前期准备工作会议，万源市档案馆介绍县级档案馆建设前期准备工作经验。

图1-14　市档案局领导到开江、大竹督查国家综合档案馆建设

2011年1月14—16日，省、市档案局领导到万源市、渠县实地察看档案馆建设情况。8月，市政府督查室与市档案局对万源市、渠县档案馆建设进展情况进行专项督查，促进两馆建设进度。9月，万源市、渠县档案馆作为全省16个首批建设项目正式开工建设。12月3—4日，省、市档案局领导再次到万源市、渠县督查档案馆建设情况。至年末，全市7个县级综合档案馆被纳入中央财政支持项目，争取国家项目资金5 448万元。万源市、渠县、大竹县、通川区、开江县5个档案馆被省发改委、省档案局纳入"十二五"建设规划（全省77个），达县、宣汉县档案馆被纳入"十三五"建设规划。其中，万源市、渠县档案馆被列为全省16个县（市、区）档案馆首批示范建设项目。

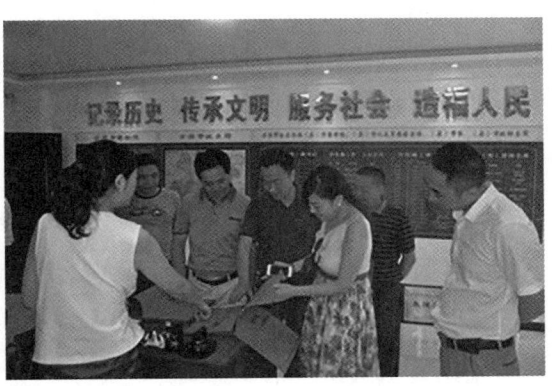

图1-15　市、县两级档案局干部职工参观万源市档案馆

2014年9月10日，市档案局局长张强、局纪检组长龚乃桢、业务科人员一行4人到开江县、大竹县督查国家综合档案馆建设项

目,现场实地查看,听取工程项目进展情况汇报。

2015年7月30日,全市县级综合档案馆建设项目现场推进会在万源市档案馆召开。市档案局班子成员、中层干部,各县(市、区)档案局局长、分管领导及负责项目管理人员40余人参加会议。与会人员参观了万源市档案馆。随后各方进行交流发言。

至年末,万源市和渠县档案馆建成并投入使用。大竹县档案馆完成装修,转入设施设备采购阶段。开江县档案馆完成场地平整。通川区档案馆建设经费国家已安排575万元,着手开工前的准备工作。

2016年,宣汉县档案馆被列为"十三五"西部地区县级综合档案馆建设规划第一批第一个支持项目,下达资金985万元。

2017年,市档案局加强对县(市、区)档案馆库建设的监督指导,对开江县、宣汉县和通川区档案馆进行2次专项督查。省档案局完成对通川区、宣汉县档案馆初设方案的功能审核。

表1-7　2017年末中西部地区县级综合档案馆建设项目实施情况统计(已开工项目)

档案馆名称	开工时间	竣工时间	中央规划面积(平方米)	实际建设面积(平方米)	中央投资金额(万元)	地方投资金额(万元)
万源市档案馆	2011年5月	2014年6月	4 555	4 550	860	241.60
渠县档案馆	2011年7月	2013年12月	5 714	5 714	1 059	197
大竹县档案馆	2014年3月	2015年12月	5 394	5 394	1 025	431
开江县档案馆	2015年9月		3 700	3 752.83	892	309
宣汉县档案馆	2017年8月		6 729	6 687.76	988	2 163

2018年,市档案局对通川区、宣汉县、开江县等西部县级档案馆建设情况进行3次专项督查,并召开专题会研究部署。市档案局主动与省档案局对接,专题汇报开江县、宣汉县、通川区等地档案馆建设情况。宣汉县档案馆建设在省档案局组织的西部地区县级档案馆建设推进会上作经验交流发言。11月14日,市档案局局长韩家翼一行赴宣汉县督查档案馆项目建设。至年末,全市列入国家中西部地区县级综合档案馆规划建设的7个县级综合档案馆,大竹县、渠县、万源市3家投入使用,开江县新档案馆建设完成准备搬迁入驻,宣汉县新档案馆完成主体工程建设,通川区档案馆建设主体工程加快推进。

通川区档案馆　1978年12月成立。2000年12月,办公地点由荷叶街1号迁至通川中路196号通川区委、政府机关综合楼7楼,档案库房面积86平方米。2007年,市档案馆腾出1间房屋,临时存放通川区档案馆近万卷档案,并配备消防器材、除湿机、空调等保护设备。

图1-16　市档案局领导在宣汉县督查档案馆项目建设

2010年,国家发改委将通川区档案馆纳入"十二五"期间国家支持中西部地区县级档案馆建设规划。

2013年,通川区档案馆作为国家支持

中西部地区县级综合档案馆建设项目，纳入"十二五"建设规划。针对通川区国有土地储备资源稀缺情况，拟将通川区档案馆与区图书馆、区司法局、区卫生局执法所等8个待建项目打捆综合建设，项目地址位于通川区凤翎关南岳社区（原区看守所），初设方案1—6楼为通川区档案馆业务、办公、馆库用房。

2015年7月，国家、省补助资金575万元（其中中央475万元，省100万元）下达至通川区财政，用于修建通川区档案馆。

2016年2月3日，达州市城乡规划委员会对通川区档案馆项目建设用地规划选址事宜进行专题研究，会议议定：原则同意用地选址在旧城通川区政府院内，并在达州市档案馆位置原址（通川中路196号）改建。新建档案馆项目占地面积895.08平方米，按照县级三类档案馆标准设计建设，总建筑面积3 972.76平方米，其中地上建筑5层，地下1层。

2017年8月，市档案局党组研究决定，原则上同意将市档案局机关老干部活动中心二楼的办公用房借给通川区档案局使用。12月，请示市政府同意，市档案局将市档案馆旧馆（建筑面积2 411平方米，地上5层，资产原值32万元）整体移交给通川区档案馆，以便通川区档案局启动改建工作。

2018年，根据市政府《关于尽快实施达州市通川区档案馆新建项目的批复》，市政府同意将市档案馆老馆整体移交给通川区人民政府用于修建通川区档案馆。

达川区档案馆 1980年1月23日，达县档案局成立，位于南外镇新屋湾。2004年，档案馆大楼开始动工。2005年10月，达县档案馆建成，建筑面积4 890平方米，库房面积2 670平方米（其中文档中心210平方米、查阅利用大厅230平方米），办公用房1 460平方米，地下车库760平方米，总投资570万元。新馆位于南外镇民乐街404号。

2006年8月16日，达县档案局举行档案馆新馆落成典礼，全县各类档案资料搬迁上架，共96 946卷、印章482枚。

2011年，市档案局确定达县为文档中心试点县。县政府领导组织县政府办公室、县财政局、县编办、县档案局的人员到深圳、广西等地专题学习考察文档中心建设工作。县政协将文档中心试点工作纳入十三届五次会议第1号提案，督办落实。

2013年4月，达县文档中心通过竣工验收。

图1-17 2015年万源市档案新馆

万源市档案馆 1959年2月19日，万源档案资料馆成立。1960年8月，更名为万源县档案馆。1973年，万源县清档办公室与档案馆合并。1980年8月6日，万源县档案局成立，办公地址在太平镇裕丰街118号（中共万源市委大院内）。1993年10月，万源县档案局（馆）与白沙工农区档案局（馆）合并，成立万源市档案局（馆）。万源市档案馆占地面积3 200平方米，档案库房1幢，建筑面积1 102.85平方米，办公室1幢，建筑面积736平方米。

2010年9月，省发改委批复，万源市档案馆建设项目为原址重建。2011年1月，中共万源市委、市政府将其变更为在太平镇101小区内异地重建。4月末，万源市档案馆项目进场施工，后受阻暂停。到7月，万源市档案馆中央财政拨款450万。9月，开始动工。2012年末，主体完工。2014年6月竣工并通过验收。2015年1月5日，万源市档案馆完成整体搬迁。综合档案馆建筑面积4 550平方米，包括档案库房、对外服务用房、业务和技术用房及其他附属用房。项目总投资1 075万元，其中地方投资210万元，中央财政预算内投资865万元。

宣汉县档案馆 1959年4月3日，宣汉县档案资料馆成立。1980年1月7日，县档案局成立，与档案馆合署办公。县档案馆位于县委机关院内，总建筑面积1 518.60平方米，库房面积1 080平方米。1981年，县政府给档案馆拨款1.2万元，在原库房屋顶上加盖1层。

2002年，县档案馆搬迁选址定点方案报省档案局批复同意。2003年，县档案馆开工建设。采取招商引资140万元，拆除旧馆，捆绑式开发，新馆由开发商在原地修建，偿还原馆库面积1 620平方米。2004年，主体工程完工。2005年10月1日，建成投入使用，建筑面积1 531平方米，其中库房面积1 080平方米，总投资138.3万元。

2016年，县档案馆被列为"十三五"西部地区县级综合档案馆建设规划第一批第一个支持项目，到位国家补助资金985万元、省补助资金1 000万元。2017年2月15日，达州市发改委调整宣汉县档案馆项目建设内容及投资计划，建筑面积由6 729平方米调整为8 629平方米，投资概算由1 999.7万元调整为3 151.13万元。8月，项目开工建设。2018年11月，县档案馆建设项目主体通过验收。

开江县档案馆 1959年10月，开江县档案馆成立。1980年3月，开江县档案局成立。1984年1月，县档案馆改扩建竣工，馆库面积1 340平方米，其中库房面积800平方米。2013年，县档案馆项目完成发改委的评审；2015年9月，开工建设。新馆位于新宁镇橄榄大道，建设面积3 752.83平方米，内设档案接收大厅、档案查阅大厅、档案数字化加工室、爱国主义教育基地等功能性用房。总投资1 201万元，其中国家投资892万元，地方投资309万元。

图1-18 2020年开江县档案馆职工搬迁档案资料

2016年，县档案馆主体工程完成。2018年12月，县档案馆启动搬迁工作，并于次年2月正式投入使用。

大竹县档案馆 1959年5月，大竹县档案馆成立。1981年，大竹档案局成立，与县档案馆合署办公。1985年，县档案馆建成，位于县白塔街道北城干道竹庞路东北侧，建筑面积1 276平方米，其中档案库房面积668平方米。2006年12月，县财政拨款50万元改造库房，安装使用密集架196立方米，并对顶楼实施新型轻便材料加层改造，增加使用面积170平方米。

2013年，大竹县综合档案馆纳入国家支持的中西部地区县级综合档案馆建设项目。项目位于北城主干道路口，规划用地10亩，建筑总面积5 394平方米，整体1幢5层，采用全框架结构。总投资1 456万元，其中中央投资1 025万元，地方投资431万元。11月4日，综合档案馆项目动工建设。2015年12月26日，主体工程封顶。2016

年3月正式投入使用。

2016年3月17日，大竹县新档案馆正式对外开放，首日接待查阅档案群众300余人次。

渠县档案馆 1959年3月，渠县档案馆成立，在县委机关内设办公室1间。1971年，修建渠县档案馆战备库，面积410平方米（其中地下室100平方米）。1986年7月，新建县档案馆，位于渠江镇和平街18号（县委机关院内），建筑面积1 213平方米，共4层楼，1楼为办公室，2—4楼为档案库房，可容纳档案10余万卷。1992年升为省三级综合档案馆。2008年"汶川特大地震"后，该馆被鉴定为D级危房。

2009年5月，省发改委、省档案局下达《关于编制县级综合档案馆建设规划的通知》，渠县综合档案馆建设项目启动，项目位于东城新区庆丰路90号。2010年9月20日，省发改委《关于转下达中西部地区县级综合档案建设项目2010年中央预算内投资计划的通知》，明确渠县综合档案馆投资规模1 256万元，其中中央投资1 093万元，地方投资163万元。建筑面积5 751平方米，其中档案库房2 519平方米，办公及对外服务用房2 171平方米，业务技术用房1 024平方米。

2011年6月底，开始施工。2013年12月，主体工程竣工。2014年1月，完成竣工验收。2015年8月31日，渠县综合档案馆新馆开馆。

二、档案装具与设备

中华人民共和国成立初，全区各级档案馆、室档案利用机关办公用的木柜存放档案，装具简陋。20世纪60年代，逐步增设专用档案柜，改善装具，档案卷皮多为单皮，规格不一，质量差，不符合规范。

1978年后，各级档案部门陆续购置标准的铁质、木质档案柜，配置和安装降温、除湿、除尘、防火防盗等设施设备，制作和使用的档案卷皮符合规范、标准一致。

1980年，地方财政拨给地区档案馆2.2万元，安装库房的提升设备，购置一批办公桌凳和档案柜。同时，各县（市、区）档案馆添置一些柜架、桌凳及安全设备。

1983年，12个县（市）财政拨专款10.98万元，添置档案柜架484套（个），印制28万多张卷皮，购置"四防"设备。

到1986年末，全区有6个档案馆购置去湿机13台，有3个档案馆购置静电复印机3台。有5个档案馆购置小型吸尘器，有的安装自动报警器；有的购置温湿度自动记录仪。各个档案馆都购置干粉灭火机，有的修建消防池，添置消防栓等设备。同时，一些档案馆在库房周围栽花植树，美化环境，净化空气。

1987年，地区档案馆有木质双面档案柜190个，资料柜30个，卡片、目录柜5个，铁皮柜20套及复印机、打字机、照相机、收录机、放像机、除湿机、打蜡机、自动控制仪、吸尘器、排风扇、干湿温度计、灭火器及档案、资料搬运器械等。至年末，全区各级档案馆有档案柜架2 339个，复印机4台，空调机6台，去湿机19台。

1989年，平昌县档案馆在全省县级档案馆中率先使用空调机。全区14个地、县档案馆年末有复印机5台，空调机6台，去湿机24台，其中新添4台。

1991年，地区档案馆改进档案文件装具，将原不规则的卷皮全部换成标准盒式卷壳。

1992年，各级党委、政府为地、县档案馆配备微机1台，复印机10台，去湿机36台，空调机6台等设备。到1993年末，全区各级各类档案馆、室有微机4台，复印机14台，分体式空调6台，去湿机36台，其中地区档案馆有微机1台,复印机1台,去湿机8台。县级综合档案馆有复印机9台,分体式空调6台,去湿机28台。

1996年,地区档案馆新增空调5台,去湿机2台,柜架100余个。1997年,新增去湿机6台,微机1台,空调机5台,复印机1台,档案柜架120余个。至年末,全区各级各类档案馆、室有档案柜架15.7万个,复印机107台、去湿机45台、计算机56台、空调机28台,其中地区档案馆有档案柜架1 260个,空调机5台,除湿机8台,计算机2台及防火防盗设备等,达到装具规范,设施设备齐全。

2000年,市档案馆新增空调4台,安装防盗门8扇及防火、防盗等多功能报警控制器和CF—16型无线报警接收主机。

2001年,市、县综合档案馆有微机11台(市档案馆4台)、复印机6台(市档案馆1台)、空调14台(市档案馆7台)、去湿机30台(市档案馆8台),档案柜基本够用。市、县机关(含乡镇)有微机163台、复印机105台、空调机134台。消毒设备2台(市档案馆1台)。档案柜11 615个。

2004年,市档案馆投资上万元对档案库房屋顶漏水、配电箱进行维修整治,及时送检换药23具灭火器。2006年,落实财政专项资金3.5万元,由政府采购中心统一购买5台除湿机。到2010年末,全市档案馆(室)有柜架15.7万个,去湿机75台,微机280台,空调97台,复印机111台。

2011年,市档案馆内设置逐渐趋于完善,设接待室、查阅室、资料室、消毒室、裱糊室、整理室、复印室、打字室,有木质档案柜271个、铁皮柜14个、目录柜11个、装订机1台、除湿机6台、自控仪6台、空调24台、电脑21台、拷贝机1台、复印机1台,每层档案库房安装自动防火防盗报警器。2014年7月,市档案馆投资近50万元,在1楼库房采购安装328立方米密集架,清理规范零散档案,拆除木制柜。该移动密集架WB-A型号由宁波新万保金融设备有限公司制作,外观平整,采用手摇式移动,预留智能升级空间。防倾倒装置、搁板、挂板、顶板、门板等符合国家要求。

2015年,市政府为市档案馆解决60万元安装气体自动报警灭火系统。市档案馆完成气体自动报警灭火系统安装,做到档案库房、公共服务区域、办公区域全覆盖。

图1-19 市档案馆组织验收档案密集架验收

2016年,市档案局完成馆库及办公区域安全防盗视频监控的安装,24小时远程监控记录所有进出档案馆库房的人员、时间,以及查阅档案全过程,消除安全死角,杜绝安全隐患,形成覆盖全馆的档案安全管理网络。万源市档案局采购价值180万元的600立方米档案密集架、办公用品及库房专用设备,安装温湿度自动监测系统和消防自动报警系统。

2018年10月30日,国家知识产权局对四川文理学院档案馆提交的实物档案袋专利申请做出授予实用新型专利的通知。该实物档案袋结构简单巧妙,可用于隔离封存多类多个实物档案,有助实物档案有效保护管理。至年末,全市各级各类档案馆内配备缩微设备2台、服务器10台、视频监控系统9台、温湿度控制系统5台、火灾自动报警系统7台、气体灭火系统5台、细水雾灭火系统1台。

三、档案保护技术

为使档案世代相传，长久发挥作用，全市各级档案馆针对档案损毁的内因（档案制成材料本身）和外因（保管的环境条件等），研究和改善档案保管条件，防范外因破坏作用，修复损毁档案，采取保护技术和措施，延长档案寿命，收到良效。

库房温湿度控制和调节 20世纪50年代和60年代，全区各级档案馆、室一般采取入口开窗自然通风，降温防潮除湿，个别馆室采用石灰和木炭吸潮降湿。

20世纪70年代，地、县修建档案库房时，除按照省上关于档案库房建筑技术要求设计施工外，结合当地实际，增添一些技术措施，如：在库房墙体下部增设通风口（地脚窗）；窗户实行电动开关；用油漆涂刷库房内壁；增加屋顶上架空层高度；增设垂直运输设备，确保档案安全保管。

1980年，各县档案馆除经常打扫室内地板、墙壁、门窗、柜架，保持库房清洁卫生外，每年集中一两次全面清点和检查档案，发现档案受潮、生霉、生虫的，立即采取措施挽救或扑灭。为适当调节库房内温湿度，各县档案馆有专人负责记录库内外温湿度变化情况，适时自然通风。

1982年起，地、县档案馆坚持库房内外温湿度1天3次测记工作，每天一小结，一月一汇总测记。通过测记、分析，基本掌握库内外温湿度变化规律，并采取自然通风、机械除湿、风扇排风等措施，加强库内温湿度控制和调节。历年记录的数据表明，每年6—9月平均温度28.1℃左右，相对湿度61%左右，其余月温度在24℃以下，相对湿度64.5%。

1985年，国家档案局印发《档案馆温、湿度管理暂行规定》，明确具体标准要求：中国纸质档案库房适宜温度范围14~24℃，相对湿度45~60℃；声像档案库房适宜温度范围20~25℃，相对湿度50~60℃；磁带库适宜温度范围14~24℃，相对湿度40~60℃。

1986年，地区档案馆和通江、开江等县档案馆根据当地自然气候特点，初步摸索出库房温湿度变化规律，并根据天气晴雨、日照方向、白天和夜晚、上午和下午、库内外温湿度的高低和风向情况的不同，或通风，或密闭，或开动去湿机，或使用排风扇、电扇加以处理，达到调节库内温湿度、防潮降温的效果。

20世纪80年代，经济发展，各级政府对档案事业投入一定资金，一些档案馆、室先后购置排风扇、去湿机、空调机等设备，采用机械除湿降温与人工自然通风相结合办法，普遍收到良好效果。地区档案馆为4层库房安装空调机、去湿机、温湿度自动记录仪等设备，使库内温度控制在14~26℃，相对湿度45~65℃的范围内，达到国家规定标准。

90年代后，确定专人管理档案资料库房，坚持定期温湿度记录分析，逐步掌握除湿、通风、降温规律，利用除湿机进行机械除湿，采取自然开窗通风、排风降温等方法，调节和控制库房温湿度，使库内温度达到国家规定标准。

2018年1月，市档案新馆建成投入使用后，库房恒温恒湿、库房监管、档案整理裱糊等设施配备完善。

档案害虫防治 达州市危及档案的主要害虫有毛衣鱼、蟑螂等。各级档案馆（室）坚持"以防为主，防治结合"方针，积极防治档案害虫。接收档案入库时，普遍进行一次消毒处理。同时，在库房内施放防虫药物。

20世纪50—60年代，各级档案馆普遍在档案柜里将植物烟叶夹在档案中间，投放樟脑块、卫生球等。70年代后，普遍采用施放"多效杀虫灵"等高科技产品。同时，对档案库房定期检查，发现疫情，立即采取措施处理。地区档案馆设有专门消毒室，并配有低温冷冻杀虫柜。80年代，先后进行4次较大规模采用敌敌畏等药物熏蒸杀虫和低温冷冻杀虫，有87 250卷档案资料经过杀虫处理，收到理想的杀虫效果。各县（市）档案馆条件较差，一般没有消毒杀虫室，多数委托粮食部门帮助杀虫。全区各级档案馆（室）没有大的虫害发生。

1990年，地、县档案馆坚持每年对库房档案进行一次全面检查，特别对那些多年不常用的档案或容易生虫的档案进行翻抖，避免害虫滋生。坚持库内每月一次小清扫，一季度一次彻底打扫，进库换鞋等卫生制度，保持库房内地板、墙壁、柜架、档案资料清洁卫生，无灰尘，无虫蛀鼠咬等现象。

1993年，对1楼库内的全部资料进行检查，对生虫的400余册资料和当年接收的档案及时进行消毒杀虫处理，并在馆藏90 347卷（册）档案、资料中施放多效杀虫灵药片。

此后，市、县档案馆按照国家档案局《档案库房技术管理暂行规定》《加强档案安全保管的通知》要求，坚持"以防为主，防治结合"的方针，对进馆档案资料进行入库前杀虫消毒，并对生虫的档案资料进行翻抖、换皮和熏杀，杜绝虫蛀霉变，库内外经常保持清洁卫生。同时，坚持清洁卫生制度，做到"五不三勤"，即：不带灰尘进入库房，不用水湿帚帕擦地板，不在库房内堆放杂物，不经消毒处理的档案不进馆，不符合要求的天气不开窗。对库存档案勤检查，勤翻动，勤打扫，有效防止各种微生物和霉菌对档案资料的危害。

2003年5月21日，市委办公室、市政府办公室印发《达州市重大活动档案资料管理办法》《达州市档案资料征集办法》《达州市国家综合档案馆档案资料接收办法》，首次提出凡进馆档案需经严格消毒杀虫并由移交单位承担费用。

2016年，市档案局对馆藏9 615卷民国档案，分41批次分别进行冷冻消毒杀虫操作，有效保护档案实体，延长使用寿命。

2017年，大竹县档案馆完成档案低温冷冻杀虫库的招标及安装工作。

抢救破损褪变档案　1980年，地区档案馆抽出3人专门对民国档案进行修补。但全区抢救褪变档案工作行动迟缓、速度慢、效果差。

1982年，按照地委、行署办〔1982〕26号文件要求，地区档案馆在接收地级机关文书档案时，发现一些单位的档案，有相当一部分文件是用复写纸、圆珠笔、铅笔、自制蓝墨水写成，字迹模糊不清，有的严重褪变。有的文件因保管条件差、保存时间长，纸张发黄变脆，破损严重。为此，区档案馆建议地级机关在向档案馆移交档案前，结合档案整理、鉴定工作，对褪变、受损档案进行抢救。

按照省档案局部署，地、县档案馆对已进馆的档案进行检查，档案褪变情况普遍。据统计，全区共检查档案71 058卷、1 195万页，其中：字迹模糊、扩散、褪变28 840卷、141万页，占检查总页数的18%。需要复制149.8万页，约4.26亿字，占褪变页数的76%。为此，地区专门召开抢救褪变档案工作会议，讨论研究抢救档案有关问题。会后，地、县档案馆及时向地委、县委汇报，经党委同意后，制定抢救档案方案，采取集中时间、集中人员突击办法。

7月15—28日，地区档案馆与达县师范专科学校协商，利用暑假，组织23名学生，对馆藏褪变档案进行抢救，抄写地委1950—1957年褪变文件3 847页、112.47万字。到8月15日止，全区组织134人的专业队伍，发动机关干部65人投入抢救工作，共抄写褪变文件803万字、报表323张，裱糊破损档案1.27万页，其中地区档案馆抄写196.5万字、报表323张。

是年，全区先后抽调专职人员298人手工抄写和分散到有关单位进行复制。至年末，全区复制档案8 298卷、17.75万页、5 564万字，占需要复制页数的46%。裱糊1.83万页。

1983年2月7日，地委办公室转发地区档案局（馆）《关于抢救褪变、破损档案几点建议的报告》，明确：（1）抢救的范围和重点。从原则上讲，凡是字迹褪变和纸张破损的重要档案，都属于抢救的范围。（2）抢救的方法：褪变文件的抢救，主要采取手抄。有条件的单位，也可用打字机打印。对于纸张严重破损，现已无法翻阅或者大小不一，不便装订的档案材料，其抢救方法主要是修复和补贴。

是年，地区林业局抢救自身形成的重要档案5 383页、215.8万字。地区档案局（馆）以地委办公室、行署办公室名义转发《达县地区林业局抢救褪变破损档案的情况汇报》，要求各单位采取措施，尽快完成褪变破损档案的抢救任务，并在进馆时一并检查验收。到年末，全区抢救褪变档案7.73万页、约2 000万字。

1982—1985年，全区共复制档案31.22万页，136万字；裱糊破损档案12.02万页、1 750万字。

1987年，地区档案局在通江县召开档案保护技术学术交流会。1988年，平昌县档案馆和地区档案馆对破损档案开始进行裱糊，取得效果。巴中县档案馆从部分破损档案中脱裱出2 080张土地房产所有证存根，保证这部分档案齐全完整。

1982—1988年，按照省档案局的安排布置，全区对中华人民共和国成立后中共达县地委和中共大竹地委、专署的档案进行检查，对字迹模糊、扩散、褪变的档案，采取集中时间，集中力量进行手抄、复印和对破损档案加边、修补、裱糊等办法，共抢救1.70万页，443.1万字。

1989年，地区中级法院抽调4名干部对3.2万卷诉讼档案进行整理和登记。中共万源县委、县政府对1966—1976年自身形成的141卷档案进行抢救。地区档案馆配备专人负责档案库房技术管理，首次举办裱糊训练班。同时，采取到北京、上海等档案馆参观学习，并结合实践进行一些初步研究的方法。是年，巴中、开江、万源、大竹等县档案馆对破损、褪变档案进行裱糊和复制7 499张。

1992年，全区抄写、修裱褪变、破损档案20 12页。1994年，抢抄地委农工部、公交部、财贸部3个单位褪变档案1 856页。全年抢救褪变破损档案1.12万页。

1995年，地区档案馆裱糊抢救破损、褪变档案5 905件。1991—1995年"八五"期间，共抢救破损褪变档案450卷、5 347件，其中裱糊4 322件。

1996年，地区档案馆抢救褪变档案8 824件。1997年，完成破损褪变档案抢救9 069件。

1983—1997年，全区共抢救破损褪变档案2.24万卷，22.45万件，33.68万页，其中地区档案馆裱糊和复制854卷，1.65万件。

1998年，全区完成褪变破损档案抢救

24 913 件。1999 年，完成褪变档案抢救 2.40 万件。2000 年，完成褪变、破损档案抢救 2.30 万件。2002 年，抢救褪变档案 7 205 卷。至 2003 年，市、县两级综合档案馆共抢救破损褪变档案 3.86 万卷，26.34 万件，78.92 万页，约占应抢救档案总数的 30.1%。其中，市档案馆裱糊和复制档案 9 812 卷，占应抢救档案的 65.4%。

2001—2005 年，全市抢救破损褪变档案 10 万余件。

2016 年，万源市档案局抢救民国万源县政府联合全宗档案 2 405 卷，裱糊、修复破损档案 4.68 万页。

四、重点档案抢救

达州市国家重点档案最早始于明清时期，有 229 卷；民国时期有 65 383 卷，革命历史时期有 27 卷，其中：宣汉县档案馆有国家重点档案 25 085 卷，占全市国家重点档案总数的 38%；开江县档案馆有国家重点档案 18 345 卷，占总数的 28%；市档案馆有国家重点档案 9 615 卷，占总数的 14%。这些档案形成时间久远、纸质老化、字迹褪变、破损严重。

1992 年 1 月 28 日，地区档案局、地区财政局转发省档案局、省财政厅《关于进一步加强重点档案抢救工作的通知》，对国家重点档案进行抢救，由接收保管利用科组织实施，主要采取档案修复和复制两种方式，具体包括修裱、去污、消毒、加固、字迹恢复、复制、复印、更换卷皮卷盒、计算机录入处理等抢救内容。是年，全区抢救国家重点档案 55 卷，累计抢救 3 617 卷，约占馆藏国家重点档案总数 36 770 卷（册）的 10%。

至 1993 年末，全区综合档案馆抢救重点档案 3 491 卷，占应抢救档案 25 763 卷的 13.6%。1993 年度抢救 392 卷，占已抢救总数的 11.2%。地区档案馆抢救 177 卷，占应抢救总数 950 卷的 18.6%，1993 年度抢救 142 卷，占已抢救的 80.2%。各县档案馆抢救 3 314 卷，占应抢救 24 813 卷的 13.4%，1993 年度抢救 250 卷，占抢救总数的 7.5%，平均每馆抢救 19 卷。

1991—1995 年"八五"期间，地、县（市）财政下拨经费 2 万元，抢救重点档案 7 000 余卷。

1999 年，市档案局对已生虫发霉的 2 500 余册民国资料和中华人民共和国成立后的部分资料进行熏蒸，抢救重点档案 3 680 件。

2000 年，全市对清代、民国和中华人民共和国成立初期的重点档案采取修复、复制和其他方法进行抢救。当年省级财政下拨抢救经费 3 万元，市（县）级财政匹配一定的资金，实际支出 285 872 元。是年，全市完成重点档案抢救 23 012 件，其中市档案馆完成 3 095 件。

2001 年 4 月，财政部和国家档案局颁布实施《全国重点档案抢救补助费管理办法》，对全国重点档案抢救工作的管理进行重大改革，规范全国重点档案的抢救工作。管理办法具体规定抢救范围、抢救补助费使用范围。是年起，市档案局按照文件规定的抢救范围和要求对全市重点档案抢救补助费按项目进行申报、审查。全市完成重点档案抢救 21 440 件，其中市档案馆完成 3 800 件。

2002 年 11 月，省档案局在成都召开重点档案抢救工作会议。会上，省档案局副局长张新结合全省实际，就如何在全省贯彻实施《管理办法》作出安排，并决定全省从 2003 年起，全面贯彻实行新办法。是年，全市完成重点档案抢救 19 294 件，其中市档案馆完成 3 500 件。

2003年起，全省全面实施档案抢救补助费按项目进行预算。凡申请重点档案抢救补助费的综合档案馆，必须按全宗填写"全国重点档案抢救补助费项目申报书"，项目包括全宗号、全宗名称、执行单位、年度、项目性质、完成时间、共需抢救和已抢救、等抢救档案卷数、计划采用手段、项目内容及申请理由、所达到目标及资金来源。是年，全市完成重点档案抢救13 960件，其中市档案馆完成3 500件，并完成全部重点档案数据的申报工作。

2004年，全市抢救重点档案17 038件。2005年"7·8"特大洪灾后，市档案局及时向国家、省档案局专题报告全市档案受损情况，省档案局特为达州市解决5万元重点档案抢救经费。全年市档案馆完成重点档案抢救5 500件。

2001—2005年"十五"期间，市档案馆及7个县（市、区）档案馆馆藏国家重点档案65 646卷，其中市档案馆9 616卷。"十五"期间全市共抢救国家重点档案6 338卷，其中市档案馆抢救国家重点档案1 405卷。"十五"前抢救3 483卷，累计抢救9 821卷，占应抢救总数的15%。在"十五"期间，市、县档案部门落实省档案局和当地财政部门对国家重点档案抢救经费投入40余万元，电脑8台。市档案局（馆）加强对国家重点档案抢救工作的领导，纳入年度目标管理，制定年度抢救工作计划，强化监督和考核。"十五"期间全市国家重点档案裱糊6 338卷，加固35卷，字迹恢复46卷，复印54卷。经过抢救后的国家重点档案恢复原貌。

2006年10月23日，市档案局（馆）制定《达州市档案局"十一五"期间国家重点档案抢救和保护工作规划》，提出目标："十一五"期间应抢救国家重点档案33 495卷，占未抢救总数的60%，累计抢救43 316卷。"十一五"期间，全市档案抢救和保护工作主要内容：采取以裱糊、复制、加固、字迹恢复等抢救方式对国家重点档案进行抢救；开展国家重点档案征集工作，最大限度地把散落在民间的国家重点档案征集进馆；拟在宣汉县档案馆、开江县档案馆及市档案馆修建重点档案特藏室，确保国家重点档案的安全保管和保护；加大投入，购置专用恒温恒湿设备、自动报警和灭火设备，确保国家重点档案的绝对安全。

各县（市、区）档案局（馆）制定重点档案抢救和保护工作"十一五"规划，有计划、有步骤地开展重点档案抢救工作。市档案局（馆）将重点档案抢救工作纳入目标管理内容，与各县（市、区）档案局（馆）签订目标责任书。各级档案局（馆）将抢救任务分解到科、股室，落实到人，层层签订责任书。同时，建立健全重点档案抢救登记制度，要求各县（市、区）档案局（馆）在年终考核时同时上报重点档案抢救登记册，以登记册的内容作为考核依据，确保重点档案抢救工作顺利开展。

是年，国家档案局和财政部把达州市档案局9 616卷中华人民共和国成立前的档案列为国家重点档案并安排抢救。经申报，财政部和国家档案局把市档案馆民国档案第3号全宗和4号全宗2 500卷档案作为一期抢救项目。市档案局（馆）及各县（市、区）档案局（馆）筹措抢救经费60余万元（其中，中央财政拨付抢救经费20万元，省档案局拨付抢救经费13万元，市级财政拨付抢救经费10万元，7个县［市、区］财政拨付抢救经费17万元）。针对重点档案破损、褪变等不同情况采取裱糊、复制、换卷皮、抄写卷内目录及案卷标题等方式进行抢救，全年共抢救重点档案5 679卷。

2007年，市档案局传达贯彻落实省档案局"宜宾会议"精神，对重点档案抢救时间、数量、质量、标准提出要求。制定国家重点档案抢救工作管理制度，建立抢救登记台账，确保抢救工作及时有效地开展。8月，国家档案局把市档案馆民国档案第1、2、5、6、7、8、9、10、11、13号共10个全宗、2 500卷列为二期抢救项目。到10月20日，市档案馆抢救国家重点档案2 506卷、裱糊67 604页。到12月3日，宣汉县档案馆拟写卷内目录和编张页号2 669卷，裱糊档案2 119卷、56 175页，完成抢救任务。通过抢救，5 175卷国家重点档案恢复原貌。至年末，全市应抢救国家重点档案65 635卷（其中市档案馆9 615卷），已抢救国家重点档案17 351卷（其中市档案馆2 506卷），占应抢救卷数的26.4%。

2008年4月，市档案局召开全市重点档案抢救工作会议，重申"宜宾会议"精神，安排部署全市重点档案抢救工作，对抢救的时间、数量、质量、标准提出要求。并制定《达州市档案馆馆藏国家重点档案抢救管理办法》《重点档案抢救登记制度》《打印案卷封面人员职责及要求》《鉴别、登记人员职责及要求》《裱糊裁切人员职责及要求》《整合、清理、折叠、装订人员职责及要求》。又通过《国家重点档案出入库登记表》《国家重点档案抢救鉴定登记表》《国家重点档案抢救（裱糊环节）登记表》《国家重点档案抢救（装订环节）登记表》《国家重点档案抢救汇总表》，建立抢救登记台账。市档案局（馆）聘请11名下岗人员，并进行档案抢救专业技能培训。

至9月末，市档案馆采取修复、加固、更换卷皮、抄写卷内文件目录和拟写案卷题名等形式，对馆藏民国四川省第十行政区督察专员公署（2期）10个全宗、2 515卷国家重点档案进行抢救，完成省档案局下达2 500卷的抢救项目任务，其中：鉴定234 780页、抢救100 538页（裱糊96 828页、接边和补洞3 710页）、打印案卷封面2 515张、装订装盒2 515卷、盖档号章751盒。

2009年，开江县档案局（馆）获得中央财政国家重点档案抢救和保护补助费10万元，市档案局（馆）、宣汉县档案局（馆）获得省级财政国家重点档案抢救和保护补助费各5万元。3个项目单位地方财政匹配资金33万元，其中开江县10万元、达州市5万元、宣汉县18万元。至9月末，市档案馆完成对民国达县、渠县、宣汉县政府、党部等全宗2 000卷国家重点档案的抢救，为省档案局下达任务数的133%，其中：鉴定58 785页、抢救44 974页（包括接边、补洞）、打印案卷封面2 000张、装订装盒2 000卷，拟写案卷题名2 000卷，录入卷内文件目录2 000条，著录案卷级条目2 000条。

至年末，本年度抢救6 818卷，累计抢救31 184卷、204件，全市国家综合档案馆应抢救国家重点档案65 635卷、204件累计抢救占应抢救47.5%。

2005—2009年，全市完成国家重点档案抢救任务31 184卷，其中抢救民国档案17 500卷，裱糊396 048页，更换卷皮17 500张，向上争取项目经费65万元。

2010年，渠县、开江县档案局（馆）获得中央财政国家重点档案抢救补助费各10万元，宣汉县、万源市档案局（馆）获得省财政国家重点档案抢救补助费各5万元。4个项目单位地方财政匹配资金46万元（其中：渠县15万元，开江县10万元，宣汉县14万元，万源市7万元）。是年，全市完成省档案局下达的4个抢救项目8 061卷抢救任务。同时上报重点档案目录数据8

061条。

2006—2010年"十一五"期间，全市获得中央财政和省级财政下达的国家重点档案抢救和保护项目13个，抢救任务24 061卷，实际完成抢救国家重点档案26 516卷，共裱糊1 155 994页，著录条目（案卷级）26 516条，拟写案卷题名26 516条。其中：市档案馆，宣汉县、渠县和开江县档案馆获得中央财政国家重点档案抢救和保护补助费项目6个，抢救任务15 000卷，实际抢救15 690卷，裱糊443 541页；市档案馆，渠县、开江县、宣汉县和万源市档案馆获得省级财政国家重点档案抢救和保护补助费项目7个，抢救任务9 061卷，实际抢救10 826卷，裱糊712 453页。"十一五"期间，全市获得中央财政项目补助经费60万元，获得省级财政项目补助经费35万元，地方各级财政匹配国家重点档案抢救经费137.5万元，项目总经费232.5万元，除购买原材料、人员工资外，各项目单位购置档案抢救需用具及电脑、柜架、空调等设施设备。

至2011年3月，全市待抢救国家重点档案21 268卷，主要分布在宣汉县、开江县档案馆。3月30日，市档案局制定《达州市"十二五"期间国家重点档案抢救和保护工作规划》。在"十二五"期间，全市将主要以裱糊、著录、换卷皮等方式，严格按照省档案局制定的抢救规范标准，分年度抢救。

是年，宣汉县、开江县、渠县档案馆获得国家、省级补助资金20万元，地方财政匹配资金25万元，共45万元。其中，宣汉县档案馆获得国家项目补助费10万元，地方财政匹配资金15万元。开江县档案馆获得省级项目补助费5万元，地方财政匹配资金5万元。渠县档案馆获得省级项目补助费5万元，地方财政匹配资金5万元。全市完成重点档案抢救21 440件，其中宣汉县、开江县、渠县档案馆共抢救国家重点档案5 251卷。在抢救中，宣汉县档案馆采取"四落实"（领导落实、经费落实、任务落实、工作落实）、"四到位"（领导到位、思想到位、人员到位、措施到位）、"三定"（定任务、定标准、定进度）、"三集中"（集中人力、集中财力、集中时间）、"三查"（查修复、查分类、查组卷）、"一考核"（抢救工作结束全面考核奖惩）。开江县档案馆采取"六个程序"（一鉴别、登记，二裱糊、修整，三整合、编号，四著录、标引，五录入、打印，六装订、装盒）。渠县档案馆采取加强领导、明确目标、落实任务、逗硬考核的措施确保抢救工作的顺利进行。同时，强化各个程序管理和监督，要求每个程序建立统计台账，交接表册，用制度约束，派专人监督，定期抽查抢救质量。

至年末，市档案局（馆）9 616卷国家重点档案，已抢救7 021卷，剩下2 595卷未抢救。

表1-8　2006—2011年度国家重点档案抢救和保护补助费项目实施情况

项目时间	项目名称	项目执行单位	项目经费（万元）			实际抢救（卷、件）
			中央拨款	省级拨款	地方投入	
2006—2007	民国四川省第十区行政督察专员公署（一期）	达州市档案馆	10	—	14.5	2 506
	民国宣汉县政府（一期）	宣汉县档案馆	10	—	12	2 669

续表

项目时间	项目名称	项目执行单位	项目经费（万元）			实际抢救（卷、件）
			中央拨款	省级拨款	地方投入	
2007—2008	民国四川省第十区行政督察专员公署（二期）	达州市档案馆	10	—	10	2 515
2007—2008	民国宣汉县政府（二期）	宣汉县档案馆	—	5	7	1 500
	民国渠县政府联合全宗	渠县档案馆	—	5	10	1 500
	民国开江县政府	开江县档案馆	—	5	5	1 500
2008—2009	民国开江县政府	开江县档案馆	10	—	10	3 000
2008—2009	民国达县、渠县、宣汉县政府、党部等全宗	达州市档案馆	—	5	5	2 000
	民国宣汉县政府（三期）	宣汉县档案馆	—	5	18	1 804
2009—2010	民国渠县政府全宗	渠县档案局	10	—	15	2 500
	民国开江县政府	开江县档案馆	10	—	10	2 500
	民国宣汉县政府（四期）	宣汉县档案馆	—	5	14	2 000
	民国万源县政府联合全宗	万源市档案馆	—	5	7	522
2010—2011	民国宣汉县政府教育科	宣汉县档案馆	10	—	15	2 532
	民国开江县政府	开江县档案馆	—	5	5	1 500
	民国渠县政府	渠县档案馆	—	5	5	1 119

说明：2010年，因受特大洪灾影响未完成抢救任务。2011年上半年完成剩余部分任务

2012年2月，省档案局下达达州市2个重点档案抢救项目3 821卷。到9月末，实际抢救3 825卷。其中，市档案馆抢救2 571卷，宣汉县档案馆抢救1 254卷。全市共抢救国家重点档案5 250卷。

是年，大竹县档案局局长王海燕带队一行4人到陕西师范大学对发现的馆藏《民国二十六年南京大屠杀死难者埋葬处摄影册》底稿进行紧急保护。经全国文物保护专家、陕西省档案保护科学研究所所长、博士生导师李玉虎教授及其博士生团队数天努力，有效清理褪色及霉变现象，并在此基础上采取措施对其进行预防和治理。

2012—2013年，达州市档案馆，宣汉县、开江县档案局（馆）获得省级财政国家重点档案抢救和保护补助费项目经费20万元，获得地方政府拨付国家重点档案抢救和保护费22万元。项目任务下达后，经市、县两级档案局（馆）两年的努力，共抢救国家重点档案6 112卷，其中达州市档案馆抢救2 571卷，宣汉县档案馆抢救2 250卷，开江县档案馆抢救1 291卷。

至2013年末，全市馆藏65 635卷国家重点档案，已抢救33 570卷。

表1-9 全省各级国家综合档案馆馆藏重点档案基本情况

档案馆名称	重点档案数量（卷）	重点档案抢救完成数量（卷）	2011—2013年重点档案抢救投入资金（万元）		
			小计	省级专项资金	地方财政资金
达州市档案馆	9 615	9 592	17	10	7
宣汉县档案馆	25 085	12 728	45	10	35
开江县档案馆	18 346	9 828	20	10	10
万源县档案馆	3 465	3 465	18.5	10	8.5
渠县档案馆	6 827	5 027	15	10	5
合　计	63 338	40 640	115.5	50	65.5

图1-20　万源市档案馆工作人员抢救重点档案

到2014年7月，全市完成馆藏重点档案7 021卷抢救，尚有2 571卷未抢救，大部分为手书草稿，部分有复写、铅笔，字迹扩散模糊，纸张发黄、变脆，磨损严重。拟采取裱糊、分类鉴定、药物恢复、保护杀虫除菌、整理、著录等手段进行抢救。

2011—2015年"十二五"期间，按照财政部、国家档案局印发的《国家重点档案抢救和保护补助管理办法》要求，遵循"奖补结合、濒危优先、专款专用"的原则，统筹规划，加强领导，精心组织，开展重点档案抢救保护工作，延长重点档案的寿命。市、县档案局成立由局（馆）长任组长，分管副局（馆）长任副组长，各科（股）室负责人为成员的国家重点档案抢救工作领导小组，把国家重点档案抢救工作纳入年度目标管理，市档案局（馆）与项目单位签订目标管理责任书，层层分解，明确职责，落实到人。各项目单位修订完善国家重点档案抢救工作管理制度，建立抢救登记台账，确保国家重点档案抢救工作有计划、有步骤开展。宣汉县档案馆强化各个程序的管理、监督，要求每个程序建立统计台账，交接表册，用制度来约束，派专人进行监督，定期抽查抢救质量。各项目单位采取档案修复、加固、更换卷皮、抄写卷内文件目录和拟写案卷题名等形式完成省局下达达州市的抢救项目。

"十二五"期间，全市两级综合档案局（馆）完成抢救22 668卷，修裱1 015 819页，著录案卷级目录21 595条，拟写案卷题名20 476条，其中：市档案局抢救9 592卷，修裱15 608页，著录案卷级目录9 592条，拟写案卷题名9 592条。市档案馆获得省级补助费10万元，市级财政匹配资金7万元；各县档案局（馆）共获得中央补助费10万元，省级补助费90万元，县级财政匹配资金195.5万元。

2016年，省档案局对达州市下达档案

抢救和保护专项资金60万元，其中市本级档案抢救和保护专项资金10万元，主要用于馆藏破产改制企业人事档案抢救整理，共5 301卷。宣汉县、达川区、渠县、大竹县、万源市档案馆分别获得省级财政补助经费10万元，主要用于重点档案的抢救和保护，其中宣汉县档案局完成1 800卷民国档案抢救任务，县财政配套14万元，实际支出24万元。达川区档案局主要用于档案安全设施设备修缮和购置，实现档案库区内外监控全覆盖。渠县档案局通过竞争性谈判方式，对馆藏700卷民国档案进行抢救保护。大竹县档案局对馆藏破产改制企业和民国大竹法院部分档案进行抢救，共抢救重点档案1 999卷。万源市档案局对馆藏1 000卷民国档案进行抢救。

至年末，全市抢救国家重点档案1万卷、修裱8.5万页，其中：抢救破产企业文书档案1 499卷、人事档案5 301卷、法院案件档案500卷、民国重点档案2 700卷。

2018年，全市抢救国家重点档案3 000卷。至年末，全市应抢救国家重点档案65 823卷、204件，已抢救59 062卷、204件。其中市档案局应抢救9 621卷，已抢救9 621卷，县（市、区）档案馆应抢救56 202卷、204件，已抢救49 441卷、204件。

五、安全保卫工作

1960年，全区各档案馆（室）坚持做好经常性的档案保管，"十无"档案室增加。

1961年，全区加强以"十无"为中心的档案保管，坚持保密制度，堵塞失密漏洞。全区有10个县档案馆实现"十无"。

1960—1961年，全区发生严重的烧毁、出卖档案4起，共2 000余卷。宣汉县鲲池人民公社社长康良明将该社1951—1960年档案165卷、文件76件当成废纸卖给供销社废品收购站。在专区对达县商业局废品收购门市检查时，从一堆旧书刊里清出内部刊物、机密文件200多份，其中有达县专区地质矿产汇集、档案干部的日记本、三门峡水库工程图、国家统计局关于工业部门工业产品标准分类目录。据了解，全区档案材料被虫蛀鼠咬、潮湿、霉变的情况较为普遍。

1962年，据大竹等8个县统计，发生失泄密事件26起，档案资料被出卖、烧毁的事件7起。全区有3个县档案馆的档案被虫蛀54卷，霉变188卷。是年，专区、县机关档案室对档案材料保管、整理情况进行全面检查。

1963年6月12日，地委办公室向各县委办公室印发省档案管理局《关于做好档案材料的安全保管和保密的通知》，各县档案馆普遍对档案进行一次保管检查，解决错卷、掉卷等失泄密问题。同时，针对查出的问题建立健全保管保密等制度。

1980年8月5日，地区公安处确定地区档案局为地区重点防火单位（共35个）。是年后，地、县档案部门建立健全岗位责任制，落实人员兼管档案保护工作，坚持昼夜值班、24小时不离人、不失控。

1985年起，地区档案局（馆）被定为一级重点消防单位，消防工作被列入本单位工作检查、总结、评比、奖惩的内容。

1988年9月12—19日，省档案局副局长龙玉春率领省政府《档案法》检查组对达县地区贯彻执行《档案法》的情况进行检查，对地区档案馆库房底层与地区老干部活动馆相距不到1米的安全隐患，提出整改要求。10月26日，行署办公室在地区档案局召开专门解决地区老干部活动馆建筑物影响地区档案库房安全问题座谈会，提出补救措施。

1989年，地区档案局建立消防领导小组和义务消防队，队员16人，配置16个

1211干粉灭火器，9个泡沫灭火器等消防器材。同时，制定消防安全制度，对火险隐患做到及时发现，登记立案，抓紧整改。此外，对干部职工进行消防安全教育和消防训练。消防工作经达县市公安局验收10项指标全部合格，换发合格证。

1990年，地区档案局将4层库房内日光灯全部换成白炽灯，减少灯光紫外线对档案纸张和字迹的破坏。同时维修库房房顶，修复提升设备，清除库房周围易燃物质，消除不安全隐患。

1991年，地区档案馆健全和完善档案接收、征集、保管、鉴定、整理、开放利用、复印、保密、保卫制度和安全防火、值班及工作人员岗位责任制等12个制度，做到档案管理制度化。

1993年6月14日，地区档案局印发《关于加强档案安全保护工作的通知》，具体要求：（1）提高认识，加强领导。（2）进行安全检查，及早消除隐患。（3）忠于职守，保护档案安全。（4）各级国家档案馆要按规定及时接收所属机关、团体、企事业单位的档案，以利档案的集中安全保管，并继续开展对全国、全省重点档案和馆藏党委、政府全宗破损、褪变档案的抢救工作。（5）加强请示报告制度。

1995年1月，地区档案局被行署评为1994年度地级消防重点单位消防工作达标单位。

1999年5月25日，地区档案局（馆）维护稳定工作小组成立，张全修任组长，唐传光任副组长。11月9日，在"119消防宣传日"中，组织消防队员学习中共中央总书记江泽民关于消防工作"隐患险于明火，防范胜于救灾，责任重于泰山"的重要讲话和《中华人民共和国消防法》，专职消防员详细讲解灭火器的使用方法及注意事项。

2001年8月7日，市消防支队在市档案馆1—4楼馆区举行消防模拟现场演练。

2002年，市档案局（馆）落实"谁主管、谁负责，谁在岗、谁负责"的原则，健全消防安全工作由局（馆）长张宗贵主管、负总责，副局（馆）长王云分管，日常工作由局（馆）消防安全小组办理的安全消防工作责任制，并把消防安全工作纳入局（馆）机关目标管理和综合治理的考核范围，层层签订责任书，严格检查考核，严格奖惩。

6月，根据全国、全省安全生产电视电话会议精神和国务院办公厅通知精神，市档案局成立安全领导小组，对库房等重点部位进行检查，整改隐患。同时，局（馆）长张宗贵利用到各县调研之际，检查各县（市、区）档案馆的档案安全工作。

2003年初，市档案局（馆）成立由局（馆）长张宗贵为安全生产工作第一责任人，副局（馆）长王云为第二责任人，另一名副局（馆）长、安全生产工作承办人、各科室科长（主任）为成员的局（馆）安全生产工作领导小组，建立健全安全日常工作由安全生产工作承办人办理的工作机制。

3月，市档案局派员参加由市公安消防支队举办的《市级重点单位消防安全培训班》学习，并通过考试考核。6月，根据《达州市人民政府关于建立安全生产保证金制度的通知》规定，局（馆）安全生产工作第一责任人张宗贵和第二责任人王云分别向市政府缴纳安全生产保证金各500元。

是年，省气象局办公室主任谭周林率省档案安全管理检查组一行3人，到达州市抽查渠县、大竹县气象局和市气象局机关的气象档案安全管理工作，察看万源、宣汉、开江、达县气象局的档案库房设施设备。

2004年，市档案局（馆）坚持每季度由局（馆）主要领导组织召开安全工作分析会，研究分析安全工作中存在的问题和隐患，制定措施。"9·3"特大暴雨洪灾发生后，市档案局印发《关于认真做好"9·3"特大暴雨洪灾后档案的抢救、保护工作的紧急通知》。全市档案部门组织人员到受灾单位现场指导受损档案抢救，并调查统计受灾情况，上报国家档案局、省档案局，落实国家档案局、省档案局对达州市档案工作的抢救经费。

2005年7月6—8日，达州普降特大暴雨，全市6个综合档案馆、400余个档案室不同程度被淹、漏雨进水，受损档案8万余卷（册、盒）。灾情发生后，市、县档案部门落实责任，执行全天24小时值班制度，及时排除危及档案安全隐患。组织人员搬迁已进水库房和有可能进水库房的档案到安全地带。组织人力物力对已受损的档案采取去湿、风干等措施进行抢救。市档案局印发《关于认真做好"7·8"特大暴雨洪灾后档案的抢救、保护工作的紧急通知》，要求各级档案部门、机关、企事业单位档案室努力抢救受损档案，把损失降到最低程度。市档案局向全市8个综合档案馆及市级机关档案室了解档案受灾情况，并组织业务指导人员到一线督促、指导，全市抢救受损档案2万余卷。

2006年7月3—4日，省档案局副局长刘海锦率专项检查组到达州市检查市档案馆和大竹县档案馆馆库建设和安全管理工作。11月1—3日，市政府督查室组织市档案局对各县（市、区）档案馆库建设和安全管理进行专项督查，并以市政府办公室名义印发《关于全市综合档案馆馆库建设和安全管理工作的情况通报》，对各县（市、区）档案馆存在的问题提出整改意见。市委常委、市政府常务副市长邓宏志批示市财政拨出专款9.5万元用于市档案馆改善档案保管保护条件，其中3.5万元购置除湿机5台，6万元用于解决档案库房屋顶渗漏问题。

2007年，市档案局转发《国家档案局中央档案馆关于汛期加强档案安全保管的紧急通知》。各县（市、区）档案局（馆）建立完善档案馆安全管理应急预案，增强档案馆应急处理能力。同时，根据省档案局《转发国家档案局〈关于做好档案馆档案保护工作的紧急通知〉的通知》要求，对全局（馆）干部职工进行档案安全教育，并对馆藏档案开展安全检查。7月5日，省档案局副局长张新率行政执法检查组对达州市通川区档案馆库建设及安全管理进行检查。

2008年，市档案局组织人员对全市各级综合档案馆及机关、企事业单位档案室进行安全排危检查，并将情况向省档案局和市委、市政府作专题汇报。同时，市档案局转发《关于加强抗震救灾中档案抢救保护和收集工作的通知》，要求各级档案部门做好受损档案的抢救保护和抗震救灾档案的收集工作。

7月15日，市档案局（馆）制定《灾害应急救援处置预案》，成立灾害应急救援工作领导小组。张宗贵任组长，王云、龚乃桢任副组长，设立灾害应急救援办公室。预案明确领导小组的主要职责、预防措施、应急措施及事后总结。同日，调整局（馆）治安、保卫、消防、安全工作领导小组，张宗贵任组长，王云任副组长。

是年，市档案局按照《达州市安全生产委员会关于深入开展"百日安全生产活动"的通知》要求，成立"百日安全生产活动"领导小组，张宗贵任组长，王云任副组长，并制定活动实施方案，修订《消防火灾应急预案》，做到人员、机构、方案和经费"四落实"。在活动期间，开展干部职工安全生产教育日、安全生产应急救援演练、安全管理与馆库执法检查等活动。

2009年，市档案局（馆）制定《局（馆）突发事件处置预案》，做好应急处置各类突发事件准备。

2010年7月18日，达州市遭受特大洪灾袭击。万源市、宣汉县、渠县、达州市主城区沿河一些单位的档案室被淹，损失惨重。7月23日，市档案局印发《关于认真做好"7·18"特大洪灾后档案的抢救、保护工作的紧急通知》，要求凡档案受损的单位务必组织人员及时进行抢救，把损失降到最低。

2012年，市档案局制定《重大灾害及突发事件应急预案》，聘请专业保安人员，采取昼夜巡查和坐岗值班等措施，加强市档案局（馆）的安全保卫，结束市档案馆无安保的历史。3月10日至4月25日，市财政投入65万元，对市档案馆进行排危处漏整治，解决市档案馆及办公楼墙体变形、阳台外斜、墙面剥落、屋顶渗漏、电线老化等问题，改善办公环境和档案保护条件。6月20日，市档案局首次举办消防知识培训及火灾应急演练。市档案局与通川区档案局干部职工参加此次培训和演练活动。8月15日，达州市档案馆与眉山市档案馆签订《归档电子文件载体异地保管保护协议》，将市档案馆重要的电子档案在眉山市档案局（馆）异地备份。

是年，市档案局根据省档案局《关于开展档案安全专项检查的通知》要求，组成3个工作组，由局领导带队对30个市级部门的档案业务工作开展情况、机关档案安全情况进行检查，结果表明情况良好。

2013年，按照"改善面貌、提升形象、优化环境、促进发展"的要求，市档案局开展城乡环境综合治理"进机关"活动，改善机关办公环境、人文环境、职业环境、人居环境，提升机关形象。同时，调整维稳工作领导小组，张强任组长，龚乃桢任副组长，并将维稳工作列入单位目标责任。至年末，市、县两级档案局均成立档案安全工作领导小组，建立健全档案安全责任制，将安全责任落实到人。建立健全档案保管、利用、库房管理、网站信息发布管理、档案信息数据安全管理等规章制度，并严格执行。

2014年，市档案馆在4个库房门口及档案查阅室安装视频监控系统，24小时远程监控记录所有进出档案馆库房的人员、时间，以及查阅档案全过程，杜绝安全隐患。达川区、渠县、宣汉、万源市等档案馆落实资金，加大对档案馆库设备设施的投入，添配密集架、监控设备、自动报警系统、自动温湿度监控设备、自动消防系统等，在人防、物防的基础上增加技防。

2015年，市档案局结合档案工作实际，建立《信访维稳责任制和责任追究制度》，完善《突发事件应急处置预案》，落实应急管理制度，加强突发事件预防预警，做到有备无患。2月15日，集中开展节前安全教育及大排查活动，提高档案安全保障能力，筑牢制度、环境、技术、人员、保密"五道"安全防线，确保春节长假安全。4月，邀请市消防支队培训中心黄教官到市档案馆现场给干部职工讲解消防知识，传授灭火器材操作使用技能。8月26—27日，省档案局政策法规处处长张晓芳一行4人到达州开展档案安全专项检查。实地察看市新档案馆建设工地，对施工单位提出安全施工建议，对市档案馆库房、配电房、数字化加工和计算机机房等现场进行安全专项检查。检查组还对达川区档案局、渠县档案局进行档案安全专项检查。9月10日，接到省档案局《关于对达州市档案安全专项督查情况的意见》后，召开全体工作人员会议，传达学习文件精神，并就安全管理存在的问题，制定整改措施，落实责任人，明确完成时间。同时，组织人员对市、县两级档案馆的档案库房、档案业务用房、办公用房及周边等区域可能存在安全隐患的部位进行拉网式排查，对排查出的问题立即责令整改。

2016年，市档案局成立突发事件应急管理工作领导小组，领导小组下设应急办公室，作为应急管理日常办事机构，负责综合协调市局突发事件应急管理，并明确领导小组和应急办公室工作职责，做到工作任务明确、责任落实到位，保障突发事件发生时能够及时处理。

图1-21 市档案局（馆）开展消防知识培训暨演练会

1月18日下午，市档案局邀请消防安全培训中心徐教官在二楼会议室对干部职工进行消防知识培训并开展消防安全演练。8月9日，市档案局印发《关于进一步加强档案安全工作的实施意见》，明确指导思想：深入学习贯彻党的十八大和十八届三中、四中、五中全会精神，认真学习贯彻习近平总书记系列重要讲话精神，全面贯彻落实省委十届三次、四次、五次、六次、七次全会精神，不断增强政治意识、大局意识、核心意识、看齐意识，坚持创新、协调、绿色、开放、共享发展理念，按照市委市政府决策部署，坚持"安全第一、预防为主"的档案安全工作方针，以高度的政治责任感和使命感，继续强化对档案安全工作的领导，进一步明确档案安全责任，积极开展档案安全风险防控和治理，不断完善档案安全保障，建立健全人防、物防、技防三位一体的档案安全工作新格局。目标任务为：到2017年，全面建成"党委政府领导、档案部门依法监管、各部门各单位全面负责"的档案安全工作机制，各部门（单位）建立起档案安全责任清晰明确、档案安全风险治理切实有效、档案安全预防控制完备可靠、档案安全保障健全有力的档案安全体系，有效防范各种档案安全风险。同时提出主要措施，完善保障基础。

2017年，市档案局树立"安全第一，预防为主"的思想，落实安全"一岗双责"制，完善安全制度，坚持以法治理念、思维和方式去分析、谋划、推进档案安全工作，贯彻相关法律法规，注重汛期安全和日常安全监管，确保档案实体和信息的绝对安全。6月中旬，按照省档案局关于加强汛期档案安全工作的通知要求，组织辖区内的专项检查，由局领导带队分成3个组，到各地各部门进行宣传和档案安全检查，把汛期档案安全措施落实到位，防患于未然，确保国家档案资源的绝对安全。7月28日，召开全市档案安全工作会议，传达贯彻全省档案安全工作会议精神，总结交流近年来全市档案安全工作的经验做法。8月3—4日，省档案局副局长罗亚夫一行4人到达州市开展档案安全风险隐患治理情况专项督查。通过查阅资料、现场核实查验、召开座谈会听取汇报等方式，对市档案馆、国电达州分公司、市中级人民法院及大竹县档案馆等单位档案管理运行情况开展安全隐患检查。

2018年1月，市档案馆新馆投入使用后，建立健全档案管理制度，规范操作流程，建立档案统计台账，坚持昼夜巡查和节假日消防安全排查，每月一次消防设备给养，定期做好库房清洁卫生。同时，市档案局（馆）坚持国家总体安全观和实体档案与信息档案并重的原则，以档案法律法规为基础，严格遵照《档案法》《四川省档案法实施办法》《国家档案局关于进一步筑牢安全防线确保档案安全的通知》和《四川省档案局关于加强汛期档案安全工作的通知》

要求，落实档案安全责任制和管理措施。印发《关于加强汛期档案安全工作的通知》，要求各地各部门做好辖区内汛期的档案安全工作。分别召开各县（市、区）档案部门、市城建档案馆档案安全工作会议和消防安全工作专题会议。经常对各县（市、区）档案馆和市档案馆进行安全检查，对存在的安全问题及时整改完善。全年未发生档案安全事故。

11月13日，达川区档案局邀请区公安消防大队专家开展消防知识培训和消防应急演练，全体干部职工和物业安保人员参加培训。是年，达川区档案局建成全市档案系统首个微型消防站，配备消防应急全套消防灭火装备。将馆库的干粉灭火器更换为更加安全的二氧化碳灭火器，保障消防设施的安全有效。

图1-22 达川区档案局微型消防站

第五节 档案开放利用

一、档案开放

1980年9月16日，地区档案局根据中共中央、国务院、省档案局关于开放历史档案的几点意见，对全区保存的7万余卷历史档案和革命历史档案（不包括历史资料）的开放问题，提出几点意见。具体明确开放范围：一是1949年前的民国档案和资料；二是1949年前的革命历史档案和资料。同时，提出具体要求、步骤、做法及应注意解决的几个问题。

1987年起，地区档案局组织人员，对馆藏的中华人民共和国成立前的15个全宗档案9 616卷进行整理编目，区分开放与不开放范围，确定首批向社会开放的民国档案5 348卷、资料1 211册、县（乡）志157本。编写《开放档案、资料内容介绍》，编制《档案、资料开放目录》，设置开放档案阅览室，制订《开放档案查阅规则》，为开放档案创造条件。7月16日，邻水县档案馆向社会首批开放档案资料13 482卷（册）。到1988年末，达县、开江、巴中、大竹县档案馆向社会开放历史档案21 000余卷。

1989年2月，地区档案局制定《达县地区档案馆开放档案试行细则》，明确首批向社会开放的档案是民国时期的档案、资料和地方志，主要内容有：

（1）四川省第十区行政督察公署（大竹）部分内部机构及所辖大竹、渠县、邻水、广安、垫江、梁山、长寿县部分机构的档案；

（2）四川省第十五区行政督察公署（达县）部分内部机构及所辖达县、开江、宣汉、万源、通江、南江、平昌、巴中县部分机构的档案；

（3）渠江矿冶股份有限公司的档案；

（4）各县县志、达县磐石乡志；

（5）反映第十、十五区行政督察公署所

辖范围政治、经济、军事、文化、教育、宗教等方面的资料。

规定凡中国大陆公民和单位，持有介绍信、工作证、居民身份证等合法证明，经本馆同意，均可利用开放的档案资料；港、澳、台同胞和侨胞利用开放档案、资料，需经地区对台办公室介绍。外国人士（含外籍华人）需经主管机关介绍，省档案局同意后方可利用。

4月，地区档案局在开江县试点，制定中华人民共和国成立后档案开放的范围。随后，开江县档案馆开放1950—1958年中华人民共和国成立后的档案3 734卷。

4月11日，地区行署办公室转发《地区档案局关于地区档案馆向社会开放民国时期档案的报告的通知》，同意地区档案馆首批向社会开放民国时期档案5 348卷、资料1 211册、县（乡）志157本。9月，地区档案局对中华人民共和国成立后满30年的档案进行试点，并提出《关于地县档案馆开放建国后档案控制使用范围的意见》。

至年末，全区12个地、县档案馆中华人民共和国成立前的72 482卷历史档案和中华人民共和国成立后的房地产和土地证存根全部向社会开放。

1990年，按照《档案法》的规定，全区完成中华人民共和国成立后满30年的档案向社会开放11 474卷。

1986—1990年"七五"期间，全区各级档案部门按照《档案法》规定，全区保存有历史档案的12个综合档案馆经行署和当地政府批准，正式向社会开放自形成之日起满30年的档案90 170卷、册，其中中华人民共和国成立前应开放的档案已全部向社会开放。

1991年，地区档案馆设立档案资料陈列室，陈列展出党和国家重视档案工作的文件、照片，达县地区档案事业发展概况，工作活动照片，档案科研、编研成果。有珍贵的历史档案、革命历史档案和建国后文书、科技声像档案及其他专业档案。有反映全区各个时期政治、经济、文化、人物等方面的自编资料。

是年，地区档案馆按照国家档案局《关于档案馆开放档案暂行办法》和省档案局《关于档案馆开放档案中控制使用范围》规定，对大竹专署、地区百货公司的档案进行审查，做好开放准备。至年末，全区12个地、县档案馆经当地政府批准，向社会开放档案资料8万余卷（册），其中民国档案资料7万卷（册），中华人民共和国成立后档案资料1万卷（册）。地区档案馆依法向社会开放中华人民共和国成立后前30年的档案6 320卷。

1992年，地区档案局完成大竹地委、专署、地区百货公司1950—1952年档案和达县专署建设科、文教科1950年前档案开放与不开放的审查，为中华人民共和国成立后的档案开放做好准备。至年末，地、县档案局向社会开放档案265个全宗，97 179卷，开放档案目录77 843条。

1993年9月6日，地区档案局印发《关于加强档案接收与开放工作的通知》，具体明确：今年，每个县、市档案馆必须完成300卷的接收任务，地区档案馆按年初计划执行。今年，凡有开放任务的档案馆要向社会开放档案200卷以上。

是年，地区档案局完成达县专署工商科、交通科、农水科、财政科等内部机构及大竹专署、百货公司1 650卷档案的审查任务，对确定开放的2 048卷档案写出开放档案报告及内容简介，并上报行署批准向社会开放。

至年末，全区各级综合档案馆向社会开

放中华人民共和国成立前的档案121个全宗，75 866卷，中华人民共和国成立后的274个全宗，28 366卷。

表1-10 1993年达川地区综合档案馆开放档案情况

地、县		中华人民共和国成立前		中华人民共和国成立后	
		全宗	卷	全宗	卷
合　计		121	75 866	274	28 366
达川地区	地区馆	7	5 348	4	2 041
	达川市	—	—	—	—
	达县	16	1 072	27	2 777
	大竹	22	1 173	108	4 995
达川地区	渠县	1	6 573	16	1 960
	开江	23	18 122	15	3 734
	宣汉	8	21 238	19	4 514
	万源	1	3 304	36	3 415
	白沙	—	—	—	—
	小计	78	56 830	225	23 436
巴中地区	通江	1	495	4	521
	南江	6	2 956	8	470
	巴中	13	1 911	30	1 450
	平昌	3	2 082	1	281
	小计	23	7 444	43	2 722
广安地区	邻水	20	11 592	6	2 208

1994年，地区档案馆继续对中华人民共和国成立后1965年前的达县专区计划委员会、专区工业生产委员会、专区建设局、专区统计局、专区工业局、专区煤炭工业局、专区冶金工业局、专区轻化工业局、专区手工业管理局、专区机电局、专区交通局、专区邮电局、专区地质局、专区汽车运输公司、专区公路养护总段、专区建筑工程公司、专区航运公司、专区轮船公司、专区盐务局（运销站）和专区车辆管理所，20个单位的4 224卷档案，逐卷逐件鉴定审核，严格区分控制与开放的内容。经审核，除科技档案830卷暂不开放外，确定向社会开放文书档案2 002卷，占文书档案3 394卷的58.98%，并对开放档案进行整理，编制案卷目录和开放内容简介。

1989—1994年，地区行署批准，地区档案局第三批向社会开放档案12 854卷。地区档案馆应向社会开放的历史档案已全部开放。开放的中华人民共和国成立后的档案占应开放的31.20%。

1995年，全区开放中华人民共和国成立后满30年档案总数37 985卷。1991—1995年"八五"期间，根据国家档案局关于《各级国家档案馆在开放中控制使用范围的通知》等规定，对中华人民共和国成立后1965年前的24个全宗、6 587卷档案进行逐卷逐件审查，区分开放与控制使用范围，对应开放的4 050卷档案编制开放案卷目录，编写开放内容简介，方便利用者检索。

1996年，地区档案局按照国家档案局《关于各级国家档案馆开放档案办法》和省档案局《关于档案馆在开放档案中控制使用范围的通知》要求，对中华人民共和国成立后1965年前的达县专区税务局、专区财政局、专署财政经济委员会、专区物价委员会、中国人民建设银行达县专区支行、中国人民银行达县专区中心支行6个单位2 151卷文书档案进行逐卷逐件鉴定审核，确定向社会开放档案929卷。是年，向社会开放中华人民共和国成立后满30年的档案1 429卷。

1997年1月7日，地区行署办公室同意地区档案馆向社会开放第四批档案。10月10日，地区行署同意地区档案馆向社会开放第五批档案，即中华人民共和国成立后1965年前的达县专区商业局、专区粮食局、专区供销社等6个单位已系统整理的档案1 499卷。至年末，中华人民共和国成立前的档案64 912卷，除控制使用5 810卷外，已全部开放。中华人民共和国成立后应开放99 854卷档案，已开放73 680卷，占73.78%。凡开放的档案均编写开放档案内容简介、开放档案目录和供利用者查找的检索工具。

1989—1997年，经地区行署批准，全区先后五批向社会开放档案20 727卷，其中：中华人民共和国成立前9 588卷，中华人民共和国成立后11 139卷。

1998年，全区累计向社会开放中华人民共和国成立前和成立后的档案136 445卷。1999年，地区档案馆继续对中华人民共和国成立后1970年前进馆的45个全宗，6 267卷档案，逐件逐卷鉴定审核，拟确定37个全宗2 837卷档案向社会开放，占应开放总数的45.3%。是年，地区档案馆向社会开放中华人民共和国成立后的档案6 267卷。至此，全区向社会开放档案累计完成149 669卷，其中中华人民共和国成立前开放100%，成立后开放91%。

2000年2月17日，市政府办公室同意市档案馆将37个全宗2 837卷档案向社会开放（第六批）。至年末，全市依法开放中华人民共和国成立前的档案57个全宗、57 043卷，占应开放的100%，中华人民共和国成立后的档案752个全宗、89 667卷，占应开放的90%以上。编制开放档案目录（案卷数）107 647条。

2001年7月3日，市政府同意市档案局向社会开放第七批档案，即中华人民共和国成立后1970年前的达县地委办公室、组织部、统战部等18个全宗单位，已系统整理的档案1 523卷。是年，市（县、区）档案馆向社会开放中华人民共和国成立后的档案9 002卷。至此，全市先后七批共开放档案1.61万余卷，占应开放的50.1%。至年末，全市中华人民共和国成立前的档案全部开放，开放全宗57个（市档案馆7个）、57 034卷，另180件（市档案馆5 348卷）。开放中华人民共和国成立后的档案815个全宗（市档案馆102个），98 872卷（市档案馆10 738卷），备有开放档案目录案卷级15.49万条（市档案馆1.61万条），文件级0.02万条。市、县综合档案馆有检索目录3 771本（市档案馆456本），卡片437 607张，机读目录案卷级0.85万条，文件级10.41万条。

2002年，全市开放中华人民共和国成立后的档案5 709卷。2006年，市档案馆依法对2 000卷档案进行鉴定审查，予以开放。

2009年，全市国家综合档案馆开放档案1 211个全宗、272 330卷。其中，中华人民共和国成立前有57个全宗（市档案馆7个）、61 144卷（市档案馆5 348卷）；开放中华人民共和国成立后档案2 094个全宗（市档案馆102个），开放档案224 686卷（市档案馆10 738卷），备有开放档案目录案卷级16.2万条（市档案馆1.61万条），文件级1.18万条；专门档案馆开放档案940个全宗、13 500卷。

2011年，按照《档案法》规定年满30年的档案，全市已向社会开放115个全宗，33 638卷档案。是年，市档案局向社会开放档案2 339卷。

2015年，全市对拟开放的1 200卷档案进行密级鉴定，待市委、市政府批准后向社会开放。至年末，全市各级档案馆的民国档案已开放，但利用人次较少。

至2018年末，全市开放中华人民共和国成立前的档案61 216卷、204件（以件为保管单位档案）；中华人民共和国成立后的档案402 869卷、427 913件；开放档案目录案卷级22.14万条，文件级95.34万条。

二、档案利用

档案馆提供档案为利用者服务，主要方式有提供原件或档案复制件，编辑出版文件资料、档案史料，举办档案展览等。

民国时期，四川省第十区、十五区行政督察专员公署把整理档案，以便保管利用，作为提高行政效率的措施之一。民国28年（1939年）12月29日，四川省第十区行政督察专员公署制定"调卷办法"十二条，对调阅（服务）对象、调阅限期、批准手续和注意事项等均有规定，并经专员核准公布实施。

民国33年（1944年）10月14日，四川省第十五区行政督察专员公署"办事细则"第三十八条规定：如需调阅案卷，应由调卷人署名，填具调卷单，送经主管人员盖章后，再向档案室调阅，等送还后再将原单撤回。此件于民国34年（1945年）5月经四川省政府审核批准。辖区各县政府亦有这方面的规定。如民国35年（1946年）《巴中县政府档案管理暂行办法》第二十一条规定：各科室职员因处理政务必须调卷时，由调卷人填写调卷单，经科室主管人盖章后，送交档案室调卷。第二十二条：调卷期间以1周为限，用毕即还，如有特殊情形，限期内不能送还时，由调卷人在调卷单内批明、盖章即可延长时间，倘如期不将文卷送还，又不申明延长时间，即由管卷人员填催卷单送调卷人将原卷收回。第二十三条：凡秘密档案，非经县长许可，不得私自调用。第二十四条：各种文卷系有秘密性不准泄漏或抄写，更不准任意携带出府。

中华人民共和国成立后，各级档案馆、室从建立之初，即坚持为社会主义建设服务的宗旨，开展档案利用工作，为政治、经济、科学研究和各项工作的需要，提供大批档案，发挥档案作用。

1959年6月，国家档案局提出"进一步提高档案工作水平，积极开展档案资料的利用，为社会主义事业服务"的全国档案工作新方针。1960年，专区编制一套查考工具，利用档案资料为大办农业、大办粮食等党的中心工作服务，编出短小的"应时小吃"，如南江县档案馆汇编的历年各地油菜、小麦、胡豆高产经验，巴中县收编的"小麦田管""生猪发展""保护耕牛过冬"等10多种资料，群众反映这些资料很好。据达县、南江等5个县档案馆统计，利用档案材料5 214卷。渠县、平昌等8个县的各级档案室统计，利用档案资料61 159卷（件）。

1961年，为大办农业、大办粮食、农村整风整社、"三反"等运动服务，达县县级机关利用档案3 840卷。大竹县杨家区将历年各种基础数据掌握起来，在"三包一奖"工作中进度快，仅用两天时间就定案。是年，全区各县档案馆、各级机关档案室利用档案资料198 939卷（件）、167 923人（次）。

1962年，省委工作组到万源县调查山区发展农业生产的问题，县档案馆提供历年农业生产方面的档案材料115卷，对开展调查工作帮助很大。10月，通江县杨柏公社发生严重死猪、死牛的疾病，5天内死去耕牛13头、猪157头。公社文书档案干部从档案室查出预防、制止耕牛、生猪死亡的档案5卷送给党委使用，党委负责人员立即召开各大队支书、队长会议，学习和推广档案上有关处方和经验，分析死猪、死牛原因，要求3天内制止生猪、耕牛死亡。是年，全区各县档案馆、各级机关档案室利用档案资料198 939卷（件）、187 923人（次）。

随着不断强调阶级斗争，档案利用工作的重点逐渐转向为政治运动和机关工作服务。1963年8月28日，中共达县地委办公室印发《关于各级文书档案部门积极做好工作为今冬明春农村开展社会主义运动服务的通知》，要求今冬明春将在全区50%以上的地区开展以阶级教育、阶级斗争为纲的社会主义教育运动。在运动中，各地将普遍运用家史、村史、社史，以及阶级敌人进行破坏的罪恶事实的方法，向广大农民进行阶级教育。

9月，专区档案局配合达县档案馆在地委开展社会主义教育运动的试点公社——达县罗江、魏家公社对档案材料为社会主义教育运动服务的情况进行调查，并根据省档案局布置和此次了解的情况，提出做好档案工作为社会主义教育运动服务的几点意见，要求立即收集、整理现有档案材料和分散在各个部门和个人手中的零散文件。

是年，全区各县档案馆利用档案资料5 473卷（件）、4 077人次，专、县机关档案室利用23 987卷（件）、17 056人次。通江县各社教工作团（队）根据提供的档案材料，编写家史402份、村史106份、社史53份，图片262套，向广大群众及机关干部举办展览，参观展览4.62万人次。

1964年，专、县档案部门到社教试点公社调查研究，总结并推广经验。同时，收集、整理运动中形成的档案材料。全区开展社教运动的442个公社90%以上的公社对档案材料进行收集整理和保管。

1965年7月7日，省档案管理局传达中共中央办公厅《关于文书档案保密检查情况和今后意见的报告》，要求各级档案馆在"档案利用通则"颁布前一律暂停对外提供档案材料业务。

1958—1966年，全区各级馆、室接待利用者364 699人（次），提调档案资料293 101卷（次），为社会各项工作提供史料服务。

"文化大革命"期间，全区档案工作停滞，档案馆（室）的利用工作受到限制，一些零星利用主要是为当时的阶级斗争服务。

1978年后，随着以经济建设为中心的社会主义事业全面展开，档案利用由过去主要为政治运动服务，逐渐转向为经济建设、学术研究、编史修志、工作查考等社会活动服务，不仅为机关单位服务，而且为一般群众服务。

1979年8月，开江县先后从县级单位抽调10人，对县委、县人委全宗档案建立"人物卡"152 808张、"文件卡"33 346张、"组织卡"2 097张，适应调卷要求。

20世纪80年代，全区各级档案馆逐步由封闭、半封闭型向开放型转变，档案利用范围扩大。地、县（市）档案馆安排专人负责档案保管和利用，并有计划地编制一些查找工具和参考资料，为平反"文化大革命"中冤假错案、解决知青返城和其他历史遗留问题、经济建设等提供档案资料。

1980年4月，地区在开江县召开档案馆工作会议，加强县、市档案馆工作交流与研究。宣汉县档案馆就历史档案如何为"四化"服务做专题介绍。是年，地、县（市、区）档案馆接待档案利用者9 623人次，提供档案26 723卷（袋）。

1980—1982年，全区为落实党的各项政策、编史修志、历史研究和经济建设等方面，接待利用者36 103人次，提供档案103 233卷。其中1982年接待13 602人次，提供利用档案39 865卷。

1983年1—10月，地、县档案馆接待利用者22 433人次，提供档案73 851卷（件）。

1984年，地、县档案馆接待利用者40 900人次，提供档案104 825卷（件），分别是1980年的4倍多。

1985年末，全区召开开发档案信息资源和利用工作经验交流会议，明确档案工作应根据社会需要大力开发档案信息资源，各种形式和途径系统地做好档案利用（信息）的反馈和咨询服务。

图1-23 1988年4月，档案利用者在地区档案馆查阅室查阅档案

1987年，《中华人民共和国档案法》颁布实施，公民利用档案的权利受到法律保障。地、县（市）国家综合档案馆制定《档案利用制度》，建立《档案资料查借阅登记簿》《档案利用效果登记簿》等，完善档案利用工作。同时，一些档案馆调整扩大阅览室，添置设施设备，开展档案利用咨询服务，举办档案陈列展览。是年，全区接待档案利用者89 755人次，提供档案165 099卷，其中利用中华人民共和国成立前档案26 140卷，中华人民共和国成立后档案138 959卷。用于编史修志119 098卷，工作查考26 256卷，学术研究923卷，经济建设7 756卷，其他11 066卷。摘抄复制387 871页。利用资料4 208份。地区万福钢铁厂在73米的2号高炉扩容改造工程中，利用本厂3号高炉的图纸资料，将原设计图稍加修改后即用于2号高炉，仅设计费用一项节省22万元，并缩短设计时间，提前投产，当月获利6万余元。

1981—1987年，全区接待档案利用者23 193人次，提供档案资料63 533卷（册）。

1988年，地区档案馆采取主动介绍馆藏内容、印发案卷目录、接待查阅、开展档案咨询服务等方式，为"四化"建设服务。地、县档案馆接待档案利用者88 630人次，利用档案187 869卷（件）次，资料3 305册（份）次，复制376 052页。各级机关、团体、企事业单位借阅利用档案355 080人次，584 525卷、（件）次，利用档案汇编资料186种。

1989年，到地区档案馆联系工作，查阅档案、购买档案用品等有5 000余人（次），全局工作人员主动热情接待，为其提供档案资料20 144卷册，复印资料34 600张，出售卷皮5.10万多个，各种目录10万多张。是年，地、县档案馆接待利用档案者75 267

人次，利用档案154 423卷（件）次，资料2 576册（份）次，复制档案351 238页。其中，地区档案馆接待利用者3 925人次，提供利用档案20 144卷次，摘抄复印档案、资料10 027页。

1990年，地区档案馆接待利用者2 468人次，提供利用档案3 068卷次，资料165册次，摘抄、复印档案文件38 668页。

1986—1990年"七五"期间，地、县档案馆为各项工作提供档案73万卷，接待利用者36万人次。各级党委、政府及有关部门利用档案为4 611人平反冤假错案，为25 568人落实政策，为15 074人提供学历、工龄等证明，为14种地方志、747种专业志、30部党史著作、1 112份组织史稿、549篇学术文章的编写提供档案29万卷，使馆藏档案发挥显著的社会效益，并获得经济效益1.2亿元。

表1-11　"七五"期间达县地区利用档案社会效益情况

利用目的	利用人次		利用卷次		社会效益	
	合计	#地馆	合计	#地馆	合计	#地馆
平反冤假错案	28 669	375	55 947	1 352	4 611（人）	693（人）
落实各项政策	73 909	1 462	98 904	5 436	25 568（人）	1 849（人）
提供各项证明	31 831	2 251	57 866	8 940	15 074（人）	1 282（人）
编史修志	116 250	13 248	292 687	101 161	地方志14种、专业志747种、党史著作30本、组织史1 112份、文章549篇	组织史396种、党史3种、志书36种
其他	56 550	2 638	101 577	12 341	30 283（项）	2 216（项）

说明：（1）前三项社会效益是指为多少人平反、落实政策、提供多少人的学历、工龄等证明。
　　　（2）编史修志社会效益是指为多少种著作、文章、地方志、部门志、专业志等提供依据。
　　　（3）解决其他问题（如学术研究、文艺创作、工作查考等）列入第五项

1991年起，随着全省以经济建设为中心的各项工作开展，各级档案馆改变服务方式，除采取提供档案原件、档案复印件、制发证明材料、印发资料等方式开展利用服务外，还开展档案展览、来函代查、电话咨询等利用服务方式。部分档案馆建立健全档案资料陈列室，并在报刊、广播上宣传报道档案工作，营造档案利用良好氛围。同时，档案利用服务领域和范围得到拓展，档案利用门类由单一文书档案拓宽到专门档案、科技档案、照片档案等多种门类的档案。档案利用者由单一机关工作人员拓宽到企业工作人员、下岗失业人员、离退休人员、创业人士、军人、农民等。档案利用目的由编史修志为主拓宽到工作查考、学术研究、经济建设、案件查处、解决纠纷、宣传教育等方面。

是年，全区各级综合档案馆为各项工作提供档案资料6.4万卷（册），接待利用者2.7万人次；地区档案馆接待利用者2 158人次，提调档案资料3 282卷（本），摘抄复印档案9 890页；地直以上机关单位档案部门接待利用者11.56万余人次，提供借阅档案138.18万余卷（件）。

图1-24 档案馆工作人员为利用档案者提调档案

1992年初，全区聘用档案利用工作信息员52名，并对信息员的职责、任务、要求作出规定，形成档案利用信息收集、整理、汇总、上报管理网络和工作体系。全年收到档案利用信息201条，地区采用33条，省档案局《业务通报》采用3条。是年，地、县档案馆接待利用者19 666人次，提供档案资料55 194卷（册）。其中，为经济建设提供7 295卷次，工作查考26 304卷次、编史修志12 917卷次、学术研究884卷次，摘抄复制档案资料88 232页。地区档案馆接待利用者1 793人（次），调阅档案7 924卷（次），摘抄、复印档案资料13 267页。达钢厂档案馆为本厂新建2号转炉提供全套转炉设计、施工图纸、资料，节约400多天，节约资金10多万元。

1993年，全区将档案工作重点转移到开发档案信息资源、开放利用档案，建立健全内部管理制度。地、县档案馆全年接待利用者15 639人次，提供档案资料32 722卷（件）册次，摘抄复制档案资料22 854页。其中，地区档案馆接待利用者383人次，提供档案资料2 092卷（册）次，收集、整理上报利用效果、典型事例13条，被采纳2条，其中为12个单位解决征用土地纠纷，挽回经济损失220万元。

1994年，全区接待档案利用者5 737人次，提供档案19 148卷次，摘抄复制档案材料7 290页。地区档案馆收集、整理、上报、档案利用效益简报4期、典型事例22条。至年末，地区档案馆建馆14年，累计接待档案利用者41 101人次，提调档案153 313卷次，摘抄复制12万页，利用资料1 935册（份、次）。取得直接或间接经济效益8 602万元，收回山林面积9.62万亩。为4 624人平反冤假错案、落实政策提供证明，为475种史志提供史料，为工作参考、学术研究、文艺创作等提供2 400余次服务。

图1-25 为档案查阅者复印档案资料

1995年，全区接待档案利用者6 817人次，提供档案19 639卷件次，摘抄复印6 429页，收集整理上报利用效益和典型事例83条，收到经济效益764万元。其中地区档案馆接待利用者476人次，提供档案、资料3 766卷（册），摘抄复印档案、资料2 002页。收集、整理、上报档案利用效果典型事例83条。

1991—1995年"八五"期间，地、县（市）档案馆接待社会利用者52 533人次，提供档案资料130 958卷（册）。为745人平反冤假错案、10 071人落实政策、15 529人提供证明、1 280种地方志、部门志、专业志、各种著作、文章、组织史的编写提供依据，创造直接或间接经济效益1.9亿元。地区档案馆接待利用者5 239人次，提调档案24 342卷次，提供资料410册次，复制37 687页，取得直接或间接的经济效益375万元。

1996年起，全区各级档案馆围绕为社

会主义物质文明和精神文明建设服务的主题，配合党和政府中心工作，发挥档案作用，为解决纠纷、债权债务、房产土地、林权、企业改制、个人待遇证明等提供凭证依据。全年接待档案利用者5 382人次，利用档案15 854卷，摘抄复制3 753页，收集、整理上报档案利用典型事例19条。

1997年，全区接待利用者6 394人次，提供档案资料24 105卷（册），摘抄复制6 070页，收集、整理、上报档案利用典型事例29条。

1987—1997年，全区接待档案利用者189 970人次，提供档案资料426 306卷（册），复印资料94万页，为795人落实政策，为1 748人提供各种证明，为293种史志提供600万字的依据，利用档案为国家集体挽回经济损失7 880万元。

1998年，地、县（市）档案馆接待案利用者7 321人次，提供档案30 441卷（册），收集整理档案利用典型事例146条。

1979—1998年，全区为社会各界服务提供档案1 105 172卷次，接待利用者617 826人次，摘抄复制档案84.9万页，其中，地区档案馆提调档案194 007卷次，接待利用者42 551人次，摘抄复制档案资料14.5万页。各机关、团体、企事业单位为机关工作查考、经济建设、新产品开发、处理纠纷等工作提供档案204.7万卷次，接待利用者188.8万人次。全区各级档案馆、室利用档案获得直接或间接经济效益3.1亿元，为6 956人平反冤假错案，为35 639人落实政策，为166 503人提供学历、工龄等证明。其中，地区档案馆利档案获得直接或间接经济效益7 672.4万元，为3 277人落实各项政策，为1 600人平反冤假错案，为5 475人提供证明依据。

1999年，全区接待利用档案者4 305人次，提供档案14 002卷次，摘抄复制10 725页，收集整理档案利用典型事例164条。

2000年，全市提供档案利用6 700人次、20 562卷（件）次，整理、上报档案利用典型事例25条。

2001年开始，随着全省全面建设小康社会的展开，社会保障体系逐步完善，档案馆进入公众视野，社会档案意识增强，全市档案利用工作贴近人民群众，出现利用人数逐年增长、利用重点转移、利用方式增多等特点。在企业改制、职工参保中，查阅工龄、工种、工作调动、知青下乡返城时间等原始凭证的个人利用者增多，利用需求趋向大众化，形成继改革开放后平反冤假错案、解决历史遗留问题和上一轮编史修志档案利用高潮后的又一高潮。

是年，市、县（区）档案馆接待档案利用者4 200人次，提供档案资料12 992卷（册）次，收集、整理和上报档案利用典型事例32条。其中，市档案馆接待利用者198人次，提调档案资料1 351卷（册），摘抄复制档案418页。

2002年，全市接待档案利用者5 704人次，提供档案17 772卷（件）次，复制档案资料8 250页。其中市档案馆接待档案者375人次，提调档案资料3 268卷（册），摘抄复制档案826页。

2000—2002年，全市各档案馆接待档案利用者16 608人次（市档案馆899人次），利用档案资料50 688卷册次（市档案馆4 742卷册次），复制档案资料25 849页（市档案馆1 876页）。编纂内部参考资料8种94万字。

2003年，全市接待档案利用者13 560人次，查阅档案30 089卷次。上报档案利用典型事例75条，上报档案工作信息50条。其中，市档案馆接待档案利用者263人次，提调档案资料2 106卷（册），摘抄复制档案342页。

1979—2003年，全市接待档案利用者86.61万人（次），提供档案157.32万卷（次），摘抄复制档案资料89.1万页。其中，市档案馆接待档案利用者4.5万人（次），提调档案20.1万卷（次），摘抄复制档案资料15.6万页，各机关、团体、企事业单位档案馆（室）接待档案利用者194.1万人（次），提调档案214.4万卷（次）。

2004年，全市接待利用者7 386人次，提供档案15 838卷次，收集、整理和上报档案利用典型事例225条。其中，市档案馆接待档案利用者219人次，提调档案资料459卷（册），摘抄复制档案216页。

2005年，全市国家综合档案馆提供档案利用7 942人次、25 371卷件次（其中利用中华人民共和国成立前档案323卷件次，中华人民共和国成立后档案25 048卷件次）。其中：编史修志8 770卷件次，工作查考9 083卷件次，学术研究549卷件次，经济建设3 693卷件次，宣传教育1 504卷件次，其他方面1 772卷件次。全市收集、整理档案利用典型事例70条，上报省档案局32条。

2006年，全市接待档案利用者3 518人次，提供档案12 500卷次，收集、整理档案利用典型事例132条，上报省档案局32条。

2007年7月，市档案局（馆）在网上发布《馆藏档案及政府公开信息（已公开现行文件）查阅指南》，明确馆藏档案及政府公开信息（已公开现行文件）查阅时间、程序、查阅须知。全年共接待档案利用者1 980人次，提供档案15 670卷次，收集、整理档案利用典型事例256条，上报省档案局80条。

2008年，全市接待档案利用者16 173人次，提供档案40 015卷（件）次，其中接待民生档案利用者1.20万余人次。收集、整理档案利用典型事例100条，上报省档案局25条。

2009年，市档案局主动为破产企业、改制企业下岗职工、襄渝铁路建设民兵及社会弱势群体免费提供查阅档案服务，为政府排忧解难，稳定社会。同时，以现行文件查阅利用中心为平台，为群众提供民生档案的查阅利用。全年接待档案利用者504人次，提供档案3 106卷次、资料94本（册）、复印文件10 592页。

2005—2009年，全市综合档案馆接待档案利用者33 938人次，提供档案170 208卷次、资料2 185本（册）。

2010年，全市开展电话查询、来函查询、预约查询等档案利用服务。市县档案馆全年接待档案利用者15 529人次，提供档案45 349卷次。收集、整理、上报档案利用典型事例122条。

2011年，到市档案馆查阅利用档案的个人，凡查阅与自己相关的档案材料，只需提供居民身份证即可查阅。凡是下岗职工、农村贫困户、五保户、特困户、残疾人等，在查阅档案时减半收费，个别特别困难的免费查阅。10月开始，市档案馆免费向利用者提供档案资料，只收取复印工本费。同时，修改完善查阅指南、安全、保管、利用、接收、开放、现行文件查阅等16项管理制度，重新制作库房存放示意图，建立完善有关台账和登记簿。

是年，市、县档案馆接待查阅利用档案8 734人次、提供档案26 064卷次。其中市档案馆接待档案利用者357人次，提供档案971卷6件，文件16份，资料5卷（册）。

2013年1月起，市档案局更改上报档案利用事例时间，要求各县（市、区）档案局于每月20日前，上报档案馆和基层档案室档案利用事例（电子版）各2条到市档案局信息开发科。8月1日起，按照《四川省档案局转发〈国家档案局关于严格执行财政部、发展改革委关于取消利用档案收费规定的通知〉的通知》要求，全市各级档案部门停止所有利用档案收费，并向社会承诺，公民持有效证明到馆查阅利用档案一律免费。

是年，市档案馆开设档案信息网上查询、现行文件上架阅览、函电代查、节假日预约查档等服务，全年接待档案查阅2 000人次，提调档案3 747卷次。编印《达州市档案局简报〈典型利用事例专刊〉》12期。

2014年，市档案馆接待档案查阅3 150人次，提调档案4 600卷次，复印12 500余页。

2015年6月，重庆市城口县档案局党组成员、副局长邱光伟带领城口县红色文化征集小组成员一行到达州市档案馆查阅红色文化档案资料。查阅1933—1960年革命历史时期档案资料，复印60余页。同月，教育部和西南交通大学委托西南交通大学马克思主义学院编写《建国初期四川基层政权建设与乡村社会治理》和《川陕革命根据地研究》两项课题。8月17—19日，学院冉绵惠教授等一行4人到达州市档案馆查阅革命历史时期（1933—1960年）和中共大竹地委（1950—1952年）档案资料50余本，拍照、复印1 100余页，为两项课题的完成提供有价值的历史文献资料。是年，全市档案系统提供来访查档服务，并接受电话查询、邮件查询、网络查询，以及节假日预约查询服务，开展民生档案异地、跨馆查档服务试点。全市全年接待档案利用者47 267人次，利用档案162 726卷次，其中市档案馆接待破产改制企业档案、干部个人档案、襄渝铁路档案等查阅利用者5 012人次，调阅档案12 365卷次、4 160件次，复印13 875页，为办理退休、购买社保、解决房屋买卖、司法纠纷、拆迁赔偿、协助办案等提供依据。

图1-26 冉绵惠教授等人在达州市档案馆查阅档案资料

2016年2月1日，达州市启动民生档案异地跨馆查档服务。市档案局印发《关于建立全市国家档案馆民生档案异地查档跨馆服务联络机制的通知》，确定各县（市、区）档案局民生档案异地查档跨馆服务工作联络员及其职责，并将全市各级国家档案馆将异地查档跨馆服务内容、联系方式、工作流程等信息向社会公示，建立覆盖全市的联络机制。同时，挖掘现有馆藏民生档案资源，加快民生档案数字化远程共享平台建设，实现多途径、多渠道、多形式开发民生档案信息资源。建立完善民生档案异地查档跨馆服务安全保密管理制度，确保档案利用、传输过程中档案实体及信息安全。及时收集和反馈民主档案异地查档跨馆服务工作中问题，调整工作方案，提升服务质量。全市国家档案馆全年受理民生档案异地查档跨馆服务申请306起。

是年，全市档案系统在"两学一做"学习教育中开展党员示范岗活动，坚持高效、便捷、阳光服务，开展档案查阅、利用服务，受到社会好评。市档案馆全年接待查档人员2 480人次，提调档案6 026卷次、1 040件次，复印23 844张。各县（市、区）档案馆接待查档人员32 125人次，查阅档案98 814卷（件）次、复印81 092页。

2017年，市档案局将档案信息化建设

纳入全市档案工作深化改革范畴，探索档案网上查阅利用新模式。全年接待查档人员12 980人次，提调档案25 026卷次、22 846件次，复印53 892页。各县（市、区）档案馆接待查档人员55 222人次，查阅档案84 088卷（件）次、复印117 616页。

2018年，市档案馆接待查档人员13 519人次，提调档案25 184卷次、21 871件次，复印56 833页，为落实政策、解决待遇、认定工龄、认定特殊工种等涉及民生方面提供依据。全市利用档案46 443人次、145 482卷（件）次，利用资料339人次、489册次。

三、检索工具

20世纪80年代后，各级档案馆、室检索工具由主要靠"一本账"发展到多种目录式、卡片式、书本式等检索工具组成比较配套的档案检索体系。

1981年，一些机关档案室开始编制档案检索工具和参考资料。至年末，全区编制出"三卡"232 836张，各种资料238份。开江县档案馆对已建卡片进行编号、销重、分类、排列、入柜等工作，并通过组织卡片，汇编《开江县各级组织机构演变历史沿革》（456页）。

1982年，开江、邻水、渠县等县档案馆建"文件卡、组织卡、人物卡片"8.10万张。各县档案馆编写大事记13本、历史沿革142本、基础数据汇编55本、文件汇编2本、专题资料43份。

1983年，地、县档案馆编制一批检索工具和参考资料。据统计，全区编制检索工具共四类、12种。从形式上分，目录式1 271本；文件卡、组织卡、人名卡片（包括旧政权档案）189.06万张；文字叙述式969份（件）；图表式2 088张。全区编制的参考资料有：大事记22件，历史沿革（简史）217件，基础数据汇编64本，专题资料232件，文件汇集1 056本。

1989年，地区冶煤、轻化等局除编文书、科技、会计档案目录外，将建局以来的文书档案全部编成第二套卷内文件目录。地区人民银行编有归档文件文号目录等，方便查找利用档案。在做好接待查档工作的同时，一些单位档案部门开展档案资料汇编工作，地区轻化纺织局编有基础数据汇编、轻工大事记、机构设置、组织建设、人事任免、定级调资等专题资料15种。

随着档案事业发展，各级档案馆藏量的增加，以及开放历史档案的需要，原有的检索工具和检索方法已不能完全适应新形势需要。根据国家档案局颁布的《档案著录规则》，地、县档案馆组织人员编制新的检索工具。地区档案馆根据馆藏内容著录达县地区征用土地专题目录和地委办公室等22个全宗文件级或案卷级的著录录入工作，初步实现计算机管理档案。大竹县档案馆开始用微机著录重要全宗案卷级或文件级目录。

至年末，地、县档案达到一卷（全宗卷），二介（全宗介绍、档案馆介绍），三卡（组织卡、人物卡、文件卡）、四引（档案馆档案、库房档案、柜架档案、资料存放指引）、五目（全宗、案卷、专题或重要文件、卷内文件、人名目录）的要求，提高档案资料查快、查全、查准率。

1991年，地区档案馆编印全宗介绍55份，案卷目录254册，全引目录25册，资料目录23册，人物卡片34万张，开放目录25册，中央、省、地第二套文件273袋，全宗卷80个，以及地区档案馆基本情况介绍，档案、资料存放索引等检索工具和参考资料，形成适合馆藏特点的检索体系。

1994年，地区档案馆新编制地委组织部、地区农业局、地区民政局等部门县级干部任免文件卡1 018页，接收和编写全宗介绍18个，编制新开放档案案卷目录20本，按照《档案著录规则》编制档案条目395条。至年末，先后编印80余个立档案单位的全宗介绍，案卷目录256册，全引目录29册，资料目录23册，人物卡片34万余张，开放目录25册，以及地区档案馆基本情况介绍，档案、资料存放索引等检索工具和参考资料。

1991—1995年，地区档案馆编制案卷目录270册，全引目录25册，资料目录23册，开放档案目录1万余条。编制各库房档案、资料存放示意图和档案资料存放指引卡。馆藏全宗50%以上编写全宗介绍并建立全宗卷，编制县团级干部任免专题卡片700余张和征用土地专题目录2970余条。

到1997年，全区各级档案馆编制案卷目录2832本，编制全引目录446本，编制分类目录216本，专题目录222本、440 430张，重要文件目录72本、5 221张，各种卡片1 604 036张，编制参考资料150种。

1998年，地区档案馆和大竹县档案馆实行计算机管理档案，共录入文件目录6 800条。2000年，市档案馆、大竹县档案馆录入档案信息88 086条，其中市档案馆16 746条。

2001年，市档案馆和大竹、达县、渠县档案馆在已有簿式、卡片式手工检索工具的基础上，建立机检目录数据库，实行微机管理，提高检索自动化水平。市档案局（馆）成立全市档案资料目录中心，完成革命历史档案资料文件级目录273条、民国档案案卷级目录2 000条的采集上报任务。到年末，全市有案卷目录3 108卷，全引目录489卷，专题目录149本、432 863张，重要文件目录25本、5 221张，机读档案目录案卷级0.8万条，文件级10.4万条。

2002年，各县（市、区）档案馆累计录入现行档案机读目录10万条。市档案局完成革命历史档案资料文件级目录全部著录、民国档案案卷级目录6 788条的采集上报任务。至年末，全市有案卷目录3 109本，全引目录497本，专题目录簿式149本、卡片式432 386张，重要文件目录簿式25本、卡片式5 221张，机读目录案卷级1.25万条、文件级11.91万条。

到2004年末，市档案馆共编制案卷目录343册、全引目录111册、资料目录23册、专题目录8册、开放档案目录105册、专题卡片600张、人物卡（组织卡、名册卡）等卡片34万张，馆藏149个全宗均建立规范的全宗卷，填写全宗单，编有档案馆指南、档案馆基本情况介绍和档案资料存放索引等检索工具，能满足档案馆管理和查找利用档案的需要。

2005年，按照省档案局（馆）要求，市档案局（馆）成立全市档案资料目录中心，完成民国档案著录7 000条，中华人民共和国成立后档案文件级录入8万条。

2008年，市、县档案馆利用馆藏资源，对馆藏知青档案、招工档案、婚姻登记档案、地籍档案、土地（山林）承包（延包）合同档案等与民生相关的档案编制专题目录，并著录入计算机，全市著录民生档案案卷级目录497条、文件级目录8 842条。至年末，全市各综合档案馆有案卷级机读目录22.22万条、文件级46.25万条。国家专门档案馆有案卷级机读目录0.09万条，企业档案室有案卷级机读目录0.24万条，文件级目录3.28万条。

到2009年，全市国家综合档案馆有案卷目录3 281本，国家专门档案馆有16本，企业档案室有222本；全引目录793本，企业档案室有98本；归档文件目录212本，企业档案室有165本；专题目录簿式161本、卡片式432 386张，企业档案室有46本、卡片25张；重要文件目录25本、5 221

张，企业档案室有2本；案卷级机读目录34.16万条、文件级133.58万条；案卷级机读目录0.09万条，企业档案室有案卷级机读目录0.29万条，文件级目录4.79万条。

2010年，全市各级档案馆建立检索体系，机读、手工检索工具齐全完整，能同时提供计算机检索和手工检索。到年末，市县两级档案馆著录馆藏档案案卷级目录34.16万条、文件级目录142.67万条。

2011年，全市各级档案馆录入文件级目录66 847条，案卷级目录26 238条。2013年，市档案馆启动馆藏档案著录工作。当年录入案卷级目录23 232条，文件级目录660 485条。2014年，建立健全"归档文件目录""案卷目录""全引目录"等档案馆检索体系。

2015年，市档案馆完善检索体系，接收移交纸质案卷目录、卷内目录、归档文件目录以及电子目录1套，开展档案数字化加工，同时著录电子目录，完善档案检索工具。

2016年，市档案局完成194 282条案卷级、文件级目录的著录工作。渠县档案局完成民国档案目录著录6 899条。

2017年，市档案馆完成馆藏档案文件级目录著录14万条，超额完成馆藏档案文件级目录著录任务。完成110 344条馆藏民国档案文件级目录数据采集工作，其中市档案馆72 212条，宣汉县档案馆38 132条。

2018年，市档案局按照国家档案局和省档案局关于做好重点档案保护与开发工作的基本要求，推进档案的保护与开发，完成馆藏档案文件级目录信息采集工作，共著录25万条，已报国家第二历史档案馆审核10.3万条。

四、档案编研

民国时期，未开展档案编研工作。1959年，专区各级档案馆掀起"大收、大编、大用"的高潮，促进档案史料的收集、编研和利用。1966年，"文化大革命"期间档案编研工作中断。1978年后，随着国家工作重点的转移，社会各界需要大量、系统地利用馆藏档案史料，因此全区各级档案馆重视档案编研工作，陆续增设档案编研工作内部机构，并配备人员。

1980年3月，国家档案局在《关于开放历史档案的几点意见》中，要求各地编辑出版历史档案，开展一些历史研究工作。1981年，全区一些机关档案室配合续修县志，编写一批机关史、历史沿革、大事记、基础数据汇编等资料230余份。

1983年6月，地区档案局（馆）在大竹县举办"双编"（编制检索工具、编纂档案史料）成果展，展出展品22种324件（册），接待参观者320余人次。

1987年，全区档案部门编研内部参考资料14种，约38.2万字。各级档案馆还承担组织史和档案志的编纂任务。至年末，大竹、万源、巴中、通江、南江等县档案局完成档案志编写工作；邻水、渠县、开江、平昌、白沙工农区档案局待审查定稿后付印；达县市、达县、宣汉档案局完成资料收集工作。

1988年，地区档案馆在原有案卷目录、卷内目录、人名卡片、组织卡、资料卡、专题卡的基础上，编制《达县地区地下矿产资源目录》《达县地区1949年前灾情录》《达县地区档案馆简介》《达县地区建制沿革》《达县地区档案局馆组织史资料》等，方便利用。

1982—1989年，地区档案局主办《情况交流》69期，刊登稿件173篇（件）、29万余字，印发9 110份。参与编写档案史料243种、418万字。

1990年，地区档案馆抽调4人，由张全

修负责，完成《达县地区档案馆简明指南》初稿编纂，约20万字。次年正式出版发行。同时，抽调人员编写地区行署（专署）1950—1980年档案全宗介绍。

1991年，地区档案局编写中共达县地委、行署和中共大竹地委、大竹百货公司4个全宗介绍。同时，每月收集1~2例典型利用事例报在《情况交流》上选登，并从1979—1990年档案利用效果中，选编73例，汇编成册，向社会宣传档案的社会效益和经济效益。全年编研内部资料19种、48.62万字。

1992年，地区档案局编写1个立档单位的全宗介绍，编制地委、地委组织部、宣传部、统战部、地纪委和地委信访办、行署信访办等全宗县干部任免的专题卡片356张。同时，完成《达县地区征用土地文件选编》初稿编写，约100万字。

1993年，地区档案局编制中华人民共和国成立后开放档案2 048卷的案卷目录一式5册和县级干部任免文件卡969张，修改审定1992年省档案学校中专实习生编写的地直工委、地区经委等12个立档单位的全宗介绍，抄写中央、省、地重份文件目录6袋、56页。是年，编写《达县地区地下资源简介》，完成9个县的编写任务，约8万字。完成全区水电站勘察设计档案简介和水利工程征用土地凭据材料简介等，汇编《档案信息》2期、99条。全区各档案馆、企业档案室编写内部参考的档案、资料14种61万字。其中县级档案馆5种7万字，大型企业档案室9种54万字。

1994年，为编史修志提供服务，编印《达县地区行政区划变迁》《达县地区民国档案内容简介》《地区档案局、馆组织沿革》；为加强土地管理和使用，编印《达县地区水利工程征（拨）用地证据材料简介》《达县地区土地征用批复文件汇编》；为加速山区经济发展，编印《达县地区水电勘查设计施工档案简介》《达县地区地下矿产资源汇编》《达县地区地下资源简介目录》《达县地区自然灾害汇集》（1949年以前）等。

1995年，地区档案局编研资料4种15.5万字。

1996年，编研资料14种19万字。

1997年，编研资料15种21.75万字。

到1998年末，地、县综合档案馆以馆藏档案内容为主，本着先易后难，由简到繁的原则，根据现实工作需要及历史科研价值，先后编辑或参与编写参考资料779种1 367万字。地级机关、企事业单位档案馆（室）编写参考资料740种1 250万字。

1999年，地区档案局完成编写全宗介绍8个，完成达县地区4次全国人口普查档案史料专题汇编（8万字）和《达川地区高级专家名录》汇编任务。全年完成档案资料编研6种15万字。

2000年，全市公开出版档案资料1种15万字，内部参考资料27种130万字。

2001年，编研档案资料4种39万字。

2002年，编研档案资料4种55万字。

2003年，编纂内部参考资料3种18万字。至年末，市、县两级综合档案馆共编辑或参与编写历史参考资料793种、1 513万字。市级机关、团体、企事业单位档案馆（室）编写参考资料760种、1 323万字。此外，编写一批市情专题资料。

2005年，市档案馆第二次编纂《档案馆指南》，并更名为《达州市档案馆指南》。成立编审组，张宗贵任组长，郭奎生、王云任副组长，王云任主编，高思雄任副主编，参加编写工作的还有徐志、唐渠东、滕创奉、高峰、高艳、刘晋岑。是年，编纂内部参考资料4种20万字。全市8个综合档案馆完成《档案馆指南》（电子版）的编辑工作。

2006年，市档案局完成《达州市情》（档案篇）的编辑。

2007年，向省档案局提交《四川省志·档案志》入志资料。全年编纂内部参考资料11种50万字。

2008年，完成报送《四川解放》档案、资料、图片的工作任务。全市国家综合档案馆全年编研档案资料9种34万字。企业档案室编研公开档案资料1种360万字，内部参考4种2万字。

2009年，全市国家综合档案馆编研内部参考资料9种、34万字。企业档案室编研内部参考资料1种、1万字。

2010年6月，市档案局与达州电视台联合拍摄电视专题片《解密档案》，反映达城历史、演变、发展、民俗、民风及鲜为人知的历史事件。该片在达州电视台一套《达州直播》栏目播出后，受到社会各界好评。是年，市档案局组织编印《达州市先进基层党组织、优秀党员、优秀党务工作者事迹选编》。各县（市、区）档案局利用馆藏档案资源，开发档案文化产品，大竹县档案局国庆期间在县城中心城区举办题为《共和国的脚步》大型档案展览。

2012年，为配合市委、市政府的中心工作，市档案局编印《中共达州市委、达州市人民政府重大活动、重大决策、重要会议选编》（2011年度）、42.25万字。下半年着手编纂《达州档案志》，约45万字。是年，开江县档案局编辑出版《新宁乡土志》，宣汉县档案局编辑出版《宣汉县百家姓溯源与字辈谱文化》，达县档案局编辑出版《新农村建设档案工作示范县创建专题片》，大竹县档案局编辑出版《共和国的脚步》，渠县档案局编辑出版《阙乡文化与思考》等。

表1-12 1985—2012年达州市档案局（馆）编研资料情况

编研时间	编研者	题　名	字数（万）	公开出版、内部资料
1985	张洪波	达县地区地下资源目录	1.8	内部资料
1987	张洪波	达县地区自然灾害资料集（1949年前）	7.1	内部资料
1991	张洪波	民国档案简介	2.1	内部资料
	张全修、郭奎生、庞先东、梅碧华、张洪波	达县地区档案馆简明指南	12.9	内部出版
	梅碧华、高思雄	达县地区档案馆利用事例选编	1.8	内部资料
	梅碧华	达县地区档案馆全宗介绍汇集	6.1	内部资料
1993—1995	地区档案馆	达县地区大事记	1.5	内部资料
1993—1996	地区档案馆	达川地委大事记	2.2	内部资料
1993—1996	张洪波、梅碧华	达县地区地下矿产资源汇编	7.5	内部资料
1994—1996	张洪波	达县地区征用土地汇编	34.5	内部资料

续表

编研时间	编研者	题　名	字数（万）	公开出版、内部资料
1995	达川地委组织部达川地区档案馆	达县地区组织史资料	115	内部资料
1996	庞先东	达县地区第一次党代会简介	1	内部资料
	庞先东	原达县地区四次典型重大灾害记述	1.1	内部资料
1997	牟德洪	达县地区基础数据汇编	1.2	内部资料
1998	赵本章	《达川地区档案志》预审稿	4.6	内部资料
1999	高思雄、唐渠东	达县地区4次全国人口普查档案史料	8	内部资料
	高思雄、唐渠东	达川地区高级专家名录	2	内部资料
2000	市委党史研究室、市档案馆	大竹县供销合作社改革纪实	15.2	公开出版
2001	王云、高思雄、唐渠东	达州市先进基层党组织优秀共产党员优秀党务工作者名录（1987—2001）	3	内部资料
2005	市档案馆	达州市档案馆指南		内部资料
2011	信息科	新中国成立以来的达州文化工作		
2012	法制科	四川经济科技档案工作第七协作组暨达州市档案学会学术交流会省府路汇编		内部资料
	法制科	中共达州市委、达州市人民政府重大活动、重大决策、重要会议选编	42	内部资料

图-27　《达州"元九登高"文化的多维视域》

2013年，市档案局印发《达州市档案编研项目管理办法》（试行），明确四川省档案编研项目管理的内容主要包括编研项目选题指南的编制，项目的立项、审议、批准、实施，项目的结题、评审、鉴定，编研成果的出版、发行和利用等。6月14日，市档案局局长张强主持召开会议，专题研究档案编研工作。8月，编辑论文专著《调研与探索——达州市档案学会学术交流论文集》，收录市档案学会征集的档案学术论文34篇。11月，重新修订的《达州市档案馆指南》（2013年）正式出版，此次修订自2012年11月启动，历时1年。为总结推广达县创建社会主义新农村建设档案工作全国示范县的好经验、好做法，编印出版《达县创建社会主义新农村建设档案工作全国示范县资料汇编》。针对达州"元九登高"这一千年民俗活动，市档案局局长张强与四川文理学院教授范藻、副教授黄培森联合编纂《达州"元九登高"文化的多维视域》，全书约15万字，收录图片11张，由西南交通大学出版社正式出版发行。此外，利用合作方式开发出《土家族文化研究》等7种档案文化产品。这批作品的问世实现编研精品由正规出版社出版发行零的突破。

是年,开江县档案局与县党史研究室合编《中国共产党开江历史》,大竹县档案局编印《历次党代会工作报告汇编》,万源市档案局编印《红星耀巴山》,宣汉县档案局编印《忠心耿耿,为党为国——纪念伟大无产阶级革命家王维舟同志》,渠县开展红军时期营渠战役的战史研究,并已成书。

2014年3月,市档案局召开编研课题研讨会,邀请达川区、宣汉县、万源市档案局的3名人员商讨"陈独秀的40封信"编研事宜。6月7日,市档案局成立达州市编辑出版指导委员会,张强任主任,龚乃桢、李华、王云任副主任,成员有肖文武、高峰、牟德洪、徐志、高艳。下设办公室,负责日常工作。11月5日,调整委员会成员,增补徐志为副主任。

是年,《独秀山民》(陈独秀与杨鹏升蜀中两地书)内部印刷,该书5章21节、10万余字,通过对陈独秀与杨鹏升40封书信的记录,详细分析陈独秀的心路历程。历时6个月完成《达州市档案馆馆藏资料目录》的编辑。此外,组织编印《达州记忆》,以及民生档案学术论文集《融入与服务》。这5项文化产品约90余万字。从大巴山走出的书画家、中央国家机关书画院副院长吴长江为《达州记忆》系列丛书题写书名。

2015年,市档案局开发档案文化产品5种、150万字,出版《新常态:做好基层档案工作的研究》《达州珍档》《达州记忆变迁篇》《改变从读书开始(2)》《档案调查》《调研为发展助力》等编研作品,着手编辑《1937—1942陈独秀与杨鹏升蜀渝两地书》,完成《达州档案志》初稿。同时,各县(市、区)出版发行《档案见证——渠县的抗日救亡运动》《阅读和调研渠县档案人的提升之旅》《川军抗日将领——范绍增》《红色宣汉》《知青名录》《2014年万源档案年鉴》《2012—2014万源市档案局党史工作大事记》《2012—2014万源市档案工作综述》,达川区档案局修订完善《达州市达川区档案馆指南》。

图1-28 《新常态:做好基层档案工作的研究》

图1-29 《川军抗日将领——范绍增》

2016年初,市档案局拟定全市档案编研项目工作计划,组织全市档案部门申报编研项目,并指导实施。其中市档案局申报的《川陕革命历史档案资料汇编》、大竹县档案局《民国及大竹专区行政与法制》、渠县档案局《宕渠文物——遗址篇》纳入省局编研项目。同时,参加四川省第十七次社会科学优秀成果评审活动。戴连渠创作反映渠县乡镇沿革、遗址、民俗、人物、姓氏的散文集、25万字的《宕渠流韵》一书交付出版社。万源市档案局编研出版《馆藏清代档案汇编》7.8万字。宣汉县档案局采取外聘专家、媒体合作等方式编写《宣汉县扶贫攻坚路回顾》《宣汉县土家族民风民俗》两部书。

是年，市档案局编辑出版内部资料《独秀山民》1部。《渠县档案馆指南》一书由中国文联出版社出版，全书23万字，图文并茂，内容翔实，填补全县档案工作无指南历史。

图1-30 《达州珍档》

2017年，市档案馆利用馆藏档案资源，因地制宜地编研的《达州珍档》一书，交付西南交通大学出版社出版。渠县档案局利用馆藏档案资源，搜集、整理古代名人吟唱宕渠美好的诗文，编研《古人吟宕渠》一书。达川区档案局开发52万字档案文化产品《达县知青档案目录》。大竹县档案局结合自身实际开发编研产品《民国档案选编》，同时与县电视台合作拍摄制作《档案说大竹》4集系列专题片，第一集《川军抗日将领范绍增》已进入实景拍摄，第二集《国立大竹中学》正在脚本制作阶段。开江县档案局独立编研《馆藏清代民国实物档案汇编》。

2018年，市档案局完成"馆藏抗战档案汇编达州卷（一）"项目总共637页书稿的编研。渠县档案局完成内部参考资料4本：《宕渠记忆——档案馆中的老照片》（10万字）、《陈独秀与杨鹏升的四十封书信原文及解读》（6万字）、《抗战档案汇编——日寇罪行篇》（11万字）、《渠县汉阙的独特魅力》（1.2万字）。大竹县档案局完成《大竹县人民政府历届工作报告汇编》，拍摄制作《档案说大竹——大竹中学（1918—1949）》专题片。达川区档案局续编《达县第二次人口普查》文化产品（10万字）。万源市档案局独立编研《万源市2017年执政实录》。

五、档案服务新形式

爱国主义教育基地 2000年，国家档案局在《全国档案事业发展"十五"（2001—2005年）计划》中提出：国家档案馆要进一步拓展功能，建成保管党和国家重要档案的基地和爱国主义教育基地，建成为改革开放和现代化建设事业提供档案信息服务的中心（即"两个基地、一个中心"）的奋斗目标。随后，省档案局将建立爱国主义教育基地的任务纳入市（州）档案局每年的工作目标。

2002年初，市档案局与各县（市、区）档案局签订建立爱国主义教育基地的目标任务。5月16日，大竹县档案馆被县委、县政府命名授牌；12月，渠县档案馆被县委、县政府命名授牌。

2003年12月13日，万源市档案馆被市委、市政府命名授牌爱国主义教育基地。

2005年，市档案局成立"爱国主义教育工作领导小组"。是年，开江县档案局建成爱国主义教育基地。

2008年，万源市档案馆爱国主义教育基地接待参观200余人次。至年末，全市有6个档案馆建成爱国主义教育基地（市档案馆、通川区档案馆未被命名），接待参观400余人次。

2012年7月，市档案局调整"爱国主义教育工作领导小组"。同时，完善档案馆基础设施建设，开辟有200余平方米的爱国主义教育展厅，制作活动宣传展板10个。设30余平方米的陈列室，陈列川陕苏区革命历史档案资料，达州各个历史时期重要的档案资料、照片档案和实物档案。用于宣传教育的馆藏档案资料包括达州市国家重点档案9 616卷、川陕苏区革命历史档案资料23卷（册）、各个历史发展时期的有关实物档案和照片档案、中华人民共和国成立后全市60多年发展形成的各类档案12万余卷（册）。

2014年11月，市档案馆被市委命名为"达州市爱国主义教育基地"，全年开展爱国主义教育活动12次、爱国主义教育宣传展览活动6次，接待机关单位和社会群众参观展览万余人次。

图1-31 万源市档案馆爱国主义教育基地

2015年6月，万源市档案馆爱国主义教育基地在新馆址布展完成，并正式对外开放，10天接待参观者330人次。该展厅设有专门的展厅2个，面积197.6平方米，其中档案展厅1个147.6平方米。展厅内有视频监控系统、安全消防系统、空调除湿等保护设施。布展内容包括"清代档案""民国档案""建国后档案""建设成就""知青档案""红色文化""富硒文化""生态文化""民俗文化""馆藏资料""档案事业发展掠影"11个板块，以及22个展示陈列柜。

2016年10月26日，万源市档案局（馆）获得全省档案馆爱国主义教育基地建设先进单位称号，全年接待参观者5 460人次。

2017年4月28日，市委宣传部、市档案局印发《关于加强全市国家档案馆爱国主义教育基地建设的意见》，要求：充分认识加强档案馆爱国主义教育基地建设的重要性；切实把握加强档案馆爱国主义教育基地建设的基本要求；积极营造加强档案馆爱国主义教育基地建设的良好环境。

2018年1月，市档案馆新馆投入使用，设置面积为1 000平方米的展厅和爱国主义教育基地。

现行文件利用中心 2002年，市档案馆在全省率先印发《达州市建立已公开现行文件利用服务中心标准》，建立现行文件利用服务中心、法律文献服务中心，并正式对外开展接待利用工作。

2003年初，市档案局与4个县（市、区）档案局签订现行文件服务中心建立工作目标责任书。3月，经中共宣汉县委办公室、县政府办公室批准，宣汉县档案馆建立现行文件服务中心，并以县委办公室、县政府办公室的名义向全县发文进行收集，规定收集范围、移交时间等事宜。5月，达县编委批准达县档案馆建立现行文件阅览服务中心。已建立的现行文件服务中心在档案馆内设立查阅室，在馆内提供利用。至年末，全市7个综合档案馆（除渠县档案馆外）建立现行文件服务中心。

2004年，市档案局印发的《达州市建立已公开现行文件利用服务中心认定标准》（试行），被省档案局《四川档案动态》第5期全文刊载，并在全省档案系统推广。各级综合档案馆根据该标准，配备设施设备，接收252个单位2687份已公开现行文件。是年，开江县建成现行文件查阅利用中心。

2005年，全市现行文件利用服务中心接收323个单位3500份已公开现行文件；2006年，接收323个单位3600份已公开现行文件，采集现行文件数字化全文6100条。

2007年，市档案局馆依托省档案局现行文件利用平台建成达州市现行文件利用平台。

2008年，全市7个县（市、区）档案馆接收已公开现行文件766份，并全部著录入计算机，接待现行文件利用500余人次。

2009年8月，市委办公室、市政府办公室印发《达州市建立政府公开信息查阅中心和已公开现行文件利用中心实施方案》，完善和规范全市各级政府公开信息查阅中心和现行文件利用中心建设。至年末，市政府公开信息查阅中心和已公开现行文件利用中心接收19个单位、现行文件852件。市、县两级政府公开信息查阅中心和已公开现行文件利用中心接待查阅利用者1000余人次。

2010年，市、县档案馆收集已公开现行文件8596份，提供现行文件利用465人次、785件次。

2011年，市档案局印发《关于做好政府公开信息和已公开现行文件报送工作的通知》，对各单位的报送内容、时限、方式等提出要求。至11月中旬，政府公开信息查阅中心（已公开现行文件利用中心）收集到32个单位的文件资料2555份。

2013年6月25日，市档案局印发《关于认真做好政府公开信息和已公开现行文件报送工作的通知》，明确市级各部门向市档案馆报送各单位形成的政府公开信息和已公开现行文件的报送单位、报送内容等。报送单位主要有市级党委、人大、政府、政协及其工作部门、直属机构，人民法院、人民检察院、各人民团体，法律法规明确授权或委托履行行政职能的组织，具有公共管理和公益服务职能的企事业单位。是年，接收14个市级部门现行文件433件。

2014年5月20日，市档案局印发《关于做好政府公开信息和已公开现行文件报送工作的通知》，明确报送单位、报送内容、要求和方式。

至2018年末，全市现行文件利用中心当年度利用现行文件113人次、143件次。

第六节　信息化建设

一、数字档案资源建设

1991年，地区人民银行把档案管理现代化纳入机关办公自动化系统，开始应用电子计算机管理档案。1993年，地区蜀东化纤厂全部实行微机管理档案。

1995年，按照《档案著录规则》和《中国档案分类法》，地区档案馆开始进行计算机管理档案试验，完成地区征用土地文件专题著录工作。编著信息2419条，将其中1000条输入微机，开创地区档案馆由手工管理档案进入现代化管理档案的局面。

1999年，地区档案馆完成地委全宗1950—1980年档案和地区统计局全宗档案著录、标引，实行微机管理档案信息5000条。

2000年3月，省档案局成立"四川省档案资料目录中心领导小组"，开始筹建全省档案资料目录中心。是年，达州市档案馆、大竹档案馆档案微机录入8万余条。

2001年5月28日，市档案局成立"达州市档案资料目录中心领导小组"，王云任组长，成员有高思雄、滕创奉、徐晓英等。科（室）负责市档案资料目录中心建设工作的业务指导，微机编研科承办日常工作，并设立领导小组办公室，开始筹建全市档案资料目录中心。目录中心以市档案馆为中心，县（市、区）档案馆为主体，各级各类档案馆相互联通的档案信息网络，中心面向全市各级各类档案馆，收集有关档案资料目录，建立具有权威性的档案资料目录数据库，并开展有关目录信息的交换、咨询、编辑、出版，同时承担向省目录中心报送有关电子文件任务。随后，市档案局召开档案资料目录中心工作会议，正式启动全市档案资料目录中心建设。采取以会代训形式，培训档案资料目录著录人员，使其掌握历史档案著录工作方法，开始对馆藏历史档案进行著录，形成机读目录，集中在全市档案资料目录中心后，向全省档案目录中心报送。同时，将各县（市）档案馆报目工作纳入目标管理。

5月28日，市档案局印发《关于在全市推广使用"科怡2000档案管理系统"的通知》，在全市推广使用"科怡2000档案管理系统"。该系统由北京世纪科怡科技发展有限公司开发研制，被国家档案局确定为全国推广使用软件。10月，与市网管中心联网，为加速档案信息网络和档案信息的宣传创造条件，奠定基础。

12月6日，根据省档案资料目录中心检查验收采集民国档案数据的质量要求，市档案局对部分县（市）档案局报送的数据进行抽检和初验收，针对存在的问题印发《关于规范民国档案数据采集有关问题的通知》，并提出要求：

（1）建立目录中心是实现档案现代化管理的一项长期任务，各县、市档案局要充分认识这一工作的重要性，将其纳入工作议事日程，落实领导分管，专人负责，明确目标任务，保质保量完成年度（追加）目标任务。

（2）著录标引和数据加工应严格按照培训要求和达市档函〔2001〕4号文的要求进行。

是年，根据市档案资料目录中心安排，完成革命历史档案资料文件级目录（273条）的采集上报任务。全市8个档案馆上报2 000条民国档案案卷级目录。全年完成民国档案著录6 789条，并向省档案局上报4 000条民国档案目录和全部清代档案数据。

2002年，全市近100个单位率先启动计算机辅助管理档案工作，完善档案检索体系，各县（市、区）档案馆在原手工检索的基础上，建立机读目录数据库，实行计算机管理，提高管理水平。

2003年5月16日，市档案局印发《关于在全市统一使用科怡软件的通知》，决定在全市统一使用"世纪科怡档案管理系统"软件，并将使用科怡软件作为档案工作目标管理、达标晋级（复查）考核的重要内容。同时规定：凡2003年各立档单位移交进馆的各种门类档案必须同时移交科怡软件机读目录，有条件的单位可同时移交电子档案。是年，全市完成民国档案著录7 000条，为目标任务的116%。

2004年3月30日，市档案局印发《达州市档案信息化建设实施意见》，提出全市档案信息化建设的主要目标：围绕全市社会经济"二十四"字跨越式发展的要求和电子政务建设，根据国家档案局、四川省档案局《全国档案信息化建设发展纲要》和

《四川省档案信息化建设实施意见》，本着"统筹规划、统一标准、分级建设、安全保密"的原则，加快全市档案信息化基础设施建设，加强电子文档规范管理，推动馆藏档案的数字化和数据库建设，开展公众利用档案信息服务，加快推进档案信息化标准体系、安全保障体系和人才队伍建设。全市档案信息化建设主要任务涉及基础设施建设、档案信息资源建设、档案管理应用系统建设、档案信息安全保障体系建设、档案信息化工程人才队伍建设。

是年，在市档案局指导下，全市有39个单位使用电子文档管理软件，实行计算机管理档案。全市完成民国档案著录7 340条，中华人民共和国成立后档案文件级著录2.80万条。

2005年8月24日，市档案局成立使用正版软件工作领导小组，张宗贵任组长，郭奎生、王云任副组长。是年，全市完成民国档案著录8 635条，完成中华人民共和国成立后档案文件级著录5万条。全市新增计算机管理档案单位40个。

2006年，全市新增计算机管理档案单位58个。全市各级档案部门采集现行文件数字化全文6 100件。

2007年，市档案馆、达县档案馆安装档案馆综合管理软件并投入运用。市县两级28个机关、团体、企事业单位开展全文数据挂接。是年，采集当年度现行文件数字化全文700件。新增计算机管理档案单位80个。

2008年，全市完成著录重点档案抢救项目案卷目录12 195条，完成中华人民共和国成立后馆藏档案文件级著录79 444条。向省档案局现行文件中心上传可公开的本级现行文件121份。全市新增计算机管理档案单位113个。

2009年，全市著录案卷级245 719条（市档案馆15 976），文件级366 861条（市档案馆82 992）；全文数字化20 241件。向省档案局现行文件中心上传可公开的本级现行文件296份。全市应用档案管理软件1 300余套，新增计算机管理档案单位50个。全年完成重点档案目录数据上报6 600条，完成民国档案案卷级目录著录6 820条。

2005—2009年，全市完成民国档案著录40 127条，完成中华人民共和国成立后馆藏档案文件级著录380 797条。全市各级档案部门采集现行文件数字化全文1 120件。市档案局档案资源网站数据更新243条，5年间向省档案局现行文件中心上传可公开本级现行文件899份。新增计算机管理档案单位432个。

2010年，全市完成重点档案目录数据上报8 061条，完成中华人民共和国成立后馆藏档案文件级著录90 901条。

2011年，市、县两级档案馆将馆藏民生档案、涉农档案、已公开现行文件及社会和人民群众急需利用、内容可以开放的传统载体档案进行数字化，全年完成中华人民共和国成立前档案著录5 251条、中华人民共和国成立后档案著录88 445条。

2012年8—9月，市档案局对市本级党委、政府部分单位形成的电子文件现状进行调研，对部分单位进行业务指导，并形成调研报告，出台《关于加强电子档案管理的通知》。是年，完成民国档案案卷级目录著录1 875条，完成中华人民共和国成立后馆藏档案文件级著录6万余条。

2013年，鉴于数字化档案馆前期基础平台投入经费较大，市档案局决定先行开展档案著录工作。2月1日起，发动干部职工利用业余时间参与档案目录著录，同时下达每月录入条数任务。对完成任务的给予奖励，并在每个月底对录入情况进行统计、汇总，对阶段性的工作按时评比，奖惩兑现。

同时，雇用临时工作人员近10人，优先对部分群众利用率高的民生档案进行著录。全年完成馆藏档案683 717条的录入，其中，案卷目录23 232条，文件目录660 485条。

2014年11月25日，市档案局成立档案数字化加工工作领导小组，徐志任组长，高艳、罗程任副组长。成立档案接收进馆和数字化加工质量监督工作领导小组，龚乃桢任组长，李军、罗程任副组长。根据馆藏特色、利用统计等情况，确定馆藏档案的数字化范围，对馆藏珍贵档案、重点档案、特色档案、利用率高的涉民档案优先进行全文扫描。市档案馆全年完成全文数字化132万页，著录案卷级目录168万条，扫描馆藏珍贵历史照片档案3 000张。

2015年5月，市档案局组成验收组，对照《数字档案馆系统测试办法》和档案数字化加工标准，从档案扫描、图像处理、目录建库、数据备份等环节，对市档案馆首期档案数字化项目进行测试和考评，最后评定该项目达到相关的技术标准，通过项目验收。市档案馆首期档案数字化加工项目通过市政府公共资源交易服务中心统一招标购买社会化服务开始实施，历时4个月，覆盖5个全宗，主要涉及群众利用率最高的招工、招干、转正定级、各类证明、鉴定等民生档案，共完成131.5万页纸质档案数字化全文扫描和25.4万条目著录工作。市档案馆首期档案数字化加工项目顺利完成，实现馆藏档案网上管理、快速检索、全文阅览、打印输出等自动化管理，为广大利用者查阅利用档案提供更高效、便捷、精准的服务。随后，投入经费70万元，进行馆藏档案数字化加工项目（二期），计划完成全文数字化170万页。

2011—2015年，市档案局投入209万元，完成数字档案馆运行平台设备设施的搭建，全文数字化302万页，著录案卷级目录168万条，扫描馆藏珍贵历史照片档案3 000张，开启达州数字档案先河。

2016年，市档案局通过市政府统一招标购买社会化服务，对利用率高的馆藏档案优先全文扫描。3月，第二期档案数字化140万页验收合格，主要覆盖4个全宗，涉及招工、招干、转正定级、各类证明、鉴定等民生档案。7月，第三期档案数字化130万页加工项目通过市政府采购中心招标，随后完成加工，市档案馆数字化达440万页，文件级目录28万条。全年完成5 128张馆藏照片档案扫描。在加工过程中，结合市档案馆实际情况，在做好馆藏重要文书档案的基础上，拓展馆藏民生档案服务新领域，加大对破产企业档案、奖扶档案、知青档案、企业退休人员、公证等民生档案规范管理和利用服务，初步建成文书档案、现行公开文件和民生档案数据库，提高档案资料查全率和查准率。同时降低工作人员劳动强度，提高工作效率，让群众满意。

大竹县档案局成功搭建数字化平台并完成验收，全年数字化加工档案200万幅。达川区档案局通过政府购买社会服务，对馆藏档案一次性招标，分年度实施，开展馆藏档案数字化加工，当年完成档案数字化加工150万页。通川区档案局结合无档案专用馆库的实际情况，采取先扫描、后添置硬件设施的方式，对原达县市城关区公所600余卷永久、长期档案资料进行全文扫描，完成全文扫描任务10万幅。

是年，根据"存量数字化、增量电子化"战略，市档案局完成市委办公室、市民政局、市档案局、市教育局4个全宗1 841 854画幅纸质档案的扫描和194 282条案卷级、文件级目录的著录，并将形成的数据与眉山市档案局进行异地异质备份。

图1-32 达川区档案馆随机检查档案数字化加工

2017年，市档案局将档案信息化建设纳入《全市档案重点工作要点》，将档案信息化工作纳入全市档案工作目标考核内容，并以市政府名义与各县（市、区）档案局和市级各部门（单位）签订《2017年档案工作目标责任书》。通过市政府公共资源交易服务中心统一招标购买社会化服务，对利用率高的馆藏档案优先全文扫描，完成市政府办公室、市教育局两个全宗137万画幅数字化加工和14万条目录著录。同时，完成110 344条馆藏民国档案文件级目录数据采集，其中市档案局72 212条，宣汉档案县38 132条，并通过省档案局初步验收。至此，市档案馆完成馆藏9个全宗20 109卷档案共4 533 724画幅档案的数字化加工，所有数据正常投入查阅使用。是年，对全市140余个"科怡"档案软件用户统一转换为"四川省电子文档管理系统"。

达川区档案局完成档案数字化建设600万元项目的招标及合同审定、签订工作，完成500万页档案资料的数字化加工。通川区档案局采取先扫描、后添置硬件设施的方式，完成原达县城关区公所、原南外公社等单位2 000余卷、40万幅的档案数字化加工。宣汉县档案局划拨专项资金200万元推进馆藏档案全文数字化，并调剂闲置用房300平方米作为档案数字化加工场地。渠县档案局制定对民生档案数字化加工工作方案，县财政出资200万元进行馆藏档案数字化。大竹县档案局完成馆藏档案数字化加工20%。

8月18日，市档案局印发通知，要求各部门将原使用的"科怡"档案软件统一转换为"四川省电子文档管理系统"，并开展电子原文挂接工作。市级部门（单位）原在市档案局购买"科怡"档案软件的用户免费转换为"四川省电子文档管理系统"V5.0版，原"科怡"档案软件用户凭购买发票复印件到市档案局信息科领取注册文件。

2018年，全市落实《关于深化档案管理工作改革的实施方案》，大部分市级部门开始进行档案数字化加工。2月24日，市档案局转发国家档案局印发的《电子档案管理系统基本功能规定》，共9章45条，规范电子档案管理系统，明确电子档案管理系统基本功能，推动电子文件科学管理，确保电子档案真实、完整、可用、安全。

市档案局按照"存量档案数字化"的总体要求，有序推进馆藏档案数字化进程。全年完成馆藏存量档案及机关单位到期档案的数字化加工扫描500万页。同时完成档案数字化公开招标，确定中标单位，分别对渠县、大竹县、达川区、宣汉县档案局档案数字化加工进行实地指导。7月18日，市档案局调整推进使用正版软件工作领导小组成员，韩家翼任组长，龚乃桢任副组长。

是年，市档案局按照《纸质档案数字化标准》对馆藏2 000卷抗战档案进行整卷数字化扫描，建立抗战档案检索全文数据库，为顺利完成抗战档案编研打下基础。

二、数字化档案馆（室）建设

2011年初，市档案局制定《"十二五"档案信息化建设规划和数字档案馆建设规划》。9月20日，市档案局印发《达州市档案信息化建设实施意见（2011—2015年）》，提出总体目标：坚持以国家和当地信息化基础设施和电子政务建设为依托，以数字档案资源建设为基础，以档案信息资源共享为目标，以档案信息安全体系建设为保障，建立档案资源共享服务机制和档案信息化安全保障体系，以档案信息化带动档案管理现代化，推动全市档案事业全面、协调、可持续发展。提出主要任务：加快档案信息化基础设施建设；推进数字档案资源建设；推进数字档案馆建设；加强档案信息安全保障体系建设。

2012年，市档案局成立数字档案馆建设领导小组，并确定专门从事档案信息工作人员4名，启动数字档案馆建设。

2014年，市档案局将档案信息化列入《达州市档案事业发展"十二五"规划》，制定《达州市数字档案馆及其网络体系建设实施方案》和《达州市数字档案馆建设规划》，推进数字档案馆建设。市委、市政府将达州市数字档案馆建设列入2014年达州市民生工程规划，并同意先期解决市档案局数字档案馆建设专项经费138.5万元，用于购置档案管理软件、档案专用服务器、打印机、扫描仪、数码照相机等数字化所需设备。同时，选择达川区档案馆开展数字化档案馆试点。6月，市档案局启动达州市数字档案馆建设。8月，通过公开招标方式进行数字档案馆基础设施（硬件）、数字档案管理系统（软件）及纸质档案数字化加工的采购，并于次年1月，完成软硬件安装、调试并投入使用。

2015年12月，根据国家档案局、省档案局关于开展数字档案室建设试点的要求，经省档案局审核，达州市档案局、大竹县房产管理局、万源市城乡居民社会养老保险局被确定为四川省第一批数字档案室建设试点单位。

2016年，局域网的数字档案馆应用平台通过专家组考评验收，标志市档案馆初步建成数字化档案馆平台。通过数字档案馆的建立和逐步完善，档案馆工作人员实现馆藏档案网上管理、远程维护、全域检索、原文打印输出等自动化管理，为查阅利用档案提供更高效、便捷、精准服务，解决群众查阅利用档案效率不高，查阅不全，查档难等问题。

2017年，市档案局继续指导市委组织部、市烟草公司、市国土资源局、市法院等单位开展数字档案馆（室）建设。组织干部职工到顺德、中山和深圳市档案馆参观学习数字档案馆（室）建设经验和做法。落实国家档案局、省档案局数字化馆（室）建设新标准和规范，落实档案数字化加工安全要求。继续实施"存量数字化、增量电子化"战略，按照《达州市数字档案馆（室）建设规划》，与市经信委、市机要局合作，有序推进数字档案馆（室）建设。

是年，按要求对达州范围内建设数字档案馆（室）现状进行评估，并形成试点工作报告。配合完成国家综合档案馆数字档案馆系统测试。

2018年，市档案局与市经信委、电信公司衔接，尝试建立数字化档案传输通道，建成以市档案馆为数据中心，以各单位和县（市、区）为使用终端的网络平台，方便档案的查阅和利用。同时，完善机房设备设施，加强局机房安全管理，确保数字档案馆正常运转。

至年末，全市档案馆馆藏数字档案183 780卷（11 355.6GB）、1 362 896件（7 640.9GB）。

三、档案资源网站建设

2003年，省档案局印发《关于四川省档案信息化建设的实施意见》，要求各市（州）、县（市、区）档案局（馆）必须在当年内与四川党政网连接，计划在2004年底各市（州）档案局（馆）建设完善局域网，实现各市（州）档案局（馆）相互联网，并通过政府网络平台接入全省档案信息系统内部网和四川省档案资源网，上网发布各地档案信息资源。是年，市档案局（馆）完成党政网站建设。

2005年，省档案局给达州市档案局下达建成"三网"（政务内网、政务外网、局域网）和外网数据库建设的目标任务。8月24日，市档案局成立电子政务外网建设工作领导小组，张宗贵任组长，郭奎生、王云任副组长，领导小组办公室设在档案信息开发科。

2006年，市档案局成立局（馆）党政网（电子政务内网）建设管理领导小组，王云为分管负责人、梅碧华为内容联系人、唐渠东为技术联系人。11月，在互联网上开通"达州档案"网站，设局（馆）职能简介、局（馆）机构设置、领导信箱、档案工作动态、办事指南、档案政策咨询等栏目。是年，全市各级综合档案馆全部专线接入党政网。

2007年9月10日，达州市档案资源网站正式开通运行。网站设局馆简介、政策法规、档案政务、馆藏精品、学术编研、区县档案、信息报送、站内公告、兰台快讯、图片新闻、近期文件、精彩导航等20个栏目。网站由市档案局负责管理维护，定期更新信息。

2009年，市档案局档案工作网站数据更新65条，被四川档案资源网采用信息14条。

2010年，市档案局为"四川档案信息资源网"报送信息50条，向省档案局现行文件中心上传可公开现行文件140份，更新市局档案工作网站数据60条。

2011年，为方便群众查阅档案，各级档案部门完善"档案资源网站"，上载档案资料和信息97条。

2012年，市档案局为"四川档案资源网"报送信息36条；更新市局档案工作网站数据38条。

2013年1月，市档案局对"达州档案资源网"进行改版和升级，充实"在线视频"，新增"解密档案"6集。充实"职称评定""档案学会""资料下载"等版块内容。新增"业务咨询"栏目，设"档案资讯""学术编研""网上展厅"等10个栏目及下设的41个子栏目。同时，制定《达州市档案局网站信息发布管理制度》，明确"谁主管、谁审批、谁负责"的原则。各科室负责人是网站信息发布的第一责任人，分管领导为信息审核负责人，所有发布的上网信息必须经审核负责人同意后，方可发布。半年时间，网站点击量41万次，是网站建立以来总和的3倍。大竹、达川、万源等县档案局建立档案网站。

2014年8月18日，达州档案资源网点击率突破100万大关。日均点击量达1300人次以上，网站最高日点击量达2100余人次。

2015年，市档案局对达州档案资源网进行大规模的改版和优化重组，开辟网上咨询、业务探讨等专栏。点击量突破212万人次，成为展示达州市档案事业发展成果、开展档案法制宣传、政府信息公开、方便群众查档咨询的一个重要窗口。

2016年，达州档案资源网点击量突破300万余人次。

2017年，为确保档案网站安全稳定运行，确定专人每天对网站进行安全检查，并外聘专业技术人员对网站进行日常维护，制定《达州市档案馆网上信息发布管理制度》。会同市公安局网监支队、市经信委、电信公司，定期开展网站安全检查，全年无安全事故。及时更新网站信息，并对工作动态栏目的信息做到至少每周更新。至年末，达州市档案局网站发布信息1 000余条，点击率达530万人次，实现历史性的突破。

2018年，市档案局做好局机关党政网和"中国达州"门户网站"市档案局"板块建设，及时完善更新档案信息。完成达州市档案局网站由绵阳租赁的服务器空间迁移至市政府云平台工作，做好达州市档案局资源网站建设，加强局机关网络的维护与管理。

第七节 统计 经费

一、档案统计

档案统计工作包括对馆（室）藏成分、数量和利用、编研及机构、人员等方面情况进行登记、统计，做到及时准确地反映档案工作信息，为综合分析和制定工作计划、总结及检查指导工作提供可靠依据。

20世纪70年代前，地区档案局根据工作需要自行建立一些统计台账。80年代开始，档案统计工作纳入国家社会统计体系，档案统计内容和形式有较大改变。1983年，国家统计局批准国家档案局制定的《档案工作基本情况统计年报》，规定档案统计工作的主要内容，重点是档案统计。

1984年，国家档案局建立全国统一的档案统计年报制度后，达川地区档案统计工作逐步建立和发展起来。地、县档案局（馆）、各大型企业档案馆（室）确定1名领导分管，配备兼职统计人员，建立岗位目标责任制，列入领导议事日程。同时建立健全档案统计制度，完善统计基础工作。根据工作需要，印发《各级机关、团体、事业单位档案基本情况统计年报表》和《中、小企业档案工作基本情况统计年报表》。为做好档案统计工作，全区各级各类档案馆（室）建立反映日常档案工作情况的原始登记簿和统计台账，记录档案的数量、种类、收进、移出和利用等情况。此外，根据年报表有关数据分析研究，每年编写"全区档案事业基本情况统计综合摘要"，上报省档案局、地委、人大工委、行署、政协工委，发送各县（市）、大型企业参考。

1987年，全区落实专、兼职统计人员，制定档案统计工作考核办法。在完成《档案事业基本情况统计年报》的基础上，写出全区档案事业基本情况统计综合分析报告，同时，与地、县统计部门联系，把档案统计工作列入政府统计系列。

1990年，地区档案局召开全区档案统计工作会议，落实专人和职责，制定考核评比条件。

1991年，全区开始施行新的"全国档案事业统计年报制度"，使用全国统一的档案统计年报计算机管理软件。统计数据处理由手工方式转向计算机处理，改进档案统计工作方法和手段，全区档案统计工作走向制度化、规范化、标准化和现代化。

1994年，全区档案统计工作开始由档案统计转向对档案事业发展的全面统计，包括档案事业方面的具体内容，并由零星、分散的统计转向统一、经常性的统计。由仅对档案系统内部统计，转向与政府统计相结合，列入政府和行政统计系列。全区档案统计指标正式纳入全区社会统计指标体系，为制定全区档案事业发展规划提供依据。是年，地区档案局分别召开地级机关、单位和各县（市）及地级以上大中型厂矿档案工作统计工作会，表彰达县档案局等10个档案统计先进集体。

2001年，市档案局完成全市档案事业统计年报任务，做到准确及时，被省档案局评为全省统计工作二等奖。2002年，被省档案局评为全省统计工作一等奖。

2003年，市档案局及时报送《四川省政府法制工作统计年报表》《四川省行政执法和行政执法监督统计半年报表》《行政复议案件统计报表》和《行政应诉案件统计报表》等法制工作统计报表。2004年、2005年，市档案局档案统计工作被省档案局评为全省统计工作一等奖。

2011年2月，按照《四川省档案局关于开展全省档案文化产业法人单位名录核查统计工作的通知》要求，市档案局开展名录核查统计，并将核查结果及时上报省档案局，为档案文化产业统计数据采集处理平台搭建奠定基础。

同年5月，全市文化产业统计网报工作全面展开。5月13日，市档案局选派人员参加市委宣传部组织召开的全市文化产业统计工作会议，学习《文化产业统计报表制度》以及网上操作程序。同时，通过电话等联络方式，关注上报情况，做好催报审核工作，督促各县（市、区）档案局（馆）主动与当地统计局联系，参加文化产业统计"一套表"网上操作培训，按时完成网报任务。经过努力，全市9个档案文化产业法人单位按时按质完成网报任务，无误报漏报情况。经过名录核查，全市档案系统有9个文化产业法人单位，其中包括1个市级档案局（馆）、7个县级档案局（馆）、1个专门档案馆（达州市城乡建设档案馆）。

2013年2月28日，市档案局组织召开统计年报工作会，对各县（市、区）档案局、部分市级机关单位档案工作人员19人进行统计年报工作培训，并按省档案局要求，提前完成汇总上报。

1984—2018年，市档案局按照省档案局规定时间，将年报及时、准确上报，从未拖延时间。并将年报同时抄报各级统计局。市统计局每年向社会公布的"全市国民经济和社会发展的统计公报"中，均有档案事业基本情况数据。在填报过程中，遵循统计工作基本规则，对年报中应说明的问题都进行说明和解释。为保证年报数字准确、及时，采取双层审核办法，即先由报表单位主管领导审查盖章后，再由填表人将报表按时带到市档案局逐一审核。审核中强调以客观数据为基础，上年统计数据为参照，使馆（室）藏档案变化情况有据可查，保证各年度统计数据的可靠性、连续性、准确性和统计数据内在的逻辑联系。

二、档案经费

1980年前，全区各级档案经费在地、县（市）委办公室行政经费中列支，各项开支凭据报销。

20世纪80年代起，根据省财政厅、省档案局《关于档案馆事业经费开支范围的通知》规定，由地、县（市）委办公室管理的档案经费单独列支为科学事业费。

1981年1月21日，地区财政局、地区档案局转发《关于各级档案馆事业费的联合通知》，要求地、县（市、区）档案人员，按照地委根据省委川委发〔1979〕114号文件下达的地委发〔1980〕1号批准的编制数，"列入科学支出"事业费开支。是年，全区档案事业费10.80万元，其中地区档案馆1.50万元。

1985年，地、县（市、区）档案局（馆）档案事业费49.3万元。

1987年1月，地区档案局（馆）经费从地委办公室分离出来。此后，由地区档案局（馆）自行管理经费，并直纳入地区财政年度预算管理，开始执行预决算制度，各项开支范围和标准，由局（馆）长审批。档案经费具体列支项目包括：（1）人员经费，包括工资、补助工资、职工福利、离退休人员费用；（2）公务费；（3）设备购置费，包括档案柜架、打字机、去湿机、复印机、照相机器材等；（4）修缮费；（5）业务费，包括整理馆内档案材料用品、复制、抄写、裱糊、装订档案的费用，征集社会上各种散存的档案资料的费用，用于档案安全的保护药物、器械、用具设备等，订购业务书刊、资料以及出版刊物、汇编资料、印刷等的费用。

1990年，地、县两级档案事业费72.7万元；1993年73.1万元；1997年148万元。1999年49万元，2000年77万元，2001年58万元，2003年63万元。其中地区档案馆经费1978年0.74万元，1985年6.26万元，1990年9.3万元，1993年24.5万元，1997年37.6万元。

2003年，档案保管保护费被列入市级财政预算，档案保管保护条件改善。

1959—2003年，全市建综合档案馆库房7个，总投资211.32万元，其中省投资59万元，市、县两级投资152.32万元。修（扩）建市档案馆库房（含办公、查阅档案用房）投资32.1万元，其中省投资14万元，市投资18.1万元。用于抢救档案52.2万元，其中省拨款36.65万元，市、县两级财政配套补助15.55万元。

2004年"9·3"特大暴雨洪灾后，向国家档案局、省档案局专题报告全市档案受损情况，省档案局为达州市解决5万元重点档案抢救经费。

2008年，全市档案事业费328.8万元，平均每个档案局（馆）41.1万元。

2009年，全市档案事业费258万元，平均每个档案局（馆）32.25万元。

2013年1月，市档案局取消行政事业收费项目，不再领取行政事业收费票据。

2015年，省档案局给达州下达重点档案抢救及数字档案馆建设经费20万元，档案编研经费5万元。9月，按照《关于开展私设"小金库"及滥发钱物问题专项整治工作的通知》要求，市档案局成立专项整治工作领导小组，组织纪检、财务及相关人员进行清理，对各类账户、账据开展清查。经自查市档案局没有"小金库"存在。是年，市档案局严格会议、活动报批程序，控制、压缩会议数量、会期和规模，严格执行会议经费管理规定，严格控制公务活动规模，严格执行公务接待规定，各项公费支出未超过上年。

2016年，市档案局成立资产清查小组，进行财务清查和财产清查。经过对本单位2015年12月31日会计报表及资产损益情况的清查，本单位资产总额账面值为10 484 789.27元，清查值为10 484 789.27元，负债总额账面值为73 524.27元，清查值为73 524.27元。净资产总额账面值为10 411 265元，清查值为10 411 265元。固定资产账面数为2 413 365元，固定资产清查数为2 413 365元，差异为零。随后，建立"统一领导、分级负责、责任到人"的国有资产管理新体制，确保单位国有资产安全和有效使用。6月12—18日，在机关干部职工中开展以"节能领跑，绿色发展"为主题的节能宣传周活动，取得良好效果。全局"三公"经费及出国（境）等经费支出在2015年基础上实现"零增长"。

2017年6月11—17日，市档案局在机关干部职工中开展以"节能领跑，绿色共享"为主题的节能宣传周活动。6月，按照市财政局《关于开展滥发奖金、工资、补贴问题整改回头看的通知》精神，市档案局认真自查自纠，不存在违规现象。

2018年1月，按照市财政局《关于开展专项整治工作的通知》要求，市档案局成立专项整治工作领导小组，组织纪检、财务及相关人员进行清理，对各类账户、账据开展清查。经清查，市档案局在"三公"经费列支方面，没有出现超预算列支、超标准列支、超范围列支情况。市档案局没有违反政府采购程序、"暗箱"操作、无预算采购、超预算采购等问题。在严格执行国家统一规定的工资福利政策方面，不存在超标准、超范围发放特殊岗位津贴、违反规定发放未休年休假工资报酬现象。8月31日，按时按要求公开2017年部门决算。是年，市档案馆经费由2016年的134.90万元增加到253万元，增长87.5%。

第二章 机关、企事业单位档案工作

第一节 机关档案工作

民国24年（1935年），四川省第十五区行政督察专员公署在达县成立，属四川省4个乙级区之一。专员兼保安司令公署办事机构有秘书室、第一科、第二科、第三科、视察室、技士室、会计室、统计室、参谋室、副官室、军法室11个科室。秘书室下设收发室、档案卷（案）室，配有专职管卷（档）人员，由办事员充任，受主任秘书管辖，负责管理公署全部档案资料，各科室均有兼职管卷（档）人员。在"公署办事细则"中，对秘书和管档人员的职责及公文处理程序等做了规定。辖县政府档案以设室集中管理为原则，档案室隶属秘书室，管卷（档）人员受县长之命，秘书、科长、主任之指挥监督，管卷（档）人员以事务员或雇员派充，必要时需派科员充任，并制订"档案管理暂行办法"等。县辖区署档案设柜保管，由区长直接管理。

中华人民共和国成立初，全区机关档案工作处于初创阶段，档案基础薄弱，管理制度不健全，档案管理分散、混乱，档案整理方法不科学、不统一，随意销毁档案现象严重，且缺乏熟练的档案专业干部。

1951年4月，中华人民共和国政务院召开全国第一次秘书长工作会议，通过并发布《公文处理暂行办法》。1952年7月中旬，达县专员公署设置专署机关档案室，调刘润之为专职档案干部，在专署办公室（秘书室）领导下，负责管理专署机关形成的全部档案。

1954年12月，中共中央办公厅在北京召开第一次全国档案工作会议，制定"边做边学，稳步前进"的工作方针，并通过《中国共产党中央和省（市）级机关文书处理工作和档案工作暂行条例》。

1955年上半年，中共达县地方委员会办公室建立档案室，由地委办公室主任领导，主要负责地委办公室档案的管理，为地委领导和各项工作提供服务。8月18—21日，地委办公室召开全区文书处理与档案工作会议。会上，传达全国、全省第一次档案工作会议精神，讨论修改《中共达县地委办公室文书处理与档案工作细则》，要求全区各级各部门重视和加强机关档案工作，建立档案机构，配备档案人员，健全档案工作制度，改善档案保管条件，保障机关档案工作正常开展。会后，全区各级机关陆续建立档案室。

1956年4月，中共中央办公厅召开党的第二次全国档案工作会议，通过《中国共产党县级机关文书处理工作和档案工作暂行办法》。4月16日，国务院公布《关于加强国家档案工作的决定》，对国家档案工作等一系列重大问题作出规定。

1959年1月，中共中央发出关于统一管理党、政档案工作的指示后，达县地专一级机关单位在党委直接领导下，贯彻执行中央该指示精神。

1960年8月10—13日，专区召开各县档案馆长会议。到会人员有各县档案馆专职馆长、地专机关档案室工作协作小组长、专属少数厂矿的秘书及档案干部等，共计35人，讨论通过"全区档案工作的情况和今后工作的意见""机关档案室工作通则（草案）"、省档案局拟制的"关于建立健全农村人民公社文书档案工作意见（草稿）"。

1961年6月，8县统计，应建机关档案室的单位1 005个，已建883个，达县应建档案室113个，已建统一档案室104个。同时确定领导该项工作的负责人和专、兼职业务干部。12月31日，中共中央办公厅批准国家档案局起草的《机关档案室工作通则》，规定各级党、政、军机关和企业、事业、人民公社、人民团体等单位，都必须对本机关的档案实行集中统一管理，使它既便于机关当前的利用，也便于党和国家长远的利用。至年末，在全区259个地、县级机关中，建立机关档案室226个，配备专兼职档案人员266名。其中，地专38个部门建立机关档案室，配备专职档案人员10名，兼职28名；县级机关建立档案室188个、档案专柜33个，配备专职档案人员28名，兼职200名。基本适应全区各级机关档案工作需要。

1962年，根据中共中央"关于党、政档案统一管理的通知"精神，专区认真抓专、县级机关党、政档案的统一管理。专区两次召开档案工作会议，专题研究，明确统管范围，统一思想、统一做法，并对应统管的单位分析排队，分期分批逐步实现统管任务。据全区县级以上机关统计，应实现统管的单位149个（其中专级22个、县级127个），已实现统管135个（专级20个、县级115个，约占应实现统管的90%。专级机关、大竹、达县等8个县级机关统管单位符合"四项"要求的，占83%。至年末，全区公社以上机关、单位应建立档案室1 248个，已建1 193上，占95.5%；已建立档案室的单位，经过精简调整后，配有专兼职档案干部1 173名，其中党员963名，占82.1%，团员197名，占16.8%。

1963年，专、县级机关属于应实现统管单位132个，实现统管109个，占82.5%，其中大部分统管档案室达到"四项"要求。

1966年5月"文化大革命"开始后，全区机关档案工作受到严重破坏，许多机关档案机构被撤销，工作停顿。

1973年1月，全区文书、档案、保密、信访工作会议后，全区档案工作出现转机，一些机关单位配备档案专职或兼职人员。

1978年12月，中共十一届三中全会后，全区贯彻落实全国档案工作会议提出的档案工作"恢复、整顿、总结、提高"八字方针和地委发〔1980〕1号文件，陆续恢复和建立机关档案工作机构，并要求地级下属单位较多的17个委、局配备专职档案干部，负责对本系统档案工作的业务指导。

到1980年末，地级机关、团体、事业单位124个，已建档案室84个，未建档案机构的单位均设置档案专柜，配专职干部35名，兼职干部90名；县（市、区）级机关单位452个，已建档案室234个，配兼职干部476名。

1981年，全区建立健全以"收、管、用"为中心的各项档案管理规章制度。经检查，各级机关档案室均建立文书材料收集、归档制度，档案销毁制度，档案借阅使用制度，档案检查保管制度等。大竹县银行、开江县粮食局、南江县各区、社等单位，结合机关、企业整顿，除建立上述制度外，建立文书档案人员岗位责任制，采取打分等办法与经济利益结合起来。

1983年4月28日，国家档案局制定并实施《机关档案工作条例》。是年后，全区各级机关单位贯彻实施《机关档案工作条例》，加强领导，依法建立健全档案工作机构和档案管理制度，调整、充实和配备档案干部，改善档案保管条件，为机关档案工作的开展提供保障。

1985年4月下旬，地区档案局按照省档案局转发国家档案局印发的《机关档案工作调查提纲》，组织人员，对14个地级机关、9个县（市）级机关和两个乡级机关的档案工作进行调查。

至年末，各级机关大都建立档案室，并有一定的设备和一定数量的专、兼职干部。根据对地委办公室、行署办公室、地区工会、冶煤局、交通局、商业局、供销社、税务局、农业局、水电局和种子公司、农资站、百货公司、航运处14个地级单位的调查，其建立档案室12个，配专职档案干部1名，兼职档案干部13名。库房面积332平方米，有档案柜架136个、电风扇5台、灭火机4部。根据对中共达县市委组织部、市人大、市政府办公室、妇联、公安局、城建局、商业局、粮食局、二轻局9个市级单位的调查，其建立档案室5个，兼职档案干部9名，库房面积62平方米，档案柜87个。

1986年，地区纺织、化工、轻工、冶金、煤炭、农业、畜牧、气象、水电、科研等专业主管部门，除管好用好本部门档案外，还担负起对本系统本专业科技档案工作的管理。

1988年，全区按照《档案法》《机关档案工作条例》和《科学技术档案工作条例》规定，调整档案工作体制，完善机构，充实干部。据统计，全区有机关档案室2 389个，其中地级机关215个，县级机关1 307个，区乡机关867个，配备专兼职档案干部2 669名，其中地级档案室253名，县级档案室1 549名，区乡档案室867名，形成上下协调纵横交错，互相配合的档案工作网络。

1989年，按照对档案工作进行集中统一管理的原则，全面推行综合管理的组织形式，实行机关、企业档案的集中统一管理，全区县以上机关、企事业单位1 076个中已建立综合档案室或档案科323个，占应建数的31%。

1986—1990年"七五"期间，全区机关档案管理办法，由原则性的规章制度向具体业务规范化、标准化管理的方向转变。到1990年末，全区建机关档案室1 225个，占地、县（市、区）一级机构总数1 257个的97.4%，配备专兼职档案人员1 726名。

1991年，全区有40%的机关单位建立综合档案室，实现全部档案集中统一管理。据地属副县级以上行政机关统计，建立综合档案室、实行全部档案集中统一管理的单位有40余个，约占机关总数的45%。地直机关档案室保存文书档案4万余卷，科技档案1万余卷，底图3万余张，会计档案3万余卷（册），声像档案3 380余本（盘、册）。

1993年10月，达县地区行政区划调整后，达川地区辖5县2市。全区机关档案工作有新的发展，并进一步健全机关档案工作机构及其职责，改善档案干部年龄、文化和专业素质结构。

1991—1995年"八五"期间，全区1 351个机关中，有1 290个机关（占95.5%）实现对档案的综合管理。《四川省文书立卷与案卷构成的一般要求》实施后，各级机关文书立卷工作走向规范化，案卷质量提高。

1998年，全区地、县（市）一级机构688个，已建立机关档案室（科）684个，占机关总数的99.4%；未建档案室机构的4个部门设置档案专柜。配备专兼职档案干部2 026名，其中专职240人，兼职1 786名。在240名专职档案干部中，大专以上文化56人，中专及高中135人，初中68人；馆员24人，助理馆员47人，管理员53人。

2000年，市档案局在市级机关中成立9个档案工作协作片组，以片组为单位开展业务活动。市人事局、市档案局首次作出决定，对全市38个档案工作先进集体和55名先进工作者进行表彰。

2001年6月，市委办公室、市政府办公室转发《达州市档案局〈关于在机构改革中加强档案管理的意见〉的通知》。随后，市档案局（馆）领导带队，抽调业务人员到各县（市、区）和市级机构改革中机构变动部门和单位逐一调查，现场解决档案工作的具体问题。

2002年，市档案局按时完成各种门类和不同载体档案的立卷归档，重点对市、县两级机构改革中档案材料的收集、整理、移交工作进行监督、指导；推进文书立卷改革，选择大竹、达县和市级部分条件好的单位率先实行《归档文件整理规则》。到2003年末，市级有机关档案室109个、县级机关档案室（科）700个，占机关总数的95.6%。

2005年，市档案局召开市级机关部分机构变动部门档案归属与流向处置工作座谈会，明确撤并单位档案的处置问题。至年末，全市有132个市直机关建立档案机构，配专职人员109人，兼职356人，库房面积4 749平方米，保存档案125 993卷，资料8 115册。全市有660个县（市、区）一级机关建立档案机构，有专职人员221人，兼职868人，库房面积15 831平方米，保存档案2 733 507卷，资料61 166册。全市有474个乡（镇）一级机关建立档案机构，配专职人员9人，兼职529人，保存档案465 618卷，库房面积11 850平方米。

2006—2015年，全市各机关档案室集中统一管理本机关全部档案，定期向同级档案馆移交具有长远保存价值的档案；对本机关文书、业务部门和本机关下属机构的文书立卷及档案工作进行监督、指导；收集、整理、保管与本机关有关资料，配合档案提供利用；对本机关形成的全部档案进行鉴定，做好档案材料保管期限划分；对已超过保管期限或无保存价值的档案材料，提出存毁意见。

2016年，市档案局继续做好全市机构改革中档案管理，确保机构改革中档案的完整与安全，明确档案的归属流向、整理归档、移交工作。主动服务，指导市不动产权交易中心等新设立机构开展档案工作，收集管理改革中新形成的档案，做好改革中的档案处置和提供利用工作。加强对全市烟草、国土系统档案工作的监督指导，到各县（市、区）国土资源分局检查指导档案工作，做好国土业务档案的收集、整理、归档和利用工作。

2017年，市档案局按照档案法律法规要求，依据《机关档案工作条例》，加强机关档案管理。强化对各机关单位档案业务指导、监督和检查，组织机关专兼职档案人员进行业务培训和交流讨论，加大机关档案信息化建设力度，严格遵守各项规章制度，履行相关职能职责，建立健全机关档案工作体制机制，做好机关档案的"收、管、用"，确保机关档案安全。与市纪委加强联系，制定"达州市干部廉政档案实施意见"，与市委组织部联合对县（市、区）干部档案进行检查。是年，市档案局推进市级机关档案工作集约化管理，探索"四统一"统一领导、统一整理、统一保管、统一利用改革创新模式。

2018年3月，市档案重点工作领导小组办公室印发《2018年全市档案重点工作要点》，明确破产改制企业等档案工作纳入成员单位和县（市、区）档案重点工作领导小组年度目标考核，强化主管部门归档责任。至年末，全市大部分机关单位建立完善档案管理制度，严格落实《机关文件材料归档范围和文书档案保管期限规定》，一级部门完成比例达96%。按照"自愿、引导"原则，市档案局加强全市机关事业单位数字档案室建设，加快各单位档案数字化进程，推进数字档案室评估，数字档案室试点工作有序推进。

第二节 农村档案工作

一、乡（镇）档案工作

民国时期，乡镇公所仅置文件柜或档案柜。中华人民共和国成立初，随着全区乡、镇党、政、群机构建立，由乡、镇领导指定人员负责文件材料的收集、保管。

1955年8月24日，中共达县地委批转地委办公室《关于文书处理与档案工作会议的报告》后，乡、镇机关开始建立档案工作，由乡、镇文书人员兼管档案工作。

1958年12月18日，地委办公室和专署办公室就全区人民公社建立档案工作机构的问题做出规划："要求在1959年一季度内，人民公社建立起档案资料室，耕作区、社建立起档案资料专柜。"随后，各乡、镇人民公社建立健全文书、档案工作制度，配备政治可靠的兼职档案人员，实行文书档案集中统一管理，并对原乡、镇的文书档案进行接收，分开放置，保持原貌。

到1959年，专区有人民公社691个，已建档案室627个，实现"十无"档案室229个，红旗档案室98个。据对8个县统计，人民公社档案室利用档案24 927卷（件）、24 430人次。

1961年8月10—13日，专区召开各县档案馆长会议，对机关档案室、人民公社贯彻"以党的方针政策为纲整理档案"的指导思想等进行专题讨论，并通过《全区档案工作的情况和今后工作的意见》《机关档案室工作通则（草案）》。9月19日，地委办公室印发《关于贯彻执行省委办公厅转发省档案管理局〈关于建立健全农村人民公社文书、档案工作意见（修正稿）〉的通知》，要求各县立即将该文件翻印发到各公社党委试行。

10月4—12日，专区档案管理局、达县档案馆在达县西外公社试点，建立健全文书处理的收发、登记、立卷和归档等制度。随后，各地开展收集、整理、保管、利用档案等工作。至年末，全区（除邻水县、达县）人民公社以上机关、单位应建档案室1 257个，已建1 135个，占应建总数的90.03%；机关小单位、人民公社生产大队有5 785个建立档案工作。

1962年6月19日，专区档案管理局印发《关于建立健全人民公社生产大队、生产队文书档案工作的意见（修正稿）》，要求建立和健全生产大队、生产队的文书档案工作制度。生产大队、生产队文书档案工作必须建立专柜保管文件材料和统计表报、账册等，并确定兼职人员主管该工作。必须建立健全各种会议记录制度。同时，明确档案资料保管的范围：凡是生产大队、生产队在工作活动中所形成的全部文书材料，包括上级发来的文件、本身召开的各种会议记录，到上级开会的会议材料、记录、生产和预决算分配表、社员往来账、队里各种基础数字、名册和上级工作组形成的有关文件材料等，都需要保管。整理方法可参照省委办公厅转发省档案管理局《关于建立健全农村人民公社文书档案工作意见（修正稿）》中第五条规定进行整理，组卷装订成册，妥善保存。至年末，全区县属区、乡（镇）和人民公社建立档案室850个，占区、乡（镇）总数867个的98%，配备兼职干部850名。

1963年，农村社会主义教育运动开始，专区和11个县档案部门到开展社教运动试点公社调查研究，摸索经验与方法，解决实际问题，抓好基层单位的档案工作。8月，专区、县档案管理部门开始在开展社教运动的公社进行试点和调查，总结交流经验与做法。11个县普遍进行建立"阶级档案"试点。据巴中、邻水等3个县统计，区、社应建档案室234个，已建222个，占95%。邻水县人民公社有487个生产大队建立档案工作。

1964年4月底至5月初，为摸清人民公社开展文书档案工作的现状和规律，专区档案局与达县档案馆在达县河市公社对文书档案工作进行调查。除调查公社开展文书档案工作的一般情况外，结合清理公社1963年以前的积存零散文件，建立档案专柜，保存本公社档案166卷，其中：党委70卷、行政85卷、团委5卷、妇联6卷，并修订和重新建立公社文书档案工作管理制度。同年5月，专区秘书工作会议后，专区分别召开1 250多人的文档人员会议，采取多种办法，促进区、社（包括大队）的档案工作。

"文化大革命"期间，农村档案工作受到严重破坏，档案机构被撤销，工作陷入停顿。

1976年后，全区各乡镇党委和政府贯彻档案工作"恢复、整顿、总结、提高"方针，将档案工作中心转移到农村档案工作上，结合山区特点，加大工作力度，使全区农业农村档案工作呈现出良好的发展势头。至1980年末，全区135个区（镇）和732个公社建立档案室，配备兼职档案人员。全区6 529个大队，已建档4 252个，占大队总数的65.1%。48 973个生产队，已建档18 014个，占生产队总数的36.7%。

20世纪80年代初，地区档案局抓住农村实行家庭联产承包责任制的机遇，用3年时间在全区开展以清理、鉴定、接收为中心内容的区、乡（镇）建档工作，接收乡镇机关档案109 763卷（册）。到1983年末，全区有70%的大队、50%的生产队建立档案工作。

1986年，农村政社分开并建立乡政府后，全区各乡（镇）党委、政府贯彻落实省档案局制定的《关于健全乡（镇）文书档案工作的暂行规定》，加强档案工作领导，健全档案工作机构和制度，确定党委文书（秘书）负责乡（镇）文书档案工作，集中统一管理乡（镇）党委、政府和群众团体等机关单位形成的档案材料，并对其所属单位的档案工作进行业务指导。

1988年，大竹县石桥铺区、石子区，通江县瓦石区建立村级档案工作，收集、整理、保存档案10 571卷（册）。

20世纪80年代末，全区抓住财政体制改革和教育体制改革有利时机，再次在全区掀起清理积存会计档案和教学档案热潮，巩固和发展乡（镇）档案工作。

1992年12月25日，地委办公室、行署办公室印发《关于在调整区乡（镇）建制工作中切实加强档案资料管理的通知》，要求各县（市、区）委、政府、地级有关部门在调整区、乡（镇）建制工作中切实加强档案资料管理，避免区乡档案在机构变动中遭受损失，维护档案完整与安全，实现区乡档案的顺利交接。

1994年，全区各乡（镇）贯彻落实省委办公厅、省政府办公厅7月2日转发省档案局《关于加强乡镇档案工作意见的报告》的通知精神，确定一名副书记或副乡（镇）长分管档案工作，乡（镇）政府办公室履行档案行政管理职能，各乡镇政府设立联合档案室（或档案室），集中保管党委、政府及其职能机构，人大主席团、团委和妇联的档案。其中，双管机构以乡（镇）管理为主的，档案移交乡（镇）联合档案室保管；以县级主管部门为主的，档案移交县主管部门档案室保管。

1996年5月，达县档案局对全县88个区、乡（镇）进行检查，并采取7条措施加强乡（镇）机关档案工作。是年，全区完成乡（镇）档案创省标19个，对省档案局任务的完成率为211%。

到1997年，全区391个乡（镇）全部建立档案室，库房面积8 081平方米，乡均20平方米；档案柜架1 477个，乡均3.77个；配备专、兼职档案人员391人，乡均1人；保存档案139 587卷、册（不含已进馆数），乡均357卷。

2001年，全市乡（镇）建档率100%，有39.02%的乡（镇）通过等级验收。2003年，全市建立区、乡（镇）档案室505个。2004年，完成乡（镇）基层站、所建档14个。

2006年，围绕社会主义新农村建设，市档案局在渠县、达县、开江等县开展农村流通体制改革建档工作试点，并形成专题报告上报省档案局。

2007年，针对达州市是农业大市及农村劳动力资源丰富的特点，市档案局给7个县（市、区）档案局下达探索农村劳动力建档工作试点任务，并提出完成任务的时间、质量和要求。同时，市档案局与宣汉县档案局在宣汉县南坝镇试点，其余各县档案局以乡（镇）或村为单位开展探索农村劳动力建档试点，出台相关规范性文件，市县两级档案局写出7篇调研报告。是年，全市涉农部门和乡（镇）机关重新制定《机关文件材料归档范围和文书档案保管期限表》，经同级档案部门审批后执行。

2008年，市档案局在大竹县、渠县开展新型农村合作医疗档案工作试点。是年，全市乡（镇）政府机关档案工作全部实现规范化管理等级认定。

2009年，市档案局、市卫生局转发《四川省新型农村合作医疗档案管理办法（试行）》，继续在大竹县、渠县开展新型农村合作医疗档案管理工作试点，在试点基础上，形成调研报告，制定《达州市新型农村合作医疗档案管理办法（试行）》。

同年初，市档案局与各县（市、区）档案局签订目标责任书，安排部署乡（镇）、村档案工作；各县（市、区）档案局制定并印发乡（镇）、村文件材料归档范围和保管期限表范本。其中，达县档案局制定的范本以达府办函〔2009〕101号文件印发执行。各县（市、区）档案局对本行政区域乡（镇）、村两级立档单位制定本单位归档范围和保管期限表进行业务指导，各乡（镇）、行政村制定适合本单位的归档范围和保管期限表。

至年末，全市涉农部门和多数乡（镇）机关设置专门档案室，配有档案柜、空调或电风扇、干湿温度计、灭火器等保管保护设施。多数行政村配有档案专用柜。全市乡（镇）、村保管档案6.50万余卷（册、盒）、

12万余件。主要有文书档案、林改档案、基本建设档案、会计档案、音像（电子）档案和荣誉档案6个门类。

2010年，在新农村建设档案工作试点基础上，市档案局制定《关于加强社会主义新农村建设档案工作的意见》，明确新农村建设档案工作的指导思想、目标任务、工作要求和保证措施，并同时印发《达州市档案局新农村建设文件材料归档范围和保管期限表》，具有较强的指导性和操作性。

2013年初，市档案局给各县下达农村土地承包经营权确权登记档案工作的试点任务。至年末，全市乡（镇）、村保管档案7.50万余卷（册、盒）、15万余件。

2014年，市档案局在通川区农村土地确权登记档案试点基础上，推广全市农村土地承包经营权登记档案工作，发挥档案的服务功能，维护农民合法权益，为确权登记工作顺利开展提供参考与帮助。同时，贯彻落实《四川省留守学生（儿童）档案管理办法》，做好全市留守学生（儿童）档案管理，加强与团委、学校、社区等部门联系，对全市的留守学生（儿童）档案工作进行调研，并在各县（市、区）选择1—2个学校试点。5月，全省召开留守学生（儿童）档案工作座谈会，团市委、宣汉江口学校代表达州市作经验交流发言。

2015年，市档案局继续贯彻落实《农村土地承包经营权确权登记颁证档案管理办法》，在通川区试点基础上，全面启动农村土地承包经营权确权登记颁证档案工作。

2016年，市档案局与市农业局贯彻落实农业部、国家档案局《农村土地承包经营权登记颁证档案管理办法》，加大监督指导，组织学习通川区试点示范经验。达川区、宣汉、渠县、大竹县、开江县、万源市档案局组织农村土地承包经营权确权登记颁证档案工作的专题业务培训，推进该项工作发挥档案工作的服务作用。

11月，中共渠县县委组织部、渠县档案局印发《关于切实加强乡镇党员档案和村社区干部档案管理的通知》，加强乡（镇）党员档案和村（社区）干部档案管理，加强乡（镇）档案室规范化建设，将农村党员档案和村（社区）干部档案管理工作纳入基层党建年度考核内容，作为乡（镇）党委书记年度述职评议内容。文件对乡（镇）档案室建设要求提出严格要求，规范乡（镇）党员档案和村（社区）干部档案，明确档案管理责任。要求乡（镇）党委对所有现任村（社区）"两委"委员统一建立档案管理，对所辖党组织党员档案实行集中统一管理。同时，将党员档案和村（社区）干部档案纳入乡（镇）档案室集中统一管理，做到"专柜、专人、专簿"保存管理。

2017年，市档案局主动与农业部门交流沟通，加强对确权登记颁证档案的监督、指导，推进确权登记颁证档案数字化。各地继续做好对农村土地承包经营权确权登记档案工作的监督指导，准确记录好该惠民工程。

2018年8月，市档案局在调研、走访、座谈的基础上，以市委办公室、市政府办公室名义制定出台《进一步加强乡镇（街道）档案工作的实施方案》（达市委办〔2018〕58号），从组织机构、设备设施、队伍建设、基础业务、信息化建设和查阅利用等方面进行规范细化，提出要求，推行"村档乡管"新模式，强化乡镇（街道）档案工作，为提升基层档案管理能力和业务水平创造条件。

二、行政村档案工作

20世纪90年代中后期，全区档案部门围绕党委、政府中心工作，在抓好涉农部门、乡（镇）机关、乡（镇）基层站所档案工作的同时，开展行政村建档工作。

1993年，达川市档案局与中共达川市委办公室、市政府办公室一起督促、指导西外镇所辖17个村建立档案室，收集、整理和保管档案1 014卷（册）。

1994年8月11日，地区档案局、地区民政局印发《关于在村民自治活动中切实加强村级档案管理的通知》，要求按照地委、行署年初安排部署和全区档案工作会议精神，年内完成小康村建档试点任务，并注意总结点上经验，分期分批地逐步在面上推开，使建档工作与村民自治和小康村建设有机结合起来，同步协调发展，并为其服务。是年，配合地委、行署实施"二六工程"，开展小康村建档试点，有134个村完成建档任务。

1995年，大竹县建立村档案试点后，在全县普遍展开，全年完成150个村。达川市107个村、24个居委会建立档案，受到省、地领导好评。

1996年，全区完成366个村建档任务，累计623个村，占全区总村数的17%。除达川市107个村级建档全部完成外，大竹县完成80%以上的任务。

1997年4月5日，地区农村小康建设领导小组办公室、地区档案局印发《关于加强农村小康村建档工作的通知》，对加强小康建设建档工作提出意见：第一，充分认识加强农村小康建设建档工作的重要性。第二，认真收集小康建设中各种材料，保证齐全完整。第三，科学整理、建章立制，加强小康档案管理。第四，切实加强农村小康建设建档工作领导。至年末，全区有754个村建档，占全区村总数3 717个的20%，有档案柜1 452个，村平1.9个，配备兼职档案人员754人，保存档案340 737卷。

2001年，全市行政村建档累计2 919个，建档率79%，通川区、大竹县、万源市完成村级建档任务。2002年，行政村新建档279个，建档率86%，其中达县、开江县完成村级建档任务。

到2003年初，全市有3 335个村建起档案工作，占村总数3 685个的90.5%。在已建档村中，有597个村建有专门档案室，占66.3%，面积7 164平方米，村平12平方米；在已建2 463个村中有档案柜4 919个，村平1.9个。配备兼职档案人员2 463人，村平1人。保存档案790 623卷（袋册），村平321卷（册）。是年，行政村新建档92个，全市行政村建档3 425个，除渠县外，6个县（市、区）达100%。

2005年，市档案局选择大竹县竹阳镇双碑村、宣汉县胡家镇锣鼓村等7个开展村务公开和民主管理工作较好的村作为示范村，对其档案管理工作进行监督指导，并形成经验材料。是年，全市7个县（市、区）全部完成村级建档任务。随着乡镇机构改革，实行村财乡管，全市多数行政村的财务会计档案由乡镇农业服务中心（办公室）集中统一管理和提供利用服务。

2006年，全市有12个行政村实现档案工作规范化管理。

到2015年末，全市行政村绝大部分实现村级建档，建档率90%，改变农村档案工作无机构、无人员、无档案室、无档案的"四无"状况。

2018年，市档案局转发《村级档案管理办法》，指导做好村级档案管理，加强农村档案工作，规范村级档案管理。

三、乡镇企业档案工作

1990年，国家档案局、农业部颁布《乡镇企业档案管理暂行规定》后，全区乡镇企业档案工作开始起步。地区档案局与地区乡镇企业局发出文件，召开会议，举办培训班。

1993年，地区档案局与地区乡镇企业局在大竹县江水麻纺厂开展乡镇企业建档工作试点。同时，各县（市、区）选择1个连续数年取得较好经济效益，领导有建档愿望，有一定物质条件，年产值在100万元以上的乡镇企业进行建档工作试点，巴中县的试点经验和做法，被《四川档案》刊用。

1995年9月18日，地区乡镇企业局、地区档案局印发《关于加强乡镇企业档案管理工作的通知》，具体明确：第一，统一认识，加强领导。各县、市乡镇企业局要有一位局长或副局长分管，办公室主任或副主任主管，专、兼职档案人员具体抓的工作班子；县、市和区、乡镇的直属企业由一名副厂长（副经理）分工领导。第二，突出重点，分级管理。全区乡镇企业档案工作的重点主要应放在地、市、县乡镇企业局的直属企业和规模较大，有生产经营场地，有办公用房和内设机构，年产值100万元以上的区、乡镇属企业。第三，制定规划，增添措施。从现在开始，用5年时间，使地县市直属企业和年产值在100万元以上的乡镇企业的档案工作基本达到《乡镇企业档案管理暂行规定》要求，并逐步实现制度化、规范化、标准化管理。是年，有7个年产值在100万元以上的乡镇企业建档。

1996年，全区完成35家乡镇企业建档任务，其中有8家达到省级先进。

1997年，全区完成35家乡镇企业建档任务。至年末，全区有年产值100万元以上的乡镇企业239家，已建档98家，占41%，其中，按照《企业档案工作目标管理办法》定为省（部）级19个，占19.4%；建档案室98个，库房面积1 519个，档案柜架393个，配备专兼职档案人员138人，保存档案34 984卷。

2000年，全市完成37家乡镇企业的建档任务。2001年，乡镇企业建档完成51%。

2002年，完成9家乡镇民营企业的建档工作。

四、农业科技档案

1978年，中共十一届三中全会后，中共中央、国务院和省委、省政府以及农业系统各专业主管机关重视农业科技档案工作。

1980年，地区四委一局传达贯彻全国、全省科技档案工作会议精神后，各级党委和政府采取措施加强农业科技档案工作领导，各级农业部门开始注重农业科技档案工作。在农业资源调查、土壤普查和种植业区划工作中，各级农业部门对这部分科技文件材料的收集、整理做了大量工作。一些县初步收集、整理、保管一批农业科技档案和资料，丰富档案室的内容，并建立一些管理制度。

1981年，根据上级关于加强农业科技档案工作的精神，地、县档案管理部门和农委、科委对全区农业科技档案工作进行调查，针对问题召开专门会议，研究部署。一些县（市）人民政府批转加强农业科技档案工作的文件，并结合农业自然资源调查和农业区划工作，制定管理办法。经统计全区有农业科技档案单位125个。

1982年，地、县农业、林业、畜牧、水电、农机、气象等部门重视农业科技档案，一些县调查农业科技档案情况，提出加强农科档案工作意见，并结合农业自然资源调查、土壤普查、农业区域规划、林业"三定"等工作，制定农业科技档案管理办法。重点抓农业科技档案形成、积累、整理和归档等工作，取得成效。

1983年，地区档案局配合地区农业局在农业局所属的场、站抓建立健全科技档案工作试点。11月中旬，渠县档案局主持召开协作片会，对农业科技档案工作进行研究、讨论，提出加强工作的办法和措施。

1984年，一些地方结合农业科研、技术

推广、土壤普查、农业自然资源调查和农业区划等活动，开始建立专门的农业科技档案，为发展现代化农业积累资料。

到1987年初，全区在农业资源调查和农业区划工作中，开展项目近500项，形成1 500余万字的文字报告和1 000多幅图，完成农业基础数据统计。有40项农业资源调查和区划成果，28个先进集体，49名先进工作者获得行署颁发的奖状和荣誉证书。同时，清理1986年前的科技文件材料，保证科技档案的完整。据统计，全区累计收集、整理农业科技档案1万余卷（袋、册），农业科技资料1 000余卷（册），图纸近1 000张。

1993年，地区农业局办公室与地区植检站研制开发出"植保科技档案的建设和开发利用"新项目，获得省农牧厅科技进步二等奖。同时，与各级林业部门联系、配合，抓好林业"两制"建档工作。地区档案局与地区林业局印发《关于切实做好国有林权档案工作的通知》，使国有林权档案工作步入制度化、规范化、标准化、经常化的轨道。

1996年，按照川农牧办〔1995〕字第32号文件规定，地区档案局开始抓乡（镇）农业技术推广服务站建档工作，并将其列入目标管理进行考核。先在全区试点，要求县（市）档案局搞1个点。到年末，完成14个乡镇农技站、农经站、农机站的农科档案建立工作。

1997年，地区档案局将农业科技档案工作重点转移到乡镇农业技术推广、农业普查和扶贫富民档案上。全区有农业技术推广服务站（所）437个，建档135个，占21%，其中宣汉县86个，已全部建档。建立档案室74个，库房面积953平方米，档案柜架181个，配备兼职人员141人，保存档案资料8 670卷。

到1998年末，全区453个区乡（镇）中有160个乡（镇）农技站建立档案工作，占乡镇总数的36.3%，保存档案资料9 664卷（册）。

1998年，《县乡村农业科技档案信息工作网络试行办法》颁布后，地区档案局发函到渠县、宣汉和大竹县，要求先行试点。宣汉和渠县档案局总结试点情况，并在1999年3月16日全区农业农村档案工作会议上作书面交流。由于该项工作面宽量大，涉及部门多，无现成模式等，真正意义上的县乡村三级农科档案信息工作网络未形成。为此，地区档案局计划从1999年起，用3年时间，将区、乡（镇）农业科技部门建档率达到100%，其中5%以上实现县乡村三级农科档案信息工作网络。

1999年，市档案局开展县（市）、乡、村三级农科信息网络建设试点，并普遍推开，指导41个乡（镇）农科站建档。2000年，完成36个乡（镇）农技推广服务站建档任务。

2001年初，达州市农村信用联社成立科研课题组，把农户电子信用档案软件的开发工作作为目标任务下达给万源市农村信用联社。9月，农户存贷款管理系统在罗文信用社投入运行。罗文镇年末建立农户电子信用档案3 162户，占全镇农户总数的81.7%，其中一级信用农户1 630户，二级信用农户1 264户，三级信用农户268户。

2002年起，农户存贷款管理系统在全市使用。市档案局（馆）支持协助市农村信用联社在全市开展农户信用档案的建档和信用村、镇命名工作。1月28日，省委办公厅《四川信息》第17期刊发《达州市农村信用社建立农户信用档案》。2月，市政府办公室批转市农村信用联社《关于推广农村小额信用贷款，创建信用村（镇）的意见》。2月19日，市委副书记、市长谢天刚在

《达州日报》上发表《启动农村信用工程，建立良好信用秩序，促进我市农村经济全面发展》的署名文章，要求各地要提高对推广农户小额信用贷款和创建信用村（镇）活动的认识，加强领导，落实责任，为推动农业和农村经济发展，促进农民增收作出新贡献。

至年末，市档案局支持协助市农村信用社在全市开展农户信用档案建档和信用村、镇的命名工作，受到国内同行业关注。全市有94%的乡镇建立农户信用档案，命名信用村62个，创建首批信用乡（镇）1个，信用农户505 169户。

2003年，全市完成乡镇农科站建档38个。全市有农业技术推广服务站（所）437个，已建立档案工作135个，占21%，其中宣汉县86个，已全部建立档案工作。建立档案室74个（其余设立专柜），库房面积953平方米，室平7平方米，档案柜架181个，站平1.34个，配备兼职档案人员141人，站平1人。保存档案资料8 670卷（册），站平64卷（册）。

2005年，全市乡镇农科站新建档13个，有94%的乡镇建立农户电子信用档案。

五、社区档案工作

2003年，市档案局在通川区凉水井和达县梧桐梁进行社区档案工作试点。7月4日，中共通川区委办公室、区政府办公室批转《通川区档案局关于开展社区建档工作的意见》，要求把社区建档工作列入重要议事日程，纳入社区建设小康社会规划，纳入社区目标管理，统一安排，统一部署，统一检查考核。各社区成立以社区支部书记或主任为组长的档案工作领导小组，设置社区综合档案室，确定专（兼）职档案人员，负责落实社区档案工作。

2004年初，市档案局、市民政局转发《四川省城市社区档案管理办法（试行）》，开展社区建档工作。到年末，全市有62个社区，其中47个社区建档（建档率76%），任务完成率达190%。

2005年，各级档案部门按照《四川省城市社区档案管理办法（试行）》和《达州市示范社区基本标准》的要求，抓城市社区建档工作，全市72个城市社区建档工作全部完成，建档率100%。

表2-1　2005年12月21日达州市72个社区建档情况

单位：个

县（市、区）	数量	社区建档
通川区城市社区	27	文化街　翠屏路　会仙桥　凉水井　二马路　凤翎 胡家坝　南岳　文江祠　张家湾　牌楼　西圣寺 红旗路　荷叶街　永丰街　大北街　小北街　团包梁 马房坝　金兰　四合头　龙爪塔　龙泉　金山寺 阳平　钢花　高家坝
达县城市社区	10	金华　梧桐梁　花溪　曹家梁　四合　叶家湾 草街子　新南　新桥　店子梁
宣汉县城市社区	8	湖山　文昌　津碧　花园　育才　宝寺 龙岗　华融
开江县城市社区	3	淙城　清河　新安

续表

县（市、区）	数量	社区建档
万源市城市社区	8	东城 古马儿 裕丰 银铁 新华 燎原 秦川 状元
大竹县城市社区	7	新华 西城 幸福 北城 大众 大同 和平
渠县城市社区	9	渠光 南桥 南门 解放 胜利 和门 后溪 北门 四合

六、新农村建设档案工作示范县创建

2008年，市档案局、市民政局、市农业局转发省档案局、省民政厅、省农业厅《关于转发国家档案局、民政部、农业部〈关于印发关于加强社会主义新农村建设档案工作的意见〉的通知》的通知。市档案局在达县、宣汉县开展新农村建设档案工作试点，形成调研报告，并制定《达州市村级文书档案归档范围和保管期表》。

9月下旬，市档案局组成调研组，到渠县、大竹县、开江县、通川区、宣汉县等县（区）的9个乡镇（其中4个为创建新农村建设档案工作示范乡镇）和10个行政村，对新农村建设档案工作进行调研，采取听取汇报、实地察看、召开座谈会等方式，形成《达州市档案局关于达州市新农村建设档案工作情况的调研报告》，分析全市新农村建设档案工作的现状、存在的问题及对策措施。

是年，各地通过广播、电视、举办新农村建设专题展览等方式，宣传档案法律法规，使广大基层干部和村民了解档案工作，增强档案意识和档案法制观念，调动其参与新农村建设档案工作的积极性和自觉性。各级档案部门加强新农村建设档案工作的培训和业务指导，采取以会代训、上门指导、做示范卷等方式加强对农村干部的档案业务培训。全市培训村支部书记、村长、文书、社区干部、镇属各单位及驻村人员670余人次。

通川区、万源市、宣汉县、渠县、大竹县档案局在本行政区域内开展农村税费改革、农民养老保险、新型农村合作医疗、劳务输出、农户信用档案等新领域档案工作试点，初步探索出促进本地新农村建设档案工作发展的经验和模式。

图2-1 2009年8月24日，达县档案局指导达县南外镇政府新农村建设档案工作业务

2009年初，市档案局按照省档案局安排，确定达县为创建新农村建设档案工作（下简称"创建工作"）示范县。中共达县县委、县政府多次专题研究、安排部署，召开创建动员大会。达县档案局制定《社会主义新农村建设档案工作十一五规划》；县委、县政府增补达县档案局为社会主义新农村建设领导小组成员单位；县政府为示范县创建工作拨专项经费25万元。达县制定《关于

强化全县以"三村建设"为载体的新农村建设示范村档案管理工作的通知》，对示范县创建工作开展提出实施意见。同时，印发《关于加强县、乡、村档案工作网络体系建设的意见》，按照职责分工与涉农部门开展业务指导工作。与县农委、县林业局等涉农部门联合制定林权改革档案的收集整理归档等制度，接收林业等涉农部门的林权档案7 200盒、90 722件。达县乡镇政府机关档案工作于2008年全部实现档案工作规范化管理等级认定。村级建档率100%，村保管的档案在林权改革中为村民土地确权、纠纷解决等发挥重要作用。至年末，示范县的创建工作结束。

全市新农村建设档案以"村档乡管为主，重收集、重利用"的工作思路，为整体推进全市新农村建设档案工作创建活动奠定基础。

图2-4 2010年10月15日，达县村建设档案工作示范县验收现场查看档案

图2-2 达县档案局指导达县梓桐乡新农村建设档案工作业务

图2-3 达县档案局指导达县乡新农村建设档案工作业务

2010年4月15日，市档案局在达县举行全市新农村建设档案工作现场会，观摩学习达县河市镇和南外镇两个试点乡镇新农村建设档案工作，讨论新农村建设档案工作示范县、示范乡镇创建工作管理办法，并形成

10月14—15日，省档案局馆室业务处处长张路生和副处长吴志忠到达县检查指导新农村建设档案示范县创建活动，并先后到河市、赵家、百节等乡镇及行政村实地检查、指导，对照示范县验收标准对全县"创建活动"开展情况进行初步评估，提出整改意见，全县随后整改。

到2011年，达县先后投入460余万元用于"创建工作"，全县64个乡镇全部达到档案工作规范化管理省三级以上标准，756个行政村和92个社区全部规范建档。12月2日，省档案局、省农委、省农业厅、省民政厅组成的考核验收组受"国家创建社会主义新农村建设档案工作示范县领导小组办公室"委托，到达县现场抽查13个乡镇、学校、卫生院、行政村、社区、便民服务站的档案工作，查阅大量资料、观看创建专题片、听取汇报、逐项逐条考核打分，对达县"创建工作"进行考核验收，最后考核得分97.5分。

图2-5 2012年4月26日达县创建全国新农村档案工作示范县验收会召开

2012年4月27日,达县档案局历经3年,通过国家档案局、农业部等部门的国家级验收,成功创建为全国社会主义新农村档案工作示范县,成为达州仅1个、全省5个、全国45个示范县(区)之一。5月15日下午,市档案局召开座谈会,庆贺达县成功创建全国社会主义新农村档案工作示范县。

2013年初,达州市推广达县"创建工作"经验,启动大竹县新农村建设档案工作示范县创建活动。6月4日上午,大竹县召开创建全国新农村建设档案工作示范县推进会。县创建全国新农村建设档案工作示范县工作领导小组成员单位负责人、各乡镇党委书记及20个示范单位共90余人参加会议。会上,县委组织部、石河镇、庙坝镇等单位领导分别就创建工作开展情况及下一步工作思路发言,县档案局局长刘尚菊就全县新农村档案工作示范县创建工作对县直涉农部门、各乡(镇)、村(社区)、农村新型经济组织进行任务分解,提出实施步骤。

6月,市档案局与达县档案局编制《四川·达县创建全国社会主义新农村档案工作示范县文件选编》,总结工作,交流经验。11月13—14日,省档案局、省农业厅受全国社会主义新农村建设档案工作示范县领导小组委托到大竹县考核预验收全国社会主义新农村建设档案工作示范县创建工作。11月26—27日,大竹县通过由国家档案局、民政部、农业部组成的全国社会主义新农村建设档案工作示范县验收组的考评验收,成为全省第六个、全市第二个全国社会主义新农村建设档案工作示范县。验收组通过实地查看大竹县档案馆、县职中、高穴镇政府、高穴镇中心卫生院、庙坝镇寨峰村鹏程果业、庙坝镇长乐村、竹阳镇社区、月华乡卫生院、东汉醪糟有限公司、石河中学、石河镇新华村等11家单位的档案工作情况,查验30余卷佐证材料,听取创建情况汇报,现场质询问题等方式进行考评验收。12月26日,国家档案局、民政部和农业部在北京召开全国社会主义新农村建设档案工作示范县经验交流会。达县档案局局长孙胤参会,并领取"全国社会主义新农村建设档案工作示范县"奖牌。

2014—2015年,市档案局加大对其他县(市、区)创建示范县工作的指导力度,督促做好涉农档案的收集、整理、保管和利用。同时,农村土地承包经营权登记工作在试点基础上,在全市展开。

七、新农村建设档案工作示范乡镇创建

2009年,市档案局选择通川区北外镇、宣汉县双河镇、大竹县蒲包乡、万源市官渡镇、开江县普安镇5个乡镇进行新农村建设档案工作示范乡镇创建活动。四川省社会主义新农村建设档案工作示范乡(镇)的示范期为3年,示范期满后由市档案局对示范乡(镇)复查,复查合格的再进入示范期,复查不合格的取消示范乡(镇)资格。

2010年10月14日,省档案局、市档案局组成专家评定组对大竹县蒲包乡社会主义新农村档案工作示范乡的创建工作进行检查

验收。蒲包乡总评得分95分，成为达州市首个四川省社会主义新农村档案工作示范乡，在全省率先进入村级档案实行现代化管理的行列。是年，万源市官渡镇通过达州市档案局组织的考核验收。

2011年1月25日，市档案局授予大竹县蒲包乡、万源市官渡镇、宣汉县君塘镇为四川省社会主义新农村建设档案工作示范乡（镇）。是年，大竹县城西乡、渠县中滩乡、开江县普安镇、通川区北外镇创建全省新农村建设档案工作示范乡镇工作通过市档案局组织的考核验收。

2013年，万源市梨树乡、宣汉县芭蕉镇等13个乡镇被省档案局列为四川省社会主义新农村建设档案工作示范乡镇。

2014年，达州市完成2013—2014年度社会主义新农村建设档案工作示范乡镇创建任务，达川区福善镇、宣汉县三河乡等5个乡镇成功创建社会主义新农村建设档案工作示范乡镇。

2015年，宣汉县新华镇成功创建社会主义新农村建设档案工作示范乡镇、万源市太平镇裕丰社区通过档案工作规范省三级验收。

八、精准扶贫档案工作

2016年，市档案局与市扶贫移民局、市民政局等部门协作配合，建立健全扶贫开发档案工作机制，做好对扶贫开发档案工作的监督指导，形成调研报告。同时，建立县、村、户扶贫档案，做到县、村、户扶贫工作中形成的档案收集齐全、规范整理和安全保管、有效利用，为扶贫开发工作考核评价体系提供原始记录和真实凭据。

4—5月，市档案局贯彻落实中共中央、省委和市委扶贫开发工作会议精神，到各县（市、区）扶贫移民局、档案局，调研走访乡（镇）、村（社区）开展精准扶贫档案工作。5月23日，省档案局经科处副调研员钟兰一行到达州市调研扶贫开发项目档案工作。调研组一行到大竹县扶贫移民局实地查看扶贫开发项目资料，详细了解在扶贫开发项目过程中需要形成的资料，对基础扶贫项目、产业扶贫项目等档案资料收集整理流程和项目档案的管理情况。随后，钟兰一行到大竹县石河镇五通村委会，实地查看档案室建设和村民精准扶贫档案情况，并向相关负责人详细询问该村精准扶贫工作、贫困户档案建立等事项。

5月26—27日，市档案局在大竹县召开全市精准扶贫档案工作现场会。会上，各县（市、区）档案局负责人和业务人员就如何做好精准扶贫档案工作，结合各地实际情况进行交流发言，讨论相关业务，提出精准扶贫档案工作建议。会前，与会人员实地参观大竹县石河镇五通村、新华村精准扶贫档案示范点建设，观摩学习精准扶贫档案的收集、整理、保管和利用环节业务，直观了解精准扶贫档案工作流程。

图2-6 达州市精准扶贫档案工作现场会人员参观大竹县档案馆

图2-7 2016年，达州市精准扶贫档案工作现场会在大竹县召开

是年，大竹县对各乡镇脱贫攻坚办进行精准扶贫档案业务指导，将示范点经验推广到全县70个贫困村。各地各部门按照县扶贫移民局、县脱贫攻坚办、县档案局等部门要求，对已形成的档案资料做好收集、整理，全力服务精准扶贫工作。渠县档案局会同县直工委、县扶贫移民局等部门，对各乡镇、贫困村的精准扶贫工作档案进行检查，指导建立完善的档案收集、整理、保管、查阅利用体系；开江县档案局到沙坝场乡石垭口村对扶贫档案开展调研，整理扶贫档案11盒103件。

2017年3月16日，市档案局、市扶贫和移民工作局印发《关于切实做好脱贫攻坚档案工作的通知》，明确脱贫攻坚档案工作要求和工作任务。同时，联合相关部门开展档案业务的监督指导，规范建档，安全保管，更好地服务脱贫攻坚工作。4月21日，为贯彻落实省档案局、省扶贫和移民工作局《关于进一步规范脱贫攻坚档案工作的意见》（川档发〔2017〕1号）文件精神，确保脱贫攻坚档案完整、规范，精准反映扶贫全过程，推进脱贫攻坚工作开展，达州市脱贫攻坚小组第三次会议提出"由市档案局负责对全市脱贫攻坚档案工作进行统筹协调、指导监督，确保完整准确记录我市脱贫攻坚重大历史事件"的要求。5月，市档案局举办全市脱贫攻坚档案工作研讨会，就脱贫攻坚档案的收集、整理和保管进行讨论。通川区档案局制定脱贫攻坚档案规范工作方案和指南，并会同县脱贫攻坚办在部分村社开展试点。宣汉县档案重点工作领导小组办公室和县扶贫移民局联合印发精准扶贫档案规范化管理办法。大竹县档案局做好县、乡、村、户扶贫档案工作的组织协调、监督、指导和验收，确保脱贫攻坚档案资料齐全完整。

第三节 企业档案工作

中华人民共和国成立前，全区有私营工矿企业20多家。其中，福源矿冶股份有限公司和渠县矿冶股份有限公司分别于1939年、1940年建立，其档案由公司指定人员管理。

中华人民共和国成立后，随着全区社会主义建设事业的发展，创办一大批工厂、矿山企业和科技事业单位，形成大量的档案，需要专门机构、人员收集和管理。1957年，四川省国营万福铁厂首先建立档案室，配专职档案人员1名。

1959年下半年，中共达县地委办公室和达县专署办公室根据国家档案局制定的《工厂、矿山、科学技术机关档案工作暂行通则（草案）》和省档案管理局《关于工厂、矿山、科学技术档案工作试点的意见》，从全区地、县厂矿抽调5名档案专业干部，在达县通用机械厂开展技术档案工作试点，召开现场会，总结推广试点经验，促进全区工厂、矿山和科学技术机关档案工作的发展。至年末，全区建立技术档案室66个，为应建总数212个的31.2%，未建档案机构的企业设置档案专柜，共配备专兼职档案人员213名。

1960年3月后，全区工矿企业和科技事业单位按照国务院批准的《技术档案室工作暂行通则》和达县专员公署转发省人委批转省档案管理局《关于贯彻执行〈国务院批转国家档案局关于加强工业企业技术档案工作的报告〉的报告》要求，普遍建立技术档案室，小单位设置档案专柜，实现科技档案集中统一管理。同时，一些地、县属企业根据中共中央《关于统一管理党、政档案工作的通知》精神和中共达县地委办公室、达县专署办公室要求，在已建技术档案室的基础上，陆续建立党、政、工、团联合档案室。其中，16个地属企业和科技事业单位有14个建立联合档案室，集中统一管理本单位形成的全部档案。7月，达县专区新达通用机械厂和达县专区渠江铁厂联合档案室被地委办公室授予先进档案室称号。

至年末，据11个县统计，专、县属以上工厂、矿山和科技机关281个，已建立技术档案工作258个，占总数的92%。其中：一类55个，二类183个，三类43个。全区有技术档案专职干部15名，兼职干部243名。

1961年，专、县科研机关根据省人委转发国务院批准的国家档案局《关于加强科研机构中技术档案工作的报告》的通知，普遍加强该项工作，一些单位进行以解决技术档案的完整齐全和整理质量为重点的复查调整。同时，对撤销、合并、暂停的厂矿、科技单位的技术档案开展整理、移交等工作。

1962年，机构精简后，据专署和万源、渠县等7个县统计：有专、县属技术档案工作单位122个，已建立健全技术档案工作105个，占86%，并坚持经常工作。12月14日，达县专署转发省人委批转的省档案管理局《关于贯彻执行〈国务院批转国家档案局关于加强工业企业技术档案工作的报告〉的报告》，并根据区情，提出如下补充意见：（1）技术档案机构必须建立健全，凡是应当建立技术档案室的，而未建立起来的应尽速建立起来；未健全的，应进一步把各种制度建立健全起来，实现技术档案的集中统一管理，各级领导人员应加强领导，随时进行督促检查。（2）人员的配备必须根据本单位的具体情况，尽速配备专职或兼职人员，具体管理这项工作，不论专管或兼管人员，都应当稳定下来，以便更多更好地积累经验为生产建设和科学技术研究服务。

1963年，专、县厂矿、科研、农水等技术档案，注意抓经常的收集整理、立卷归档、保管和利用工作。邻水县结合保密"三查"，对技术档案工作进行复查清理和收集补缺。邻水县43处水库，有24处缺少图纸和设计资料。县档案馆配合部门组织6名干部历时2个月，收集和添补图纸366张、资料167份，从私人手中收回图纸6张，文件6份，技术书21本。

"文化大革命"期间，专区企业档案工作受到严重干扰和破坏，档案机构被撤销，人员被削减或调离，许多应归档的没有归档，不少已集中管理的档案资料被分散，甚至丢失或损坏。"文化大革命"结束后，企业档案工作才逐渐恢复。

1973年，四川省华蓥山北段煤田建设指挥部（今达县矿务局）党委做出集中统一管理科技档案的决定，并纳入企业管理中，建立科技档案室11个，档案库房24间，档案柜363个，配专职档案干部10名，兼职5名，保管科技档案4 000余袋、25万余份，资料22万余份。

1976年，全区对科技档案工作进行大检查。1978年，开展以科技档案完整、准确、集中统管，安全保管，积极开展利用为主要内容的检查评比活动，全区评出科技档案工作先进集体11个，先进个人8名，其中出席省、地科学大会3名。各县（市）树立一批先进集体和个人，受到省、地、县（市）委表彰。

与此同时，一些单位开展科技档案利用工作。据统计仅1979年全区利用科技档案3万人次以上，其中达钢利用科技档案920人次。该厂耐火材料车间，参照300吨压砖的结构图纸，仿制1台80吨压砖机，使耐火砖产量扩大1 200吨，增加产值15万元。炼钢车间利用科技档案资料，在化铁炉上推广倒置风口新技术，使熔化率提高50%，焦铁比由1∶8提高到1∶10，名列全国同类化铁炉前列。

1980年，根据中共中央、国务院的规定和1979年全国、全省档案工作会议精神，专区档案管理局配合地、县（市、区）各专业主管部门，恢复和建立科技档案工作机构，配备科技档案工作人员，对科技档案资料实行集中统一管理，做好科技档案的收集、整理、核对、更改、补充、提供利用、安全保管，建立健全各项规章制度。

11月，经地委和行署批准，地区经委、建委、科委和地区档案局召开全区科技档案工作会议，传达全国、全省科技档案工作会议精神，总结1960年以来全区科技档案工作经验，提出全区科技档案工作任务。

12月30日，地区行署批转《关于全区科学技术档案工作会议的报告》。随后，全区企业和科研、设计部门在同级专业主管机关和档案行政管理部门的领导、指导和监督下，贯彻落实全国、全省、全区科技档案工作会议精神和国务院批准的《科学技术档案工作条例》，恢复和建立科技档案机构。

是年，达钢建立在厂长直接领导下的科技档案室，由原1名干部增加到2名干部。经过企业整顿，把科技档案工作纳入企业管理10大制度中，并投资1.3万元，修建档案库房3间，添置档案柜、架18个。

至年末，全区有142个单位恢复或建立科技档案室，占65%。有的虽未建室，也设有专柜。全区配备科技档案干部211名，其中专职45名，兼职166名，有70余人是工程技术人员。同时，全区有138个企事业单位的科技档案达到党和国家提出的统管要求，占应统管数的63%，集中统管科技档案32 496卷（袋）。

1981年11月，地区档案局分别召开各县（市、区）档案局长和地级专业主管机关办公室主任会议，研究、布置科技档案工作。一些单位普遍对科技档案资料进行清理、整理。大竹县氮肥厂半年收集、整理科技档案339袋，科技资料1 477卷（册），底图1 000余张，并将原简装卷放，改为柜架平放，方便查找利用。大竹县档案局组织30余人到厂参观学习后，不到3个月时间，全县就收集整理科技档案1 645袋，资料7 157本，提供利用2 150人次、2 605袋（本）。

是年，据达县、开江、大竹、平昌、邻水等5个县统计，有科技档案的单位153个，建档案室64个，占40%，其余建有专柜；配备专职人员15名，兼职132名，占96%；基本纳入企业管理72个；保存科技档案 7 270 袋（盒），科技资料 22 685 袋（册）；提供利用 4 208 人次、6 065 份。至年末，在全区 524 个地、县（市）属企业事业单位中建有科技档案室 218 个，其余单位设有档案专柜。配专职档案人员 66 名，兼职近 500 名，使全区科技档案工作在恢复与整顿中得到发展。

1982 年，地、县经委、农委、科委、建委、计委和各专业主管局按照《科技档案工作条例》要求，加强对本系统科技档案工作领导，并把该项工作纳入业务范围。同时，地、县档案部门抽出人员，配合各专业主管机关对企业进行整顿。据统计全区开展企业整顿的 105 个单位，经验收，地区钢铁厂、万福铁厂、棉纺厂、渠江糖厂等三分之一单位符合要求。整顿后，科技档案直接由管生产厂长或技术负责人领导。科技文件材料的形成、收集、整理、鉴定、归档及归档后的修改、补充工作，纳入科技人员的职责内，作为考核、评奖内容之一。在鉴定验收科研成果、产品、基建工程时，吸收科技档案干部参加，检查验收科技档案。此外，除建立厂档案室外，每个科、室、车间有 1 名科技人员兼做档案工作，初步形成科技档案管理网络。

是年，配合各专业主管机关，到不同类型，不同专业的企、事业单位，按照上级专业主管机关制定的科技档案保管期限表，结合单位实际，开展科技档案的清理、整理工作。地区水电局勘测设计队成立清整科技档案领导小组，组织工程师、技术员 20 人参加清整工作。经半年努力，将历年形成的科技文件材料整理成 502 袋科技档案，科技资料 65 袋。分类、组卷、编号、编目等工作，符合要求，实现集中统管。

至年末，全区有科技档案的单位 595 个，建立科技档案室 305 个，其余建有专柜；配备科技档案干部 607 名；保管科技档案 63 796 袋（盒）、科技资料 108 498 卷（袋）。

1983 年，全区 1982 年以来开展全面整顿的企业有 447 个，其中：1982 年开展整顿的 91 个企业中，按照国家档案局五条验收要求，合格 39 个，占 42.86%；不合格 52 个，占 57.14%。

1984 年 1 月，地区档案局按照省档案局 1983 年 12 月 20 日便函要求，组织人员，采取分级负责的方法，对地属单位的科技成果档案进行检查。内容包括：提出研究项目的过程，各种调查材料、原始实验数据、工作记录、讨论记录、论文报告、鉴定材料、推广经过及必要的标本、样品等实物，是否齐全、完整，是否整理、归档。经检查，1978—1982 年，全区获得省政府和地区行署奖励的科技成果 79 项，其中：获得省科技成果奖 29 项（1978 年 3 项、1979 年 7 项、1980 年 6 项、1981 年 6 项、1982 年 7 项）；获得地区行署奖励 50 项（1980 年 12 项、1981 年 20 项、1982 年 18 项）。在获得省科技成果奖的 29 项中，档案材料完整和基本完整 22 项，占 75.8%，不完整 7 项，占 24.2%；在获得地区行署奖的 50 项中，档案资料完整和比较完整 33 项，占 66%，不完整 17 项，占 34%。从时间上看，1980 年前（即全国科学技术档案工作会议前）获奖项目的档案大多残缺不全，有的项目只有最终成果报告，无原始记录、实验数据、鉴定资料、推广经过等。1980 年后，这种状况得到改变。

在检查中发现，上述科技成果档案一般都进行整理归档。全区约有 80% 的科技成果档案是按照科研课题和工作程序，成套组成保管单位，编制目录，达到"有规可循，有目可查"。

是年，地、县档案局确定 1 名专职档案干部分管科技档案业务指导工作，并承担任务：主动与地、县企业整顿部门配合，发文件，出简报，把科技档案整顿工作列入企业整顿的计划中，同步整顿；配合各级专业主管机关，抓好督促检查和具体业务的辅导工作；作为企业整顿验收小组成员，参加科技档案工作整顿验收；协助科技档案整顿验收不合格的单位，做好补课工作；举办科技档案培训班，提高科技档案干部的政治、业务素质。通过整顿，科技档案工作发生明显变化。地、县工业、交通、农业、牧业、水电、气象、林业、商业、供销、外贸、城建、物资、医药、建材、科研等专业主管机关和企事业单位大都建立科技档案室或文书、科技档案联合室，配备专、兼职档案干部，坚持按专业统一管理科技档案工作的原则，并把科技档案工作纳入科研管理、生产技术管理和城市建设管理中，建立健全科技档案管理制度，将其列入厂规厂法，实现科技档案集中统一管理。过去很少建立或从未建立档案工作的一些行业和企事业单位，开始把科技档案管起来。

据对地级87个有科技档案的单位统计，列入1984年前企业整顿验收合格55个单位。经过整顿，新建科技档案室11个，新增科技档案管理人员14名，新添档案柜架43套，库房240多平方米；新收集、整理科技档案8 700多袋（卷、册），资料4 600多袋（卷、册）。

1980—1984年，全区机关团体、企事业单位建立《企、事业业务科室及有关人员和科技档案工作人员的职责范围》《科技档案收集归档制度》《科技档案保管制度》《借阅制度》《科技档案更改补充制度》和《科技档案奖惩制度》等规章制度，科技档案工作实现集中统一管理，达到科技档案完整、准确、系统、安全和有效利用的要求。据统计，全区各机关团体企事业单位保存科技档案55 841袋（盒），底图139 602张。

5年累计接待档案利用人员69 163人次，利用科技档案101 787卷（件、张）；属企事业单位17 656人次，利用科技档案30 070卷（件、张）。

到1985年，经过整顿，多数有科技档案的单位，根据国家有关规定和要求，建立和完善科技档案工作的规章制度和岗位责任制，明确有关领导、工程技术人员、档案人员的责任，使科技文件材料的形成、收集、修改、补充与科技活动同步进行。至年末，全区有科技档案单位766个，配备科技档案干部658名，其中专职59名。全区县以上机关企事业单位保存科技档案7.20万卷。

之后，全区地、县（市、区）属企业和科技事业单位按照国家档案局印发的《科技档案工作分片座谈会议纪要》和《国营企业档案工作管理暂行规定》，陆续建立综合档案机构，集中统一管理本企业单位形成的全部档案。

1986年9月1日，地区万福钢铁总厂在全区率先建立档案馆。随后，渠江钢铁厂、地区钢铁厂和邻水县钢铁厂经党委和行政批准，建立档案馆、室、科等机构，配备领导干部及管理人员，实现企业档案的综合管理。

1987年，《档案法》颁布实施后，企业档案工作走上依法管理轨道，企业档案工作机构得到进一步健全。地区青花钢铁厂投资11.2万元，修建1幢620平方米的企业综合档案馆。新达水泵厂、筑路机械厂、巴中罐头厂成立由厂长为组长的企业档案管理升级办公室，负责督促企业档案升级的组织、协调、考核、申报等工作。是年，地、县（市、区）档案部门与同级建委配合到40余个在建工程单位宣传党和国家有关档案工作的方针、政策，协助建立健全档案管理制度，帮助培训档案人员，研究解决工作中的问题，加强业务指导，并参与18个较大工程项目的验收。

1988年4月4日，地区档案局转发《四川省档案局关于进一步做好科技项目档案验收工作的通知》及《科技项目档案验收评审报告表》，并提出如下贯彻意见：

（1）科技项目档案的验收，应采取"分级负责"的办法，明确职责。地区档案局主要参加同级政府和同级科委、计委、经委、建委等综合部门直接主持鉴定验收的项目以及全局性的调查、普查、规划、区划项目；其余项目，由各专业主管机关的档案部门或项目主管单位的档案部门负责验收；县（市、区）档案局负责同级科技项目档案的验收工作。

（2）科技项目档案验收的范围，不仅仅是科学研究成果项目，而是包括新产品试制项目，基本建设工程项目，技术引进项目，重要技术改造项目，全局性的各种调查、普查、规划、区划等项目在内的科技项目档案的验收。

（3）各级档案部门应主动与各有关部门进一步畅通渠道，理顺关系，密切配合，按照验收程序，严格把好质量关，不断提高验收工作的效率和质量。

（4）各县（市、区）档案局应将这一工作的开展情况，及时向地区档案局反映、汇报，以便交流。

1990年10月4日，地区渠江钢铁厂将原档案室扩大为档案馆。同时，地区钢铁厂建立档案馆。至年末，全区企业档案馆3个，即万福钢铁厂档案馆、渠江钢铁厂档案馆、地区钢铁厂档案馆。有专职档案人员31名。馆藏档案98 702卷，长度885.24米，底图54 697张。全年接待档案利用者124.74万人次、128.96万卷（件、次）。库房面积933平方米，平均每馆311平方米。配备计算机4台、复印机5台。

1991年，新达水泵厂、青花钢铁厂等4家企业建立档案科，其余企业大都建立综合档案室，收集、整理和保存档案17万卷（册）、底图23万多张。

1992年，《工业企业档案分类试行规则》颁发后，地区档案局与地区经委、机电局、冶煤局、轻化纺织局、乡镇企业局等专业主管部门协商，选择近年经济效益较好的企业作为"四个一"试点。选择地区钢铁厂进行试点，抓好一个大中型企业的档案工作；选择地区蜀东化纤厂2 000吨化纤涤纶长丝二期技改项目工程，抓好一个技术改造项目档案；选择地区新达水泵厂获得国家银质奖的"巨流牌"150S50单级双吸离心水泵，抓好一个拳头产品档案；选择大竹县江水麻纺厂进行试点，抓好一个乡镇企业档案工作。到年末，试点结束，初步摸索出深化企业档案管理的新路子。地级11家大中型企业中，有8家企业制订本厂档案分类方案并实施。

1993年，根据地委、行署工作部署和省档案局要求，地区档案局在全区企业档案工作中继续抓好"四个一"工作。企业档案管理升级活动暂停后，按照国家经委、计委、建委、档案局规定，参加达钢焦化工程、蜀东化纤厂一期工程、地区热电厂二期工程、宣汉江口电站、开江宝石桥水库、渠县盐厂、达县河市机场等一批省、地、县重点工程和技改项目档案资料的验收。并与有关部门配合，制发文件，开展开发区、乡镇企业、外商投资企业、驻外办事机构建档试点，由点到面逐步展开。

9月，地区档案局举行全区企业档案分类培训班，推动全区企业档案分类工作由点到面全面开展，促进企业档案规范化、标准化建设。10月，达县地区行政区划调整，达县地区渠江钢铁厂档案馆更名为达川地区渠江钢铁厂档案馆，其他企业档案馆亦相应更名。

至年末，全区企业档案馆馆藏中华人民共和国成立前档案12卷，中华人民共和国成立后档案115 884卷，占全区馆藏量的21%，资料14 334册，占11.2%。大型企业档案室保存档案7个全宗、59 335卷，14 534件，声像档案121盘，照片5 839张，底图313 591张。

1994年3月30日，地区档案局在达钢召开地级冶金、机电、纺织、食品、化工等支柱产业企业档案工作座谈会。会上总结、交流支柱产业企业档案工作的成绩和经验，分析存在的问题和不足，探讨并提出加强支柱产业企业档案工作的途径和办法，促进企业档案依法管理和档案业务建设。

7月，地区档案局按照省档案局"关于开展国有企业档案工作调查研究的通知"，组织人员，对大竹、渠县、达川市、万源市和地级冶金、机电、化工、纺织、食品等国有企业档案工作进行调查、分析和研究。

是年，对省、地重点工程（渠县盐厂、开江宝石水库、达县河市机场等）、科研、技改项目、"三资"企业、乡镇企业、达县南外开发区、科技事业单位档案形成、积累、整理、归档、保管保护、开发利用等工作进行调查研究，提出解决问题的办法和措施。

1995年，地区档案局继续推行《工业企业档案分类试行规则》，审批34家地、县（市）企业档案分类实施方案。同时，新开展3家"三资"企业建档试点。到8月，地区钢铁总厂、渠江钢铁厂、青花钢铁总厂、新达水泵厂、地区棉纺织总厂和四川鼓风机总厂6家企业相继建立档案馆，定编52名。这些企业档案馆一般由厂长或党委书记、总工程师分管，厂办公室或技术部门主管，办公室主任或技术部门负责人兼任馆长。

是年，全区企业档案部门与有关部门配合，主编或参与编写内部参考资料38种、79万字；接待档案利用者46 623人次，提供档案资料61 081卷（件、次）。

1996年，全区完成外资企业建档7家，完成开发区建档3家。全区国有、集体现存档案541 075卷，底图297 030张，保存资料124 291册。1997年，指导开发区档案工作2个；指导外资企业档案工作5个。

到1998年末，全区建立企业档案室或综合档案室（处、科）405个，小企业设置档案专柜，配备专职人员352名，兼职1 514名，基本适应企业档案工作发展需要。全区企业档案馆实有专职档案干部41名，其中，大专以上文化13人，中专或高中21人，初中7人；副研究馆员1名，馆员10名，助理馆员12名，管理员6名。企业档案馆主要职能是：集中统一管理本企业全部档案，维护档案的完整与安全；收集企业形成的党政工团档案、科技档案、财务档案和其他档案，并进行分类，整理、保管、鉴定、统计和为企业生产、经营、管理等各项工作提供利用；对企业各车间、科室或分厂、公司档案分室进行业务监督、指导。

2000年，贯彻全国企业档案工作座谈会精神，市档案局开展企业档案工作调查研究，对全市83家国有企业档案工作进行检查指导，并于5月18日召开全市企业档案工作座谈会。9月5日，市档案局印发《关于进一步加强全市企业档案工作的通知》，对全市企业档案工作提出要求：第一，转变观念，尽快适应企业改革和发展的需要；第二，大力宣传档案法律法规，实现依法管理企业档案；第三，在企业档案业务建设上要加强标准化、规范化管理；第四，要开拓创新，切实加大档案工作为企业改革和发展服务的力度；第五，档案行政管理部门要依法行政、依法管理企业档案工作。

2001年，市档案局到青花钢铁厂、万福钢铁总厂等政策性关停企业调研后，印发

《关于进一步加强青花钢铁总厂留守处档案工作的意见》，处置国有企业转制和对国有资产产权变动中档案的归属与流向问题，防止国有资产和档案资源流失。至年末，全市县属以上企业档案室保管档案470 596卷册（市属147 361卷册），案卷排架长度21 944米（市属2 785米）、底图116 526张（市属64 573张）；资料130 578册（市属61 334册）。市级科技事业单位档案室保管档案20个全宗、22 943卷（册），声像档案220本（盘、册），底图630张，资料4 262册。

2003年，市档案局转发省档案局《关于加强民营企业档案工作的通知》，提出贯彻实施意见，并多次到民营企业调研，加大对民营企业档案工作的指导力度。全市完成14家民营企业档案规范化管理。至年末，全市建有企（事）业档案室（处、科）809个，其中市级109个，县级700个。

2004年，大竹县档案局在调查研究的基础上，与县民营企业局联合制定《大竹县民营企业档案管理暂行办法》，创新开展民营企业规范化建档工作。

到2005年，全市有600余个企业建立档案工作机构，其中档案馆2个，档案室（科）12个，配有专职人员149名，兼职180名；库房面积12 426平方米，保存档案596 190卷（册），底图388 620张，资料199 390册（本）。

2006年3月，省档案局在成都召开17个组长单位参加的筹建省经济科技档案工作协作组会，印发《四川省档案局关于建立省属及中央在川企业、科技事业单位经济科技档案工作协作组的通知》，将省属及中央在川企业、科技事业单位划分为17个协作组。由广安市、达州市、巴中市行政区域内的省属及中央在川企业、科技事业单位组成第七协作组，并指定达州市档案局为组长单位。

同时，制定《四川省省属及中央在川企业、科技事业单位经济科技档案工作协作组工作细则》，明确协作组的性质、任务、组建原则、成员单位的权利义务及活动开展、经费来源等事项。

11月28日，四川省经济科技档案工作第七协作组成立暨第一次工作会议在达州市召开。达州市档案局、广安市档案局、巴中市档案局的主要领导、分管领导、业务科长和3个市的省属及中央在川企业、科技事业单位的代表参加会议。会议由达州市档案局局长张宗贵主持。会议选举达州市档案局为四川省经济科技档案工作协作组组长单位，广安市档案局、巴中市档案局为第七协作组副组长单位。协作组下设3个小组，达州市档案局局长张宗贵、广安市档案局局长何周、巴中市档案局局长许大尧分别为3个小组组长，达州电业局、四川达渝高速公路建设开发有限公司，广安市电业局，巴中市电业局、四川电信巴中市分公司分别为3个小组的副组长单位。会议讨论通过《四川省经济科技档案工作第七协作组工作细则》，明确职责。

是年，市档案局会同市发改委、市工商联转发《关于促进民营企业档案工作发展的意见的通知》。

2007年，市档案局监督指导5家民营企业的档案工作。2008年，监督指导10家民营企业的档案工作。

2009年6月初，市档案局派员专程到广安市、巴中市交流和商讨第七组的工作思路和方法。根据省档案局安排，拟把该组分成3个小组，以达州、广安、巴中三地各为一个小组，广安、巴中分别担任第七组副组长和各小组组长单位，每个小组每年开展1—2次活动，增强组内成员交流与学习，每年轮流在三地集中开展一次活动。11月27日，四川省经济科技档案工作第七协作组在广安市档案馆新馆开展以"重大建设项目档案工作"为主题的研讨活动。50余人参会。大会收到调研报告、论文23篇，有9个单位代表在会上作经验交流发言，编印《四川省经科档案工作第七协作组会议暨档案学术研讨会材料汇编》。

2010年，市档案局组织开展经济科技协作组活动，传达学习省经科协作组2010年工作意见。

2011年9月21—23日，四川省经济科技档案工作第七协作组在巴中市开展以"经济科技档案工作"为主题的协作组活动。40余人参会。该次活动交流经验、论文20篇，大会发言10篇。达州市以《把握机遇、攻坚克难，整体推进经济科技档案工作上新台阶》，广安市以《以服务经济建设为重点，开创经科档案工作新局面》，巴中市以《履职尽责、奋力追赶，加快巴中档案事业发展》为题目分别作大会发言。

11月21日，市档案局印发《关于加强民营企业档案工作的通知》，要求各民营企业要提高认识，增强做好民营企业档案工作的自觉性，要落实人员负责本单位的档案工作，建立档案工作机构，完善档案管理网络，配备必要的设施设备，确保归档文件材料齐全、完整、准确与系统，促进民营企业档案工作正常、健康发展。

2013年6月9日，市档案局印发《达州市〈企业文件材料归档范围和档案保管期限规定〉实施方案》的通知。方案明确总体要求：以国家档案局第10号令为依据，合理界定文件材料归档范围，科学鉴定档案保存价值，准确划分档案保管期限，推进企业档案基础业务建设，促进企业档案工作科学发展。实施目标：全市2年内完成各级国有企业各类文件材料归档范围和档案保管期限表的编制、管理类文件材料归档范围和档案保管期限表的审核工作，指导非国有企业参照执行国家档案局第10号令开展建档工作，努力做到应建尽建、应收尽收、应存尽存。

2014年，市档案局调研出台3个关于民生档案的管理制度和1个实施细则。市所属国有企业的管理类文件材料的归档范围和档案保管期限表，有58%通过市档案局的审核备案。

2015年，市档案局贯彻落实国家档案局《企业文件材料归档范围和档案保管期限规定》（国家档案局第10号令），完成各级国有企业各类文件材料归档范围和档案保管期限表的编制、管理类文件材料归档范围和档案保管期限表的审核。同时，各县（市、区）档案局加大对辖区企业和科技事业单位的培训检查指导力度，规范经科档案工作。

2016年1月1日起，财政部、国家档案局修订的《会计档案管理办法》施行。自施行之日起，全市会计档案管理按《办法》规定执行。

2017年，市档案局落实《国有企业资产与产权变动档案处置暂行办法》，主动跟进全市34家破产改制企业的档案工作，加强与各主管部门和清算组的联系协调，注重业务指导，严格档案规范，有效进行档案处置和移交。同时，加强对企业档案工作的监管，落实《企业档案工作规范》《企业文件材料归档范围和档案保管期限规定》，监督指导企业档案工作，完善归档范围和保管限期表的审批。

2018年，市档案局主动服务，采取电话或上门服务等形式加强业务指导与服务。对市政工程处、市水务集团、华润集团、发展控股公司等单位进行业务指导。开江县档案局指导县电力、城普公司及县自来水公司完善修订《企业管理类文件材料归档范围和保管期限表》。万源市档案局指导民营企业祥瑞汽车运输有限公司规范建档。

第四节 事业单位档案工作

一、城市基建档案

1962年7月7日，中共达县地委办公室向各县委办公室、地专机关有关单位办公室印发通知，要求各地各单位对本单位的建筑档案（如办公楼、礼堂等）和公用建筑档案（如商店、地下自来水管等）要收集好、整理好、保管好，以方便今后使用和对这些建筑物检查维修。

1980年，根据川府发〔1980〕249号文件要求，地区行署要求在达县市城建局内设立城市基建档案室，对城市基建档案实行集中统一管理。

1982年2月25日，达县市人民政府印发《城市基本建设档案管理条例》，共6章21条。具体明确达县市城建档案室由市政府领导，日常工作委托市城建局管理。市档案局在业务上给予检查和指导。

5月1日，达县市人民政府根据国务院和省政府《关于加强城市基本建设档案管理的通知》精神，批准成立达县市城建档案室，由市城乡建设环保局管理，配备正副主任和3名专职干部，城市基建档案室的库房、柜架和其他设备在城市附加费中开支。达县市城市基建档案室的任务是集中统一管理城市基建档案。具体工作职责范围是：将中央、省、地、县、市驻达县市市区各单位的地面建筑、水电设施、人防工程、地下管道、主要道路、桥梁、车站、码头及城市公共建筑物和构筑物等工程建设档案资料（包括设计图、施工更改图、竣工图有关文字资料及竣工验收交付使用等资料），收集起来保管安全和有效利用。至年末，收集整理城建档案185袋。此外，南江县建立城建档案室，配备干部，收集整理资料300余袋。

1984年4月12日，地区城乡建设环境保护局、地区档案局印发《关于做好基建工程档案工作的通知》，对基建工程档案工作的有关问题通知如下：

第一，各施工单位应对基建工程档案实行集中统一管理，工程指挥机构要有一位负责人或总工程师直接领导基建档案工作，并配备适应工作需要的人员，做好工程档案工作。

第二，各施工单位应根据国务院颁发的《科学技术档案工作条例》的精神，建立相应的档案管理制度，要将工程档案材料的形成、积累、整理和归档，纳入施工单位的计划管理、技术管理、质量管理和验收制度，列入工程技术部门和工程技术人员的岗位责任制，确保工程技术档案的完整、准确、系统，及时完成归档任务。

第三，要重视竣工图的编制工作。各施工单位在工程建设过程中，要认真做好施工记录、检验记录、取全取准各种技术文件材料和数据，严格设计变更制度，工程竣工时要及时准确地编制竣工图。有关主管部门在检查建设项目工作时，应同时检查建设项目的档案管理情况。工程现场指挥部门应加强这一工作的督促和检查，发现不准和短缺时，要及时采取措施修改和完善，确保竣工图质量。

第四，要抓好工程档案的验收。工程竣工验收时，应吸收有关档案管理部门参加验收，要把基建工程档案的验收作为工程验收的一项内容，竣工档案不完整、不准确、不符合归档要求的工程，不算完成施工任务，有关部门不应批准验收。

第五，工程结束后，施工单位应将一套完整的基建工程档案移交建设单位，建设单位应将其存入档案室中妥善保管，任何个人不得据为己有。

第六，在做好工程技术档案工作的同时，也要注意做好基建工程中形成的文书材料的收集、归档工作。

1987年，根据全省城建档案工作会议要求，重新拟定《城建档案接收范围及要求》《分类大纲》和有关制度，同时重点抓业务基础建设。达县市城建档案馆对市建委所属单位及机关各科室历年积存的城建档案资料进行收集、整理和移交。馆藏量由原317卷增加到1 002卷。达县市、南江、渠县和万源县等城建档案馆（室）实行收取竣工档案保证金制度。7月31日，达县市城市建设档案室更名为达县市城乡建设档案馆。至年末，达县市城乡建设档案馆收取143个建设单位交付竣工档案资料保证金78万元，保证竣工档案资料齐全、完整、准确和系统。

1988年9月1日，达县市政府确定达县市城乡建设档案馆是科学技术事业单位，是市政府的城建档案工作机构，归口市建设委员会直接领导，有行使市政府管理城建档案工作的职能。业务上城乡建设档案馆接受市档案局的监督和指导，并负责全市城乡建设档案的管理工作。配备干部5名，其中专职副馆长1名。

到1990年，达县市城建档案馆有专职档案干部5名，其中大专文化2人，中专高中文化2人，参加省以上档案部门训练班培训2人，保存档案1 441卷，总长度80米。接待档案利用者813人次，利用档案资料175卷次。

1993年10月，达县市城乡建设档案馆更名为达川市城乡建设档案馆。

1997年，达川市机构改革后，保留达川市城乡建设档案馆机构，其性质、管理体制和职能未变，经费列入财政预算。到1998年末，实有干部4名，其中专职副馆长1名。

1999年10月，达川地区撤地建市，达川市城乡建设档案馆上划达州市，归口达州市建设委员会领导，业务上接受达州市档案局的监督和指导，并负责全市城乡建设档案的管理。

2001年，达州市城乡建设档案馆达到省二级标准。

2002年，市档案局配合市法制局、市建设局草拟并由市政府发布《达州市城市建设档案管理办法》，加强对城建档案工作的监督指导，建立城建档案工作新秩序。

2014年，市档案局以开展"项目档案工作服务年"为载体，抓好城镇建设档案、园区档案工作试点。

2015年，达州市城乡建设档案馆位于通川区文华街，建筑面积300平方米，保存档案1.10万卷。至2018年末，市城建档案馆总面积约300平方米，其中库房面积约200平方米，保存城建档案25 100卷。

二、学校档案

1986年，省档案局通报涪陵地区教学档案工作经验后，地区档案局将其列入工作计划，各县（市）档案局按照该计划，协助文教局，选择在全县影响较大的中、小学校进行教学档案试点。达县市、大竹县、达县等县（市）档案局领导带队，专程到涪陵地区参观学习，回县（市）后立即研究部署工作，并就教学档案的归档范围、归档时间、保管形式等问题先行试点，取得经验，收集、整理一批积存档案。大竹中学、师范、实验小学和三中等学校由校长挂帅，教导处或办公室主任牵头，组织清理小组，用6个月时间，收集、整理教学档案1058卷（册），教师业务档案411袋。据了解，每个县（市）至少有1—2个学校建立综合档案室，实现教学档案、文书档案、财会档案、声像档案的综合管理，并根据学校实际情况建立健全立卷归档制度、档案保管、保密、利用制度和档案人员岗位责任制等档案管理制度，做到统一机构、统一制度、统筹经费与设备，确定专人，统一管理档案资料。

1988年6月，按照"统一规划，分类要求，分批实施"的原则，对学校档案工作，层层试点，培养典型，摸索经验。地区教育局、地区档案局在大竹县选定大竹中学、师范、实验小学、职业学校进行教学档案试点，并召开现场会，制定教学档案归档范围、分类方案和保管期限表，推动全区教学档案工作。到年末，4所学校的档案整理结束，建立综合档案室，编写出全宗介绍、大事记、组织沿革、校志、归档范围、分类大纲和保管期限表等。

1989年3月19—23日，地区教育局、地区档案局在大竹县召开全区首次学校档案工作会议，部署全区中小学档案工作。随后，各县（市、区）教育、档案部门按照地区档案工作会议要求，分别选择中、小学校试点，在取得经验的基础上逐步铺开。4—8月，达县市档案局、市文教局在达县市第一中学进行建档试点。各县（市、区）档案局配合教育局，开展教学档案工作。到年末，大竹、开江、万源、达县市和达县除完成教学档案试点外，有10所学校的档案工作实现集中统一管理。

1990年，全区在所有乡中心校开展建档工作，并由乡中心校带动村小学。同时，各县（市、区）采取巡回指导，分片抓点，集中检查等方法自查，并召开总结表彰会。

1991年，大竹、平昌等县教育、档案部门制定《中小学档案工作升级试行办法》，按照一、二、三等，对档案的管理体制、人员配备、管理措施、基础设施、业务建设、开发利用以及申报、评定等方面作出规定，要求各校遵照执行。各县对已达标升级和准备达标升级的学校进行抽查和复查。经复查合格后再颁发合格证书。对不合格的单位，限期整改。达县卫校在整理档案中，对年代久远发黄霉变的文件材料进行复制，共150卷、4758页，裱糊24卷、2073页，抄写896页。

10月7—23日，地区教育局、地区档案局抽调40余人，对13个县（市、区）和地属大、中专院校的学校档案工作首次进行检查、评比和表彰。全区有各级各类学校1249所，建有档案室969所，占学校总数的77.6%，其中建成综合档案室634所，占档案室总数的65.4%；配有专兼职档案人员1610人；保存档案31万卷（册），向同级档案馆移交档案8500余卷；库房面积15262平方米，添置档案柜架3267套（个）和其他设备设施。至年末，全区完成各级各类学校的建档工作。

2014年6月19日，市档案局（馆）党组书记、局（馆）长张强率局党组成员和部分干部职工到宣汉县基层学校调研，指导留守学生（儿童）档案工作。调研组一行到宣汉县江口学校，先后查看留守学生（儿童）档案和"留守学生（儿童）之家"，听取宣汉县档案局局长张庆国及学校孙林主任关于留守学生（儿童）档案工作开展情况介绍，并走进教室与师生交流，了解留守学生（儿童）和留守学生（儿童）档案工作情况。

图2-8　市档案局领导在宣汉县江口学校调研

6月27日，达州职业技术学院新校区建设项目档案工作会议在施工现场召开，统一工作思路，规范操作程序。市档案局党组成员、纪检组长龚乃桢参加会议并讲话，达州职业技术学院新校区项目启动后，市档案局、职业技术学院提前介入，多次研究和商议项目档案分类方案，在分析和征求意见的基础上，制定新校区建设项目档案管理办法和分类方案印发各参建单位。

2016年5月24日上午，省档案局经科处副调研员钟兰一行，到达州市调研高校档案工作。调研组先后到四川文理学院对高校档案管理工作进行调研，实地查看档案馆库房，询问了解《高校档案管理办法》的贯彻落实情况，并与学院档案馆工作人员座谈。随后，到宣汉县江口小学，对留守儿童（学生）档案管理工作进行调研。下午，调研组一行到达州职业技术学院调研，实地查看学院综合类档案管理现状，对档号的编制进行探讨，就业务工作进行答疑解惑，重点查看学院新校区建设类档案，对文件材料从形成到收集整理，以及到管理使用等方面提出建议和意见。

是年，市档案局业务人员到达州职业技术学院进行档案业务指导，规划新校区档案室及设备实施的购置，帮助做好新校区的项目档案的收集、整理等工作，强化该重大建设项目档案工作的监管。

图2-9　省档案局经科处副调研员钟兰（右三）一行，到达州市调研高校档案工作

第五节　特色档案工作

一、重大建设项目档案管理

1991年，地区档案局对达钢焦化分厂、蜀东化纤厂一期工程、达竹矿务局达县矿井、宣汉江口电站等全省、全区重点工程的档案工作进行监督、指导或验收，保证重点工程档案资料的齐全完整，为工程管理、生产和维护等创造有利条件。

1992年，地区档案局到宣汉江口电站检查指导重点工程档案的收集、整理、保管和利用等工作。

1993年初，地区档案局派出两名业务骨干到达县河市机场扩建指挥部从事工程档案的建档、管理和提供利用等工作。2月16日，达县河市机场扩建工程领导小组指挥部档案室成立，陈状军兼主任，郭奎生为副主任，与指挥部办公室合署办公，负责扩建工程有关档案资料收集、整理，及对施工单位档案资料工作的业务指导、检查、监督和各项工程验收档案资料的接收。地区档案局与省档案局科技档案馆指导处负责人到达钢、新达、蜀东、华川、热电厂、达县井田、宣汉江口电站等重点工程建设现场检查、指导档案管理工作，并派员参加达钢焦化工程、江口电站、开江宝石水库扩建（单项）工程竣工验收。

至年末，收集保管达县河市机场扩建文字材料和图纸4套、96袋（盒）、4 000余件（份）；照片档案320张，录音、录像带19盒。该工程档案一次性验收合格。

1995年，地区档案局对地区华川厂、热电厂、蜀东化纤厂、达钢厂、通达化工厂、达县河市机场、达县南外开发区、开江宝石水库等省、地重点工程技改项目、扩（新、改）建项目和一些企业包、租、卖、转、并、停、关和地委、行署确立的"5+10"支柱产业和拳头产品工程中档案形成、积累、整理、归档、保管保护、开发利用等工作进行调查研究，提出解决问题的办法和措施。

1996年，围绕地委、行署提出的以培育六大支柱产业和十大拳头产品为重点，地区档案局对全区重点建设项目达钢、河市机场、达川国家粮食储备库、地区热电厂等项目档案进行业务指导和监督。

1997年8月19日，国家档案局、国家计委发布《重点建设项目档案登记办法》，全区及时传达贯彻，强化重点建设项目档案工作。是年，地区档案局办理达县河市机场档案交接手续，参加地区热电厂工程竣工验收。

1999年6月24日，地区档案局印发《关于认真做好重点建设和重点技改项目档案管理工作的通知》，要求各县（市）档案局积极主动与本级计委、经贸委、建委、重点办联系，密切配合，协调一致，共同做好本区域内重点建设和重点技改项目档案工作的监督、检查、指导，确保档案完整、准确和系统。

9月23日，地区档案局、地区计划委员会、地区建设委员会、地区重点建设办公室印发《关于进一步加强重点建设项目档案工作的通知》，要求各县（市）档案局加强对《中华人民共和国档案法》及《实施办法》的宣传，加大执法力度、强化对重点建设项目档案工作的监督与指导，对违法事件、案件要及时查处，对存在的问题要及时报告，并做好服务。是年，贯彻执行《重点建设项目档案管理登记办法》，对区内9个重点建设项目档案实行登记。

2000年，市档案局会同市重点办、市城建档案馆对市自来水公司吴家沟水厂扩建工程和市污水处理厂工程档案工作进行检查、指导，并按照《重点建设项目档案管理登记办法》，对其进行登记上报。

2001年，市档案局先后到达渝高速公路、金盘子航电工程、河市机场、达万铁路等重点工程检查指导档案工作。

2002年，市档案局先后到达渝高速公路工程，金盘子航电枢纽工程，开江宝石桥水库扩建工程，达州河市机场扩建工程检查指导档案工作，并参与达渝高速公路一、二期工程，开江宝石桥水库扩建工程档案的竣工验收。

2003年，市档案局对达渝高速公路二、三期工程、河市机场扩建工程、华蓥山电厂技改扩能工程、市污水处理厂6个重点建设项目的档案工作进行监督指导。同时，与市林业局转发省林业厅、省档案局《林业重点工程档案管理办法》，对市退耕还林（草）、天然林保护重点工程档案管理提出贯彻实施意见。

2004年6月23日，市档案局与市计委、市建设局、市重点建设办公室印发《关于加强全市重点建设项目档案管理工作的通知》，要求各县（市、区）档案局加强对《中华人民共和国档案法》及《实施办法》的宣传，加大执法力度。要按照"分级管理"的原则，依法对重点建设项目档案进行监督、检查和指导，即市属重点建设项目由市档案局负责监督检查和指导，县属重点建设项目由各县（市、区）档案局负责监督检查和指导，组织好项目档案管理的登记上报工作，参加项目档案的验收。对违法事件、案件要及时查处。

同年9月，国家质量技术监督检疫局发布行业标准《国家重大建设项目文件归档要求与档案整理规范》。是年，市档案局加强对河市机场、罗江口电站、金盘子航电枢纽工程等全市14个重点建设工程项目档案工作的监督指导。

2005年，市档案局加强对河市机场、罗江口电站、金盘子航电枢纽工程等10个重点建设工程档案的业务指导。

2006年，市档案局会同市发改委转发国家档案局、国家发改委《关于印发〈重大建设项目档案验收办法〉的通知》，加强对华蓥山电厂扩建工程、罗江口电站、金盘子航电枢纽工程等30个重点建设项目档案的监督指导，并按要求填报辖区内省级以上重点建设项目档案登记表及本地区重点建设项目名单。7月20日，市中心医院成立重点建设项目档案工作行政检查工作领导小组，落实2人，专门负责对门（急）诊大楼的资料进行清理和整理。

2007年，市档案局加强对国电达州发电有限公司、罗江口电站、金盘子航电枢纽工程等35个省、市重点建设项目档案工作的监督指导。

2008年8月5日，市档案局、市发展和改革委员会、市经济委员会、市规划和建设局转发《四川省重大建设项目档案管理办法》，并提出如下贯彻意见：

（1）各县（市、区）档案局、各项目主管部门应加强对项目档案工作的管理，监督指导项目建设单位（法人）认真做好项目档案的登记、收集、整理、归档、移交、验收工作，确保重大建设项目档案的完整、准确、系统和安全。

（2）项目建设单位（法人）和设计、施工、监理等参建单位应成立档案工作领导小组、建立各项档案工作制度、配备合格的专（兼）职档案人员、购置必要的保管保护设施、配置适于档案保存的专用库房，并按照《国家重大建设项目文件归档要求与档案整理规范》（DA/T28—2002）及《科学技术档案案卷构成的一般要求》（GB/T11822—2000）的要求对归档文件进行收集整理。

项目建设单位（法人）应督促设计、施工、监理、设备（材料、构件）供应等参建单位做好档案的收集整理、归档移交工作。

（3）项目开工后直至项目正式竣工验收前，项目建设单位（法人）应按照《四川省重大建设项目档案管理办法》的要求，于每年10月20日前填报《四川省重大建设项目档案管理登记表》。

市级以上重大建设项目向市档案局报送。责任单位为项目主管部门的，由项目主管部门组织项目建设单位（法人）填写。责任单位为县（市、区）人民政府的，由县（市、区）档案局组织项目建设单位（法人）填写。责任单位既有项目主管部门又有县（市、区）人民政府的，由县（市、区）档案局组织项目建设单位（法人）填写。

县级重大建设项目向县（市、区）档案局报送。

（4）按照《重大建设项目档案验收办法》和《四川省重大建设项目档案管理办法》的要求，项目竣工验收3个月之前应完成项目档案验收，项目档案未验收或验收不合格的不得进行项目竣工验收。

（5）项目建设单位（法人）应在项目档案验收前对项目档案进行全面自检。自检合格后，项目建设单位（法人）应向档案行政管理部门提出项目档案验收申请。省级重大建设项目向省档案局提出申请，市级重大建设项目向市档案局提出申请，县级重大建设项目向县（市、区）档案局提出申请。市、县档案局应当在收到档案验收申请报告的10个工作日内做出答复。

是年，市档案局准确填报8个省属重点建设项目和123个市、县重点建设项目档案管理登记表。

2009年，按照省、市印发的重大建设项目名单，全市填报省、市、县重大建设项目档案管理登记表215份，并在10月前将63个省属重大建设项目档案管理登记表上报省档案局经科处。同时，对达州发电厂进行档案专项验收，对宣汉县通村公路、乡镇文化站建设等15个重点建设项目档案进行预验收。

2010年，市档案局填报10个省属重大建设项目和108个市、县重大建设项目档案管理登记表。加强对达州化工园区基础设施建设等10个省级重点建设项目和98个市、县级重点建设项目档案工作的监督指导，并建立档案业务指导卡。3月24日，省档案局、省体育局、市档案局、市城建档案馆组成验收组对达州市体育中心建设项目档案进行专项验收。市体育中心建设项目档案以92.5分获得优秀等次，通过省重大建设项目档案专项验收。

至年末，市档案局完成市辖区内2006年以来的10个省属重大建设项目和98个市、县重大建设项目档案管理情况的登记工作。

2011年，全市档案部门对131个省、市、县属重点建设项目进行监督指导，建立完善档案服务工作机制。大竹、达县档案局对已竣工的大竹县土地复垦、大竹县计生服务站、达县麻柳至檀木至东兴供水工程、达县小型病险水库除险加固工程4个项目进行档案专项验收。同时，市、县档案局依法对57个重点建设项目开展档案行政执法检查。全年对57个重点建设项目进行档案登记。

2012年5月23—24日，全市重大建设项目档案工作推进会在宣汉县召开。各县（市、区）49名档案业务人员参会，并进行学习交流。7月20日，市档案局召开全市重大建设项目暨企业档案工作会议，就如何提高项目档案和企业档案管理水平，更好地为企业生产服务提出要求并安排部署。同时，市档案局印发《致重大建设项目单位的函》，就重大建设项目档案工作的基本步骤和方法及项目档案登记备案、专项验收等事项进行说明，方便重大建设项目单位开展档案工作。

2013年4月24日，市档案局印发《关于加强2013年重大建设项目档案工作的通知》，要求各县（市、区）档案局、各项目主管部门加强对项目档案工作的管理，监督指导项目建设单位（法人）做好项目档案的收集、登记、整理、归档、验收和移交工作，确保重大建设项目档案的完整、准确、系统和安全。5月，市人大常委会对凤凰大桥等重点建设项目进行专项执法检查。7月19日,市档案局召开西南职教园区重大建设项目档案工作专题培训会,就重大建设项目档案的重要性、各参建单位的职能职责、项目档案管理方式、项目档案收集范围等内容进行培训。

8月28日,根据市委、市政府确定的25项重点工作,市档案局印发《关于做好25项重点工作档案管理的通知》,加强全市档案资源建设,确保重点工作档案资料的齐全完整,具体明确收集范围:①纸质档案类;②声像档案类;③电子档案类;④实物档案类。同时要求该重点工作中形成的纸质（文书、科技、会计等）、电子、声像、实物等各门类载体档案材料,要按照相关规范进行收集、整理,确保档案的完整、准确和系统。

9月13日,市档案局召开重大活动档案工作会议。市卫生局、市文广局等8个单位分管重大活动的领导及工作人员参会。9月25日,召开重大建设项目档案工作会议。同时,根据实际情况,派出业务指导人员上门为达州电业局、市天然气公司等单位80余人进行业务培训,上门为凤凰大桥、达州监狱、职教园区等重大建设项目进行业务指导。是年,全市登记重大建设项目档案工作278个、检查指导278个。

2014年7月30日,市档案局、市发改委组成项目档案验收组,对瓮福达州化工有限责任公司磷硫化工项目档案进行专项验收,并对其档案工作规范化管理进行等级认定,同时组织30余个项目主管部门、项目建设单位对整个考评验收过程进行现场观摩,学习瓮福项目档案工作的具体做法。瓮福达州磷硫化工基地项目档案的完整、准确、系统、安全符合项目档案专项验收要求,验收组一致同意通过档案专项验收;档案工作规范化管理达到省一级标准。是年,市档案局与市发改委联合检查15个重大建设项目档案工作,在全市完成54个重大建设新项目的登记,到瓮福达州有限公司、市职业技术学院、国资公司、投资公司等32个重点建设项目现场指导和档案专项验收。

图2-10 项目档案工作专项验收

2015年,市档案局与项目主管部门专项督查32个省、市重点建设项目,联合发改、交通等主管部门开展项目档案工作调研、指导、培训和检查,印发填报《"十二五"期间全市重点建设项目档案情况调查表》。是年,全市完成65个重大建设新项目的登记,验收达巴高速、达万高速等10个重大建设项目档案工作。

6月4日,市档案局对四川一新投资实业有限责任公司的高层领导、旗下商贸市场的各部门、中心负责人及专兼职50余位档案人员进行培训,提高企业档案工作基础业务,规范做好企业档案。全年接受电话咨询、上门指导档案业务134人次,对50个重大建设项目进行档案信息登记。

12月3—4日,省档案局、省交通运输厅、达州市档案局、四川高速公路建设总公司等单位专家组成项目档案验收组,通过听取项目档案管理、审核、编制情况汇报,对项目文件材料就收集、整理、归档的完整性、准确性和系统性情况进行抽查,现场查看档案安全管理情况,现场询问,最后采取综合评议方式,对达万、巴达两条高速公路建设项目档案进行严格考核评定,一致评议达万公司项目档案通过验收，巴达公司项目档案整改后通过验收。

2016年，市政府以重大建设项目档案工作为课题，责成市档案局对全市重大建设项目档案工作的现状进行调研，形成调研报告上报市政府参阅。是年，市档案局主动服务全省"项目年"活动，开展"项目档案工作提升"行动，印发《关于做好2016年重点项目档案工作的通知》，对河市机场建设项目、马踏洞片区开发项目、西南职教园区建设项目等32个市本级省级重点建设项目上门指导和帮助，填写档案业务指导记录卡，健全业务指导档案，提高重点项目档案工作基础业务，规范做好项目档案。全市完成70个重大建设新项目的登记。

2017年3月22日，市档案局以市委办公室、市政府办公室名义印发《关于成立达州市档案重点工作领导小组的通知》，成立全市档案重点工作领导小组。市委常委、宣传部部长邓瑜华任组长，市政府副市长、市公安局局长王景弘任副组长，市委、市政府联系副秘书长和市委组织部、市委宣传部、市档案局、市发改委、市经信委、市教育局、市公安局、市财政局等24个部门分管档案工作的领导为成员，领导小组办公室设在市档案局，负责日常工作，市档案局局长韩家翼兼任办公室主任。领导小组原则上每半年召开一次会议，专题研究全市档案重点工作。

6月，市档案局与市发展改革委印发《关于进一步加强重点建设项目档案管理服务"项目攻坚年"工作的通知》《关于开展省、市重点项目档案工作督查的通知》。9月22日，与市发展改革委印发《关于贯彻实施〈建设项目电子文件归档和电子档案管理暂行办法〉的通知》，并结合全市实际，提出要求：第一，高度重视建设项目电子文件归档和电子档案管理工作；第二，协同推进建设项目电子文件归档和电子档案管理；第三，做好建设项目电子文件的收集、整理和移交工作。同时，与市发改委等主管部门配合，分成3个组，到各个项目建设现场指导，对42个省、市重大建设项目进行督查，填写档案业务指导记录卡，健全业务指导档案。11月3日，对辖区内市级重大建设项目——大竹县龙潭水库枢纽工程项目档案工作进行预验收。同时，各县（市、区）档案局加大对辖区内重大建设项目档案工作培训检查指导力度，项目档案不断规范。

是年，全市完成125个省、市重大建设项目档案工作的登记备案。

2018年5月7日，市档案局印发《关于做好2018年重点项目档案工作的通知》，要求：第一，加强项目档案工作的组织领导；第二，规范项目档案工作基础业务；第三，依法建立项目档案登记制度；第四，扎实开展项目档案验收工作。同时，市档案局开展"项目攻坚突破年"活动，建立重大活动和重点项目档案管理联席会议制度，收集重大建设项目档案工作登记表120余份，指导达州机场迁建、马踏洞新区基础设施、西南职教园区、土溪口水库等建设项目档案工作。大竹龙潭水库建设、达县九节滩水电站、宣汉县龚家明月坝后河大桥工程和庙安土地整理项目、万源市庙沟棚户区改造（现代城）6个项目通过档案专项验收，达州机场迁建工程试验段项目完成档案归档整理。市水务局、市国资经营公司等单位加强对重大建设项目档案工作监管。全市完成83个重大建设项目档案工作登记备案。

二、民生档案工作

民生档案，是指机关团体企事业单位（包括党政军机关、国有和民营企业、各类事业单位、居委会和村委会、各种经济或社会组织）形成的全部档案中与人民群众利益直接相关的档案。

2008年，市档案局转发省档案局《关于转发〈国家档案局关于印发关于加强民生档案工作的意见的通知〉的通知》，选择在通川区进行最低生活保障档案管理试点。同时，在开江县开展集体林权制度改革档案工作试点，并形成管理办法和调研报告。是年，达县档案局接收林改档案进馆7 200盒、9.07万件，大竹县档案局接收进馆2 638盒、5.22万件，开江县档案局接收进馆7 200盒、13.06万件。

2009年，全市林权改革启动后，市档案局把对林改档案工作的业务指导纳入对各县（市、区）档案部门年度目标管理内容，各级档案部门成立林权改革档案工作领导小组，采取多种形式宣传，营造全社会关心林改档案、支持林改档案、理解林改档案、参与林改档案的良好舆论氛围。

图2-11 2009年12月16日，市林业局查看达县林改档案

各县（市、区）档案部门重视林改过程中形成的档案资料收集归档，做到"四签两不准"，即：会议通知户主签收、参加会议户主签到、表决（票）签实名、原始方案签字；不准用圆珠笔或铅笔签字、不准替人代签。各种会议记录、签到册、表决书、原始方案、通知书、林权登记申请表、外业勘验表、林地承包合同、林地流转合同、林权纠纷调处材料等做到用纸规范、格式统一规范。开江县、达县、万源市档案部门配合举办林改档案建立和管理使用专题培训班，并到乡镇对林改档案建立和管理进行现场业务指导和规范整理。

至年末，全市接收进馆林改档案24 467盒、36.44万件，并全部建立林权档案管理数据库。

2010年，省林业厅、省档案局、市林业局、市档案局对开江县集体林权制度改革进行验收；市林业局、市档案局对达县、大竹县、渠县、宣汉县、通川区、万源市集体林权制度改革进行验收。至此，全市各县（市、区）集体林权制度改革全部通过验收。

为保证集体林权改革工作顺利推进，在集体林权主体改革结束后，市档案局主动开展林权档案的监督指导和接收。至年末，大竹县、达县、开江县、渠县档案局完成所有林改档案的接收进馆工作，接收林改档案20 955盒、24.42万件。

2013年，根据省档案局印发的《"民生档案建设年"活动实施方案》要求，市档案局成立"民生档案建设年"活动领导小组，将任务分解到人，并转发《实施方案》，加强对民生档案形成单位的监管，重点进行业务指导，逐年分批开展档案移交进馆工作。到10月，已接收市人社局、市卫生局、市教育局等20个单位档案8 545卷、47 564件，其中包括就业人员档案、失业人员档案、企业职工档案等民生档案。同时，市档案局聘请临时人员参与档案案卷、卷内文件目录的计算机录入，优先录入民生档案，已录入68.37万条目录。

2014年4月2日，市档案局印发《关于进一步加强民生档案工作的意见》，具体明确：第一，充分认识加强民生档案工作的重要性，明确民生档案工作的目标要求；第二，加强民生档案科学管理，建立健全档案资源体系；第三，规范民生档案开放利用，建立利民便民的档案利用体系；第四，积极争取领导重视和主管部门支持，形成共同推进民生档案工作的强大合力。

2015年，市档案局与市居保局印发《达州市城乡居民社会养老保险业务档案管理办法》，同时在万源市和宣汉县开展试点。7月8日，联合市居保局对万源市居保局、宣汉县居保局建档情况进行检查指导，万源市居保档案达到省二级规范化工作标准。11月13日，组织全市医保系统分管领导、办公室主任和业务人员开展医保档案专项业务培训，强化基础业务建设。

2016年，市档案局继续做好社保、医保、居保等民生档案业务的指导和验收工作。与市卫计局转发《关于进一步加强新形势下卫生计生档案工作的意见》，与市农业局转发《四川省农业专业合作社档案管理办法》等文件。与市国土资源局加强联系、沟通和协调，对分局和直属单位开展联合检查，并指导规范建档，服务百姓。与市人社局沟通联系，加强市人社系统社保、医保档案专项业务培训，强化基础业务建设。

2017年，市档案局与市农业局合作，加强对下属单位进行执法检查和业务指导，并联合出台《关于稳定推进农村集体产权制度改革的实施意见》，强化农村档案管理工作。与市水务局建立协作机制，对辖区内重大水库建设项目档案进行指导检查。

三、产业园区档案工作

2013年末，全市有2个市级园区、7个县级园区。

2017年3月21日，市档案局、市发展和改革委员会、市经济和信息化委员会、市教育局、市科学技术局、市商务局、市文体广新局、市旅游局8个部门联合转发《四川省产业园区档案管理办法（试行）》，并提出要求。根据该管理办法，园区管委会建立档案工作机构，落实专门的档案工作人员，明确管委会档案由办公室规范归档，重大建设项目档案由规划建设股专人负责，并指导园区企业档案工作。

至年末，达州市仅通川区没有产业园区，各县（市、区）设置的园区，主要以工业为主，涉及农副产品加工企业、家电家具企业、机械电子企业、汽配销售企业、轻纺服装企业、化工生产企业及其他配套企业。

至2018年末，全市大部分园区管委会设立专门的档案室，建立健全档案收集、整理、保管、利用、移交等档案工作制度。园区管委会及各企业按照"分级负责，自行管理"的方式收集保管形成的档案资料，通过市档案局及园区管委会档案的执法检查、业务指导及培训，促使园区档案工作逐步规范化、标准化。

达州经济开发区 于2005年6月正式启动建设，为省级经济开发区，核心管理范围143平方公里，辖46个行政村（社区），人口6.86万人。先期启动的天然气化工园区规划面积55.5平方公里。到2013年，齐鲁石化达州化肥、达兴能源二甲醚、汇鑫能源天然气综合利用、达州玖源化工、瓮福达州磷硫天然气化工基地、达兴能源捣固焦炉等20余个项目建成投产。

达州经济开发区管委会明确有档案工作分管领导，配备1名兼职档案人员，设专门档案室1间，负责收集、整理和管理管委会的档案。各入驻企业负责收集、整理、管理本企业的档案。

西南职教园区 位于通川区北外镇韩家坝，占地5 000亩，其中3 000亩建设职教园区，2 000亩用于创业见习园区，拟投入资金35亿元，规划入园11所高、中职院校，规划学生规模4.2万人。园区建设于2012年4月开工，计划2017年12月完工。

首批入驻园区开工建设的单位有达州职业技术学院、达州市中医学校、达州市技工学校。

西南职教园区确立由市国资经营公司牵头，各入驻单位各司其职的档案管理模式。市国资经营公司负责收集、整理园区基础设施和公共部分的档案，协调、监督、指导各入驻单位管理本单位建设项目的档案工作。各入驻单位在市国资经营公司统一领导下收集、整理、管理本单位建设项目档案。

市档案局帮助市国资经营公司起草制定《西南职教园区建设项目档案管理办法》，并印发给公司各部门、入驻单位、参建单位。同时，协助达州职业技术学院起草印发《达州职业技术学院新校区建设项目档案管理办法》《建设项目档案分类方案》《归档范围和保管期限表》，规范园区档案管理。

2014年6月25日，市档案局业务科科长牟德洪一行到市国有资产经营管理公司指导职教园区建设项目档案工作。为搞好该项目档案资料的收集与整理、确保齐全规范，市档案局上门跟踪服务，并依据相关档案行业标准，进行现场指导和交流。

图2-12 现场业务指导

达川区杨柳配套园区 以物流、商贸企业为主，入驻企业全部为私营企业。2013年，入驻企业43家。该园区自身形成的档案有文书档案、科技档案、声像档案、会计档案四大门类。配兼职档案管理人员1名。

渠县工业园区 2007年7月成立，包括主导产业园区、李渡盐化工专业园区、三汇卷硐建材工业园和临巴煤电工业园。主导产业园区位于县城东区产城一体示范区，远期规划面积20平方公里，中期规划10平方公里。2011年，被省政府列入省培育成长型特色产业园区（"1525"工程园区）。2013年，园区入驻企业24家。

该园区管委会建立综合档案室30余平方米，配备专（兼）职档案员2名，并确定专门的分管领导，制定档案工作规范化管理实施意见，建立健全档案管理制度和管理网络。截至2012年，园区管委会形成文书档案1 597件。2012年，开展档案工作规范化管理，通过省三级验收；2013年，通过省二级验收。

万源市产业园区 总规划面积16平方公里，其中建设用地1.44万亩，以"一园四区"进行规划布局，着力秦巴低碳产业区、中国富硒食品产业区、青花产业区、天然气产业区建设。2013年，园区入驻企业130余家。

该产业园区办公室建立专门的档案室，有专职档案工作人员1名，建立健全档案收集、整理、保管、利用、移交等档案工作制度。园区办公室和各企业按照"分级负责，自行管理"的方式收集保管形成的档案资料，园区办公室制定档案管理相关制度及规范要求，定期检查、指导、培训。

宣汉普光经济开发区 2008年8月经省发改委批复成立，系全省"1525"成长型特色产业园区。同时被全省列为"51025"500亿元重点产业园区培育计划，规划面积34平方公里，其中工业面积20.71平方公里。规划建设柳池、普光、胡家、南坝4个工业园，主要发展天然气硫磺化工、冶金、机械、建材、物流和农副产品加工等产业。开发区完成市政基础设施投入5亿元，建成投产企业19家，在建项目19个，其中投资上亿元企业8家。2012年，实现工业总产值138.9亿元，利润50.8亿元。

该园区成立档案工作领导小组，明确具体档案工作人员，并将档案工作纳入工业园区发展规划和工作计划。设立综合档案室，配备档案保管保护所需的设施设备，建立健全档案工作制度和管理网络，确保档案的完整与安全。按照国家档案局8号令和档案工作要求，制订档案分类方案、保管期限表、归档范围等，对形成的文书、会计、业务等档案资料分门别类按规定进行收集、整理、归档、编目。2013年，园区档案室存放档案83盒、1 252卷（册）。

开江县普安工业集中发展区 2008年5月成立，由"一主两辅"（以普安工业园区为主，以任市、回龙两个工业园区为辅）3个园区组成。园区远景规划10平方公里，近期规划面积5.8平方公里，建成面积1.5平方公里，按照"一园一主业、园区有特色"的思路，集中布局农副产品深加工园、轻工业园、五金工模具加工园和天然气深加工园四大产业园。2013年，入驻企业23家，正式投产7家。

该园区成立由1名副主任任组长的档案管理领导小组，设置综合档案室，配备档案保管保护所需的设施设备，明确分管领导和具体档案人员，建立健全文件归档和档案鉴定、整理、保管、统计、利用、移交等规章制度，并将档案工作纳入工业园区发展规划和工作计划。园区档案室存放档案20盒、556件。

大竹县经济开发区 是"四川省中小企业创业基地"，被列入全省"51025"重点产业园区培育名单，规划总面积达40.88平方公里。"十二五"期间，大竹经济开发区按照"产业园区、产业聚集、产业新城"的理念和总体规划，实施大竹"453"战略工程，构建骨干路网，提升承载能力，突出功能结构合理清晰、工贸经济繁荣发达、道路交通流畅有序、基础设施完善齐全、人居环境优美便捷、生态环境优越舒适，实现大竹新型工业化和新型城镇化高起点、高品质的完美交融。

2016年，开发区综合档案室（库房）建成并投入使用，面积100余平方米，安放档案柜50余个。档案室整洁、宽敞，配有防盗门、灭火器等设施，做到防光、防尘、防鼠、防虫和有害气体。按照档案管理规定要求，档案管理工作实现案卷集中存放、设施封闭管理。同时，开发区设置档案管理人员岗位，严格执行档案室出入登记制，严禁无关人员进出档案室；建立档案借阅登记簿和档案信息利用反馈表，对借出的档案及时催收，提高借阅者保护和爱护档案的责任心；建立各类档案统计台账，如各类档案借阅登记簿、文件移交登记簿、档案库房检查记录、档案数量统计台账等，做到防患于未然。

达州市农产品加工集中区 是四川省重点产业园区和新型工业化、新型城镇化示范园区。2010年12月被农业部认定为"全国农产品加工业示范基地"，2013年1月被省经信委认定为"四川省小企业创业示范基地"。园区位于通川区魏兴镇，园区规划面积13.88平方公里（其中：工业用地7.5平方公里、城镇用地4.5平方公里、物流用地1.88平方公里）。主要承接农副产品深加工、食品加工，医药制剂、饮片生产、中成药加工和仓储物流等产业。

该工业园区成立由1名副主任任组长的档案管理领导小组，确定档案工作人员，明确工作目标，建立文件归档和档案鉴定、整理、保管、统计、利用、移交等规章制度，配备铁质档案柜、空调、灭火器、电脑、打印机和复印机等设备。

四、其他特色档案

1979年，全区档案工作开始恢复整顿

后，集中统一管理机关档案，同时，部分机关档案室开始将机关会计、书稿、艺术、保卫等专业档案逐步集中统一管理起来。

1984年，随着社会主义各项事业的发展，上级档案管理部门与一些专业主管机关联合印发多个有关加强专门档案管理工作文件，如人口普查档案、地名档案、出版物档案、艺术档案、会计档案、诉讼档案、保卫组织档案等，建立健全管理制度，加强专门档案管理。

1987年，全区在完成会计档案扫尾工作的同时，公安、保卫、诉讼、人事、审计、新闻、教学、统计、病历和录音、录像、影片、照片等专业档案工作得到重视和加强，促进专门档案工作的发展。

2004年，为拓展档案工作新领域，达县档案局完成"税收档案"，开江县档案局完成"婚姻档案"，大竹县档案局完成"民营企业档案"，宣汉县档案局完成"小城镇建设档案"，万源市档案局在农户电子信用档案方面进行探索和试点，并将试点经验材料上报省档案局，得到省档案局的肯定。

2016年，大竹县档案局指导"两新"组织和专业合作组织规范建档，以林萍专业合作社为示范点，以点带面，在全县开展"两新"组织和农村专业合作组织规范化管理建档工作。促进了"两新"组织和农村专业合作组织健康有序发展。

第三章 档案资源

达州市档案志

第一节 馆藏档案

达州市档案馆馆藏档案最早的是1920年，最近的是2018年。主要来源：一是中华人民共和国成立前遗留下来的民国档案和革命历史档案；二是中华人民共和国成立后地（市）级各机关、团体、企事业单位及社会知名人士活动形成的具有永久、长期保存价值的档案。

20世纪60年代，地委、行署机关档案室分别收集保管民国时期形成的历史档案及中华人民共和国成立后被撤销机关、企事业单位的档案。70年代又接收"文化大革命"期间地级被撤销、合并机构的档案和清理"敌伪档案"时集中的一批档案。

1980年1月，地区档案馆成立后，除全部接收地委、行署机关档案室的档案外，为适应全区经济建设、科学研究和编史修志等新形势的需要，根据《档案馆工作通则》规定，制订档案接收范围和质量标准，拟制工作计划，开展档案接收和征集工作。到1988年，全区14个综合档案馆馆藏2 300多个全宗，档案资料62万多卷（册），藏量居全省第三位，比1978年馆藏净增34万多卷，翻一倍多，接收的内容及成分从单一的文书档案扩展到科技、会计、新闻报道、农业区划、林业两制、纪检、工业（人口、人才）普查、地质以及照片、声像等档案。收集和征集具有反映本地区地方特色的史料3万余册（件）。

2000年12月11日至2001年2月5日，市档案局（馆）分成两组，逐个全宗逐个目录检查，采取将已有统计数据、案卷目录、档号、案卷实物逐一核对的方法，对馆库2—4楼的档案进行清查核对。经清查核对库内案卷实有84 792卷，比原统计数84 094卷增加698卷。

至2014年，市档案馆收藏档案188个全宗，139 174卷、186 355件，档案上架排列总长度2 969.84米。中华人民共和国成立前历史档案9 616（含革命历史档案23卷）。中华人民共和国成立后档案129 559卷、186 355件，其中，科技档案1 348卷（盒），专门档案9 110卷，底图1 303张，录音、录像档案42盒，照片档案12 784张。

在市档案馆馆藏档案中，民国档案占馆藏档案的10.9%。由于各种原因，造成这部分档案不齐全、不完整。其中四川省第十五区行政督察专员公署的档案仅存186卷（1934年12月至1949年12月）。但是，这些档案仍可基本反映民国时期达县、大竹地区的政治、经济等情况，具有较高史料价值。中华人民共和国成立后文书档案占馆藏档案的91.95%，这部分档案收集完整、齐全，内容丰富，能全面反映中华人民共和国成立后达州地区的政治、经济、文化、教育、科学技术和人民生产生活等方面情况，是市档案馆馆藏档案中较重要部分。同时，市档案馆保存有科技档案、会计档案、新闻报道档案、纪检档案、工业普查档案、人口普查档案、人才普查档案以及照片、录音、录像等门类的档案，占馆藏档案的8.79%。市档案馆征集部分珍贵的革命历史档案，有反映川陕苏区时期的重要档案文献，也有反映川北、川东地下党组织活动的材料。

1980年后，全区陆续征集到朱德、王维舟、胡耀邦等老一辈无产阶级革命家的照片和墨迹。同时，收集到陈独秀在1939—1942年写给国民党中将杨鹏升的亲笔书信40封复制件。市档案馆集中人力、财力对进馆的档案按全宗进行系统排列、编目和上架、编号等工作；对不符合质量要求的3万余卷档案重新进行鉴定、整理；对接收的一些零散文件进行分类组卷和编目、编号等工作；对破损、褪变的重要档案，进行裱糊、修补和复制；对接收进馆的各种资料进行分类、编目、编号、上架等整理工作。此外，市档案馆编制各类卡片34万余张，以及全宗介绍、全宗目录、开放档案目录和资料目录等检索工具，做到有规可循，有目可查，基本满足利用者查阅档案的需要。

至2018年末，全市各级各类档案馆馆藏档案全宗1 805个、案卷966 844卷、以件为保管单位档案1 963 656件、总排架长度18 648米、底图335张、照片档案32 737张、录音磁带录像磁带影片档案94盘、实物档案2 059件。

一、民国档案

达州市档案馆馆藏民国时期档案，由国民党四川省第十区、第十五区行政督察专员公署的档案，各县县党部、县参议会、县政府等机构的档案和渠江矿冶股份有限公司的档案组成，共9 593卷，案卷排列长度191.84米。

民国四川省第十区、第十五区行政督察专员公署及其所辖机构的档案，在1949年解放时，由当时的军管会和新建立的人民政权机关接管。达县专署接管第十五区行政督察专员公署的档案，大竹专署接管第十区行政督察专员公署的档案。1953年，大竹专署撤销后，部分重要档案移交达县专署保管，余部由大竹县人民政府代管。1965年，达县专署办公室、专区档案局组织部分人员，对这部分档案重新进行整理，后交达县专署机关档案室保管。

1956年，地委清理敌伪政治档案办公室从各县接收一部分敌伪政治档案，经清理整理后移交达县专区公安处保管。1968年，达县地革委、达县军分区清查敌伪档案办公室将达县专署和达县专区公安处保管的民国档案全部接管，重新清理和审查。1973年，地委清查敌伪档案办公室工作结束后，将全部档案移交达县地革委档案科保管。1980年，达县地区档案馆成立后，全部接收这部分档案。

1985—1987年，地区档案局组织人员完善馆藏民国档案，进行案卷标题、填写部分卷内目录，全部更换卷皮，编制档号和案卷目录等，基本保持原全宗号、卷号、页号不打乱，仅对厚卷进行分卷装订。

民国档案的整理工作，由于历史原因，造成同一机关的档案分成政治档案、重要档案和一般档案，形成正卷和副卷，分别将政治档案和重要档案划为7个全宗（即154—160），将一般档案划为6个全宗（即0154—0160，缺0158）。因此，给全宗定位、编号和查找利用、管理等工作带来不便。为便于系统管理，市档案馆对原编全宗号154、155、156、157、158、159、160和0154、0155、0156、0157、0159、0160一律用1—13全宗号分别代替原全宗号，即全宗号1（154）、2（155）、3（156）……。

四川省第十区民国档案 1911年辛亥革命爆发，推翻帝制，建立民国，政务暂沿清制以维持现状，各府、厅、州、县均未变动。1913年，北京政府令：废府存县，厅、州名一律改为县；将县行署改称县知事公署，其官改称县知事。1914年1月，北京政府又在省与县间设行政区"道"。1929年，国民政府通令实行省、县两级制，废除道尹军政兼管制，各县由省直辖。改县知事为县长，改行政委员为设治局。1935年5月，国民政府四川省政府设置第十区行政督察专员公署，辖大竹（专署治）、渠县、邻水、长寿、梁山、垫江、广安7县，为省政府辅助机关，专署设专员1人，下设秘书、视察员和第一、二、三科及统计、会计室，分别掌理地方政务、人事、案件调查、民政、财政、教育及文书、会计、统计、庶务等方面事项。1942年5月1日，专署与区保安司令部合并，更名为四川省第十区行政督察专员兼保安司令公署。专员兼任保安司令。1949年12月11日大竹解放，该署结束。

四川省第十区行政督察专员公署1935—1949年形成的档案共6 395卷，内容丰富，涉及综合类、军事类、司法类、内政类、教育类、卫生类、财粮税类、农林水类、工商类、交通类、邮政电信类。

表3-1 四川省第十区行政督察专员公署档案情况

项 目		全宗号	案卷数量（卷）
一、四川省第十区行政督察专员公署档案（1935—1949年）		4（157）、11（0157）	6 395
二、大竹县民国档案（1931—1949年）	国民党大竹县党部	3（156）	—
	大竹县政府	3（156）、10（0156）	—
	大竹县警察局	3（156）	—
	大竹县团务委员会	13（0160）	—
	大竹县民众自卫总队	13（0160）	—
	大竹县国民兵团	12（0159）	—
	大竹县各学校	12（0159）	—
三、渠县民国档案（1938—1949年）	国民党渠县县党部	2（155）	—
	渠县参议会	12（0159）	—
	渠县县政府	9（0155）	—
	渠县警察局	2（155）	—
	渠县地方行政干部训练所	2（155）	—
	渠县国民兵团	12（0159）	—
	渠县田赋粮食管理处	12（0159）	—
	渠县船舶办事处	12（0159）	—

续表

项　目		全宗号	案卷数量（卷）
四、邻水县民国档案（1929—1949年）	渠县县立中学	12（0159）	—
	国民党邻水县党部	3（156）	—
	邻水县参议会	12（0159）	—
	邻水县政府	3（156）、8（0154）	—
	邻水县警察局	3（156）	—
	邻水县国民兵团	12（0159）	—
	邻水县立中学	12（0159）	—

四川省第十五区民国档案 1914年，北洋政府调整地方行政建制，改川东道为东川道，辖达县、开江、宣汉、万源、大竹和渠县6个县。同时，改川北道为嘉陵道，辖境内通江、南江、巴中、江口分县和邻水5个县。1934年12月，国民政府四川省政府在达县设置达县行政督察专员公署，辖达县、渠县、宣汉3个县。1935年5月，"川政统一"，结束军阀割据，实行保甲制度，四川省政府决定将全川划为19个行政区，原达县行政督察专员公署改为第十五区行政督察专员公署，辖达县（专署治）、开江、宣汉、万源、通江、南江、巴中7个县。1942年5月1日，专署与区保安司令部合并，更名为四川省第十五区行政督察专员兼保安司令公署，专员兼任保安司令。1944年，分巴中县置平昌设置局；1948年，改为平昌县，隶属第十五区行政督察专员公署。1949年12月15日达县解放，该署结束。

馆藏四川省第十五区行政督察专员公署档案损失惨重。主要原因是在解放达城时，国民党溃逃前将大量重要档案烧毁；解放后有关部门和人员将民国档案当成"废纸"烧毁、卖掉大部分，留存下来的档案很少。主要涉及综合类、民政类、财政类、粮政类、司法类、军事类、教育类。

表3-2 四川省第十五区行政督察专员公署档案情况

项　目		全宗号
一、四川省第十五区行政督察专员公署		13（0160）
二、达县民国档案（1936—1949年）	国民党达县县党部	1（154）
	达县县府	1（154）、8（0154）、12（0159）
	达县警察局	1（154）
	达县地方法院	1（154）
	达县民众自卫队	13（0160）
	达县税捐稽征处	12（0159）
	达县各类学校	12（0159）

续表

项　目		全宗号
三、开江县民国档案（1929—1949年）	国民党开江县党部	5（158）
	开江县参议会	12（0159）
	开江县政府	5（158）、10（0156）
	开江县警察局	5（158）
	开江县地方法院	5（158）
	开江县地方行政干部训练所	5（158）
	开江县民众自卫队	13（0160）
	开江县团务委员会	13（0160）
	开江县国民兵团	12（0159）
	开江县田赋管理处	12（0159）
	开江县中小学校	12（0159）
四、宣汉县民国档案（1934—1949年）	国民党宣汉县党部	7（160）
	汉县参议会	12（0159）
	宣汉县政府	7（160）、9（0155）
	宣汉县警察局	7（160）
	宣汉县地方法院	7（160）
	宣汉县国民兵团	12（0159）
五、万源县民国档案（1934—1949年）	万源县政府	8（0154）
	万源县司法处	12（0159）
六、通江县民国档案（1941—1949年）	通江县政府	6（159）
七、南江县民国档案（1940—1949年）	南江县政府	8（0154）
	南江县地方法院	6（159）
	南江县田赋管理处	12（0159）
八、巴中县民国档案（1937—1949年）	国民党巴中县党部	6（159）
	巴中县政府	8（0154）
	巴中县警察局	6（159）
	巴中县田赋管理处	12（0159）
九、平昌县民国档案（1944—1948年）	平昌县设治局（县政府）	6（159）
	平昌县警察局	6（159）

渠江矿冶股份有限公司档案（全宗号14）1939年10月，渠江矿冶股份有限公司开始筹办，次年10月1日正式成立。设总经理、技术部经理、业务部经理和总会计，下设工务、总务、会计、营建四课和材料组，课下设股。主要经营矿业，辖铁山煤铁厂、铁山煤铁矿、中堆子矿及矿山警察队、重庆办事处。1942年后，将技术部经理、

业务部经理改设总工程师和秘书室，并改材料组为材料股。1946年后，公司业务范围缩小，组织机构简化，只设经理、副经理及其办事机构——秘书室，下设总务、会计、材料3个股，承办具体业务。中华人民共和国成立后，该公司被人民政府接管，公司业务结束。

馆藏渠江矿冶股份有限公司档案形成于1938—1949年，共411卷。主要涉及秘书室档案、人事股档案、生产股档案、总务股档案、财务股档案、材料股档案和矿山警察队档案。

此外，市档案馆收藏有达县邮电局1949年形成的档案1卷和交通部公路总局第五区公路局形成于1948—1949年的档案4卷。

二、革命历史档案

达州市档案馆馆藏的革命历史档案主要包括川陕苏区党政军机构和中共四川省委领导的川东、川北地区党组织形成的部分档案23卷。该部分档案，多为复制件，其中有些是原件摘录后的摘录复制件。该部分档案主要是1932—1935年川陕革命根据地时期中共川陕省委形成的重要文件，如：川陕省委领导人名单及组织、宣传、工会、妇女、青年工作的重要决定、任务；颁布的婚姻条例、优待红军及其家属条例和有关法规、章程；红军标语口号、照片、革命歌曲等；上交中央档案馆的有朱德在民国26年（1937年）写给开江县徐兴蔚（将军）的亲笔信1封；陈独秀在1939—1942年写给杨鹏升的亲笔信40封。

（一）川陕苏区党政军机构档案

形成于1930—1935年，主要内容如下。

川陕省委 包括：川陕省委关于目前政治形势与川陕省党的任务，川陕省委第二次代表大会组织问题决议案，川陕省委关于广州暴动纪念的工作决议，川陕省委关于帝国主义国民党的五次"围剿"与我们党的任务决议，川陕省委关于开展游击战争的决议，川陕省委对新发展赤区的宣传大纲，川陕省党在工会工作中的任务，川陕省委关于青年团工作决议案，川陕省委关于"九一"国际青年节决议；川陕省委编印的《列宁主义初步提纲》《三民主义就是杀民主义》《中国共产党十人政纲》《中国共产党章程》《党员须知》，支部组织及其工作等资料；川陕省委宣传部编写的《告革命学生书》和《告昭广剑梓潼绵一带穷苦父老兄弟姐妹们》；革命歌曲若干首。

川陕省苏维埃政府 包括：川陕省第二次工农兵代表大会决议，优待红军及其家属条例，优待专门人才暂行条例，公粮条例，川陕省革命法庭条例草案，苏维埃组织法及其各种委员会的工作概要说明，怎样分配土地，卫生常识；川陕省苏维埃政府翻印的《中华苏维埃共和国宪法大纲》《中华苏维埃共和国婚姻条例》《全国苏维埃第一次代表大会劳动法令》《国际对中国农民问题的决议案》《苏维埃区域土地农民问题决议案》，川陕省巴中苏维埃主席联席会议决议，巴中苏维埃政府禁烟布告；川陕苏区印制的经济建设公债券，政府米票和川陕苏区历史材料汇集。

军事 包括：西北军区赤卫军条例草案、川陕省军区指挥部条例草案，苏区戒严条例草案，连排长须知和红四方面军政治部编印的《红色战士读本》《政治保卫队读本》以及标语口号；红军家属优待证，红军借谷证。

（二）川东、川北地区党组织档案

形成于1937—1949年，主要内容如下。

川东地区党组织 包括：重庆市委工作报告，川东工作报告，川东地区工作初步总结，川东特委工作报告，川东党组织情况报告，川东地方党党员、干部统计表，川东干部总结工作经验会议记录，川东党组织遭受破坏的情形（1939—1940年），临时省委致邻水的函；下川东组织情形报告，上川东第一工委1948年春武装斗争的经过与检讨，上川东第六工委工作情况报告；邻水地下党组织情况，1948—1949年渠县地下党情况，渠县特支组织情况，渠县工委发展情况，合川中心北碚区党的工作报告，万县、南充中心县委工作报告。

川北地区党组织 包括：川北工作报告，川北地下党组织情形，川北党的经历，川康特委报告，川康特委关于目前组织工作问题的报告，川康党组织破坏情形，川康地方党党员、干部统计表；阆中党的巩固情形记录，阆南中心县委报告，阆南中心县委工作检讨，阆苍南中心县委关于红四方面军留居川陕边区同志们情况的报告。

三、大竹专署区档案

大竹专署区档案包括中共大竹地委、大竹区行政督察专员公署和中国百货公司大竹分公司3个全宗的档案，共1 070卷。

中共大竹地委档案（全宗号16） 1949年10月23日，中共川东区党委（中国人民解放军西南服务团二团党委），在湖南常德宣布组建中国共产党大竹地方委员会（简称中共大竹地委）。中共大竹地委机关在行军途中办公，1949年12月21日到达大竹县城。1950年1月11日，中共川东区党委决定正式成立中国共产党大竹地方委员会（书记高治国、副书记武雨琴），下辖长寿、垫江、梁山（后改梁平）、广安、渠县、邻水、大竹7个县委。1950年1月至1952年8月，隶属中共川东区党委领导。1952年8月，"撤区合省"后改属中共四川省委领导。1950年1月23日，川东人民行政公署将长寿县划归涪陵专署所辖。1953年3月，四川省人民政府撤销大竹专署，将大竹、渠县、邻水划归达县专区，垫江划归涪陵专区，广安划归南充专区，梁平划归万县专区。中共大竹地委也随之撤销。中共大竹、渠县、邻水县委隶属中共达县地委直接领导。

中共大竹地委全宗由地委秘书室（后改秘书处）、政策研究室、组织部、宣传部、民运部、统战部、纪委、保密委员会、工会工作委员会、青年团工作委员会、妇联工作委员会、农协工作委员会、党校（训练班）等机构形成的档案材料构成，共192卷，时间1950—1953年。主要内容包括综合性材料、组织、纪检工作，宣传、文教、卫生工作，统战、民族工作，政法、军事、城市工作，农村、财贸工作。

大竹区行政督察专员公署档案（全宗号17） 1949年9月，中国人民解放军第二野战军前委根据中共中央向大西南进军的指示，建立大竹专员公署，任命吴智铭为专员，汲书田为副专员。吴、汲两人率领部分专署工作人员随部队进军西南。1949年12月31日，大竹县城解放。1950年1月，中共中央西南局批准，正式成立川东区人民行政公署大竹区专员公署，专署地址设在大竹县城内。1951年4月，西南军政委员会批准改为大竹区行政督察专员公署（简称大竹专署）隶属川东人民行政公署领导。1952年8月，川东人民行政公署撤销后，改属四川省人民政府领导。大竹区行政督察专员公署下辖大竹、渠县、邻水、梁平、垫江、广安、长寿7个县，1950年1月，川东行政公署将长寿县划归涪陵专区。1953年3月，四川省人民政府决定撤销大竹区行政督察专员公署，将大竹、渠县、邻水划归达县专署，梁平划归万县专署，广安划归南充专署，垫江划归涪陵专署领导。

大竹专署全宗的档案由大竹专署秘书室、民政科、财政科、文教科、工商科、建设科、卫生科、合作科的档案材料构成，共701卷，时间1950—1953年，主要内容包括综合性材料，人事、劳动、监察工作，政法、军事工作，财贸工作，农林、工交工作，文教、卫生工作。

中国百货公司大竹分公司档案（全宗号18） 1950年7月20日，中国百货公司大竹分公司成立。1953年1月，大竹百货分公司撤销，成立大竹百货商店，归属大竹县人民政府领导，各县百货公司亦改为百货商店。

该全宗有档案177卷，时间1950—1953年，主要内容包括西南区、省、川东公司、该公司关于商品购销与调拨、储运与保管、商品价格与纳税、财产与商品损失处理、基本建设、财会、计划、统计工作的意见、计划、通知、批复、报表及各县支公司的总结报告；川东公司、大竹专署、该公司关于机构设置与撤销、干部任免、调配、处分、工资福利的通知、批复及各县支公司的报告；川东公司、该公司关于百货、人秘工作情况总结及各县干部花名册。

四、达州市（达县地区、达川地区）档案

市委部门及所属单位档案 1949年12月20日，中共中央晋绥分局在陕南褒城确定范铭、李敏、杜秉清、苟法良为中共达县地委领导成员。1950年3月，经中共中央西南局批准，正式成立中共达县地委（杨绍曾任书记），隶属川北地区党委领导，下辖达县、开江、宣汉、万源、通江、南江、巴中、平昌8个县委。同时设立通南巴中心县委。1952年8月31日，川北区党委撤销，中共达县地委隶属中共四川省委领导。1953年3月，大竹专区撤销后，将中共大竹、邻水、渠县县委划归中共达县地委领导。至此，中共达县地委下辖11个县委。1966年"文化大革命"开始后，地委仍领导全区各项工作。1967年1月21日，"造反派"夺权后，地委机关瘫痪。1968年9月12日，经四川省革委会批准，成立达县地区革命委员会，代行党、政职权。1970年2月23日，经四川省革委核心小组批准成立达县地区革命委员会核心小组，履行地委职权。1971年12月31日，经中共四川省委批准，恢复建立中共达县地委。1976年2月4日和1979年10月5日，经国务院批准新建达县市和白沙工农区（县级行政区），并分别成立中共达县市委和中共白沙工农区委。至此，中共达县地委领导13个县（市、区）委。

1993年9月，国务院批准调整达县地区行政区划方案，邻水县划归新成立的广安地区；通江、南江、巴中、平昌4个县划出成立巴中地区；撤销万源县、白沙工农区，建立万源市；达县市、达县、宣汉县、开江县、万源市、大竹县、渠县组成达川地区。9月14日，撤销中共达县地区委员会，建立中共达川地区委员会；撤销中共达县市委员会，建立中共达川市委员会；撤销中共万源县委员会和中共白沙工农区委员会，改建为中共万源市委员会。中共巴中、通江、南江、平昌县委员会和所在县的地属厂矿及事业单位党委划归中共巴中地委领导。中共邻水县委员会划归中共广安地委领导。

1999年6月，经国务院批准，达川地区撤地建市，达川地区更名为达州市，原中共达川地区委员会撤销，建立中共达州市委员会，管辖7个县（市、区）委。

中共达州市委全宗档案由市委和市委办公室形成的材料组成，馆藏档案形成于1950—1966年、1973—2006年，共有档案5 807卷（盒），排架长度90.4米。其中，文书档案5 581卷，会计档案226卷，照片档案14册、1 123张，声像档案5盒。

文书档案主要内容：包括省、地委召开的扩大会、地（县）委书记会、各种工作会议文件和地委办公室、常委会议记录、会议提案；中共中央、西南局、川北区党委、省委、地委对历次政治运动、组织、纪律检查、政法军事、统战宗教、工业交通、基本建设、农林水利、财政商贸、计划统计、文教卫生体育、科学技术、劳动工资、群众团体等方面工作的指示、决定、决议、计划、规划和地委各部委、各地级机关党组（党委）、各县（市、区）委的请示、报告和总结；中央、省、地委（办公厅、室）对机要档案、信访保密、党史和行政管理工作的指示、意见、计划及地级各单位、各县（市、区）委的总结、报告和信访案件查处的批复、报告。

声像档案主要内容：1987年9月张爱萍到达县地区视察时接见达县地、县（市）党政领导讲话实况录音，1989年地委召开农村工作会议录像。

照片档案主要内容：1982年4月谭启龙到达县地区视察的照片；1982年8月，省委书记杨汝岱、副省长刘海泉、省农业厅副厅长王成明视察达县市特大洪灾，同地、市领导一起查看灾情实况的照片；地委领导参加外事活动、地委机关干部下放劳动和地区庆祝新中国成立28周年、35周年庆祝活动的照片；地委历任书记的照片等。

会计档案主要内容：1950—1980年，地委、地革委机关职工工资表、财务预决算报表和会计总账、分类账、明细账及未结凭据，党团费收支账目。

此外，有地委19个临时机构的档案，共1 546卷，即：

地委审干办公室文书档案52卷，形成于1954—1982年。

地委五人小组办公室文书档案265卷，形成于1955—1962年。

地委钢铁办公室文书档案157卷，形成于1958—1962年。

地委除害灭病办公室文书档案52卷，形成于1958—1965年。

地委摘右帽办公室文书档案56卷，形成于1955—1966年。

地委三反办公室文书档案11卷，形成于1960—1961年。

地委退赔办公室文书档案11卷，形成于1961—1962年。

地委支农办公室文书档案4卷，形成于1961—1963年。

地委清仓核资办公室文书档案18卷，形成于1962—1963年。

地委五反办公室文书档案91卷，形成于1963—1964年。

地委批林批孔办公室文书档案15卷，形成于1972—1974年。

地委基本路线教育办公室文书档案83卷，形成于1973—1978年。

地委多种经营办公室文书档案76卷，形成于1960—1980年

地委清查办公室文书档案297卷，形成于1977—1982年。

地委落实政策办公室文书档案29卷，形成于1979—1986年。

地委打击经济领域犯罪办公室文书档案37卷，形成于1982—1986年。

地委整党办公室文书档案94卷，形成于1984—1987年。

地委、行署87号办公室文书档案58卷，形成于1974—1985年。

地委社会主义教育办公室文书档案14卷，形成于1991—1992年。

另有地委领导、秘书长工作记录126卷，形成于1951—1986年。

表 3-3　中共达州市委部门及所属单位档案情况

	机构名称	全宗号	形成时间	案卷数量（卷/件）	排列长度（米）
1	中共达州市委（市委办公室）	19	1950—2006	5 417/1 434	90.4
	中共达川地委、达川地区行署信访办公室	32	1982—2005	608/1 693	11.74
	达州宾馆	122	1964—2000	142/81	2.2
2	中共达州市纪委、达州市监察局	20	1951—2004	5 788/1 641	88.13
	达县专区监察处	59	1951—1993	539	10.78
3	中共达州市委组织部	21	1950—2017	2 615/22 913	57.55
	中共达州市委老干部局	34	1983—1990	84	1.68
4	中共达州市委宣传部	22	1950—2013	1 229/1 987	22.90
	达州日报社	98	1951—2001	2 367	40.12
	达州市精神文明办公室	100	1983—2014	164/820	1.04
5	中共达州市委统战部	23	1950—1990	485	9.70
	达州市民族宗教事务局	53	1982—2001	70	0.64
	中共达州市委台湾工作办公室（达州市人民政府台湾事务办公室）	156	1976—2013	203/991	2.62
6	中共达州市委政法委员会	28	1983—2015	276/4 214	7.51
7	中共达州市直属机关工作委员会	29	1951—2001	830/7 416	18.38
8	中共达州市委政策研究室	30	1983—2001	215	0.98
9	中共达县地委工交部	24	1954—1980	793	15.86
10	中共达县地委农工部	25	1954—1983	794	15.78
11	中共达县地委财贸部	26	1954—2005	830/630	12.95
12	中共达县地委国防工业工作部	27	1966—1978	89	1.78
13	中共达州市委党史研究室	31	1981—2013	83/804	0.74
14	达县社会主义教育工作团（中共达县地委"四清"领导小组）	33	1963—1966	881	17.62
15	中共达州市委党校	35	1950—2017	584/27 964	11.00
16	达县地区革命委员会	40	1955—1980	1 767	26.800
17	中共达州市委农村工作领导小组办公室（达州市人民政府农村工作委员会）	47	1965—2001	361	4.00
	达州市国家保密局（中共达州市委保密委员会办公室）	145	1976—2001	318	2.54

市政府部门及所属单位档案　1950年1月，设立川北人民行政公署达县分区行政督察专员公署；10月，改名为川北人民行政公署达县区专员公署，隶属川北行署领导，

下辖达县、开江、宣汉、巴中、平昌等8个县。1952年7月，川北行署撤销后，9月改为四川省人民政府达县区专员公署，隶属四川省人民政府领导。1953年3月，大竹专署撤销后，将所辖大竹、渠县、邻水县划归达县专署领导。1955年4月，改名四川省达县专员公署。1966年"文化大革命"开始后，专署处于瘫痪状态。1968年9月，达县地区革命委员会成立，实行党政"一元化"领导。1976年2月和1979年10月，新建达县市和白沙工农区。1978年4月，恢复达县地区行政公署。1993年10月，行政区划调整更名为达川地区行政公署。1999年6月，撤地建市，更名为达州市人民政府。

达州市人民政府在四川省人民政府和中共达州市委领导下，领导本级政府部门和下级人民政府工作。市政府主要职能是：执行上级国家机关的决议和命令，并依据法律规定权限，管理本行政区域内经济、教育、科学、文化、卫生、体育、城乡建设事业和财政、民政、公安、民族事务、司法行政、监察、计划生育等行政工作，规定行政措施，发布决定和命令，任免、培训、考核和奖惩行政工作人员等。

该全宗档案由达州市人民政府、政府办公室和达县（达川）专署、专署办公室、人事科、民政科、财政科、合作科、交通科、手管科、工商科、建设（农林水）科、统计科、文教科、卫生科、司法科和各临时办公室的档案组成，馆藏档案形成于1950—1967年、1978—1983年、1989—2015年，共有档案3 671卷，排架长度73.42米。其中文书档案6 063卷，会计档案14卷，照片档案865张。

达州市人民政府（含达州市人民政府办公室）共有档案3 022卷、34 002件，照片档案865张。

文书档案主要内容：省人委（省政府）、行署召开专员、县长会、劳模会、历届人代会议文件及专署办公会议记录，国务院、省人委、川北行署、专署关于政法、人事、监察、民政、劳动、工交、财贸、农林水气、文卫、宗教、计划、统计、物资等工作的政策、法令、规定、通知，1963—1967年征用土地的批复和全区水利、水电工程勘测设计图纸、预算书；专署办公室关于文书、档案、信访、保密和行政管理方面的文件和接管国民党达县专区保安司令部财产清册，地级各单位、各县人委的请示、报告、总结。

会计档案主要内容：1963—1977年行（专）署机关经费收支预决算、工资基金计划表和明细账、财务总账及机关人员工资表、工资转移介绍信。

照片档案主要内容：1986年4月国务院副总理李鹏到达县地区视察工作的照片，大竹、达县专署召开各种会议的照片，中国人民志愿军及开江县抗美援朝代表会议照片，全国第二大苏区首府——通江革命名城照片，宣汉县召开中国工农红军第三十三军成立50周年纪念摄影照片，中央、省、地领导参加平昌县刘伯坚纪念碑落成典礼照片等。

达县专署各党组、党团支部 有文书档案139卷，形成于1953—1966年。主要内容包括行（专）署各党组（财经、计委、文卫等分党组）、机关党团支部召开党组、支部会议记录及"五反""四清""反右倾"的学习记录和办公会议记录，民政、文教、卫生、财经、政法、农林水利、工业交通、邮电、粮食购销等工作方面的重要文件，机关党团组织建设、党团籍处理、职工处分的文件，机构设置、干部任免、工资福利、退职退休等方面的文件及党、团员名册、组织关系介绍信。

达县专署工商科 有文书档案352卷，

形成于1950—1955年。主要内容包括工业、商业、计量、工商行政管理、公私合营、对私改造、物价调整等工作的文件、报表。

达县专署财政科 有文书档案309卷，形成于1950—1957年。主要内容包括财政、税收政策与计划、财务管理、经费收支、福利供给、企业奖金发放、财政监察、收税情况等方面的文件、报表及财产移交清册。

达县专署建设科（农林水利科） 有文书档案221卷，形成于1950—1957年。主要内容包括农业生产、收益分配、多种经营、农田水利及林业、气象、畜牧、农场、兽医等工作的文件、统计报表。

达县专署民政科 有文书档案157卷，形成于1950—1958年。主要内容包括政权建设、行政区划、历届选举、优抚救济、灾情调查、房地产登记、贯彻婚姻法、复员军人安置、社会福利、游民改造、儿童教养等工作的文件、统计报表及接收达县三善堂孤儿院和若瑟医院的文件材料。照片档案36张，内容是达县三善堂孤儿院孤儿被法国人摧残的照片。

达县专署文教科 有文书档案261卷，形成于1950—1957年。主要内容包括文化、教育、业余教育、扫盲、各类学校普查、新闻出版、文艺宣传、电影放映、图书发行、文物保护等工作的文件及教育经费预决算统计报表。

达县专署卫生科 有文书档案45卷，形成于1950—1958年。主要内容包括医院、防疫、妇幼、药政、爱国卫生、计划生育、医学教育、医学研究、医疗设备、卫生经费等工作的文件、报表和接管美国津贴的达县三善堂、若瑟医院的文件、财产移交清册。

达县专署统计科 有文书档案265卷，形成于1951—1955年。主要内容包括国民经济计划及实施情况的文件、统计报表、历史资料；人口、社会购买力、农村经济、农家收入、地富阶层、国营工业、私营工业、手工业、工商业、商品购销等方面的典型调查材料。

达县专署人事科 有文书档案215卷，形成于1951—1958年。主要内容包括机构设置、人员编制、干部任免、调动、配备、奖励及离退休、退职、工资福利、毕业生分配、转业干部安置等工作的文件及干部统计报表、名册。

达县专署劳动科 有文书档案98卷，形成于1951—1958年。主要内容包括劳动保护、就业、安置、劳力调配、招工、解雇、失业人员处理、劳动工资、退职退休、职工工资、处分、安全生产、伤亡事故处理等工作的文件、统计报表。

达县专署合作科 有文书档案2卷，形成于1950—1952年。主要内容包括发展合作事业及合作机构设置、人员编制、财务收支的文件、报表。

达县专署交通科 有文书档案22卷，形成于1954—1955年。主要内容包括公路、河道建设、交通运输、事故处理及邮电工作的文件。

达县专署手管科 有文书档案41卷，形成于1954—1955年。主要内容包括手工业发展管理、改造等工作的文件、报表及全区手工业、重点行业的情况调查材料。

达县专署宗教科 有文书档案12卷，形成于1954—1958年。主要内容包括宗教工作的文件、记录及各县天主教、佛教、道教的个人材料、天主教人员名册。有幻灯片100余张，内容是日寇侵华时，利用宗教进行反革命活动的幻灯片。

达县专署司法科 有文书档案23卷，形成于1956—1958年。主要内容包括法律宣传、法律顾问和陪审、调解、公证、民事、刑事案件审理及评选先进等工作的文件。

此外，有7个临时办公室的档案。

达县专署征购办公室 有文书档案10卷，形成于1954—1956年。主要内容包括粮食统购、统销工作的文件、报表。

达县专署口"五反"办公室 有文书档案11卷，形成于1963—1965年。主要内容包括专署口开展"五反"运动的文件、会议记录。

达县地区企业整顿领导小组财贸口整顿办公室 有文书档案57卷，形成于1984—1985年。主要内容包括加强财贸企业经营管理及财贸企业整顿工作的文件、统计报表。

达县行署文教办公室 有文书档案18卷，形成于1979—1983年。主要内容包括文教、体育、知青工作及加强学生思想教育、评选先进的文件；1981年文卫、体育系统职工调资的文件、报表等。

达县专区"三查"节约领导小组办公室 有文书档案14卷，形成于1966—1967年。主要内容包括开展"三查"节约运动、反对浪费、厉行节约的文件和统计报表。

达县地区清产核资扭亏增盈领导小组办公室 有文书档案9卷，形成于1979—1980年。主要内容包括清产核资、增产节约、扭亏增盈工作的文件、报表。

达县地区大检查办公室 有文书档案58卷，形成于1990—1998年。主要内容包括税收、财务大检查工作计划、总结、表彰及对"小金库"资金财务处理决定等。

表3-4 达州市政府部门及所属单位档案情况

	机构名称	全宗号	形成时间	案卷数量（卷/件）	排列长度（米）
1	达州市人民政府（达州市人民政府办公室）	41	1950—12013	6 077/34 002	118.35
2	达州市发展和改革委员会	42	1956—2018	2 507/15 063	49.65
3	达州市经济委员会	43	1960—2012	546/8 659	15.12
	达县地区工业局	63	1956—1977	874	17.48
	达县专区煤炭工业局	64	1958—1962	126	2.52
	达县专区冶金工业局	65	1958—1962	200	4.00
	达州市冶煤行业办公室（达州市冶金煤炭工业局）	66	1977—2001	1337	17.02
	达县钢铁厂现场指挥部	67	1972—1979	235	4.70
	达州市纺织化工行业办公室（达州市纺织化工总会）	68	1958—2005	979/60	16.24
	达州市轻工行业办公室（达州市轻工总会）	69	1954—2006	1 253/452	15.18
	达州市乡镇企业管理局	160	1977—2005	617/590	7.04
	达州市建材行业办公室（达州市建材总会）	161	1977—2005	127/144	1.26
4	达州市规划和建设局	44	1955—2005	1 324/3 410	16.18
	达州市建筑总公司	106	1951—1970	94	1.88
5	达州市科学技术局	45	1958—2014	1 433/1 825	22.95

续表

	机构名称	全宗号	形成时间	案卷数量（卷/件）	排列长度（米）
6	达州市统计局	55	1962—2017	1 720/2 720	27.98
	达县地区人口普查领导小组办公室	51	1981—1992	575	8.62
	达县地区工业普查领导小组办公室	52	1984—1986	588	11.76
7	达州市劳动和社会保障局	56	1959—2010	1 029/4 252	18.83
	达州市人事局	57	1959—2010	1 432/9 881	9.92
8	达州市军队转业干部安置办公室	49	1979—1996	405	9.10
	达县地区劳动人事局	58	1983—2011	1701/1 146	14.02
9	达州市民政局	60	1959—2001	866	12.99
	大竹县白坝农场	134	1956—1971	86	1.28
10	达州市交通局	71	1956—2001	964	9.42
	达州市公路管理局（四川省达县公路养护总段）	73	1951—2017	1189/8186	24.38
	四川省达州运输集团有限公司（四川省运输公司达县公司）	74	1956—1980	1264	18.96
	襄渝铁路西段会战达县民兵师	75	1970—1972	76	1.52
	四川省达县轮船公司	140	1960—1981	162	3.24
	达县地区航运公司	141	1951—1963	80	1.60
	达州市公路运输管理处	143	1974—2018	420/7479	12.28
	达州市交通稽查征费处（达县地区交通监理处）	144	1950—2010	435/583	7.00
11	达州市农业局	76	1956—2001	2134/3715	29.84
	达州市农业科学研究所	107	1953—2001	33/1823	0.40
12	达州市林业局	77	1959—2004	2357	25.35
	达县地区木材公司	108	1955—1973	284	5.68
13	达州市水利局	78	1963—2001	1037	14.32
14	达州市畜牧食品局	81	1957—1990	232	4.64
15	达州市财政局	82	1958—2017	3075/23745	65.12
16	达州市粮食局	92	1950—2014	1635/6340	29.59
	达县专区油脂公司	120	1950—1964	117	2.34

续表

	机构名称	全宗号	形成时间	案卷数量（卷/件）	排列长度（米）
17	达州市商务局（达州市对外经济贸易局）	93	1959—2018	1318/9664	27.50
	达州市财贸办公室（达县专署财政经济委员会）	46	1950—1989	396	7.92
	达州市流通行业办公室（达州市商业局）	91	1956—2004	2343/219	35.32
	达县专区服务局（达县专区农产品采购局）	95	1955—1958	85	1.70
	四川省百货公司达县采购供应站	114	1950—2015	388	7.76
	达县五金交电化工采购供应站	115	1962—2015	501	7.51
	达县地区糖酒公司	117	1951—1983	429	8.58
	达县地区蔬菜水产饮食服务公司	118	1962—1980	158	3.16
	达县地区食品公司	119	1954—2008	551	6.26
	四川省茶叶公司达县支公司	121	1952—2005	275	4.12
	达县地区外贸畜产公司（厂）	123	1951—2008	279	4.16
	达州市物资行业办公室（达州市物资局）	149	1959—2004	513/189	6.94
18	达州市教育局	96	1958—2018	3002/7134	47.88
	达县专科学校	136	1958—1962	41	0.82
	达县工业高级中学	137	1958—1962	32	0.64
	达州市大学中专招生委员会办公室	159	1971—2013	466/1865	7.70
19	达州市文化局	97	1973—2009	645/1854	11.15
	达州市新华书店	131	1952—1980	131	2.62
	达州市电影公司	132	1959—1980	117	2.34
	达州市文工团	133	1951—1980	76	1.52
20	达州市体育局	99	1953—2000	680	6.92
21	达州市卫生局	101	1959—2001	1658/12753	35.07
	达州市中心医院	103	1950—1993	496	9.92
	达州中西医结合医院（达州市第二人民医院）	104	1953—1990	71	1.42
	达州市疾病预防控制中心	138	1959—2001	1354	22.12
22	达州市人口与计划生育委员会	147	1972—2014	888/3856	16.40
23	达州市审计局	153	1983—1990	190	3.8
24	达州市广播电视局	155	1968—2013	482/8920	3.60
25	达州市人民防空办公室	48	1969—2001	312	1.14
26	达县地区征兵（招飞）办公室	50	1960—1979	89	1.78
27	达州市中级人民法院	54	1950—2012	1161/5416	11.80
28	达州市档案局	61	1960—20150	600/3288	13.60

续表

	机构名称	全宗号	形成时间	案卷数量（卷/件）	排列长度（米）
29	达县专区地质局	62	1958—1963	890	13.47
30	达县地区邮电局	72	1950—1980	860	17.20
31	达州市农机局	79	1959—2010	2038/3598	18.3
	达县专区机电工业局	70	1958—1962	101	2.02
32	达州市气象局	80	1959—1975	124	2.48
33	达县地区税务局	83	1950—1990	1653	33.06
34	四川省达州市工商行政管理局	84	1963—2015	11962	29.80
35	达州市物价局	85	1956—2010	715/3410	13.45
36	四川省达州质量技术监督局	86	1958—2001	161/3722	3.90
37	中国人民银行达县地区分行	87	1950—1990	1361	27.22
38	中国人民建设银行达县地区中心支行	88	1959—1990	806	16.12
39	中国农业银行达县地区中心支行	89	1979—1990	683	13.66
40	中国人民交通银行达县专区支行	90	1953—1957	46	0.92
41	达州市供销合作社	94	1952—2017	1175/1842	19.10
	四川省农业生产资料公司达县经营站	110	1962—2003	169	2.02
	四川省土产果品公司达县经营站	111	1950—1970	124	2.48
	四川省日用杂品公司达县经营站	112	1962—2001	132	1.28
	四川省棉麻公司达县经营站	113	1956—2000	336	5.72
	达县贸易公司	142	1953—1957	64	1.28
42	四十二、四川省达州食品药品监督管理局（达县地区医药总公司）	102	1952—2001	906	11.94
	四川省中药材公司达县经营站	139	1955—1985	215	4.3
43	四川省盐业公司达州分公司	105	1952—1980	187	3.74
44	中国石油四川达州销售公司（中国石油煤建公司四川省达县分公司）	116	1954—1984	160	3.20
45	达县地区五·七干校	135	1974—1979	12	0.24
46	中国工商银行达县地区分行	148	1984—1988	322	6.44
	中国工商银行达县地区支行062办事处	157	1970—1997	158	3.16

群众团体档案 主要收藏达州市总工会、中国共产主义青年团达州市委员会、达州市妇女联合会、达县地区贫下中农协会委员会、达州市科学技术协会大致形成于1952—1990年的档案2735卷（盒），排列长度54.7米。

表 3-5　达州市群众团体档案情况

	机构名称	全宗号	形成时间	案卷数量（卷/盒）	排列长度（米）
1	达州市总工会	36	1952—2001	1088	19.44
2	中国共产主义青年团达州市委员会	37	1950—2013	901/1717	11.86
3	达州市妇女联合会	38	1950—2010	790/1587	10.02
4	达县地区贫下中农协会委员会	39	1973—1978	47	0.94
5	达州市科学技术协会	146	1960—2017	879/16192	13.83

五、专门档案

基建档案　馆藏1951—2001年的基建档案123卷，散存于市委办、市建委、市工业局等25个全宗。

主要内容：修建川豫、达万铁路、渠江工程、档案馆库房、老干部活动馆、巴山剧场、川陕博物馆、万源保卫战陈列馆、刘伯坚纪念碑、火电厂、曾家沟煤矿改建、渠江铁厂隧道、064和金钢煤矿专用线、华蓥山电厂贮灰场和冲灰线道工程及危房改造、厂房维修和修建办公用房、职工住房、配套用房、仓库等工程项目的设计任务书、工程概算书和建设用地许可证、地形图、总体布置图、施工图、竣工图、合同施工记录、验收记录、竣工资料、施工预决算书；江口电站、州河大桥、热电厂一期工程、万福铁厂扩建项目及拆迁安置、修建护士学校、拆除川陕苏维埃旧址的协议、报告、通知、批复。

会计档案　馆藏29个单位的会计档案（1952—2015年），共3652卷。

主要内容：各单位会计报表、会计分类账、个人往来账、现金出纳账、工资发放表、固定资产明细账、困难补助、就业经费、设备购置、现金日记账、库存现金账等账册；基建财务的账册；粮食收支、工资基金计划、行政事业决算、预算外资金的报表、统计表、总表、对照表、计算表；遗属补助、调级、增资花名册；调进调出人员工资介绍信、工资转移介绍信；退休和下放人员生活补贴、精简和下放人员返乡费的凭证；独生子女保健、洗理、包干经费节约发放表；专用基金银行存款。

声像档案

照片档案。形成于1951—1997年，共175盒（幅）。主要内容包括：李鹏、杨尚昆、谭启龙等中央、省领导至达县地区视察工作和中国工农红军第三十三军成立50周年、中共十一届一中全会召开、"文化大革命"游行活动的照片；党和国家领导人接见参加全国性会议代表的合影（巨幅照片）；地、市（县）开展的"十三届国际档案大会"《档案法》宣传活动、档案工作会议和举办的各种训练班及档案学会第一、第二次研讨会，社科联学会成果展的照片；地委历任书记的照片；庆祝第一、第二届教师节座谈会及教育文化先代会的照片；农民教育成果、文艺界文艺调演、职工业余文艺调演、部分学校开展体育运动的照片；宣汉县文教局1985年、1986年普教基建投资工程项目，开江、达县、渠县、大竹、巴中县农校校史和校貌的照片；四川省第一届青运会、第三届田运会、达县地区职工男子篮球队参加"四川省首运会（篮球）泸州赛区"的照片；襄渝铁路、成渝铁路会战、通车典礼的照片；达县地区第一次代表大会和曾在中共达县地委、行署工作过的老领导和省、厅、局级领导（达县地区籍）干部参加的座谈会、革命历史文物、历代货币铜钱的影集；"文化大革命"期间武斗伤亡人员、抗洪救灾的摄影；美国侵略中国时飞机投下的细菌弹的部分照片；达县地区纪念红四方面军入川50周年的留影；中共达州市第一次代表大会和中共达县地委第二次扩大会的照片。

录音档案。形成于1982—1996年，共23盒（盘）。主要内容包括：张爱萍到达县地区视察时同地、市领导座谈时的录音；黄正夏、刘西尧和陈清泰、李惠民的讲话录音；许川传达全国宣传部长会议精神；地农工部社会主义知识竞赛；全国、全省人口普查电话会议；巴蜀情歌的录音。

录像档案。形成于1986—1990年，共20盒。主要内容包括：四川省第一届青运会、中国档案工作的历史与现状、通江革命圣地——诺水奇观、中宣部十三大文件学习辅导报告、走向世界——达川地区外贸纪实、四川省第三次人口普查大事记、达县地区第四次人口普查工作资料和文艺晚会录像；四川省档案馆掠影；巴蜀档案谱新篇——前进中的四川档案事业及国家机关公文规范的录像。

影片（幻灯片）档案。形成于1972—1990年，共318张。主要内容包括：安全用电；全国人口普查和怎样当好普查员——培训普查员教学用的幻灯片及第四次人口普查；工业普查宣传的幻灯片。

死亡干部档案 馆存原达县地区部分县团级以上死亡干部档案111袋（含附卷3袋）。主要内容包括：死亡干部登记表、简历表、履历表、考核表、政历（职务）一览表、自传；死亡干部的鉴定表和鉴定材料；政历问题的调查报告、结论；更改革命时间的批复；党外干部、民主人士调查表；政历综合材料、调查综合材料；病故死亡时间的说明。

纪检监察案件档案 形成于1950—2014年，有档案7432卷（盒）。主要内容包括：达县地区纪律检查委员会和达县、达县市、宣汉、开江、万源、白沙、通江、南江、巴中、平昌、大竹、渠县、邻水县纪律检查委员会对党员违纪案件的调查材料、证明材料、谈话记录、群众检举揭发材料；各县（市、区）县委、纪委对党员处分的报告和地委、地纪委对地、县级机关、企事业单位党员处分的决定、批复。

审计档案 形成于1983—1990年，有69卷。主要内容包括：达县地区审计局对市级机关、团体、企事业单位和达县、达县市、宣汉、开江、万源、白沙、通江、南江、巴中、大竹、渠县、邻水县级机关、团体、企事业单位财务收支、决算、税收执行情况；金融系统、教育系统教育经费、林业系统育林基金、养路经费收支、企业承包经营责任的审计意见、审计结论、处理决定、通知和专项资金审计报告。

地质档案 是达县专区地质局于1958—1962年形成的档案，共856卷。主要内容包括：地质部、省、专、县地质局（队）勘测达县地区地下矿产资源的文件、图纸；水库坝址勘测、水文地质测量的文件及设计书、分布图、资料、底图1 303张。

工业普查档案 1984年9月25日，地区行署根据国务院和省政府《关于认真做好第二次全国工业普查准备工作的通知》的精神，成立达县地区工业普查领导小组。10月，领导小组下设办公室（以下简称"工普办"），由行署直接领导，业务上受地计委直接领导，属临时机构。1987年12月10日，工普办撤销。

工业普查档案有814卷，其中达县地区工普领导小组（办公室）588卷，达县地区轻工总会105卷，达县地区水电局8卷。主要内容包括：机构建立、印章启用、人员任职和省、地工普办召开的工普会议文件材料、计划安排、实施方案、调查报告、工作总结、统计报表、文件汇编及企业人员状况、企业名称、企业资金、能源、销售、利润等文件材料。

人口普查档案 1981年3月2日，地区行署成立第三次人口普查领导小组办公室；1989年8月，成立第四次人口普查领导小组，开展全区第三次、第四次人口普查工作，形成536卷档案。主要内容包括：两次人口普查工作机构设置、干部任职、启用印章、计划、报告、决定、请示和批复、通知、总结、会议文件及典型事迹、统计报表、材料、手工汇总表。

六、特色档案

印章档案 馆藏印章218枚。主要包括：中共达县地委各部门印章40枚；达县专区各部门及企事业单位印章79枚；中国人民解放军驻达部队印章25枚；中共大竹县第一至十四区委员会印章14枚；中共宣汉县第一至十二区委员会印章11枚（缺第四区委员会）；中共邻水县第一至十区委员会印章10枚及邻水县司法处印章1枚；中共巴中县第一至十四区委员会印章14枚；达县专区农民协会印章2枚；达县地区革命委员会印章1枚；达县地区清查敌伪档案办公室印章1枚；个人印章2枚（地委书记李香山、副专员杨成美）；中共达川地区委员会及其部门印章5枚。其形状圆形居多，也有少量椭圆、长方形、正方形印章。其质料包括铜质、牛角、木质、橡胶等，以木质为主。

谱牒档案 馆藏主要包括：达县金垭乡《陈氏支谱》、达县福寿乡白鹤寨《潘族宗谱》、大竹县《郑氏宗谱》、宣汉《奉氏家族文化》《李氏族谱》、达县《郭氏家族文化》；达县北山乡《北山乡张氏支族族谱》《庞氏家谱》《宣汉李氏家族文化》，达县北山乡、碑庙乡、梓桐乡、平昌县的《杜氏族谱》、宣汉县隘口乡得胜场九石坎（始祖王治伦落业地）《王氏谱牒》《乐安宣汉孙氏家族文化》；达县五四乡和永进乡的《李氏族谱》等13卷。谱牒档案有线装本、印刷本、刊印本、石印本。其中，年代最久远的是民国38年（1949年）3月8日刊发的达县金垭乡的《陈氏支谱》。

名人档案 先后为任光维、邹朝碧、苟兴琼、汪宝山、石兆华、张正亚、王宝宜夫妇、何光表、徐思舜9名党政领导及科技工作者、先进人物、作家、诗人、艺术家等建立个人档案86卷。主要内容包括：反映名人生平的传记、履历表、证件、聘书、奖品；科研成果、著作、论文、报告；各种手稿、艺术作品；照片、日记、重要书信、房产证明；已故名人的悼念材料等。

第二节 馆藏资料

馆藏资料通过收集、征集的方式接收进馆。至2019年，共收集资料5 441种、26 961册（本）。

馆藏资料中，中华人民共和国成立前历史资料1 000种、1 597册；中华人民共和国成立后资料4 441种、24 155册。主要内容包括：《清代地契史料》《康熙朝汉文朱批奏折汇编》《钦定历代职官表》；各级党政和业务部门出版、编印的刊物；各种法规、法令（文件）汇编；年鉴、大事记；各种经典著作；统计资料；川陕苏区史料；反映本地区各行业发展概况及新、优、名、特产品汇集、画册；各种报刊、辞书、字（词）典、丛书、地图册等工具书。

市档案馆成立后，即开展档案资料的编研工作，编辑出版《达县地区地下矿产资源目录》《达县地区一九四九年前灾情录》《达县地区建制沿革》《达县地区档案馆简明指南》《档案工作文件选编》《达州市先进基层党组织优秀共产党员优秀党务工作者名录（1987—2001年）》等。

达州市档案馆为更好地服务各项工作，陆续收集与档案有关的各种资料14 526册（本）。按其性质分为民国资料和中华人民共和国资料两部分，并按图书资料分类方法整理和保管。

至2018年末，全市各级档案馆馆藏资料133 340册。

一、民国时期资料

馆藏民国5年至38年（1916—1949年）形成的资料1 498册（本），分9类：综合类；党团类；行政、内政、考铨类；军队、司法、警察类；财政、经济、税务、田赋粮食类；农业、林业、水利、畜牧类；建设、交通、邮电类；文化、教育、卫生类；志书。主要来源有国民党中央、行政院和地方出版的刊物，主要内容有：各种公报、简报、月刊、旬刊、周刊等；各种法规文件汇编、年鉴、大事记及"中华民国宪法"；中央陆军军官学校编印的《战术讲义》《同学录》《通讯录》《职员录》；四川省府图表、《经济地图集》《东北概要》《台湾指南》；有各种志书、如县志、乡志及知名人士诗文集等。

二、中华人民共和国时期资料

馆藏1949—2014年形成的资料24 155册（本），分26类：综合类；经典著作类；组织人事、纪检监察类；宣传、新闻、社科、精神文明类；文化教育体育类；卫生、人口与计划生育类；政法、民政类；军事、人防类；民族、外事、统战、宗教、侨务类；群众团体类；劳动、工资、就业、知青类；工业类；交通类；农村工作及农业、林业、水电、气象类；财政、税务、工商、金融、粮食类；商业、供销、物价、外贸类；计划、统计类；基本建设、环境保护类；科学技术、国家标准类；文秘、保密、信访、档案类；史志类；工具书；报纸类；族谱类；编研资料。主要内容有：马克思、恩格斯、斯大林全集，毛泽东选集、刘少奇、周恩来、邓小平、陈云文选等；各级党、政和业务部门编印的党刊、内部刊物、政策法令汇编、文件汇集、历年统计资料；公开或内部发行的各项业务工作出版物；各种文史资料、史志；革命烈士英名录；各种报刊、史书、辞书、字典、词典、年鉴、大事记和各种工具书、画册、地图册等。

第四章 档案事业管理

第一节 发展规划

1986年1月20日,地区档案局向地区行署报送《达县地区档案工作"七五"发展规划》。"七五"期间,全区档案馆工作总的奋斗目标是:在巩固和完善现有14个档案馆的基础上,大力丰富馆藏,提高科学管理水平,逐步采用现代化手段,为社会主义建设事业全面提供档案信息。

1991年11月,地区档案局制定《达县地区档案事业发展十年规划和"八五"计划》,并组织实施。

1995年9月20日,地区档案局向地区计委报送《达川地区档案事业"九五"计划和2010年发展规划》,提出"九五"期间全区档案工作奋斗目标:加强档案干部队伍建设,全面提高政治、思想、业务素质;继续深入贯彻实施档案法规,加强执法和监督;强化档案基础业务建设,加强档案保管保护工作;依靠科技进步,积极稳妥推进档案现代化管理;不断拓展档案信息资源的深度开发,增强服务功能,促使档案事业与全区经济社会协调发展。

1996年4月26日,地委办公室、行署办公室印发《达川地区档案事业发展"九五"计划》,提出奋斗目标:进一步充实完善业已形成的档案事业体系;强化档案事业宏观管理和调控力度;大力加强档案馆建设和档案基础工作;依靠科技进步,加速档案管理现代化进程;加强档案宣传教育和队伍建设,不断提高整体素质和服务功能,使之结构更加合理,馆(室)藏更加丰富,管理更加科学,成效更加显著,与全区国民经济和社会发展相适应。

5月,地区档案馆制定《达川地区档案馆"九五"发展规划》,提出"九五"期间地区档案馆工作奋斗目标:进一步加强法制建设、精神文明建设、干部队伍建设和业务建设。力争把地区档案馆建设成一个与全区国民经济和社会发展相适应的,门类齐全、结构合理、管理科学、有效服务的档案史料保管基地、各方面利用的中心和达川地区档案事业发展的主体。

至11月15日,全区8个地、市、县(除宣汉县正在落实外)都将档案事业发展列入各级政府国民经济和社会发展"九五"计划及2010年远景规划,并制定《档案事业发展"九五"计划》。10月,地委讨论通过《达川地区社会主义精神文明建设"九五"规划纲要》,把全区档案事业列入其中。

2001年,市档案局制定《达州市档案事业发展"十五"计划》,提出"十五"期间全市档案事业发展的指导思想:高举邓小平理论伟大旗帜,坚持党的基本路线,努力实践江泽民"三个代表"重要思想,全面贯彻全国、全省档案工作会议精神，以档案工作为达州经济实现跨越式发展，促进社会全面进步提供服务为主题，以依法治档为主线，以改革开放、科技进步和素质教育为动力，以把档案馆建成保管重要档案的基地和爱国主义教育基地和档案信息中心为目标，努力推进全市档案事业健康发展。"十五"期间，全市档案事业发展总体目标为：全面建设与全市国民经济和社会发展相适应的，符合档案工作发展规律的，有中国特色的社会主义档案事业体系。

2005年9月20日，市档案局制定《达州市档案事业发展"十一五"规划》，提出"十一五"期间全市档案事业发展总体目标：争取各级政府加大对档案事业的投入，馆库建设与设施设备明显改善；市、县两级国家档案馆能充分发挥档案安全保管基地、爱国主义教育基地、已公开现行文件集中向社会提供利用的中心和档案信息服务中心"四位一体"的功能，实现规范化管理，三分之二以上的综合档案馆达到省二级以上标准；各级各类档案室收集齐全、整理规范、利用便捷、移交及时，县级以上机关、团体、科技事业单位（含城建档案馆）全部实现档案工作规范化管理等级认定；运用现代信息技术开发利用档案信息资源，加快"三网一库"建设步伐，实现档案信息资源社会共享；档案行政管理部门依法行政能力进一步增强，与和谐社会相协调的档案工作管理网络和体系不断完善。

2011年，根据《全国档案事业发展"十二五"规划纲要》和《四川省档案事业发展"十二五"规划》，市档案局结合全市实际，编制《达州市档案事业发展"十二五"规划》，确定今后5年全市档案事业发展的重点和要实现的目标。

5月26日，市档案局印发《达州市档案事业发展"十二五"规划》，明确指导思想：坚持以邓小平理论和"三个代表"重要思想为指导，全面落实科学发展观，紧紧围绕市委、市政府提出的"打造一枢纽、两中心、三基地，把达州建成秦巴地区经济文化强市"的战略目标，以改革创新为动力，以满足社会各界档案利用需求为目标，以国家档案资源建设为核心，以档案信息化建设为重点，以档案法制建设为保障，以档案安全建设为基础，依托科技、教育和人才建设，加大档案开放力度，优化档案信息资源共享环境，不断激活档案部门服务各项建设事业的能力，促进档案事业与全市经济和社会协调发展。

2013年，市档案局研究确定"十二五"达州档案事业的奋斗目标，并向社会公开承诺：第一，到2020年，市、县两级8个国家综合档案馆全部建成面积达标、符合规范、绿色环保的新馆，建筑总面积在2010年的基础上实现翻三番的目标，达到4.5万余平方米，彻底消除"无库馆""危房馆"现象，档案安全保障能力全面增强。到"十二五"末，全市建成6个新馆，新建率达75%，建成面积3万余平方米。第二，到2020年，市、县两级国家综合档案馆100%创省一级档案馆，50%创国家级档案馆。到"十二五"末，全市创省一级档案馆3个，创国家级档案馆2个。第三，到2020年，市、县两级国家综合档案馆馆藏总量在2010年的基础上至少实现翻一番的目标。按"卷"统计的档案由75万卷增长到150万卷、按"件"统计的档案由36万件增长到100万件、资料由11万册增长到22万册，涉民档案达到馆藏总量的60%以上，实现档案资源体系对社会和民生的全覆盖。到"十二五"末，全市各级国家综合档案馆馆藏总量，按"卷"统计达到100万卷、按"件"统计达到55万件、资料达到15万册。第四，到2020年，市、县两级国家综合档案馆馆藏档案案卷级、文件级目录数字化率达100%。到"十二五"末，全市各级国家综合档案馆馆藏档案案卷级机读目录达100万条、文件级机读目录达350万条、全文数字化2 000万页。

2015年，市档案局在总结全市档案事业"十二五"发展规划完成情况、分析全市档案工作面临的新形势、新常态、新要求的基础上，积极谋划、精心编制档案事业发展"十三五"规划。在编制过程中，立足长远，科学规划，以全面贯彻落实中共中央办公厅、国务院办公厅《关于进一步加强和改进新形势下档案工作的意见》，以加强档案法制建设、档案资源建设、档案信息化建设、档案安全体系建设、档案服务能力建设和档案干部队伍建设为重点，以推动档案工作全面协调、可持续、科学发展为目标，科学、合理确定档案事业发展"十三五"规划的指导思想、目标任务和保障措施，编制出一个具有科学性、实用性、创新性和前瞻性的档案事业发展"十三五"规划，使之真正成为指导"十三五"时期达州档案事业发展的行动纲领。

2016年11月7日，市档案局印发《达州市档案事业发展"十三五"规划》，明确"十三五"期间，全市档案工作发展总体目标：达州档案事业的发展要与全市经济和社会发展相适应，在档案事业的"三个体系"（建立覆盖人民群众的档案资源体系、方便人民群众的档案利用体系和确保档案安全保密的档案安全体系）中当好排头兵；到2020年，初步实现以信息化为核心的档案管理现代化，建成与同步全面小康社会相适应的、有效服务的档案事业发展体系，为全市经济社会发展和民生服务提供强有力支撑。并提出主要任务：第一，进一步推进档案法治建设；第二，进一步提升档案馆库建设；第三，进一步加大档案业务建设；第四，进一步加快档案信息化建设；第五，进一步加强档案资源建设；第六，进一步提升档案服务能力和水平；第七，进一步强化档案安全保障能力建设；第八，进一步推进档案文化建设。

2018年7月18日，中共达州市档案局党组印发《关于档案工作2025年发展规划的报告》，明确今后一个时期全市档案工作发展思路、发展重点、作发展路径。至年末，市委、市政府坚持把档案工作作为一项基础性工作，纳入国民经济和社会发展计划，坚持统筹谋划，强化主体责任，加强对档案工作的领导，以改革精神谋划档案工作发展思路，促进全市档案事业与经济社会建设协调发展。市委、市政府每年专题召开档案工作会议，对档案工作进行安排部署，及时帮助解决档案工作中的重大问题。坚持在每年的政府工作报告中，把档案工作与其他经济社会发展事业同安排、同部署、同考核，市委、市政府与县（市、区）委、政府及市直部门签订的目标管理责任书中，都有档案工作考核内容，且考核权重加大，增强各级各部门的档案意识，在全社会形成重视档案工作、支持档案事业发展的良好氛围。

第二节　档案达标升级

1989年，地区档案局在机关、企业和科技事业单位中开展档案管理达标升级活动。1991年，地、县两级综合档案馆开展升级活动。1993年，企业档案管理升级活动暂停后，按照省档案局部署，地区档案局开展企业档案管理"等级认定"工作。

1995年，地区档案局在科技事业单位中开展档案管理升级工作。全区乡及乡以上机关、团体、企业、事业单位按照国家、省、地档案局颁发的档案管理达标升（定）级办法、标准和申报、评定、审批程序，普遍开展档案管理达标升（定）级活动。

图4-1 档案升级验收会

2月，地区行署对1994年度档案工作升级的63个单位予以通报表彰。至年末，全区有1 337个单位档案升级，使机关、团体、企事业单位升级完成率达到35.88%，其中综合档案馆6个，完成率75%；机关、团体468个，完成率34.6%；企业163个，完成率46.5%；科技事业单位5个，完成率6.2%；基层站所达地标695个。

1996年4月26日，地委办公室、行署办公室印发《关于加强档案管理升级工作几个问题》，对全市档案管理推出新举措，扩大范围，加大监督力度。经过努力，各级机关、企事业单位的档案管理升级工作顺利通过考核。

2002年10月31日，市档案局印发《关于对市级机关、事业、企业档案工作已定级单位进行复查的通知》，明确凡已定级升级而去年未进行复查的市级机关、企业、科技事业单位均属于此次复查的范围。此次复查工作由市档案局会同相关主管部门进行，具体事宜由市档案局业务指导科负责办理。复查分别以《四川省各级机关档案工作升级办法》《科学技术事业单位档案管理升级办法》《企业档案工作目标管理办法》及相应等级作为复查标准。

2003年1月，市档案局组织人员对1989年以来实现达标升级的57个市级机关、事业、企业单位进行复查。同时，对定级满两年的5家企业、4个科技事业单位、20个机关单位档案工作进行复查。至年末，市、县（区）综合档案馆达省一级标准1个，省二级标准1个，省三级标准5个。全市有611个市、县（区）级机关档案工作达到省级标准，其中市级69个，县级542个。达省一级标准135个，省二级标准215个，省三级标准261个。有213家企业实行档案工作目标管理等级认定，其中省、市级42家，县级171家。企业档案工作达国家二级标准27家、省级标准186家。有71个科技事业单位档案管理达标升级，其中市级14个、县级57个。科学技术事业单位的档案管理达国家二级标准9个，省级标准62个。有172个区、乡（镇）的档案工作达省级标准。有1 977个基层财政所、税务所、工商所、信用社、国土办、计生办、畜牧站、派出所等档案工作达省级或市级标准，其中达市级标准1 013个，升省级标准964个。

2005年后，全市贯彻落实《四川省档案工作规范化管理办法（试行）》，开始实行档案规范化管理。

一、企业档案达标升级

1987年7月，国家档案局颁发《企业档案管理升级试行办法》。12月，省档案局制定《贯彻〈企业档案管理升级试行办法〉的实施意见》，规定国家一级、二级及省级企业档案管理升级的标准、评分办法及申报程序。同月，地区档案局转发国家档案局颁发的《企业档案管理升级试行办法》和省档案局制定的《实施意见》。1988年，地区档案局转发国家档案局制定的《企业档案管理升级评审工作程序》。

1989年2月28日，地区档案局、地区经委印发《关于加强企业档案管理升级工作的通知》，对全区企业档案管理升级工作提出如下意见：第一，进一步提高对企业档案管理升级工作的认识。第二，对照标准，制定企业档案管理升级规划。第三，加强领导，组织实施，加快企业档案管理升级工作步伐。

随后，地区档案局与地区商业局在地区肉联厂试点。6月14日，省档案局组织区内企业档案管理国家级和省级评审员对地区肉联厂档案管理工作进行考核评审，使该厂成为全区第一家企业档案管理省级先进企业，并由点到面，在全区开展企业档案管理升级工作。至年末，全区有51家企业档案管理升级，其中省属企业8家，地属企业7家，县属企业36家，1家为国家二级，50家为省级。

1990年，全区完成82家地、县属企业档案管理升级任务，其中地属15家；达国家二级标准4家，省级标准78家。同时，指导、协助部属、省属企业开展档案达标升级工作，并受省档案局委托，帮助部属企业考评验收3家，省属企业考评验收2家。至年末，全区企业档案管理达标升级153家，其中，升为国家二级12家，名列全省前茅。

1991年1月初，国务院生产办公室和省档案局通知企业档案管理升级停止考评。至4月3日止，全区有116家（其中省、地属38家，县、市、区属78家）企业档案管理升级（国家二级11家，省级先进105家）。全区累计有196家企业达标升级。10月14日，地区档案局根据省档案局通知要求，电传各县（市、区）档案局立即停止企业档案管理升级考评工作。

图4-2 达县丝绸厂档案升省级先进考评会。考评小组现场查看档案

1993年，按照省档案局部署，在全区开展企业档案"等级认定"工作，并将此项工作纳入地、县（市）档案局的政务目标，年终由党委、政府和业务主管部门考核。等级认定标准、考评程序、颁发证书等沿用达标升级的办法。

1994年，全区恢复考评，并对获证企业的档案工作进行复查。同时，开始将此项工作列入年度目标管理，层层签订责任书，记分考核。是年，宣汉江口电站、渠县盐厂、大竹城西煤矿、大竹江水麻纺厂4家企业达省标，地区棉纺织印染总厂达到国家二级预检。同时，分期分批地对1989年以来档案管理已升级的企业进行复查核审，全年复查57家，其中地属企业10家。至年末，全区有269家地、县属以上企业的档案管理工作达到国家和省级先进标准，其中，地属企业53家，约占地属企业总数的89.8%。

1995年，全区5家企业档案管理水平分别达到国家二级和省级先进行列；同时，对已升级的156家企业档案进行复查核审合格。是年末，全区有164家（省地属47家，县属117家）企业档案管理升级，其中国家二级17家，省级先进147家。

1996年9月26日，地区档案局、地区经委召开全区首次企业档案工作会议，63家企业，80多名代表出席。会上传达贯彻全国、全省企业档案工作会议精神，印发省档案局、省经委转发国家档案局的《企业档案工作目标管理办法》《企业档案工作目标管理考评标准》等文件，研究部署企业档案工作目标管理等问题，改升级为等级认定，开展企业档案工作目标管理考核活动。按照条件和程序，国家档案局、省档案局为全区重新聘任国家级评审员2名、省级评审员9名。达竹矿务局、四川鼓风机总厂、地区棉纺织总厂、大竹县江水麻纺厂、达川市迪生啤酒厂等企业介绍开展企业档案管理达标定级的做法和经验。至11月15日，全区完成企业档案等级认定17家（国家二级1家，省级16家）。

1997年，全区完成企业档案等级认定10家（国家二级2家，省级8家），企业达标180家（国家二级19家）。

1998年，全区有198家企业实行档案工作目标管理等级认定，其中省、地级50家，县（市）级148家，国家二级20家，省级178家。

1999年，全区4家企业档案工作完成等级认定。对已定级的62家企业、科技事业单位进行复查。至年末，全市有209家（市级52家、县级157家）企业档案工作通过等级认定，其中：国家二级21家，省级188家。

2000年，全市6家企业通过等级认定，其中国家二级2家，省级4家。

2001年，为防止企业、科技事业单位在档案工作目标管理认定后出现滑坡现象，市档案局组织人员对全市11家企业、10个科技事业单位的档案工作目标管理进行复查。经过复查，发现有的企业和科技事业单位的档案意识和法制观念仍较薄弱，个别领导对档案工作的重要性认识不足，导致档案保管保护设施落后，保管条件差；档案人员的业务知识和现代化管理水平亟待提高；个别单位形成的档案至今分散管理，未实行集中统一管理；档案信息开发利用主动性不够。是年，全市有8家企业通过等级认定，其中国家二级3家，省级5家。至年末，全市企业档案定级213家（市级42家，县级171家），其中国家二级27家、省级186家。

2004年，市档案局按规定对全市已等级认定的企业进行复查。至年末，全市有216家企业实行档案工作目标管理等级认定（其中：省部级标准188家、国家二级标准27家、国家一级标准1家）。

2005年，全市企业定级14家，其中国家二级4家。至年末，全市累计有226家企业档案工作实行等级认定。

二、科学技术事业单位档案管理升（定）级

1992年，地区档案局按照《四川省科学技术事业单位档案管理升级实施办法》的规定，选择省粮经校、地区卫校等作为试点单位。

1995年，按照省档案局、省科委、省建委、省教委、省卫生厅印发的国家档案局、国家科委、建设部1991年5月28日发布的《科学技术事业单位档案管理升级办法》及《实施办法》，地区档案局本着"积极慎重、注重实效、严格标准、以点带面、稳步开展"的指导思想，在全区科技事业单位中开展档案管理升级工作。是年，有3个科技事业单位达省级先进。

1996年，全区完成7个科技事业单位档案管理升级，其中国家二级2个，省级5个。1997年，全区科技事业单位档案管理达省级8个。

1998年，全区8个科技事业单位档案工作达省级7个、国家二级1个。至年末，达川农校、地区财贸校、地区卫生防疫站、渠县气象局等47个科技事业单位档案管理达

标升级，其中地级8个、县（市）级39个，国家二级3个（达川农校、达川市建筑设计院、达县人民医院），省级37个。

1999年，全市9个科技事业单位档案工作达标定级，其中：国家二级1个，省级8个。至年末，全市科学技术事业单位档案管理达国家二级标准4个，省级52个。

2000年，全市7个科技事业单位通过等级认定，其中国家二级2个，省级5个；并对定级的40余个企业、科技事业单位进行复查。2001年，对10个科技事业单位档案定级进行复查。全市累计完成71个科技事业单位档案定级（市级14个、县级57个），其中国家二级9个，省级62个。

2002年，全市49个科技事业单位达到国家、省级标准。2005年，全市完成科技事业单位档案管理定级18个，其中国家二级5个。至年末，全市累计完成80个科技事业单位档案工作等级认定。

三、综合档案馆达标升级

1989年，根据省档案局安排部署，地区档案馆和各县（市、区）档案馆做出升级规划，争取在"八五"期间全部达到省级先进档案馆。2月22日，地区档案局印发《达县地区档案局下达开展档案馆、室达标上等级活动的通知》，要求县级档案馆从现在起到"八五"期间，应普遍达到"三级标准"，条件较好的馆要争取达到二级或一级标准。

1990年，地区档案局在邻水县档案馆进行升级试点，带动促进地、县档案馆达标升级活动。到年末，邻水、平昌、通江3个县档案馆经过预检并申报。

1991年，经考评验收，邻水县档案馆达到省二级标准，平昌、通江和巴中3个县档案馆达到省三级标准。

1992年1月23日，地区档案馆被省档案局授予档案工作达到省三级标准。随后，开江、达县、渠县、大竹档案馆相继达到省三级标准。至此，全区14个地、县档案馆有9个达标升级，占档案馆总数的64.3%。

1995年，经考核评定，万源市档案馆达到省三级。

1996年，地区档案馆成立地区档案升级领导小组，制定《达川地区档案馆升省二级总体实施方案》。建立健全责任制，分解任务，采取领导包干，任务到科室，责任到人。实行定任务指标、定完成时间、定质量要求，一月一检查，年终考核奖惩的责任制。同时，对达标满3年的4个档案馆进行复查，结果全部合格。

1997年8月16日，地区档案局印发《关于加强档案馆、室达标升级管理工作的通知》，要求从现在起：全区各级综合档案馆、机关档案室达标升级工作一律使用经省档案局修改后正式颁布的《四川省各级综合档案馆升级办法》和《四川省各级机关档案工作升级办法》；档案馆、室达标升级实行分级负责的原则；档案馆、室达标升级满两年后，由组织考评的档案局组织复查。

9月24日，地区档案局（馆）达标领导小组对照二级标准自检，得101.4分，达到省二级档案馆标准。11月7日，省档案局批准地区档案馆档案工作达到省二级标准，并发给等级证书，证书编号01183。是年，大竹县档案馆升为省二级档案馆。

至1998年末，全区7个地、县（市）综合档案馆升级达标，其中省二级2个，省三级5个。

2000年，大竹县档案馆创省一级。对升省三级的渠县、开江、宣汉、万源、达县5个县（市）档案馆进行复查。至此，市、县（区）国家综合档案馆达省标7个，其中省一级1个、省二级1个、省三级5个。

2007年11月达县档案馆成功晋升为四

川省档案工作规范化管理一级档案馆，四川省档案局、达州市档案局组成考核组现场进行验收，并查看了规范化管理资料、馆库建设，听取了达县档案馆创建四川省档案工作规范化管理、省一级管理工作情况汇报。

四、机关档案工作达标升级

1989年，地区档案局在开展企业档案管理升级考评的同时，按照《四川省各级机关档案工作升级试行办法》和《四川省地、市、州、县级机关档案工作等级标准》，在地区粮食局和中国人民银行达县地区分行试点，并召开现场会。

6月20日，地区行署办公室印发"工作通报"第16期，摘要刊登渠县人民政府加强档案管理升级工作的做法，要求各地、各部门结合自己实际，确定考核、奖励办法，做好档案管理升级工作。至年末，全区49个机关档案工作达到省级标准，其中省二级2个，省三级47个。

1990年2月18日，地区行署首次以正式文件通报表彰1989年度档案工作达标升级的30个机关（地级3个、县市级27个）和48家企业（省地属20家，县市属28家；国家二级2家，省级先进46家）。以后每年都以行署名义对当年达标升级的单位进行通报表彰。是年，地、县级机关档案升级考评验收64个，其中地级机关4个，达省二级标准10个，省三级标准54个。同时，组织人员对已升级的单位进行检查，将检查结果书面向地委、行署和省档案局作《抓复查、促巩固》的专题汇报，被《四川档案》第三期转发，并加编后语，标题为《抓紧抓好复查工作，促进升级工作健康发展》。至年末，全区184个机关档案工作达标升级，其中省二级19个。

1991年，地区档案局在地区农校、地区人民银行，分别召开机关档案管理升级现场会，推动机关档案管理升级工作。3月12日，地区行署对1990年度档案工作升级的117个机关（其中省二级17个，省三级100个）和95家企业（其中企业档案管理国家二级10家，省级先进85家）予以通报表彰。4月3日，地区行署首次在《通川日报》上对档案工作达标升级的182个机关（地级8个，县市级174个）和146家企业（省地属45家，县市属101家；国家二级11家，省级先进135家）予以登报表彰。12月21日，地区农行印发《关于印发〈档案升级规划〉的通知》，下达农行、信用社档案管理升级规划。但从营业所、信用社的实际情况看，如统一按照省档案局规定的档案管理升级标准来要求，则基层单位工作困难。是年，完成130个机关达标升级（达省一级1个，省二级52个，省三级77个），其中地级机关13个。全区累计有363个机关达标升级。

1992年10月20日，地区档案局、中国农业银行达县地区中心支行印发《达县地区农行系统营业所、信用社档案管理达标验收标准》的通知，明确今后对营业所、信用社档案管理达标验收，一律以此标准为准。是年，完成地区建行、达师专、地区稽征处、地区烟草专卖局、地区农机校5个机关、学校档案工作达标升级的业务指导和考评验收。同时，与县（市）档案局考评验收16个县（市）级机关档案工作达标升级。全区有94个机关单位的档案工作分别达到省一级、二级、三级标准。至年末，全区累计有457个机关单位档案工作达标升级，约占地、县（市、区）级机关总数的30%。其中，地区人民银行、建设银行和达县市税务局3个单位的档案工作晋升为省一级，占全省升省一级单位总数的7.5%。

图4-3 地区审计局机关档案管理升级考评验收会

1993年，地区档案局完成4个地级机关档案管理升级的业务指导和考评验收，其中：地区财政局和地区税务局晋升为省一级先进行业，地区气象局达到省二级标准，地区税务干校达到省三级标准。是年，全区93个机关升级，其中升省一级4个，达到省二级45个，达到省三级44个。

1994年1月26日，地区行署表彰1993年度全区59个档案工作升级单位。是年，地区直属税务分局、地区保密局、地区纪委监察局、地区国土局和地委办公室5个机关完成档案工作达标升级的业务指导和考评验收。至年末，281个地、县市级机关、事业单位达省级标准，其中地级机关31个。

1995年，地区档案局指导、考核评定机关档案室达标55个，其中升省一级5个，省二级14个，省三级36个。

1996年4月26日，地委办公室、地区行署办公室转发地区档案局《关于加强档案管理升级工作几个问题的报告》，要求各级党委、政府和地级各部门要提高认识，更新观念，加强领导，实行目标管理，依法监督指导，健全完善奖励办法等，规范档案管理达标升级。是年，全区机关档案工作达省级标准43个（省一级7个，省二级17个，省三级19个），同时，地区档案局对65个机关档案工作达标满3年的进行复查，全部合格。至年末，全区468个（其中"八五"期间370个）机关档案工作达到省级标准，其中省一级18个，省二级162个，省三级288个。

1997年4月10日，省档案局重新颁发《四川省各级机关档案工作升级办法》后，地、县（市）级机关按照修改后的《四川省各级机关档案工作等级标准》，继续开展机关档案工作达标升级活动。全区全年创省标机关档案室42个，其中省一级13个。部分县对已达标升级的机关复查56个。全区机关达省标567个（省一级25个）。

1998年，全区64个机关完成创省标任务，其中省一级21个。至年末，全区702个机关（地级56个，县市级646个）档案工作达标升级（省一级62个，省二级233个，省三级407个），并按规定复查。

1999年，全区完成48个机关档案工作创省标（其中省一级13个），对已达标升级的151个机关档案工作进行复查。至年末，全区机关档案管理达省一级77个，省二级242个，省三级423个。

2001年，全市50个机关档案工作达到省级标准（其中省一级11个，省二级23个，省三级16个），并对达标升级满两年的95个机关档案室进行复查，全部合格。至年末，市级67个机关单位实现档案目标管理等级认定。

2002年，全市80个机关单位完成等级认定（其中，省一级17个，省二级27个，省三级36个）。对市级机关档案工作定级满两年的20个单位进行复查。至年末，全市机关档案工作达省标730个（省一级109个，二级199个，三级422个）。

2003年，全市80个单位完成等级认定工作（其中省一级17个，省二级27个，省三级36个）。市级机关档案工作定级已满两年的20个单位接受复查，全市机关档案工作达省标611个（市级69个，县级542

个），其中省一级135个、省二级215个、省三级261个。

2004年，全市完成机关档案室等级评审61个（其中省一级9个，省二级16个，省三级36个）。全市各级档案部门按规定复查已升级单位274个。至年末，全市672个机关档案室达到省级标准（其中省一级144个、省二级231个、省三级297个）。

2005年，县级以上机关档案室达省标851个，其中省一级67个，省二级148个，省三级636个。

五、乡镇档案工作达标升级

1989年，按照《四川省各级机关档案工作升级试行办法》和《地、市、州、县级机关档案工作等级标准》适用范围规定，地区档案局在抓好地、县（市）级机关档案工作达标升级的同时，有计划、有步骤、分期分批在全区农村区、乡（镇）机关档案室及相当于该级别的机关团体事业单位的档案室中开展档案达标升级创建活动。

1992年8月18日，地区税务局、地区档案局印发《关于在基层税务所开展档案工作达标升级活动》的通知，要求各县税务分局和达县市各税务所按照《四川省地、市、州县级机关档案工作等级标准》和《试行办法》开展档案工作升级活动。达标升级采取百分制考核，总分80分以上的，方可授予"合格证书"。达标"合格证书"由地区税务局、地区档案局联合印制，由地区档案局颁发。达标"合格证书"有效期两年。每隔两年由县（区）税务局、档案局组织一次复查。至年末，全区269个基层财政所、4个基层税务所的档案工作达到地区标准，领到达标"合格证书"。

1993年1月和6月，地区档案局、地区税务局和地区农行在大竹县杨家区和达县麻柳区召开全区基层税务所和农业银行营业所（信用社）档案达标现场交流会，推动全区税务和农行系统基层单位档案达标工作。至年末，全区544个财政所，108个税务所，35个营业所、信用社档案工作达到地区标准；22个财政所，19个税务分局（所），1个信用社档案工作升级，其中达川市4个税务所升为省二级。

1994年7月26日，地区工商局、地区档案局印发《关于在工商行政管理所开展档案工作达标活动的通知》，决定在全区工商行政管理所中开展档案工作达标（地区标准）活动，并制定《四川省达川地区工商行政管理所档案工作达标考核验收标准》《四川省达川地区工商行政管理所文件材料归档范围及保管期限暂行规定》。是年，全区337个财政所，72个税务所，178个营业所、信用社，24个工商所档案管理达地区标准。基层财政所、税务所档案达标完成扫尾工作，实现满堂红，完成128个农行营业所、信用社档案达标任务。

到1995年末，全区695个基层站所（其中财政所350个，税务所74个，农行营业所、信用社209个，工商所50个，畜牧兽医站3个，公安派出所9个）档案工作达到地区标准。

1996年，全区在基层财政所、税务所、农行营业所、信用社、工商所、畜牧兽医站、国土所、计生办、派出所等单位开展档案工作达地区标准或升省级活动，有995个达标升级，占总数2 147个的46.3%，其中535个财政（地税）所、81个国税所、84个工商所全部达标升级。建立档案室1 442个，库房面积26 532.8平方米，档案柜架4 308个，配备专兼职档案人员1 526名，保存档案630 069卷。

1997年，全区继续开展乡镇一级达标升级活动，创省标乡镇档案室37个。至年末，全区172个乡（镇）机关档案工作达到省级标准，占乡（镇）总数的44%。基层站所达到地区标准995个。

1997年，全区84个地税所、农经站、国土站、计生办档案工作达到地区标准，43所中小学校档案工作达标。

1998年，全区106个区、乡（镇）档案工作达到省级标准，其中，省二级1个（达川市西外镇），省三级105个。1 160个基层财政所、税务所、工商所、信用社、国土办、计生办、畜牧站、派出所等档案工作达地区标准或升省级，其中达地区标准824个，升省级346个。

1999年，按照地区财政局、地区档案局提出的区、乡（镇）财政档案达标标准，全区452个区、乡（镇）财政所中有441个档案工作达标，达标率97.57%，有119个达到省三级以上标准，占总数的26.33%，其中达川市11个乡（镇）全部达到省三级以上标准。6月2日，地区财政局、地区档案局印发《关于进一步加强基层财政档案管理工作的通知》，具体明确：三年内升省三级的目标进度1999年为20%，今后两年各40%。部分区、乡（镇）财政档案尚未达标的可直接升省三级，已达省三级以上的区、乡（镇）要巩固现有成果，有条件的地方，要继续升级。

2000年，全市78个乡（镇）以上机关档案工作达标升级，其中省一级14个，省二级11个，省三级53个；336个基层站所档案工作达到市级标准或升为省级。2001年，全市91个乡（镇）机关档案工作达标升级，其中省一级10个，省二级22个，省三级59个；137个基层站所档案工作达到省、市级标准。2003年，全市80个乡（镇）以上机关档案工作达标升级，其中省一级17个，省二级27个，省三级36个；38个基层站所档案工作达到省、市级标准。

2004年，全市完成基层站所档案等级评审50个（其中省二级40个，省三级10个）。172个区、乡（镇）档案工作达省级标准。

至2005年末，全市1 977个基层财政所、税务所、工商所、信用社、国土办、计生办、畜牧站、派出所等站所档案工作达到省级标准或市级标准，其中省级标准964个，市级标准1 013个。

第三节　档案规范化管理

2005年5月18日，省政府办公厅印发《四川省档案工作规范化管理办法》，采用定性分析与定量分析相结合的绩效评估体系，重新制定档案工作规范化管理标准，包括《四川省机关档案工作规范化管理标准》《四川省企业、科技事业单位档案工作规范化管理标准》和《四川省各级档案馆工作规范化管理标准》（简称规范化管理标准），这3项标准自6月1日起施行，标志全省档案工作规范化管理开始进入新阶段。

7月，市政府办公室转发《市档案局关于贯彻〈四川省档案工作规范化管理办法〉（试行）的意见的通知》，提出全市贯彻意见。具体要求：机关团体、科技事业单位过去已达标升级的，要在2008年前（3年内）按照《四川省档案工作规范化管理办法》重新认定。没有达标升级的机关团体、科技事业单位要在2008年前（3年内）完成规范化管理等级认定。未达标升级的国有及国有控股企业要在2010年前（5年内）完成规范化管理等级认定。下半年起，各县（市、区）档案局以此为契机，组织学习、宣传，开展基层单位档案人员培训，掀起档案工作规范化管理高潮。

7月29日，全市召开各县（市、区）档案局分管业务工作副局长参加的业务研讨会，就全市贯彻《四川省档案工作规范化管理办法》（试行）进行研讨，并做出统一安排部署。9月7日，市档案局召开市级单位档案工作规范化管理工作会议，安排部署市级单位档案工作规范化管理。宣汉、达县、渠县、大竹等县（市）档案局举办档案规范化管理工作培训班，学习和掌握档案工作规范化管理新标准。

9月21日，市档案局印发《关于实施〈四川省档案工作规范化管理办法〉的有关问题的意见》，明确档案工作规范化管理标准的适用范围：

（1）各级国家综合档案馆按照《四川省各级档案馆工作规范化管理标准》执行，其他档案馆可参照执行。

（2）全市各级机关、团体、商业金融流通企业、文化事业单位、中小学校以及部分驻达单位按照《四川省机关档案工作规范化管理标准》执行。

（3）全市工业企业、科技事业单位，驻达企业、科技事业单位按照《四川省企业、科技事业单位档案工作规范化管理标准》执行。

同时要求，全市凡2005年6月1日以前通过等级评审（达标升级）获得各类等级证书的单位，都要在3年内按照《四川省档案工作规范化管理办法》的规定，进行重新认定。

至年末，全市268个机关单位通过规范化管理认定，其中省一级53个，省二级144个，省三级71个；70个机关档案室、6个科技事业单位和2家企业达到规范化管理省三级标准。

2006年，按照《四川省机关档案工作规范化管理标准》，市档案局完成机关档案室等级认定315个（其中省一级38个，省二级98个，省三级179个）。同时，9家国有或国有控股企业和17个科技事业单位档案工作实现规范化管理等级认定。宣汉县档案馆由省三级晋升为省二级。全年完成行政村档案室规范化管理等级认定12个。完成社区档案室规范化管理等级认定24个。乡（镇）机关、基层站所档案室实行规范化管理等级认定96个（其中省二级20个，省三级76个）。至年末，全市档案规范化管理工作走上正轨，累计有783个单位（扣除期间再次晋升个数）实现档案规范化管理。全市范围内省属以上企业、科技事业单位中达州市气象局（省二级）、达竹煤电集团石板选煤发电厂（省一级）、渡市选煤发电厂（省一级）、四川煤田地质局137队（省二级）实现档案工作规范化管理等级认定。

图4-4 2007年11月6日，达县档案馆规范化管理创省一级评审工作会议

2007年5月25日，省经济科技档案工作第七协作组达州小组召开会议，要求各成员单位中未实现规范化管理的单位行动起来，严格对照《四川省档案工作规范化管理办法》及等级标准，制定规划，增添措施，改进工作，开展档案工作规范化管理等级认定，早日实现档案规范化管理。其成员单位中，达州市气象局、四川省煤田地质局137

队、达竹煤电集团下属渡市选煤发电厂、石板选煤发电厂率先实现档案工作规范化管理。达竹煤电集团渡市选煤发电厂、石板选煤发电厂达到省一级标准。11月6日，达县档案馆以97.1分，通过省档案局组织的达省一级档案馆标准的考评验收。

是年，市、县档案局开展对已达标单位复查和晋升工作。应复查机关档案室240个，已复查140个，晋升39个。全年有47个基数外机关单位、8个城市社区档案工作实现规范化管理。至年末，全市1 312个单位实现档案工作规范化管理等级认定，其中省一级111个，省二级447个，省三级754个；机关1 170个（其中，省一级104个，省二级427个，省三级639个），行政村24个，社区36个，综合档案馆2个，科技事业单位59个（省一级3个，省二级11个，省三级45个），企业21家。

2008年，按照《四川省企业、科技事业单位档案工作规范化管理标准》，市档案局完成4个市属企业、科技事业单位档案工作规范化管理等级认定，完成31个县属企业、科技事业单位档案工作规范化管理等级认定，完成规范化管理等级认定满3年的1个企业的复查工作。全市261个机关、企业、科技事业单位、基层站所、行政村、社区实现档案规范化管理，其中省一级15个，省二级112个，省三级134个。万源市档案馆晋升为档案工作规范化管理省二级档案馆。

2009年3月23日，市档案局印发《关于开展档案工作规范化管理复查工作的通知》。按照《四川省档案工作规范化管理办法（试行）》第十三条规定：《四川省档案工作规范化管理等级证书》有效期3年。有效期满后，负责组织考评的档案局对获证单位进行复查。复查不合格的，降低直至取消等级证书。通知明确：复查范围，凡实现档案工作规范化管理已满3年的单位均属复查对象（以颁证文号年度为准）。复查组织，市档案局负责对市本级及各县（市、区）省一级单位的复查工作；各县（市、区）档案局负责其管辖范围内省二级、省三级单位的复查工作。为保证复查质量，市档案局拟于下半年适当时候对全市复查情况进行抽查。复查方式，复查采取听、看、查、评的方式进行，对实现档案工作规范化管理3年来的情况进行全面复查，并形成复查结论。

10月20日，市档案局组成考评组考评验收，渠县档案馆晋升为档案工作规范化管理省二级档案馆。

至年末，全市累计有1 560个单位实现档案工作规范化管理的等级认定，其中省一级127个，省二级576个，省三级857个；机关1 351个，行政村26个，社区52个，综合档案馆4个，科技事业单位84个，企业42家。

2010年，市委办公室、市政府办公室印发《关于进一步加强档案工作的意见》，要求没有实现规范化管理的市级机关、企业、科技事业单位（包括市属所有立档单位）要找差距、添措施、创条件，强化基础业务建设，力争3年内达到省三级以上标准。市档案局据此要求，从2011年起，将业务指导重心转移到市级单位档案工作规范化管理等级认定上，加强指导，强化督查，及时通报各单位创建进展情况，激励先进，鞭策后进，促进创建活动有序开展。1月28日，市档案局决定对2009年实现档案工作规范化管理等级认定的4个单位和复查合格的37个单位予以表彰。

是年，全市56个机关（其中社区、行政村档案室12个），11个企业、科技事业单位通过档案工作规范化管理等级认定。对规范化管理等级认定已满3年的451个机关和45个企业、科技事业单位进行复查。至年末，全市1 620个机关团体、企业、科技事业单位、基层站所、行政村、城市社区实现档案工作规范化管理，其中省一级132个，省二级592个，省三级896个。全市845个县级直属机关和乡镇机关完成档案工作规范化管理等级认定，达到省三级标准以上，有很多其他机关单位、中小学校、卫生院、财政所、计生办、街道社区、行政村完成档案工作规范化管理等级认定，创建为规范化档案室。

2005—2010年，市级36个单位创建为规范化档案室（市档案局组织验收32个），其中市国家税务局、市地方税务局、市财政局、市人大办公室、市商务局、市审计局等26个单位创建为四川省档案工作规范化管理一级单位，市畜牧食品局等5个单位创建为四川省档案工作规范化管理二级单位，达州市军供站等5个单位创建为四川省档案工作规范化管理三级单位，省级主管部门和省档案局组织验收的还有省煤田地质局137队（三级）、市气象局（二级）、达渝高速公路公司（一级）、达竹煤电集团（一级）4个单位。

2011年5月31日，市档案局印发《关于推进市级单位档案工作规范化管理的实施意见》，具体明确：

第一，总体要求。认真贯彻《四川省档案工作规范化管理办法》，开展全市各级机关、团体、企业、科技事业单位档案工作规范化管理创建活动，力争3年内市级各单位档案工作达到省三级以上标准，整体推进全市档案工作水平上新台阶。

第二，实施范围。市级所有没有实现档案工作规范化管理等级认定的机关团体、事业单位、国有企业和国有控制企业。

第三，创建规划。市级未实现档案工作规范化管理的单位拟分三批用3年左右的时间完成规范化档案室的创建任务（本规划只列出正县级以上单位和正在开展创建工作的单位，其余单位由主管部门负责规划）。

未列入规划的单位也应按照市委办公室、市府办公室《关于进一步加强档案工作的意见》要求，制定实施计划，确保在2013年前实现档案工作规范化管理。

6月2日，为推进各单位档案工作规范化管理进程，市档案局召开市级单位档案工作规范化管理推进会，市级未创建的单位和2011年应复查的单位90余人参加会议。会议提出实施意见、工作步骤，并进行业务培训。是年，全市28个机关、5个行政村、9个企业、科技事业单位创建为省档案工作规范化管理档案室；463个企业、科技事业单位档案工作规范化管理满3年的单位接受复查。

图4-5　市档案局召开档案规范化管理工作推进会

2012年上半年，市档案局印发《关于开展2012年度档案工作规范化管理复查工作的通知》，对规范化管理满3年和复查合格满3年单位的复查工作进行安排部署。全市完成363个已创建省级规范化管理档案室的复查验收，同时，指导全市21个机关、5个行政村、7个企业、科技事业单位创建为四川省档案工作规范化管理档案室。

2013年10月11日，市档案局召开档案规范化管理工作推进会。市委办公室等26个单位档案工作人员参加会议。该次会议强调复查应准备的材料、申报的方式等相关内容，并就参会人员提出的问题进行解答。会议要求，各单位尽快完成复查的准备工作、务必在2013年11月底前完成复查任务。是年，全市完成160个单位规范化档案室的创建和复查工作，指导创建机关单位规范化档案室11个，创建企业、科技事业单位规范化档案室8个，对150个档案工作规范化管理满3年的单位进行复查，复查率100%。至年末，全市8个国家综合档案馆达省一级2个，省二级4个，省三级1个；各级机关、团体、企事业科技单位档案工作实现规范化管理1 675个，其中省一级133个，省二级625个，省三级917个。

2014年，全市完成106个单位规范化档案室的创建和复查，复查率100%，同时市档案局指导创建机关单位规范化档案室11个，创建企业、科技事业单位规范化档案室2个，对16个档案工作规范化管理满3年的单位进行复查，复查率100%。宣汉县档案馆通过省二级复查。至年末，全市实现档案工作规范化管理的单位1 687个，其中省一级135个，省二级626个，省三级926个。全市8个国家综合档案馆达省一级2个，省二级4个，省三级1个。

图4-6　市档案局组成认定组对河市机场档案工作规范化管理工作进行省三级认定

2015年12月15日，市档案局组成认定组，对照《四川省档案工作规范化管理办法》的标准，采用"听、看、查、评"等方式对市中级人民法院档案工作规范化管理工作进行省一级认定。12月29日，达州市档案局、达州市中级人民法院、万源市档案局联合组成档案工作考评验收组，对万源市人民法院档案工作规范化管理进行考评验收。最终该法院以96.7分通过考评验收，达到省一级标准，并现场授牌。是年，档案工作规范化管理企业1家、科技事业单位3个，复查企业、科技事业单位30个。至年末，全市实现规范化管理的企业52家，科技事业单位102个。完成177个单位规范化档案室的创建和复查工作，复查率100%。

2016年3月28日，市档案局印发《关于开展2016年度档案规范化管理复查工作的通知》，对凡实现档案工作规范化管理满3年的单位和复查合格满3年的单位进行复查（以颁证文号年度和复查年度为准）。复查按照《四川省档案工作规范化管理办法》，采取听取汇报、察看现场、抽查案卷、综合评议的方式进行，重点检查近3年来的档案工作开展情况。8月11日，达州市档案局组成认定组，对照《四川省档案工作规范化管理办法》的标准，采用"听、看、查、评"等方式对河市机场档案工作规范化管理工作进行省三级认定。11月21日，市档案局委托渠县档案局组成复查组，按照《四川省机关档案工作规范化管理标准》，对渠县人民检察院进行复查。复查组认为该单位档案管理工作保持规范化管理省一级标准，复查合格。

是年，万源市尖峰汽车运输有限责任公司档案工作规范化管理创建达到省二级标准。达州河市机场档案工作认定为省三级，大竹、渠县疾病预防控制中心档案工作规范化管理分别提档晋升为省一级和省二级，其中属于当年应复查的各科技事业企业单位接受全面的复查。同时，65个单位完成规范化档案室的创建和复查工作。

2017年，市档案局组织全市档案系统学习贯彻《四川省档案工作规范管理》，开展规范标准解读的学习活动。印发《关于认真学习贯彻落实〈四川省档案工作规范化管理办法〉的通知》《关于开展2017年度档案工作规范管理认定复查的通知》，持续推进档案工作规范认定复查工作，以此为契机推动全市档案工作基础业务。全市指导机关、企事业单位档案工作规范化管理258个。

2018年，全市召开全市档案系统业务研讨会，组织市、县两级档案部门业务人员学习《四川省档案工作规范化管理办法》，逐条梳理认定细则及评分标准等内容，并就《四川省机关档案工作规范化管理标准》《四川省企业、科技事业单位档案工作规范化管理标准》《四川省国家档案馆工作规范化管理标准》进行解读学习和讨论，提高专业素养和档案规范化管理工作业务指导水平。

5月下旬至10月中旬，市档案局分别对乡（镇）、市、县级部门（单位）的档案工作规范化管理情况进行督查指导，并通过市政府办公室发布督查通报，提高各单位对档案工作重视力度，督促相关单位及时整改存在问题，完善工作内容，激发档案工作积极性，为档案工作规范化管理等级认定奠定基础。按照"统一领导、分级管理"的原则，全市市、县两级档案部门分别成立以局长为组长，分管副局长为副组长，业务骨干为成员的考评认定小组，通过听取汇报、实地查看、小组评议和交换意见等方式，根据《四川省档案工作规范化管理办法》，按照《四川省机关档案工作规范化管理标准》和《四川省企业、科技事业单位档案工作规范化管理标准》，对各单位在组织管理、设施设备、业务建设、信息化建设、开发利用5个方面的工作情况进行严格考评打分。2018年度，全市档案工作规范化管理等级认定117个单位，其中被认定为省一级单位9个，省二级单位56个，省三级单位52个。

第五章 档案法治建设

第一节 宣传 教育

一、法制宣传

中华人民共和国成立初，专区档案法制以宣传贯彻执行中共中央及省有关文书处理与档案资料工作的法规文件为主，采取召开会议、制定规划等形式贯彻落实档案法制工作，并逐步在专区机关和各县建立档案室，制定文书处理与档案资料工作制度，组织文书档案干部学习业务知识。同时，采取评比竞赛、举办展览和表彰先进等形式进行宣传。

1955年8月18—21日，全区召开地区文书处理工作会议，宣传、学习《中共中央及省（市）级机关文书处理与档案工作暂行条例》。

1956年9月，地委印发《1956—1959年四川省达县专区党的档案工作规划（草案）》。11月，传达省第二次档案工作会议精神，并向省委办公厅作《关于传达省第二次档案工作会议精神的报告》，初步建立健全现行文书处理部门的各项制度。

1958年6月，大竹县召开全县文书档案工作会议，拟定"大竹县文书档案工作会议倡议书"，在全县掀起文书档案工作"大跃进"。8月，地委印发《达县专区党群系统文书档案工作简要规划》，掀起全区档案工作"大跃进"。同月，地委、专署印发《关于在全区文书档案工作开展评比竞赛的意见》，开展"四比"（比先进、比干劲、比钻劲、比红专），"五查"（查质量、查指标、查措施、查进度、查多快好省地完成各项任务的情况）运动，并确定每半年评比一次。12月25日，地委、专署召开地专机关秘书、档案干部会议，各地配合党的中心工作，贯彻省档案资料工作现场会议精神，开展档案资料大收、大编、大利用。

1959年，全区先后建立地、县档案馆学习、宣传《关于统一管理党政档案工作的通知》和国务院《关于加强国家档案工作的决定》等法规，开展"四比""五查"和"五好档案馆""五好档案室""五好档案员"等评比活动。

3月，专、县、个别区、公社等15个单位设立16个展览室，展出资料2万多件。展览历时7天，参观人数2681人次。

"大跃进"时期，全区召开档案资料工作现场会14次，全面性会议3次，其他汇报会、座谈会380次，展览会20次，评比会2次。建立档案资料专门临时组织有档案资料办公室2个，委员会2个，指挥部1个，突击小组、协作小组184个。

1960年，地委、专署在全区落实中共中央《关于党、政档案统一管理的通知》，贯彻"以党的方针政策为纲整理档案"的原则，制定《关于加强各级党委、党组、党支部档案材料管理的意见（草案）》，开始建立党、政、工、团统一档案室（柜），建立健全收文、登记、会议记录、大事纪要、立卷、归档等制度。8月，评选出档案工作红旗县2个、红旗县档案馆2个、红旗技术档案室3个、红旗机关档案室2个。

1963年，全区开展评"五好档案馆""五好档案室""五好档案员"活动。

1969年2月，地革委印发《关于做好文书档案工作和保密工作的几点意见》，重视档案的安全保管和保密教育。1973年1月，地革委召开全区文书档案信访工作会议，开始整顿、恢复档案工作。1975年，召开全区档案工作会议和全区技术档案工作会议，总结交流档案工作经验。

1978年2月，地委印发《关于邻水、大竹、巴中三县保密、档案工作挑应战书的通知》，指出"首先在本地区系统与系统间、单位与单位间、个人与个人间将这种活动开展起来。然后再开展县与县之间的竞赛"。同时，将县、区、社按自然区域划分成若干个档案工作协作片区，地、县机关、厂矿按系统划分成若干个协作组，以片、区为单位互相学习，座谈讨论，交流经验，探讨问题，评比竞赛。11月，地委制定《达县地区档案工作七年（1979—1985）的初步规划（草案）》，把开展档案工作竞赛活动列入规划中。是年末，全区开展保密、档案工作评比活动，表彰先进集体106个，先进工作者122名。

图5-1 地区档案保护工作会议期间，与会代表参观图片展览

1980年11月25—29日，地区经委、建委、科委、农办联合召开全区科技档案工作会议，宣传贯彻《科技档案工作条例》，确定恢复和整顿科技档案工作的任务。

1982年，在机构改革中，地区档案局宣传落实档案工作，保障撤、并单位档案的收集、整理和移交工作；宣传落实国家档案局《企业科技档案工作整顿验收的要求》。

1983年，地区档案局开始落实《机关档案工作条例》，贯彻档案工作集中统一管理原则，编印《档案工作简报》，宣传各地档案工作的经验和做法。

1986年3月，地委、行署召开"达县地区地级机关档案工作先进集体、先进个人表彰大会"，表彰先进单位35个，先进个人29名。

1987年9月5日，《中华人民共和国档案法》经六届全国人大常委会第二十二次会议通过颁布后，地区档案局把学习宣传贯彻《档案法》作为一项中心工作来抓，提出学习宣传贯彻《档案法》的意见。地局档案局召开分管档案工作的领导和档案人员参加学习《档案法》动员大会或座谈会，地、县主管领导出席会议并讲话。又原文翻印《档案法》1 000余份发到乡政府及以上机关、厂矿、学校。据统计：全区向广播、报刊撰写宣传《档案法》稿件87篇，采用62篇；参加学习贯彻《档案法》座谈会4.50万人次；举办宣传专栏3期；自制幻灯片50余张；张贴宣传标语213幅。是年起，地区档案局学习宣传贯彻工作重点由内部转向社会。

1988年1月1日，《中华人民共和国档案法》正式颁布实施。10月，地区行署转发地区档案局《关于深入贯彻〈档案法〉进一步加强我区档案工作几点意见的报告》的通知。地委、行署召开3次全区大会，部署学习、宣传、贯彻《档案法》工作。各地撰写宣传《档案法》稿件20余篇；召开动员大会、座谈会宣传《档案法》1 530余次；翻印学习资料16 450份（册），出专刊、办墙报918期，展出学习、宣传、贯彻《档案法》图片、照片6 000余张；《通川日报》刊登宣传《档案法》稿件55篇；各地广播站、地级大中型企业广播室广播稿件1 747篇，广播486次；自制幻灯片600余张，放映230余场次，观众20余万人次；地、县档案馆（室）利用接待查阅阵地向88 630人次宣传《档案法》。据8个县（市）统计，党政机关干部受教育面80%，厂矿企业职工60%，城镇居民50%，农村村民40%。

图5-2 1987年9月，地区机关学习《档案法》座谈会

1989年，达县市、大竹县等县（市）人大常委会做出"关于认真贯彻执行《档案法》的决议"，把学习、宣传、贯彻活动置于人大监督之下。1月18日，地区行署对学习宣传贯彻《档案法》成绩突出的25个先进集体和26名先进个人进行表彰。4月，地区档案局、地区司法局转发国家档案局、国务院法制局《关于进一步学习、宣传、贯彻〈档案法〉的通知》。7月，地区档案局在巴中县召开全区学习、宣传、贯彻《档案法》经验交流会，总结推广地区农业局、渠江钢铁厂等5个先进单位依法治档经验。达县地区的经验得到省档案局肯定，并在全省推广交流。

是年，地委、行署先后5次在全区性的会议上布置学习、宣传、实施《档案法》，并以行署名义3次发文要求把《档案法》的实施落到实处。全年出版《情况交流》13期，摘登各单位学习贯彻《档案法》的经验。

1990年，在《档案法》颁布3周年之际，地区档案局召开学习宣传《档案法》经验交流座谈会，总结经验，表彰先进。11月19日，国务院批准，《中华人民共和国档案法实施办法》颁布实施。

1991年1月2日，地区档案局印发《关于认真学习、宣传、贯彻〈中华人民共和国档案法实施办法〉的通知》，并结合区情，提出如下施行意见：第一，各地、各部门收到国家档案局第1号令后，要及时组织档案干部和有关人员认真学习，深刻领会国家制定、颁布《档案法实施办法》的重要意义，熟悉和掌握《档案法实施办法》的具体内容，自觉依法办事。第二，采取多种形式，向社会各方面积极宣传《档案法实施办法》。第三，各级档案部门要严格按照《档案法实施办法》，加强自身建设，严格履行法定职责和义务，做自觉执法的模范。同时，地区档案局将《档案法》的宣传教育工作纳入《达川地区档案事业发展"八五"规划》和年度工作计划，列入机关目标管理，由局长亲自抓。7个县（市）档案局分别选择1个或几个机关、单位进行《档案法》宣传教育试点，并采取召开现场经验交流会或整理印发点上经验材料等办法，由点到面全面开展。

5月，地区档案局和达县、达县市档案局在达县市城区主要街道联合举办为期1周的《档案法》及《档案法实施办法》宣传周活动。利用展板、挂图、播放录音进行宣

图5-3 1991年5月，地市县档案局开展《档案法》街头宣传

传，发放《档案法》及《档案法实施办法》等宣传资料3 000张。是年，在《档案法》颁布4周年之际，地区档案局召开学习、宣传、实施《档案法》经验交流座谈会，邻水、平昌、巴中、大竹、通江、宣汉、渠县、达县市8个县（市）档案局被评为贯彻执行《档案法》先进单位。

1992年3月，地委宣传部、地区司法局、地区法建办、地区档案局联合转发省委宣传部、省司法厅、省法制建设领导小组办公室、省档案局《关于全省"二五"普法期间档案法宣传教育意见》，对全区宣传贯彻《档案法》的指导思想、对象、重点、目的要求、方法步骤及组织领导，做出安排部署。各县（市）档案局选择1个或几个机关单位进行《档案法》宣传教育试点。宣汉县档案局将试点的经验材料汇编成《宣汉县档案工作经验材料》，印发各单位交流推广。地区邮电局、达竹矿务局、白沙工农区、大竹县、宣汉县对有关人员进行考试。9月5日，地委、行署在地区档案局召开纪念《档案法》颁布5周年座谈会，地委书记李隆春等党政领导应邀出席并讲话。

1993年，地区档案局选择1—2个局以上单位进行《档案法》宣传教育试点。各地利用《档案法》实施6周年之际，召开座谈会、讨论会，采取书写标语、办橱窗、广播稿件等形式学习宣传《档案法》及《档案法实施办法》，提高普及面，增强社会的档案意识和法制观念。同时，对地级党、计、经、建、农、林、水、气和地区政法系统贯彻实施《档案法》及《档案法实施办法》的情况进行检查、评比，通报表彰26个先进集体，33名先进个人。

1994年，全区有重点、有步骤地开展以学习、掌握档案法规为标准的宣传教育活动，结合本地区、本部门、本单位实际，运用典型案例进行解剖分析，把学习宣传《档案法》引向深入。5—6月，地区人大工委会同地区档案局对14个地、县（市）级机关、团体、企业、事业单位进行抽查统计，学习《档案法》的普及率达到86%。其中分管、主管领导，执法人员、档案、文秘人员100%；科技人员97%；一般干部职工84.5%。是年，地区档案局会同行署法制局组成3个检查组，分期分批对行署机关档案协作组和地级宣传、财贸系统副县级以上的51个单位学习、贯彻实施《档案法》情况进行检查和评比，评出先进集体28个、先进个人19名。

1995年，地区档案局被省档案局评为全省《档案法》普法优秀单位。

1996年7月5日，《中华人民共和国档案法》（修正）经八届全国人大常委会第20次会议修订颁布施行。8月19日，地区档案局印发《关于深入学习宣传贯彻实施〈中华人民共和国档案法〉（修正）的通知》。同日，局长张全修代表达川地区到北京参加第十三届国际档案大会。9月2—7日，地、县（市）档案局开展宣传档案法和第十三届国际档案大会宣传周活动，各地党政分管领导分别在当地电视台发表讲话。9月2日，行署副专员康连英在《通川日报》上发表题为"认真学习宣传贯彻实施《档案法》，迎接第十三届国际档案大会的召开"的文章。26日，地委、行署召开"迎接第十三届国际档案大会，学习、宣传、贯彻《档案法》（修正）动员大会"，地委副书记张格民作题为"抓住机遇、振奋精神、开创全区档案工作的新局面"的讲话。地区档案局组织有关单位和部门在达川市城区开展为期1周的宣传活动。11月26日，地区档案局制定《全区档案系统法制宣传教育的第三个五年（1996—2000）规划》。

是年，全区悬挂广告宣传标语820余幅，办专栏和展览79期，散发宣传资料1.29万余次，购买和翻印档案法学习资料5 200余份，地、县广播站播报宣传稿件64件，新闻报道20余篇。

1997年2月24日，地区法制建设领导小组办公室、地区档案局转发省法制建设领导小组办公室、省档案局《关于认真学习深入贯彻四川省〈中华人民共和国档案法实施办法〉的通知》。26日，地委、行署召开贯彻《四川省〈档案法〉实施办法》动员大会，各县（市）档案局领导和地级机关、团体、企事业单位分管领导、档案人员300多人参加会议。5月、10月，地区档案局两次组织全区档案局（馆）干部和机关、企事业单位5 633人参加"超星光盘杯"全国档案法知识竞赛和"剑南春杯"全省档案法规知识竞赛。地区档案局获得"剑南春杯"组织奖，全区5人获得二、三等奖，15人获得纪念奖。

是年，全区开展纪念《档案法》颁布实施10周年和《四川省〈中华人民共和国档案法〉实施办法》实施1周年宣传活动。各级领导在会议、电视上发表讲话22次，举办专栏140期，悬挂、张贴标语758条，购买和翻印《档案法》（修正）和《四川省〈档案法〉实施办法》等学习资料1.50万份，电视、广播宣传130次。

1998年8月31日至9月6日，地区档案局开展"国际档案周活动"，各级领导发表电视讲话3次，地委副书记张格民在《通川日报》上发表"抓住机遇，振奋精神，再创我区档案工作新局面"的署名文章。全区召开座谈会31场次、1 200余人参会，举行街头宣传9场次，散发宣传资料3 500余份，接待咨询群众1 766人次，书写标语296条、《档案法图解》370份，办专栏108期，播放新闻68条。另又组织1 500余人参加国家档案局举办的"中宝杯"档案知识竞赛。

1999年，《中华人民共和国档案法实施办法》（修正）颁布后，地区档案局印发《关于认真学习宣传贯彻〈中华人民共和国档案法实施办法〉（修正）的通知》，对宣传贯彻实施档案法及实施办法进行部署和安排。开江县、渠县档案局开展宣传月、宣传周活动，各级领导发表电视讲话4次，全区召开座谈会100余场次，参会人员2 390余人次，举行街头宣传3次，散发宣传资料3 520份，向群众提供咨询服务16次，书写标语589条，举办专栏48期，在电视台点歌50首，广播宣传392次。另又组织全区档案干部和有关人员参加《中国档案报》举办的"剑南春杯"档案工作知识竞赛，全区13人获奖，其中二等奖2名、三等奖1名、四等奖10名。

2000年，在《档案法实施办法》（修正）颁布1周年之间，部分县（市）档案局组织600余人参加"三五"普法档案法知识竞赛。组织档案干部参加《中国档案报》举办的"世纪科怡怀"档案法知识竞赛，全市有5人次获奖。

2001年12月4日，是全国首个法制宣传日。市档案局配合市委、市人大、市政府联合举办首届"法制宣传日"活动,成立宣传小组,在通川区大北街设立"档案法制咨询"和"档案业务咨询"两个咨询台,向群众散发档案法宣传资料2 000余份,接待、解答居民法律咨询35人次。同时,通川区、开江、大竹、渠县档案局由局(馆)领导带队,举办街头档案法律法规和业务宣传咨询活动,全市共散发宣传资料5 250份(册),接待居民法律咨询155人次。

2002年,利用《档案法》颁布15周年之机,全市分管档案领导、干部3 000余人参加《中国档案报》举办的"剑南春杯"档案法知识竞赛。在全国法制宣传日活动期间,市档案局组织人员上街进行档案法制和业务宣传咨询活动,悬挂标语186条,办专刊59期,召开座谈会30次,举办展览3次,播送电视、电台稿件23篇。

2003年12月4日,达州市档案局、达县档案局、通川区档案局及达州市城建档案馆联合在城区主要街道开展档案法制宣传教育活动,散发宣传资料1 000余份,接待法律咨询100余人次。是年,在《中国档案报》举办的"剑南春杯"档案知识竞赛中,有13人次分获得二、三、四等奖。

2004年,全市档案部门利用"12·4"法制宣传日散发宣传资料6 700余份,接待咨询群众180人次。

2005年12月4日,全市各级档案部门开展档案法制宣传教育活动,散发宣传资料6 700余份,接待咨询群众180人次。

2006年11月30日,经省十届人大常委会第24次会议审议通过《四川省〈中华人民共和国档案法〉实施办法(修订)》,并于次年1月1日起正式施行。是年,各县(市、区)档案局采取印发宣传资料、电视电台宣传报道、举办培训班、开展知识竞赛、悬挂标语、上街宣传、领导发表电视讲话等形式宣传《实施办法》。据统计,共印发宣传资料3 000余份,举办培训班18期,电视电台报道21期,悬挂标语50余幅,接待群众咨询100余人次,2 000余人参加"剑南春杯"档案与法制知识竞赛。

2007年7月19日,市依法治市领导小组办公室、市档案局联合印发关于认真学习宣传贯彻实施《实施办法》的通知。市(县)档案局采取召开座谈会、悬挂宣传标语、散发宣传资料、街头咨询以及分管领导发表电视讲话等形式开展档案法颁布20周年纪念活动及学习宣传《实施办法》活动。市、县档案局组织2 500多名分管领导和专兼职档案人员参加"剑南春杯"全国档案法知识竞赛。12月4日,市档案局、通川区档案局和达县档案局设立"12·4"档案法制宣传点,散发档案法律法规宣传资料300余份,咨询服务群众50余人次。全市共散发宣传资料8 000余份,接待咨询群众500人次。

2008年,全市档案部门采取领导发表电视讲话、街头宣传、举办座谈会等形式开展档案法制宣传活动。全市共散发宣传资料5 000余份、教材1 000本,悬挂标语100余幅,举办专栏16期,陈列展板33块,接待咨询200余人次。在"12·4"法制宣传活动期间,市档案局散发资料360份,接受业务咨询15人次。是年,市、县档案局组织1 500多名分管档案工作的领导和专(兼)职档案人员参加省档案法律知识竞赛,优秀率100%。

2009年,市、县档案局开展"12·4"法制宣传日活动,宣传档案法律法规及档案工作基本知识。全市共散发档案法律法规宣传资料3 600余份(册),现场接待咨询群众200余人次。是年,全市召开座谈会8次、演讲3次、悬挂标语35幅、举办展览

32次、散发宣传资料8 000余份（册），电视电台宣传21次。

2010年，宣汉县、大竹县档案局举办档案法"五五"普法成果展览。据统计，"12·4"法制宣传日全市散发档案法律法规宣传资料9 300余份（册），悬挂宣传标语25幅，现场接待咨询360余人次。是年，市档案局组织1 600余名分管档案工作的领导和专兼职档案人员参加全国百家网站"五五"普法法律知识竞赛。

2011年11月3日，市档案局召开全市档案法制宣传工作座谈会，传达全省档案法制工作会议内容，安排部署专题宣传活动。12月2日，在市中心广场参加市法治办组织的"12·4"法制宣传活动，展出题为"走向辉煌——达州档案事业发展成就展"。展览分"领导重视""依法治档""服务社会""馆藏精品""成效显著""展望未来"等栏目，用10块展板集中展示《四川省〈中华人民共和国档案法〉实施办法》颁布实施15周年以来，达州市档案事业发展取得的成就。省档案局局长胡金玉、副局长张新到展览现场指导。活动当天，散发档案法律知识宣传资料500余份，接待群众咨询70余人次，参观展览的市民5 000余人次。同时，在达州档案资源网站上开辟网上展览厅，将"走向辉煌——达州档案事业发展成就展"挂在网站上，扩大宣传影响。同时，各县（市、区）档案局配合当地法制部门开展宣传活动。达县档案局举办《达县的跨越 历史的见证》专题展览。开江县档案局采取广播播放录音磁带、举办宣传专栏等方式，宣传《档案法》及《四川省〈中华人民共和国档案法〉实施办法》等法律法规。大竹县档案局在大竹县职业中学开展档案宣传教育活动，制作数十张展板。"12·4"法制宣传日期间，市、县两级档案局（馆）工作人员走上街头，散发传单，设置咨询台，解答群众问题。全市共制作展板60余张、标语12张，散发档案宣传资料4 000余份，参观群众4 000余人次。

2012年7月，市档案局与市法治办组织召开全市档案法制宣传工作座谈会，传达全省档案法制工作会议精神，安排部署《中华人民共和国档案法》颁布实施25周年专题宣传活动。10月初，市档案局到达州市第一中学开展主题为"档案进校园"的档案知识专题图片宣传展览，近1 000名师生参观展览。12月4日，在市中心广场，参加市法治办组织的"12·4"法制宣传活动，展出题为"走向辉煌——达州档案事业发展成就展"。活动当天，散发档案法律知识宣传资料530余份，接待群众咨询120余人次，数千群众参观图片展览。是年，全市组织专（兼）职档案干部、文秘人员、分管档案工作的领导2 442人参加"飞狐灵通杯"全国档案法制知识竞赛。

2013年，市档案局开展"6·9国际档案日"宣传活动。在《达州日报》上刊登《档案就在你身边——写在"国际档案日"来临之际》，宣传档案工作；在《达州晚报》"新闻周刊"开辟"达州档案"宣传专栏5期。全市开展图片展览16次，参观群众6万余人次。渠县档案局在滨江大桥上开展"红岩英烈唐虚谷、张静芳斗争事迹图片展览""渠县地下党员的光辉一生图片展览"。宣汉县档案局与县广播电视局联合制作《红色宣汉》纪录片。在"12·4"全国法制宣传日，全市制作宣传展板60余张、宣传标语12幅，发放宣传单600余份、宣传手册700余份，接待现场咨询群众85人次，接待群众参观数千人次。

图 5-4 中心广场主题宣传活动

2014年3月25日至4月30日，市档案局采取组织学习培训、举办依法治市知识竞赛、开设网络专栏、刊载宣传信息、专题法治宣传等形式，开展法制宣传教育活动。组织全局干部职工学习《四川省依法治省纲要》，利用周例会组织干部职工对《中华人民共和国档案法》《四川省〈中华人民共和国档案法〉实施办法》《档案管理违法违纪行为处分规定》等法律法规进行再学习。同时，结合党的群众路线教育活动和省档案局开展的"中国梦·兰台情"读书活动，在全市开展学习"最美档案人"——宣汉县档案局安定芳和"大竹县十大杰出女性"魏竹容先进事迹的宣传活动。市档案局组织10人参加与市法治办举办的"依法治省专题知识竞赛"。在市档案局网站上开设"网上展厅""政策法规"宣传专栏，宣传档案法律法规知识。在《档案工作简报》《四川档案》等刊载依法治档宣传信息3篇。3月末，在国网达州供电公司开展档案法律知识专题讲座；订阅4 000余份《走进档案——档案连着你我他》等档案法治宣传资料。

6月9日，市档案局利用"国际档案日"向社会宣传档案法律法规，在《达州日报》开辟专版，以"县（市、区）委书记话档案""我市档案事业发展成就数据""精品档案"3个栏目进行专题宣传报道；市政府副市长徐承发表题为《创造好历史，也要记载好历史》的文章。各县（市、区）委书记分别对档案事业发展提出要求。

11月中旬至12月中旬，市档案局根据市司法局安排部署开展法制宣传日活动。开展法制宣传"进社区"活动，在龙泉社区市档案局工作人员将档案政策法规、知识送到社区居民手中。还开展档案宣传"进机关"活动，在市政中心大楼大厅，开展《开放的档案馆欢迎您》图画宣传展。

"12·4"全国法制宣传活动日期间，全市散发《走进档案》等档案法制宣传资料4 000余份，展出流动宣传栏12期，参观人数达数千余人次，为700余名群众提供咨询服务。

2015年6月，全市利用"6·9国际档案日"，围绕"档案—与你相伴"的活动主题，组织开展"国际档案日"宣传活动。市委书记焦伟侠在《达州日报》头版刊发署名文章《奋力开创全市档案事业发展新局面》，号召社会各界支持、重视档案工作。达州市档案局联合通川区档案局、达川区档案局和达州市城建档案馆，在市中心广场开展主题宣传活动，市政协副主席郝德恒出席并指导宣传活动。该次活动共发放宣传资料1 000余份，现场为群众进行政策、服务咨询700余人次。《达州日报》《华西都市报》记者现场采访并报道宣传活动情况。达川区档案局、大竹县档案局开展街头宣传图片展，万源市档案局利用爱国主义教育基地开展宣传活动。宣传活动期间，全市共散发宣传资料8 000余份，现场为群众进行政策、服务咨询1 200余人次，爱国主义教育基地接待参观群众500余人次。同时，开展档案法制宣传"进社区""进校园""进机关"等活动提高社会的档案意识和法制观念。此外，与达州电视台合作，拍摄《档案中的抗战》《6·9国际档案日宣传》等宣传片。

12月4日，市档案局在市中心广场开展"弘扬宪法精神，推动创新、协调、绿色、开放、共享发展"主题宣传活动，发放《档案法律法规知识问答》宣传单、《档案查阅利用须知》资料各500余份，为市民解答档案问题，参观咨询服务800余人次。全市档案系统全年举办展览34个，参观人数12 058人次。

图5-5 市人大副主任张德珍（左五）出席并指导"6·9国际档案日"宣传活动

2016年6月8日，达州市档案局联合通川区档案局、达州市城建档案馆在新世纪广场开展以"档案与民生"为主题的"6·9国际档案日"宣传活动暨党员"两学一做"宣传日活动，发放宣传资料1 000余份，现场为群众进行政策、服务咨询1 000余人次。市人大副主任张德珍出席并指导宣传活动。同时，举行1场"档案与民生"知识讲堂活动，活动中发放主题活动宣传手册3 000册，让群众更好地阅读理解；制作15块"档案与民生"展板，在人流量密集的地方展出，让广大市民参观；购买刊载"档案与民生"专栏的《达州晚报》3 000份，赠送市民阅读。《达州日报》《华西都市报》记者现场采访并报道宣传活动情况。

在"6·9国际档案日"当天，大竹县档案局联合民政、住建、畜牧、气象等单位开展宣传活动，展出宣传展板44版，现场发放宣传资料3万余份，接受群众咨询5 000余人次；开江县档案局向社会各界发送手机短信2万余条，宣传《档案法》；渠县档案局采取挂横幅、布讲台、摆展板、发放资料等方式集中开展宣传活动，向群众发放档案知识宣传读本近2 000本（份）；万源市档案局采取宣传展板、张贴宣传挂图、发放宣传资料、开展现场咨询等方式集中开展宣传活动，并在市档案馆爱教基地举办馆藏精品档案展览。

12月4日，全市开展12·4法制宣传活动。达州市档案局开展以"大力弘扬法治精神，协调推进'四个全面'战略布局为主题的街头宣传活动，发放《档案须知》宣传资料800余份，接受群众参观咨询900人次。全市档案系统举办展览30个，参观群众达1.11万人次。

图5-6 "档案—我们共同的记忆"的展览现场

2017年6月9日，在国际档案日当天，市档案局组织通川区档案局、达川区档案局、达州市城建档案馆联合开展宣传活动，设置两个宣传点，制作16块"档案—我们共同的记忆"的展板，现场接受群众参观、咨询1 000余人次，发放宣传手册2 000余册。副市长王景弘在《达州日报》上撰写署名文章《在新的起点上谱写新的篇章——写在"国际档案日"来临之际》，对档案事业的科学发展提出希望。市档案局又在《达州日报》开辟6·9国际档案日专版专栏，展示各县（市、区）档案馆和市档案馆的珍贵照片资料，并将2 000份报纸免费赠与市民阅读；在中心广场、人民广场等人流集中地方利用LED显示屏滚动播放档案宣传片，提高社会各界对档案工作重要性的认识，使社会公众进一步熟悉相关的法律知识；邀请律师为全市档案系统80名干部职工进行档案法律法规知识讲座,增强全局干部职工档案意识,提升档案法治水平;与达州移动、达州联通、达州电信公司合作,通过手机平台,发送国际档案日宣传短消息50万条。

在"6·9"国际档案日期间,宣汉县档案局制作宣传展板54个,悬挂宣传标语180余幅,发放宣传资料1.3万份,向重点人群编辑短消息15万条次,邀请电视台制作宣传专题片2部,集中播报档案部门新闻5次,宣传档案工作。万源市档案局发放宣传资料3 000余册,接受市民咨询50余人次,爱国主义教育基地接待参观群众300余人次。大竹县档案局联合民政、住建、畜牧、气象等单位开展以"档案——我们共同的记忆"为主题的宣传活动,展出宣传展板40版,现场发放宣传资料2万余份,接受群众咨询4 000余人次,与电视台合作拍摄制作《档案说大竹》4集系列专题片。开江县档案局在开江县电视台举办1期开江档案文化专栏宣传。渠县档案局做客渠县人民广播电台"法制之窗"栏目,详细解读刚出台的《四川省档案工作规范化管理办法》。

图5-7　市档案局开展"12·4"国家宪法日暨全国法制宣传日活动

12月4日,法制宣传日当天,达州市档案局采取悬挂横幅,设立咨询点,发放宣传资料等方式,围绕"深入推进依法治市,加快建设法治达州"主题,宣传《中华人民共和国档案法》《档案管理违法违纪行为处分规定》等法律法规,解答群众咨询问题。活动当天,发放《档案法律法规知识问答》宣传单、《档案查阅利用须知》资料各500余份,接待参观群众咨询2 000余人次。

2018年6月9日,达州市档案局联合通川区档案局、达川区档案局在西外罗浮广场举办"档案见证改革开放"主题展览,用20块展板、100余张照片,从"城市变迁""交通巨变""电站建设""新农村""生产工具"和"生活用品"6个方面,以新老照片对比的形式宣传达州市改革开放40周年取得的巨大成就。在主题展览的同时,市、区档案局干部职工向市民发放档案法律宣传手册,宣传查档档案指南以及档案知识等宣传资料1 000余份。市政府分管领导在《中国档案报》撰写署名文章谈档案工作。市档案局与移动、联通、电信公司合作,通过手机平台,发送国际档案日的短消息30万条,并在《达州日报》开辟为期1个月的"6·9国际档案日"专栏,重点宣传档案法律法规,提高全民档案意识。

图5-8　"档案见证改革开放"主题展览

大竹县档案局联合民政、住建、畜牧、气象等单位开展以"档案——见证改革开放"为主题的宣传活动,展出宣传展板40版,现场发放宣传资料1万余份,接受群众咨询3 000余人次;达川区档案局发放宣传资料4 100余册,在区档案馆查询利用大厅LED屏滚动播放宣传标语和专题宣传版块,宣传档案法律法规;开江县档案局在清河广场、橄榄广场进行《档案法》及相关法律法规的宣传、讲解,普及全民法律知识;渠县档案局在东城政务中心广场开展宣传活动，展出"档案见证改革开放""档案的利用"等宣传展板4块，接受群众咨询58人次，散发《档案法律法规》宣传册680份、《档案利用指南》宣传单700份；万源市档案局在东城社区进行街头宣传，发放宣传资料800册，赠送"6·9"档案文化扇300个，同时利用档案馆开放日和爱国主义教育基地宣传档案法律法规。

图5-9 开江县清河广场档案宣传

12月4日，市档案局按照全市统一部署在西外人民广场开展"国家宪法日"暨"全国法制宣传日"街头宣传活动。市档案局、市档案学会，通川区档案局、达川区档案局分别在西外、老城区、南外等地开展系列法制宣传活动，采取展板、标语、街头咨询、散发宣传资料等形式，教育广大市民尊崇宪法、学习宪法、维护宪法、运用宪法、关注档案。活动现场制作展板，印制标语，并发放《档案法律法规知识》《档案须知》《小红兰台奇遇记》等宣传资料近5 000份。

二、普法教育

"二五"普法（1991—1995年） 1991年8月，地委、行署将《档案法》的宣传教育纳入全区"二五"普法规划，统一部署。12月，地委宣传部、地区司法局、地区法建办和地区档案局向各县（市）档案局和地级机关、团体、企事业单位转发省档案局（川档发〔1991〕100号）文件，并提出贯彻实施意见。

普法教育的重点放在县级以上机关和区乡、企事业单位的领导干部，有关执法人员、档案、文书、科技工作人员。在学习内容上各单位以宪法为核心，以《档案法》及《实施办法》为重点，以国家档案局、国务院法制局编写的《档案法实施办法条文释义》为主。据检查，乡以上机关企业事业单位的领导干部、执法人员、档案、科技等人员学习时长达20个学时以上，一般干部、职工保证10个学时，地、县（市）档案部门领导干部一般在150个学时，均完成学习任务。

图5-10 街头普法宣传活动

1991—1995年，地、县（市）党委、人大、政府、政协领导在报纸、电台和各种会议上动员部署《档案法》的宣传教育工作50余次。地区档案局和万源市档案局先后建立法律监督教育科，渠县、宣汉县档案局成立执法监督领导小组，其余各县（市）配有专人，由局长分管档案法制工作。地、县（市）档案局配有专职执法人员42人，并聘请地县市机关、单位兼职执法人员200余人，形成宣传教育骨干队伍。同时，采取专门培训、以会代训等办法，加强执法人员政治思想素质与档案法律法规和执法监督等知识培训。地区档案局先后从地、县（市）档案局中选派8名专职执法干部参加省档案局举办的执法干部培训班学习，编印《档案工作文件选编》的一、二两辑，共6 000余册。

"二五"普法期间，全区开展法律咨询活动744次，办宣传橱窗、专栏1 659期（次），张贴宣传广告标语11 265幅（张），出动宣传车、文艺表演队16车次；在县以上报刊发表文章103篇、新闻618条，向社会全文播放《档案法》34次，电视放录像56次，点歌201次，电影院放幻灯片917张，放映"兰台女"16次。召开动员会、报告会、座谈会、工作会919场（次）。举行纪念活动186次，举办档案展览188次，开展《档案法》知识竞赛172次、8 729人参加。全区开展经验交流会12次。表彰先进集体958个，先进个人543名。纠正违法行为276起。县以上机关团体和地属企业普及面100%，区乡机关普及面95%以上，县及县以下企事业单位普及面90%以上。地、县（市）档案局配合有关部门开展22次执法检查活动。

1995年2月，地区档案局、地区司法局、地区法建办制定《全区"二五"普法期〈档案法〉宣传教育检查验收的通知》，就验收的指导思想、对象和重点、内容及评分标准、方法步骤等作出部署。4月，地区档案局对检查验收的具体事项作出安排。6月25日，地区人大工委、地委宣传部、地区司法局、地区法制办、地区法制局、地区档案局组成两个验收组，对4个县（市）进行检查验收。7月5日，地区档案局召开县（市）局长会议总结，按照标准检查，7个县（市）全部合格。7月开始，地、县（市）档案部门配合有关部门对机关、团体、企事业单位进行验收。大竹县、开江县、达川市由县（市）几大家、法建、档案部门组成检查验收组，对乡以上机关、团体、企事业单位进行验收；达县、渠县、宣汉、万源4个县由档案部门与有关部门配合进行重点抽检。地区档案局与地区法建办对地级267个单位进行重点抽验，达到标准225个，占总数的84.3%，其中优秀单位57个，占总数的21.4%，不合格单位42个，占总数的15.7%。在检查验收结束后，地区档案局对全区档案法普法教育工作进行专题总结和交流。10月，经省人大法工委、省档案局组成的检查组到达川地区实地考核验收，地区档案局获得109.5分，被评为"二五"普法优秀单位。

"三五"普法（1996—2000年） 1996年，根据省、地"三五"普法规划和要求，地区档案局制定《全区档案系统法制宣传教育的第三个五年（1996—2000）规划》和《达川地区档案事业发展"九五"规划》。地委办公室、行署办公室及时批转全区贯彻执行，并把发展档案事业纳入《达川地区社会主义精神文明建设"九五"规划纲要》中。各县（市）档案局根据地区档案局的统一规划，制定本地普法规划，并把档案事业列入国民经济和社会发展计划。

1997年，全区印制、购买修改后的《中华人民共和国档案法》和《四川省〈中华人民共和国档案法〉实施办法》等学习资料1.50万册，建立健全学习制度。

1998年，结合实施档案"三五"普法规划，把《档案法》和《四川省〈中华人民共和国档案法〉实施办法》纳入各单位干部、职工普法学习内容，保证学习时间。

1996—2000年，各级领导发表电视讲话37人次。《档案法》修正案颁布实施后，地委、行署领导及时在地区电视台、《通川日报》上发表讲话和署名文章，在全区学习宣传实施《档案法》动员大会上，地委副书记张格民做《抓住机遇，振奋精神，开创我区档案工作新局面》的动员报告。各级档案部门成立档案行政执法领导小组，由局（馆）长任组长。全区档案执法机构由"二五"普法时的2个增加到6个；专职执法人员由12人增加到62人。采取以会代训、专门培训等办法提高执法、宣传队伍水平。全区档案部门培训专职执法人员203人次。派员参加地区司法局举办的"三五"普法骨干培训、行政诉讼法和知识产权法等培训学习。全区有64人通过考试取得行政执法资格证，逐步实行行政执法人员持证上岗制度。聘请协助执法人员12人，配合档案法"三五"普法的宣传教育。

"三五"普法期间，全区组织干部职工重点学习和掌握国家赔偿法、行政诉讼法、行政处罚法、行政复议法等法律法规。开展对重点对象的档案专业法律法规知识的宣传教育活动。举办培训班100余期，培训干部6 600余人次。举办学习园地专栏9期，撰写学习心得体会190余篇。印发普法学习资料4万余份（册）；举办宣传专栏639期，档案展览12期；悬挂、张贴宣传标语2 463幅；利用电视、广播进行宣传350余次，电视点歌323首，播放宣传稿件154篇；召开宣传动员会、座谈会、报告会60余场次，参会人员1 700余人次。组织全区档案工作人员7 500人次参加"超星光盘杯""中宝杯"全国档案知识竞赛和全省两次"剑南春杯"档案知识竞赛，地区档案局获得"剑南春杯"组织奖，全区获得二等奖2人、三等奖3人、鼓励奖15人。地、县（市）档案部门在各级人大、法建办、法制局配合下，执法监督检查56次，检察机关、团体、企事业单位1 500个，纠正违法行为197起，其中口头批评155起，发执法通知书19起，通报批评23起，立案查处违反《档案法》案件5起。

2000年11月，市档案局配合市依法治市领导小组，完成档案"三五"普法检查验收工作，对5个县（市、区）档案局（馆）、6个市属单位和8个县属单位进行重点检查，并对"三五"普法工作开展得好的45个集体、36名工作人员进行表彰，完成"三五"普法工作总结上报任务。

2001年，市档案局被省档案局授予"三五"普法先进单位称号，被市委、市政府授予"三五"普法先进集体称号。

"四五"普法（2001—2005年） 2001年，省、市"四五"普法规划下达后，市档案局制定《达州市档案系统法制宣传教育的第四个五年（2001—2005）规划》和《达州市档案事业发展"十五"规划》，各县（市、区）档案局根据市档案局统一规划，制定本地普法规划。全市各级档案部门成立"四五"普法依法治理工作领导小组及档案行政执法领导小组，局（馆）长任组长。全市有档案执法机构8个，专职执法人员62人，聘请协助执法人员12人，形成全市"四五"普法宣传教育骨干队伍。全市有64人通过考试取得行政执法资格，实行行政执法人员持证上岗制度。制定年度工作计划，将"四五"普法依法治理工作分解到各科室及相关人员，纳入机关目标管理及年终考核内容。局（馆）领导解决"四五"普法教育经费，人均普法经费110元。

2004年，市档案局组织干部职工参加全省"四五"普法法律知识考试，并取得优异成绩并对全市档案系统档案法"四五"普法宣传教育进行检查和总结。

2001—2005年，市档案局（馆）领导班子召开14次专题会议研究"四五"普法依法治理工作，做到有计划、有检查、有落实。制定干部职工学法工作计划，局（馆）领导干部职工每月两天集中学习。举办学习园地专栏10期，交流干部职工学习心得200余篇，其中，市档案局副局长郭奎生撰写的调研文章《档案宣传工作的形式与方法》刊登在《中国档案》2003年增刊上。

"四五"普法期间，市档案局（馆）修订并完善部门执法责任制，实行档案行政执法人员审验登记、档案行政执法报告、档案工作规范性文件备案审查、档案工作规范性文件定期清理和查处违反《档案法》案件的备案登记5项执法监督制度，并每年对市级部门及各县（市、区）档案部门《档案法》的贯彻执行情况进行执法检查，为市委、市政府年终目标考核提供依据。市档案局（馆）对干部选拔、财务收支、考核奖惩等实行公示制。制定《关于开展行政执法队伍教育管理工作的实施意见》，整顿档案行政执法队伍。在行政执法中，严格执行五项制度，坚决执行"十不准"有关规定，制定首问责任制、限时办结制等制度，建立加强队伍建设的长效机制。先后有39人次参加省、市举办的行政执法人员培训班学习。贯彻落实《行政许可法》，清理本局制定的规范性文件，取消4项规范性文件。市、县（区）两级档案部门在各级人大、法治办、法制局的配合下，进行执法监督检查40次，检察机关、团体、企事业单位1234个，纠正违法行为205起。其中，口头批评160起，发出执法通知书13起，通报批评32起。立案查处违反档案法案件4起。市档案局年年获得全省档案工作一等奖，被省人事厅、省档案局授予"全省档案系统先进集体"称号，被省档案局表彰为全省档案系统法制宣传先进单位。

2005年，市档案局（馆）对全市档案系统《档案法》"四五"普法宣传教育工作进行检查、验收和总结。在此基础上，与市依法治市领导小组办公室联合印发《关于表彰全市档案系统"四五"法制宣传教育工作先进集体和先进个人的通报》，表彰全市档案"四五"普法工作先进集体33个，先进个人27名。是年，市档案局、大竹县档案局被省档案局、省法制建设领导小组办公室表彰为全省档案系统"四五"普法先进集体。宣汉县档案局郭云发和市交通局何其伦被评为全省档案系统"四五"普法先进个人。

"五五"普法（2006—2010年） 2006年，省、市"五五"普法规划下达后，市档案局制定《达州市档案系统法制宣传教育的第五个五年（2006—2010）规划》和《达州市档案事业发展"十一五"规划》。各县（市、区）档案局根据市局统一安排，制定本地普法规划，并把档案事业列入国民经济和社会发展计划。同时，全市各级档案部门成立"五五"普法依法治理工作领导小组及档案行政执法领导小组，局（馆）长任组长。全市有档案执法机构8个，专职执法人员62人，聘请协助执法人员12人，形成全市"五五"普法宣传教育骨干队伍。全市有64人通过考试取得行政执法资格，实行行政执法人员持证上岗制度。制定年度工作计划，将"五五"普法依法治理工作分解到各科室及相关人员，纳入机关目标管理及年终考核内容。保障"五五"普法教育经费，人均普法经费110元。

2006—2010年，市档案局（馆）领导班子召开14次专题会议研究本单位"五五"普法依法治理工作。制定干部职工学法工作计划，局（馆）领导和干部每月集中两天学习。举办学习园地专栏5期，交流干部职工学习心得体会100余篇。全局职工人均学法时间达50学时。各级档案部门配合新闻媒体，向社会宣传档案法律法规知识。开展

《宪法及修正案》《行政许可法》《道路交通法》的宣传活动。开展"12·4"全国法制宣传日系列宣传活动，各县（市、区）档案局在城区主要街道开展档案法制宣传教育活动，散发宣传资料1万余份，进行法律咨询服务1 000余人次。

"五五"普法期间，市档案局（馆）年年获得全省档案工作先进单位，被省人事厅、省档案局授予"全省档案系统先进集体"称号，被省档案局表彰为全省档案工作优秀单位及法制宣传先进单位。

2010年，市档案局印发《关于达州市档案系统"五五"普法宣传教育检查验收工作的通知》。市县两级档案局分别组织开展"五五"普法检查验收总结。8月中旬起，市档案局组成5个检查组对各级50个单位进行检查验收。重点放在各级档案行政管理部门贯彻落实"五五"普法宣传教育的情况及自查整改情况，对市级部门采取抽查的方式进行检查验收。经过检查验收，全市档案系统"五五"普法宣传教育工作完成，取得显著成效。

"六五"普法（2011—2015年）　2011年9月20日，按照省档案局"六五"普法规划要求，市档案局制定《达州市档案系统法制宣传教育第六个五年规划（2011—2015）》和《达州市档案事业发展"十二五"规划》。市、县两级成立"六五"普法工作领导小组及档案行政执法领导小组，局（馆）长任组长。市档案局及各县（市、区）档案局将普法宣传教育工作纳入年度目标管理，制定年度工作计划，年终考核评比。全市各级机关单位特别是行业主管部门将《档案法》纳入本单位、本系统、本行业"六五"普法学习教育的内容，每年做出安排。

2013年6月17日，市档案局印发《关于开展档案系统"六五"普法中期督导工作的通知》，对全市档案系统贯彻落实"六五"普法工作开展情况进行中期检查督导，并成立领导小组，张强任组长，王云、龚乃桢任副组长。此次检查督导的方式以自查和抽查相结合。

2014年10月31日上午，市档案局组织全体干部职工学习《中共中央关于全面推进依法治国若干重大问题的决定》。

图5-11　市档案局干部职工普法学习

2015年，市档案局按照省档案局《关于组织开展全省档案系统"六五"普法总结检查验收工作的通知》要求，对照《全省档案系统"六五"普法总结验收主要内容及指导标准》，对全市档案系统"六五"普法工作进行自查。"六五"普法期间，每年召开5次以上的专题会议部署普法宣传工作。全市有档案执法机构8个，法制宣传人员42人。解决"六五"普法经费，制作电视专题宣传片10集、开展档案图片展览21期、印发宣传资料10万余份，累计投入宣传活动经费50万余元。每年"6·9"国际档案日、"12·4"法制宣传日，市档案局组织全市档案系统开展档案法制宣传活动，组织开展档案普法宣传"进校园""进社区""进机关"等活动，向机关企事业单位、群众发放宣传资料。同时制作法制宣传片通过门户网站向社会宣传。在"达州档案局"网站上开辟"学习园地"，交流干部职工学习档案法律法规心得体会。组织全市机关1 425人参加"飞狐灵通杯"全国档案法知识竞赛。全市散发宣传资料4万余份，现场为群众进行政策、服务咨询5 500余人次，爱国主义教育基地接待参观群众3 000余人次。全市组织专兼职档案人员550余人次参加省档案局及各地法制部门举办法律法规的学习和培训。与市人大常委会、市人大内司委、市法治办、市政府目督办联合开展档案行政执法检查。全市开展档案行政执法监督检查24次，检察机关、团体、企事业单位1 100余个次，纠正违法行为259起，口头批评210起，通报批评32起，对14个单位发出档案行政执法监督检查通知书，责令限期整改。

"七五"普法（2016—2020） 2016年，按照国家档案局和省档案局"七五"普法规划，市档案局制定"七五"普法规划。按要求做好《四川省国家档案馆管理办法》《档案管理违法违纪行为处分规定》的宣传贯彻，并及时报送信息。市档案局定期开展学法活动，并由局领导带领全局干部职工开展学法普法活动，对依法治国方略基本理论、依法行政纲领性文件以及与档案相关的法律法规进行系统学习，并制定学习制度和计划，形成长效机制。

图5-12 市档案局干部职工普法学习

8月4日，市档案局邀请到金事达律师事务所刘主任在市图书馆新会议室为档案局干部职工举办法治讲座。达州市档案局、达川区档案局、通川区档案局、达州市城建档案馆30余名干部职工参加讲座。

是年，市档案局先后学习《中华人民共和国档案法》《四川省国家档案馆管理办法》等法律法规20余部，强化干部职工法律意识。渠县人大常委会专题学习《档案法》及其实施办法，对《档案法》及国家、四川省实施办法和中央、省、市、县《关于进一步加强和改进新时期档案工作的实施意见》进行解读。

2017年5月18日，市档案局印发《达州市档案"七五"普法规划（2016—2020年）》，明确指导思想、总体目标、基本原则 主要任务。第七个五年法治宣传教育规划从2016年开始实施，到2020年结束，分为3个阶段：宣传发动阶段（2016年）；组织实施阶段（2016—2020年上半年）；整理总结阶段（2020年下半年），并提出工作要求。同时，成立"七五"普法工作领导小组，将普法工作经费纳入年度预算。

图5-13 市档案局举办"法治档案大讲堂"活动

6月14日，市档案局举办"法治档案大讲堂"活动，邀请达州市唐隆茂律师，结合档案法律法规及其违法行为，为全市档案系统120名干部职工作专题讲座。开江县档案局为宣传《档案法》《档案立卷归档管理办法》，在沙坝场乡举办大型讲座，80余名干部群众参加。渠县档案局举办賨人与賨人文化及集聚大文化助推大旅游等讲座。

是年，市档案局按照市"七五"普法规划，贯彻落实"谁执法谁普法"责任制和"达州市完善国家工作人员学法用法制度的实施意见"，结合实际，推进"法律七进"

活动，建立健全和落实学法制度，制定年度学法计划，确定年度学法重点，组织学法考试和法律知识网络竞赛，开展国家、省、市档案法律法规及相关重要法律法规的学习教育，将学法尊法用法守法情况纳入干部职工年度考核内容和年终述职内容。

图5-14 干部职工学习《中华人民共和国宪法》

2018年，市档案局开展"七五"普法中期自查，结合实际深化法律"七进"活动，开展宪法学习宣传，机关党组织和党员干部到通川区北岩社区开展双报到活动进行法律宣传。市档案局邀请市直机关工委调研员刘礼进行法治专题讲座，解读中共十九大精神和习近平新时代中国特色社会主义思想；特邀达州市法之缘律师事务所所长、达州市律协副会长、四川省律协理事唐隆茂举办"法治档案大讲堂"。同时，利用达州档案资源网站及微信、微博等平台宣传档案法律知识；设立法治宣传教育走廊，利用LED显示屏宣传法律知识；组织开展档案系统法治文艺作品创作及文艺活动。11月12日，市档案局组织干部职工学习《中华人民共和国宪法》。是年，坚持会前学法制度，全年学法12次。

第二节 执法队伍建设

1990年9月1日，省档案局同意赵本章、王邦调、刘天珍、肖启荣、康采芹、庞仁传、李云强、何强修、王全元、李宣德、王成芳、王超全、肖红树、王励志14人为达川地区档案执法监督检查员，发给"档案执法监督检查证"。按照省档案局要求，建立查处违反《档案法》案件备案制度，使全区档案工作走上依法治档新阶段。

1991年11月，地区档案局设立法律监督监察科，配备2名专职人员，各县（市、区）建立健全法律监督科（股）或执法监督领导小组，配备1名档案执法监督员。地、县（市）档案局由局长分管法制工作，把法制工作纳入机关工作目标管理，签订责任书，加强监督检查，年终考核。

1992年6月，地区档案局召开档案执法监督员会议，以会代训，培训骨干。11月7日，地区档案局印发通知：在地区人大工委、通川报社、地区政协工委、地区教育局、地区纪委、地区文化局等41个地级单位中聘任兼职档案执法监督员。同时，明确兼职监督员职责：对本单位和所属机构贯彻实施《档案法》的情况进行监督检查，向档案行政管理部门反映《档案法》贯彻实施中的情况、问题和建议，举报违法行为，协助有关部门调查违反档案法的案件，对贯彻实施《档案法》的好人好事提出表扬和奖励意见。至年末，全区建起档案法制机构和执法监督检查队伍，配备专兼职档案执法监督员71名，其中专职30名，兼职41名。

1994年，地区档案局建立一年一次执法情况报告制度，向省档案局做书面年度执法情况报告，各县（市）档案局向地区档案局做书面执法情况报告。同时配备、调整执法监督检查员,参加省档案局举办的档案执法研讨会,提高执法水平,加快档案法制建设步伐,形成"分级负责,横向协调,上下沟通,监督有效,适应社会主义市场经济需要的依法治档新机制"。

1995年,地区档案局在渠县档案局进行部门执法责任制试点,经3次讨论修改和书面征求省、地部门意见,渠县人民政府批准,试行《渠县档案局执法责任制》,并由地区档案局印发各县(市)档案局参考。7月5—6日,地区档案局召开档案执法经验交流会。各县(市)档案局分管法制工作的领导参加会议。至年末,万源市、大竹县档案局设立法律监督教育科(股),全区档案专职执法人员由14人增至48人。各县(市)档案局配合当地政府法制部门,对行政执法人员进行业务培训,经考核合格后持证上岗。

1996年,全区建立健全档案行政执法人员审验登记、档案行政执法报告、档案工作规范性文件备案审查、档案工作规范性文件定期清理和查处违反《档案法》案件的备案登记5项执法监督制度。3月20日,地区档案局成立档案执法领导小组,张修全任组长,唐传光任副组长。11月26日,印发《达川地区档案局行政执法责任制(试行)》,共8章41条,从执法主体、执法行为、执法程序、执法责任、执法监督、执法过错追究、执法纪律等方面明确任务,落实责任。同时,将本部门执法责任分解落实到业务指导科、法律监督教育科、馆务科、办公室4个内部职能科室,各科室负责人以执法范围、执法责任、执法考评为内容与局长和分管领导签订《行政执法责任书》,由局档案执法领导小组监督。各科室再将执法责任落实到执法岗位,形成一级考核一级、一级监督一级的执法责任监督网络。至年末,地区档案局和6个县(市)档案局建立档案部门执法责任制。同时,按照执法人员条件,全区配备执法工作人员55名,经地县法制部门培训合格后,颁发执法证。

1997年2月14日,地区档案局印发《关于建立健全档案行政执法监督机制的通知》,具体要求:第一,档案行政执法人员审验登记制度。凡办理《行政执法证》的档案行政执法人员,均应参加本地政府法制部门进行的审核验证,未经验证的执法证件无效。第二,档案行政执法报告制度。各县、市档案局每年12月20日以前应将本县、市本年度的档案行政执法情况专题向地区档案局报告。第三,档案工作规范性文件备案审查制度。第四,档案工作规范性文件定期清理制度。第五,查处违反《档案法》案件的备案登记制度。至年末,地区档案局和4个县档案局建立执法机构,全区颁发执法证的执法人员57名。

1998年1月14日,地区档案局修订《达川地区档案局关于行政执法责任制方案》,明确地区档案局是地区行署档案行政管理部门,行政执法的基本任务是:负责实施档案法律、法规、规章,对公民、法人和其他组织遵守档案法规的情况进行监督,并对违反档案法规的行为进行查处。是年,地区档案局和5个县(市)档案局建立执法机构,配备执法人员64名(地区档案局由4人增至9人),并对执法人员进行档案法律知识培训。各级档案部门完成行政执法责任制方案的修订,并将档案行政执法监督机制五项制度纳入目标管理和考核。

1999年,全区8个地、县(市)档案局修订和完善档案行政执法责任制方案,并与各科室签订责任书,明确任务、责任和执法纪律。地区档案局被地区行署授予"政府法制工作先进单位"称号。宣汉县、大竹县档案局被县政府授予"行政执法先进单位"称号。

2000年，市档案局选聘通过行政执法考核具备行政执法资格的17人为档案协助执法员，在全市推行档案协助执法员制度。8月31日，第二次修改《达州市档案局行政执法责任制方案》，共8章47条，建立健全行政执法、行政执法监督、行政复议、执法责任制、考核奖惩、过错追究等制度，并认真执行。

8月，根据《四川省档案协助执法人员聘用办法》规定，征得市政府法制局同意，市档案局在市级部门聘用档案协助执法人员，其职责为：（1）监督指导档案法律、法规、规章的学习、宣传与贯彻执行。（2）监督、检查、指导档案工作制度的建立和落实，维护档案安全，预防损毁档案事件发生。（3）调查处理轻微违法行为，在口头纠正难以奏效情况下，签发《档案行政执法通知书》，但不得实施行政处罚和责令赔偿损失。（4）检举、揭发并协助档案行政执法机关调查处理违反档案法案件。（5）向聘用档案局或有关机关提出对贯彻落实档案法和档案工作成绩突出的单位和个人给予行政奖励的建议。（6）档案协助执法人员均为兼职，仅限于在本单位、本系统、本协作片组履行执法职责。

2001年，市档案局建立健全行政执法证件管理、行政执法人员资格认证、行政执法人员培训考核等制度，配备13名执法人员，且全部申领由省政府统一制发的行政执法证，按时年审，持证亮证执法，在执法中严格遵守执法程序，全年未发生查处档案违法案件和行政应诉案件，没有乱收费、乱罚款、乱集资、乱摊派等行为。

2002年，全市8个市、县（市、区）档案局修订完善"档案行政执法人员审验登记"等行政执法监督机制5项制度。

2003年，按照省政府、市政府加强行政执法队伍教育管理工作要求，市档案局制定《关于开展行政执法队伍教育管理工作的实施意见》，成立行政执法人员教育整顿工作领导小组，把对档案行政执法队伍的教育整顿与机关党员干部集中教育整顿相结合，通过学习教育、开门整顿、深入剖析、民主评议、整改建制，提高档案行政执法人员的素质和水平。同时，市档案局（馆）建立健全规章制度35个，新制定机关政治、业务学习制度，人事管理制度，岗位责任制度，首问责任制度，限时办结等制度，建立加强队伍建设长效机制。

2004年，市档案局成立档案行政执法责任制领导小组，成员由局（馆）领导班子组成。法制科负责日常工作，专职人员由2名增至3名。同时，贯彻落实《关于开展行政执法队伍教育管理工作的实施意见》，严格实施五项制度，坚决执行"十不准"规定。

2005年，市档案局对每位档案行政执法人员的职能、职责作出具体规定和划分，局长与分管副局长，分管副局长与科长，层层签订目标责任书，实行目标管理责任制。同时，制定《全面推进依法行政工作五年规划》。

2008年6月18日，市档案局印发《首问负责制度》《限时办结制度》《服务承诺制度》《责任追究制度》。

2009年，市、县两级45名档案行政执法人员的执法证在当地法制部门年审。11月28日，全市24名档案人员参加全市统一组织的行政执法资格考试。是年，全市开展综合评估工作，上报本市及各县（市、区）档案局行政执法主体资格依据性材料、执法人员行政执法证复印件、档案专业继续教育师资登记表、档案事业基本情况材料及县级以上档案局（馆）情况一览表。

2010年，宣汉县档案局开展档案行政执法责任制示范活动，制定并完善《宣汉县档案局档案行政执法责任制》，后各县（市、区）档案局借鉴宣汉县档案局做法制定本地档案行政执法责任制。同时，市档案局把对行政规范性文件管理和监督纳入年度目标任务管理，对全市档案部门制定规范性文件进行监督管理，备案审查。大竹县档案局制定《大竹县档案局接收档案范围实施意见》，对涉及档案工作的政策、法规、工作动态、工作信息、档案行政执法人员信息及档案行政执法程序进行上网公开。达州档案资源网公开政府信息54条。是年，市档案局按照各职能科室的性质和职责进行调整，实行执法与监督两分开，由业务指导科履行档案行政执法的主体责任，法制宣传教育科履行档案行政执法监督职责。全年完成市、县两级22名档案行政执法人员的执法证件年审，并将执法人员信息在达州档案资源网上公开。市档案局7名人员参加全市统一组织的行政执法资格考试。此外，开展档案行政执法案卷评查，对7个县（市、区）档案局档案行政执法案卷进行评查。

2011年10月，依照《达州市市级行政权力清理审核工作实施方案》要求，市档案局对行政执法依据进行梳理，并填写市级行政权力事项清理审核表，上报市政府法制办。同时，依照《达州市人民政府办公室关于开展行政规范性文件集中专项清理工作的通知》要求，对现行档案工作规范性文件开展集中专项清理。

是年，全市档案系统60余人参加省档案局或其他部门组织的培训班，规范行政执法行为；开展新式IC卡行政执法证件网上申领工作。至年末，市档案局4人取得新式执法证件，3人参加行政执法资格考试。

2012年10月16日，市档案局党组召开全局行政执法队伍作风整顿活动动员大会，组织学习市委办公室、市政府办公室《关于印发〈达州市行政执法队伍作风整顿活动实施方案〉的通知》，成立领导小组，张强任组长，龚乃桢、王云任副组长。市档案局又制定活动实施方案，确定活动指导思想、目标、措施等。

2013年，市档案局开展办案安全"大检查""大教育"和"大建设"活动，成立"三大活动"领导小组和办公室，龚乃桢任组长。市档案局召开动员会，传达全市纪检监察系统办案安全"三大活动"动员会议精神。制定《达州市档案局关于"三大活动"开展情况的检查方案》，明确活动目的、指导思想、实施步骤。6月，局纪检组对照市纪委《关于印发〈全市纪检监察系统办案安全"三大活动"考核办法〉的通知》考核标准进行自查，达到思想认识高度统一、突出问题有效解决、办案机制不断健全、工作水平明显提高。

10月16日，市档案局召开行政执法队伍作风整顿活动动员大会。10月17日，成立领导小组，张强任组长，龚乃桢、王云任副组长，制定活动实施方案。该次整顿主体对象为全局行政执法人员、委托行政执法人员和协助行政执法人员等，主要整治执法人员滥用职权、执法不公正、行政执法不作为乱作为、执法不规范和执法不文明等问题。11月12日，市档案局成立"行政权力依法规范公开运行平台工作小组"，张强任组长，龚乃桢、王云任副组长，设办公室在法制科，负责对该局进行行政权力梳理，编制行政权力目录，制定行政权力运行流程图，初设电子监察点和风险防控点等工作。

2014年2月14日，市档案局调整依法治档领导小组，张强任组长，龚乃桢、王云任副组长。设办公室在法制科，负责处理日常工作。6月，市档案局7名行政执法人员完成证件年审。至年末，市档案局配备专职执法人员7名，全市有档案执法机构8个，专职执法人员39名。

2015年，市档案局建立健全职工集中学习制度，每两周开展一次"集中学习日"活动，组织干部职工系统学习《档案法》《行政处罚法》《行政诉讼法》等法律法规。又组织全市60余人次参加省档案局或其他部门组织的培训，参加行政执法资格考试，开展新式IC卡行政执法证件网上申领工作。市档案局有4人取得新式执法证件，另有7人参加行政执法资格考试。同时按照全市统一安排，开展行政权力责任清理审核工作。

2016年，市档案局（馆）领导班子将依法行政工作纳入局党组、行政的重要议事日程，纳入年度工作目标管理内容，与各县（市、区）档案局签订目标管理责任书，统一考核管理。按照《达州市档案局二〇一六年度依法行政工作计划》，将工作任务分解到各科室及相关人员，确保依法行政工作落到实处。分管领导与法制宣传教育科、业务指导科签订目标责任书，明确依法行政工作任务和要求，确保依法行政工作顺利开展。6月6日，市档案局调整依法治档及依法行政领导小组，张强任组长，龚乃桢、李华、徐志任副组长，领导小组下设办公室在法制科。是年，市档案局派2人参加行政执法资格考试，另有17人取得新式IC卡行政执法证件。

2017年，市档案局执法人员全部通过行政执法人员资格续职考试，执法岗位行政执法人员持有执法证件，严格依法履行职责，完善行政执法程序，在法定权限和范围内，依法实施行政执法行为。

2018年5月6日，市档案局调整依法治档及依法行政领导小组，韩家翼任组长，龚乃桢、李华任副组长。至年末，市档案局配备专职执法人员13名，全市有档案执法机构8个，专职执法人员39名，形成全市行政执法骨干队伍，并经常开展执法人员培训交流，总结执法实践经验教训。

第三节　规范性文件管理

1955年8月，地区专署制定《案卷类目与文书处理和档案工作细则（草案）》。1956年，地、县委办公室分别制定《文书处理与档案工作日常工作的实施细则或办法》《不需要立卷归档的文书材料和销毁办法的暂行规定》。"大跃进"期间，地委、专署先后制定《关于农业社建立文书档案制度的实施办法》《关于区乡级机关建立文书档案制度的办法（草案）》《关于巩固与健全全区、乡文书档案工作的实施办法（草案）》《关于人民公社文书档案资料工作的暂行办法（草案）》。

1960年，地委、专署制定《关于开展科学技术档案工作的几点意见》《四川省达县专区建筑工程公司技术档案室暂行细则》。1961年，地委制发《关于对整风运动中形成的文件材料整理归档的意见》。1964年，地委印发《关于认真建立健全农村阶级成分档案的通知》。1976年，地委印发《关于进一步加强技术档案工作的意见》《关于认真做好文书处理工作的几点意见》。

1992年2月，地区档案局制定《区、乡（镇）财政所档案工作达标验收标准（试行）》；8月，制定《达县地区基层税务所达标考核验收标准（试行）》。1994年，地区档案局制定《达县地区工商行政管理所档案工作达标考核验收标准、文件材料归档范围及保管期限暂行规定》《关于在村民自治活动中切实加强村级档案管理的通知》。

1997年，地区档案局制定《达川地区区、乡（镇）办档案工作达标升级办法》。是年，依法清理建局以来至1996年末自身制发的法规性文件，对已失效文件进行废止。

2001年，市档案局开始收集有关资料和借鉴有关省市的做法，草拟《达州市重大活动档案资料管理办法》《达州市档案资料征集办法》《达州市国家综合档案馆档案资料接收办法》初稿，经市、县档案部门业务人员多次讨论修改，于2003年5月21日由市委办公室、市政府办公室印发。一起出台3个"办法"，这在全市档案工作历史上属首次。该办法分别规定重大活动档案资料征集的范围、内容、管理、移交及其监督、检查；确定档案资料征集的区域、范围、征集方式、组织领导和措施；详细制定国家综合档案馆档案资料接收的范围、质量标准、进馆前的鉴定整理、消毒杀虫，首次提出凡进馆档案均需经严格消毒杀虫并由移交单位承担所需费用，明确从2003起，凡移交进馆的档案必须同时移交机读目录。整个管理办法的制定有利于优化馆藏结构，丰富馆藏内容和全市档案管理标准化、规范化、科学化、现代化的实现。

2009年，市委、市政府印发《达州市建立政府公开信息查阅中心和已公开现行文件利用中心实施方案》，对已公开现行文件的送交程序、接收方法、时限要求、管理手段、提供利用以及现行文件的信息化作出规定。

2010年，市委办、市政府办印发《关于进一步加强档案工作的意见》，对全市档案事业的发展提出比较全面的措施和要求，该文件成为第一部指导全市档案工作的纲领性文件。

2013年，市委办公室、市政府办公室印发《关于向市档案馆移交省部级以上荣誉档案和公务礼品档案的通知》，转发《达州市档案馆2013年档案接收计划》，为档案部门依法接收档案资料进馆提供政策保障。

2015年，依照《达州市人民政府办公室关于开展行政规范性文件集中专项清理工作的通知》要求，市档案局对现行档案工作规范性文件进行集中专项清理，并将清理结果上报市政府法制办。是年，全市制定规范性文件4个，其中涉及民生类规范文件3个。

2016年，按照《四川省行政规范性文件制定和备案规定》的要求，市档案局做好规范性文件的制定和备案及审查，规范性文件发布后及时向省档案局备案。

2017年，市档案局健全规范性文件制定程序，加强规范性文件合法性审查，推行规范性文件统一登记、统一编号、统一发布的"三统一"制度；落实规范性文件定期清理和有效期制度，规范性文件定期进行清理，并向社会公布清理结果；建立健全规范性文件备案审查、实施效果评估、情况通报和监督检查制度；按要求清理规范性文件。同时，贯彻落实《四川省重大行政决策程序规定》《四川省行政决策合法性审查规定》，健全和完善决策机制，建立并推行机关内部重大行政决策合法性审查制度、决策者签字备案制度、法律顾问制度和行政决策风险评估制度。

2018年，市档案局严格落实重大行政决策程序规定及规范性文件"三统一"、备案审查等制度，对规范性文件实行动态化、信息化管理。

第四节　行政权力平台建设

2016年，市档案局按照全市统一安排，对行政权力事项进行梳理，如实填写市级行政权力事项填报表，对行政权力事项名称、实施主体、行政权力事项依据等进行登记，上报市审改办。同时，做好行权平台日常运行和维护。市档案局有18项行政权力：行政许可1项，行政奖励1项，行政处罚5项，其他行政权力11项。除行政许可和行政奖励这2项行政权力未录入行政权力平台并运行以外，其余16项行政权力均录入行政权力平台并正常运行。至年末，市档案局行政权力运行平台共录入案件29条，均办结。查办案件做到全流程同步及时录入，全程未出现报警案件。

2017年1月10日，全市行政权力依法规范公开运行平台工作现场会召开后，市档案局党组召开干部职工大会，传达学习会议精神，安排部署全局行政权力依法规范公开运行平台工作。同时，要求行权事项全部实时在行权平台办理，不得事后补录，保障行政权力事项在网上顺利、公开、透明运行。

1月16日，市档案局调整行政权力公开运行平台领导小组，韩家翼任组长，龚乃桢、李华、徐志任副组长，领导小组下设办公室在法制科。

2月23日，市纪委行权平台运行工作督查组对市档案局行政权力依法依规公开平台运行情况进行现场督查。随后，市档案局针对存在问题召开专题会议研究落实整改措施。

4月，根据《达州市人民政府政务服务中心关于清理行政许可和公共服务事项的通知》要求，市档案局对照公布的行政许可和公共服务事项目录，对局行政许可和公共服务事项进行全面清理。根据最新修改的《中华人民共和国档案法》，省、市、县三级档案局"对出卖、转让集体所有、个人所有以及其他不属于国家所有的对国家和社会具有保存价值的或者应当保密的档案的审批"事项已无法律依据，市档案局取消该项行政审批事项。9月15日，根据要求，市档案局组织人员开展政务服务事项开具各类证明自查工作，认真梳理政务服务事项开具的各类证明。在梳理过程中，确定查阅利用档案，除以下情况需开具证明外其他一律取消：（1）查阅本单位移交的未开放档案的，需单位开具介绍信，并提供经办人合法身份证明；（2）查阅非本单位移交的未开放档案的，经档案形成单位批准并开具介绍信，提供经办人合法身份证明；（3）当事人来访查档，需提供本人身份证明；（3）当事人委托亲属来访查档，需提供亲属关系证明；（4）当事人委托非亲属来访查档，需提供委托书，以及委托人与被委托人的身份证明。

在梳理政务服务事项开具各类证明过程中，明确规定，除按规定应开具各类证明的事项外，任何人不准擅自要求市民开具证明，增加市民负担，否则将依照有关规定追究相关人员和领导的责任。

11月6日，按照市政府办公室《关于印发达州市做好全省一体化网上政务服务平台上线工作方案的通知》（达市府办函〔2017〕144号）要求，市档案局对本部门行政权力事项和行政审批机构职责落实情况进行清理。经过清理，市档案局行政权力事项调整变化1项，即行政奖励取消1项——

对在档案工作中做出显著成绩的奖励。该次清理后，经与省档案局对接确认，市档案局有行政权力13项，其中行政处罚5项：对损毁、丢失属于国家所有的档案的处罚；对擅自提供、抄录、公布、销毁属于国家所有的档案的处罚；对涂改、伪造档案的处罚；对擅自出卖或者转让特定档案的处罚；对倒卖档案牟利或者将档案卖给、赠送给外国人的处罚。行政检查1项：对档案法律法规贯彻实施情况的监督检查。其他行政权力7项：其一，销毁国有企业资产与产权变动档案备案。其二，违反档案法律法规造成档案损失的责令赔偿。其三，对机关、团体、企业事业单位和其他组织以及中国公民利用档案馆保存的未开放档案的审查。其四，重大建设项目档案专项验收（鉴定）。其五，对有下列行为之一的责令限期改正：（1）将公务活动中形成的应当归档的文件、资料据为己有，拒绝交档案机构、档案工作人员归档的；（2）拒不按照国家规定向国家档案馆移交档案的；（3）明知所保存的档案面临危险而不采取措施，造成档案损失的；（4）档案工作人员、对档案工作负有领导责任的人员玩忽职守，造成档案损失的。其六，对重大活动档案延期移交的审查。其七，对国家机关及其工作人员侵占或损坏国家档案馆建设用地、馆舍、设施设备的，或者擅自改变国家档案馆功能和用途的责令限期改正。

是年，市档案局严格执行《四川省行政权力依法规范公开运行平台建设和使用管理办法》，依法梳理行政执法依据，清理出行政权力14项，取消行政审批事项1项，审核确认行政权力和运行流程，设置和动态管理行政权力事项的廉政风险防控点和监察点。政府公告的涉及档案行政权力事项全部上网规范运行，所发生的行权案件全部实现线上线下同步运行，全年未发生预警报警案件。

2018年11月，按照市审改办《关于动态调整行政权力事项的通知》要求，市档案局从事项名称、类别、实施依据、实施主体等方面，对本部门行政权力事项进行认领、清理。通过清理，市档案局行政权力事项无调整变化。该次清理后，经与省级对应部门工作对接确认，市档案局有行政权力14项，其中：行政处罚5项；行政检查1项；行政奖励1项；其他行政权力7项。这14条行政权力均录入一体化政务服务平台并正常运行。市档案局受理的行政权力事项基本是"对机关、团体、企业事业单位和其他组织以及中国公民利用档案馆保存的未开放档案的审查"这一项权力。该项权力具体由接收科执行。

是年，市档案局结合档案工作职能，及时认领省档案局下发的行政权力事项，完善权力事项基础信息、法律依据、办理流程，及时上报审核，完善一体化平台建设相关工作，共完成案件录入20件，未出现漏录、补录情况，保证各权力事项正常运行。至年末，推进省上公布的政务服务事项全部在一体化政务服务平台运行，建成市本级一体化政务服务信息资源共享平台，实现市本级自建政务服务事项办事系统基本整合。

第五节　执法监督检查

中华人民共和国成立后，对档案工作检查主要是档案业务工作情况、档案安全保管及保密等。

1956年6月，地区派员配合渠县档案馆，对渠县临巴、土溪、三汇和涌兴等部分区、乡、人民公社的文书档案工作进行巡回检查。

1960年1月9日，地委办公室印发《关于在地专机关开展档案工作检查评比的通知》，具体明确：第一，组织领导和时间安排：在各党委的直接领导下，由党委办公室和各协作小组主持检查评比工作。检查评比时间第一次在本月15日前各协作小组普遍进行检查评比结束，20日前地专级机关全面评比。第二次2月15日前各协作小组普遍检查评比结束，2月20日前全面评比结束。第二，检查评比的方法：以协作小组检查评比活动为主，做到先检查后评比。

1961年1月19日前，地专机关开展档案工作评比竞赛。20日，地专机关档案工作全面检查评比竞赛会议召开，评出一类档案工作单位21个，其中：红旗档案工作单位5个（地委、专署、专区公安处、专区商业局机关统一档案室、专区新达通用机器厂档案室），先进档案工作单位6个（专区冶金局、专区交通局机关统一档案室、渠江钢铁厂、达钢、专区交通机械厂、专区工业局统一档案室），评出二类单位64个，评出三类单位9个。

5月1日，宣汉县驻昆池公社工作组苟兴德在收集整理昆池公社整风整社和历年的档案、文件过程中，发觉没有原昆池乡人委1950—1958年的档案材料。他听人反映4月卖过一次废纸。5月2日，苟到区供销社查看，从废纸堆里清出该乡1951—1958年的档案165卷、零散文件76件，当天全部搬回公社党委办公室保存，并加工整理。5月11日，地委办公室转发中共宣汉县委驻昆池公社工作组苟兴德关于昆池公社出卖档案文件的报告的通报。

同年5月，省档案管理局工作组余健等两人到巴中县调查研究收集、保管和使用革命历史文件、资料时，发现巴中县文化馆擅自翻印散发革命历史文件和资料的问题。经与省档案管理局工作组研究，责成县委办公室迅速全部收回，统一保管，并对当事人批评教育。

1962年9月，根据省档案局《关于检查档案材料的保管、整理的通知》精神，专区召开各县档案馆长会议，介绍专区8月底在平昌县档案馆进行试点检查情况。随后，各县档案馆开展检查工作。到12月末，全区11个县档案馆已检查10个。该次检查主要针对各县档案馆对档案材料的保管、保密和系统化等工作。方法采取以案卷收进簿、案卷目录与实有档案，逐年、逐全宗、逐类、逐卷查对，发现问题，边检查，边改进，做到账账相符，卷卷有着落。是年，巴中、宣汉、开江等6个县档案局对区、社文书档案工作采取抽查、巡回检查或试点的方式进行业务指导。

1963年，各县馆普遍对档案进行一次保管检查，解决错卷、掉卷、失泄密等问题。针对检查出的问题，建立健全保管保密制度。

1974年4月，地区组织地属机关44人，互相检查32个单位后，有8个优秀单位交流经验。1975年9月，地委印发《关于进一步做好档案保管和保密工作的通知》，对全区档案保管和保密工作进行检查。1976年6月，地委组织40余人分6个小组，检查城区35个省、地属单位的技术档案工作。重点检查技术档案集中统一管理，收集整理、保管利用、制度建立和备战工作的落实等。

1979年，地、县档案局履行"指导、监督和检查"职责，对各级单位贯彻执行党和国家关于档案工作的决定、指示以及档案工作各项规章制度进行监督和检查，并向党委和政府报告。10月11日，地委对1970年1月达县消防中队擅自烧毁县法院305件人事档案事件做出处理决定，对相关责任人处以党内警告处分和批评教育。

1981年1月，开江县档案局组织124人，历时6天，对全县区、社、大队、生产队的档案工作进行检查验收，评出先进集体28个。3月，宣汉县档案局派出5人，历时35天，到55个机关、厂矿、学校和区、社、队调查研究，督促检查。是年，地区档案局组织各县（市、区）档案局和地级专业主管机关对地级各系统和各县（市、区）的科技档案工作进行检查，并向省档案局和地委、行署报送专题报告，推动科技档案工作的恢复、整顿。

1982年，部分县（市）和地级机关，采取打分的办法，开展档案工作检查评比活动。做到查有重点，评有内容，比有条件，学有榜样，赶有目标，讲求实效，不走过场，收到实效。

1985年5月10日，地委办公室、行署办公室批转地区档案局《关于开展档案工作检查评比的意见》，对检查评比的指导思想、范围、条件、时间、方法及组织领导等作出安排。参加检查评比的主要是地级各机关、厂矿、企事业单位（包括二级单位）的文书档案（包括各种专业档案）和科学技术档案工作。检查评比由地委办公室、行署办公室组织领导，日常工作由地区档案局承办。经地级各系统推荐，地委办公室、行署办公室审查，评出地级机关档案工作先进单位35个，先进个人29名。

1986年末，地区档案局按照省档案局要求，组织各县（市、区）档案局对档案馆1984—1986年档案安全情况进行检查。经检查，全区档案损毁28 540件（其中1984年9 310件，1985年9 825件，1986年9 045件），丢失8件，失泄密2次。

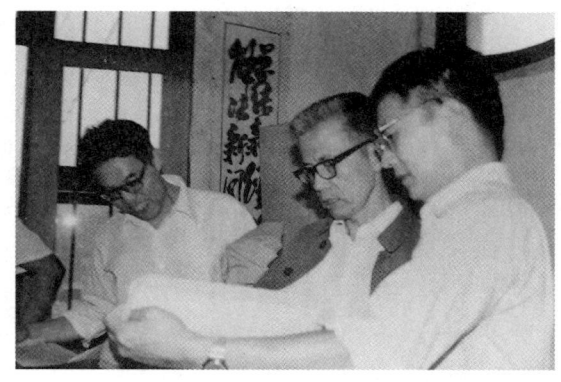

图5-15　1988年9月，省档案局检查组成员检查档案保护情况

1987年，《档案法》颁布后，全区对档案工作的检查监督改称执法监督检查。11月10—30日，地级各主管部门组织人员对本系统的档案工作进行检查，没有下属单位的部门进行自查。地区档案局派出4人参与检查，掌握、分析和研究档案机构设置、干部配备、档案管理、档案利用和学习宣传贯彻《档案法》等方面的情况，并向地委、行署领导汇报检查结果。

1988年5月25日，地区档案局印发《关于转发国家档案局、国务院法制局〈关于对《档案法》贯彻执行情况进行检查的通知〉的通知》。7月26日，地区档案局、地区司法局印发《关于对地级单位贯彻执行〈档案法〉情况进行检查的通知》，对执法检查作出安排和部署。地、县（市）档案部门与有关部门配合，组织近100个检查组，采取自查、按系统分片（或按大口分组）检查，对全区各级各类档案馆、乡级以上机关、团体、企业、事业单位实施《档案法》情况进行检查。9月12—19日，省档案局副局长龙玉春率领省政府《档案法》检查组对达县地区贯彻执行《档案法》的情况进行检查，听取地区档案局关于全区贯彻执行《档案法》的情况汇报，并对地区档案工作管理体制、人员编制、经费、档案保管保护条件等问题，提出意见。地区行署据此提出改进措施，督促有关部门限期解决。

1989年11月中旬至12月上旬，按照省政府、省档案局要求，地区档案局采取分级负责，条块结合，重点抽查与交叉检查等方式，对全区《档案法》的执行情况进行大检查。12月5日，省档案局行政执法检查组对达县地区贯彻执行《档案法》情况进行检查。是年，查处5起违反档案法的案件（通江县铁厂乡烧毁档案350卷，万源县医药公司原经理谢长福拒绝移交档案，平昌县原造纸厂损毁会计档案，开江县工业局职工私自出卖档案，地区文工团档案被水淹）。

1990年，地区档案局除完成上年度3件违法案件处理外，查处本年度1—10月发生的5件违法案件。

1991年8月，按照省档案局要求，地区档案局在全区对《档案法》及其《实施办法》的贯彻实施情况进行检查。据统计，达县市、通江、渠县、南江、大竹、巴中、宣汉和地区档案局对512个机关和企事业单位进行检查或抽查。是年，全区发生档案违法案件8件（群众举报2件），立案6件，查处结案3件。

1992年，全区查处档案违法案件2起，并将查处结果及时通报全区，有关责任人员分别受到处理。

1993年，地区档案局对地级党群、计经建、农林水气3个系统和全区政法系统贯彻执法《档案法》及其《实施办法》的情况进行检查、评比，通报表彰26个先进集体，33名先进个人。同时，与省档案局二处负责人员先后到达钢、新达、蜀东、华川、热电厂、达县井田、宣汉江口电站等重点工程和技改项目现场检查，指导档案工作，并派员参加达钢焦化工程、江口电站等工程竣工验收；达县、达川市、大竹等县（市）档案局对经济技术开发区、境外企业、三资企业、乡镇企业等档案管理工作进行调查研究，提出解决问题的办法和措施。

1994年，地区档案局配合地工委政法委员会和行署法制局分别对全区政法系统和地级党群机关、计、经、建、农、林、水气系统142个单位贯彻实施《档案法》的情况进行检查。经过检查，多数单位领导重视档案工作，认真贯彻执行集中统一管理制度，有60％以上单位建立专门档案室，对本单位的档案实行集中统管。其余单位建有档案专柜。95％的单位配有相对稳定的专兼职档案干部。

1995年6月25日，地区人大工委、地区司法局、地区法建办、行署法制局、地区档案局组成两个检查验收组，对达川市、大竹县、宣汉县、开江县档案工作进行检查验收。7月，地、县（市）档案部门配合有关部门对机关、团体、企事业单位进行验收。地区档案局与地区法建办及各专业主管部门对地级267个机关单位进行抽检，达到标准225个。是年，全区查处纠正档案违法行为38件，其中口头批评36件，通报批评2件，立案查处3件，已结案1件。

1996年，地区档案局对地级96个一级单位进行执法检查。全年纠正违法行为26件。

1997年3月25日和5月19日，地区人大工委法制工作处与地区档案局分别向各县（市）地级部门下发检查《档案法》执行情况的通知。5—7月，由各地各单位自查；8—9月，在自查基础上进行重点抽查。8月20—27日，地区人大工委副主任孙均发、工委委员赵应量分别带队对地级和达县、大竹县部分机关、企事业单位、乡村共13个单位的档案执法工作进行抽查。该次档案执法检查全区共抽查109个单位，其中机关、团体、事业单位59个，企业6个，区、乡（镇）44个。

1998年，是《四川省〈中华人民共和国档案法〉实施办法》颁布实施1周年。根据省档案局安排，地区档案局对贯彻《四川省〈中华人民共和国档案法〉实施办法》情况在全区进行重点检查。3月12日，地区档案局向各县（市）和地级各部门发出检查通知，明确检查的内容、范围、时间和要求。4—5月，由各地、各单位按照检查内容自查；6月，在自查的基础上进行重点抽查。地区档案局领导和法教科、业务部的人员组成检查组，对地级和万源、宣汉、达县、开江、达川市部分机关、企事业单位和乡村共59个单位贯彻实施《实施办法》的情况进行抽查。在此期间，各县（市）档案局会同县（市）人大法工委、法建办、法制局等部门组成档案执法检查组，对所属机关、企事业单位和乡（镇）进行抽查。全区共检查169个单位，其中机关、团体、事业单位66个，企业17个，区、乡（镇）43个，基层站、所、村43个。

是年，全区纠正违法行为50件，其中：发执法通知书3件，书面通报1件，口头批评限期改正46件，立案查处2件，结案2件。

1999年9月下旬至10月中旬，地区人大工委与地区档案局组成检查组，重点对万源市、宣汉县及地区交通局等单位贯彻落实档案法律法规情况进行抽查。在此期间，各县（市）档案局配合当地人大法工委、法建办对所属机关、企事业单位和乡、镇进行抽查。全区检察机关、企事业单位重点工程、农村242个单位。是年，全区查处档案违法行为66件，其中：发执法通知10起，通报批评11起，口头批评限期整改45起。

2000年，市档案局配合市县人大、法制办等部门对286个机关、农村、企事业单位、重点工程项目等档案工作进行检查，全年查处档案违法行为66件，其中发执法通知书17件，口头批评限期改正49件。

2001年，市档案局组成3个执法检查组，对市级45个机关、团体、企事业、科技事业和重点建设项目等单位进行执法检查。大竹县档案局会同县人大内司委、法建办对全县所辖102个区、镇、乡和部分机关、企事业单位进行执法检查。据统计，全市执法检查309个单位，并对撤区并乡和机构改革中违反《档案法》的行为和案件进行纠正、查处。

2002年，市档案局会同人大、法制部门对全市362个机关、团体、企事业单位、重点工程项目进行执法检查，并对机构改革、企业产权制度变革中违反档案法的行为进行纠正和查处。大竹县档案局针对县农机供应有限公司整体出售后不按规定移交档案的违法行为进行通报批评。8月下旬至9月底，市档案局会同市级部门各协作片组组长单位分组对市委组织部等68个单位进行档案行政执法检查，市人大内司委对市水利局等4个单位进行重点抽查。

2003年，市档案局会同市级各主管部门、人大、法制部门对全市480个机关、团体、企事业单位、重点建设工程项目的档案工作进行执法检查，对一些部门存在的违法行为予以批评指正，限期整改，对两起违反《档案法》的案件进行立案调查。同时，对档案行政执法监督检查工作进行新尝试，组织人员对各县（市、区）档案局及有关部门进行交叉检查，收到良效。11月，市档案局对市级23个单位和部分县级单位2002年度档案的立卷归档、档案的安全、保管保护和档案基础业务建设等方面的情况进行行政执法检查。

1995—2003年，全市档案系统先后开展96次执法检查，纠正违法行为660件。其中，限期改正576件，发执法通知书38份，通报批评30件，立案查处17件（结案17件），判刑1人，受党内、行政处分12人，赔偿损失3人，通报批评3人。

2004年初，市档案局通报上年度档案行政执法检查情况，表彰6个单位，对存在问题较多的3个单位提出整改意见。8月，市档案局组成两个督查小组，对7个县（市、区）档案工作目标任务的完成情况进行督查。11月中旬至12月初，分组对市二医院等13个单位进行行政执法检查。是年，各级档案局会同当地人大、法制局、法建办对全市591个单位贯彻执行《档案法》的情况进行执法检查，查处违反《档案法》的案件1件，2人受撤销党内职务处分，2人受党内严重警告处分。

2005年，各级档案局会同当地人大、法制局、法建办对全市200多个单位贯彻执行《档案法》的情况进行执法检查。

2006年7月3—4日，省档案局副局长刘海锦率专项检查组到达州市检查市档案馆和大竹县档案馆馆库建设和安全管理。检查组听取市档案局的情况汇报，并现场检查达州市、达县、大竹县档案局（馆）。检查组认为，市政府重视档案工作，将档案事业发展列入本市国民经济和社会发展计划并逐步落实，有力地推动全市档案事业的发展。7月5—31日，市档案局组成行政执法领导小组，对四川文理学院、大竹县龙潭水库有限责任公司、达州市中心医院等12个重点建设项目档案工作进行行政执法检查，对档案工作较差的4个单位责令其限期整改。11月1—3日，市政府督查室、市档案局组成两个督查组对全市7个县（市、区）综合档案馆馆库建设和安全管理进行专项督查，对检查出的问题向各县（市、区）人民政府通报，限期整改，并向市政府报送整改情况报告。

是年，市档案局在全省档案系统率先印发《达州市机关单位档案行政执法检查评分细则》《达州市企业、科技事业单位档案行政执法检查评分细则》和《达州市重点建设项目档案行政执法检查评分细则》，规范档案行政执法检查内容。全年各级档案部门会同当地人大、法制局、法建办对全市130个单位贯彻执行《档案法》的情况进行行政执法检查。

2007年7月4—7日，省档案局对达州市进行档案行政执法检查，主要督查2006年档案馆库建设和安全管理执法检查后的整改情况及国家重点档案抢救工作开展情况。市政府针对检查组提出的问题，采取措施整改。同时，市、县两级政府加大资金投入，改善全市档案馆库建设和安全管理以及国家重点档案抢救工作。

10月，市档案局首次从各县（市、区）档案局抽调人员，组成4个检查组，对7个县（市、区）档案局馆，21个县级机关、企业、科技事业单位、重点建设项目进行交叉检查，对档案丢失的1个单位进行立案查处。11月15—19日，针对省检查组提出的问题，市档案局组成4个检查组对各县（市、区）档案馆库建设和安全管理及国家重点档案抢救工作进行执法检查。

是年，市档案局对53个市级机关、企业、科技事业单位、重点建设项目进行行政执法检查。同时，各县（市、区）档案部门会同当地人大、法制局、法建办对333个单位贯彻执行《档案法》的情况进行执法检查，并通报检查情况。

2008年8—11月，市档案局组成3个检查组，对52个市级机关，13个企业、科技事业单位和16个重点建设项目进行档案行政执法检查。是年，全市各级档案部门会同当地人大、法建办对428个机关、企事业单位和重点建设项目的档案工作进行行政执法检查，发整改通知书12份，查处2件涂改、撕毁伪造档案的违法案件，并对当事人进行处罚。

2009年9—11月，市档案局组成执法检查组，采取听、看、查、评等方式，分别对18个市级单位和3个重点建设项目档案进行行政执法检查，评出优秀单位2个，良好单位8个，合格单位9个，不合格单位2个。同时，各县（市、区）档案局对362个县级单位和12个重点建设项目档案进行行政执法检查。执法检查结束后，市、县档案局形成执法检查通报和总结，建立档案行政执法检查档案，形成行政执法自查总结。

2010年9—11月，市档案局对大竹海螺新型干法水泥项目（安徽海螺集团有限公司）等17个省市级以上重点建设项目档案工作进行行政执法检查，评出优秀单位3个（大竹海螺新型干法水泥项目、巴中至达州高速公路、达州至万州高速公路），良好单位3个，合格单位9个，不合格单位1个。12月，市档案局组成5个检查验收组，分别对18个市级单位和3个重点建设项目档案工作进行行政执法检查，评出优秀单位5个，良好单位6个，合格单位4个，不合格单位1个。

是年，全市各级档案部门对各级机关、团体、企事业单位和重大建设项目档案工作情况进行行政执法检查，共检查450个单位，并通报检查情况。

2011年9—11月，市档案局分3个执法检查组对170多个市级单位文件资料归档整理情况和档案的安全保管保护情况进行执法检查，并通报检查情况。各县（市、区）档案局对所属200余个单位开展档案行政执法检查，对存在的问题提出整改要求。12月，市档案局对10个省、市重大建设项目采取听取汇报、查看现场、查阅资料、现场业务指导、与被检查单位领导交换意见等形式进行档案行政执法检查。结果表明：被检查各单位认真贯彻执行档案法律法规；项目档案管理体制健全、制度完善；项目档案工作所需经费有保证；项目档案业务建设较规范。是年，市、县两级档案部门对562个机关、企事业单位和57个重大建设项目开展档案行政执法检查。

2012年9月24—28日，市档案局、市法治办对各县（市、区）及市级部门贯彻落实《档案法》情况进行检查。检查组采取现场查看、情况汇报、查阅资料、召开座谈会等方式，对23个县（市、区）单位及市卫生局、市人社局、市教育局、市发改委4个市级单位贯彻落实《档案法》的情况进行检查。

2013年5月27—30日，市人大常委会副主任张德珍率档案执法检查组到达州市、万源市、达县、通川区等地开展档案执法检查，实地查看达州市、万源市、通川区档案馆建设情况，达州监狱、凤凰大桥重点建设项目档案工作情况，万源市审计局、万源市国税局机关档案工作情况，达县河市镇、百节镇三牌村新农村建设档案工作情况。并听取达州市人民政府、万源市人民政府和通川区人民政府关于《档案法》贯彻执行情况汇报。该次检查是《档案法》自1988年颁布后，第一次以市人大常委会名义开展的执法检查。7月，市三届人大常委会第15次会议听取并审议市人大常委会执法检查组关于检查《档案法》贯彻实施情况的报告，并向市政府通报审议意见，指出市档案馆档案信息化建设缓慢、档案馆设备陈旧等问题，提出要重视档案信息化建设，将综合档案馆融入地方数字化工程，增加档案数字化和馆藏档案的管护经费，改善档案保管条件，确保档案完整安全的意见。市政府领导批示市档案局整改，贯彻落实。

图5-16 达州市贯彻实施《中华人民共和国档案法》汇报会

2014年7月底至8月中旬，市档案局依法对44个市级单位的档案移交进馆、2013年度及以前各年度文件材料的归档整理和档案安全保管保护情况进行执法检查。通过检查，多数单位将档案工作纳入本单位工作计划，落实分管领导和档案工作人员，对档案实行集中统一管理，较好地执行档案管理制度，干部职工的档案意识增强。是年，全市各级档案局组织开展档案行政执法专题检查8次。查处林某某和万某某涂改档案案，作出给予警告处分并各罚款500元的决定。全年完成对150个单位的档案行政执法检查任务。

2015年4—5月，市档案局挑选8名业务人员组成档案执法检查组，采取单位自查与考核检查相结合方式，按照听汇报、看库房、查案卷、提出整改意见、跟踪督查步骤，对全市11个机关事业单位档案工作情况进行检查。重点检查档案工作组织领导、业务培训、档案管理、档案业务人员管理和《档案法》贯彻执行等六个方面。7—8月，市档案局对市交通发展总公司、达州钢铁集团有限责任公司、市建筑总公司等61个市级单位的文件资料归档整理情况和档案安全保管保护情况进行执法检查，并通报检查情况。9月下旬，对全市18个重大建设项目建设单位开展档案执法检查。是年，全市查处在档案利用中私自涂改档案的违法案件两起。各县（市、区）档案局对当地200余个单位开展档案行政执法检查，对存在的问题提出整改要求。

2016年5—6月，市档案局挑选10位业务人员组成档案执法检查组，对全市22个机关事业单位档案工作情况进行检查。渠县由部分县人大常委会委员、人大内司委、县政府办公室、县档案局负责人组成检查组，对渠县贯彻实施《档案法》情况进行检查；达川区档案局联合区人大对区房管局、房征局、石板镇等单位进行执法检查，取得良好效果。

7—8月，市档案局分3个执法检查组，对60个市级机关、团体和企业、科技事业单位的文件资料归档整理情况和档案安全保管保护情况进行执法检查，并通报检查情况。各县（市、区）档案局对当地200余个单位开展档案行政执法检查，对于存在的问题提出整改要求。

2017年，市人大常委会领导率执法检查组对万源、达川区、通川区等地贯彻实施《档案法》的情况开展为期4天的执法检查。7月底至9月下旬，市档案局印发《关于开展档案移交进馆工作执法检查的通知》，依法对69个市级单位的档案移交进馆、2016年度及以前各年度文件材料的归档整理和档案安全保管保护情况进行执法检查。情况表明，多数单位将档案工作纳入本单位工作计划，落实分管领导和档案工作人员，对档案实行集中统一管理，较好地执行档案管理制度，干部职工的档案意识增强。大部分单位完成2016年度及以前各年度的文书、会计、照片、基建档案及电子档案、专门档案的整理归档工作，少数单位正在整理或即将完成整理归档。各单位档案保管保护条件改善，所需设施设备基本得到满足，档案安全保管保护基本得到保障。

9—10月，市档案局采取听、看、查、评等方式对7个县（市、区）档案局档案行政执法案卷进行评查，总的情况是好的。大部分单位重视档案行政执法案卷评查工作，能将档案行政执法案卷评查工作纳入本单位年度工作计划，制定措施，落实责任，确保档案行政执法案卷工作顺利开展。大部分单位能够按照《四川省档案行政执法案卷评分标准》的要求，及时对形成的行政执法档案资料整理归档，做到收集比较齐全，分类恰当准确，整理符合标准。

9月末至11月下旬，市档案局依法对70个市级单位的档案移交进馆、2016年度及以前各年度文件材料的归档整理和档案的安全保管保护情况进行执法检查。大竹县、通川区、宣汉县、渠县等县（区）档案局分别对辖区110个机关、团体、企事业单位进行档案行政执法检查。

是年，市档案局对科技事业单位进行档案行政执法检查，对市中心医院、市妇幼保健院、达州经开区、达州职业技术学院等单位进行指导和检查。全市各级档案行政管理部门对140个单位进行档案行政执法检查。

2015—2017年，市档案局共对198个市级单位开展执法检查，各县（市、区）档案局开展行政执法检查1 328次。

图5-17　省档案局检查组对达川区档案局开展行政执法检查

2018年5—6月，为提升全市档案工作治理能力和服务水平，推进机关企事业单位档案工作规范化标准建设，市档案局组织各县（市、区）档案部门随机对53个基层乡镇（街道）和210多个县级部门的档案工作进行明察暗访，发现问题150多处，在全市通报，限期整改，对问题较多的县（市、区）分管领导进行约谈。9—10月，为摸清全市档案工作现状，组织各县（市、区）档案专业人员进行交叉检查，对所有市级部门（单位）和190多个县级部门（单位）以及全市38个乡（镇、街道）档案工作进行督查，发现问题400余个，并以市政府办公室名义进行通报。

图5-18　通川区档案局开展业务检查和指导

9月12日，省档案局业务指导处副处长林莉率检查组一行5人，对达川区档案局开展行政执法检查。主要检查《档案法》等法律法规贯彻实施情况，先后实地查看监控大厅、查阅利用大厅、爱国主义教育基地展厅、档案数字化加工现场以及档案馆库房，并现场问询办事群众服务感知，实地查看档案馆库房设施设备和档案存放情况，随机抽查数字化加工成果，核验加工方专业资质等。

10月29日至11月2日，通川区档案局与区督察室干部分成两组采取实地查看、查阅资料等形式对全区乡（镇）进行摸排式检查和业务指导。

是年，达川区档案局对工业园区、三里坪协调办、石峡子水库等13个重点建设项目进行档案执法检查；万源市档案局对八台山—龙潭河旅游基础设施建设项目等10个重点建设项目进行档案行政执法检查；宣汉县档案局与主管部门一道对医院、学校档案工作进行执法检查；渠县档案局对刘家拱桥水库、县工业园区等项目档案工作进行执法检查。

第六章 组织机构

达州市档案志

第一节 行政管理机构

一、市级机构

1959年11月，中共达县地方委员会办公室设立档案管理科。1961年9月9日，地委和专员公署成立达县专区档案管理局，负责全区档案工作的业务指导，同时兼管地委机关档案室工作。档案管理局既是地委的机构，又是专署的机构，由地委秘书长直接领导，配备档案干部3名。9月19日，专员公署颁发"四川省达县专区档案管理局"木质圆形印章，并从即日启用。

"文化大革命"初期，专区档案管理局仍照常工作。1967年1月，地委被"造反"组织夺权后，专区档案管理局瘫痪，工作停滞。1968年9月12日，地区革命委员会成立后，专区档案管理局工作由地区革命委员会办事组接管。

1973年12月，地委根据《四川省革命委员会批转省革委办事组〈关于加强档案工作的意见〉》，在地委办公室内设档案管理科，开始恢复档案业务工作。

1979年9月，全国档案工作会议后，中共四川省委根据中央指示，印发《关于恢复档案局和市、地、州、县档案机构的通知》，中共达县地委积极筹建地区档案馆。1980年1月3日，地委印发《关于恢复地区档案管理局和县、市（区）档案管理机构的通知》，决定恢复达县地区档案局，并设立达县地区档案馆。实行局、馆合署办公，为地委和行署直属机构，具体领导工作由地委秘书长负责，编制13名。同时，建立县（市、区）档案局，地、县（市、区）档案管理局与档案馆合署办公，两块牌子、一套人员。地、县（市、区）档案管理局、档案馆为同级党委和政府的直属机构。4月13日，刻制"四川省达县地区档案局"印章1枚，并从即日启用。1981年11月，经地委同意，地区档案局（馆）内部设置档案综合科和业务指导科，正式开展工作。

1983年12月，政府机构改革后，达县地区档案局（馆）仍是地委、行署的机构，直属地委办公室领导。档案局的正副局长同时也是档案馆的正副馆长。

1985年6月30日，地委、行署根据中委〔1985〕29号和川委办〔1985〕31号文件精神，将达县地区档案局列入行署编制序列，为行署直属局，核定编制19名，内部增设办公室，进一步明确地区档案局馆合一体制，既是党委的机构，又是政府的机构，受党委、政府双重领导，主管全区档案事业，并对本地区机关、团体、企事业单位和其他组织的档案工作实行监督和指导。

到1989年，全区基本理顺档案事业的管理体制和档案工作的内外部关系。全区

14个地、县（市、区）档案局列入政府编制序列，为一级局建制，配备正副局长31名（达县市、万源县、白沙工农区各增加1名），并按照组织法进行任命；地、县党委和政府有1名领导分管档案工作；档案事业的长远规划和年度计划列入各级政府经济和社会发展计划中。1990年，根据部分县（市、区）在换届过程中反映出的问题，地区档案管理局（馆）向地委、行署汇报后，4月23日，地区机构编制委员会发文，确认县（市、区）档案局的性质既是党委的机构，又是政府的机构，列入政府编制序列，仍实行局馆合一的管理体制。

1993年10月，地区行政区划调整，达县地区档案局（馆）更名为达川地区档案局（馆），编制20名。

1995年1月25日，地委、行署调整地区档案局（馆）领导班子。1997年5月5日，地委、行署批准，地区档案局与地区档案馆合并，一个机构、两块牌子，履行全区档案事业行政管理和地级直属机关、团体、事业单位档案保管和使用两种职能，为地委、行署的直属机构。编制23名。

1999年6月，达川地区撤地建市，四川省达川地区档案局、四川省达川地区档案馆更名为达州市档案局、达州市档案馆。2000年1月12日，启用新印章。

2001年12月，按照达州市人民政府办公室《关于印发达州市档案局（档案馆）职能配置、内设机构和人员编制规定的通知》（达市府办〔2001〕157号）规定：达州市档案局、达州市档案馆实行局馆合一，一套机构、两块牌子，履行全市档案事业行政管理和市级直属机关、团体、事业单位档案保管和利用两种职能。

2005年10月，市级机关迁入通川区西外镇，因西外镇未修建市档案馆，市档案局（馆）仍留在老城区达巴路口通川区委院内办公。

2008年3月31日，根据省人事厅《关于批准达州市档案局（馆）等6个事业单位参照公务员法管理的通知》（川人发〔2008〕12号）精神，达州市档案局（馆）列入参照《中华人民共和国公务员法》管理。6月3日，根据省委、省政府批准的《达州市市县乡机构改革方案》和市委、市政府《关于实施达州市党政机构改革方案有关问题的意见》，设置达州市档案局、达州市档案馆，实行局馆合一，一套机构、两块牌子，履行全市档案事业行政管理和市级直属机关、团体、事业单位档案保管、和利用两种职能。编制22名。其主要职能：

（1）贯彻执行《中华人民共和国档案法》以及党和国家有关档案工作的方针政策；按照统一领导、分级管理的原则对全市档案工作实行统筹规划、宏观管理；制定全市档案工作规范性文件及全市档案事业发展规划并负责组织实施；监督、检查档案法律法规的贯彻执行，依法查处档案违法行为。

（2）依法对全市各级各类档案馆及机关、团体、企事业单位和其他组织的档案业务工作进行指导、监督、检查，逐步实现档案管理的规范化、标准化。

（3）组织、指导全市档案理论研究、档案科研和档案宣传工作。

（4）指导全市档案工作人员队伍建设；组织指导全市档案业务培训和档案专业技术人员继续教育工作；负责全市档案专业技术职务的评审工作。

（5）加强国家档案资源建设，依法接收、征集、保管属于本馆保管范围的档案资料。

（6）开发馆藏档案信息资源，依法向社会开放档案，编研出版档案史料，多形式地开展利用工作，为政治建设、经济建设、社会建设和科学研究服务。

（7）指导全市档案信息化建设，推进档案馆（室）数字化工作，建立档案信息资源网络，逐步实现档案信息资源共享。

（8）指导全市国家综合档案馆政府信息公开工作和爱国主义教育基地建设。

（9）指导市档案学会工作。

（10）完成市委、市政府和省档案局部署的其他工作。

2017年12月13日，市档案局召开全市深化档案管理工作改革意见征求会。市档案局局长韩家翼主持会议，组织讨论深化档案管理工作改革的系列方案。

图6-1　市档案局召开全市深化档案管理工作改革意见征求会

2018年1月，市档案局（馆）办公地址由通川中路163号通川区机关院内搬迁至通川区龙泉路新宁街1号档案馆。4月，市委办公室、市政府办公室印发《关于深化档案管理工作改革的实施方案》，明确以推行档案集中整理、档案集中管理、规范重点建设项目档案管理、规范重大活动档案管理、档案查阅利用信息化为工作目标的五大改革措施，协调推进机制、管理和利用改革，创优"收管用"服务，构建主管主建、协同配合、广泛参与新机制，坚持规范化要求、标准化建设、信息化管理，降低运行成本，提升档案服务水平，为建设幸福美丽达州提供坚强的档案保障。该方案结合达州实际，坚持"稳中求进、稳步推进"的总基调，明确深化改革实施范围和步骤，先行试点，以点带面，逐步推进，力争形成一批档案管理工作体制机制改革的典型经验。力求在提高履职服务能力、夯实档案工作基础、创优档案资源开发利用、推进依法治档、提升管理质效、确保档案实体和信息绝对安全等方面走在全省前列。

12月13日，市档案局召开全市机构改革档案工作会。各县（市、区）档案局局长、业务指导股室负责人、达州经开区党政办负责人等30余人参加会议。会上，市档案局（馆）局（馆）长韩家翼就全市机构改革档案工作作出总体安排部署。

图6-2　达州市档案局召开机构改革档案工作会议

2019年，按照中央、省委、市委关于深化机构改革的总体要求，做好市档案局、市档案馆分离改革各项事务，将行政职能划转到市委办公室，市档案馆履行档案收集、保管和利用开发职能。

5月15日，根据《达州市机构改革方案》（川委厅〔2018〕86号）和《关于〈达州市机构改革方案〉的实施意见（达机改〔2019〕5号）精神，经市委机构编制委员会2019年第一次全体会议审定，将原市档案局（市档案馆）的行政职责并入市委办公室，对外挂市档案局牌子。市档案馆作为市委直属正县级事业单位，保留参公管理，不再保留与市档案馆合并设立的市档案局，核定事业编制22名。其中：馆长1名，副馆长2名；中层正职职数5名，中层副职职数3名。市档案馆设置内设机构5个，其限额内的内设机构名称、职责等调整报市委编办按程序办理。

按照中央、省委和市委机构改革部署要求，市档案局、市档案馆实行局馆分设后，市档案局的主要职责是按照《档案法》的规定，依法履行档案行政管理职能，重点抓好档案事业发展规划、法规政策制定及行政监督工作。市档案馆作为市委参公管理的直属事业单位，其主要职责是档案保管利用，发挥爱国主义教育基地、档案安全保管基地、档案利用服务中心、政府公开信息查阅中心和电子档案备份管理中心功能。

9月19日，市委编办、市编办印发《中共达州市委编办关于市档案馆有关机构职责调整的批复》（〔2019〕51号）。按照市委编委第一次会议决定，经市委编办第九次室务会研究，调整市档案馆有关机构职责。市档案馆为市委直属公益一类事业单位，其主要职责：

（1）贯彻执行《中华人民共和国档案法》以及党和国家有关档案工作的方针政策、法律法规。

（2）负责国家档案资源建设，承担接收、征集属于本馆保管范围的档案资料。

（3）负责档案馆规范化管理；负责档案实体和信息的安全保管保护；开展档案抢救与修复工作。

（4）开展档案馆藏档案的整理、鉴定、销毁、统计工作。

（5）依法向社会开放档案，提供查阅利用工作。

（6）建立档案信息资源共享平台，建设数字档案馆。

（7）承担馆藏档案信息资源开发，编研出版档案史料；承担爱国主义教育基地建设；开展档案文化宣传工作。

（8）开展档案专业技术职称评聘工作。

（9）负责指导全市各级档案馆（室）业务工作。

（10）完成市委交办的其他任务。

表6-1　1961—2019年达州市档案局（馆）领导干部任职情况

机构名称	职务	姓名	任职时间
达县地区档案管理局	局长	孙传燧	1961年9月至1968年9月（兼）
	局长	孙传燧	1980年7月至1983年12月
	副局长	贺仕友	1961年9月至1968年9月
	副局长	赵应量	1980年7月至1983年12月
	副局长	张全修	1980年7月至1983年12月
达县（达川）地区档案局（馆）	局（馆）长	赵应量	1983年12月至1994年12月
	局（馆）长	张全修	1995年1月至1999年6月
	副局（馆）长	张全修	1983年12月至1995年1月
	副局长	唐传光	1986年5月至1999年6月
	副馆长	庞先东	1995年7月至1999年6月
	副馆长	郭奎生	1997年7月至1999年6月

续表

机构名称	职务	姓名	任职时间
达县（达川）地区档案局（馆）	副调研员	吴小平	1995年6月至1999年6月
		赵本章	1995年6月至1999年6月
达州市档案局（馆）	局（馆）长	张全修	1999年6月至2000年9月
		张宗贵	2000年9月至2011年9月
		谯学伟	2011年9月至2012年7月
		张 强	2012年7月至2016年12月
		韩家翼	2016年12月至2019年11月
	副局（馆）长	郭奎生	1999年6月至2005年12月
		王 云	1999年9月至2013年7月
		刘登奎	2010年10月至2012年8月
		何国林	2013年4月至8月
		李 华	2014年4月至2019年2月
		徐 志	2014年9月至2017年8月（退休）
		龚乃桢	2018年4月至2019年2月
	副馆长	庞先东	1999年6月至2000年8月（退休）
	调研员	唐传光	1999年6月至2001年12月
		张全修	2000年8月至2001年12月
		郭奎生	2005年12月至2013年8月（退休）
		王 云	2013年7月至2017年6月（退休）
	副调研员	吴小平	1999年6月至2001年12月
		赵本章	1999年6月至2001年12月
		徐晓英	2009年8月至2012年10月（退休）
达州市档案馆	馆 长	韩家翼	2019年1月至今
	副馆长	龚乃桢	2019年2月至今
		李 华	2019年2月至今

二、内设机构

1981年11月，地委同意地区档案局（馆）内设业务指导科和档案保管科。

1985年5月，增设办公室。1988年4月，档案保管科更名为馆务科。1990年11月，增设法律监督教育科，配中层干部1名。1991年，地区档案馆陈列室建立。

1997年7月，机构改革，地区档案馆与地区档案局合并，内设办公室（政工科）、档案馆（室）业务指导科、经济科技档案业务指导科、法律宣传教育科、档案接收保管利用科和微机管理编研科6个机构。

2001年12月，机构改革，经济科技档案业务指导科职能并入法律宣传教育科。内设办公室、业务指导科、法律宣传教育科、档案接收保管利用科、档案信息开发科。

2008年6月3日，根据《达州市档案局（档案馆）职能配置、内设机构和人员编制方案》，市档案局（馆）内设5个职能科室。

至2015年末，市局（馆）内设办公室、业务指导科、法制宣传教育科、接收保管利用科和信息开发科等5个职能科室，各科室主要职责：

办公室 （1）协助处理局（馆）政务，筹备相关会议，草拟有关文件；（2）综合、上报重要信息，编写档案年鉴，搞好监督检查和部门协调工作；（3）承办文电收发、打印及保密、档案、信访、组织、劳动、人事、纪检工作，做好档案专业职称评聘工作；（4）协助局（馆）抓好宣传、政治理论学习、精神文明建设和目标管理等工作；（5）负责国有资产管理、财务管理、计划生育、爱国卫生、社会治安综合治理等工作；（6）确保车辆安全行驶，保障工作用车，做好局（馆）各项后勤服务工作；（7）做好档案装具的销售和售后服务工作；（8）做好《四川档案》等专业报刊的征订工作；（9）完成局（馆）领导交办的其他任务。

业务指导科 （1）监督、指导全市各级各类档案馆和机关、团体、事业单位（不含科技事业单位）的档案工作，确保档案齐全、完整和安全保管；（2）组织指导档案馆（室）搞好档案信息资源的开发利用工作，定期编辑档案利用典型事例；（3）负责全市档案工作基本情况统计年报工作，建立健全各项档案业务统计台账；（4）做好重点档案抢救的业务指导工作；（5）按照《四川省各级机关档案工作等级标准》的要求，负责档案管理的等级评审、复查工作；（6）协助做好《四川档案》等专业报刊的征订工作；（7）协助局（馆）做好档案目标管理工作；（8）完成领导交办的其他任务。

法制宣传教育科 （1）草拟全市档案法律法规宣传教育工作的有关文件；（2）负责全市档案行政执法的指导、协调和监督检查；（3）监督、检察机关、团体、企业、事业单位贯彻档案法律法规情况，查处档案违法行为和案件；（4）承担行政复议和行政诉讼应诉工作；（5）承担档案学会工作，负责全市科研项目的选定、申报和档案科研成果的推广应用；（6）监督、检查、指导全市企业、科技事业单位和全市重点工程建设项目的档案工作，并做好规范化管理及复查工作；（7）协助做好《四川档案》等专业报刊的征订工作；（8）负责档案干部培训，做好档案干部专业人员继续教育工作；（9）协助局（馆）做好档案目标管理工作；（10）协助做好档案基本情况统计工作，建立健全企业统计台账；（11）完成局（馆）领导交办的其他任务。

接收保管利用科 （1）依法接收征集应由本馆保管的档案、资料；（2）对馆藏不符合规范要求的案卷进行加工整理，负责区分控制与开放的档案资料，拟写开放档案报告，并编制开放档案目录；（3）负责对超过保管期限的档案进行鉴定、提出存毁意见，编制销毁清册，负责销毁工作；（4）负责档案库内外温、湿度的测记、分析和对霉变档案、资料的监测、消毒杀虫工作；（5）负责本馆国家重点档案和其他破损档案资料的抢救工作；（6）对馆藏档案资料进行规范化、科学化保管保护，落实"十防"措施，保持库内整洁，确保馆藏档案资料的齐全、完整与安全；（7）及时准确地为利用者提供档案资料，做好接待利用工作，定期报送档案利用典型事例；（8）负责馆藏档案资料的统计年报工作，建立健全各种统计台账；（9）负责档案库房各类设备的管理、使用；（10）负责全局（馆）消防、安全工作；（11）承担现行文件利用中心的日常管理工作；（12）完成局（馆）领导交办的其他任务。

信息开发科 （1）负责馆藏档案资料的计算机著录工作，并定期向接收保管利用科移交著录数据，做好数据备份；（2）负责全市档案资料计算机信息网络建设、管理工作；（3）负责全市民国档案计算机著录的业务指导，审核、上报著录数据；（4）承担达州市档案资料目录中心业务工作；（5）配合接收保管利用科做好电子档案的接收和数据转换工作；（6）负责全市档案管理软件的推广应用及售后服务工作；（7）负责馆藏档案的编研工作，按有关规定公布出版、发行档案史料；（8）负责局（馆）设备管理、维修工作；（9）完成局（馆）领导交办的其他任务。

2017年2月7日，市档案局党组书记、局（馆）长韩家翼主持召开局党组会议，研究决定调整法制宣传教育科职能职责为：拟定政府采购招标文件；对全市档案职称评审；负责全市档案事业建设规划，阶段性工作总结；开展档案法律法规宣传、教育培训；档案执法检查。办公室职能职责为：负责综合协调；政务督办；后勤保障；经费请领；机关党建；综治维稳等。原接收保管利用科档案移交整理业务指导划入业务指导科，其他工作按单位"三定方案"规定不变。

2019年9月19日，市委编办、市编办印发《中共达州市委编办关于市档案馆有关机构职责调整的批复》。市档案馆调整后，内设机构5个科室：办公室（党建办）、接收征集科、保管利用科、编研展陈科和信息技术科。其主要职能职责：

办公室（党建办） 承担馆务政务日常工作；负责党的建设、政工人事、离退休人员管理工作；承办公文处理、保密、档案、信访、政务信息、目标管理等工作；承担思想政治、意识形态、作风建设及精神文明建设；负责安全保卫、综合治理、国有资产、财务、消防、后勤服务等工作。

接收征集科 负责档案资源体系建设，依法接收征集应由本馆保存的档案资料；对档案进行消毒、防虫、防霉处理；负责确定市档案馆档案资料收集范围，制定收集计划，并组织实施；征集散存于社会的珍贵档案；负责市本级重大活动、重大事件、重大项目档案资料的接收工作；负责档案提前或延期移交的审核工作；负责指导全市各级档案馆（室）的业务工作。

保管利用科 负责馆藏档案资料规范化、科学化保管；负责档案库房的安全工作；负责档案库房温、湿度和档案霉变、虫害检测工作；组织实施馆藏档案的鉴定、开放、销毁、统计工作；负责馆藏国家重点档案、破损档案、字迹褪变档案资料的抢救工作；承担档案查阅利用工作；负责市政府信息公开查阅中心、现行文件利用中心日常工作；负责档案利用事例撰写；负责档案保护技术有关理论的研究工作。

编研展陈科 负责档案文化宣传、档案资料研究编撰和档案陈列展览；承担馆藏档案史料的编纂、公布、出版发行；负责档案资源的开发利用；负责本馆爱国主义教育基地建设和日常管理工作。

信息技术科 承担档案信息化建设和档案信息资源开发工作；负责馆藏档案资料的数字化工作，建立档案信息资源数据库，建设数字档案馆；承担达州档案信息资源网站的日常管理工作；负责馆内计算机和网络的管理维护工作。

表6-2 达州市档案局（馆）各科室主要负责人任职情况

机构名称	职务	姓名	任职时间
办公室	主任	吴小平	1985年5月至1995年9月
		郭奎生	1995年9月至1999年8月
		梅碧华	2002年3月至2008年10月（退休）
		雷兆春	2009年11月至2011年2月（退休）
		肖文武	2011年10月至2018年6月
	负责人	牟德洪	2017年8月至2018年5月（兼）
		蒲志国	2018年6月至2020年4月
	副主任	雷兆春	1989年3月至1998年3月
			2002年7月至2009年11月
		肖文武	2009年11月至2011年10月
		罗程	2017年2月至2018年4月
		鲁东旭	2018年9月至
党建办	主任	肖文武	2018年2月至2019年7月
		周代娟	2019年7月至
档案保管科	科长	庞先东	1986年3月至1988年4月
	副科长	庞先东	1981年11月至1986年3月
馆务科	科长	庞先东	1986年3月至1993年1月
		张洪波	1993年1月至1994年7月
		梅碧华	1995年9月至2002年3月
	副科长	梅碧华	1981年11月至1986年3月
			1991年4月至1995年9月
		郭奎生	1991年4月至1994年4月
业务指导科	科长	赵本章	1986年3月至1995年6月
		徐晓英	2002年3月至2009年8月
		牟德洪	2009年11月至2017年2月
		李军	2017年2月至2019年7月
	副科长	赵本章	1981年11月至1986年3月
		郭奎生	1994年4月至1995年9月
		欧文宇	1989年5月至1991年4月
		徐晓英	1998年7月至2002年3月
		牟德洪	2002年3月至2006年3月
业务指导科	副科长	徐志	2006年3月至2009年11月
		李军	2014年8月至2017年2月

续表

机构名称	职 务	姓 名	任职时间
信息开发科	科 长	高思雄	2002年3月至2005年10月
		牟德洪	2006年3月至2007年8月
		高 峰	2007年8月至2012年6月
		李 军	2018年9月至2019年7月
	副科长	高思雄	1998年7月至2002年3月
经济科技档案业务指导科	副科长	龚乃桢	1998年7月至2002年2月（主持工作）
法律监督教育科	科 长	欧文宇	1991年4月至1993年1月
		庞先东	1993年1月至1995年9月
法制宣传教育科	科 长	龚乃桢	2002年3月至2007年7月
		牟德洪	2007年8月至2009年11月
		徐 志	2009年11月至2014年8月
		张 莉	2015年9月至2017年2月
		牟德洪	2017年2月至2019年8月
	副科长	高 峰	2006年3月至2007年8月
		肖文武	2007年8月至2009年11月
		罗 程	2014年8月至2017年2月
		朱鹏霏	2017年2月至2019年7月
接收保管利用科	科 长	滕创奉	2002年3月至2011年2月
		高 峰	2012年6月至2017年2月
		张 莉	2017年2月至2019年6月
	副科长	雷兆春	1998年3月至2002年7月
		滕创奉	1998年7月至2002年3月
		高 峰	2002年3月至2006年3月
		周代娟	2014年8月至2018年6月
接收征集科	科 长	牟德洪	2019年7月
保管利用科	科 长	张 莉	2019年7月~
编研展陈科	科 长	肖文武	2019年7月
信息技术科	科 长	李 军	2019年7月~

三、县（市、区）档案机构

1958年12月18日，地委办公室和专员公署办公室就全区建立县档案馆的问题做出统一规划，要求"全区各县在1959年第二季度内应积极做好建立档案资料馆的筹备工作。建馆时必须经县委批准。有条件的县经县委批准后，可提前建立。"

1959年2—12月，全区11个县建立档案馆或档案资料馆，归县委办公室领导。根据中共中央1959年1月7日《关于统一管理党政档案工作的通知》和1960年3月18日国家档案局颁发的《县档案馆工作暂行通则》规定，全区各县档案馆是县委和县人委的直属文化事业机构，同时又是县委和县人委的秘书工作部门之一。业务受上级档案管理机关指导。任务是统一保管党政档案，为党政领导机关、各项生产建设、政治斗争和科学文化事业服务。具体负责本县档案资料的接收、整理、保管、鉴定和利用等工作；对全县档案工作的业务进行指导和检查，负责档案干部的业务培训；主编或参与县志和革命史料的编写等工作。

"文化大革命"开始后，全区各县档案馆工作遭到严重破坏，机构被撤销，干部被下放、调离，业务工作停滞。

1973—1974年，全区各县革命委员会按照省革命委员会批转省革委办事组《关于加强档案工作的意见》，陆续恢复县档案馆机构。1976年后，全区各级党委和政府贯彻全国、全省档案工作会议提出的档案工作"恢复、整顿、总结、提高"八字方针，健全全区各级档案馆机构。

1976年10月，达县市建立后，经中共达县市委批准，于1978年12月2日成立达县市档案馆。全区县（市）档案馆由11个增加到12个。

1981年9月15日，白沙工农工委批准成立白沙工农区档案馆。至9月末，全区恢复和建立地、县（市、区）档案局和档案馆14个，实行两块牌子、一套人员，合署办公的管理体制。

1983年4月，根据国家档案局修改后颁布的《档案工作通则》规定：全区地、县（市、区）档案馆的任务是：在维护党和国家历史真实面貌的前提下，集中统一管理本级党政机关、团体、企事业单位形成的具有永久、长期保存价值的档案及资料，维护档案的完整与安全，积极提供利用，为社会主义现代化建设服务。

1983—1984年，全区机构改革后，地、县（市、区）档案局、档案馆仍是地、县（市、区）党委和政府的机构，直属地、县（市、区）委办公室领导。档案局的正副局长同时也是档案馆的正副馆长。1985年6月30日，地委、行署遵照中委〔1985〕29号文件和川委办〔1985〕31号文件精神，明确地、县（市、区）档案局、馆实行合一的体制，既是地、县（市、区）党委的机构，又是地、县（市、区）政府的机构，列入政府的编制序列，受党委、政府双重领导。

1993年10月，达县地区行政区划调整，达县地区档案局（馆）更名为达川地区档案局（馆）；达县市档案局（馆）更名为达川市档案局（馆）；白沙工农区档案馆合并到万源市档案馆；通江县档案局（馆）、南江县档案局（馆）、巴中县档案局（馆）、平昌县档案局（馆）划入新设立的巴中地区管理；邻水县档案局（馆）划入广安地区管理。全区地、县（市）级档案馆由14个减少到8个，其中地级档案馆1个，县（市）级档案馆7个。

1997年7月，各县（市）机构改革后，县（市）档案局与档案馆合并，一个机构、两块牌子，履行档案事业行政管理和档案保管、保用两种职能。渠县、宣汉县、万源市和达县4个档案局（馆）为县（市）委和县（市）政府的直属机构；达川市档案局馆为市委、市政府的直属事业机构；大竹县、开江县档案局馆为县政府直属事业机构。全区除达川市档案局没有行政编制外，其余均有行政编制。

1999年6月，撤地建市，达川地区档案局（馆）更名为达州市档案局（馆），达川市档案局（馆）更名为达州市通川区档案局（馆）。2013年9月3日，达州市达川区成立，达县档案局（馆）更名为达州市达川区档案局（馆）。

到2018年末，全市有达州市档案局（馆）、通川区档案局（馆）、达川区档案局（馆）、万源市档案局（馆）、开江县档案局（馆）、宣汉县档案局（馆）、大竹县档案局（馆）、渠县档案局（馆）。国家综合档案馆8个，专门档案馆1个，档案室80个，其中：企业单位2个、市直机关7个、市级事业单位1个、县直机关67个。

通川区档案局（馆） 1978年，达县市档案馆成立；1981年，达县市档案局成立。1993年6月，更名为达川市档案馆和达川市档案局。1997年，机构改革，实行局馆合一，一个机构、两块牌子，内设办公室、业务指导股、馆务股3个股（室），履行全市档案事业行政管理和市级直属机关、团体、事业单位档案保管、利用两种职能，为市政府直属事业单位。1999年12月，更名为达州市通川区档案局（馆）。受地方经济条件制约，一直未修建专门的国家档案馆库房，在外租用1间普通会议室为临时库房。2018年1月，通川区档案馆动工建设。到2020年末，已完成主体工程，正进行设备采购、装修工作。

达川区档案局（馆） 1959年9月2日，达县档案馆成立；1980年1月23日，达县档案局成立，与档案馆两块牌子、一套人员，合署办公。1985年7月，局、馆合一，既是党委的机构，又是政府的机构，列入政府编制序列，受县委、县政府领导。1992年12月，达县档案馆晋升为省三级档案馆。2001年12月，被命名为县级爱国主义教育基地。2002年，机构改革，明确县档案局、县档案馆为县政府直属事业单位，实行局馆合一，一套班子、两块牌子，履行全县档案事业行政管理职能，档案事业列入地方国民经济和社会发展计划，档案事业经费列入地方财政预算。

2007年11月，成功创建为四川省档案工作规范化管理一级档案馆。2009年，批准达县档案局（馆）为参照公务员法管理的事业单位。

2012年5月，在全国"社会主义新农村建设档案工作示范县创建活动中被国家档案局、民政部、农业部评为示范单位。同年，开始建立文档一体化查阅中心。

2013年9月3日，行政区划调整，达县档案局（馆）更名为达州市达川区档案局（馆）。2018年末，达川区档案馆内设办公室、保管利用股、接收整理股、编研展陈股和信息技术股5个职能股室，定编20名。在职职工19名，退休职工13名。其中，在职领导班子成员4名，包括馆长1名，副馆长2名，机关支部书记1名。

万源市档案局（馆） 1958年末，中共万源县委、县人委开始筹建万源县档案资料馆。1959年2月19日，万源县档案资料馆成立，配备副馆长1名，专职档案干部1名。1960年8月，更名为万源县档案馆。1973年，万源县清档办公室与县档案馆合并，人员增至10人。1980年8月6日，万源县档案局成立，与县档案馆合署办公，两块牌子、一套人员。编制5名，局长由县委办公室主任兼任，配备专职副局长2名，档案干部3名。1983年，在机构改革中，县档案局（馆）隶属于县委办公室。1985年，县档案局（馆）恢复为县委、县政府的直属局（馆），列入县政府编制序列，在业务上受上级档案局指导。1987年起，县委办公室主任不再兼任档案局（馆）局（馆）长。

1993年8月，万源县档案局（馆）与白沙工农区档案局（馆）合并，成立万源市档案局（馆）。

2008年9月，万源市档案馆晋升为省二级综合档案馆。12月，万源市编制委员会通知，在市档案馆设置政府信息公开查阅中心，作为内设机构，不增加人员编制。2009年5月，达州市人事局批准万源市档案局（馆）等33个事业单位参照公务员法管理。2010年7月，万源市档案局（馆）12人登记为参照公务员法管理的工作人员。原万源市档案局（馆）占地面积3 200多平方米，档案库房1幢，建筑面积1 102.85平方米，办公室1幢，建筑面积736平方米。

至2018年9月，万源市档案局（馆）内设办公室、馆务股、业务指导股（行政审批股）、法制宣传股、政府信息公开查阅中心，编制12名，实有职工13名，其中局（馆）长1名，副局（馆）长2名。

宣汉县档案局（馆） 1959年4月，宣汉县档案资料馆建立；1965年10月，更名为宣汉县档案馆。1966年5月，"文化大革命"开始，档案工作停滞。1973年11月，宣汉县档案馆恢复。1980年1月，宣汉县档案局成立，与档案馆合署办公，实行一套班子、两块牌子。2006年，省政府批准为参照公务员法管理单位，属县政府直属事业单位，主要负责全县各级单位的档案收集、整理、管理、鉴定、统计、开发和利用等业务指导工作。

2018年末，宣汉县档案局（馆）内设办公室、业务股、馆务股。在职职工13名，配备正副局（馆）长3名，评定副研究馆员2名，馆员2名，助馆4名，管理员1名。

开江县档案局（馆） 1956年9月，开江县委机关档案室成立。1959年10月，开江县档案资料馆建立；1960年3月，更名为开江县档案馆。1980年3月，开江县档案局成立，实行局馆合一，一套班子、两块牌子，为县政府直属事业单位，受县委、县政府双重领导，其主要职责是：负责全县档案事业行政管理和档案馆档案的安全保管保护和有效利用。机构改革后，属政府参公部门的直属事业单位。2018年末，开江县档案局（馆）配有正副局（馆）长各1名，内设办公室、政策法规股、业务股和馆务股。核定编制11名，有正式职工12名，其中专业技术人员9名（档案馆员7名，助理馆员2名）。

大竹县档案局（馆） 1959年，大竹县档案馆成立。1981年，大竹县档案局成立，与大竹县档案馆合署办公。2001年12月起为县政府直属事业单位。大竹县档案馆1992年晋升为省三级，1997年晋升为省二级，2000年晋升为省一级。大竹档案工作连续10余年获得达州市档案工作目标考核一等奖。2012年，大竹县档案局（馆）被省人社厅、省档案局表彰为四川省档案工作先进集体。2013年12月，大竹县被国家档案局、国家农业部、国家民政部联合表彰为"全国新农村建设档案工作示范县"。

渠县档案局（馆） 1959年3月，渠县档案资料馆成立，馆址在县委机关内；1965年7月，更名为渠县档案馆。1973年3月，渠县档案馆更名为四川省渠县革命委员会档案馆。1980年5月，渠县革命委员会档案馆更名为渠县档案馆，并成立渠县档案局，与档案馆两块牌子、一套人员，合署办公。1985年8月后，由县委办公室领导改为县政府直属事业局，归县委、县政府领导。2002年，机构改革，划为参照公务员法管理的事业单位，受县政府领导，业务受达州市档案局管理指导。

2018年末，内设办公室、业务指导股、馆务股、法律教育监督股4个职能股室。有干部职工14名，其中专业技术人员5名。

第二节 党的组织

一、中共达州市档案局党组

1985年11月26日，中共达县地委决定成立中共达县地区档案局党组。1986年1月1日，启用"中国共产党达县地区档案局党组"印章。1993年10月，更名为中共达川地区档案局党组。1999年6月，更名为中共达州市档案局党组。

二、中共达州市档案局机关党支部

1985年7月9日，达县地级机关党委同意成立中共达县地区档案局党支部委员会。1993年10月，更名为中共达川地区档案局机关党支部。1999年6月，更名为中共达州市档案局机关党支部。

2018年5月，局机关党支部完成换届选举，按规定配备党务工作兼职人员。至年末，局机关党支部有正式党员30名，设支部书记1名、副书记1名、委员3名。

三、纪律检查组

1997年5月5日，经中共达川地委同意设立中共达川地区档案局（馆）纪律检查组。1999年6月，更名为中共达州市档案局（馆）纪律检查组。

表6-3　中共达州市档案局党组主要负责人任职情况

机构名称	职务	姓名	任职时间
中共达州市档案局党组	书记	赵应量	1985年11月至1994年6月
		张全修	1995年1月至2000年8月
		张宗贵	2000年8月至2011年9月
		谯学伟	2011年9月至2012年7月
		张强	2012年7月至2015年12月
		韩家翼	2016年12月至2019年11月
	成员	张全修	1985年11月至2000年8月
		赵本章	1985年11月至1995年6月
		唐传光	1986年7月至1999年6月
		郭奎生	1997年7月至2005年12月
		王云	2000年8月至2013年7月
		龚乃桢	2007年7月至2019年1月
		刘登奎	2010年10月至2012年8月

续表

机构名称	职务	姓名	任职时间
		何国林	2013年5—8月
		李　华	2014年4月至2019年1月
中共达州市档案局机关党支部	书记	赵应量	1985年7月至1992年4月
		张全修	1992年4月至1996年6月
		唐传光	1996年6月至2001年1月
		王　云	2001年1月至2014年10月
		李　华	2014年10月至2019年12月
	副书记	张全修	1985年7月至1992年4月
		唐传光	1992年4月至1996年6月
		郭奎生	1996年6月至2001年1月
		梅碧华	2001年1月至2008年10月
		高　峰	2008年10月至2015年12月
		肖文武	2018年5月至2019年12月
中共达州档案局（馆）纪律检查组	组长	郭奎生	1995年9月至1997年7月
		龚乃桢	2007年7月至2018年4月

第三节　群团组织

一、工　会

1989年11月1日，达县市总工会批准同意达县地区档案局建立工会，选举吴小平为工会主席。1996年8月，换届选举郭奎生为工会主席。2003年7月，换届选举高峰为工会主席。

2008年4月，换届选举徐志为工会主席。2009年12月，召开全体工会会员大会，选举肖文武为工会主席。2019年12月，牟德洪任工会主席。

二、机关妇委会

1996年7月，局党组同意成立达川地区档案局（馆）机关妇女工作委员会，梅碧华兼任主任。2003年7月，选举赵春玲为机关妇委会副主任。2008年4月，选举赵春玲为机关妇委会主任，高艳为副主任。2015年1月，局党组重新规范妇委会主任职位，决定由赵春玲继续任机关妇委会主任。2017年3月，赵春玲不再任局机关妇委会主任职务。

三、档案学会

1982年9月，四川省档案学会达县会员小组成立，会员61名。

1987年1月14日，达县地区哲学社会科学学会联合会批准，四川省档案学会达县地区会员小组集体加入达县地区哲学社会科学学会联合会。

1989年7月，在巴中县召开档案宣传工作会和学术交流会，安排部署档案学会筹建工作。

1990年2月8日，正式向地区社科联申请"关于成立地区档案学会的报告"，建议在原四川省档案学会达县地区会员小组的基础上成立达县地区档案学会。3月1日，地区社科联批准同意成立达县地区档案学会，挂靠地区档案局。从成立之日起，被吸收为地区社科联团体会员，原四川省档案学会达县地区会员小组同时取消。7月10日，地区档案学会筹备小组成立，下设组织宣传组、学术组和秘书会务组。

10月31日，达县地区档案学会成立大会召开，通过《达县地区档案学会章程》，正式成立达县地区档案学会。学会由地区档案局主管，接受省档案学会、地区民政局、地区社科联的业务指导、管理和监督，主要从事档案业务交流、技术咨询、档案干部专业培训。经费自收自支。

在地区档案学会第一届理事会第一次会议上，选举产生第一届理事会。赖宜生、孙传燧、杨从荣、黄云州任名誉理事长，赵应量任理事长，张全修、唐传光任副理事长，吴小平任秘书长，欧文宇、郭奎生任副秘书长。

按照个人申请，县以上档案局推荐，经地区档案学会筹备小组批准，首批发展会员509名，原四川省档案学会达县地区会员小组56名会员转为地区档案学会会员，共565名，其中高级职称5名，中级职称106名，助馆级277名。

1991年5月7日，地区档案局、地区档案学会在地级机关及驻达各单位建立档案工作协作片（组）档案学会会员小组。地级机关原则上按各系统组织，驻达各单位按照专业或工作性质相近、人数多少组建片（组）；各协作片（组）的领导，第一届由地区档案局指定或与有关部门协商确定。从是年开始，两年为一届，下一届由协作片（组）的成员互相推选，轮流负责，也可连选连任。具体分以下几个片（组）：（1）党群系统：由地委办公室、地纪委等23个单位组成；（2）行署系统：由行署办公室、地区人事局等23个单位组成；（3）宣传系统：由地委宣传部、地区人民医院等22个单位组成；（4）经委系统：由地区经委、地区轻化工业局等21个单位组成；（5）财贸系统：由地委财办、工商银行等24个单位组成；（6）计、物、建系统：由地区计委、地区物资局等7个单位组成；（7）农林水系统：由地区农办、地区畜牧局等16个单位组成；（8）政法系统：由地区政法委、地区检察院等12个单位组成。

1991年7月5日，经地区清理整顿社会团体领导小组审查，同意登记注册，并颁发"社会团体法人登记证"。9月23日，地区档案局向地区民政局申请登记注册"达县地区档案学会"。10月21日，地区档案局向地区民政局请求复查核准登记"达县地区档案学会"。

1992年3月18日，地区档案学会决定在各县（市、区）会员小组、地级机关会员小组范围内发展学会会员。到9月21日，第二批发展会员118名。9月21—23日，地区档案学会在宣汉县召开第二次学术研讨会，并召开常务理事会，审批、吸收118名新会员，会员总计635名。

11月，四川省达县地区民泰公司成立，隶属地区档案学会领导和管理，为集体所有制企业。公司注册资金30万元，其中固定资产10万元。雷兆春任经理。

1993年9月，行政区划调整，达县地区档案学会更名为达川地区档案学会。部分会员调转巴中地区、广安地区。

1996年10月30日，地区档案学会第二届理事会第一次会议召开，选举产生第二届理事会。张格民、康莲英、赵应量任名誉理事长，张全修任理事长，唐传光、郭奎生任副理事长，吴小平任秘书长，梅碧华任副秘书长。是年，分两批发展会员61名。至年末，学会会员517名，辖7个县（市），除开江县、宣汉县建立学会外，其余县（市）和地级单位共13个会员小组。

1998年10月，调整地级机关档案工作协作片（组）和档案学会会员小组。

1999年6月，达川地区档案学会更名为达州市档案学会。

2001年12月，市档案学会被市社科联评为"市级先进学会"。

2006年7月27日，针对市级单位和档案专兼职人员近年变动较大的实际情况，市档案局调整原档案工作协作片组组长及成员单位。各片组的正副组长一般由各行业主管部门办公室或综合秘书科负责人担任。

2010年8月16日，市档案学会成立治理"小金库"工作领导小组，张宗贵任组长，王云、龚乃桢任副组长。经自查自纠，不存在"小金库"现象。

2011年12月27日，市档案学会第三次会员代表大会召开，通过《达州市档案学会章程（修订稿）》，选举产生第三届理事会。谯学伟、王云、龚乃桢任名誉理事长，刘登奎任理事长，牟德洪、孙胤、罗萍、武洁任副理事长。至年末，学会有会员360名。

2012年，学会换届选举，张强、王云、龚乃桢任名誉理事长，刘登奎任理事长，孙胤、牟德洪、罗萍、武洁任副理事长，徐志任秘书长，肖文武任副秘书长。

2013年1月4日，市档案学会常务理事会研究，决定学会实施秘书长负责制，秘书长徐志任市档案学会法定代表人。

2014年11月，市档案学会举行换届选举，经市委组织部批准同意，张强、龚乃桢、李华、王云任名誉理事长，徐志任理事长，牟德洪、罗萍、武洁、房蜀江、高峰、肖文武任副理事长，罗程任秘书长，张松林任副秘书长，理事由38名增至69名。是年，档案中介服务机构纳入学会成员后，逐步探索行业管理的方法和措施，思考建立促进行业健康发展的制度和规范。档案中介服务机构进入档案行业，为机关、团体、企事业单位的档案工作减轻压力，解决困难，同时提高档案业务工作的质量，最大限度地确保进馆档案符合行业规范和标准。

2016年5月，市民政局颁发《社会团体法人登记证书》（统一社会信用代码：51511700S049636790）并备案。

第七章 自身建设

第一节 职工队伍建设

一、人员、编制

1949年,中华人民共和国成立后,1950年,达县专区设立,属川北行署区。随着各级党政机构的建立,地、县两级机关相继设立机关档案室,并配备专(兼)职档案干部。

1959年1月7日,中共中央发出"关于党政档案统一管理的通知"后,全区采取措施,从组织上实现党政档案的统一管理。全区11个县全部建立四合一的县档案馆。确定县委办公室主任兼任馆长。9个县配专职副馆长,配备干部27名。有1—2人负责日常工作。

1960年末,全区11个县档案馆有8个达到一类馆水平。三类县馆彻底消灭。每个县档案馆平均有3名干部。大部分县配备专职的正副馆长。

1961年9月9日,达县专员公署决定成立专区档案管理局。随后,专局和11个县档案馆配备专职的副职领导干部,各县馆固定1—3人负责馆务工作和业务指导工作。至年末,全区建立11个县档案馆,配备干部30名,其中专职馆长10名,党政统一档案室904个,占已建档案室的82%,相应地配备专兼职干部。

1962年6月27日,地委办公室转发《专区档案管理局"关于全区档案工作情况和今后工作任务的报告"》,对各县在精简机构中提出应注意几点:(1)原县档案馆干部应编制在县委办公室内,对业务熟悉的干部适当保留,继续把档案工作搞好。(2)认真做好厂矿、企业、机关团体等单位撤并、暂停后档案材料的处理工作,必须把历年来所形成的全部档案材料(包括技术档案)整理好、保管好并办好交接手续。(3)今后专、县档案工作的业务领导关系仍按原规定不变。

是年,机构精简后,全区11个县档案馆配专职干部24名,全为中共党员,其中专职副馆长7名,并保留在省、专档案干部训练班学习过的15人(省训7人、专训8人),占干部总数的68.2%。

1963年5月18日,达县专员公署按照省人委给专区11个县档案馆下达的25名编制,分配达县档案馆4名,渠县档案馆3名,其余9个县档案馆各2名。

9月15日,地委组织部、地委办公室印发《关于调整、充实和审查专、县级机关文书、档案干部的意见》,规定凡审查出不适合做文书、档案工作的人员,应坚决调离。同时,选择适合机要条件的干部充实文书、档案部门,并在今后适当稳定下来。地专一级机关和各县级机关随即对现有的文书档案干部进行全面审查和调整、充实。此后，在保密"三查"工作中对机要干部进行审查、清理。据专一级机关及巴中、万源等7个县的统计，至年末共审查文书档案干部（包括办公室主任、科长、打字员等）559名，其中不适宜做这项工作113人，占20.2%。这些人员中有历史反革命分子、坏分子、家庭主要成员被政府镇压、判刑、管制的子女等。调走50人，占44.2%，其余干部采取调换、顶替、逐步淘汰（不做文书档案工作）的办法解决。

1966年2月，专区档案局根据中共中央《关于加强保守党与国家机密的补充决定》，对全区11个县档案馆配备的20名干部（应配25名）进行审查。不宜做这项工作3人，其中属政治历史问题2人，属文化低、不能胜任这项工作1人。

"文化大革命"期间，地区档案局和11个县档案馆机构被撤销，干部被下放、调离。

1979年12月，贯彻全国、全省档案工作会议精神，全区执行档案工作"恢复、整顿、总结、提高"八字方针。

1980年，中共中央、国务院批转国家档案局《关于全国档案工作会议的报告》和省委《关于恢复省档案局和市、地、州、县档案管理机构的通知》下达后，中共达县地委常委办公会议就如何贯彻中央、省委文件精神和对地、县（市、区）档案机构的建立、人员编制、体制等问题进行研究和部署。地委根据中央、省委要求，结合全区实际，确定地、县（市、区）档案局、馆编制89名，其中地区13名，县（市、区）76名。至年末，全区配备63人，占应配数的71.9%，其中地区6人，县（市、区）57人。

1981年1月，按照《省档案局关于合署办公的档案局、馆人员编制划分问题的通知》，达县地区档案馆14个定总编制89名，其中：行政16人，事业73人。至年末，地区和13个县（市、区）全部恢复和建立档案局、馆。全区配备正、副局、馆长29名，其中：专职副局、馆长25名。地、县（市、区）档案部门应配专职干部89名，已配83人，占编制人数的90%以上，较"文化大革命"前的25人增加3倍。除地区、巴中、万源以外，其余11个县（市、区）全部配齐。全区公社以上机关1 772个，建档案室1 421个，占80%以上，其余351个建立档案专柜。配备专职干部143名，兼职干部1 629名。

1982年，全区配合组织、人事部门，整顿各县（市、区）档案局、馆领导班子，充实中年人员。地、县（市、区）档案局、馆配备领导干部29名，其中：专职副局、馆长25名，除白沙工农区未配领导干部外，其余各县（市、区）配有2—3名。同时，全区公社以上党政机关、企事业单位有档案干部2 789名，其中：专职文书档案干部150名，兼职2 060名；专职科技档案干部79名，兼职500余名。

1983年2月2日，贯彻执行中共十二大精神，落实档案工作"恢复、整顿、总结、提高"的方针，地区档案局印发《达县地区档案局（馆）工作人员岗位责任制》，并从即日起执行。至1984年，全区档案局、馆有专职档案干部87名，较"文化大革命"前的25名增加2.5倍。

1985年9月21日，地区编委同意，地区档案局（馆）在现有13人的基础上新增事业编制6名（驾驶员、打字员编制在内）。至此，地区档案局（馆）定编19名，其中行政编制5名，事业编制14名。

至9月末，地区和13个县（市、区）档案局完成领导体制调整，党委和政府明确档案局既是党委的机构，又是政府的机构，列入政府序列编制，是政府的直属局，并以党委和政府的名义印发文件。地、县（市、区）档案局的行政编制，按规定定编44名，落实定编44名（地区和达县各5名，白沙区1名，其余各县、市各3名）。地、县（市、区）档案局事业编制，定编130名，已落实定编130名（宣汉县15名，地区和邻水县各14名，渠县12名，开江县、巴中县各10名，大竹县9名，南江县、通江县、万源县各8名，平昌县7名，达县6名，达县市5名，白沙区4名）。以上两项共175名。

1986年1月7日，地区档案局印发《关于认真做好选调档案局、馆干部的通知》，明确选调干部的条件是：政治可靠，具有高中或高中以上文化水平，能胜任工作的青年干部。

1987年，地区档案局（馆）人员编制19名，其中行政编制5名，事业编制14名，实际19人。至1988年，地、县（市、区）档案局（馆）的人员由1978年前35人增加到159人，增加3.5倍。

1989年6月，地区编委给地区档案局（馆）增加事业编制2名。是年，全区档案局（馆）干部165名，比定编168名少3名。专兼职档案干部3 261名。

1992年4月22日，地区档案局按照《四川省党政群机关工作人员年度考核试行意见》和地级机关目标管理责任制考评领导小组办公室制定的《考评办法》，结合本局（馆）实际，制定《达县地区档案局工作人员年度考核试行办法》。

1993年10月，地区行政区划调整，达川地区档案局（馆）减少行政编制1名，定编20名，其中行政编制4名，事业编制16名。

1997年5月，全区8个地、县（市）档案局与档案馆合并，一个机构两块牌子，履行档案事业行政管理和档案保管、保用两种职能。全区除达川市档案局没有行政编制外，其余均有行政编制，共20名，其中：地区4名，大竹县、渠县、达县、宣汉县、万源市各3名，开江县1名。事业编制103名，其中：地区19名，万源市10名，达县10名，宣汉县14名，开江县8名，大竹县20名，渠县13名。

2000年，市、县档案局定编23名，实有23人，其中：市局定编4名，实有5人；市、县档案馆定编100名，实有88人。

2001年，市档案局开展干部年度考核工作。经局党组会研究，干部职工大会动员，个人准备，于12月29日全局干部职工进行自我总结，互相评议，开展批评与自我批评，经过大家讨论通过，16名区科级及以下干部职工全部为称职，其中，推荐表彰优秀工作者2名，先进工作者3名。此后，年年进行干部年度考核。是年，市档案局（馆）定编22名，其中行政编制4名、事业编制15名、机关工勤人员编制3名，设局（馆）长1名，副局（馆）长2名，科级领导职数8名。

2002年3月，市档案局本着"公开、公平、公正"的原则，对定编的8个中层职位实行竞争上岗，择优聘用。经考核评议，8名年轻人走上中层领导岗位。至年末，全市有档案行政管理部门8个，专职24人（市局4人）；各级各类档案馆13个，专职118人，其中国家综合档案馆8个，专职99人（市馆18人），专门档案馆1个（达州市城乡建设档案馆），专职9人，企业档案馆4个（达钢、渠江、新达、鼓风机厂），专职17人；乡镇以上机关档案科2个，档案室1 330个，专职341人；县属以上企业档案室316个，专职148人；市级科技事业单位档案室16个，专职18人。

2006年，全市档案局（馆）定编132

名，有专职128人。

2008年3月，根据《达州市人事局关于明确达州市农机局等6个事业单位参照公务员法管理的通知》精神，市档案局被确定为参照公务员法管理的事业单位。编制23名，在职21人，其中已参照公务员法管理登记15人，工勤4人，是干部但未登记2人（高艳、刘桂林）。参照公务员管理登记人员：张宗贵、王云、郭奎生、龚乃桢、梅碧华、雷兆春、徐晓英、徐志、牟德洪、肖文武、滕创奉、高峰。是年，全市档案局（馆）定编149名，在职118人。市档案局（馆）事业编制20名。其中，局（馆）长1名，副局（馆）长2名；科级领导职数8名。机关工勤编制3名。

2009年5月5日，杨敏、赵春玲、王光琼列入参照公务员管理。是年，全市档案局（馆）定编138名，在职128人。定编同比减少11人，主要是档案部门转为参照公务员管理，在统计口径上发生变化。

至2010年末，市档案局（馆）在职22人，退休8人。其中，已登记为参照管理16人，未登记2人，机关工勤4人。

2013年12月11日，以省档案局人事处处长汪智勇为组长的"全省档案干部队伍人才建设情况调研组"一行到达州市开展档案干部队伍人才建设情况的调研。座谈会上，市档案局局长张强就全市档案干部队伍人才建设基本情况、经验做法、存在的问题及今后工作思路进行汇报。是年，全市档案系统编制133名，实有121人，其中局领导30名，占25%；中层干部35名，占29%；一般干部51名，占42%。张文茜以"四川省首批聘任制公务员"的身份到宣汉县档案局工作。

2014年3月，根据市委组织部《关于认真做好超职数配备干部专项治理工作的通知》要求，对干部配备情况进行自查，市档案局实有在编参公人员13名，其中已配备局长1名（领导职数、正处级）、纪检组长1名（领导职数、副处级）、调研员1名（非领导职数、处级）、科长4名（领导职数、正科级）、妇委会主任1名（非领导职数、科级）、主任科员1名（非领导职数、科级）。尚空缺领导职数副局长2名，未出现超职数配备干部的情况。

2014—2015年，市档案局在选任干部上，坚持德能勤绩的用人标准，通过遴选，考调4人，挂职下派锻炼1人，走上领导岗位2人。

图7-1 档案干部队伍人才建设情况的调研

至2015年末，市档案局（馆）核定领导职数11名，其中：正处级1名、副处级2名、正科级5名，副科级3名；非领导职数3名，其中处级1名、科级2名。

2016年1月8日，市档案局按照市委组织部开展干部人事档案专项审核工作部署，对18名工作人员的干部人事档案进行专项审核，共整理审核18份干部人事档案，其中县处级5份，科级9份，一般人员4份。组织认定3人，出生年月阳历农历记载不一致2人，均重新认定核实。同时，严格贯彻落实《党政领导干部选拔任用工作条例》，突出群众公认，坚持把民主测评和组织考察情况作为重要依据，严格落实四项监督制度，坚持公平、公正、公开，有效提高选人用人质量。通过认真遴选，共考调4人，挂职下派锻炼1人，走上领导岗位3人，提拔科级干部3人。

2017年2月7日，局党组书记、局（馆）长韩家翼在二楼会议室主持召开局党组会议，研究决定参照市管干部到龄免职制度，凡男年满53岁、女年满51岁的科级干部，将不再担任领导职务，并形成到龄免职的长效机制。科级干部免职后其工资福利待遇按有关规定执行。是年，在有空编情况下，申请使用1名正科级和2名副科级职数，严格按组织程序，选拔任用3名优秀干部充实到科级岗位。

2018年，市档案局认真落实《充分激发干部干事创业积极性十项措施》，坚持"优化结构、人事相宜、全面比选、择优使用"精准规范选人用人，加强干部队伍专业化建设。建立党组定期研究部署人才工作机制，建立领导干部联系人才制度，抓好人才队伍建设。按照"两个优先、两个不用"导向，坚持"一票否决""全程放下"，干部提拔、选先评优、试用转正等严格进行履行党建（党员）责任（义务）和脱贫攻坚责任情况查核。1月30日，全市有8人入选四川省档案人才"283工程"档案优秀人才：大竹县档案局（馆）王文钧，宣汉县档案局（馆）向党权，达川区档案局（馆）张平，达州市中级人民法院李想，达州市国土资源档案信息中心率雍艳，达州市第一中学熊彬，国网四川省电力公司达州供电公司周红梅，达州职业技术学院陈玄。2名档案高级人才：达州市档案局（馆）李军，渠县档案局（馆）戴连渠。3月29日，市档案局召开党组会议，通报2017年度选人用人工作情况，并开展民主评议。局党组书记、局长韩家翼代表班子就2017年度领导班子选人用人"一报告两评议"工作作专题报告，重点就新提拔的1名科长、1名副科长及新晋升的1名副主任科员情况进行报告，随后全体人员对新提拔任用干部、市档案局选人用人工作进行民主书面评议，满意度达100%。是年，按照同一岗位任职满7年必须交流的规定，轮岗交流1人。

至年末，全市档案局（馆）定编141名，专职人员126名。其中：研究生2名、大学本科64名、大专52名、高中（含中专）及以下17名。

二、教育培训

20世纪50年代末，专区初步建立档案工作机构。为解决档案干部业务不熟悉的困难，采取"边学边做"的方法进行业务学习、实习和试点，使立卷人员逐渐掌握立卷的做法与要求。1955年6月，专署制定《关于"文书处理与档案工作"的学习初步计划》，将"文书处理与档案工作"作为各级机关文书处理与档案工作人员业务学习的主要内容。1957年2月10日至3月5日，地委、专署召开档案专业干部会议，对31名档案专（兼）职干部进行专业培训，制定"档案干部会议学习计划"。3月，各县委抽调专职档案干部1人参加省委办公厅举办的第二期档案干部训练班。

1959年，地委、专署举办档案业务培训班5次，培训档案干部183名；各县负责训练县级区、乡、人民公社的档案干部。

1960年2月，地委、专署制定每隔15天学习一次业务的计划，以协作小组为学习单位，采取集体自学、分散自学、小组讨论和现场参观等办法。专区和平昌县、渠县、巴中县先后在党校附设档案干部训练班，集中脱产训练档案干部250余名。一些县组织县级机关文书档案干部业务学习，培养一批懂业务的档案干部。2月和7月，专署两次选调11名档案专职人员参加省第三、第四期档案干部培训班学习。

1961年，专区和平昌、渠县、巴中等县分别举办1—2期档案干部训练班。1962年，各县档案馆加强对区、人民公社文书档案工作的业务指导，组织在职文书档案干部学习业务知识。

1963年9月，地委办公室、专署办公室制定《关于组织地级机关文书档案工作人员业务学习的计划》，在地专机关建立业务学习制度，每月听报告1次，讨论1次；学习方法以集体讲课为主与各协作小组讨论的方式相结合。

20世纪70年代，针对新手多、业务不熟的状况，采取现场练兵、系统协作、短期培训、以老带新等形式培训档案干部。1975年6月，地委办公室举办技术档案干部短期训练班，训练地属厂矿和部分省、县属厂矿的技术档案干部。随后，各县和煤指、钢指系统也短期培训所属单位的技术档案干部。

1979年，地区调送14名档案干部参加省档案局第六期档案干部培训班。

1980年1月，地、县档案局恢复后，档案干部教育逐步走向经常化、制度化和规范化。地、县（市、区）档案部门采取集中或分散的方式对档案干部进行训练，或采取以会代训，或分系统、分片区举办短训班、业务讲座、上辅导课，或定期组织业务学习等方式进行培训，重点学习文书立卷归档专门知识。是年起，地区档案局每年选调档案干部参加省档案局举办的业务培训班学习。是年，全区13个县（市、区）应培训档案干部1 877名，采取以会代训、举办短期训练班等办法，培训档案干部1 321名。培训时间一般约1周，最长15天。课程以文书处理和档案工作基础知识为主。

1981年3月3日至4月7日，全区首次举办科技档案干部训练班。地属厂矿、企事业单位及达县市、达县部分科技档案干部92名参加学习，经测验，平均成绩97.88分，获得结业证书。6月25日至7月25日，举办地区第三期文书档案干部训练班，地委、行署各部（委、室）、地级各机关、厂矿、学校以及达县市、达县和省属企事业单位部分文书档案干部174名参加学习。经测验，平均成绩97.6分。同时，13个县（市、区）采取集中或分散的办法，训练档案干部。至年末，全区公社以上机关应培训文书、科技档案干部2 411名，已培训1 680人。

1982年，各县（市）档案部门和个别地、县专业主管机关，采取以会代训、专题讲座、参观教学、分类办班、巡回讲课等形式，举办73期训练班，培训档案干部2 021名。

1983年，地区档案局配合专业主管机关，举办文书、科技档案干部训练班22期，培训1 169人次。

1984年7月，地区档案局举办为期1个月的科技档案训练班，为各县（市、区）档案局培训科技档案干部118名。同时，各县（市、区）档案局举办多期文书档案干部训练班，6 281人受训。12月8日，地区档案局印发《关于举办达县地区电大档案学专业班的通知》，决定1985年全区正式开办档案学电大专业班，学制两年，主要招收档案局（馆）在职干部及机关、企事业单位档案室专兼职干部，采用广播（主要发行磁带）函授与面授相结合的授课方式，暂招收学员30名。电大专业班由地区档案局负责配备管理干部和聘请辅导教师，教学管理工作由四川广播电视大学达县分校负责。

1985年，全区办成人高校电大档案专业班1个，招收学生46名，学制三年。是年后，地、县（市）档案局重视在职档案干部的业务学习，开辟学历教育，鼓励自学成才。

1987年，全区办成人高校电大档案班1个，在校学生36名。兼职教师5名，其中讲师4名。

1988年，地级机关、厂矿在根据工作需要增加档案干部数量的同时，采取以会代训、个别辅导、专题讲座、选送人员参加省、地档案部门和专业主管机关举办的档案干部训练班学习。3月23日，邻水县档案局举办文书、科技档案干部培训班，179名科技档案干部受训，主要学习文书处理、立卷、归档和科技材料的收集整理等基础知识。5月5—20日，地区档案局在地区档案馆举办首批档案修裱技术培训班。大竹、南江、通江等8个县档案馆负责馆务工作人员参训，主要以中央档案馆技术室编印的《中国档案文件的修裱技术》和档案出版社1984年出版的《档案保护技术学》为教材，并从洗制淀粉直至糊制大墙和修裱破损档案，严格按照规范实地操作。学员经考核平均成绩97分，获得结业证书。

5月10日至6月21日，地区档案局在达县财贸学校举办第六期档案专业干部训练班。地级机关、团体、企业、事业单位及省属驻达单位和达县市、达县、渠县、邻水、宣汉等县（市）部分档案干部249名参加。考试平均成绩94.09分，获得结业证书。是年，地、县两级档案部门举办短训班40多期，培训专兼职档案干部近2 000人次。

1989年4月，举办全区企业档案管理升级培训班，培训档案干部154名。10月，调送7人参加省档案局举办的《档案法》训练班学习。是年，地区档案局协助地区轻化、冶煤、外贸、财政局、人民银行等系统举办档案工作训练班，200多人参训。地、县档案部门举办培训40多期，培训干部2 000多名。

图7-2 88级电大班教授档案业务

1990年，地区档案局配合地区检察院、地区交通局、地区工商局、地区审计局、地区财政局、达县供电局、大竹矿务局、达县养路总段等部门和单位，为其所属系统的档案人员进行专业培训。是年，地区档案电大班学员期末考试平均成绩83.3分，及格率89.9%。

1991年，除继续推荐或选送在职干部到四川大学档案系专修科、专业证书班、省档案中专学校、省档案干部培训班学习外，累计开办两届档案电大班，向全区档案部门输送毕业生81名，被省电大站授予"先进教学班"称号。同时，地、县档案管理部门与各专业主管部门配合，举办档案干部短期培训班8期，培训学员1 567名。

1992年6月30日，地区档案局举办第八期档案干部培训班，培训时间20天，重点讲授国家技术监督局、国家档案局及有关部门印发的文书、科技、会计、干部、照片、企业档案案卷质量标准和省档案局编印的《档案专业知识复习提纲》。8—12月，地区档案局和四川广播电视大学达县分校联合举办档案干部继续教育电视讲座教学班，参训干部59名，均取得结业证书。是年，地区档案局先后举办两期档案业务培训班，参训人员248名。又举办三期档案干部培训班，培训学员近400人次，各县（市、区）档案局也采取各种形式对在职档案干部进行培训或轮训。

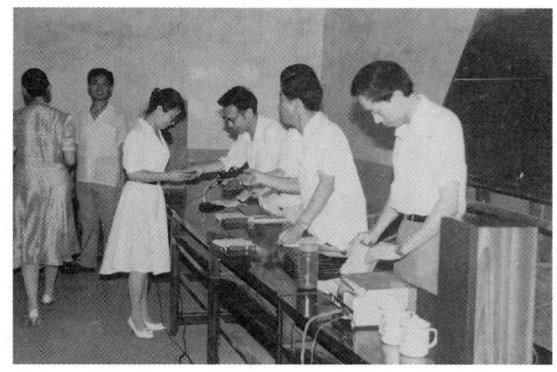

图7-3 1992年地区档案局举办训练班

1993年5月，地区档案局在地级机关组织16名档案干部参加中山大学举办的现代档案管理研讨班。9月，举办全区企业档案分类培训班，培训学员92名。同时，组织《档案干部继续教育电视讲座》教育班学员考试，为116名合格者颁发结业证书；地区档案局、开江县档案局与重庆师范学院联办档案与文秘专业大专函授班3个，学员100名。为配合档案干部晋升中级专业职务的专业知识考试，举办古汉语培训班，参训的48名学员参加全省统一考试，合格率100%。10月，选调2人参加省档案局举办的档案执法监督检查培训班学习。是年，全区举办培训班22期，受训学员1 340人次。

1994年5月，地区档案局调送8人参加省档案学校举办的计算机操作及应用技术培训班学习。举办文秘与档案函授大专班，42名档案干部参加学习；举办古汉语复习班，参训的20名档案干部经全省统一考试合格，获得申报档案中级职务资格。是年，举办培训班14期，受训学员近1 000人次。

1995年6月，地区档案局在大竹县举办全区乡镇企业文秘档案培训班，参训干部78名。是年，又开办档案与文秘函授大专班，举办各种档案业务班，参训学员1 000余人次。并选送19名干部参加四川档案业务培训班学习。

1991—1995年"八五"期间，地区档案局除组织选送在职档案干部参加省以上档案培训班学习外，还举办档案专业电大班、档案干部继续教育电视讲座班，毕业学员179名。并举办全区性的档案干部培训班5期，培训在职干部414人次。

1996年，地区档案局和开江县档案局举办文秘与档案函授大专班，完成教学计划。向省档案局培训班选送干部15名。6月，举办档案行政执法人员培训班，培训7人。随后，万源、开江县采取以会代训方式，分别对本县执法人员进行培训。全区举办档案干部培训班12期，培训1 145人。

1997年，地区档案局培训执法人员57名，换发执法证，并把业务培训与法律知识培训结合起来，全年举办档案干部培训班15期，培训1 248人次。选送24名档案干部参加省档案局培训。

1998年1月6日，地档案局印发《关于建立档案专业继续教育评估制度的通知》，决定建立档案专业继续教育评估制度。评估对象，按逐级管理原则，地区档案局对各县（市）档案局继续教育工作者实地考核评估。档案专业继续教育工作评估结果分为优秀、合格、不合格3个等级。继续教育工作评估每3年进行一次。首次评估定于1999年进行。是年，地区档案局举办地级机关文书档案培训班，参训学员93名，对全区64名档案行政执法人员进行培训，并组织他们参加行署法制局举行的行政执法考试和地区档案局举行的档案专业法律法规知识考试。其中：公用性法律人均70.4分，专业法规知识人均81.5分。全区各级档案部门举办培训班40期，培训档案人员1 981名，送省培训16人。

1999年，地区档案局完成对7个（县、市）档案人员继续教育情况的评估；举办首期档案干部资格培训班，对地级和达川市、达县部分机关、团体、企事业单位105人进行培训。是年，结合档案业务培训，对档案人员和文秘人员加强档案法律知识教育和培训，全区举办培训班培训干部1719人次；档案干部送省培训5名，师资送省培训8人。培训执法人员51人次。

2000年，市档案局与宣汉县档案局、渠县档案局举办档案干部资格培训班4期290人。送省培训档案干部6名，送省师资培训4人。

2001年6月中旬，市档案局与通川区档案局、达县档案局联合举办新的《归档文件整理规则》暨第五期档案人员资格培训班，参训学员353名，并对301人颁发资格证书。是年，全市培训档案人员823人次，选送9名档案人员到省局培训。

2002年，市档案局举办7期《归档文件整理规则》培训班，按系统对市属各立档单位的档案专兼职人员进行培训，参训人员279人。各县（市、区）档案局自办档案干部培训班15期1556人次，并颁发资格证书。市档案局选送10名档案人员到省培训；参加大学自学考试和函授2人，大专毕业1人。

2003年3月25日至4月30日，市档案局举办市级各机关、团体、企事业单位档案人员《归档文件整理规则》培训班7期，参训280余人。全市档案干部送省培训19名，各县（市、区）档案局自办档案干部培训班15期1589人次，并颁发资格证书。

2004年6月28日至7月2日，市档案局举办"四川省电子文档管理系统暨文书档案著录细则与机读目录数据交换格式"培训班，邀请省档案局（馆）业务指导处处长朱虹、信息中心代万能老师和市档案局副局长王云授课，150人参加学习。11月，省档案局组织人员对达州市档案干部继续教育工作现场考核，后者以98分的全省最高分，获得优秀等次。是年，有10名档案执法人员参加省档案局培训，全市培训档案干部1200余人次。完成对7个县（市、区）档案局档案专业继续教育工作的检查评估，其中6个优秀，1个良好。

2005年，市档案局送省档案局参加培训21人。各县（市、区）档案局自办档案干部培训班16期1869人次，并颁发资格证书。

2001—2005年"十五"期间，全市举办档案干部培训班80余期，培训人员4000余人次，完成档案干部送省培训任务，开展档案专业继续教育评估活动。

2006年7月3—7日，市档案局（馆）信息开发科唐渠东参加市机要局主办的党政网应用培训班学习。是年，选送8人参加省档案局组织的培训。开办档案专职人员档案专业大专学历水平培训班，30余人取得毕业证。全年培训档案干部300人次。

2007年9月18—21日，市档案局在达县宾馆举办贯彻国家档案局第8号令暨《四川省档案工作规范化管理办法》培训班。市委办公室、市政府办公室等195个立档单位219人参加培训。9—11月，市档案局党组书记、局（馆）长张宗贵参加省委党校举办的县级干部培训班学习，班子其他成员参加市委党校举办的县级干部培训班学习。是年，全市培训档案干部2500余人次；举办全市专职档案干部档案专业大专学历培训班，30余人取得毕业证。

2008年4月9日，市档案局召开承担国家重点档案抢救任务的3个县档案局局长、分管局领导、馆务股长参加的全市国家重点档案抢救工作暨业务培训会，并观摩市档案馆抢救现场。同时，协助市城建档案馆对全市城建系统档案人员进行档案业务培训，开展讲座6次，培训300余人。是年，全市举办贯彻国家档案局8号令培训班14期，2400余人参加培训。

2009年，市档案局组织送省档案学校培训41人次。各县（市、区）档案局举办培训班，培训乡镇、村档案人员1 000余人次。是年，全市采取举办培训班、以会代训等形式培训档案人员3 496人次。

图7-4 档案业务培训

2010年11月22—30日，市档案局在省档案学校举办全市重大建设项目档案人员培训班，32名专兼职档案人员参训。此前，组织32名重大建设项目档案工作人员参加省重大建设项目档案管理专题培训班一、二期的学习培训。是年，全市举办贯彻落实国家档案局第8号令培训班13期，培训2 237人次。其中市档案局举办培训班2期、参训280余人，各县（市、区）档案局培训班11期，参训1 957人次。全市33人次参加省市举办的执法人员培训。

2011年，市档案局印发《达州市档案事业发展"十二五"规划》，对继续教育工作进行规划和部署，组织县（市、区）档案局及机关、企事业单位档案工作者60余人次参加省档案局举办的档案业务培训班、信息化建设培训班、新任档案局（馆）长培训班、民营企业档案工作培训班等。据统计，全市档案部门采用各种形式培训800余人次。

2012年，市档案局组织并委托省档案学校举办"达州市档案业务暨档案信息化培训班"，参训125人。组织全市档案行政执法人员15人次参加省档案局、市法制部门组织的执法人员培训。9月，成立教育培训工作领导小组，并建立系列教育培训工作制度，每年召开专门会议，对培训工作进行研究和部署。同时，开始采取"小班化"档案整理实务培训方式，取得成效。

图7-5 档案管理专题培训会

2013年4月16—19日，市档案局采取集中理论授课，分组操作培训的方式对市级单位档案干部210名进行基础业务技能培训。7月19日，市档案局在市国资经营公司召开西南职教园区重大建设项目档案管理专题培训会，市档案局、市国资经营公司、园区办、入驻学校等单位领导、办公室主任、档案人员20余人参加会议。市档案局副局长王云首先就重大建设项目档案重要性、各参建单位职能职责、项目档案管理方式、项目档案收集范围等内容进行培训。

9月23—27日，省档案局举办"重大建设项目暨产业园区建设项目档案业务培训"。达州市档案系统业务指导人员及相关重点建设项目共19个单位、24人参加培训。是年，市档案局委托省档案学校进行专业理论培训85人次，组织会员参加省档案局举办的业务培训63人次。各级档案部门自办培训20次，培训干部1 424人次。

2014年3月14日，国网达州供电公司开展档案业务培训。培训采用集中授课、现场观摩答疑相结合的方式,围绕公司依法治企主题,就如何进一步提高档案意识、增强档案法制观念、加强基层档案工作实务、提升档案服务中心工作等,进行培训。公司60余人参加培训。

图7-6 国网达州供电公司举办档案业务培训

图7-7 档案整理操作技能培训班

6月11—12日,市档案局举办3期档案整理操作技能培训班,市级机关、团体、企事业单位、重大建设项目40个单位120余人参加培训。培训根据参训单位性质和档案人员工作需求,分为文书档案归档操作技能班和科技档案归档操作技能班。文书档案归档操作技能班讲解档案工作基本知识、按"卷"整理方式和按"件"整理方式的历史演变、归档的范围和保管期限的划分,重点讲解执行《归档文件整理规范》的技巧、实际整理工作的流程和方法。科技档案归档操作技能班讲解档案工作基本知识,科技档案特点及与文书档案的区别,重点讲解科技档案分类方案编制、科技档案组卷、排列的基本方法和步骤、档号编制方法等操作技巧。

是年,全市自办培训15次,培训干部650人次。派送干部职工到省党校、省档案学校业务培训54人次。2012—2014年,全市举办档案业务培训班27期,对219个立档单位、876名专(兼)职档案员进行培训。

2015年4月,国网达州供电公司举办档案工作培训,邀请市档案局副局长徐志、国网四川省电力公司档案管理平台专业人员授课。公司系统各单位档案分管领导及专(兼)职档案管理人员,各参建部门项目管理人员、技术人员等80余人参加培训。

5月11—14日,市档案局组织全市企事业单位200人,就《归档文件整理规则》、国家档案局8号令、《企业档案工作规范》、国家档案局10号令、《国家重大建设项目档案验收办法》及《四川省重大建设项目档案管理办法》进行培训。培训采取小班授课方式,共4天分6期进行。6月4日,在四川一新投资实业有限公司举办档案业务专题培训。8月6日,在宣汉县举办全市国土系统档案业务培训。11月6日,市档案局在渠县召开全市档案基础业务工作研讨会。会前,与会人员实地参观刚搬迁投入使用的渠县档案馆新馆。11月13日,举办全市医保系统档案业务培训。是年,市档案局自办培训6次,培训460人次。组织全市档案工作者200余人参加省档案局、省档案校举办的培训班。

2016年4月,市档案局组织对企业档案业务人员的专业培训。组织全市企事业单位230人,就《归档文件整理规则》、国家档案局8号令、《企业档案工作规

图7-8 2015年11月6日，市档案局在渠县召开全市档案基础业务工作研讨会

范》、国家档案局10号令、《国家重大建设项目档案验收办法》及《四川省重大建设项目档案管理办法》进行培训讲解。培训采取小班授课的方式，共5天分9期进行。4月12日，为贯彻《金融企业业务档案管理规定》，对达州市银监系统干部职工进行档案业务培训。5月20日，对达州河市机场进行企业档案业务专题培训。8月16日，对达州市发展控股有限公司干部职工进行档案业务培训。11月17日，对全市烟草系统档案工作人员进行业务培训。全年组织全市档案工作者50余人参加由省档案局、省档案学校举办的培训班。

图7-9 2016年度全市档案基础业务培训

5月9—12日，渠县档案局举行2016年经济科技档案业务培训大会，县政府副县长郝勇出席大会和开班仪式并讲话。培训主要针对学校、医院、企业和重点项目建设单位档案工作人员，参训286人，并将档案培训纳入县委党校干部教育培训内容之一，开创档案培训新模式。

2017年6月5日，市档案局举办档案业务培训会，对新版《归档文件整理规则》的新标准和新问题进行研讨，市级各机关团体、企事业单位近200名专（兼）职档案管理人员参加培训。6月14日，举办全市档案业务培训（研讨）会，分别就脱贫攻坚档案、重大建设项目档案、产业园区档案、档案数字化建设等方面业务进行讲解、答疑。9月1日起，市档案局开展为期半年的"技能大比武、业务大提升"活动，活动采取业务培训、技能比武、演讲比赛等形式，达到"人人参加练兵、人人接收教育、人人得到提高"的目的。

图7-10 2017年达州市档案业务培训会

图7-11 "技能大比武、业务大提升"活动

宣汉县档案局采取"集中培训＋实地指导"的方式，聘请省、市档案业务专家授课，讲解档案法律法规及业务标准，全

年举办专题培训会4次、500人次。开江县档案局举办土地确权档案培训、脱贫攻坚档案培训2期培训班，参训280人；大竹县档案局举办全县档案业务培训会，培训各单位档案业务工作人员180余人；万源市档案局举办2期新《归档文件整理规则》、档案工作规范化管理及脱贫攻坚档案业务培训会，参训400余人次。

是年，全市组织30余名机关、企事业单位档案工作人员到四川档案干部教育培训基地参加全省档案馆（室）规范化管理培训班、全省第31期档案业务人员培训班、2018年全省项目档案业务培训班。

2018年，市档案局结合"大学习、大讨论、大调研"活动，组织业务人员到各地各企事业单位开展基础业务和档案整理技能培训，先后到宣汉县、大竹县、渠县、市交投集团、市国资经营公司、市发展公司、137地质队等多个单位进行档案基础业务培训。7月31日至8月1日，达川区档案局在马家镇肖家村，对全区各乡、村共332人进行乡、村、户三级脱贫攻坚资料业务收集培训会。随后，各乡镇（街道办）、村级资料规范工作全面有序展开。

图7-12 开江县档案局举办档案业务年度培训

8月2日，开江县档案局举办档案业务培训会，全县各乡镇、县级机关、企事业单位档案专（兼）职人员130余人参加培训。培训会采取理论与实践结合的方式，分为知识讲授，分组进行实际操作技能培训。8月，市档案局举办档案基础业务培训会，市级各机关团体、企事业单位近200名专（兼）职档案管理人员参加培训。达川区档案局对全区各单位、乡镇档案工作人员进行2次专题培训，并对脱贫攻坚档案资料收集工作进行全区性业务培训和指导。开江县档案局举办档案业务培训会，全县各乡镇、县级机关、企事业单位档案专（兼）职人员130余人参加培训。渠县档案局开展全县档案工作会和培训会，县级各部门、各乡镇从事档案工作的人员380余人参训，详细讲解《四川省档案工作规范化管理标准》《档案法》、档案整理、保管要求等。宣汉县档案局开展"依法治档、存史资政"档案法律法规和业务知识竞赛，并组织企事业单位就科技档案业务进行学习培训。万源市档案局开展全市档案基础业务建设培训班，培训档案业务人员300人次。

是年，市档案局组织全市30余名机关、企事业单位档案工作人员到四川档案干部教育培训基地参加全省档案业务人员培训班；机关业务人员到各地各部门开展基础业务和档案整理技能培训2期120余人次。

三、职 称

1982年1月28日，地区行署转发地区档案局、地区人事局《关于做好档案专业干部业务职称评定工作的意见》的通知。明确在年内先在县以上档案局、档案馆的专业干部中对符合国务院《暂行规定》条件的干部，进行业务职称的评定工作。同时，成立地区档案专业干部业务职称评定委员会，负责组织、评定全区档案干部业务职称工作。孙传燧任主任委员，徐嘉陵任副主任委员，成员有符华昌、赵应量、张全修、赵本章、聂集伦、丁仕元、杨思明。2月20日—3月25日，行署批准，在大竹县、邻水县、渠县档案局（馆）试点，经政治、业务考核，首批有12人符合《暂行规定》条件，其中馆员1名，助理馆员4名，管理员7名。试点结束后，全区档案专业技术职务评定工作正式铺开。至年末，全区地、县（市、区）档案局、馆有干部86名，属评定范围74人，首批申请61人，占评定范围人数的82.4%。经本人申请，基层群众评议推荐，县（市、区）评定小组和地区评定委员会评定审查，除3人缓评外，评出管理员43名，占参评人数的70%，助理馆员10名，占16%。

1983年7月26日，地区人事局、地区科委、地区档案局印发《关于专职文书、科技档案干部业务职称考核评定工作分工的通知》，规定：全区专职文书档案干部和科技档案干部中有文科学历和不具备学历的干部的业务职称评定工作，由地、县（市区）档案专业干部业务职称评委会或评定小组，按照国务院《暂行规定》和《实施办法》及附件一的标准，负责考核、评定。地、县（市、区）档案局负责组织领导，人事局协同做好有关工作。科技档案干部中有理工农科学历和已授工程、农业技术职称的干部，这部分人的职称评定或晋升工作，应按照本专业规定的程序和《实施办法》附件二的考核标准及按工程、农业技术干部职称的管理权限，由地、县（市、区）科委牵头，县级工程、农业职称评定委员会吸收具有相应档案职称的人员参加，进行考核评定。

至8月31日，全区评定并经地、县（市、区）政府批准授予档案业务职称56人，其中：馆员3名，助理馆员10名，管理员43名。3名馆员均系初中以下文化程度；助理馆员中，中专2人，高中3人，初中以下5人；管理员中，中专6人，高中9人，初中以下28人。

1984年1月，按照省职称评定工作领导小组提出的10条检查内容，地区档案局组织人员对前阶段档案业务职称评定工作进行检查，结果表明没有违规现象。

1987年6月22日，地区档案局成立达县地区档案专业技术职务初级资格评审委员会，赵应量任主任，张全修任副主任，委员有刘本辉、赵本章、江正荣。10月24日，地区职改领导小组批准成立达县地区档案专业中级评委会，委员有张仲仁、陈代荣、赵应量、张全修、刘本辉、丁世元、杨思明，主要负责全区各级档案部门申报的档案人员初、中级职务任职条件的评审和推荐高级专业职务的人员。评审委员会受理县（市、区）档案局和地级部门申请，不受理个人申请。

至年末，全区完成事业单位和试点企业档案专业人员职务评定工作。经个人申请、考试、考核和评审等阶段工作，评审、推荐档案专业职务193人，其中：副研究馆员3名、馆员28名、助理馆员97名、管理员65名。

1988年4月5日，地区档案局印发《关于县、市（区）建立档案专业初级职务评审委员会的通知》，要求凡具有两名以上中级职务的县，应请示县职称改革工作领导小组，尽快成立档案专业初级评审委员会，负责本县档案专业人员技术职务的评审工作。5月28日，地区档案局印发《关于企业单位档案专业人员职务评聘工作有关问题的通知》，规定：地级各企业单位档案专业人员职务评聘工作，由各单位按照地区企业职称改革工作领导小组的统一部署和安排，同本单位专业技术职务的评聘工作同步进行，凡需评审档案专业中、初级职务的，由地级各主管部门职称改革工作领导小组正式委托地区档案局初级职务评审委员会代评和推荐转报。随后，按照中央、省、地职改部门的规定和要求，地区档案局开展对地级企业单位档案专业人员职务评聘工作。

7月30日，地区档案局调整达县地区档案专业中级评委会。赵应量任主任委员，张全修任副主任委员，委员有庞先东、赵本章、吴小平、张近华、曾宪友。

是年，全区地属企业、事业单位档案专业干部共评馆员16名，助理馆员47名，管理员31名。至年末，全区651人评定专业技术职称，其中副研究馆员3名，馆员96名，助理馆员和管理员552名。

1989年，地区档案局完成首批企事业单位652名档案专业技术人员职务评聘扫尾工作，并对已评聘的专业技术人员开始建立业绩考核档案。地区档案局建立中级以上和地级单位初级档案专业人员的考绩档案，各县（市、区）档案局建立本级初级人员的考绩档案。

1987—1989年，全区档案系列评定副研究员3名，馆员98名，助理馆员294名，管理员257名。

1990年2月，地区档案局对专业技术职务评审聘任工作进行验收复查后，因不具备建立档案专业评委会条件，地区中级职务评审工作委托省档案局代评。至年末，全区档案局、馆干部评聘专业职务121人，其中副研究馆员3名，馆员40名，助理馆员57名，管理员21名。

1991年8月22日，地区档案局对地区档案馆专业技术职务评聘工作进行复查验收。首次评聘专业技术职务时地区职改办下达地区档案馆副高级职务1名，中级职务4名，均已评聘，无空缺。评聘的16名专业技术职务（其中副研究馆员2名，1名不占指标，馆员4名，助理馆员10名）均符合评聘范围和任职条件的要求，经复查验收合格。至年末，地区档案馆聘任专业技术职务16人，其中副研究馆员2名，馆员4名，助理馆员10名。中级以上技术职务占总人数的27.3%，占评聘总人数的37.5%。

1992年6月17日，省档案局同意地区档案局赵应量为省档案专业副研究馆员职务评审委员会委员。8月14日，地区档案局重新组建档案专业初级职务评审委员会，赵应量任主任，张全修任副主任，委员有唐传光、赵本章、庞先东、吴小平、郭奎生。主要负责接收不具备组建档案专业初级职务评审委员会的县（市、区）和地级部门委托，代评档案专业初级职务，评审委员会办公室设在地区档案局办公室。

1993年，随着职称评聘工作转入正常，不具备规定学历的人员要通过学历教育取得学历或通过"破格"进行评审。是年，地区档案局向省档案局推荐高级职称2名，中级职称85名，并对申报初级职称的人员进行评审，地区档案局评审31名。是年末，不再进行不具备规定学历的考试。在全区319名专职档案人员中，评定专业技术职称的187人，占总人数的58.7%。其中副研究馆员3名，馆员64名，助理馆员94名，管理员26名。各级档案局、馆评定档案专业技术职务136

人，其中副研究馆员3名（地区2名），馆员45名（地区27名），助理馆员65名（地区47名），管理员24名（地区11名）。

1994年，地区档案局初级评委会评定助理馆员和管理员8名，接收、审核并向省档案局中级评委会推荐全区20名档案干部申报馆员的材料。

1995年，评定副研究馆员1名，馆员8名，助理馆员和管理员30余名。

1997年12月，地区职改领导小组批准同意，组建达川地区档案技术中级职务评审委员会，由张全修、郭奎生、赵本章、杜晓玲、江正荣、彭高兴、张仕君、高思雄、余辉9人组成，主要负责全区档案系列中级技术职务任职资格的评审工作。档案专业技术职务评定范围为地、县（市、区）档案局、馆的现有档案人员和企业、事业单位专门从事档案专业工作的现有人员。

1998年，地区档案局调整初级评委会成员，年内评定档案馆员24名，助理馆员和管理员7名。至年末，全区共评定档案专业职称740名，其中：副研究馆员6名，馆员192名，助理馆员289名，管理员253名。在740名档案专业人员中，地、县（市、区）档案局、馆105名，企业368名，事业单位267名。

2000年，全市评定企事业单位档案馆员2名，助理馆员3名，管理员2名。

2001年，评定档案助理馆员5名，馆员3名，审查上报副研究馆员2名。是年末，全市有副研究馆员3名，馆员111名，助理馆员及管理员272名。

2002年11月25日，市档案局调整市档案专业初级职务评审委员会成员。张宗贵任主任，郭奎生任副主任，成员有王云、梅碧华、徐晓英、龚乃桢、滕创奉。全年评审助馆2名，馆员8名。

2003年，市档案局评定档案专业技术人员中级职称9人，初级职称2人。2004年，评定档案专业中级职称4人，审查上报高级职称2人。

2005年，评定档案专业技术人员中级职称4人，高级职称2人。

2006年，评定档案专业中级职称8人，初级职称5人。

2007年，评定档案专业技术人员初级4个，中级职称3人。

2009年，评定档案专业技术人员初级职称1人，中级职称4人，高级职称1人。

2010年，评定档案专业技术人员初级职称3人，中级职称11人，高级职称送审1人。

2011年，全市有441人评定档案专业技术职称，其中，初级139人，中级279人，高级23人。

2018年，市档案局通过职称评定工作，选拔合格的档案专业技术人才，共评审初级职称7人，中级职称7人，送审高级职称13人。

第二节 机关目标管理

1983年2月2日，地区档案局（馆）印发《达县地区档案局（馆）工作人员岗位责任制》，明确副局长、局办公室、业务指导科职责。各县档案馆根据工作需要，修订或重新制定档案材料的收集、整理、保管、统计、鉴定、利用等规章制度及工作人员岗位责任制。

1988年，巴中县档案局实行"档案工作责任书"考核办法。责任书分别规定县委、县政府、县档案局（甲方）与部（委、局、室）、区、乡（镇）分管档案工作领导和专（兼）职档案工作人员（乙方）双方工作职责和年终奖惩办法。

1989年，地区档案馆实行目标管理，建立岗位职责，将年内工作、任务、指标承包到科室，由科室分解落实到人。地区档案局建立考评小组，制定考评办法。同时，建立健全工作制度、学习制度、值班制度、财务公物管理制度、保密制度、请假制度和劳动卫生制度等。

1991年4月30日，地区档案局制定《达县地区档案局（馆）目标管理责任制考评办法》，将局（馆）全年工作任务分别包干到职能科室，由科室分解到每个工作人员，实行目标管理。年终按照每人完成岗位职责情况，考评奖惩。成立目标管理责任制考评领导小组，赵应量任组长，唐传光任副组长，成员有张全修、吴小平、赵本章、庞先东、欧文宇。5月，地区档案馆制定《一九九一年工作人员岗位责任制》，明确个人岗位责任制。

1992年初，地区档案局（馆）与行署签订1992年机关目标管理责任书后，将局（馆）全年应完成的各项任务、指标落实到职能科室，由科室分解到人，实行目标管理。

1993年1月15日，地级机关岗位目标管理责任制考评领导小组综合审定，地区档案局在1992年度地级党政群机关岗位目标责任制考核中获得一等奖，按人均190元计发岗位目标兑现奖。

1994年4月，省档案局首次向达县地区档案局下达6项业务目标后，地区档案局将其分解，连同年初下达的目标，一并下达到各县（市、区）档案局组织实施。同时，采取走出去、请进来，召开会议，制发文件，深入实际，现场办公等形式，加强监督指导。年终由领导带队，分3个小组，采取听、看、查、评和计分的办法，对各县（市、区）档案局（馆）业务工作进行考核评定，取得成效。

1995年11月末至12月中旬，地区档案局组成年度目标管理考核验收小组，对各县（市、区）档案局（馆）业务目标进行考核评定。

2003年6月初，市委、市政府首次将档案工作纳入对各县（市、区）委、政府和市级各部门目标考核的内容之一。至此，全市档案工作全面实现目标管理。

2004年8月，市档案局组成两个督查小组，由局领导率有关科室人员分别对7个县（市、区）档案局当年目标任务完成进度情况进行督查。

1996—2005年，达州市档案工作连续

10年获得全省档案系统目标考核一等奖。

2007年5月18日,市档案局成立局机关工作人员目标考核领导小组,张宗贵任组长,王云、龚乃桢任副组长。6月10日,市档案局修订并印发《达州市档案局机关目标管理暂行办法》,成立局机关目标管理考评组,负责对机关目标实施进行督促检查,并对目标任务完成效果考评到机关职工。目标考核工作由局目标管理考评组组织实施。领导考核以6分为基本分,民主测评标准分4分。年度考核以季度考核为依据。每季度考核结果是年度考核的重要依据,严格按照德、能、勤、绩、廉进行年度考核,按照领导审核、民主测评确定优秀、称职、基本称职、不称职等次,计发本单位目标奖平均金额的120%、100%、70%,不称职的不计发奖金。同时,制定《达州市档案局机关目标管理考评细则》《达州市档案局机关年度保证目标》,明确考核内容及加分扣分事项。

2008年3月3日,市档案局成立加强机关效能建设优化发展环境领导小组,张宗贵任组长,王云、龚乃桢任副组长。8月30日,成立档案工作目标考核领导小组,张宗贵任组长,王云、龚乃桢任副组长。

2011年,根据市委、市政府建立"工作预决算制"的要求,结合省档案局下达的目标任务和《达州市档案事业发展"十二五"规划》,市档案局将"十二五"规划逐年分解,将2011年度重点工作逐月落实到责任领导、责任科室和责任人员,建立"工作明细账",并层层签订目标责任书。采取"年初预算、年度决算"方式,在年底统一组织检查考评,奖勤罚懒。

是年,按照省档案局《关于开展档案工作"基础业务建设年"活动的通知》精神,在全市开展档案工作"基础业务建设年"活动。市、县(市、区)档案部门成立"基础业务建设年"活动领导小组,分别落实业务科(股)、接收保管利用科、馆务股负责实施该项工作,并印发《关于开展档案工作"基础业务建设年"活动的通知》,各县(市、区)档案局分别制定实施方案。

为保证"基础业务建设年"活动效果,市档案局印发《认真做好2010年度档案资料归档整理工作的通知》《关于加强民营企业档案工作的通知》《关于开展2011年度档案工作规范化管理复查工作的通知》《关于推进市级单位档案工作规范化管理的实施意见》等文件。同时,市、县两级档案部门重点对562个机关、团体、企事业单位、重大建设项目的档案工作进行业务指导,跟踪服务。

2012年,根据"建设川陕鄂渝结合部区域中心城市"的发展目标,市档案局研究制定档案事业发展中长期规划,并结合市委中心组学习(扩大)会议和省第十次党代会精神的新要求,调整目标考核办法,推进和鼓励工作创新,对工作有创新突破的实行目标考核加分制度。

2015年,市档案局制订《2015年度岗位绩效管理目标责任分解表》,分解落实目标责任,建立完善《机关目标绩效管理办法》,推动全年各项目标任务的落实。同时,制定完善《达州市档案局(馆)机关规章制度》,形成包括《中共达州市档案局党组会议决策制度》《中共达州市档案局党组中心组学习制度》《达州市档案局差旅费报销规定》和《责任追究制度》等27项制度及文件,形成整套管理模式。

2016年1月19日，市档案局召开"一报告，两评议"暨2015年度干部职工述职述廉考评会。先由科级以下工作人员分别对照个人岗位职责，就本年度个人思想、工作、学习和遵守廉洁自律规定等情况进行回顾与总结，述职述廉，随后班子成员作述职述廉报告。最后，参会人员对领导班子及成员、干部职工进行年度考核民主测评。同时，以无记名投票的形式推荐优秀工作人员。同月，市档案局获得2015年度市级部门和公共服务行业政风行风群众满意度测评第三名。

2017年，市委、市政府首次将档案工作纳入各县（市、区）和市级各部门（单位）全市年度目标绩效考核范围，考核采用日常督查和年终考核相结合。日常督查由市档案局组织实施，年终考核由市委督查室、市政府绩效考核办牵头组织实施。4月19日，市政府副市长、市公安局局长王景弘代表市政府，与各县（市、区）人民政府、达州经开区管委会签订《达州市2017年度档案工作目标责任书》。目标绩效考核内容层次分明、有针对性、重点突出。对县（市、区）目标绩效考核，主要是档案"三大体系"建设、重大建设项目档案工作、破产改制企业档案工作、档案信息化、馆库建设等11项内容；对市直部门（单位）考核内容，主要是组织管理制、工作制度、档案安全、法规培训、基础业务、档案规范整理等13项内容。这是达州市人民政府第一次将档案工作纳入政府总体目标任务考核。

7月20日，市档案局党组印发《达州市档案局科室主要负责人考核办法》，明确对科室负责人的考核方式、考核内容及指标、考核程序、结果运用等。

2018年5月11日，市档案局印发《2018年全市档案工作绩效目标考核方案》，明确考核对象为各县（市、区）档案局，考核内容主要根据市委、市政府和省档案局安排部署，结合2018年全市档案工作重点任务，围绕档案工作组织管理、制度建设、设施建设、业务建设、安全管理、信息化建设和保管利用等方面进行。

2018年，市档案局修订完善《达州市档案局（馆）机关规章制度》等规章制度，完善管理措施，形成各司其职、有规有序、高效运转的良好局面。

第三节 信息、调研、保密

一、信息

市档案局历年重视信息工作，将信息工作纳入办公室年度目标工作任务管理，严格考核，奖惩兑现。同时，配备兼职信息工作人员，负责局（馆）党委系统信息工作的报送、考评等工作。

1982—1989年，省档案学会达县地区会员小组和档案工作者在报刊上发表文章106篇，其中：国家级刊物10篇，省、地级刊物69篇，县级刊物27篇。并为省、地、县广播、电视台（站）投稿1700余件。据1989年地区档案局和邻水县、白沙区、宣汉县档案局统计，在全国、省、地、县报刊、电台刊用稿件147篇。全区征订省档案局、省档案学会主办的《四川档案》刊物1 689份,居全省第一。

1990年,地区档案局撰写宣传《档案法》和档案工作文章,并被省、地报刊、广播电台采用31篇。

1992年2月20日,地区档案局印发《关于聘用档案利用工作信息员的通知》,决定聘用52名档案利用工作信息员,其职责(任务)是:负责定期收集、整理、上报档案馆和机关、团体、企业、事业单位档案部门提供利用档案资料所获得的社会、经济效益的典型事例。地级单位信息员除负责本单位档案利用信息的反馈工作外,还应负责本系统所属单位档案利用信息的收集、汇总、上报工作,要求每个信息员每月必须向地区档案局业务科报送一次档案利用信息。是年,编写《情况交流》简报14期,交流、推广档案工作经验。

1993年,全区档案干部和有关人员向《通川日报》投稿并被刊用有关档案工作的新闻报道或文章46篇(条),向《四川档案》投稿并被刊用22篇(条)。定期收集、整理、上报档案利用典型事例99条,编写《情况交流》4期,采用典型事例32条。是年,全区撰写论文、调查报告及建议性文章108篇,其中省级以上杂志刊登15篇,地区级杂志刊登7篇。

1994年,根据省、地档案工作会议精神,地区档案局将信息工作纳入地、县(市)档案局目标管理,签订责任书,并作为年终考核内容之一。8月4日,地区档案局印发《关于进一步做好信息工作的通知》,要求从8月起,每个县(市)至少上报1条信息。全年收集、整理、上报档案信息70余条;向《四川档案》投稿被采用9篇,向县电台投稿被采用30余篇条;收集档案利用典型事例60余条,编制《情况交流》4期,采用典型事例22条。

1995—2000年,市档案局收集、整理、上报政务信息168条,在市以上报刊、广播、电视上播放、刊用新闻报道、学术文章60多篇。

2001年,市档案局在主办的《档案工作简报》上刊登县(市、区)档案局领导撰写的调查文章及档案工作先进典型经验6篇,上报档案工作信息35条。

2002年,全市档案工作会议减少会议规模,节约会议经费;减少印发文件及简报,简报仅保留《档案工作简报》。全市全年上报档案工作信息35条,档案利用典型事例36条。

2003年,市档案局在市级以上报刊上发表新闻报道文章20余篇。上报档案工作信息40条,档案利用典型事例36条。

2004年,全市收集、整理、上报档案工作政务信息123条,撰写调研文章8篇。

2005年,全市收集、整理、上报档案工作政务信息31条,撰写调研文章6篇。

2001—2005年"十五"期间,全市档案系统征订《四川档案》5 250份,名列全省前茅。搜集、整理、上报档案工作信息225条,档案利用典型事例425条。

2006年1月1日起,市档案局对新闻报道、信息、理论文章被刊用实行奖励办法,具体规定:

第一,凡被《达州日报》刊用新闻报道1条奖作者50元;被《四川档案》刊用信息1条奖作者30元;被市委、市政府内部刊物刊用信息1条奖作者50元;被《中国档案》《中国档案报》刊物刊用信息1条奖作者50元,刊用新闻报道1

条奖作者70元。

第二，凡被《达州日报》《四川档案》刊用论文、调研报告1篇，奖作者100元；被《中国档案》《中国档案报》刊用论文及调研报告1篇，奖作者150元。

是年，全市收集、整理、上报档案工作政务信息35条。市档案局报送党建信息并被网站、报刊、杂志登载9篇（次），其中：《市档案局心系灾区情系灾民》被《中国档案报》登载；被《四川档案》杂志登载《市档案局进行机关公务员作风纪律整顿》信息1条；被《达州市机关党建》第二期登载杂论《话在"状态"》，该文章同时发表在《达州日报》2006年4月26日第四版；被《达州市机关党建》第二期登载的《为官修养十八"于"》，同时被市直工委登载到网站；市直工委网站登载的杂论《树立社会主义荣辱观的说与做》《市档案局作风纪律整顿：查摆动真格，方法更灵活》；被《达州日报》登载反映市档案局作风纪律整顿的转段动员会信息。

2007年，市、县档案部门确定1名局领导分管宣传工作，明确办公室或法制宣传机构作为宣传工作的责任部门。市、县档案局配备2—3名通讯员，每名通讯员每年完成2—3篇通讯报道稿件，定期对通讯员进行业务培训和考核。同时，将上报档案工作信息、上报档案利用典型事例、局领导撰写调研文章作为年度目标任务下达各县（市、区）档案局。规定凡在市级以上报刊或内部刊物上发表1篇文章或通讯报道，在年底目标考核时加1分或0.2分。市档案局制定《新闻报道、信息、理论文章刊用奖励办法》，规定在《中国档案》《中国档案报》《四川档案》《达州日报》等报刊每发表1篇文章或新闻报道给予30—150元奖励。

是年，市档案局成立政府信息公开工作小组，局党组书记、局长张宗贵为第一责任人，纪检组长龚乃桢为分管负责人，明确以局信息开发科为责任单位和其他各职能科室相互配合。12月1日，市档案局将编制的《达州市档案局政务信息公开指南》和《达州市档案局政府信息公开目录》上网公示，征求社会意见。

2003—2007年，全市收集、整理、上报档案工作信息280余条，上报政务信息320余条，撰写调研文章50余篇，各级电视台、报刊、内部刊物刊用理论文章、新闻报道、工作动态600余条，编发档案利用典型事例460条。

2008年，为贯彻落实《中华人民共和国政府信息公开工作条例》和《达州市政府信息公开办法》精神，市档案局及时公开市档案工作政府信息，便利公众获取信息。到11月末，编辑上报档案工作简报6期，其中兰台快讯32条，档案利用典型事例18条，学术论坛2条。

2009年，市档案局向《达州信息》《达州信息专报》报工作动态、政务信息和领导调研文章等6篇；向市委科发办报送开展深入学习实践科学发展观活动信息7条、编印《市档案局深入学习实践科学发展观活动一周工作完成情况快报》10期；向省档案局《四川档案》报送《档案工作信息简报》7期，其中被《达州市党政网》登载2条，被市科发办《工作简报》登载5条，被省档案局《四川档案》登载16条。

2010年，市档案局向市委办信息中心和《达州信息》《达州信息专报》报送工作动态、政务信息和领导调研文章73篇；

向市委创先争优办报送创先争优活动信息5条；向省档案局《四川档案》和"四川省档案资源网"报送档案信息13期，其中被"达州市党政网"登载3条，被省档案局《四川档案》登载15条，被"四川省档案资源网"登载33条。达州市被评为全省档案宣传工作先进单位。

2011年，市档案局向市委、市政府和省档案局上报工作信息98条，上报档案利用典型事例65条。

2012年，全市成立档案宣传工作通联组，有2人被《中国档案报》《中国档案》聘为特约记者，2人被聘为特约撰稿人。各级档案部门在《达州日报》等市级以上党报党刊刊载新闻报道宣传稿件66篇，在《中国档案报》《中国档案》发表宣传稿件5篇。编印档案信息18期，档案利用事例11期。

2013年12月，《中国档案报》记者秦海庆在省档案局宣教处副调研员刘志愚、市档案局局长张强陪同下，前往宣汉县档案局对"最美档案人"、馆务股股长安定芳进行采访。采访中，宣汉县档案局干部职工对安定芳从事档案工作28年的经历进行回顾和总结，讲述他在工作、生活中不同侧面的优秀事迹和感人故事。同时，对其工作环境、同事及与他本人面对面地交流采访，使记者深切感受到安定芳几十年如一日，默默奉献、恪尽职守、无私无畏的真实形象。是年，市档案局编印档案信息18期，编印档案工作周报47期、档案利用事例12期。

2014年，市档案局编写档案资政参考8种120期，举办展览9次。在国家级、省级、市级报刊媒体发表新闻稿件、信息、调研文章22篇，被省档案资源网采用35条。编印档案信息18期，编印档案工作周报44期、档案利用事例12期。在市政府门户网站主动公开政务信息110条，在市档案局网站公布政务信息311条，在达州电视台、达州日报、达州晚报、凤凰山下等主流媒体公布政务信息10余条。

2015年2月3日，《四川档案》杂志主编张路生，副主编、宣教处副处长吴志忠一行到达州市就如何办好《四川档案》进行调研。市档案局领导班子、各县（市、区）档案局局长及部分《四川档案》特约撰稿人参加座谈会。在座谈会上，张路生通报2015年《四川档案》的征订情况，达州市征订数量继续位居全省之首！他对达州市档案系统多年来积极支持《四川档案》发行工作，征订数一直名列全省前列，给予肯定和赞扬。对渠县档案局"统一征订、财政统一拨款支付"的经验做法给予好评。是年，全市档案系统刊发宣传稿件87篇，其中市档案局刊发在市级及以上党报党刊和全国性档案报刊刊发稿件15篇，在省级及以上门户网站挂载信息175条。编印档案工作简报20期、档案利用事例12期。全市征订"一报两刊"居全省第一。

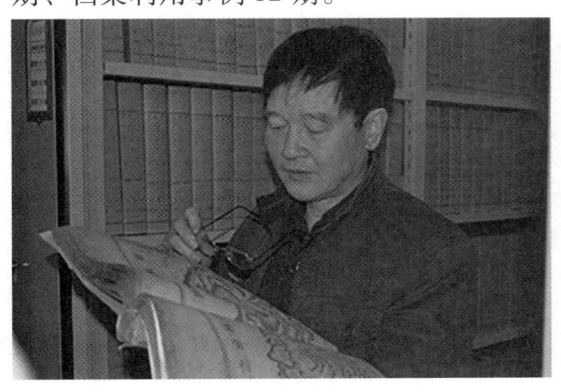

图7-13 "最美档案人"——安定芳

图7-14 《四川档案》杂志发行调研座谈会

2016年3月24日，在达州市"两会"期间，《达州日报》刊发"《默默无闻铸辉煌，继往开来谱新篇》——'十二五'达州档案事业发展成就回眸"的"两会"整版专题报道。6月3日，在《四川日报》上刊登《达州市抓好破产改制企业档案工作》的宣传报道。全市档案系统全年在各级报纸杂志上发表文章、信息150余篇，向市委、市政府报送工作信息72条，采用7条，信息公开挂载68条；向省档案局报送信息145篇，被省档案局门户网站挂载110条。全市档案系统在《中国档案报》《中国档案》发表文章9篇，在《四川档案》发表文章7篇，在市级以上主流媒体刊发宣传稿件20余篇。

2017年，全市档案系统在市级以上党报党刊、电台、电视台，期刊《中国档案报》《中国档案》《四川档案》，以及国家档案局门户网站和"中国档案网""中国档案资讯网"发表宣传稿件40余篇。其中，渠县《渠县汉阙汉代文化实物见证》刊登在《四川日报》4月7日第八版，《档案见证：渠县的抗日救亡运动》获得2014—2016年度四川省优秀档案编研成果奖。在人民网、新华网、中国档案网等国家级网站刊发和转用稿件10余篇，在《达州日报》用稿13篇，在《四川档案》杂志用稿3篇、《四川档案网》网刊发11篇，均居全市第一。是年，市档案局编印《档案工作简报》20余期，《档案利用事例选编》12期。

2018年5月16日，市档案局印发《关于加强档案工作信息报送的通知》，明确2018年度信息报送任息任务数、宣传内容、工作要求、考核办法。市档案局全年向《中国档案报》投稿21篇，用稿3篇，在四川档案局官网投稿67篇，用稿19篇，在《达州日报》用稿3篇，编辑修改县（市、区）档案局投稿185件。同时，在"达州档案资源网"上设立"机关党建"专栏，上传党建信息42条。加强信息报送，全年向市直机关工委报送党建信息42条。

二、调研

20世纪50年代末，地、县（市）档案馆建立后，档案工作者在进行业务建设的同时，开展对档案工作研究。

1961年，遵照中央和省、地委关于加强调查研究工作的指示，部分专、县在档案工作上开始做些调查研究工作。

1963年8月，专、县档案管理部门先后在开展社教运动的公社进行试点和调查，及时总结交流经验与做法。

80年代初，随着档案行政管理机构的恢复、建立，档案干部队伍的壮大，档案业务人员素质的提高，以及档案工作的全面开展，档案科学技术研究工作逐步开展起来，涉及到档案工作的各个方面。

1981年3月，宣汉县档案局派出5人，历时35天，到55个机关、厂矿、学校和区、社、队调查研究，督促检查。

1982年，省档案学会达县地区会员小组成立。5月，省档案学会达县会员小组向省档案学会推荐学术文章5篇，其中渠县档案局撰写的《建立农业科技档案为农业现代化服务》和地区档案局张全修撰写的《谈谈加强档案业务指导工作的问题》，在全省第一次档案学术讨论会上印发交流。9月，中国档案学会和四川省档案学会在成都召开县档案馆专题学术讨论会。地区档案学会组织会员向学会推荐4篇，有2篇被省档案学会向讨论会推荐。

是年，地区档案局张全修、赵本章、

庞先东合撰的《认真做好褪变档案的抢救工作》是全区档案系统首次获得省档案局、省档案学会和地区行署授予的科研成果二等奖；地区鼓风机厂的"科技档案为L8WDAL罗茨鼓风机设计服务"在全区企业中首次获得省档案局、省经贸委授予的开发科学技术资源成果一等奖；地区农业局、植保站研制的"植保科技档案的建立和开发利用"项目在全区机关单位中首次获得的省农牧厅科技进步二等奖。

1983年3月，全区第一次档案学术讨论会召开，参会代表21名，收到学术文章38篇，会上印发交流19篇。6月14—18日，会同省档案学会在大竹县召开县档案馆建设专题学术讨论会，参会代表20名，大会收到论文66篇，其中地区9篇，有2篇在大会交流。

1984年12月，地区档案局张全修、赵本章、庞先东撰写的《认真做好褪变档案的抢救工作》获得地区哲学社会科学科研成果二等奖。

1986年6月，地区档案学会在通江县召开档案保护技术专题学术讨论会，23人参会，收到论文22篇，有10篇在大会交流。

1988年，地区档案局张全修、庞先东、赵本章撰写的《认真做好褪变档案的抢救工作》获得四川省首次档案科研优秀成果二等奖；赵本章撰写的《浅谈发挥科技档案的经济效益问题》、张全修撰写的《谈谈加强档案业务指导工作问题》分别获得四川省首次档案科研优秀成果三等奖。

1989年10月，地区档案会员小组参加地区社科联举办的"达县地区首届社会科学成果展览"，获得鼓励奖。是年，地区召开档案学术讨论会，收到论文49篇；参加省档案学术会，提交论文3篇，其中1篇在大会上交流。1篇向全国第三次学术会推荐，并作书面交流。

至年末，地区档案会员小组有会员54人，先后召开学术研讨会4次，参加代表173名，收到学术论文164篇，被推荐参加省以上档案学会的论文17篇，3篇被编入全国、全省档案论文集出版，6篇分别获得省、地档案科研优秀成果二、三等奖；会员在报刊上发表文章87篇，其中国家级刊物8篇，省、地级刊物62篇，县级刊物17篇。

1982—1989年，地区档案会员小组向有关部门推荐档案科研成果13项，有6项分别获得省档案局、省档案学会和地区行署颁发的科研成果获奖证书及奖金，其中获得省二等奖1项，三等奖4项；获得地区行署二等奖1项。地区档案会员小组与地区档案局主办《情况交流》69期，刊登稿件173篇（件）、29万余字，印发9 110份，参与编写档案史料243种、418万字。

1990年10月，地区档案学会成立，并召开档案学术交流会，参会代表121名，收到论文62篇，大会交流19篇。编印《达县地区档案学会成立大会暨第一次学术讨论会会刊》1 000册。12月，地区档案学会参加省档案学会第二次档案优秀成果评奖活动，评选推荐参评成果5项，其中获得三等奖1项。经省档案科研成果评奖委员会评定，地区档案局张全修撰写的《地县档案局馆领导的素质和素质结构问题初探》获得省第二次档案科学研究优秀成果三等奖。全年撰写业务调查报告3篇，编印《情况交流》12期，总结交流典型材料15篇。

1991年，地区档案局先后接待攀枝花

市、万县地区、南充地区档案工作者到达县地区参观、交流。地区档案学会先后向有关部门推荐科研成果16项，获得省档案局、省档案学会颁发的档案科研优秀成果奖6项，其中二等奖1项，三等奖5项。

1992年9月21—23日，地区档案学会在宣汉县召开第二次学术研讨会，专题研究开发利用档案信息资源，参加会议109人，收到论文70篇，大会交流20篇。10月，向省档案学会推荐档案学术论文5篇，其中：赵本章、江正荣（渠县档案局）撰写的学术论文《如何避免重份文件进馆》获得省档案科研成果二等奖。同时，先后派员参加西南片区在云南大理市召开的学术交流会和南充、广元、涪陵、万县等地、市的学术交流会。地区档案局先后撰写《对档案执法监督的几点认识》《浅淡行政管理法制化》和《对违反〈档案法〉案件工作的调查与思考》3篇文章，其中，《对违反〈档案法〉案件工作的调查与思考》登载在《四川档案》1992年第2期，其余2篇在省档案学会会议上交流。

是年，地区档案学会创办《通川档案》，发行3期3 000余册。后根据地委、行署关于清理整顿地级部门文件、刊物、简报的规定精神，停刊。保留《情况交流》，继续完成学术交流和业务指导的双重任务。

1993年，地区档案学会向省档案学会推荐科研成果2项，向地区社科联推荐科研成果5项。地区农业局关于建立植保档案的成果获省农牧厅科研成果二等奖。

1994年，地区档案学会组织会员撰写调研文章，其中反映档案法律法规10余篇；反映档案馆工作1篇，反映企业档案工作1篇。全年向省档案学会申报、推荐科研成果3项，向地区社科联申报、推荐10项。

1995年3月，地区档案馆编印的《达川地区档案馆简明指南》在全区第三次哲学社会科学优秀科研成果评奖中获得二等奖。是年，向省档案局、省档案学会推荐首届"档案学基础理论、历史与教育委员会"优秀成果14项，获得二等奖1项，三等奖5项。向地区社科联第三次哲学社会科学优秀成果评奖活动推荐参评成果10项，获得二等奖1项，三等奖2项。赵本章参加省档案局组织的《文件立卷原理与务实》一书编审，郭奎生到泰国参加"改革开放与市场经济"理论研讨会，并宣读论文。张全修撰写的《谈乡镇企业档案工作的现状与任务》被《四川档案》刊用。

1991—1995年"八五"期间，全区先后获得省档案学会优秀论文成果二等奖1篇，三等奖2篇；有5篇分别获得全区第三次哲学社会科学优秀科研成果二、三等奖和优秀论文奖。

1996年，张全修撰写的《关于档案行政执法责任制的思考》被《四川档案》刊用，并在全国第五次档案学术讨论会上交流。唐传光撰写的《关于机关单位精神文明建设重在落实的思考》论文入选地区精神文明建设理论研究会，并获得优秀论文奖。是年，地区档案学会召开学术讨论会1次，收到论文28篇，大会交流15篇。会员在省以上刊物发表文章8篇，地级报刊上发表学术文章、新闻报告及调研文章20余篇。向省档案局、省档案学会第五次档案优秀成果评奖推荐参评成果5项，获得三、四等奖各1项。向地区社科联第四次哲学社会科学优秀成果评奖推荐参评成果5项。编印出版《达川地区档案学会第二次会员代表大会暨第三次学术交流会》会刊。

1998年，地区档案学会向地区社科联和省档案局推荐科研成果4项。

1999年，市档案局、市档案学会开展首次档案优秀成果评奖活动，评出获奖项目20项，其中：一等奖1项，二等奖3项，三等奖7项，鼓励奖9项。全年获得市哲学社会科学科研优秀成果二、三等奖各1项，在省以上档案报刊上发表学术文章3篇。市、县（市）档案局领导在"调查与思考"专刊上交流调研文章8篇。

2000年，市档案学会向省档案学会推荐优秀科研成果3项，获得二等奖1项、四等奖2项；向市第六次哲学社会科学优秀成果评奖活动推荐成果3项，获得三等奖1项，在省以上报刊发表学术文章13篇；在市档案局"调查与思考"专刊上交流调研文章22篇。

2001年，市档案局继续办好"调查与思考"专刊，交流市、县（市、区）档案局（馆）领导干部调研文章5篇。全年有4篇学术文章、调研报告在国家、省、市刊物上发表，有2篇获奖，其中1篇获得中国档案学会第四次优秀科研成果二等奖，另1篇获得市第六次哲学社科三等奖。

2002年，张宗贵、郭奎生等合撰的《农户信用档案——农村档案工作服务的新途径》刊登在《四川档案》第3期；郭奎生撰写的《信用档案服务"三农"的成功探索》刊登在《中国档案报》4月15日第1版；王云撰写的《创新服务机制 拓展服务功能 为优化经济发展软环境服务——建立市级现行文件资料利用中心的思考》上报市委政研室。同时，在"调查与思考"专刊上交流市、县（市、区）档案局（馆）领导干部调研文章14篇。

6月上旬，市委副书记张格民对7个县（市、区）档案工作进行调研，主要内容是：机构改革后市、县（区）档案工作的发展状况，对档案部门领导班子、人员配备、档案保管保护经费及班子自身建设等方面。是年，局领导撰写调研文章14篇。向省社科联和省档案学会推荐档案优秀科研成果8项，其中获得二等奖1项、三等奖1项、四等奖3项。

2003年，市档案局会同市财政局到达县、宣汉县、市级有关部门调研，出台《达州市财政会计核算中心会计档案管理办法》，指导和规范纳入核算中心单位会计档案。9月18日，《中国档案报》予以报道。

7月，市档案局撰写的《达州市档案资料征集办法》《达州市国家综合档案馆档案资料接收办法》《达州市重大活动档案资料管理办法》3个管理办法作为全省、市（州）唯一项目被省档案局评为第五次优秀科技成果二等奖。是年，在国家、省级报刊及学术交流会上发表经验材料或调查报告5篇。全市有5项档案优秀科研成果获省奖，其中获得二等奖1项、三等奖1项、四等奖3项。

至年末，全市获得省、市科学技术研究成果奖69项，其中一等奖2项、二等奖19项、三等奖27项、四等奖18项、优秀奖3项。

2004年，市档案局组织全市档案系统干部职工继续开展"我为达州跨越式发展做贡献"的大讨论活动。局中心组成员撰写调研文章6篇，张宗贵撰写的《加大源头治理、构建反腐保廉预防体系》被刊登在市纪委《新视角、新视野》达州市县（处）级党政"一把手"党风廉政建设调研文集。后于2008年被市纪委评为县处级"一把手"党风廉政建设调研文章优秀奖。是年，向市社科联申报优秀成果4项，其中2项成果被省档案局、省档案学会评为省优秀科研成果三等奖。

2005年，全市6项档案优秀科研成果获奖，其中二等奖1项、三等奖2项、四等奖3项。全年完成"优秀学会"申报工作。

2001—2005年"十五"期间，全市有13项档案科研成果获得省档案局和市政府奖励，其中二等奖3项、三等奖7项、四等奖3项。

2008年10月14—15日，省档案局（馆）副局（馆）长马小彬、信息中心主任张路生、政策法规处副处长陈燕平一行分别到达州市档案局、宣汉县档案局、达县档案局调研、检查指导工作。是年，王云撰写的《加强和改进机关干部队伍作风建设的几点思考》被市直工委评为党建研究学术成果三等奖。

2009年9月，市档案局组成调研组，到渠县、大竹县、开江县、通川区、宣汉县等县的9个乡（镇）和10个行政村，对新农村建设档案工作进行调研，形成《达州市档案局关于达州市新农村建设档案工作情况的调研报告》。11月27日，组织协作组成员单位与广安市、巴中市企业、科技事业单位的档案工作人员开展主题为"重大建设项目档案工作"研讨活动。收到调研报告、论文23篇，有9个单位代表在会上作经验交流发言，并编印《四川省经科档案工作第七协作组会议暨档案学术研讨会材料汇编》。全年有11篇学术文章、调研报告在省、市刊物上发表。

2010年9月11—12日，省档案局局长胡金玉对万源市、渠县档案馆建设前期准备工作进行调研，要求抓住国家支持中西部地区档案馆建设的契机，提前谋划，做好新馆建设的各项工作。12月16日，省档案局副巡视员朱虹、信息技术处处长赵明强、利用处处长高勇一行检查达县新农村建设档案工作。是年，全市有13篇学术文章、调研报告在省、市刊物上发表。

2011年，市档案局围绕制定"达州市档案事业发展'十二五'规划""达州市档案法制宣传教育第六个五年规划（2011—2015年）""达州市'十二五'档案信息化建设实施意见（2011—2015年）"3个规划开展调研。1月16—17日，省档案局副局长张新率相关处室负责人，对万源市档案馆建设情况进行调研。3月，根据省档案局安排部署，市、县两级档案行政管理部门开展档案宣传工作情况调研。4月，市档案局会同市人大内司委对全市档案行政管理部门、各级国家综合档案馆、各专业档案馆及部分单位档案管理工作情况进行调研。5月25日，广安市档案局考察组一行10人到达州市，就新农村建设档案工作示范县创建活动进行交流学习。11月9日，市政府副市长、市公安局局长徐承视察市档案局馆库情况。11月14日，市委常委、市委秘书长李天满视察市档案馆。11月22—23日，省档案局、省政府法制办组成立法调研组，由省档案局副局长周书生带队到大竹县、达县开展《四川省综合档案馆管理办法》立法调研。

是年，市档案学会印发《关于开展全市档案业务学术论文征集活动的通知》。此次征文，收到学术论文20余篇，评出一等奖2篇（市委党校李红艳《浅析档信息化及档案信息化建设的对策》、达县档案局李军《民营企业档案工作的现状与对策》），二等奖2篇，三等奖3篇，优秀奖8篇及优秀组织奖1个。全年在省、市级以上刊物发表档案学术文章125篇。

2012年，市档案局与各县（市、区）档案局签订目标管理责任书，将业务工作和政策调查研究分解落实，统一管理，统一考核。2月13日上午，市委副书记、市长何健到市档案局视察市档案局办公楼、档案馆库房，听取市档案局局长谯学伟有关市档案馆和办公楼排危治漏加固整治维护及新馆建设准备工作的情况汇报，对市档案局近年来所做的工作和取得的成绩给予肯定。

4月，根据省档案局安排，市档案局会同市人大内司委对全市档案行政管理部门、各级国家综合档案馆、各专业档案馆及部分单位档案管理工作情况进行调研，形成调研报告，上报省档案局。同月，市档案局局长谯学伟率调研组一行4人，对万源市档案工作情况进行专题调研，实地查看市综合档案馆建设、档案馆库房、爱国主义教育基地等。5月7—11日，谯学伟率市档案工作学习考察组到德阳等地考察学习，先后前往巴中、广元、德阳、成都和什邡、绵竹、双流，对档案馆建设和档案数字化建设进行调查研究，现场参观档案馆馆库建设、爱国主义教育基地、中国革命历史纪念馆和"5·12"特大地震遗址。8月21—22日，市档案局局长张强一行到达县、宣汉县调研档案馆建设、档案工作目标任务完成情况，对达县建立农村村民档案（社区居民档案）服务社会管理创新工作和宣汉县档案局打造特色族谱档案提出意见和建议。

11月，四川省经济科技档案工作第七协作组暨达州市档案学会学术交流会在达州市召开。来自达州、广安、巴中三地的第七协作组组长及成员单位负责人、达州市各县（市、区）档案局局长、优秀论文作者代表78人参加会议。省档案局经科处副处长王晓瑜应邀出席会议并讲话。会上，各方围绕新时期经济科技档案工作中出现的新情况、新问题进行交流，对如何做好经济科技档案工作进行研讨，对今后经济科技档案工作的发展方向及对策进行探索，并编辑印发论文集。

是年，市档案局党组成员、副局长王云撰写的《加强和改进机关干部队伍作风建设的几点思考》被市直工委评为党建研究学术成果三等奖。

2013年1月18日，市档案局局长张强一行在开江县县长王成的陪同下到开江县档案局调研档案工作。4月19日，省政府顾问佘国华一行10人在中共渠县县委副书记淳永奉、副县长李大兵的陪同下，专程视察渠县档案馆工作。5月16—18日，省档案局副局长张新到达州市检查指导档案馆建设和新农村档案工作，实地查看万源市和渠县新档案馆建设工地。随后，到大竹县九盘村、茶园村、城西乡、双碑村实地查看新农村建设村级档案工作。5月28日，市人大常委会副主任张德珍一行到市档案馆视察数字化加工、档案查阅和库房管理等工作。9月26日，市档案局局长张强率全局职工及各县（市、区）档案局局长到重庆市万州区档案馆参观学习。

11月28日，四川省经科协作组第七组2013年度年会在广安市召开。市档案局、国网达州供电公司、川煤达竹公司、四川文理学院、达州职业技术学院等单位代表达州小组参加会议，并在大会上作题为《经济科技档案工作之现状与思考》的发言，介绍达州市经济科技档案工作的做法和成绩。12月2日，在达川区档案局召开2013年度档案学会年会暨档案学术交流会，总结学会工作，开展学术交流，收到交流文章34篇，评出获奖文章17篇，其中：一等奖2篇（市档案局张强《村级档案服务新农村建设的实践——以达州市达县百节镇三牌村为例》，宣汉县档案局张庆国、石山玉《论家谱档案及其实用价值》），二等奖5篇，三等奖10篇，优秀奖17篇。

图7-16 获奖作者作交流发言

是年，市档案局组织参加由市委宣传部、市社科联举办的"中国梦·达州行动"征文活动，市档案学会推荐作品《以实干和创新实现中国梦》获得优秀奖。开展"最美档案人"推荐评选活动，宣汉县档案局安定芳作为全省6名候选人之一被推荐到国家档案局。市档案局局长张强撰写的理论调研文章《达州档案事业跨越发展的路径选择探讨》，先后在省、市刊物上发表，被市委政策研究室、省社会科学院达州分院评为2011—2012年度政策研究优秀成果三等奖。

2014年5月，市档案局制定开展"村级档案服务新农村建设的实践"活动调研方案，成立调研组一组、二组，明确调研重点和主题。同时，市档案局到湖北十堰市档案局就新档案馆建设和数字档案馆创建工作进行学习考察。11月28日，组织召开2014年度达州市档案学会年会暨民生档案专题学术交流会。各县（市、区）档案学会、理事、常务理事、部分会员及获奖文章作者代表80余人参加会议。会议通报2014年度民生档案专题学术交流评选结果，一等奖2名（开江县档案局詹之竹《开江县留守儿童档案管理试点之我见》、宣汉县档案局向明均《浅谈农村土地承包经营权确权登记档案管理的做法》）、二等奖5名、三等奖10名、优秀奖14名，并对31名获奖作者进行表彰。部分获奖者就如何抓好民生档案工作进行交流发言。12月11日，省档案局人事处处长汪智勇率"全省档案干部队伍人才建设情况调研组"到达州市开展调研。

2015年，市档案局开展以"调研为发展助力"为主题的调查实践活动，围绕档案在服务经济社会发展的新举措、新方法，拟写调查分析报告，公开出版发行《新常态：做好基层档案工作的研究》一书，并内部出版《调查与分析》调查集。

是年，市档案局、市档案学会印发《关于征集2015年度档案学术交流会论文的通知》。到年末，收到文章55篇，评出一等奖2篇（市档案局张强《于孤独中如痴如醉——族谱专家傅昌志其人其事其精神》，渠县档案局戴连渠《渠县档案干部人才队伍建设现状调查》）。二等奖5篇（万源市档案局蒋红《对档案干部人才队伍建设状况的调查》，宣汉县档案局张文茜《民生档案资源建设现状调查与思考》，大竹县档案局王文钧《新农村建设档案管理调研一得》，市档案局李军《基层档案文化建设的现状与思考》，市政府投资非经营性房屋建筑项目代建管理中心向鑫

《对代建工程档案管理现状的调查和建议》；三等奖10篇，优秀奖11篇。12月16日，2015年度全市档案学会年会暨档案学术交流会召开，通报2015年档案学会调研文章获奖名单，部分获奖代表上台领奖，并做交流发言。

2016年，市档案局完成新农村建设档案工作、产业园区档案工作、经济科技档案工作及重大建设项目档案工作的调研任务。

2018年，市档案局确定深化达州档案改革、新农村建设及乡村振兴档案工作和达州档案高质量发展的路径3个课题。5月25日起，按照"大学习大讨论大调研"活动实施方案的安排，3名局领导班子成员分别带队到全市7个县（市、区）和达州经开区及53个乡（镇、街道）、15个村（社区），开展为期两周的基层档案工作调研督查，发现问题150多处。6月8日，市档案局召开"大调研"活动专题会，听取各带队领导的调研工作情况汇报，对收集和征求的意见建议进行认真梳理，科学分析，提出初步改进方向和整改措施。各调研课题负责人在此基础上拟写调研报告，经修改完善和征求各科室意见，形成3篇调研成果报告。韩家翼撰写的《推行档案集约化管理的研究与思考》被市"三大活动"办收纳进全市优秀调研文章汇编中。

三、保密

1989年12月12日，地区档案局成立保密领导小组。唐传光任组长，庞先东任副组长。

1991年，地区档案局把保密工作列入局及科室岗位目标管理和考核的内容。具体措施有：各科室配备兼职保密人员；开展保密宣传教育，组织人员学习《保密法》和上级有关保密工作的指示、通报，典型失、泄密案例；坚持节假日前进行保密教育和检查；组织收看保密教育录像片等。制定《学习制度》《文件传阅制度》《档案保管利用制度》《档案保卫、保密制度》《复印工作制度》《文件管理制度》等，防止失泄密问题发生。

2000年4月5日，市档案局制定《保密工作制度（六项）》。

2001年9月后，市档案局贯彻执行市国家保密局印发的《保密制度》，并张贴在有关科室，编印成册发给涉密人员。

2002年，市档案局落实领导干部保密工作责任制，由局党组成员、副局长王云分管保密工作。成立保密工作领导小组，王云任组长，梅碧华任副组长。配备专职保密员。专职保密员和重点涉密人员持有保密工作岗位培训上岗证书。

2003年，市档案局（馆）添置配备收发用文件保险柜，档案库房安装8个防盗大铁门和自动防盗、防火监控设备，并与市网管中心联网，开始网上公文交换。

2005年，按照"谁主管，谁负责"的原则，市档案局落实涉密计算机信息系统管理责任制，与保密部门签订涉密计算机信息系统安全保密管理责任书，并纳入年终目标考核。严禁涉密计算机上互联网，涉密网络与互联网严格实行物理隔离。按照"十五"期间保密技术规划要求，购置保密技术设备，加大对本单位现代网络、通信和办公自动化的监管力度。

2006年，市档案局成立局保密工作领导小组，王云任组长，梅碧华任副组长，成员有滕创奉、高峰、刘晋岑，各科室均有兼职保密干部负责日常保密工作。

2010年，市档案局开展《保密法》

学习贯彻情况大检查，成立保密工作自查领导小组，制定保密工作检查实施方案，明确检查范围和重点，检查涉密计算机及移动存储介质使用情况，检查各科室网络使用情况，检查涉密文件保密管理情况。对检查中发现的问题，制定整改措施。

2011年，市档案局开展"保密工作规范化建设管理"活动，对局（馆）原档案保密规章制度进行梳理，在已有的《达州市档案局涉密人员管理办法》《达州市档案局涉密计算机管理规定》等基础上加强档案利用、保护、保密等规章制度的落实，并补充和完善。4月，根据市委保密委员会《关于组织开展专项保密检查的通知》要求，开展密码电报、涉密文件信息资料、保密电话、网络管理等专项保密检查。成立专项保密检查工作领导小组，制定工作计划，对照《专项保密检查目录》，组织专项保密检查。

2012年，市档案局开展保密工作规范化建设管理活动。成立保密工作领导小组，谯学伟任组长，王云任副组长。"一把手"对单位档案、保密工作负全责，分管领导为直接负责人，明确办公室作为全局涉密文件总归口的科室责任。密件的收发、传递、使用、保管、借阅等环节做到登记明确、手续清楚、上缴齐全。建立《保密工作台账》，全程记录对涉密人员、涉密文件和涉密物品的管理。对涉密计算机和党政网计算机按保密管理规定全部安装违规外联阻断软件，严格实行户籍管理；涉密计算机按规定在指定单位进行维护维修；配备移动存储专用介质和互联网出口检查设备。

2011—2012年，市档案局对干部职工进行3次保密形势、保密法律法规、保密技术防范知识等教育培训，按要求选派保密人员到保密局参加岗位培训，并全部取得上岗证书。明确涉密人员的资格和范围，对涉密人员进行先培训、后上岗，并登记备案，按要求签订保密工作承诺书。

2014年，市档案局开展非涉密网络保密管理专项检查，查找计算机及其网络在保密工作中存在的管理漏洞，并整改到位。

2015年，市档案局制定《网络安全管理制度》，成立以局长张强为组长、分管副局长徐志为副组长、办公室、信息科负责人为成员的网络安全管理机构。措施有：对人员、资产、采购、外包服务等日常安全工作进行严格管理。组织办公室、信息科对本局网络安全工作进行自查。对照《2015年度市级机关单位保密工作目标任务表》，逐项自查。至年末，市档案局建有"达州市档案馆数字档案馆综合业务管理系统"独立网络1套。连接党政网、政务外网电脑单机各1台。其余20台电脑单机接入互联网。

2016年，市档案局将履行保密工作责任制情况纳入局年度考评和考核内容，为保密工作开展提供人力、物力、财力等条件保障。结合规划工作实际，对局（馆）原有档案保密规章制度进行梳理，制定《保密制度》《档案管理制度》《档案保密制度》《计算机使用管理办法》等保密工作制度。同时，继续实行档案专人保管、专人查阅、集中归档。在借阅方面，未经主要领导批准密级档案一律不得借阅，严格审查利用者的有效身份证件，档案借阅归还前，要求有关工作人员认真清点，确保不出任何纰漏。全年开展保密宣传教育活动2次。

2017年5月，根据市委保密委办公室、市国家保密局《转发中共四川省委保密委员会办公室和四川省国家保密局关于组织开展机关单位互联网门户网站保密检查的通知》精神，对达州市档案资源网自2007年以来档案资讯、政策法规和档案政务等九大类栏目刊登的信息进行拉网式清查，经查：未出现在互联网门户网站、政务微博和微信公众号等发布涉密信息情况；不存在将标密文件、电报掩盖密级扫描、摘录后发布的行为；在转载其他网站文件、信息时认真核实原件涉密情况。

至2018年末，市档案局（馆）未出现重大泄密事情。

第四节　政务服务

2004年，市档案局成立行政审批制度改革领导小组，对涉及本部门所有行政审批项目进行清理，废止与市工商局、市税务局、市财政局、市计生委等制定的4个规范性文件。

2006年，按照市政府《关于进一步规范政务服务工作的意见》规定，市档案局属政务服务中心18个综合窗口单位之一。是年，局党组和行政领导先后3次（每季度1次）召开会议专题研究政务服务工作，成立政务服务工作领导小组，张宗贵任组长，王云分管，具体工作由法制教育科承办，高峰任政务服务中心窗口工作人员。按照要求开展行政许可、审批项目的清理，市政府公布保留市档案局备案项目1项（机关档案保管期限表备案）、审批项目2项（销毁国有企业资产与产权变动档案、城市建设档案馆接收规定范围以外档案审批），全部进入政务服务中心集中受理和办理，无两头接件和在政务服务中心以外受理或收费的情况。同时，印制进入市政务服务中心项目的办事指南，并将办事指南交综合窗口，供办事群众使用。

2007年，市档案局实施行政审批相对集中改革。3月1日起，启用达州市档案局行政许可专用章。8月15日，市审改办、市政务服务中心对市档案局申报的行政许可（审批）项目进行审核，确定市档案局行政许可（审批）项目有4项（其中：1项许可、2项审批、1项备案），即：（1）出卖、转让、赠送集体所有、个人所有以及其他不属于国家所有的对国家和社会具有保存价值的或者应当保密的档案许可；（2）机关文件材料归档范围和文书档案保管期限审批；（3）城市建设档案馆接收规定范围以外档案审批；（4）销毁国有企业资产与产权变动档案备案。以上4项审批职能由市档案局法制教育科负责，没有调整和归并的现象。是年，按照规定向窗口人员授权，凡是进入市政务服务中心的项目，由窗口负责人及时办结，无超期办结现象发生。

2008年，市档案局把政务服务工作纳入单位依法行政工作总体规划和年度工作计划，列入相关业务科室年度目标任务进行考核。确定张宗贵为主要领导，王云为分管领导，行政审批科具体承办和窗口负责人肖文武为首席代表的政务服务工作机制。同时，按照市委、市政府的要求对市档案局行政审批职能进行清理归并，原有行政许可（审批）项目4项，其中行政许可项目1项，行政审批项目2项，行政备案项目1项。（4月取消1个审批项目，变为3项）。11月1日起，启用"达州市档案局行政许可专用章"。按照市效能办统一要求，在达州电台热线频道对市档案局承办职责、承办事项、办理依据、办理程序、收费标准、办理时限、办理结果等进行公开承诺。按照市编委会文件要求，将市档案局行政审批职能调整由法制宣传教育科（挂行政审批科牌子）承担。重新编印《行政审批流程图》，确定办事步骤、环节和时限，提升审批效能。

至年末，市档案局在政务中心窗口受理行政审批事项41件。其中，现场办结39件，按时办结41件，现场办结率95％，按时办结率100％，群众满意率100％。

2009年，市档案局继续清理合并市档案局行政审批项目，保留项目1项，纳入公共管理项目2项，归并行政审批权，统一由行政审批科集中办理，并纳入市政务服务中心综合窗口集中受理。

2011年，市档案局开始在受理、办理事项时即时录入行政审批通用软件，办理事项时限承诺精简52％。按要求制作示范文本，印制办事指南，落实首问责任制和一次性告知制度。按时办结率、现场办结率、群众评议满意率达100％。

2014年7月8日，市档案局成立"开展在行政管理和服务中将中介组织（协会）收费作为前置条件专项整治领导小组"，张强任组长，龚乃桢、李华任副组长。

2015年，市档案局继续推进行政权力依法公开规范运行监察平台建设，清理行政权力18项，其中行政处罚5项，行政奖励1项，行政许可1项，其他行政权力11项。同时，绘制权力运行流程图，设置电子监察点位，梳理风险防控点位，并设定风险等级和风险防控措施，确保对每个流程环节防控到位。是年，开展民主评议政风行风活动，配合做好"阳光政务"热线工作。

2016年，市档案局对行政权力进行彻底清理，共清理行政权力18项。除行政许可和行政奖励这2项行政权力未录入行政权力平台并运行外，其余16项行政权力录入行政权力平台并正常运行。同时，对于每一类行政权力，结合实际，制定操作性强、合理合法的内部运行流程图，确保行政权力内部运行流畅。结合内部运行流程图，科学合理地设置每个类别行政权力环节的监察点位，制定监察规则，确保行政权力电子监察取得实效。针对档案部门的每项具体行政权力，对每项权力的性质和特点进行分析，对存在的潜在风险点进行梳理，对风险进行详细描述，并设定风险等级和风险防控措施，确保对每个流程环节防控到位。严格按照行政权力依法公开规范运行监察平台设置的程序、权力依据、处罚依据以及自由裁量的规定进行案卷的制作，同时，权力平台的录入严格按照案卷的内容进行，案卷与权力平台相互印证、相互监督。

是年，全面落实"两集中、两到位"，行政审批科人员进驻率达100％；行政审批项目公共服务事项进驻率、按时办结率达100％；网上预审、群众评议满意率达100％；按要求开展并联审批工作。同时，严格执行"四项制度"，认真落实行政机关实施行政审批过错责任追究办法，持续整治"不作为、慢作为、乱作为"突出问题。市档案局在国家统计局达州调查队的政风行风测评中名次居前。

2017年，市档案局健全效能建设领导小组，建立完善并落实服务承诺制、首问责任制、限时办结制、政务公开制、责任追究制等长效机制；将效能建设纳入机关工作人员年度考核内容，效能建设年度实现书面形式零投诉。2月，在全市2016年度市级部门和公共服务行业政风行风群众满意度测评中，市档案局以82.8分在被测评的45个政府部门中排名第七位，连续两年位居前十位（2015年获得第三名）。是年，贯彻《政府信息公开条例》，推进政务公开工作，每月上报政务公开信息5条；做好政府信息的约稿和重要信息报送工作，向市委、市政府报送工作信息72条，采用7条，信息公开挂载68条。

2018年，市档案局推进行政审批制度改革，依法规范行使职权，推进权力清单制度，公开权力运行流程，简化办事程序，提高办事效率。同时，从岗位、科室、单位3个层面，围绕制约监督和规范权力运行，查找在岗位职责、业务流程、制度机制和外部环境等方面可能发生腐败行为的风险点。相关责任部门排查出廉政风险点20项、39处，依据权力行使频率和腐败发生概率，对排查出的39处风险点逐一评估，确定风险等级，最终确定一级廉政风险点10处、二级廉政风险点12处、三级廉政风险点17处。为确保工作成效，加强惩防体系防控机制建设，着重加强重点岗位、关键环节的制度完善，将预防腐败的责任层层落实。对公文管理、机关保密工作、财务管理、车辆管理使用、公物管理、差旅费报销、个人重大事项报告等30余项规章制度进行修改完善，加强对机关人权、物权、事权的监督，推进廉政风险防控制度建设，逐步铲除滋生腐败的土壤和条件。同时，主动公开班子及成员信息，主动接受社会监督与评价，深化廉政风险防控。

是年，市档案局推进简政放权，强化事中事后监管，政务服务事项实现"最多跑一次"占比100%，企业群众办事提供材料减少100%，行政审批事项按时办结率100%，全年公开政务信息246条。

第八章 党的建设

第一节 党建工作

一、思想建设

1962年，全区档案干部在去冬今春的整风运动中，学习党的各项方针政策，在政治思想上有很大提高。

1989年，地区档案局对职工加强形势、政策、法律、廉政和"四职"教育，在北京发生政治风波期间和中共四中、五中全会后，按照上级部署，由原每周半天学习增加到3个半天的政治学习时间。

1990年，地区档案局组织党员、干部学习中共四中、五中、六中全会决议，学习《马克思主义哲学基本观点和方法》《关于社会主义若干问题学习纲要》、党的"一个中心，两个基本点"的基本路线和各项方针政策、党章、《准则》及行政诉讼法等，进行马克思主义基本理论、党的基本路线和党的基本知识教育，理想、宗旨、纪律教育，形势教育，爱国主义、集体主义、革命传统和"四职"教育。

1991年，地区档案局对档案人员进行坚持四项基本原则，反对资产阶级自由化，反对"和平演变"的教育，以及全心全意为人民服务教育、革命传统教育、艰苦奋斗教育、事业心和职业道德教育，党纪、政纪教育等。

1992年，地区档案局组织党员、干部学习邓小平南方谈话、中共十四大文件、党建理论、《中华人民共和国宪法》《社会主义法制建设若干问题》《党纪基本知识讲座》《文明公民必读》，进行党的基本路线教育，爱国主义、集体主义、社会主义教育，思想宗旨、革命传统、艰苦奋斗、职业道德教育。

1994年，全区档案干部开展"争做市场经济条件下合格的档案工作者"活动，取得成效。组织党员学习《邓小平选集》第三卷，中共十四大和十四届三中、四中全会精神，社会主义市场经济基本知识、党章，《党的优良作风讲座》。11月24日，对党员、干部学习"两本书"进行考试，平均成绩88.5分，对获得一、二、三等奖和鼓励奖的10人给予奖励。

1999年，市档案局贯彻中共十五大和十五届三中、四中全会精神，组织干部学习邓小平理论，开展党性党风教育。

2000年5月25日至8月3日，根据中央、省委要求和市委部署，市档案局在领导干部中开展以"讲学习、讲政治、讲正气"为主要内容的"三讲"教育活动。5月25日，局党组召开"三讲"教育活动动员大会，制定实施方案和阶段日程，成立"三讲"教育办公室，调配3名干部负责日常工作。随后，集中14天学习中共中央总书记江泽民关于"三个代表"的重要论述和"讲学习、讲政治、讲正气"3个专题。向干部职工发放《征求意见表》25份，回收25份；向县（市、区）档案局和市级有关部门发出征求意见函55份，收回52份；设立意见箱，征求社会意见；进行个别谈话征求意见。经巡视组归纳综合后，分两次给局领导班子和领导个人反馈意见75条。同时，开展"两深入一增强"活动。7名班子成员分组到大竹县、达县、通川区、开江县、宣汉县档案局，川纺集团达州市棉纺织厂档案馆召开座谈会，听取意见。

7月6日，召开局领导班子和领导干部剖析材料征求意见和民主评议会，发出民主评议表13份，收回13份。对局领导领导班子剖析材料满意和较满意100%。7月19日，巡视组李义明代表巡视组参加局党组专题民主生活会。局班子成员相互批评36人次，提出批评意见69条。针对自我剖析出来的问题和群众提出的意见，分别从6个方面制订整改措施，建立健全制度。

9月4日起，开展以"增强党性，严格纪律，强化职责，改进服务"为主要内容的思想作风整顿。成立领导小组，制订方案，组织干部职工集中6天学习市直工委印发的学习资料，每位干部职工写3 000—5 000字的学习笔记，撰写学习心得体会。10月11—12日，以党小组为单位组织干部职工开展批评与自我批评，谈心交心活动，每个科室和个人撰写剖析材料。同时，设立意见箱和举报电话，收纳群众意见。向县（市、区）档案局和市级机关有关单位发征求意见函25件，收回18件，归纳10条意见和建议。领导与群众交心谈心48人次。结合"三讲"教育和归纳在这次机关思想作风整顿中查出来的问题，制定整改措施。

2001年，市档案局组织党员干部学习邓小平理论、江泽民"三个代表"重要思想，中共十五届五中、六中全会决定和党章，并有计划、有步骤、分专题学习江泽民在纪念中国共产党建党80周年大会上的重要讲话，向党员传达党的有关文件和会议精神，结合形势、任务和党的组织生活，对党员干部进行理想、信念、宗旨、民主法制和纪律教育。

12月1日，市直机关作风教育整顿动员大会后，市档案局于5日召开职工动员大会，组织干部职工学习《关于开展市级机关作风教育整顿活动的意见》，学习江泽民总书记"七一"重要讲话和《决定》原文，以及《中国共产党党员领导干部廉政从政若干准则》《国家公务员暂行条例》《公民道德建设实施纲要》和市委贯彻《决定》的意见等，统一思想，端正态度。同时，成立机关作风整顿领导小组，张宗贵任组长，郭奎生、王云任副组长，下设办公室，由办公室负责教育整顿的日常工作，并制定《达州市档案局（馆）关于加强机关作风建设的意见》。

按照作风整顿的安排部署，从思想、纪律、作风、服务态度和工作效率上，查找科室和个人在思想作风方面存在的问题，剖析原因，开展批评与自我批评。同时，征求意见，交心谈心，开展民主评议。针对群众反映的热点，健全完善《职工奖惩办法》《业绩考核办法》《党组会议议事规则》和《职工作息制度》等30余个制度。

2002年，局党组组织党员干部学习邓

小平理论、江泽民"三个代表"重要思想、中共十六大报告和党章，结合形势、任务和党的组织生活，对党员干部进行理想、信念、宗旨、民主法制和纪律教育。同时，组织干部职工开展"热爱达州、建设达州、人人都为达州新跨越作贡献"的大讨论，并结合部门实际，提出"热爱档案工作、干好档案工作、我为档案工作做贡献"的讨论，号召干部职工爱岗敬业，为档案事业的发展无私奉献。

2003年4月4日，局党组制定《关于开展机关作风整顿的实施意见》，明确开展机关作风整顿的指导思想、主要内容、步骤和方法。同时，成立机关作风整顿领导小组，由张宗贵、郭奎生、王云、梅碧华、徐晓英、龚乃桢、滕创奉、高思雄等组成。这次机关作风整顿工作从4月1日开始到10月20日结束。

6月20日起，在局（馆）机关党员干部队伍中开展集中教育整顿。成立集中教育整顿领导小组，下设办公室，并制定安排意见，明确集中教育整顿的指导思想、整顿重点、目标要求、方法步骤。6月30日，召开局机关党员干部队伍集中教育整顿动员大会。随后，组织干部职工用7天时间学习市集中教育整顿领导小组印发的《达州市机关党员干部集中教育整顿学习资料》《胡锦涛在"三个代表"理论研讨会上的重要讲话》《"三个代表"重要思想学习纲要》《胡锦涛在四川视察工作结束时的讲话》等规定篇目和《中共中央关于在全党兴起学习贯彻"三个代表"重要思想新高潮的通知》等文献。同时，以加强宗旨教育、形势教育、纪律教育和理想教育为重点，教育全局干部职工牢固树立正确的世界观、人生观、价值观，牢记全心全意为人民服务的宗旨。每个干部职工写3 000字以上的学习笔记，并撰写3 000字以上的学习心得体会文章。为实行开门整顿，设立意见箱，公开举报电话，开展交心、谈心活动。向县（市、区）档案局和市级机关有关单位发征求意见函160份，收集意见和建议归类梳理11条。8月12—15日，召开领导班子民主生活会、中层干部民主生活和党支部民主生活会。党组成员带头自我剖析，开展批评与自我批评。针对剖析阶段查摆出来的问题制定整改方案，建立健全规章制度35个。

2005年1月下旬至6月末，市档案局23名党员参加保持共产党员先进性教育活动。1月21日，成立活动工作领导小组，张宗贵任组长，郭奎生、王云任副组长，制定活动实施意见，明确活动的范围和对象。随后，采取集中学习、自学和讨论相结合的方式，完成必读篇目，组织讨论和学习经验交流3次，参加专题报告会4次，人均写读书笔记2万字以上，人均写学习心得2篇共40篇。举办学习园地3期，编写简报6期。同时，采取召开座谈会、发征求意见函、设立意见箱等方式，征求意见，剖析班子和党员队伍存在的问题，按照党章和"六个坚持"，开展先进性标准大讨论，制定《达州市档案局合格党员的具体标准》和《达州市档案局不合格党员标准》。

3月25日，局党组召开先进性教育活动分析评议阶段动员大会。在评议阶段，发出征求意见函100份，收回68份，梳理出12个方面的意见和建议。每名党员在对照标准自查的基础上，撰写个人党性分析材料，制定整改措施。4月18日，局党支部召开组织生活会，每名党员自我剖析，对别人发表评议意见。4月21日，召开领导干部民主生活会，班子成员针对自己查找出的突出问题，剖析思想根源，提出解决问题的整改意见和措施。

5月中旬至6月中旬，在整改提高阶段，局党组和支部制定《市档案局先进性教育活动整改提高阶段工作的实施意见》《市档案局保持先进性教育活动整改方案》和《整改重点问题的意见》，建立整改工作责任制，确立主要领导为第一责任人，领导班子实行分工负责制，并在《达州日报》上公布整改时限和责任人。同时，建立和完善《局（馆）干部职工考勤办法》《干部职工休假制度》《干部职工理论学习制度》《首问责任制》《限时办结制度》等。此项工作受到市先教办和市委督导组好评。

2006年4月中旬至7月末，市档案局开展机关纪律作风集中整顿。活动分为组织发动、查摆问题、集中整改和巩固成果4个阶段。4月19日，局党组成立局机关纪律作风集中整顿领导小组及办公室，制定实施方案，明确开展集中整顿的方法步骤。随后，采取集中学习、自学和讨论相结合方式，完成规定学习必读篇目，组织讨论和学习经验交流3次，个人写读书笔记5 000字以上，人均写学习心得、查摆问题专题材料、整改措施3篇共54篇。局党组书记、局（馆）长张宗贵作动员报告3次。举办学习园地3期。

5月中旬至6月上旬，局党组向县（市、区）档案局、市级有关部门发放《征求意见表》100余份，收回80余份。召开离退休人员、中层干部和职工群众座谈会，征求意见和建议。6月中旬至7月上旬，局党组制定《市档案局机关纪律作风集中整顿整改方案》，明确整改事项、整改措施、整改责任和整改时限。

2007年2月初至4月末，市档案局开展干部队伍作风整顿建设活动。2月6日，局党组成立活动领导小组，张宗贵任组长，王云任副组长。制订各阶段活动的实施方案，召开各阶段转段动员大会，建立考勤制度，实行现场签到制，把考勤纳入年度目标考核内容。组织干部职工学习《胡锦涛总书记在中纪委第七次全委会上的重要讲话》、中共中央《关于加强和改进党的作风建设的决定》《省委书记杜青林在全省学习贯彻胡锦涛总书记在中纪委第七次全体会议上的重要讲话精神动员大会的讲话》、省委《关于深入学习贯彻胡锦涛重要讲话精神，进一步加强和改进领导干部作风建设的意见》，和市委书记李向志，市委副书记、市长罗强在全市干部队伍作风整顿建设动员会上的讲话等规定学习篇目，采取集中学习与自学相结合，通读原文与专题精讲相结合的学习方式，深化干部职工对开展作风整顿建设活动重要性的认识，强化守纪执律观念。每个干部职工写3 000字以上的学习笔记，并撰写1 000字以上的学习心得体会文章。开展交心谈心、专题讨论活动。发征求意见函100余份，公开征求意见电话、设置意见箱，征求社会各界对班子和全局干部职工的意见。

全局干部职工对照"五查五整治"的内容，结合征求到的意见，撰写剖析材料。召开民主生活会，开展批评与自我批评。对全局干部职工的剖析材料进行满意度测评，满意率100%。针对干部职工对照自我剖析中查找出的问题和群众提出的意见，进行反思，撰写整改措施，并做出书面整改承诺。局党组针对收集到和查摆出的问题，制定整改方案，提出整改时限，明确整改责任人。

2008年，市档案局成立机关效能建设优化发展环境工作领导小组，制定实施方案，明确加强机关效能建设优化发展环境活动的指导思想、目标要求、方法步骤。对全年机关效能建设工作任务进行分解，明确工作措施和完成时限。机关工作作风明显好转，办事效率和质量得到提高。

2009年3月初至8月末，市档案局开展学习实践科学发展观活动。3月26日，局党组制定《深入学习实践科学发展观活动实施方案》，提出总体要求、主要原则、基本任务。成立深入学习实践科学发展观活动领导小组，张宗贵任组长，王云、龚乃桢任副组长。随后，组织干部职工学习《科学发展观重要论述摘要》《毛泽东、邓小平、江泽民论科学发展》和胡锦涛总书记关于科学发展观的重要论述。每名党员读书笔记在3 000字以上。局党组书记、局（馆）长张宗贵分别在局机关和达县档案局作题为"贯彻落实科学发展观，推动档案事业又好又快发展"的专题辅导报告。每名党员撰写1篇学习心得体会文章。采取设置意见箱和发放征求意见函等方式，征求意见和建议5条。班子成员和党员干部在专题民主生活会和组织生活会上，开展批评与自我批评，查找问题，剖析根源，并制定整改落实方案，整改查找出的突出问题。按照"强化制度，敢于问责，转变作风"的要求，加强机关行政效能建设。

2011年6月17日，市档案局组织党员干部前往重庆白公馆、渣滓洞，开展"缅怀革命先烈，坚定理想信念，奉献档案事业"主题党课教育活动，纪念建党90周年。

2012年6月21日，市档案局邀请市委党校黄友敬主任作《学习贯彻省第十次党代会精神，践行社会主义核心价值体系》专题党课报告。6月29日至7月1日，市档案局组织党员到贵州遵义等地，开展"重走先烈路、重温入党誓词"主题党日活动。

2013年5月中旬至7月下旬，市档案局开展"实现伟大中国梦、建设美丽繁荣和谐四川"主题教育活动。5月13日，召开主题教育活动动员大会，成立主题教育活动领导小组，张强任组长，王云、龚乃桢任副组长，各科室负责人为成员。随后，制定实施方案，明确主题教育活动的指导思想、目标要求、方法步骤和组织保障。

5月20日起，集中2个星期时间组织学习，印发学习资料20篇。5月24日，派员参加市中国梦主题教育活动辅导员培训会并向干部职工传达学习内容。5月29日，组织党员干部职工听取市委党校李明忠教授作的"中国梦"主题教育宣讲报告会。6月4日，局党组书记、局长张强在局二楼会议室对干部职工进行专题党课辅导。6月5日，组织干部职工观看市委"中国梦"主题教育活动领导小组办公室制作的专题辅导声像教材。6月24日，举办"中国梦·我的梦"演讲比赛，5名选手参赛。在市委宣传部、市社科联举办的"中国梦·达州行动"征文活动中，张强撰写的《以实干和创新实现中国梦》一文获得优秀奖，并在《达州社会科学》（2013年第2期）上全文刊载。6月29日，组织党员干部到渠县新农村建设示范点开展"迎七一"主题党日活动。同时，在市档案局网站上开辟"中国梦主题教育活动"主题宣传栏，上传主题教育活动信息28条。向市委主题教育活动领导小组上报活动动态信息41条，编发专题简报

20期。悬挂标语1条，制作宣传栏2块、4期。

11月，市档案局在局二楼会议室召开向朱志伟学习活动动员会，传达学习《国家档案局关于开展向朱志伟同志学习活动的决定》，并进行讨论。

2014年，市委党的群众路线教育实践活动工作会议召开后，市档案局党组于2月26日召开动员大会，部署教育实践活动，并制定实施方案，明确活动的指导思想、总体要求、目标任务、基本原则和方法步骤；成立教育实践活动领导小组，设立办公室，确定一把手负总责、部门负责人具体抓、活动办组织协调、全体党员干部参与的教育实践活动工作机制；在机关显著位置设置活动标语，制作活动宣传栏。

3月3日，召开局机关党的群众路线教育实践活动集中学习会。学习《党的群众路线教育实践活动学习文件选编》中习近平总书记在中共十八届一中全会上的讲话、在十八届中共中央政治局常委同中外记者见面时的讲话、在参观《复兴之路》展览时的讲话、在十八届中共中央政治局第一次集体学习时的讲话及署名文章《认真学习党章严格遵守党章》。全局集中组织10次40个课时集中学习必修学习资料《论群众路线——重要论述选编》《厉行节约反对浪费——重要论述摘编》《党的群众路线教育实践活动学习文件选编》，并开展交流发言。同时，将规定的学习资料人手一套下发到每个人手中，要求全体党员干部自学。专门邀请市委党校教务部讲师丁德光为党员干部作题为《践行群众路线，推动社会治理现代化》的专题讲座。按照市委要求，就"群众路线怎么走、改进作风怎么办、五好干部怎么当、创先争优怎么干"和"入党为什么、当干部做什么、为后人留什么""什么是正确的权力观、地位观、利益观""为了谁、依靠谁、我是谁"等7个主题进行讨论和交流。

3月17日，市档案局集中学习安定芳先进事迹。3月21日，召开干部职工大会学习"大竹县十大杰出女性"魏竹容先进事迹专题学习会。同时，学习习近平总书记在兰考调研时的重要讲话精神，弘扬焦裕禄精神。采取多种形式，征求意见建议，最终形成市档案局"四风"11条。党组主要负责人开展谈心交心活动21人次，班子成员开展谈心交心活动31人次。3月27日，市档案局结合党的群众路线教育实践活动组织干部职工到全国爱国主义教育示范基地——万源保卫战战史陈列馆参观学习。

图8-1　市档案局干部职工参观万源保卫战战史陈列馆

4月15日，市档案局组织全体干部职工在二楼会议室观看电影《杨善洲》，一起学习"全国优秀共产党员"杨善洲全心全意为人民服务、大公无私、勤俭节约、艰苦朴素的奉献精神。8月15日，召开局领导班子专题民主生活会，对照检查，查找不足，交流思想。针对查找出现问题，制定《达州市档案局教育实践活动整改落实方案》，对照整改落实，并将整改方案在局机关公示，接受监督。同时，重新梳理局机关制度，印制《达州市档案局机关工作手册》，建立内部监控机制，定期统计、抽查、分析、通报执行改进工作作风各项规定的情况。10月20日，市档案局召开党的群众路线教育实践活动总结大会，全面总结教育实践活动开展情况，市委第十四督导组组长向守宇代表督导组讲话。

图8-2 市档案局召开党的群众路线教育实践活动总结大会

11月25日，局党组书记、局（馆）长张强主持召开干部职工大会，传达全市专项治理工作会议精神，成立"庸懒散浮拖"问题整治工作领导小组。张强任组长，龚乃桢、李华、徐志任副组长。制定并印发《达州市档案局开展庸懒散浮拖问题专项整治工作的实施方案》，明确此次专项行动整治任务：结合教育实践活动群众反映问题，治理档案系统部分干部中出现的庸、懒、散、浮、拖问题。

图8-3 市档案局召开"庸懒散浮拖"问题专项整治工作动员大会

2015年，局党组召开专题学习会议，学习中共十八届五中全会精神和省委十届六次、七次全会精神。会后，各分管领导组织分管科室的干部职工学习会议精神，并展开讨论。同时，利用手机短信、网络、印发宣传资料等方式，宣传全会精神，将会议公报挂在达州档案资源网上，供干部职工学习。4月28日，召开"两学一做"学习教育工作座谈会，对市档案局学习教育工作进行安排布置和动员教育。

为巩固和扩大党的群众路线教育实践活动成果，市档案局开展"三严三实"和领导干部思想政治建设专题教育活动，成立专题教育活动领导小组，制定实施方案，做到人员、内容、时间、效果"四落实"。5月25日，市档案局召开"三严三实"专题教育党课报告会和动员会。市档案局党组书记、局长张强以"自觉践行'三严三实'要求，努力构建一支'忠诚干净担当'的档案干部队伍"为题，为干部职工上专题教育党课。

随后，组织召开学习会，学习焦裕禄、兰辉、菊美多吉、李林森、游从文、杨帮武等先进人物事迹，学习全省6起纪检监察干部违纪违法腐败案件通报和观看《国资之蠹》反腐专题教育片，在反面教材中警醒自己，筑牢防线，坚固底线。6月23日，召开"三严三实"正反典型专题学习反思讨论会。7月1日，市档案局组织开展一系列党日、"三严三实"和领导班子思想政治建设专题教育配套活动。7月28日，局党组研究同意，市档案局印发《机关工作纪律"十不准"》。8月3日，局党组在局二楼会议室召开"三严三实"专题教育第二专题学习讨论会。8月28日，组织干部职工赴重庆城口县苏维埃纪念馆开展"走红色长征路·温红军革命史"革命传统教育活动。9月14日上午，市档案局召开干部职工会，专题学习贯彻市委统战工作会议精神。10月8日，召开全体党员大会，组织学习《达州市直机关践行"三严三实"要求党员干部行为规范（试行）》。10月12日，组织干部职工学习市纪委《关于3起惩防体制责任追究通报》。10月26日，组织党员干部大会，学习最新的《中共共产党党员纪律处分条例》和市纪委《关于3件"一案双查"案件的通报》。11月2日，组织干部职工旁听局党组成员第三专题学习研讨，并对学习研讨质量进行测评。

2016年，为加强基层党的建设，巩固拓展党的群众路线教育实践活动和"三严三实"专题教育成果，市档案局在党员中开展学习党章，学习系列讲话，做合格党员的"两学一做"学习教育，成立学习教育领导小组，制定实施方案，明确开展"两学一做"学习教育的组织机构和具体要求、学习教育的对象和形式、学习的主要内容和通过学习后所要达到的目的。

1月5日，市档案局党组召开"三严三实"专题民主生活会。党组书记、局长张强主持会议，局领导班子全体成员参加会议。会前，张强传达学习市纪委、市委组织部《关于开好"三严三实"专题民主生活会的通知》精神，并就做好当前各项工作和2016年档案工作进行安排部署。在民主生活会上，张强代表党组领导班子对照检查，并带头围绕个人存在"不严不实"的问题作对照检查和自我批评，虚心接受其他党组成员批评意见。班子成员逐一查摆自身存在的问题并相互开展批评，诚恳接受和回应党组成员的批评意见。4月7日，张强主持召开党组会，传达学习习近平总书记重要批示精神，重温毛泽东《党委会的工作方法》。

图8-4　4月13日"党员活动日"专题党课辅导会

4月13日，按照市委统一部署和要求，市档案局开展"党员活动日"专题党课教育活动，市档案局党组书记、局长张强为局机关全体党员上题为《贯彻落实市委工作会议精神，用"六个坚持、六个反对"提升党员干部素质》的党课。

4月28日，市档案局召开"两学一做"学习教育工作座谈会，传达学习达州市"两学一做"学习教育工作座谈会精神，并就如何贯彻落实会议精神，做好市局学习教育工作进行安排布置和动员教育。随后，开展党员手抄党章活动，认真学习党章，引导党员自觉遵守党章、尊崇党章、维护党章，同时引导党员干部开展自学，并要求党员撰写心得体会促进学习。先后学习《中国共产党党员纪律处分细则》《中国共产党廉洁自律准则》《中国共产党巡视工作条例》《中国共产党党组工作条例》《毛泽东：党委会的工作方法》《达州市〈中国共产党党和国家机关基层组织工作条例〉实施办法》，教育党员干部懂规矩守纪律。5月16日至6月12日，局党组分5个专题原文学习《习近平总书记系列讲话》。5月23日下午，组织全体党员召开"两学一做"专题学习交流讨论会。每名党员围绕前段时间"两学一做"学习内容谈认识、谈心得、谈体会，相互交流经验。

图8-5 市档案局"两学一做"学习教育工作座谈会

6月27日，市档案局组织召开"坚定理想信念，明确政治方向"专题研讨会，全体党员干部围绕"坚定中国特色社会主义的道路自信、理论自信、制度自信、文化自信，牢固树立看齐意识，自觉在思想行动上与以习近平为总书记的党中央保持高度一致"，紧扣研讨主题分别发言。8月10日，组织开展第二个专题讨论。11月7日，市档案局召开专题会议，组织全体干部认真学习中共十八届六中全会精神。

2017年，市档案局贯彻落实中共十九大会议精神，落实党建工作要求，贯彻中央、省委和市委的重大决策部署，严格落实意识形态工作责任制，严格落实"四项制度"和"三个办法"，党组中心组集中学习15次，推进社会主义核心价值观"十大活动"，开展文明单位创建工作和公民道德建设主题实践、志愿者服务等活动。

6月28日，市档案系统学习贯彻省十一次党代会精神宣讲会举行，市委党校丁德光老师受邀进行专题授课。县（市、区）档案局中层以上干部，市局全体人员60余人参加宣讲会。

是年，采取中心组学习、支部集中学、党小组学习、专题讲座、交流研讨等形式，加强党员干部教育。专题学习"十九大"会议精神，开展"党日活动"和"双报到活动"，组织全体党员到爱国主义教育基地参观学习。全年集中学习12次、参观红色基地3次、组织"党日活动"12次。

图8-6 11月7日，市档案局十八届六中全会精神学习会

2018年，市档案局按照市委、市政府统一部署，开展"大学习、大讨论、大调研"活动。成立活动领导小组和办公室，制订方案，明确活动目标和任务。采取召开党组会、中心组学习会和支部党员大会等形式，层层动员，统一思想。5月15—16日，市委学习贯彻习近平新时代中国特色社会主义思想和习近平总书记对四川工作重要指示精神读书班结束后，市档案局就读书班学习精神迅速进行传达，对"大学习、大讨论、大调研"活动进行再次动员和发动。活动开展后，围绕主题，领导示范带头，集中学习9次，支部书记专题党课辅导1次，大会宣讲报告1次。举办全市档案系统十九大精神暨"大学习大讨论大调研"宣讲会，邀请市直工委调研员刘礼作专题宣讲，系统学习习近平新时代中国特色社会主义思想和中共十九大精神。与党建结对共建村通川区碑庙镇万福

村开展"联合党员活动日",党组成员、副局长、支部书记李华给37名党员作专题党课辅导。

在集中学习的基础上,先后开展"如何把握新时代达州在四川发展中所处的历史方位""如何推进高质量发展""如何进一步深化改革扩大开放""如何抓好'三大攻坚战'""如何抓好乡村振兴和民生改善""如何发挥先锋模范作用当好标杆""如何营造良好政治生态"7个专题的大讨论。同时,开展"遵党章、学党章、讲党章"活动两次,向党员赠送《党章》40余本,组织讲党章党课2次。开展"读经典名著、读党史故事"读书活动,收到读书心得体会20余篇。

是年,贯彻落实中央、省、市关于加强意识形态工作的重要部署,建立完善局党组书记负总责,分管领导具体抓落实的意识形态工作机制。制定意识形态责任管理办法和2018年工作要点,层层签订目标责任书。党组书记与班子成员、支部书记与党员干部开展谈心谈话。加强干部职工的思想意识教育引导,从法律法规、政治理论、方针政策、党风廉政等方面进行学习宣传,要求干部职工紧密团结在习近平为核心的党中央周围。组织干部职工赴神剑园和朱德故里开展爱国主义、革命传统和核心价值观教育。加强意识形态监督检查和单位局域网管理,发挥QQ群、微信、微博等网上意识形态阵地教育作用。

至年末,市档案局累计召开大会集中学习9场次,举办专题讲座2场次,参加大学习大讨论大调研活动226人次,完成"3个学习重点"的集中学习和"6个讨论问题"的专题大讨论,并按照市直机关工委和市扶贫攻坚办要求,组织开展"新时代新新担当新作为"和"如何打好脱分攻坚战"主题讨论。

二、组织建设

1985年,地区档案局党组织成立后,加强组织建设,坚持"三会一课"制度,坚持民主集中制原则,支部一月一次支部大会、两次组织生活会,半年一次民主生活会。同时,积极发展党员,做到坚持标准,成熟一个发展一个。

1990年7月17日,局机关党支部开展民主评议党员工作。制定《中共达县地区档案局支部关于评处工作的安排意见》,确定这次支部党员评处以党中央提出的"从严治党",加强党的建设为指导思想。提出评处的步骤方法和时间安排。决定党员评处工作在支部领导下,由支部书记赵应量负责,日常工作由唐传光、吴小平负责。

7月23日,召开党员大会,赵应量作"党员评处工作动员报告"。随后,组织党员学习中央、省委、地委有关党员评处文件和中央领导关于加强党的建设重要讲话,并进行讨论。在学习教育中,以《党章》《准则》、中共十三大报告有关章节和十三届四中、五中、六中全会文件为主要内容,由3名局领导上党课,围绕"认清党的性质坚定共产主义信念""坚持党员标准做合格党员""坚持四项基本原则,反对资产阶级自由化""共产党员要做遵纪守法的模范"4个专题,对党员进行党的性质、理想、宗旨、纪律和党员标准等教育。学习教育结束后进行测验,平均成绩95.5分。经过民主测评,综合反馈,个人总结,自评互评等步骤,对每个党员进行评议。到9月30日,经过准备、学习教育、民主评议和制度建设3个阶段,参加评议的17名党员,经组织审查,支部大会通过，全部合格。此后，建立每年民主评议一次党员的制度。

1991年，组织党员学习共产党员违犯党纪处分的7项规定，增强组织纪律观念。

1992—1999年，在局（馆）领导班子中开展"学习、团结、勤政、廉洁"为主要内容的"四好"活动。

2000年，局（馆）"三讲"教育后，重新修订和完善中心组学习制度。局（馆）班子成员参加市委组织部、宣传部和讲师团组织的理论学习考试，人均成绩94分。

2001年，市档案局（馆）成立理论学习中心组，张宗贵任组长，郭奎生、王云任副组长，梅碧华为学习秘书。建立中心组学习职责，制定中心组学习计划，建立健全中心组学习制度，做到计划、时间、内容、资料和人员五落实，有记录和考勤，有个人笔记。同时，举办学习专栏，相互交流。

2001—2002年，局理论学习中心组主要学习《建设有中国特色社会主义若干理论问题学习纲要》《邓小平经济理论学习纲要》、"三个代表"重要思想、"七一"、"5·31"重要讲话，《马克思列宁主义基本问题》《毛泽东思想基本问题》《邓小平理论基本问题》、中共十五大、十五届六中全会精神、《WTO知识与规划》《国家公务员学法用法读本》及市委规定的学习内容，提高理论水平和思想政治素质。

2003年，中心组集中学习25天，先后学习胡锦涛总书记在西柏坡视察时关于"两个务必"的讲话和到四川视察时的重要讲话精神、《中共中央关于在全党兴起学习贯彻"三个代表"重要思想新高潮的通知》《三个代表重要思想学习纲要》等内容，并就"兴起学习贯彻'三个代表'重要思想新高潮""加快三个转变""推进跨越式发展""加快档案事业发展步伐""贯彻市委24字工作思路"等问题进行专题讨论，组织全市档案系统干部职工开展"我为达州跨越式发展做贡献"的大讨论活动。

2004年，局中心组学习中共十六大、十六届三中、四中全会精神、邓小平理论和"三个代表"重要思想。利用政治理论学习和党日活动时间，组织局（馆）党员干部学习党章、《中国共产党党内监督条例（试行）》《中国共产党纪律处分条例》《中国共产党党员权利保障条例》《中共中央关于加强党的执政能力建设的决定》、党的基本知识及党的路线、方针、政策，举办学习园地2期。另又开展"党员先锋工程"活动。7月，局机关支部被市直工委命名为实践"三个代表"示范党组织。

2005年，局中心组集中学习25天，先后学习邓小平理论和"三个代表"重要思想，及中共十六大、十六届三中、四中、五中全会精神及市第二次党代会、市委二届二次全会精神和关于树立科学发展观、加强执政能力建设和构建社会主义和谐社会的有关论述，关于加快推进"三个转变"战略方针，学习贯彻市委确定的"落实三大目标，实现三大任务"的工作思路；学习中央、省委、市委及各级纪委出台的一系列重大方针政策等内容，并就"如何保持共产党员先进性""档案部门合格党员与不合格党员的标准是什么""落实科学发展观，加快档案事业发展步伐"等问题进行专题讨论。同时，局党组成立"党员先锋工程"领导小组，制定实施方案，继续开展"党员示范窗口"活动，提高党员素质，发挥基层党组织战斗堡垒作用和党员先锋模范作用。

2006年8月2日，局党组成立创建"四好"活动领导小组，张宗贵任组长，王云任副组长。组织干部职工学习《中共达州市委关于深化领导班子"四好"活动的意见》《中共达州市直机关工委关于对市直机关领导班子开展"四好"活动进行考核评比的通知》和市直机关工委印发的《市直机关领导班子开展"四好"活动考核评定细则》，统一思想，提高认识。局党组召开专题会进行研究，印发《中共达州市档案局党组关于深化领导班子"四好"活动的意见》，明确开展"四好"活动的目的意义、指导思想、目标要求和工作重点。

是年，全局干部职工学习邓小平理论、"三个代表"重要思想、"八荣八耻"社会主义荣辱观，及中共十六届四中、五中、六中全会精神，胡锦涛"七一"讲话精神和市委二届三次、四次全委会精神，学习党史、现代科技知识、档案专业知识和相关法律法规等。

2007年，局中心组集中学习24天，先后学习邓小平理论、"三个代表"重要思想、中共十七大精神及市委二届七次全会精神和关于树立科学发展观、加强执政能力建设和构建社会主义和谐社会的有关论述，学习中央、省委、市委及各级纪委出台的一系列重大方针政策，并就进一步学习贯彻"三个代表"重要思想和科学发展观，加快档案事业发展等方面进行专题讨论。

2008年，局党组调整创建"四好"活动领导小组，张宗贵任组长，王云、龚乃桢任副组长，划分任务，明确责任。制定并实施《中共达州市档案局党组关于深化领导班子"四好"活动的意见》和《中共达州市档案局党组关于开展创建"四好"领导班子活动实施方案》，明确开展"四好"活动的目的意义、指导思想、目标要求及方法步骤。采取召开民主座谈会、个别访谈、设立意见箱等方式征求职工对领导班子的意见和建议，对班子中存在的问题，制定整改方案，明确整改措施，做到整改目标、措施、时间、责任四落实，并定期向职工公布整改情况，反馈整改结果。按要求进行自查，总结经验，改进工作，及时上报材料。

是年，局中心组集中学习12天，先后学习邓小平理论、"三个代表"重要思想、中共十七大精神和关于树立科学发展观、加强执政能力建设和构建社会主义和谐社会的有关论述，及时学习中央、省委、市委及各级纪委出台的一系列重大方针政策。

2009年，局党组严格落实《党组中心组学习制度》，从考勤、请假、笔记、档案、考核等方面入手，严格要求，责任到人，把学习考核结果直接与年终考核结合起来。5月25日，局机关支部委员会召开开展学习实践科学发展观活动支部专题组织生活会。全年召开专题民主生活会和党小组民主生活会各2次。组织干部职工分专题学习中共十七大报告，十七届三中、四中全会，省委九届七次全会和市委二届十四次全会精神。

2010年初，局党组成立中心组理论学习领导小组，张宗贵任组长，负责理论学习的组织和协调。全年重点学习全国"两会"精神，学习胡锦涛总书记在中央经济工作会议和全国"两会"上的讲话、温家宝总理在十一届全国人大三次会议上作的《政府工作报告》，把思想和行动统一到中央、省、市重大决策部署上来。学习中国特色社会主义理论体系，总结推广全市学习实践科学发展观活动的成功经验，增强贯彻落实科学发展观的坚定性和自觉性。学习中共十七大报告、十七届四中、五中全会精神和毛泽东、邓小平、江泽民、胡锦涛关于党的建设的重要论述和重要讲话。学习《中国共产党党员领导干部廉洁从政若干准则》和胡锦涛《在中央纪委第五次全体会议上的讲话》。学习民主法制理论和各种法律知识。

2011年，局党组开展"修厚德品行，炼一流素质，创优异业绩""转变作风、为民服务、创先争优""内强素质、外树形象、争创一流"等主题实践活动。局党组召开专门会议，部署创先争优活动。调整领导小组，谯学伟任组长，王云任副组长，各科室负责人为成员，重新修订《实施方案》目标任务、活动载体、时间安排和保障措施等。

是年，以深入学习实践科学发展观，中央和省委、市委的重大决策部署，王瑛、沈浩、李林森的先进事迹为重点，结合档案局年度重点工作，将档案法律法规等内容纳入党员学习培训范围。通过一把手上党课、观看党史教育片、业务讨论座谈等形式，深化党员队伍教育培训。同时，抓好"三会一课"、党内民主生活会、党风廉政责任制的执行和落实，组织党员开展党员民主评议、党员公开承诺和换届纪律宣传学习等活动，时刻保持党员队伍的先进性。

2012年，局党组调整创建"四好"活动领导小组，谯学伟任组长，王云任副组长。通过采取召开民主座谈会、个别访谈、设立意见箱等方式征求职工对领导班子的意见和建议，对班子中存在的问题制定整改方案，定期向职工公布整改情况。

班子成员及干部职工围绕市委提出的"实现科学发展、建设幸福达州"工作思路，学习邓小平理论、"三个代表"重要思想、科学发展观、中共十七届六中全会、省第十次党代会和市委全委会精神等内容，开展学习实践科学发展观、"学习五种作风、提升五大能力"等专题学习教育活动，并形成干部学习教育培训的长效机制，局党组规定每周星期四下午为政治、业务学习时间，参学率90%以上。

2013年12月25日，局党组在局二楼会议室召开县级领导干部民主生活会。按照"坚持标准，保证质量，改善结构，慎重发展"的工作方针，有领导、有组织、有计划地抓好党员发展工作。至年末，支部有党员24名，其中在职党员15名，退休党员9名。其中，男党员14名，女党员10名。

2015年，深化"四好班子"创建活动，持续推进作风建设，按照从严治党要求，推进领导班子思想政治建设，规范机关党内组织生活，实施"旁听制、督导制、通报制和检查制"。6月24日，组织召开中心组学习扩大会，学习习近平总书记系列重要讲话精神和《省委进一步加强党员干部教育管理监督的意见》，并开展交流研讨会。7月1日，市档案局召开纪念建党94周年暨表彰大会。退休老党员代表和局全体党员26人参加会议。会上，通报表彰1个先进党小组、1名优秀党务工作者、8名优秀共产党员。

图8-7 市档案局召开纪念建党94周年暨表彰须大会

8月3日，局党组讨论通过并印发《党员领导干部双重民主生活会制度》。同时，组织对机关各项规章制度进行清理，修订并印发党组会议决策制度、行政办公会议议事规则、机关支部党员大会规则、干部职工政治理论业务学习制度、个人重大事项报告备案制度、首问负责制度、服务承诺制度、责任追究制度等26项规章制度。12月14日，市档案局召开局干部职工大会，安排部署开展干部谈心谈话活动。12月15日，集中1天时间，局长与单位3名副职，3名副职与各自分管的科室负责人分别谈心谈话，征求意见建议35条，经梳理为8条。局党组中心组全年集中学习12次，大会交流6次，党组书记专题报告4次，完成8个专题的学习，参学率100%。

图8-8 市档案局《中国共产党问责条例》学习会

2016年，市档案局组织干部职工学习习近平总书记系列重要讲话精神，贯彻落实中央大政方针和省委决策部署。开展"党员活动日"活动。3月，组织党员到定点帮扶村通川区碑庙镇大石村扶贫点开展"走基层"，干部直接联系服务群众活动；4月，开展专题党课辅导；5月，组织全体党员赴帮扶村碑庙镇大石村开展结对帮扶走访大调查活动；6月，开展"档案与民生"党员志愿宣传活动；建党95周年之际，组织党员赴神剑园开展"重温入党志愿、重温入党誓词"主题党日活动和新入党预备党员宣誓仪式；7月，组织开展党员自愿缴纳党费和党员过政治生日活动；8月1日，市档案局召开党组中心组学习扩大会议，专题学习《中国共产党问责条例》。

是年，按照市委组织部要求，对2015年干部人事档案专项清理，对党员档案进行全面核查清理，补充完善党员资料3份，重新核定入党时间1人。

2017年1月16日，市档案局在局二楼会议室召开2016年度党员领导干部民主生活会。班子成员结合学习心得、个人实际和征求到的意见，围绕会议主题，联系思想和工作实际，开展对照检查分析，针对班子、个人和分管工作存在的问题撰写有问题、有分析、有措施的发言提纲。同时，班子成员逐一查摆自身存在的问题并进行剖析，制订落实整改措施，诚恳接受和回应党组成员批评意见。在批评与自我批评环节，局班子成员分别围绕"四个方面"，对照职工群众提出的意见和建议，开诚布公、坦诚相见、实事求是地开展批评与自我批评。会后，局党组召开党组会，就该次民主生活会上查摆出的主要问题分析总结，并结合实际，提出整改措施。

2月11日，市档案局党组召开2017年度党员领导干部民主生活会，会议紧扣民主生活会主题，结合领导班子和班子成员思想作风建设实际，开展批评与自我批评，达到预期目的。

7月12日，市档案局全体党员干部到通川区罗江镇神剑园张爱萍将军故里开展党员活动日活动，瞻仰先烈，重温入党誓词。

图8-9 党员活动日活动

8月17日,市机关党支部标准工作法现场推进会召开后,市档案局党组严格落实"党支部标准工作法",按照"五个基本"的要求,开展"三会一课"、党员活动日、民主评议党员、组织生活会等基本活动。

是年,市档案局贯彻落实中央、省、市关于改进工作作风的规定,规范党内民主生活会、民主评议党员、党员党性分析、领导干部参加"双重"组织生活会等制度,推进"党支部标准化工作法";坚持"党员活动日"制度,全年开展12次党员活动日;深化"党员示范行动",落实党员干部直接联系群众制度;抓好"三分类三升级"活动,加强机关政治文化、职业文化、廉政文化、和谐文化建设;严格执行《党政领导干部选拔任用工作条例》《关于加强干部选拔任用工作监督的意见》要求,规范选人用人行为,规范干部档案材料的收集、鉴别和整理。同时,参与市委组织部干部档案规范检查和业务指导。

2018年,局党组多次听取局党支部的专题汇报,研究、提出指导性意见。把党建工作与业务工作有机结合起来,一同部署、一同落实、一同考核、一同评议。同时,落实党建工作责任,党组书记与支部书记签订《党建工作目标管理责任书》,党组与班子成员分别签订《"一岗双责"党建责任书》。成立党组书记任组长,支部书记任副组长,各科室负责人为成员的党建工作领导小组,明确党建办公室具体承办党建日常工作,建立党建工作的领导和责任体系。

2月8日,局机关党支部按规定向局党组进行述职,开展满意度测评和党员民主评议,党组对支委履职情况进行综合评价。6月6日,市档案局邀请市直机关工委理论专家刘礼开展专题辅导,县(市、区)档案局中层以上干部和扶贫帮扶村、城乡党建结对共建村支委班子受邀聆听大会宣讲。6月26日,局党组书记、局长韩家翼给全体党员作专题廉政党课。6月29日,支部书记李华组织支部全体党员到城乡党建结对共建村通川区碑庙镇万福村开展送党章学党章共建活动,并作专题党课辅导。是年,按照"队伍、活动、阵地、制度、保障"五方面标准要求,开展支部标准化建设,推行"支部标准工作法",并顺利通过考评验收,建成标准化党员活动室1个,达到"六有"(有场所、有设施、有标志、有党旗、有党报党刊、有制度)要求。落实"三会一课"制度,开好党员大会、支委会和党小组会,按计划开展好党员党课,落实好每月一次的"党员活动日"活动,开展重温入党誓词、党员缴纳党费、党员政治生日、党员自愿宣传、党员"双报到"等党日活动。

三、廉政建设

1989年,地区档案局制定廉政建设六条规定。渠县档案局开展"四清""两堵"和"一查""一建"工作。平昌县档案局制定和完善"四不准""五公开""六监督"的廉政制度。

1990年，地区档案局加强对机关廉政建设的领导，落实领导责任制，把廉政建设列入局机关目标管理、科室和个人岗位职责的内容，层层签订责任书，年终结合岗位职责一并考核、奖惩。在局内设立举报箱，建立举报制度。同时，把廉政教育纳入领导干部和机关的学习内容，纳入党的组织生活、民主生活和党员评处的学习内容；及时传达学习中央、省、地委有关端正党风和廉政建设，纠正行业不正之风，清理"三乱"以及解决干部违纪违法违章建私房等文件和会议精神，组织党员、干部讨论，强化廉政教育。在招工、招干、参军、升学、工作调动等问题上，执行公开办事制度，严格执行政策，有效防止不廉洁问题的出现。在纠正行业不正之风和清理整顿"乱收费、乱摊派、乱罚款"工作上，经地区物价局、地区财政局和地区审计局的严格审查，全局没有"三乱"现象发生，也未发现行业不正之风。

1991年，市档案局组织干部职工学习中共十三届六中全会和有关党风、廉政建设的规定，治乱"纠风"工作会议精神和《四川省委关于批转省纪委〈关于认真解决当前党政机关党风和廉政建设几个突出问题的意见〉和〈党政机关干部党风和廉政建设九项规定〉的通知》，对党员进行党性、党风、党纪和廉政教育，增强廉政意识。

1992年，市档案局把廉政建设列入局领导班子"四好"活动内容，列入局机关目标管理、科室和个人岗位职责的内容，层层签订责任书，实行目标管理。结合党员民主生活会，每季度各科室民主生活会、年终工作总结和一年一度党员评处，加强廉政检查，做到廉洁自律。坚持民主集中制原则，实行集体领导和个人分工负责相结合的领导制度，凡涉及到局（馆）全局性的工作计划、总结、人事安排、调动、干部行政职务任免，档案专业技术职称评聘，大的经费开支等重大问题，由局领导集体研究决定。严格执行财经纪律，做到清正廉洁。

1993年10月23日，局领导对照中纪委廉洁自律五条规定自检，没有违规现象。

1994年，市档案局组织党员、干部学习邓小平、江泽民有关党风、廉政建设的重要论述，传达学习上级党委、政府、纪委监察部门有关加强党风和廉政建设的规定，增强党纪政纪观念。

1999年10月14日，制定《中共达川地区档案局党组、达川地区档案局关于贯彻落实党风廉政建设责任制的意见》，实行党政"一把手"负总责，分管领导各负其责的责任制。经局办公会议决定，继续执行局（馆）县级干部住宅电话费每人每月按40元报销办法，超出部分自负，不足40元的据实报销。全年节约公用经费2 000余元。

2001年初，传达学习江泽民总书记在中纪委第五次全委会上的重要讲话、省纪委第五次全委会精神和全市纪检工作会议精神及党纪政纪条规，开展党性、党风、党纪教育和向崔新一学习，做"优秀档案工作者"活动，同时对典型案例进行警示教育。5月，修改完善市档案局党组、市档案局《关于贯彻落实党风廉政建设和反腐败工作的意见》，坚持和执行党风廉政建设的各项规定，严格政治、组织、人事、保密和财经等纪律，严格内部管理，落实"收支两条线"规定。经对照自查，局（馆）工作人员保持清正廉洁和行业作风端正，没有违规现象。11月27日，市委党风廉政建设领导小组对市档案局（馆）党风廉政建设进行考核，认为市档案局做到了局（馆）领导重视、责任明确、措施具体、抓得扎实，效果好，保持领导干部廉洁自律。

2002年，市档案局传达学习江泽民总书记在中纪委第六次全委会上的重要讲话、省纪委第六次全委会精神和全市纪检工作会议精神及党纪政纪条规，开展党性、党风、党纪教育，同时对典型案例进行警示教育。

2004年，市档案局制定《关于2004年度党风廉政建设和反腐败工作的意见》，明确党风廉政建设和反腐败工作内容。把党风廉政建设和党性党风宣传教育纳入局中心学习组、机关党支部和职工政治学习内容，组织党员干部特别是科级以上干部学习中纪委、省纪委三次全委会精神和市纪委关于党风廉政建设和反腐败工作的有关文件及规定，收看典型案例，组织讨论。把党风廉政建设与其他业务工作、精神文明建设、干部队伍建设、年终考评等结合起来，一起规划、一起部署、一起落实、一起考核。建立完善副科级以上干部廉政档案。制定党风廉政建设责任制考核办法，落实考核的组织领导、考核方式、考核奖惩措施。全年重点开展专项治理领导干部收送礼金、有价证券和参与经商办企业工作，成立局（馆）专项治理领导干部收送现金、有价证券和参与经商办企业工作领导小组，制定安排实施意见。经清查，局领导干部及副科级以上干部无违规行为。

2005年，市档案局贯彻落实中纪委第五次、省纪委第四次全会和市纪委第八次全会精神，完善党组统一领导、党政齐抓共管、纪检组织协调、科室各负其责、依靠职工支持和参与，形成党风廉政建设和反腐败工作的合力。组织党员干部特别是科级以上干部学习《建立健全教育制度、监督并重的惩治和预防腐败体系实施纲要》《中国共产党纪律处分条例》《中国共产党党内监督条例》《行政监察法实施条例》和中纪委第五次全会、省纪委第四次全会精神及市纪委关于党风廉政建设和反腐败工作的有关文件、规定，提高干部廉政意识。全年重点开展领导干部及配偶子女违规经商办企业"专项治理工作"，经清查，县处级领导干部及副科级以上干部无违规行为。继续贯彻执行《廉政准则》、狠刹领导干部收送钱物、违规经商办企业、跑官要官、参与赌博"四股歪风"。全年无乱收费，领导干部及职工无参与煤炭矿山资源开发和乱摊派行为，无用公款大吃大喝、请客送礼、进营业性歌舞厅的情况。

2006—2007年，市档案局组织党员干部特别是科级以上干部学习中纪委第六次全会、省纪委第六次全会精神及市纪委关于党风廉政建设和反腐败工作的有关文件、规定，提高广大干部特别是局（馆）领导干部的认识。重点开展领导干部及配偶子女违规经商办企业"专项治理"和"四项清理"工作，经清查，县处级领导干部及副科级以上干部无违规行为。

2008年初，局党组召开会议，学习贯彻中共十七大、十七届中央纪委二次全会，省第九次党代会和省委九届四次全会和市纪委二届五次全会精神，继续贯彻落实领导干部廉洁自律"五不准"规定。定期组织对党员干部特别是领导干部进行教育。贯彻执行党风廉政建设领导责任制，实行党政主要领导干部年度廉政情况汇报制度和承诺制度，自觉接受人大、政协和同级纪委的监督。领导班子成员严格执行《廉政准则》，落实《党风廉政建设工作制度》《党风廉政建设责任书》，干部职工无违规违纪违法行为发生。严格执行"一把手"负责制和"一岗双责"制度，领导干部述职述廉制度规范化，领导干部及家属、子女、身边工作人员无经商办企业行为。

2009年，落实中央《建立健全惩治和预防腐败体系2008—2012年工作规划》、省委《实施办法》及达州市《加强预防腐败工作的实施意见》精神，推进预防和惩治腐败体系建设。局党组多次召开会议，学习贯彻中共十七届四中全会、十七届中央纪委四次全会、省委九届七次全会、省纪委九届五次全会、市委二届十四次全会、市纪委二届七次全会精神，健全完善党风廉政建设责任制网络体系。

2010年7月10日，市档案局成立惩治和预防腐败体系建设工作领导小组。张宗贵任组长，龚乃桢任副组长。按照要求，对领导班子履行党风廉政建设职责的情况报告在单位内部公示，接受干部群众监督。组织学习《建立健全惩治和预防腐败体系2008—2012年工作规划》《建立健全教育制度，监督并重的惩治和预防腐败体系实施纲要》《中国共产党党员领导干部廉政从政若干准则》《在中央纪委第五次全体会议上的讲话》等文件精神，增强干部廉政意识。

2011年，按照中央、省、市委要求，局纪检组开展"修厚德品行，炼一流素质，创优异业绩"主题教育整顿活动，在全局开展"内强素质、外树形象、争创一流工作业绩"主题教育活动。在实践活动中，学习《廉政准则》，重点学习胡锦涛总书记、省委书记刘奇葆以及省纪委领导的讲话。结合典型案例和自身实际，增强党性，端正党风、严肃党纪。

2013年，对党员干部进行党风党纪学习教育，组织学习中央《2013—2017年惩治和预防腐败体系建设工作规划》、省委《实施办法》、市委《实施细则》以及中纪委书记王岐山在中纪委十八届二中全会上的工作报告、市纪委书记马骏在市纪委三届三次全会上作的《深入贯彻落实党的十八大精神，为推动达州追赶跨越加快发展提供坚强纪律保障》的工作报告、《建立健全教育、制度、监督并重的惩治和预防腐败体系实施纲要》《中国共产党党内监督条例》《中国共产党党员处分条例》、以及《廉政准则》等文件精神，提高党员干部廉政意识，筑牢党员干部拒腐防变的思想防线。

1月，市档案局组织干部职工参加全省档案系统学习宣传贯彻中共十八大精神专题讲座。5月，组织党员干部参观市纪委举办的达州市第三届"清风颂"廉政书法美术摄影作品展。是年，开展公务用车问题专项治理工作，未出现违规超额配备使用、超标准配备、豪华装饰和公车私用等问题；开展庆典研讨会论坛过多过滥问题专项治理工作，取消活动2个，节约经费1.5万元。

2014年，调整局党风廉政建设工作领导小组，张强任组长，龚乃桢任副组长。制定《达州市档案局落实党风廉政建设党组主体责任驻局纪检组监督责任的实施方案》，签订《达州市档案局落实党风廉政建设"两个责任"承诺书》。组织学习十八届中央纪委三次全会、省纪委十届三次全会、市纪委三届四次全会精神和《中国共产党党内监督条例》《中国共产党党员处分条例》《廉政准则》《达州市党风廉政建设"一案双查"实施办法（试行）》《达州市惩治和预防腐败体系制度建设与执行责任追究办法（试行）》《省委关于落实党风廉政建设党委主体责任和纪委监督责任的意见（试行）》等廉政规章，增强干部廉政意识。

5月，根据市委组织部《关于认真做好领导干部违规经商办企业专项治理工作的通知》要求，经本人对照自查、单位内部公示、接受群众监督、组织核实，全局无违规经商办企业情况。

是年，推进"积极预防、系统治理"工作。完善财务管理制度，加强预算管理、支出管理、项目管理、资产管理等，贯彻落实中央"八项规定"、《党政机关厉行节约反对浪费条例》等规章条例；开展内设科室负责人述责述廉工作，加强对党员干部监督管理；按规定建立开通行政权力依法规范公开运行监察平台。

2015年，贯彻落实中央"八项规定"、省委省政府"十项规定"、市委市政府"十一项规定"精神，解决"四风"问题，严格执行《中国共产党党员领导干部廉洁从政若干准则》，加强权力运行规范管理，推进惩治和预防腐败体系建设，开展廉洁自律教育，严格执行党的各项纪律。7月13日，市档案局组织人员，对办公用房、公车使用等情况再次进行清理，杜绝超标准使用办公用房，杜绝公车私用，务求长效化。9月10日，市档案局联合通川区档案局、达川区档案局组织47名党员干部到达州监狱开展现场警示教育活动。9月21日，市档案局组织人员，对单位财务、经费使用、专项资金支付等情况再次进行清理，对私设"小金库"及滥发钱物等问题进行专项整治。12月21日，市档案局组织开展《中国共产党廉洁自律准则》《中国共产党纪律处分条例》知识竞赛。机关支部20余名党员参赛。

图8-10　达州市档案局召开"三严三实"警示教育大会

是年，定期开展测评局班子成员和中层干部落实主体责任和执行廉洁自律情况，以及全体党员干部履行职责情况，发放测评表140多份，整体满意率达90%以上。

2016年，市档案局落实党风廉政建设责任制，成立党风廉政建设责任制领导小组，印发《达州市档案局2016年度党风廉政建设和反腐败工作的意见》，制定考核办法。严格贯彻执行中央八项规定、省委十项规定，抓好制度落实。同时，把反腐倡廉理论和相关党纪法规纳入局党组中心组学习和机关干部职工政治理论学习内容，全年组织集中学习24次，参学率100%。主要学习十八届中央纪委六次全会、省纪委十届五次全会、市纪委三届七次全会精神及廉政规章，增强干部廉政意识。清理完善各项规章制度，重新梳理各科室、岗位工作流程，针对档案工作发展的新情况制定防控措施，设置风险点，制定《达州市档案局机关工作十不准》，规范言行。

是年，局党组制定《中共达州市档案

局党组落实党风廉政建设主体责任清单》，明确局班子集体、班子个人落实主体责任明细；制定《局纪检组监督责任清单》，明确纪检组对执行党的纪律、作风建设、干部履职能力等六方面的检查监督职责；每年初由局纪检组牵头制订全局党风廉政建设和反腐败工作要点，提出年度工作目标和工作重点；开展主体责任落实情况的集中检查。局班子成员在党组会上带头报告分管领域主体责任落实情况。年底，组织对局班子成员及其分管的科室党风廉政建设主体责任落实情况进行检查，与科室负责人开展廉政谈话；定期开展廉政测评。在年内开展的全局测评中，发放测评表140多份，整体满意率达90％以上。市档案局在年初市纪委组织的党风廉政建设测评中居全市第三名。

图8-11 组织干部职工观看《阳光问廉》

2017年，贯彻落实中央、省、市重大决策部署，狠抓党风廉政建设，落实"两个责任"，学习《中国共产党纪律处分条例》《中国共产党廉洁自律准则》，开展"廉洁大教育，作风大整顿"主题教育和警示教育，巩固思想防线。完善党风廉政制度，加强廉政监督。认真履行党风廉政建设岗位职责，注重廉政风险防范，强化党员干部纪律约束。参加"阳光问廉"直播活动和政风行风群众满意度测评活动，解决群众诉求，做好把政风行风建设与业务工作同部署、同检查、同考核。全年未发生任何违纪违法和腐败行为。

2018年，局党组多次召开专题会议研究部署党风廉政建设和反腐败工作，贯彻落实党风廉政建设责任制。2月27日，市档案局组织召开职工大会，传达学习市纪委四届三次全会精神。局党组书记、局长韩家翼组织学习市委书记包惠、市纪委书记范继跃在市纪委四届三次全会上的讲话，并结合档案局工作实际，就如何贯彻落实全会精神提出要求。

3月27日，召开机关党建暨党风廉政建设专题工作会。3月29日，组织党员干部集中学习全市近期通报曝光的典型案例并进行学习讨论。4月11日，召开全市档案系统党建暨党风廉政建设工作会，对本系统机关党建和党风廉政建设工作进行安排部署，提出要求。研究制定《2018年党风廉政建设目标责任书》《2018年党风廉政建设工作意见》《党风廉政建设风险点排查和防控措施》及"两个责任清单"。班子成员对自己分管科室的反腐倡廉工作作安排部署，局长与副局长、副局长与分管科室签订党风廉政建设责任书，全体党员干部签订《廉政承诺书》，做到年初有计划、年中有检查，并定期分析检查、督促落实。4月28日，组织局机关干部职工学习市纪委《关于八起党员干部不担当不作为典型案例的通知》《关于违反中央八项规定精神典型案例的通报》等反面典型案例。

是年，组织开展"四风"问题专项整治和治理收受礼品礼金清理活动，签订不收受礼品礼金承诺书，观看《阳光问廉》《荣辱两重天》警示教育片，到达州监狱开展警示教育，观看"巴渠清风"党风廉政建设和反腐败工作巡展等活动，推进正风肃纪，建立和落实作风建设长效机制，力戒"庸懒散浮拖"。加强政风行风建设，及时整治发生在群众身边的"微腐败"，做好拟提拔干部党风廉政审核，抓好信访举报处理和纪律审查工作，市局全年无"庸懒散浮拖"被曝光或通报和被"阳光问廉"曝光等情况。

第二节　精神文明建设

一、创建活动

1988年，地区档案局开展"四有""四职"教育，争创文明单位，制定或修改各项规章制度和档案工作人员岗位责任制，进行定量定性考核，调动干部职工的积极性。达县市档案局制定和修改制度12种86条，5名职工家庭被评为"五好家庭"，5名职工被评为"三优一学"先进个人。达县档案局年内建成精神文明单位。巴中县在全县层层签订《档案工作责任书》，并建立8个业务联系点，加快档案工作网络化建设。开江县档案局实行任务包干责任制，每年3—5月抽出4人，分成两组，对全县181个单位进行一次业务指导监督和服务，受到单位好评。

1989年，地、县档案部门学习、宣传和贯彻执行中共十三届四中、五中全会文件精神，加强政治思想工作，对档案干部进行传统"宗旨""四有""四职""五讲四美"教育，开展"三优一学"和"我为党旗争光辉"活动，提高档案干部的职业道德素养。达县、巴中、平昌、通江、渠县和达县市等县（市）档案局年终被评为精神文明单位。

1991年，地区档案局制定局、馆精神文明建设五年规划，提出精神文明建设的指导思想、根本任务、奋斗目标和具体措施。成立局、馆精神文明领导小组，赵应量任组长，并确定1名副局长分管，日常工作由办公室承办。开展"四职"教育，提高职工队伍素质。加强文明细胞建设，把创建文明科室、五好家庭等文明细胞列入科室和职工岗位职责。地区档案局按照条件评定文明科室2个，五好家庭18户，遵纪守法户18户，卫生之家20户。

1992年3月1日，地区档案局被中共达县市委和市政府命名为市级文明单位。随后，按照中共十四大提出的"坚持两手抓，两手都要硬，把社会主义精神文明建设提高到新水平"的要求，坚持两个文明建设一起抓。组织干部职工学习党和国家有关加强精神文明建设的指示、决定，深化对精神文明建设重要性、长期性和艰巨性的认识，提高干部职工特别是局领导抓精神文明建设的自觉性。制定《达川地区档案局（馆）关于创建地级文明单位的规划》，并组织实施。同时，按照精神文明建设的内容和根本任务，进行"四有""四职"等教育，开展业务学习。

是年，按照社会治安综合治理"谁主管谁负责"的原则，确定机关综合治理工作由局长主管，1名副局长分管，办公室具体抓，并落实到各个科室，责任到人，健全安全保卫制度，制定奖惩办法，加强监督检查。

1993年8月，地区档案局制定局

（馆）在1994年末力争达到地级文明单位的规划，召开职工大会动员，统一思想，明确目标任务。继续开展"三优一学""五讲四美"活动，加强文明细胞建设，提高档案干部的思想、道德、情操和文明素质。是年，14个地、县档案局（馆）全部建成文明单位，无违法违纪行为发生，受到党委和政府表彰。

1994年，地区档案局（馆）命名文明科室2个，复查2个文明科室合格，单位文明科室100%；评定双文明户14户，五好家庭户16户，遵纪守法户17户，卫生之家18户。参加治理达川市脏、乱、差，植树造林和治安联防等活动，共建文明达城。

1991—1995年"八五"期间，地区档案局（馆）评出优秀党员23人次，先进个人15人次，优秀8人次。评选双文明户19户，卫生之家20户，遵纪守法户18户，五好家庭19户，文明示范户2户，评选文明科室4个。

1996年，地区档案局（馆）被省政府命名为"省级文明单位"。此后一直保持该称号。

1997年5月，地区档案局制定《达川地区档案局关于加强全区档案系统社会主义精神文明建设的意见》。全区8个地、县（市）档案局创建和巩固和县（市）级以上文明单位称号，其中地区档案局达到省级文明单位，达县、达川市、万源市、大竹县、渠县档案局达到地级文明单位。

1999年，地区档案局开展争创"文明科室""最佳文明科室""三户一家""优秀公务员""巾帼建功示范岗"等文明细胞活动。全区8个地、县（市）档案局（馆）创建和巩固县（市）级以上文明单位成果。同时抓好文明细胞建设，经复查，局机关3个最佳文明科室、1个文明科室和已评定的"三户一家"全部合格。经地区建功办对局妇委会开展的"巾帼建功示范岗"活动检查验收，给予好评。是年，经地委机关检查、评比，保持省级爱国卫生先进单位称号。同时，在全区开展档案工作评选推优活动。张全修被推选为全国档案系统先进工作者，向省档案局推荐全区先进集体4个、先进个人6名。

2000年"三八"节期间，市档案局开展"十万妇女服务群众，奉献社会巾帼大行动"，被市妇联评为先进单位。局领导和局妇委会主任带领局女职工，为特困企业市五金厂送去档案卷皮100余个。5月，市档案局（馆）被市学赛、建功领导小组授予"巾帼建功示范岗"称号。

2001年，市档案局组织干部职工开展"热爱达州、建设达州、人人都为达州新跨越作贡献"的大讨论。局党组提出"热爱档案工作、干好档案工作、我为档案工作做贡献"的讨论，号召干部职工爱岗敬业，无私奉献。"三八"节期间，机关女职工参加全市妇女反邪教组织签名活动和市委机关组织的知识竞赛，发放《档案法》宣传资料200余份，局妇委会被市妇联授予全市"三八"反邪教活动先进集体。

是年，建立以局（馆）长为组长的精神文明建设领导小组，落实主管领导、分管领导和日常工作由办公室办理的职责，继续组织实施《达州市档案局关于开展"三优一学"创文明机关活动的实施意见》，把精神文明建设同局（馆）业务工作一起布置、一起检查、一起考核奖惩，收到良好效果。全市8个市、县（区）创建和巩固县级以上文明单位成果,其中,市档案局保持省级文明单位称号。同时,抓好文明细胞建设,经复查,局机关5个最佳文明科室,1个文明科室和已评定的"五好家庭户""双文明户""卫生之家"全部合格。开展爱国卫生运动和职工文体活动,保持局机关整洁、卫生,经市委机关检查评比,继续保持省级爱国卫生先进单位称号。全年无"六害"行为和刑事、治安案件发生。

2002年,市档案局以贯彻落实《公民道德建设实施纲要》为契机,开展"内强素质,外树形象",推行"首问责任制",争创"文明科室""巾帼建功示范岗"等活动。同时,继续开展"五好文明家庭"创建活动,有20户评为"五好文明家庭"。开展家庭读书活动,树立家庭读书示范户3户。局机关4个最佳文明科室,1个文明科室和已评定的"五好家庭户""双文明户""卫生之家"复查全部合格。继续开展"巾帼建功示范岗"活动,局妇委会"巾帼建功示范岗"经市学赛办复查合格。

2003年,机关女职工全部被评为"遵纪守法户""五好家庭户""双文明户"和"卫生之家",巩固省级文明单位成果。"三八"节期间,局(馆)女职工参加市妇联组织的上街宣传新《婚姻法》和《档案法》及相关法律。按照市委、市政府和市城管委安排部署,完成城市"净化、绿化、美化、亮化"任务。

2004年,市档案局按照"整体联动防范"工作要求,参与二马路夜间巡逻,参与并支持创建"安全文明小区"和"文明社区"活动。

2005年,市档案局贯彻落实《公民道德建设实施纲要》,在党员、职工中开展以为人民服务为核心,以爱国主义、集体主义为原则,以诚实守信为重点的思想道德和职业道德教育,提高干部职工的思想道德素质。组织建党84周年、中华人民共和国成立56周年纪念活动,对全体党员干部职工进行党的基本理论、基本路线、基本经验和光荣革命传统教育;开展篮球赛、乒乓球赛、登山比赛等文体活动,推动全民健身运动的开展;开展"崇尚科学、反对邪教"和改陋习、树新风、争做文明市民活动,倡导科学、文明、健康的生活方式。

2006年,全局女职工开展立足本职,继续深化"巾帼文明示范岗"活动,开展"岗位创新""学习成才""扶贫济困"和"文明家庭创建"等活动。10月27日,市档案局(馆)成立关心下一代工作委员会,王云任主任,庞先东、梅碧华任副主任。

2007年,开展"平安达州"创建活动,全市档案系统和本单位未发生群体性事件、重大治安案件或刑事案件。

2008年3月2日,市档案局成立精神文明建设领导小组,张宗贵任组长,王云、龚乃桢任副组长。3月17日,调整局(馆)社会治安综合治理、精神文明建设、爱国卫生运动工作领导小组。张宗贵任组长,王云、龚乃桢任副组长。同时,将爱国卫生及创卫工作与机关精神文明建设和树立良好机关形象结合起来,一并纳入单位总体工作安排部署,与职工个人评优挂钩进行考核奖惩。9月16日,市档案局成立城乡环境综合治理工程领导小组,张宗贵任组长,王云、龚乃桢任副组长。是年,开展公民道德宣传教育实践活动2次,建立文明创建活动长效机制,为未成年人办实事3件。

2009年1月，市档案局（馆）被市政中心爱国卫生运动委员会表彰为2008年度省级卫生先进单位；被市政中心精神文明建设委员会表彰为2008年度市政中心精神文明优秀单位。3月14日，成立市档案局"创建省级文明城市工作先进城市"领导小组和创建办公室，张宗贵任组长，王云、龚乃桢任副组长。是年，开展公民道德建设、社会主义"八荣八耻"宣传教育实践活动2次；配合有关部门开展中华人民共和国成立60周年庆祝活动，参加市直机关工委组织的歌咏比赛。

2010年6月15日，局党组成立创先争优活动领导小组，张宗贵任组长，王云、龚乃桢任副组长。12月8日，市档案局调整关心下一代工作领导小组。张宗贵任组长，刘登奎任副组长。下设办公室，肖文武任主任。

2011年，市档案局以创建学习型机关为契机，建立健全职工集中学习制度，采取领导及分管科室轮流授课的方式，每周开展一次集中学习活动，学习国家有关档案工作的方针、政策和档案法律法规，提高干部职工的理论水平和法制意识。

2012年，市档案局参与辖区综治工作、社区组织的文明劝导活动和市直工委组织的千名干部文明劝导活动。"七一"前夕，经民主测评和支委会研究决定，表彰赵昌亮等4人为优秀共产党员。

2013年3月28日，经局党组研究决定推荐安定芳为全省"最美档案人"。安定芳，男，中共党员，59岁，大专文化，副研究馆员，任宣汉县档案局馆务股长。他爱岗敬业，无私奉献，钻研业务，开拓创新，多次被县级以上评为先进个人。6月24日，市档案局组织举办"中国梦·我的梦"主题演讲比赛。经筛选后的5名参赛选手以学习宣传贯彻中共十八大精神，畅想我与中国梦为主题，结合自身学习与亲身感受进行演讲。是年，开展"创建学习型机关，争当学习标兵"为主题的党组荐书活动，先后为干部职工购买《不变的是原则，万变的是方法》《苦难辉煌》《沧浪之水》等书籍。在"阅读启迪智慧，劳动成就梦想"征文活动中，市档案局局（馆）长张强获得一等奖。

图8-12 "中国梦·我的梦"主题演讲比赛

2014年4月9日，局机关支部成员到西外龙泉社区，开展党员"双报到"活动，支持社区工作，服从社区党组织的安排管理，参与社区建设和志愿服务活动。

同日，市档案局印发《达州市档案局关于开展"中国梦·兰台情"读书活动的通知》，要求全市档案系统围绕市档案局推荐的《之江新语》《苦难辉煌》《世界是平的》《把信送给加西亚》《大清相国》《大数据》6本书开展读书活动，实行"读书活动月报制"。4月起，各地将每月读书活动进展情况小结，形成总结材料；推荐报送优秀学习札记或心得体会文章每月不少于1篇。同时，从读书心得体会文章中，精选出部分文章汇编成《改变从读书开始》一书。中国书法家协会会员、书法家林灿为该书题写书名。9月，张强在市总工会举办的"阅读启迪智慧，劳成就梦想"征文活动中获得一等奖。是年，挖掘全市档案系统优秀人物，开展"最美档案人"安定芳和"大竹县十大杰出女性"魏竹容为代表的先进典型学习活动。

2015年，市档案局制定精神文明建设工作方案，开展文明单位创建工作和公民道德建设主题实践、志愿者服务，以"中国梦·兰台情"为主题的读书活动。1月13日，市档案局印发《关于开展2015年读书活动的通知》，明确活动目的、推荐书籍和时间安排。同时，继续在"达州市档案局"网站上开设读书活动专栏，对全市及各县（市、区）读书活动进展情况进行专题宣传报道。是年，先后为干部职工购买《不变的是原则，万变的是方法》《苦难辉煌》《沧浪之水》《心胜》《习惯的力量》等思想性、文学性较强的书籍，为干部职工推荐《习近平谈治国理政》《在绝望中寻找希望》《打开——跟着档案去旅行》《瞻对》《南城根》等书籍，引导干部职工养成好读书、读好书的习惯，全年收到读书心得文章108篇，编撰印制读书心得文章汇编1 000册。4月28日上午，市档案局在犀牛山举办"迎五一"职工登山比赛活动。活动由局工会承办，达州市档案局、通川区档案局、达川区档案局45名职工参加比赛。10月，在市妇联开展的"智慧女性、幸福达州"书香"三八"读书征文活动中，市档案局周代娟、刘桂林获得二等奖，局妇委会获得优秀组织奖。

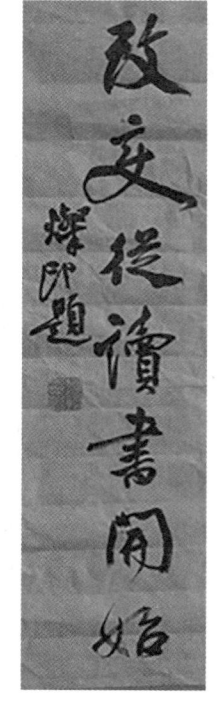

图8-13 林灿印题写的书名

2016年，市档案局继续开展"创新从读书开始"读书活动，精心筛选《摆脱贫困》《天乳》《看见未来：改变互联网世界的人们》《一生里的某一刻》《岛上书店》《崖边报告：乡土中国的裂变记录》《秩序的沦陷》《给曾国藩算算账——一个清代高官的收与支》8本书籍，推动和加强学习型机关建设和档案文化建设。同时，开展党组织和党员"双报到"、环境综合治理进机关活动。

全市开展中心城区"五治"工程后，市档案局贯彻落实市中心城区"五治"工程领导小组办公室的文件精神，按照"改善面貌、提升形象、优化环境、促进发展"的要求，坚持责任区巡查、周五扫除，治理机关环境，责任区整洁、秩序井然，无游散滩贩，无乱停乱放，机关办公环境、人文环境、职业环境、人居环境得到较好改善，达到"清洁化、秩序化、优美化、制度化"的"五治"工程目标。同时，落实维稳工作第一责任和领导"一岗双责"，主要领导对维稳工作负总责，班子成员对分管领域维稳工作负全责，未发生影响稳定的群体性事件。

2017年，市档案局推进"五治"工程各项工作任务，参与文明劝导，加强机关环境卫生治理，环境卫生和容貌秩序整治富有成效。

2018年，市档案局党支部按照《中共达州市委组织部关于开展"双报到"服务项目认领工作的通知》，组织人员前往"双报到"通川区东城街道办北岩寺社区走访调查，与干部群众座谈，详细了解社区建设情况和急需解决的困难，熟悉社区社情民意。经过前期走访座谈，结合社区实际，有针对性地选择"档案咨询、业务指导、困难群众帮扶"3项服务项目。3

月30日，市档案局党支部率党员干部到北岩寺社区召开座谈会，学习政策文件，局党支部与社区党组织签订"社区服务项目认领协议书"，并承诺尽最大所能，推进项目顺利实施，确保在10个月内取得实效。同时，19名在职党员在社区报到，清除小广告，打扫卫生，文明劝导，开展志愿服务活动。6月22日上午，局党支部组织党员干部到北岩寺社区，开展"档案法制进社区"主题宣传活动，现场发放档案知识和法律法规等宣传资料150余份、档案文化袋150条，接受群众档案知识和业务咨询80余人次。8月8日，局班子成员实地调研北岩寺社区康养中心，档案业务人员对社区档案工作进行现场指导和培训，帮助社区规范档案管理。12月12日，组织党员干部到北岩寺社区开展党员联合党课教育。局党组书记、局长韩家翼进行专题党课辅导。党员干部全年开展"双报到"自愿服务5次，人均累计20小时，完成局党支部认领服务项目3项，被社区党组织评估为"满意"。在档案系统开展"读经典名著、读党史故事"读书活动，收到交流体会文章12篇。另有党员示范行动创建命名活动，评选命名"党员示范岗"3个，表彰优秀共产党员2名。

是年，结合新馆搬迁，按照"注重规划、方便实用"的原则，改善公共服务和干部职工工作环境。结合机关实际，制定《市档案局环境卫生管理制度》，修订涵盖机关效能、办公纪律、环境卫生、安全管理等方面规章制度27项，规范机关内部管理。结合工作实际，建立《信访维稳责任制和责任追究制度》，完善《突发事件应急处置预案》，落实应急管理制度，加强突发事件预防预警，做到有备无患。至年末，全市档案系统无集体重复上访人员，对交办的信访信件及时办结；每年计划生育率100%。

二、扶贫帮扶

1989年，地区档案局响应地委号召，参加宣汉县红旗乡的扶贫工作。

1990年，地区档案局参加地委办公室扶贫点工作，轮流驻点3个月。局领导带队，到乡、村、组了解民情，协助乡党委和乡政府制定、落实扶贫规划；联系大春稻谷、玉米优良种子和地膜，帮助购买地区分配给扶贫点的化肥，用车运送到指定地点；联系购买2吨农用柴油。

1991年，地区档案局选派1名干部参加扶贫点社教工作，帮助整理档案，解决档案装具，联系购买柴油和化肥。1992年，帮助扶贫点宣汉红峰乡联系购买粮食、化肥和茶叶加工机器。

1994年，局领导到宣汉县红峰乡调查研究，协助落实修建公路资金15万元。局（馆）19人认购国库券2100元，为达县河市机场扩建工程捐资、集资6200元，为贫困儿童、受灾群众、残疾人和教育基金捐款2000多元，捐赠图书240册，文具和玩具10件，衣服169件。1995年，为扶贫点红峰乡落实修建乡村公路以工代赈资金和公路维修、学校、医院修建补助费24万元。1997年，为红峰乡8村3户联系户捐资1331元，用于购买化肥、种子和生猪；赠送图书120册，衣物67件；向该村部分贫困户农民引进和解决人畜饮水工程补助经费4万元，向村小学捐资500元。经考核验收，联系的3户贫困户脱贫。

1998年，副馆长庞先东被地委组织部抽派到达川市东岳乡参加基层党建工作，为驻村和农民办实事，向该乡丘林村捐赠办公椅16把，落实建设资金4万元。是年末，地区档案局被地委、行署授予扶贫先进单位称号。

1999年，由1名副局长带队两次到红峰乡，帮助贫困农户解决问题。向"1·10"通洲商场特大火灾、特困企业和贫困联系户捐资3 000余元。地区档案局被地委、行署授予扶贫先进单位称号。

2000年，由1名副局长带队到红峰乡帮助贫困农户解决发展魔芋、晚季节蔬菜、烟叶、秋玉米、药材和优良品种生猪等问题。市档案局被市直工委授予扶贫先进单位称号。是年，为灾区群众和特困企业、西部贫困地区开展"世纪爱心"等活动，捐款1 425元。

2001年11月，市档案局开展爱心助残、扶贫济困捐资活动，捐款860元。其中，向市残联献爱心助残个人捐款540元，向市民政局扶贫济困送温暖个人捐款320元。

2002年，市委、市政府分配给市档案局定点扶贫村——宣汉县凤林乡桥沟村。市档案局成立帮扶工作领导小组，郭奎生任组长，王云、梅碧华为成员，日常工作由办公室办理，接受市委、市政府年度目标考核，负责桥沟村帮扶计划的实施。1月31日，局领导带队一行3人到通川区北外镇高家坝农贸市场看望残疾人周述云，送去500元慰问金。全年召开帮扶工作专题会议6次，组织副科长以上干部每人联系帮扶1户贫困户，动员干部职工为23户贫困户捐款近2 000元，捐赠衣物81件。为美化滨河路单位捐款1万元，为市委机关亮化工程单位出资4 800元。

2003年9月中旬，副局（馆）长王云一行4人到定点扶贫村桥沟村看望慰问特困户，为20户贫困户送化肥3 000斤，捐赠衣物150余件，为20名贫困学生购买书包、文具盒和笔等学习用品150件。全局20名干部职工与20户贫困户、20名贫困学生结成"一帮一"帮扶对子，明确帮扶责任。同时，全局干部职工为社区捐赠图书资料126本，受到市直工委通报表扬。

2004年1月16日上午，副局（馆）长郭奎生等一行3人到科达化工厂慰问2名特困职工，每户捐款500元。同时，继续组织局（馆）干部职工每人联系帮扶1户贫困户和1名贫困学生，建档立卡，印发《市档案局（馆）干部职工帮扶宣汉县凤林乡桥沟村贫困户、贫困学生一览表》。"9·3"洪灾后，局党组指派办公室调查了解定点扶贫村受灾情况，为特困群众送去化肥3 000斤、棉絮16床（套）、毛巾被10床、枕巾（套）15套、床单5床。为在洪灾中房屋倒塌的5户每户送去现金200元。组织全市档案部门干部职工捐款15 090元，化肥4.6吨，衣物302件，价值5 560元的水泥、电视机等物资。局机关向通川区东岳乡受灾群众捐款5 000元。

2005年，根据市直工委《关于开展"百、千、万"送温暖活动的通知》精神，开展"百、千、万"送温暖活动，并纳入市局"先教"活动内容。7月，全局职工为定点扶贫村宣汉县凤林乡桥沟村灾民捐款1 500元，衣物86余件。"7·8"洪灾后，局（馆）长张宗贵一行3人将职工捐款捐物送到定点扶贫村困难户手中，并给10户特困户送去棉絮16床（套），毛巾被10床，每户送去现金200元。扶贫点调整后，给宣汉县君塘乡大桠村困难群众和2名失学儿童送去慰问金和学费2 000元，向困难职工捐款1 680元，捐冬衣40余件。10月13日，调整扶贫领导小组成员，张宗贵任组长，郭奎生、王云任副组长。

2006年，市扶贫开发办将市档案局原宣汉县凤林乡桥沟村扶贫点调到对口帮扶联系点宣汉县君塘乡大垭村。市档案局成立对口帮扶工作领导小组，张宗贵任组长，郭奎生、王云任副组长。局党组多次专题研究开展对口帮扶联系点脱贫致富工作。3次组织部分职工到宣汉县桥沟村和君塘乡大垭村了解村民生产生活情况，帮助解决问题。同时，继续开展"1+1"和"1+2"党员干部帮扶特困户活动，印发《市档案局（馆）党员干部定点帮扶宣汉县君塘乡大垭村贫困户一览表》，全局在职15名党员干部与24户贫困户结成帮扶对子。"7·8"洪灾后，局党组指派办公室调查了解宣汉县凤林乡桥沟村群众受灾情况，并送去现金1500元、衣物86件。8月17日，副局长王云率5名职工到宣汉县君塘乡大垭村察看旱情，看望受灾群众，分别给重灾户及特困户送去2000元慰问金。8月29日，全局职工为大竹县欧家镇捐赠4000元抗旱救助金。12月26日，局长张宗贵率5名职工到宣汉县君塘乡大垭村看望群众，给困难户送去2000元慰问金。

2007年2月5日，市档案局组织开展对定点扶贫村宣汉县君塘镇大垭村24户贫困农民的慰问活动，走访看望贫困户，并给"1+1"帮扶户每户送去1桶青油、1袋大米和1袋面条。"6·18""7·5"特大洪涝灾害发生后，局领导带领干部职工多次到定点扶贫村宣汉县君塘镇大垭村和大城镇重灾区，实地察看灾情，看望受灾群众，为大城镇垮塌户捐款3000元，向定点扶贫村重灾户和特困户捐款1000元、大米200斤、面条200斤、青油200斤。是年，局（馆）女职工参与市委、市政府、市直工委号召的"慈善一日捐"、助贫济困，向扶贫点、受灾群众、困难职工等捐款4000余元、衣物150余件。

2008年，市档案局组织干部职工向"5·12"汶川特大地震受灾特困群众捐款2900元，缴纳特殊党费1.29万元。8月，开展"干部深入基层，党员帮扶群众"活动。根据定点扶贫村宣汉县君塘镇大垭村实际情况，落实帮扶贫困学生2名，帮扶贫困户24户，并为24户特困户送去棉絮、被套24套，价值3500余元。是年，组织干部职工捐款捐物5000元、衣服150件。

2009年12月5日，局（馆）班子成员集体到定点扶贫村宣汉县君塘镇大垭村看望慰问帮扶对象，捐款1500余元、棉被48件、清油48桶，捐助贫困学生3名。

2010年4月，全市档案系统干部职工为青海省玉树县地震灾区群众捐款13450元，其中，市档案局捐款2200元。6月25日，市档案局干部职工20人到"挂、包、帮"联系的宣汉县君塘镇大垭村，开展"万名党员进农家、话党恩、迎'七一'"活动，为20户贫困户购买2000斤复合肥。"7·18"特大暴雨洪灾发生后，7月23日，局党组组织干部职工向受灾群众捐款1300余元。同时，组织人员到大垭村察看灾情，看望慰问受灾群众，并给5个严重受灾户送去慰问金1000元。针对帮扶联系村档案资料存放无柜架，保管条件差的实际，送去电脑1台、柜子5组、桌子21张，帮助建立档案室。

2012年1月19日，局领导到扶贫村开展春节前访贫问苦活动，走访慰问贫困群众，为20家贫困户送去清油20桶、棉被棉毯20套。"七一"节前夕，局党组书记、局长谯学伟率党员干部到扶贫村，走访慰问贫困党员。是年，定点帮扶宣汉县君塘镇大垭村2 400元，其中职工捐资1 500元。帮扶贫困儿童3名学费900元。

2013年1月10日，市档案局领导班子率干部职工到帮扶村宣汉县君塘镇大垭村，开展扶贫调研和节前送温暖慰问活动，为20户特困户送上大米、食用油。

图8-14 2013年1月22日，局长张强（右）看望慰问贫困群众

4月22日，雅安芦山7.0级地震发生后，市档案局按照市委组织部、市直属机关工委要求，立即组织全局职工学习《关于迅速组织动员广大党员干部积极投入抗震救灾工作的紧急通知》《关于开展向芦山地震灾区捐赠活动的通知》，对当前工作进行安排和部署，确保机关工作有序开展。同时，全局16名职工捐款3 800元，向灾区人民奉献爱心。

6月29日，局党组书记、局长张强率干部职工到"挂包帮"联系村宣汉县黄石乡阳雀村开展"伟大中国梦"主题宣讲和慰问帮扶活动，与20户贫困户结成"1+1"帮扶对子，送去2 000公斤化肥，为3名贫困学生捐赠1 500元助学金。8月9日，张强率干部职工再次到阳雀村开展帮扶慰问活动，送去化肥等帮扶物资。

9月3日，市档案局局长张强陪同人大副主任张德珍先后到宣汉县黄石乡、天生镇开展"万名干部直接联系服务群众活动"，并调研扶贫开发工作。调研组一行先后实地察看黄石乡千秋养殖基地、天生镇西山杰光养殖场。

是年，市档案局召开4次专题会研究帮扶工作，到帮扶村调研指导工作12人次，组织机关党员干部走访慰问贫困户和帮扶济困41人次，其中结对帮扶21户，捐赠物资5 500余元，发放慰问金2 900余元。

2014年，市档案局开展"领导挂点、部门包村、干部帮户"活动。成立定点扶贫工作领导小组，张强任组长，李华任副组长，各科室负责人为成员。同时，把扶贫工作纳入年终目标绩效考核，制定考核细则，对下派干部和扶贫干部提出具体要求并严格考核。与被帮扶村签订"挂包帮"活动帮扶责任书。1月8日，市人大常委会副主任张德珍带领市档案局干部职工到帮扶联系点宣汉县黄石乡阳雀村开展"走基层、解难题、办实事、惠民生"活动，走访困难群众，召开困难群众座谈会，慰问20多户贫困户，送价值去近4 000元的大米和食用油。

图8-15 2014年1月8日，市人大常委会副主任张德珍（右一）带领市档案局干部职工村慰问贫困户

1月27日，局党组书记、局长张强率党组成员和相关科室人员，分别走访慰问

生活困难党员、老党员和老干部。6月19日，市档案局到宣汉县黄石乡阳雀村走访慰问21户贫困户，开展"1+1"结对帮扶，现场赠送帮扶资金6 000元，为村民购买复合肥4 000斤。局党组全年3次召开扶贫工作专题会，研究总结扶贫工作，落实帮扶资金8 000元，其中干部职工捐款6 000元。到帮扶村调研指导工作8人次，组织机关党员干部走访慰问贫困户和帮扶济困33人次，其中结对帮扶22户，捐赠物资6 000元，发放慰问金6 000元。同时，落实7万元帮扶资金，新建村支部活动室1个。

2015年，市档案局指导扶贫村宣汉县黄石乡阳雀村发展特色产业，重点发展血红李、生猪养殖等特色产业。3月26日，局党组书记、局长张强率班子成员到通川区碑庙镇大石村开展挂包帮定点帮扶对接、座谈和调研。6月19日，市档案局走访慰问黄石乡阳雀村21户贫困户，并现场赠送帮扶资金6 000元，为村民购买复合肥4 000斤。

图8-16 2015年3月26日，市档案局班子成员到通川区碑庙镇大石村开展帮扶调研

2016年2月春节前夕，市档案局党组书记、局长张强率局班子成员先后对市局2名生活困难党员、老党员进行走访慰问，并为他们送上慰问金800元。结合"走基层、解难题、办实事、惠民生"活动，到联系点通川区碑庙镇大石村对张兴菊、杨宗全等困难群众送去党的关怀和温暖，同时送上每人400元的慰问金和大米、清油。"三八"妇女节前夕，市档案局组织职工到定点帮扶点通川区碑庙镇大石村，走访慰问留守妇女儿童3名，并送去慰问金900元、书包、文具和课外读物等。

图8-17 2016年2月春节前夕，市档案局干部职工看望慰问困难群众

3月9日，市档案局组织机关党员干部到平昌县现场考察学习产业结构调整、村民集中安置、基础设施建设等方面的经验，开阔干部视野，拓展精准扶贫思路。考察组一行先后到市局定点帮扶村通川区碑庙镇大石村扶贫点、平昌县云台镇药旅融合示范基地、龙尾村茶叶生产基地、青凤镇农耕文化展示中心等处实地考察。学习当地政府在改善人居环境、推进新村建设、促进乡村旅游、精准扶贫攻坚、推进农旅融合方面的先进经验。

图8-18 2016年5月11日，市档案局干部与帮扶对象亲切交流

图8-19 2017年5月10日,市档案局党员干部与帮扶联系村开展"党员活动日"活动

5月11日,市档案局将党员活动日与精准扶贫走访慰问活动结合在一起。市档案局党员干部在局党组书记、局长张强的带领下,到帮扶村碑庙镇大石村开展结对帮扶走访慰问活动。党员干部走进结对的帮扶者家里,与帮扶对象交流,详细询问其近况、脱贫致富等诉求。

是年,局党组领导班子成员带队下基层调研,走访联系村30余人次,走访慰问困难群众及重特大疾病户100余人次,帮助解决和协调处理群众实际困难20余件,完善服务群众长效机制,加大对驻村扶持力度,协调有关部门帮助驻村解决基础设施建设、农田水利建设及环境整治等。

2017年1月19日,市档案局党组书记、局长韩家翼一行到对口精准扶贫村通川区碑庙镇大石村,了解精准扶贫工作开展情况,走访慰问部分困难群众,为他们送去慰问物资。5月10日,韩家翼率党员干部到帮扶联系村通川区碑庙镇大石村开展"党员活动日"活动。局领导班子成员同帮扶牵头单位市委党校的相关领导、碑庙镇相关领导及大石村村支委进行交流座谈。

是年,市档案局干部职工9次到对口帮扶点通川区碑庙镇大石村和万福村对口帮扶村,开展结对帮扶,职工与贫困户面对面交流,了解实际困难,因地制宜,制定帮扶计划及措施。春节、农忙等节点,为贫困群众送去化肥、农药、日常生活用品及慰问金3.6万元。同时,为大石村和万福村分别争取15万元帮扶项目资金,进行道路基础建设。

2018年,市档案局组织干部职工下村调研指导、共建活动、帮扶慰问8次,选派优秀干部任"第一书记"驻村帮扶。与帮扶村碑庙镇大石村开展"联合党员活动日","七一"节慰问6名贫困党员,赠送现金1 800元和《十九大报告读本》,开展"金秋助学"为贫困学生购买书包、文具并赠送助学金1 200元,落实"1+1"结对帮扶措施,为帮扶户资助化肥1 000公斤、大米40袋、清油40桶,慰问金8 000元。局领导干部到村帮扶8次,各结对帮扶贫困户1户。同党建结对共建万福村采取联合党课教育方式,给党员送党章20本,并作党课辅导,共同开展"大学习大讨论大调研"活动并进行专题讨论。年末,市档案局组织党员干部到北岩寺社区,走访贫困群众,给6户困难群众分别送去清油1桶、大米1袋、现金300元。

是年,市档案局结合"结对帮扶"活动,在党员干部中开展"扶贫帮困送温暖"活动。局党组领导班子成员带队下基层调研,走访联系村5次,走访慰问困难群众及重特大疾病户100余人次,帮助解决和协调处理群众实际困难20余件。

第九章 人物及表彰

第一节 人物简介

孙传燧 1947年4月至1948年8月，在山东威海市政府秘书处任文书；1948年9月至1949年6月，在威海市支前大队任粮秣员；1949年7至11月，在西南服务团任团员；1949年12月至1951年11月，在中共渠县县委秘书处任政研员；1951年12月至1953年2月，在中共大竹地委秘书处任秘书；1953年3月至1966年12月，在中共达县地委办公室任秘书；1961年9月至1968年9月，兼任达县地区档案管理局局长；1967年1月至1969年4月，接受组织审查；1969年5至12月，在四川省委学习班学习；1970年1至4月，在达县地区五七干校学习；1970年5月至1973年3月，任地革委办事组秘书科科长；1973年4月至1983年11月，任地委副秘书长；1980年7月至1983年12月，兼任地区档案管理局局长。

赵应量 男，汉族，四川宣汉县人，1935年2月生，1956年5月加入中国共产党。

1954年8月至1956年5月，在中共宣汉县委干训班任干事；1956年5至12月，在中共宣汉县委办公室任干事；1956年12月至1966年2月，在达县专区档案局任干事；1966年2月至1969年8月，在达县复兴公社任党委副书记、社长；1969年8月至1970年9月，在达县地区五七干校任排长；1970年10月至1973年2月，在达县地革委办事组任干事；1973年2月至1975年4月，在中共达县地委办公室档案科任副科长；1975年4月至1980年6月，在中共达县地委办公室档案科任科长；1980年6月至1983年12月，在达县地区档案局任副局长；1983年12月至1994年7月，在达县地区档案局任局长；1994年7月至1998年2月，在达川地区人大工委任委员；1998年2月，退休，享受正县级待遇。

张全修 男，汉族，四川平昌县人，1942年10月生，1958年5月参加工作，1959年12月加入中国共产党。

1958年5月至1960年9月，在万源县万新铁厂工作；1960年9月至1961年8月，在中共达县地委整风整社工作团工作；1961年8月至1962年9月，在万源县工业局、县委钢铁办公室、县委退赔办公室、县委精简办公室任干事；1962年9月至1964年4月，在中共万源县委办公室档案馆任干事；1964年4月至1968年12月，在达县专区档案局任干事；1968年12月至1970年2月，在达县地革委办事组任档案管理员；1970年2月至1971年8月，在通江县做农村工作，任副队长；1971年8月至1980年6月，在达县地革委办事组档案科任干事、副科长；1980年6月至1994年12月，在达县地区档案局（馆）任副局（馆）长；1994年12月至2001年12月，任达州市档案局（馆）局（馆）长（其间1994年12月至1999年11月兼任中共达县地委党史资料征集小组副组长、党史工委副主任）；2001年12月，退休，享受正县级待遇。

张宗贵 男，汉族，四川宣汉县人，1963年5月出生，大学本科文化，中共党员。1984年7月参加工作。

1980年9月至1984年6月，在西南师范大学政治系读书，获法学学士学位；1984年7月至1998年8月，在中共达川地委讲师团工作；1986年7月加入中国共产党；1991年，任中共达川地委讲师团理论研究室副主任，同年被评聘为讲师；1998年9月至2000年8月，公选任中共达州市委保密委员会办公室副主任、达州市保密局副局长；2000年9月至2011年9月，任达州市档案局党组书记、局（馆）长。

谯学伟 1982年12月至1995年5月，在达川地区行署办公室工作，历任行署机关团总支副书记、书记，行署办公室副科长、科长、副主任；1995年5月至1997年5月，下派达川地区电力公司任副经理；1997年5月至2000年1月，任达县地区行署办公室副主任；2000年1月至2005年11月，任达州市政府副秘书长；2005年11月至2011年9月，任达州市交通战备办公室主任（正县）、市交通运输局副局长；2011年9月至2012年7月，任达州市档案局党组书记、局（馆）长。

张 强 男，汉族，1963年5月生，四川邻水县人，1984年5月加入中国共产党，同年7月参加工作，为省委组织部选调生，四川省委党校经济学专业毕业，研究生学历。

1981年9月至1984年7月，在达县师范专科学校中文系读书；1984年7月至1985年4月，在万源县石岗乡政府工作（其间1984年12月任乡团委书记）；1985年4月至1986年7月，任万源县团委副书记；1986年7月至1989年10月，任万源县团委书记；1989年10月至1990年5月，任万源县体委主任；1990年5月至1994年4月，任万源县体委党组书记、主任（其间1991年9月至1993年12月，在中央党校函授政治专业学习，取得本科学历）；1994年4月至1997年12月，在达川地区体育运动委员会工作（其间1994年9月任房产管理科科长，1997年6至12月任湖南省攸县人民政府县长助理）；1997年12月至2001年12月，任达川地区（达州市）体育运动委员会党组成员、副局长；2001年12月至2012年7月，任达州市体育局党组成员、副局长（其间2002年9月至2005年6月，在四川省委党校经济学专业在职研究生班学习）；2012年7月至2016年12月，任达州市档案局党组书记、局（馆）长。

韩家翼 男，汉族，1969年7月生，四川宣汉县人，1991年7月，参加工作；1998年9月加入中国共产党，本科学历。

1991年7月至2000年3月，在甘孜州政府办公室工作，先后任副科长、科长；2000年4月至2001年6月，在中共达州市委办公室工作；2001年7月至2016年11月，在中共达州市委防范和处理防邪问题领导小组办公室工作，任副主任、主任（其间2012年9月至2015年11月任市委副秘书长，并兼任达州市依法治市领导小组办公室主任）；2016年12月至2019年10月，在达州市档案局（馆）工作，任局长（馆长）。2019年10月，任达州市档案馆馆长。

贺仕友 1950年1月至1953年2月，在大竹县文星区粮库任粮食保管员；1953年2至10月，在中共大竹县委党训班从事党建工作；1953年10月至1954年4月，在中共大竹县纪委任干事；1954年4月至1955年3月，在中共大竹县委办公室任文书；1955年4月至1959年4月，在中共达县地委任专职档案干部；1959年4月至1961年8月，任中共达县地委科长；1961年9月至1973年3月，任达县专区档案管理局副局长。

唐传光 男，生于1943年7月。1966年1月加入中国共产党。

1965年3月至1966年4月，在四川省教育干部进修学院学习结业；1966年4月至1969年6月，在达县地区教育干部学校工作；1968年7月至1969年8月，在达县地革委、达县军分区"清查敌伪档案办公室"工作；1969年9月至1983年12月，在中共达县地委（地革委）办公室工作；1984年1月至1986年6月，在中共达县地委机关事务管理处工作，任处长；1986年7月，在达川地区档案局（馆）工作，历任副局长、局党组成员，机关支部书记职务。

庞先东 1964年10月至1965年1月，在宣汉县昆池乡二完小任代课教师；1966年4月至1969年4月，在达县专区行政干校任干事；1969年4月至1973年12月，在达县地区清查民国档案办公室任干事；1974年1月至1979年12月，在中共达县地委办公室档案科任干事；1980年1月至1981年11月，在达县地区档案局（馆）工作；1981年11月至1986年3月，在达县地区档案局（馆）任档案保管科副科长；1986年3月至1988年4月，任达县地区档案局（馆）馆务科科长；1995年7月至2000年8月，任达川地区档案馆副馆长。

郭奎生 男，汉族，四川达县人，1953年6月生，大专文化，副研究馆员。1969年12月参加工作。1978年加入中国共产党。

1969年12月至1973年9月，在达县石桥道让6大队1生产队当知青；1973年9月至1975年9月，在达县师范学校读书；1975年9月至1980年9月，在达县百节中心校教书，任团总支书记；1980年9月至1985年12月，在新达子弟校教书，任党支部副书记；1985年12月至1999年7月，在达州市档案局工作，任纪检组长、办公室主任（其间：1995年9月任纪检组长）；1997年7月至2005年12月，任达州市档案局（馆）副局（馆）长。

王 云 男，汉族，四川渠县人，1964年9月生，大学文化，中共党员，1981年8月参加工作。

1981年8月至1983年9月在渠县青龙乡小学任教；1983年10月至1984年7月在大竹县东柳乡中学任教；1984年8月至1985年8月在四川省第三监狱任教育干事；1985年9月至1987年7月在大竹县委党校八五级电大班脱产学习、任学习委员；1987年8月至1999年8月在四川省第三监狱（川东监狱）历任办公室秘书、副大队长（副监狱长）、办公室副主任、主任科员、二级警督；1999年9月至2000年9月，公选为达州市档案局（馆）副局（馆）长；2000年9月任达州市档案局（馆）党组成员、副局（馆）长（其间2001年3月起兼任达州市档案局机关党支部书记；2000年5

月，任达州市党史学会第四、五、六届理事会副会长）；2013年7月，任调研员；2017年6月，退休。

龚乃桢 男，汉族，1969年2月生，达州市达川区人，1990年8月参加工作，1998年6月加入中国共产党，大学学历。

1988年9月至1990年8月，在航空航天工业部桂林航天工业管理学校科技档案专业读书；1990年8月至1998年7月，在达县地区档案局工作（其间1991年3至9月参加中共达县地委农村工作赴大竹县从事农村调研工作；1993年3月至1997年1月抽派到达县河市机场扩建工程指挥部参与机场扩建工作）；1998年7月至2002年2月，任达川地区（达州市）档案局经济科技档案业务指导科副科长（主持工作）（其间1996年5月至1999年12月参加全国高等教育自学考试汉语言文学专业大专学习毕业；2001年3至5月参加达州市委党校科长班学习）；2002年3月至2007年7月，任达州市档案局法制宣传教育科科长（其间2001年7月至2003年12月参加四川省委党校函授法律专业本科学习毕业；2004年8月至2006年8月下派开江县回龙镇任党委副书记）；2007年7月至2017年12月，任达州市档案局党组成员、纪检组长；2018年4月至2019年1月，任达州市档案局党组成员、副局长；2019年1月，任达州市档案馆副馆长。

刘登奎 1982年7月至1989年10月，在渠县贵福区中心小学任教，历任少先队大队辅导员、校团支部书记（其间1985年9月至1988年6月，在达县教育学院函授数学专业大专学习毕业）；1989年10月至1994年8月，在渠县实验小学任教（其间1992年6月，被列为四川省管青年骨干教师；1993年4月，任教导处处长；1994年1月，被评聘为小学高级教师）；1994年8月至1995年7月，任渠县实验小学副校长；1995年7至9月，在渠县审计局工作，任秘书股副股长；1995年9月至1997年10月，任渠县审计局秘书股股长；1997年10月至2001年8月，任渠县审计局办公室主任（其间2000年10月，补评聘为审计师）；2001年8月至2002年3月，在达州市审计局工作（其间2001年9月，任金融审计科副科长；1999年9月至2001年12月，在四川省委党校函授法律专业本科学习毕业）；2002年3月至2006年1月，任达州市审计局人事科科长；2006年1月至2010年10月，任达州市审计局办公室主任（其间2006年4月兼任局机关党支部书记）；2010年10月至2012年8月，任达州市档案局党组成员、副局（馆）长。

何国林 1996年10月至2006年4月，在达州市职业技术学院工作，任科员；2006年5月至2008年1月，考录到中共达州市委政策研究室工作，任科员；2008年1至12月，任市委政研室农村政策研究科副科长；2008年12月至2009年5月，调市政府研究室工作；2009年5月至2010年2月，任市政府办公室秘书二科副科长；2010年2月至2013年4月，任市政府研究室副主任；2013年4至8月，任市档案局（馆）副局（馆）长。

李 华 女，汉族，1969年10月生，四川达州市人，本科学历。2006年6月加入中国共产党。

1988年9月至1994年12月，在达州市金属材料公司财务科工作；1994年12月至1998年10月，在达州市政府驻成都办事处招待所工作；1998年10月至2004年10

月，在达州市政府驻成都办事处（成都达州宾馆）计财部工作，2002年1月任财务部经理；2002年9月，就读于四川农业大学工商管理专业；2004年10月至2014年5月，在达州市政府驻成都办事处（成都达州宾馆）总经理办公室工作，任主任；2006年8月，任达州市政府驻成都办事处办公室主任。（其间2004年9至10月，参加全省人事系统办公室人员岗位知识更新专题研修班学习；2008年3至6月，参加四川省省级机关党校第34期中青班学习）；2014年5月，任达州市档案局（馆）副局（馆）长；2019年1月任达州市档案馆副馆长、三级调研员。

徐 志 男，汉族，1965年6月生，1987年7月毕业于达县师范专科学校中文系；1987年7月，在达县地区白沙工农区宣传部函授辅导站工作，任教员；1991年，在白沙工农区委党校工作，任教员；1992年6月在达州市档案局工作，历任法制科任科员、副主任科员；2006年3月，任业务指导科副科长；2008年4月，任机关工会主席；2009年11月，任法制宣传教育科科长；2014年8月，任副局（馆）长。2017年8月，退休。

第二节　先进集体

表9－1　受中共达州市委、市政府以上表彰的先进集体情况

单　位	表彰名称	表彰单位	表彰时间
地区档案局（馆）	先进集体	省保密局	1982年
地区档案局（馆）	先进党小组	地委机关委员会	1986年
地区档案局（馆）	职工教育先进集体	行署	1986年
地区档案学会	地区首届社会科学成果展览鼓励奖	地社科联	1987年
地区档案局业务科	文明科室	地委办、行署办、地直工委	1987年
地区档案局（馆）	先进集体	省档案局	1988年
地区档案局（馆）	先进集体	省电大	1988年
地区档案局	宣传贯彻《档案法》先进集体	地委、行署	1989年
地区档案局（馆）	先进单位	省档案局	1989年
地区档案局（馆）	征订发行《四川档案》工作三等奖、组织一等奖	省档案局	1990年
地区档案局	1989年地委爱国储蓄先进集体单项奖	地委爱国储蓄活动领导小组	1990年
地区档案局	1990年国债券推销工作先进单位	达县市人民政府	1990年
地区档案局（馆）	先进集体	省电大	1991年
地区档案局（馆）	四川省档案系统先进单位	省档案局、省人事厅	1991年10月

续表

单　位	表彰名称	表彰单位	表彰时间
地区档案局（馆）	综合治理一等奖	达县地委机关综合治理委员会	1991年
地区档案局（馆）	市级文明单位	达县市委、市政府	1991年
地区档案局（馆）	1991年度国债券推销工作先进单位	达县市人民政府	1991年
地区档案局（馆）	重点消防安全工作十项标准合格证	达县市防火安全委员会	1991年
地区档案局（馆）	政府法制工作先进单位	行署	1991年1月
地区档案局（馆）	全省档案系统先进集体	省档案局、省人事厅	1991年10月
地区财政局档案室	全省档案系统先进集体	省档案局、省人事厅	1991年
地区档案馆	四川省三级档案馆	省档案局	1992年
地区档案局	市级文明单位	达县市委、市政府	1992年3月
地区档案局（馆）	征订《四川档案》工作三等奖、组织一等奖	省档案局	1992年
地区档案局	1992年综合治理一等奖	地委机关综合治理委员会	1992年
地区档案局（馆）	统计工作一等奖	省档案局	1993年
地区档案局（馆）	征订发行《四川档案》工作三等奖、组织一等奖	省档案局	1993年
地区档案局（馆）	档案执法、档案室达标升级、开发区建档、企业等级认定（4个单项奖）	省档案局	1994年
地区档案局（馆）	征订发行《四川档案》工作三等奖、组织二等奖	省档案局	1994年
地区档案局	地级文明单位	地委、行署	1994年
地区档案局	地级文明单位	地区精神文明建设活动办公室	1994年12月
地区档案局（馆）	市级最佳文明单位	达川市委、市政储	1994年
地区档案局（馆）	县级领导班子"四好"活动（1992—1994）先进单位	地直工委	1994年8月
地区档案局工会	全区社会主义市经济知识竞赛组织奖	省总工会达川地区办事处	1994年
地区档案局（馆）	全区保密工作先进单位	地委、行署	1994年12月
地区档案局（馆）	庆祝"三八"节活动组织奖	地区妇女儿童工作委员会	1994年
地区档案局（馆）	全区消防工作先进单位	地区公安处	1994年
地区档案局（馆）	1991—1994年机关目标管理考核一等奖		1994年

续表

单 位	表彰名称	表彰单位	表彰时间
地区档案局（馆）	地委机关综合治理先进单位	地委机关综合治理委员会	1994年1月
地区档案局（馆）	1993年度清洁卫生先进单位	地委机关爱卫会	1994年
局机关党支部	先进党支部	地直工委	1995年
地区档案局	"二五"普法档案法宣传教育优秀地区	省档案局	1995年
地区档案局	"二五"普法优秀单位	省人大法工委、省档案局	1995年10月
地区档案局	"二五"普法先进集体	地委、行署	1995年
局党支部	先进党支部	地直工委	1995年
地区档案局（馆）	全面完成档案工作目标任务奖	省档案局	1995年
地区档案局	1994年度治安综合治理先进集体	地委机关综合治理委员会	1995年1月
地区档案局	1993—1994年度最佳文明单位	达川市委、市政府	1995年
地区档案局	1993—1994年度最佳文明单位	达川市精神文明办公室	1995年3月
地区档案局	先进党支部	达川地直工委	1995年
地区档案局	1994年度消防工作先进单位	地区公安处	1995年
地区档案局	创卫达标活动成绩显著奖状	地委机关爱卫会	1995年
地区档案局女工委员会	1994年度女职工工作先进集体	省总工会达川地区办事处	1995年
地区档案局	县级领导班子开展"四好"活动先进单位	地直工委	1996年3月
地区档案局	95年度县级领导班子"四好"活动先进单位	地直工委	1996年6月
地区档案局	"二五"普法先进集体	地委、行署	1996年8月
地区档案局	1995年度消防工作先进集体	地区公安处	1996年
地区档案局	帮扶玉米生产先进集体	地委、行署	1996年12月
地区档案局	理论学习先进单位	地委宣传部	1996年6月
地区档案局	"二五"普法先进单位	省档案局	1996年12月
大竹县档案局	"二五"普法先进单位	省档案局	1996年12月
地区档案局	省级文明单位	省政府	1997年1月
地区档案局	全面完成1996年档案工作目标任务奖	省档案局	1997年1月
地区档案馆	四川省二级档案馆称号	省档案局	1997年11月
地区档案局	"二五"普法先进单位	省档案局	1997年
地区档案局	扶贫先进集体	地委、行署	1997年
地区档案局	扶持发展乡镇企业先进集体	地委、行署	1997年3月

续表

单 位	表彰名称	表彰单位	表彰时间
地区档案局	征订《四川档案》三等奖	省档案局	1997年
地区档案局	先进基层党支部	地直工委	1997年7月
地区档案局	1998年度统计工作先进单位	省档案局	1997年10月
地区档案局	保密工作先进单位	地委保密委员会	1997年12月
地区档案局	"剑南春杯"知识竞赛组织奖	省档案局	1997年9月
地区档案局	帮扶小春生产先进奖	地区小春生产指挥部	1997年10月
地区档案局	女职工工作先进集体	地工会	1997年3月
地区档案局	先进基层妇女组织	地妇联	1997年3月
地区档案局	1996年执行收费政策好的单位	地财政、物价局	1997年10月
地区档案局	扶贫乡计生工作"三结合"完成规定任务	地委目标管理组	1997年12月
地区档案局	市级计划生育合格单位	地委机关计生办	1997年10月
地区档案局	庆"七一"、迎回归表彰单位	地委办	1997年7月
地区档案局	综合治理地级模范单位	地委、行署	1997年
地区档案局（馆）	安置残疾人就业先进单位	行署办	1998年11月
地区档案局（馆）	"十佳"地级学会	地委宣传部、地社科联	1998年12月
地区档案局	四好领导班子	地委	1998年10月
地区档案局	理论学习先进单位	地委宣传部	1998年5月
地区档案局	省级精神文明单位	省委、省政府	1998年
地区档案局	推行部门执法责任制工作先进集体	地委、行署	1998年6月
地区档案局	扶贫工作先进集体	地委、行署	1998年4月
地区档案局	地级挂钩扶贫单位帮扶大春生产先进单位	地委、行署	1998年2月
地区档案局	地级挂钩扶贫单位帮扶玉米、水稻生产先进单位	地区大春生产指挥部	1998年2月
地区档案局	档案统计工作一等奖	省档案局	1998年10月
地区档案局	全面完成1997年工作目标任务	省档案局	1998年2月
地区档案局	1997年度党内统计良好报表单位	地直工委	1998年1月
地区档案局	"人民防空法"知识竞赛组织奖	地委宣传部、地人防	1998年1月
地区档案局	优秀女职工之家	地工会	1998年3月
地区档案局	综合治理地级模范单位	地委	1998年
地区档案局	征订《四川档案》组织二等奖	省局、学会	1998年
地区档案局	征订《四川档案》三等奖	省局、学会	1998年
地区档案局	省级卫生单位	地爱委	1999年1月

续表

单 位	表彰名称	表彰单位	表彰时间
地区审计局	全省档案系统优秀集体	省档案局	1999年10月
达县人民医院	全省档案系统优秀集体	省档案局	1999年10月
大竹县档案局（馆）	全省档案系统先进集体	省人事厅、省档案局	1999年11月
地区档案局（馆）	省级精神文明单位	省委、省政府	1999年
地区档案局（馆）	扶贫先进单位	地委、行署	1999年4月
地区档案局（馆）	政府法制工作先进单位	行署	1999年1月
地区档案局（馆）	全面完成1998年度工作目标任务	省档案局	1999年1月
地区档案局（馆）	征订《四川档案》三等奖	省局、学会	1999年
地区档案局（馆）	完成《四川档案》征订目标责任一等奖	省局、学会	1999年
地区档案局（馆）	四好领导班子	地委	1999年
地区档案局（馆）	爱国卫生先进单位	地委机关委员会	1999年2月
地区档案局（馆）	理论学习先进单位	地委宣传部	1999年6月
地区档案局（馆）	基层党组织先进单位	地直工委	1999年6月
地区档案局（馆）	地级治安模范单位	地委	1999年
地区档案学会	"十佳地级学会"	地委宣传部、地区社科联	1999年
局党支部	先进基层党组织	地直工委	1999年6月
局妇委会	优秀奖	地妇联	1999年1月
达州市档案局（馆）	全省档案系统先进集体	省人事厅、省档案局	1999年12月
达州市档案局	全面完成1999年度工作目标任务	省档案局	2000年1月
达州市档案局	全省档案系统先进集体	省人事厅、省档案局	2000年1月
达州市档案局	扶贫先进单位	市直工委	2000年5月
达州市档案局	扶贫工作先进集体	市委办	2000年
达州市档案局	"女职工双文明建功立业"先进集体	市工会	2000年5月
达州市档案局	"巾帼大行动"先进单位	市妇联	2000年
达州市档案局	巾帼建功示范岗	"双学双赛""巾帼建功"领导小组	2000年5月
达州市档案局	"三五"普法先进集体	市委、市政府	2001年1月
达州市档案局	理论学习先进单位	市委	2001年1月
达州市档案局	四川省重大成果档案展览三等奖	省档案局	2000年1月
达州市档案局	省级精神文明单位	省精神文明办	2001年1月
达州市档案局	综合治理模范单位	市委、市政府	2001年1月
达州市档案局	爱国卫生先进单位	市委、市政府	2001年1月
达州市档案局	计划生育先进单位	市委、市政府	2001年1月

续表

单 位	表彰名称	表彰单位	表彰时间
达州市档案局	档案专业继续教育优秀单位	省档案局	2001年1月
达州市档案局	全省档案工作目标管理综合一等奖	省档案局	2001年1月
达州市档案局	全省"三五"普法先进集体	省档案局	2001年1月
达州市档案局	信访工作先进集体	市委办	2001年
达州市档案局	妇女工作先进集体	市妇联	2001年2月
达州市档案局	妇女工作业务目标考核一等奖	市妇联	2001年
达州市档案局	无偿献血先进单位	市委、市政府	2001年3月
达州市档案局	先进女职工集体	市总工会	2001年3月
达州市档案局	扶贫工作先进集体	市委	2001年4月
达州市档案局	"三八"反邪教先进集体	市妇联	2001年4月
达州市档案局	先进基层党组织	市直工委	2001年7月
达州市档案局	法制宣传教育先进集体	市委、市政府	2001年8月
达州市档案局	全省统计工作二等奖	省档案局	2001年12月
达州市档案局	党内统计先进单位	市直工委	2001年12月
达州市档案局	社科学会先进集体	市社科联	2001年12月
达州市档案局	省级精神文明单位	省政府	2002年1月
达州市档案局	综合治理先进单位	市委、市政府	2002年1月
达州市档案局	爱国卫生先进单位	市委、市政府	2002年1月
达州市档案局	计划生育先进单位	市委、市政府	2002年1月
市局女职工委	女职工工作先进集体	市总工会	2002年
达州市档案局	市级定点扶贫工作二等奖	市委	2002年
达州市档案局	全省档案工作目标管理优秀奖	省档案局	2002年
达县档案局	地级最佳卫生单位和文明单位	市政府	2002年
达州市档案局	全省档案工作优秀单位	省档案局	2003年1月
达州市档案局	全省统计工作二等奖	省档案局	2003年1月
达州市档案局	档案法制宣传先进单位	省档案局	2003年1月
达州市档案局	征订《四川档案》三等奖	省档案局	2003年1月
达州市档案局	综合治理先进单位	市委	2003年1月
达州市档案局	计划生育先进单位	市计生委	2003年1月
达州市档案局	爱国卫生先进单位	市爱卫办	2003年1月
达州市档案局	信访工作达标	市委办	2003年1月
达州市档案局	保密工作先进单位	市委保密委员会	2003年1月
达州市档案局	妇女工作业务目标考核一等奖	市妇联	2003年2月
达州市档案局	定点扶贫工作二等奖	市委、市政府	2003年3月

续表

单 位	表彰名称	表彰单位	表彰时间
达州市档案局	女职工工作先进集体	市总工会	2003年2月
达州市档案局（馆）	全省档案系统先进集体	省人事厅、省档案局	2003年11月
达县档案局（馆）	全省档案系统先进集体	省人事厅、省档案局	2003年11月
市人大综合档案室	全省档案工作优秀集体	省档案局	2003年11月
宣汉县地方税务局办公室	全省档案工作优秀集体	省档案局	2003年11月
四川省川东电缆有限责任公司办公室	全省档案工作优秀集体	省档案局	2003年11月
达州市档案局	全省档案系统2003年度目标管理一等奖	省档案局	2003年12月
达县档案局	档案工作先进单位	省人事厅、省档案局	2003年
达州市档案局	四川省档案系统先进集体	省人事厅、省档案局	2004年1月
达州市档案局	全省档案工作优秀单位	省档案局	2004年1月
达州市档案局	全省档案统计工作一等奖	省档案局	2004年1月
达州市档案局	征订《四川档案》三等奖	省档案局	2004年1月
达州市档案局	省级精神文明单位	省政府	2004年
达州市档案局	综合治理先进单位	市委	2004年1月
达州市档案局	计划生育先进单位	市计生委	2004年1月
达州市档案局	爱国卫生先进单位	市爱卫办	2004年1月
达州市档案局	综治工作达标	市委办	2004年1月
达州市档案局	保密工作省二级	市保密委员会	2004年1月
达州市档案局	定点扶贫工作先进集体	市委、市政府	2004年
达州市档案局	定点扶贫工作二等奖	市直工委	2004年2月
达州市档案局	妇女工作先进集体	市妇联	2004年2月
达州市档案局	女职工工作先进集体	市总工会	2004年3月
达州市档案局	党内统计年报优秀单位	市直工委	2004年3月
达州市档案局	实践"三个代表"示范党组织	市直工委	2004年7月
达州市档案局	全省继续教育评估优秀单位	省档案局	2004年12月
达州市档案局	扶贫工作先进集体	市委、市政府	2005年5月
达州市档案局	全省档案工作目标管理优秀单位	省档案局	2005年
达州市档案局	实践"三个代表"示范党组织		2005年
达州市档案局	达州市信访工作先进单位		2005年
达州市档案局	保密工作目标管理考评省三级标准单位		2005年

续表

单　位	表彰名称	表彰单位	表彰时间
局女职工委	女职工工作先进集体	市总工会	2005 年
局女职工委	妇女工作业务目标考核一等奖	市妇联	2005 年
达州市档案局	全省档案工作优秀单位	省档案局	2006 年
达州市档案局	统计工作一等奖	省档案局	2006 年
达州市档案局	"四五"普法先进集体	市委、市政府	2006 年
达州市档案局	2001—2005 年度工会法制宣传教育工作先进集体	市总工会	2006 年
达州市档案局	女职工工作先进集体	市总工会	2006 年
达州市档案局	综合治理先进单位	市委办公室	2006 年
达州市档案局	保密工作先进单位	市委办公室、	2006 年
达州市档案局	信访工作目标考核先进单位	市委办公室	2006 年
达州市档案局	天然气能源化工基地建设招商恳谈会承办工作先进集体	市委办公室、市政府办公室	2006 年
达州市档案局	向上争取项目和资金工作先进单位	市委、市政府	2006 年
达州市档案局	省级文明单位	省政府	2006 年
达州市档案局	计划生育工作先进单位	市委办公室	2006 年
达州市档案局	爱国卫生先进单位	市委办公室	2006 年
市档案局党组	四好活动先进集体	市直工委	2007 年
达州市档案局	2006 年度全省档案系统目标考核优秀奖	省档案局	2007 年
达州市档案局	档案工作先进集体	省人事厅、省档案局	2007 年
达州市档案局	"四五"普法先进集体	市委、市政府	2007 年
达州市档案局	2006 年度"项目年"工作目标先进单位	市委、市政府	2007 年
达州市档案局	党风廉政建设责任制先进单位	市委办公室	2007 年
达州市档案局	2006 年度社会治安综合治理优秀单位	市委办公室	2007 年
达州市档案局	中国西部（四川·达州）天然气能源化工基地建设恳谈会承办工作先进集体	市委办公室、市政府办公室	2007 年
达州市档案局	2005—2006 年度"四好"活动先进集体	市直机工委	2007 年
达州市档案局	保密工作目标管理省二级单位	市保密委	2007 年
达州市档案局	先进基层党组织	市直工委	2008 年
达州市档案局	市政中心精神文明优秀单位	市政中心精神文明建设委员会	2008 年
达州市档案局	四好领导班子	市委	2009 年 6 月
达县档案局	社会治安综合治理"平安示范单位"	市委、市政府	2009 年
达州市档案局	先进基层党组织	市直工委	2010 年
达州市档案局	四好领导班子	市委	2010 年

续表

单　位	表彰名称	表彰单位	表彰时间
达州市档案局	2010年度档案工作目标管理二等奖	省档案局	2011年3月
达州市档案局	新农村建设档案工作和档案宣传工作先进单位	省档案局	2011年3月
达州市档案局	全省档案"五五"普法工作先进集体	省法制建设领导小组办公室、省档案局	2011年
达州市档案局	全省档案工作先进集体	省人事厅、省档案局	2012年
达县档案局	全国社会主义新农村建设档案工作示范县	国家档案局、国家民政部、国家农业部	2012年
达县档案局	四川省档案工作先进集体	省档案局	2012年
市局机关工会	先进单位	市总工会	2013年
达州市档案局	2013年全省档案宣传工作先进单位	省档案局	2014年
大竹县	全国档案工作示范县	国家档案局	2014年3月
达州市档案局	全国档案系统先进集体	国家人社部、国家档案局	2015年12月
万源市档案局	省档案信息工作先进单位	省档案局	2016年1月
渠县档案局	全省档案管理工作创新奖	省档案局	2016年
渠县档案局	全省档案信息工作先进单位	省档案局	2016年
宣汉县档案局（馆）	全省档案工作先进集体	省人社厅、省档案局	2016年2月
万源市档案局	全省档案馆爱国主义教育基地建设先进单位	省档案局	2016年10月
达州市达州区档案局（馆）	全省档案工作先进集体	省人社厅、省档案局	2016年12月
达州市档案局	2011—2015年全市依法宣传教育先进集体	市委、市政府	2017年
达州市档案局	2016年度全市档案工作先进集体	市政府办公室	2017年
达州市档案局	2016年全省档案法治工作等先进单位	四川省档案局	2017年
达州市档案局	2016年全市政府系统办公室工作先进集体	市政府办公室	2017年
达州市档案局	全省科技档案信息资源开发利用优秀案例	四川省档案局	2017年11月
万源市档案局	2016年度全市档案工作先进集体	市政府办公室	2017年3月
万源市档案局	2017年度档案干部教育培训工作先进单位	省档案局	2018年1月
万源市档案局	《四川档案》宣传工作（2016—2017）先进集体	四川省档案学会、四川档案杂志社	2018年9月

续表

单　位	表彰名称	表彰单位	表彰时间
达州市档案局	2016—2018四川省优秀档案编研成果三等奖	四川省档案局（馆）	2019年1月

第三节　先进个人

受中共达州市委、市政府以上表彰的先进个人情况表

表9-2

姓　名	工作部门	表彰内容	授奖单位	授奖时间
张全修	地区档案局	先进工作者	地委、行署	1978年4月
孙传燧	地委办公室	从事档案工作30年人员荣誉证书	国家档案局	1988年9月
向永发	地委办公室	从事档案工作30年人员荣誉证书	国家档案局	1988年9月
聂吉伦	行署办公室	从事档案工作30年人员荣誉证书	国家档案局	1988年9月
赵应量	地区档案局	从事档案工作30年人员荣誉证书	国家档案局	1988年9月
张文典	达县市北外镇	从事档案工作30年人员荣誉证书	国家档案局	1988年9月
肖启荣	开江县档案局	从事档案工作30年人员荣誉证书	国家档案局	1988年9月
曹世兰	开江县档案局	从事档案工作30年人员荣誉证书	国家档案局	1988年9月
黄秀福	开江县档案局	从事档案工作30年人员荣誉证书	国家档案局	1988年9月
康采芹	万源县档案局	从事档案工作30年人员荣誉证书	国家档案局	1988年9月
何成玉	万源县商业局	从事档案工作30年人员荣誉证书	国家档案局	1988年9月
杨思明	渠县档案局	从事档案工作30年人员荣誉证书	国家档案局	1988年9月
刘本辉	邻水县档案局	从事档案工作30年人员荣誉证书	国家档案局	1988年9月
丁世源	大竹县档案局	从事档案工作30年人员荣誉证书	国家档案局	1988年9月
李代发	大竹县档案局	从事档案工作30年人员荣誉证书	国家档案局	1988年9月
徐淑华	大竹县纪委	从事档案工作30年人员荣誉证书	国家档案局	1988年9月
魏光淑	大竹县粮食局	从事档案工作30年人员荣誉证书	国家档案局	1988年9月
罗永德	大竹县石子乡	从事档案工作30年人员荣誉证书	国家档案局	1988年9月
赵应量	地区档案局（馆）	地级机关优秀公仆	地委办公室、行署办公室	1989年
赵应量	地区档案局（馆）	优秀共产党员	地委	1990年
赵应量	地区档案局（馆）	全国档案系统先进工作者	国家人事部、国家档案局	1991年
张全修	地区档案局（馆）	哲学社会科学先进个人	地区社科联	1991年

续表

姓　名	工作部门	表彰内容	授奖单位	授奖时间
王洗宗	平昌县档案局	先进工作者	省档案局、省人事厅	1991年
张秀英	邻水县档案	先进工作者	省档案局、省人事厅	1991年
易军佳	达竹矿务局川煤六处档案室	先进工作者	省档案局、省人事厅	1991年
吴小平	地区档案局	全区政府办公室系统先进个人	地区行署	1992年1月
赵应量	地区档案局	优秀共产党员	地直机关工委	1993年6月
赵应量	地区档案局（馆）	县级中心组学习先进个人	地委	1994年4月
龚乃桢	地区档案局（馆）	四川省档案统计工作一等奖	省档案局	1994年
庞先东	地区档案局（馆）	先进个人	达县地区巾帼建功领导小组	1994年
吴小平	地区档案局（馆）	地区直属基层工会财务会计工作先进个人	省总工会达川地区办事处	1995年6月
梅碧华	地区档案局（馆）	女职工先进工作者	市总工会	1995年3月
唐传光	地区档案局	优秀党务工作者	地直工委	1996年6月
庞先东	地区档案局	优秀基层妇女干部	地区妇联	1996年
李淑宗	四川鼓风机总厂	"二五"普法先进单位	省档案局	1996年12月
李文奎	开江县档案	"二五"普法先进单位	省档案局	1996年12月
王俊全	渠县档案局	"二五"普法先进单位	省档案局	1996年12月
潘道萍	达川地区审计局	"二五"普法先进单位	省档案局	1996年12月
张全修	地区档案局（馆）	地区第四次社会科学优秀科研成果三等奖	市社科联	1997年
郭奎生	地区档案局（馆）	优秀共产党员	市直工委	1997年
张全修	地区档案局（馆）	地区社会科学研究成果二等奖	市社科联	1998年
郭奎生	地区档案局（馆）	良好报表先进个人	地直机关工委	1998年1月
庞先东	地区档案局（馆）	保密工作先进个人	地委、行署	1999年10月
张全修	地区档案局（馆）	全国档案系统先进工作者	国家档案局、人事部	1999年12月
张全修	地区档案局（馆）	优秀党务工作者	地直工委	1999年7月
彭高凡	大竹县档案局（馆）	全省档案系统先进工作者	省人事厅、省档案局	1999年11月
江正荣	渠县档案局（馆）	全省档案系统先进工作者	省人事厅、省档案局	1999年11月

续表

姓 名	工作部门	表彰内容	授奖单位	授奖时间
向明均	宣汉县档案局	全省档案系统先进工作者	省人事厅、省档案局	1999年11月
刘秀华	地区财政局	全省档案系统优秀工作者	省档案局	1999年11月
段以成	四川鼓风机有限责任公司档案馆	全省档案系统优秀工作者	省档案局	1999年11月
雷相明	大竹县乡镇企业管理局	全省档案系统优秀工作者	省档案局	1999年11月
唐传光	地区档案局	优秀党务工作者	地直工委	1999年6月
郭奎生	市档案局（馆）	优秀共产党员	市直工委	2002年
龚乃桢	市档案局（馆）	四川省档案统计工作一等奖	省档案局	2001年
韩 弈	万源市档案局（馆）	先进工作者	省人事厅、省档案局	2003年11月
安定芳	宣汉县档案局	先进工作者	省人事厅、省档案局	2003年11月
陈兆荣	市直机关工委	优秀档案工作者	省档案局	2003年11月
杨远志	渠县经贸委办公室	优秀档案工作者	省档案局	2003年11月
梅碧华	市档案局（馆）	优秀共产党员	市直机关工委	2003年
龚乃桢	市档案局（馆）	省档案优秀科研成果二等奖	省社科联	2003年
张宗贵	市档案局（馆）	"四五"普法先进个人	市委、市政府	2005年
王 云	市档案局（馆）	2008—2009年度先进工作者	市社科联	2010年
牟德洪	达州市档案局（馆）	四川省第一次全国水利普查先进个人	省政府第一次全省水利普查领导小组和省人力资源和社会保障厅	2014年
龚乃桢	达州市档案局（馆）	四川省档案工作先进集体	省人社厅、省档案局	2016年12月
肖文武	达州市档案局（馆）	四川省档案工作先进集体	省人社厅、省档案局	2016年12月
吴英琴	万源市档案局	全市档案工作先进个人	市政府办公室	2017年3月
罗义堂	万源市档案局	《四川档案》（2016—2017）优秀通讯员	省档案学会、四川档案杂志社	2018年9月

附　录：文献辑存

关于贯彻执行中共中央
〔1985〕29号文件和川委办〔1985〕31号文件的意见

地委办〔1985〕28号

各县、市（区）委、人民政府、地委各部、委、室、地级各部门：

根据《中共中央、国务院批转〈关于调整我国档案工作领导体制的请示〉的通知》（中委〔1985〕29号）和中共四川省委办公厅、四川省人民政府办公厅关于贯彻执行中央"通知"精神的意见，结合我区实际，经地委、行署领导同意，提出如下贯彻意见：

一、认真贯彻执行中央、国务院关于党、政档案统一管理的原则，地、县、市（区）档案局既是地、县、市（区）党委的机构，又是政府的机构，受党委、政府的双重领导。各级档案局是统一管理本地区档案事业的职能机构，应列入政府的编制序列，是各级政府的直属局。

二、为了加强档案工作的领导，建议各级党委和政府都要明确一位领导分管。县、市（区）档案局也应与同级局一样成立党的组织。

三、地、县、市（区）档案局、档案馆仍是局、馆合一的体制，不要分开设置，按"两块牌子一套人马"的办法执行。档案局的正、副局长同时也是档案馆的正、副馆长，档案局、馆内部实行分工负责制，干部统一使用。

四、地、县、市（区）档案局、馆的编制要按照国家编委和省编委的规定执行。档案局行政人员（指正、副局长和业务指导干部）应列入国家行政编制。其人员配备由各级政府根据本地的实际情况自行确定。指标在地区下达各级的行政编制总额中解决。档案馆的编制，按国家颁布的《地方各级档案馆人员编制标准》执行，列入国家事业编制。具体落实由各级编委、档案部门共同研究办理。各地在选调档案干部时，必须注意质量，选配政治上可靠，具有高中或高中以上文化水平和专业知识，能胜任工作的青年干部，切勿搞照顾、拉关系等不正之风。

五、档案工作时维护党和国家历史真实面貌的重要事业，是党和国家各项建设事业必不可少的环节。目前我区的档案工作还不能适应社会主义各项事业发展的需要。建议各级党委和政府进一步加强对档案工作的领导，把档案工作作为一项事业列入国民经济和社会发展规划，逐步地统筹解决档案部门所需要的人员编制、行政事业经费、现代化设备等迫切需要解决的实际问题，以保证档案事业的发展，使我去档案工作更好地为党的总任务、总目标服务。

中共达县地委办公室　达县地区行署办公室
一九八五年六月三十日

关于在调整区乡（镇）建制工作中切实加强档案资料管理的通知

各县、市（区）委、政府、地级有关部门：

根据《中共四川省委、四川省人民政府关于调整区、乡（镇）建制的通知》精神，为了避免区乡档案在机构变动中遭受损失，维护档案完整与安全，实现区乡档案的顺利交接，现就在调整区、乡（镇）建制工作中切实加强档案资料管理的有关问题通知如下：

一、提高认识，加强领导。区、乡（镇）档案是国家全部档案的重要组成部分，在调整区、乡（镇）建制工作中切实加强档案资料管理工作，不仅是当前工作的需要，而且是维护党和国家历史真实面貌的重大事业。各级党委、政府和干部职工，要继续广泛深入地学习、宣传、贯彻实施《档案法》和《档案法实施办法》，进一步增强档案意识，在调整区、乡（镇）建制中要高度重视这一工作，切实加强对此项工作的领导，把加强档案资料管理作为完成区、乡（镇）建制的一项重要任务，统筹安排，同步实施。

各地在安排撤并工作时对区、乡档案的收集、整理、鉴定、交接等要做出明文规定，要求各撤并区、乡和新建的乡（镇）党委和政府加强对档案工作的组织领导，采取有力措施维护撤并区、乡档案的完整与安全，新建的乡（镇）要依法建立档案工作。建制调整中整理、抢救、接收档案资料所需人力、经费和车辆，各级党委和政府要予以妥善解决。

二、全面贯彻集中统管原则。被撤并的区、乡党委、政府、群团职能停止之日前，所形成的全部档案资料均应集中保管，不得分散、丢失、损毁、涂改、伪造，任何个人不得据为己有，经过全面收集、整理、鉴定、检查验收合格后移交各县、市（区）档案馆保存，凡未办清档案资料移交手续者，单位领导和有关人员不得办理调动手续或安排新的工作；新建的乡（镇）党委、政府和群团，要按照《档案法》的规定，指定人员负责保管本机关的档案，并对所属单位的档案工作实行监督和指导，建立档案管理制度，配置必要的档案库房和设施，确保档案安全。

根据川委发（1992）18号文件精神，凡下放到乡（镇）管理的司法、公安财政、国土、计划生育、村镇建设、乡镇企业管理、文化站、广播站、农技站、种子站、植保站、桑蚕站、农经站、水利站（不含工程管理单位和流域站）、林业站、畜牧兽医站、多种经营站、农机站等机构，其形成的档案，从调整领导关系之后，一律纳入乡（镇）集中统一管理。

实行县级主管部门与乡（镇）双重领导，以乡（镇）为主的供销社、食品站、信用社等机构，其形成的档案，从调整领导关系之后，亦应纳入乡（镇）集中统管；由乡（镇）与县级主管部门双重领导以县级主管部门管理为主的税务、工商、法庭等机构，其形成的档案、仍归县级主管部门管理。

三、加强监督指导。各级党委、政府要充分发挥统筹协调职能，督促各地档案管理部门加强区、乡档案工作的监督和指导，要以《档案法》和《档案法实施办法》为武器，切实搞好档案行政执法监督检查，严肃法纪，及时查处违反《档案法》的事件和纠正不符合档案管理规章制度的行为。帮助各县、市（区）档案馆认真做好接收撤并区、乡档案的各项准备工作，及时、完整、安全地将撤并区、乡档案资料接收进馆。这一工作完成后，各地应将基本情况、经验、作法、效果等，书面报告地委、行署办公室和地区档案局，好的表扬，差的批评并责令整改。

中共达县地委办公室　达县地区行署办公室
　　　　　　　　　　一九八五年六月三十日

中共达川地委办公室　达川地区行署办公室关于进一步加强农业农村档案工作的通知

各县、市委，各县、市人民政府、地级有关部门：

党的十一届三中会以来，尤其是区划调整以来，我区农业农村档案工作有了长足发展，初步形成了条块结合、系统抓、行业管的良好工作局面。但工作中仍然存在档案意识淡薄，管理体制不完善，发展速度慢，工作力度不够，保管保护条件差，档案人员变动频繁等问题。为认真贯彻党的十五届三中全会和全国、全省农业农村档案工作会议精神，进一步加强我区农业农村档案工作，更好地为农业农村经济发展、农村社会稳定、农民脱贫致富奔小康服务，特提出如下意见：

一、充分认识农业农村档案工作的重要性

农业农村档案工作是农业和农村各项事业发展的一个重要环节。做好农业和农村档案工作，是稳定党在农村的基本政策，深化农村改革的需要；是加强农业科管理，发展农村社会生产力，促进农业经济发展的需要；是实施科教兴农战略，优化农业和农村经济结构，推进农村小康建设，帮助农民脱贫致富的需要；是加强农村基层党组织建设、政权建设、民主法制建设和社会主义精神文明建设，保持农村社会稳定的需要。为此，各地各部门要从贯彻党的十五大和十五届三中全会精神，加强农业基础地位的高度；从稳定农村，发展农业，实现农业现代化，建设农村社会主义民主政治，繁荣农村社会主义文化的高度，充分认识加农业农村档案工作的重要性，增强紧迫感和责任感，把做好农业农村档案工作作为一项长期的任务认真抓好抓实。

二、进一步明确农业农村档案工作的主要任务

我区农村档案工作要紧紧围绕贯彻党的十五届三中全会精神和地区、行署对农业、农村工作的战略部署，全面贯彻落实全国、全省农业农村档案工作会议精神，加快工作步伐，力争三年内实现"515"目标任务，即区、乡（镇）建立综合档案室达100%，其中50%以上实现目标管理；村级建档达100%，其中50%以上的村档案基本完整、齐全和规范管理；年产值5000万元以上的乡镇企业建立档案机构，实现统一管理达100%，500万元以上的建档率达50%；乡镇农科档案档达100%，其中5%以上建成县（市）、乡（镇）、村三级农科档案信息网络；区、乡（镇）各站、所、社建档达100%，其中50%以上达到行业规定的标准。主要抓好以下五个方面的工作：

（一）大力强化乡镇档案工作。要按照《乡镇档案工作试行办法》的规定，进一步健全乡镇综合档案室，明确分管领导，落实档案工作人员，认真行使乡镇档案保管和对所属单位及村级档案工作的监督、指导两种职能。当前，乡镇档案工作的重点，要认真做好土地承包经营有关的各类档案材料的收集、整理、保管工作，原则上集中在乡镇综合档案室保管，保管条件差的乡镇可直接交县、市综合档案馆保管；要认真做好开发农业产业化经营、各种形式的联合和合作、农产品购销、农业基本建设、水利建设、植树造林、土地管理、资源保护、以及农村公路、电网、粮食仓储等基础设施建设和小城镇建设方面的档案收集、整理与管理工作；要继续加强土地管理所、财政所、计生办、植保站等各站所的档案工作以及各种普查工作形成的档案的管理和利用工作。有条件的单位可根据需要设置档案室，暂不具备条件的，可由乡镇档案室代管或寄存。

（二）继续开展村级建档工作。村级档案要明确文书或会计人员负责收集、管理和提供利用。村级档案工作的重点，是认真贯彻执行《四川省行政村档案工作暂行办法》，建立健全文书档案、科技档案、会计档案、村民档案、声像档案的立卷归档制度，分类整理、集中保管，达到完整、准确、系统、安全和方便利用的要求。村级建档工作要因地制宜，分类指导，不搞一刀切。当前，尤其要把村级党务、政务、财务、集体经济、村民权益等方面活动形成的档案材料收集、管理、利用好。要建立健全村务公开工作档案，对公开的内容、形式、时间和公开前的审核程序等做出统一明确规定，切实保障农民群众的民主政治权益。

（三）建立县（市）、乡（镇）、村三级农科档案信息网络。各地要认真落实《县乡村农业科技档案信息工作网络试行办法》，积极推进县（市）、乡（镇）、村三级农科档案信息网络的建设。要以县级农业、林业、畜牧、水利、气象、国土等涉农主管单位档案部门为中心，以乡镇涉农科技单位为纽带，以村级科技示范户、专业户为基础，三级联动，实行档案及有关农科资料、图书、情报、信息收集、管理、交接和提供利用一体化，逐步在本区域形成科技档案、信息、情报中心。农业科技档案要结合新的农业科技革命，把动植物品种选育、农业资源高效利用、现代集约化种养技术、农业生物灾害防治、农产品储运加工、农业机械、化肥、农膜等方面技术研究与科技成果推广过程中形成的科技档案，完整地收集好，科学地管理好，有效地开发利用好。

（四）进一步加强乡镇企业档案工作。认真贯彻实施《乡镇企业档案管理办法》，乡镇企业建档，要抓住大的，带动小的，要以大型企业、龙头企业、骨干企业为重点，年产值在500万元以上的乡镇企业要建立档案管理网络，成立档案信息中心，建立档案室，逐步配齐档案工作的各种硬件设施、设施和专职档案工作人员，有条件的要继续开展《企业档案工作目标管理》活动；年产值在500万元以下的乡镇企业，要有专用档案库房，有专兼职档案人员，有档案工作规章制度，各种档案资料要实行集中统一管理。乡镇企业实行兼并、破产、产权拍卖和实行承包、租赁、股份制改造以及与外商合资合作经营等资产产权变动时，其档案的处置，原则上参照《国有企业资产产权变动档案处置暂行办法》执行。

（五）进一步完善农业和农村档案的保管条件和利用方式。确保档案安全和便于社会各方面利用是档案工作的基本要求和目的。当前，要重点解决好档案保管保护工作中的问题，逐步建设符合要求的档案库房，增添防火、防盗、防潮等设施，确保档案的安全。经济条件好的单位可以采用计算机，逐步实现档案管理现代化。要依法开放乡镇和村级档案，简化手续，方便农民和农科人员利用档案。

三、加强农业农村档案工作的主要措施

农业、农村档案工作涉及面广，工作难度较大。各地要因地制宜，统筹安排，互相配合，齐抓共管，形成合力。一是加强宣传发动工作，深入开展档案法律法规的宣传活动，普及档案工作基本知识，用事实教育和引导人们重视并支持农业和农村档案工作。二要制定规划，落实措施。各县（市）要按照地区提出的目标任务，制定三年规划和年度计划，并认真组织实施，确保全区目标任务的完成。三要建立和完善各项规章制度，依法开展农业农村档案工作；四要明确任务，落实责任。各级档案部门主要负责抓好统筹规划、部门协调、业务指导、干部培训和监督检查；各涉农部门要负责抓好本系统本行业档案工作的组织领导和监督管理工作；要做到业务工作管到哪一级，档案工作就管到哪一级，并将档案工作列入对基层的考核内容；五要加强调查研究，及时发现和解决工作中出现的新情况、新问题，推动农业农村档案工作的顺利开展；六要加强档案人员培训。使他们尽快熟悉业务，胜任工作，提高管理水平；七要加强农业、农村档案工作的执法检查，对造成档案损毁、丢失、涂改、伪造、不按规定归档、造成档案损失等行为的，要认真查处，追究责任。

四、加强领导，切实解决好农业农村档案工作中的实际问题

各级党委、政府要加强对农业农村档案工作的领导，切实把档案工作纳入本地区农业农村工作的整体规划，做到有安排部署，有检查落实；要把档案工作纳入议事日程，认真研究解决好档案工作机构、人员、经费、库房、设备等实际问题，为开展农业农村档案工作创造必要的条件；要把档案工作目标任务列入对各乡镇和直属部门的考核内容，实行目标管理；档案工作做得好的，要按照《档案法》的规定，给予表彰奖励，对没有完成档案工作任务的单位，要给予通报批评，以推动我区农业农村档案工作再上新台阶。

中共达川地委办公室　达川地区行署办公室
一九九九年四月三十日

中共达州市委办公室 达州市人民政府办公室关于转发市档案局《关于在机构改革中加强档案管理的意见》的通知

达市委办〔2001〕127号

各县、市、区委,各县、市、区人民政府,市级各部门:

经市委、市政府领导同意,现将达州市档案局《关于在机构改革中加强档案管理的意见》转发给你们,请认真遵照执行。

中共达州市委办公室 达州市人民政府办公室
二〇〇一年六月二十八日

达州市档案局
关于在机构改革中加强档案管理的意见

我市机构改革已开始进行。为了确保在机构改革中档案不受损失,妥善处理机构变动部门和单位档案的归属与流向,保障档案工作依法开展,根据《中华人民共和国档案法》《四川省〈中华人民共和国档案法〉实施办法》《国务院办公厅转发国家档案局中央档案馆〈关于在国务院机构改革中加强档案管理的意见〉的通知》(国办发〔1998〕15号)、《国家档案局中央档案馆关于在地方政府机构改革中加强档案管理的通知》(档函〔1999〕110)和《四川省人民政府办公厅转发省档案局〈关于在机构改革中加强档案管理的意见〉的通知》(川办发〔2000〕41)的有关规定和精神,结合我市实际,现提出如下意见。

一、机构变动部门和单位在机构改革中必须认真做好档案的收集、整理、保管、利用和清理、交接工作,并按照国家有关规定向同级国家档案馆移交档案,任何部门和个人不得私自带走、留存、转移和销毁档案。凡新设置的部门和单位都应及时建立健全档案管理制度,做好档案的收集、整理、保管和利用工作。

二、市级机构变动部门和单位在1980年(含1980年)以前形成的,反映本机关基本职能活动的档案应移交市档案馆;县级机构变动部门和单位在1990年(含1990年)以前形成的,反映本机关基本职能活动的档案应移交县级档案馆。具体移交范围按国家、省、市有关规定执行。

三、市级机构变动部门和单位在1981年(含1981年)以后形成的档案,县级机构变动部门和单位在1991年(含1991年)以后形成的档案,其归属与流向按以下规定执行:

(一)撤销的部门和单位(包括临时机构),其档案原则上全部向同级国家档案馆移交;确因工作需要,经同级档案行政管理部门同意,可由其职能归属的主要部门或单位代管,不得分散。

(二)两个或两个以上部门和单位合并组成新的部门和单位的,原部门和单位的档案经同级档案行政管理部门同意,可由新组建的部门和单位单列全宗保存、利用。

（三）一个部门和单位的职能及内部机构分解到两个以上部门和单位的，其档案不得分散，应作为一个全宗移交给同级国家档案馆，或经同级档案行政管理部门同意，由继承原部门和单位主要职能的部门和单位单列全宗保存，并同有关部门和单位商定该部分档案的共同利用及其他有关问题。

（四）机构保留但名称更改或职能与业务范围部分发生变动的部门和单位，其原来形成的档案由该部门和单位继续保管，不得分散。

四、撤区并乡建镇中档案的交接、管理，按照《中共四川省委、四川省人民政府关于调整区、乡（镇）建制的通知》（川委发〔1992〕16号）和《四川省档案局关于在撤区并乡建镇中维护档案完整与安全的通知》（川档发〔1992〕76号）的有关规定执行，作好档案资料的清理和移交工作，不得散失。

五、机构变动部门和单位应根据上述规定，提出本部门和单位的档案归属与流向意见，报同级档案行政管理部门和同级国家档案馆，以便及时开展组织协调和业务指导工作。

（一）机构变动部门和单位要高度重视，切实履行《档案法》规定的职责，与同级档案行政管理部门和同级国家档案馆密切配合，确保档案得到妥善处置。

（二）各级档案行政管理部门应加强档案行政执法工作，及时掌握机构改革中档案管理情况，努力做好组织协调和业务指导工作，严肃查处违反《档案法》事件，认真纠正不符合档案管理规定的行为。

（三）各级国家档案馆应认真做好接收档案的各项准备工作，督促、检查移交单位按照质量要求整理档案，安排好接收顺序、时间，抓紧接收进馆。

六、向各级国家档案馆移交的档案，应符合接收标准，并附有立档单位组织沿革、全宗介绍等有关资料。应移交的档案不符合接收标准或缺少立档单位组织沿革、全宗介绍等有关资料的，由档案形成单位负责安排人员（可聘请档案专业人员）和必需的经费，在机关人员分流前圆满解决移交档案的问题。

七、机构变动部门和单位在机构变动前后的档案全宗划分，由同级档案行政管理部门和同级国家档案馆会同有关部门或单位研究后确定。

八、在机构改革中，凡发生档案归属争议等问题，有关部门和单位应及时向同级档案行政管理部门报告，以便共同协商，妥善处理。

中共达州市委办公室
2001年6月28日印

中共达州市委办公室、达州市人民政府办公室关于印发《达州市重大活动档案资料管理办法》《达州市档案资料征集办法》《达州市国家综合档案馆档案资料接收办法》的通知

达市委办发〔2003〕42号

各县、市、区委，各县、市、区人民政府，市级各部门：

为切实加强档案法制建设、国家档案资源建设和档案信息化建设，丰富馆藏内容，优化馆藏结构，推进档案资源开发，实现档案管理标准化、规范化、科学化和现代化，充分发挥档案工作在政治、经济、社会发展中的重要作用，为我市"三个文明"建设服务，经市委、市政府领导同意，现将《达州市重大活动档案资料管理办法》《达州市档案资料征集办法》《达州市国家综合档案馆档案资料接收办法》印发给你们，请认真遵照执行。

中共达州市委办公室　达州市人民政府办公室
2003年5月21日

达州市重大活动档案资料管理办法

收集、保管好全市重大活动的档案材料，有利于掌握达州的历史，展示经济建设和各项社会事业所取得的成就，扩大对外交流与合作，推进全市改革开放和现代化建设。为确保重大活动档案资料的及时归档，妥善保管、完整、安全，便于利用，特制定本办法。

一、重大活动档案资料的范围

（一）党和国家领导人，省委、省政府领导人来达州市视察工作。

（二）党中央、国务院各部门负责人，省委、省政府各部门主要负责人，兄弟市州主要负责人来达州市指导、考察工作。

（三）在达州市召开的全国性、全省性会议。

（四）市委、市人大、市政府、市政协、市纪委召开的重要会议。

（五）对外交往中重要外宾来达州参观访问。

（六）市主要领导的重要活动。

（七）达州市开展的重大政治、经济、科技、文化、艺术、体育、外事活动以及举行的重大庆典、纪念活动。

（八）达州市境内举行的国家、省、市重点工程开工和竣工仪式。

（九）达州市重大抢险救灾活动。

（十）达州市发生的重大事件。

二、重大活动档案资料的内容

主要包括重大活动中形成的照片、录音带、录像带、题词手迹及各类实物档案，主要文字材料及软盘、光盘等电子文件。

三、重大活动档案资料的管理

全市重大活动中形成的档案属国家所有，应由市档案馆统一收集、保管和提供利用。在本办法下发前已形成的全市重大活动档案（博物馆、图书馆、纪念馆等单位按法律和行政法规的规定自行管理的除外），由各形成和保管单位列出移交清单，制定移交计划，经系统整理后，于2003年12月底前移交市档案馆。

四、重大活动档案资料的移交

全市重大活动档案的收集、整理、移交是各单位的一项重要政治任务。单位主要负责人是第一责任人，摄影、录音、录像、档案工作人员是直接责任人。自本办法下发以后，市委办公室、市人大办公室、市政府办公室、市政协办公室、市委宣传部、市外事侨务办、市对外贸易局、市招商引资局、市文化局、市体育局、达州日报社、达州电视台、达州广播电台等重点接待承办单位，要认真负责地做好重大活动档案的收集、整理工作，并在活动结束后3个月内将其有关档案资料移交市档案馆。

凡向档案馆移交档案的单位，对其档案享有优先利用权，并可对其档案不宜向社会开放的部分提出限制利用的意见。

五、创新重大活动声像档案归档机制

为了确保全市重大活动声像档案的齐全完整，市档案局（馆）应积极探索新形势下重大活动声像档案收集归档的新机制，分步购置录音、录像、摄影器材，并有计划地培训摄录人员，逐步创造条件直接参与重大活动的拍摄录制工作，实现重大活动声像档案即时归档。

六、加强对重大活动档案管理工作的监督检查

市档案局（馆）要加强对全市重大活动档案的归档管理工作的监督、指导和检查，切实做好档案的接收进馆和保管工作，积极做好开发利用工作。

七、各县、市、区重大活动档案资料的管理参照本办法执行。

八、本办法自印发之日起执行。

九、本办法由达州市档案局（馆）负责解释。

达州市档案资料征集办法

为进一步加强国家档案信息资源建设，丰富馆藏内容，优化馆藏结构，管理并保护好珍贵的历史档案资料，更好地发挥档案鉴往知来、存史资政的作用，根据《中华人民共和国档案法》《中华人民共和国档案法实施办法》《档案馆工作通则》，特制定本办法。

一、征集区域

1. 达州市所辖县、市、区。
2. 原达县地区所辖通江县、南江县、巴中县、平昌县、邻水县。
3. 国内外保存、收藏有关达州市（原达县（川）地区）各个历史时期档案资料的单位和个人。

二、征集范围

1. 历代封建王朝和农民运动中形成的各种诏书、奏折、奏本、文告及其它各种文书等。

2. 中华民国时期各党派、政府及社会组织形成的各种委任状、嘉奖、文告、公函、电报、报刊和信件等文书及有保存价值的照片、印章等。

3. 中国共产党在建国前历次革命时期（特别是川陕苏区）形成的各种文件、电报、书信、传单、宣言、布告、报刊、照片，党政军领导人、进步人士在建国前历次革命时期形成的著作、讲话稿、日记、笔记、回忆录、传记、访问记、调查和采访记录等。

4. 反映达州市面貌的各种史志，包括绥志、县志、府志、通志、乡镇志、校志、厂志、行业志、专业志、人物志、大事记、年鉴，各种地图、照片、图表、货（钱）币、铭文、墓志，各种契据（田契、房契、抵押契、卖身契、借据、当票等），各种票证。

5. 反映达州社会风貌的有关民俗、历史传说、民间传说、奇闻轶事、文物古迹、风景名胜的文字记述、照片和考证资料，民间工艺品、美术作品等。

6. 历史上或近、现代担任重要官职或有重大影响的人物的传记、著作、书信、名册、照片、家谱、族谱、碑文及所受奖励的凭证等。

7. 达州历史上发生的重大事件，如社会风潮、重大案件、特大自然灾害等有关文字记载、声像记录及实物。

8. 解放前达州各党派、社会团体、教会组织、学校、工商企业形成的内部刊物、文件、宣言、声明、章程、决议、会刊、同学录、帐簿、合同、契约、广告、厂规、店规、名产品发展史等。

9. 解放后，党和国家及西南局、省领导人来达州视察以及外国友人、友好团体来达州观光访问、洽谈业务留下的题词、题字、讲话材料和反映他们在达州活动的照片、录音带和录像带等。

10. "文化大革命"期间形成的比较典型的各种大小字报、传单、海报、照片、录音带、录像带以及旗帜、袖标、胸章等。

11. 达州市境内各机关、团体、个人所形成的各种出版物（包括内部资料）以及国内外作者反映、记载达州情况的各种出版物。

12. 知名人士的档案资料。达州市辖区及本市籍政治家、军事家、社会活动家、作家、学者、科学家、革命先烈、英雄模范人物、有特长的知名人士的著作（小说、诗歌、论文、字画、美术作品、拓片、剧本、科研成果等），反映其生平的传记、传略、年谱、评传的文字材料和照片、录音带、录像带、各种证书以及知名人士的家庭档案资料。

13. 各个历史时期形成的反映达州风貌的有价值的各种手迹手稿、抄本、篆刻本、油印本、线装本、精装本、平装本和各种地方文献。

14. 达州市名、优、特、新产品实物及档案资料。

15. 其它有一定价值的文字或音像历史资料、实物等。

三、征集方式

根据国家、省有关规定，采取有偿和无偿征集相结合的方式，征集珍贵档案资料。

1. 凡是在一切公务活动中形成的档案资料实行无偿征集。

2. 集体和个人所有的档案资料可以捐赠给市、县（市、区）综合档案馆，档案馆给予适当奖励。对捐赠重要、珍贵档案的，由档案馆授予捐赠证书或"荣誉馆员"称号，并以一定形式予以表彰奖励。

3. 集体所有和个人所有的珍贵档案资料，所有者可以向国家档案馆寄存、出卖；档案馆也可以依法进行收购或征购。

4. 对因各种原因难以征集进馆的档案资料，在征得档案资料所有者同意的情况下，由综合档案馆制作复制件或由档案馆代为保管。

四、组织领导

1. 各级党委、政府必须高度重视，切实加强档案资料征集工作的领导，市、县两级均应成立以分管领导为组长的档案征集工作领导小组，认真组织、协调征集工作的开展。

2. 各级党政机关、社会团体、企事业单位和其它社会组织要积极参与征集活动，明确责任，指定专人负责。藏有珍贵档案资料的家庭和个人要从维护历史真实面貌的大局出发，密切配合档案部门做好工作。

3．市、县两级档案部门负责珍贵档案资料征集的具体组织协调工作。

4．征集工作所需经费由同级财政部门纳入年度财政预算，专款专用，保证征集活动的顺利开展。

五、征集措施

1．各级各部门特别是档案部门要采取多种形式广泛宣传，加深人们对档案及档案征集工作重要性的认识，进一步增强档案意识和档案法制意识，使各级领导、部门和广大市民认识到昨天的历史是今天的档案，正在形成的档案就是活生生的历史。通过新闻媒体等渠道发布征集信息，让社会各界都了解珍贵档案资料的重要性，积极支持和参与征集活动。

2．对基层重点单位，要建立有办公室负责人和档案人员参加的档案资料征集网络，聘请熟悉当地历史、热心征集工作的人员为信息联络员，充分发挥基层组织和档案人员的作用，使征集工作有组织、有领导地进行。

3．综合档案馆应根据有关线索，组织专人深入到有关单位、部门开展宣传动员和征集工作，力争尽可能的把反映达州历史的珍贵的、有价值的档案资料征集进馆。

4．市、县综合档案馆应定期召开老红军、离退休老领导、社会各界知名人士、重点征集对象参加的座谈会，争取他们对征集工作的理解和支持，将他们自己保存的一些珍贵档案资料送交档案馆保存，或将他们知道的重要档案资料线索提供给档案馆。

5．对在征集珍贵档案资料工作中做出突出贡献的先进集体和个人，由当地政府或档案行政管理部门给予表彰、奖励。

6．本办法自印发之日起执行。

7．本办法由达州市档案局（馆）负责解释。

达州市国家综合档案馆档案资料接收办法

为加强国家档案信息资源建设，确保档案的完整和进馆档案的质量，实现档案管理标准化、规范化、科学化和现代化，根据《中华人民共和国档案法》《中华人民共和国档案法实施办法》《档案馆工作通则》《四川省〈中华人民共和国档案法〉实施办法》等规定，结合我市实际情况，特制定本办法。

一、接收范围

（一）市和县（市、区）国家综合档案馆负责接收本级各机关、团体、企事业单位及其他社会组织形成的反映本单位主要职能活动（包括党、政、工、团以及内设的各职能部门在工作中形成的材料）和基本历史面貌，并具有工作查考、科学研究价值的各种门类（文书、科技、专门等档案）、各种载体（纸质、录音带、录像带、胶片、光盘、照片、影片等形式档案）需要永久和长期保存的档案。

（二）与本馆馆藏档案有关的各种资料（包括出版物、内部资料、汇编、刊物等）。

（三）市级档案馆接收立档单位形成二十年左右的档案。县（市、区）级档案馆接收立档单位形成十年左右的档案。

（四）撤并单位撤并前必须将所有档案移交国家综合档案馆或移交其上级主管部门保存。

二、接收质量标准

（一）文书档案

1．执行《归档文件整理规则》以前形

成的档案，按照《机关档案工作业务建设规范》第三条第二款"案卷质量要求"和四川省地方标准《四川省文书立卷与案卷构成的一般要求》执行。

2．执行《归档文件整理规则》以后形成的档案按照中华人民共和国档案行业标准《归档文件整理规则》及相关规定执行。

（二）会计档案

按照财政部和国家档案局发布的《会计档案管理办法》及相关规定执行。

（三）科技档案

按照中华人民共和国国家标准《科学技术档案案卷构成的一般要求》执行。

（四）各类专业（专门）档案

按照有关专业主管机关与国家档案局或四川省档案局共同制定的标准执行。

（五）照片档案

按照中华人民共和国国家标准《照片档案管理规范》执行。

（六）凡2003年起移交进馆的各种门类不同载体档案必须同时移交机读目录，有条件的可同时移交电子档案。各单位制作机读目录或电子档案必须统一使用市档案局指定的符合国家规定的档案管理软件。

（七）各单位必须统一规范使用由本行政区域档案行政管理部门监制的档案卷盒，不得擅自制作或使用不合格档案装具。

三、进馆前鉴定整理

属于接收范围的档案资料在移交进馆前，各立档单位应按上述质量标准及要求进行鉴定和规范整理。不具备规范整理条件的单位可与各级综合档案馆协商，由综合档案馆安排专业技术人员实行有偿服务，代为鉴定和整理。

四、移交时消毒杀虫

进馆档案整理验收合格后，由移交单位对进馆档案进行消毒杀虫。鉴于此项工作专业性较强，进馆档案的消毒杀虫工作可由综合档案馆安排档案专业技术人员进行，所需费用由移交单位承担。

五、移交接收手续

（一）检索工具

手检式案卷目录一式两份，一套全引目录；机读文件级（案卷级）目录一套。

（二）组织机构沿革、分类方案（或大纲）、全宗介绍一式三份。

（三）档案交接时，交接双方必须根据移交目录清点核对，并在交接文据上签名盖章（一式三份）。

六、本办法自印发之日起执行。

七、本办法由达州市档案局（馆）负责解释。

达州市档案局行政执法责任制方案

第一章 总 则

第一条 为进一步加强和规范达州市档案局行政执法工作，明确执法责任，完善执法监督，切实做到依法行政，根据档案法律法规和其他法律法规的有关规定，制定本方案。

第二条 达州市档案局行政执法的目标是：监督检查档案法律法规的贯彻落实，加强对档案的管理、收集、整理工作，有效地保护和利用档案，充分发挥档案在国民经济和社会发展中的作用。

第三条 达州市档案局（以下简称本局）是市政府档案行政管理部门，行政执法的基本任务是：负责实施档案法律、法规、规章，对公民、法人和其他组织遵守档案法律法规的情况进行监督，对违反档案法律法规的行为进行查处，对档案行政执法行为进行监督。

第四条 本局行政执法，主要依据《中华人民共和国档案法》《中华人民共和国档案法实施办法》《四川省〈中华人民共和国档案法〉实施办法》，严格遵循《中华人民共和国行政处罚法》《中华人民共和国国家赔偿法》《中华人民共和国行政诉讼法》《中华人民共和国行政复议法》以及《四川省行政执法规定》《四川省行政执法监督条例》《四川省行政处罚听证程序暂行规定》等法律、法规、规章以及国家、省档案局制发的有关规范性文件。

第五条 本局及其工作人员在档案法律法规规定的职权范围内行使执法权，不受其他机关、团体、企业事业单位和组织以及个人的非法干预。

第六条 本局及其档案行政执法人员实施档案行政执法行为贯彻公平、公正、高效的原则，坚持以事实为根据，以法律为准绳，对公民、法人和组织在适用法律上一律平等。

第七条 本局档案行政执法人员应当具备法律知识，遵守国家法律法规，忠于职守，秉公执法，清正廉洁。

第二章 执法内容

第八条 本局档案行政执法贯彻教育与处罚相结合的原则，对轻微违法行为以教育为主，不予处罚。

第九条 本局档案行政执法，依法查处下列违法行为：

（一）不按规定建立档案工作或档案管理制度的；

（二）档案保管条件差、危及档案安全又不采取措施予以防范的；

（三）发现档案破损、变质、下落不明或泄密等情况，未及时采取有效措施的；

（四）科研成果、产品试制、基建工程或其他技术项目鉴定验收时，未按规定验收档案，致使档案残缺不全的；

（五）借阅档案不按规定归还且屡催不还影响正常工作的；

（六）将公务活动中形成的应该归档的文件、资料据为己有，或不按规定向本单位档案机构、档案工作人员归档的；

（七）不按规定向国家档案馆移交档案的；

（八）损毁、丢失属于国家所有的档案的；

（九）擅自提供、抄录、公布、销毁属于国家所有的档案的；

（十）涂改、伪造档案的；

（十一）违反规定擅自出卖或转让档案的；

（十二）倒卖档案牟利或者将档案卖给、赠送给境外组织和个人的；

（十三）携运禁止出境的档案或者其复制件出境的；

（十四）档案工作人员玩忽职守，造成档案损失的；

（十五）违反有关规定危害档案馆安全的；

（十六）其他违反档案法律法规的行为。

第十条 违反档案法律法规的行为及案件由本局负责查处。对第九条规定中情节较轻或尚未造成档案损毁事实的违法行为，给予批评教育，或签发《档案行政执法通知书》，限期改正。

第十一条 对第九条规定中情节较重、尚未构成犯罪的违法行为，由本局查处。

（一）需要追究行政纪律责任的，按照四川省监察厅《关于违反档案法律法规行政处分暂行规定》提出具体处理意见，出具《行政处分建议书》。

（二）需要责令赔偿损失的，按照有关规定确定赔偿金额，出具《赔偿损失通知》。

（三）需要罚款的，可对企业、事业单位组织处1万元以上10万元以下罚款，对个人处500元以上5000元以下罚款，出具《行政处罚决定书》。

（四）需要给予行政警告的，可以当场做出处罚决定，出具《行政处罚决定书》。

（五）有违法所得的，没收违法所得，出具《行政处罚决定书》。

第十二条 对集体所有和个人所有的对国家和社会具有保存价值或者应当保密的档案，由于保管条件恶劣或者其他原因可能导致档案严重损毁和不安全的，本局可采取代为保管等确保档案完整和安全的措施，必要时可以收购或者征购。

第三章 执法程序

第十三条 行政执法的一般程序是：立案—调查取证—告知执法依据和当事人的权利—处理决定—送达执法文书—执行或强制执行。

第十四条 本局行政执法人员在执法过程中，必须出示四川省人民政府统一印制的行政执法证件。

第十五条 本局行政执法人员执行公务，涉及本人亲属或与案件处理有利害关系时，应当回避。

第十六条 调查违反档案法案件时，行政执法人员每次不得少于二人。

第十七条 本局行政执法过程中，经调查确认违反档案法规行为情节严重已构成犯罪的，按规定程序移交有关司法机关追究刑事责任。

第十八条 本局行政执法过程中，应加强与海关的联系，做好海关没收档案的接收处理工作。

第十九条 本局行政执法过程中，不得因公民、法人或其他组织的正当申述而加重处罚。对较大数额的罚款实行听证制度。

第二十条 行政执法文书应当符合规范。《行政执法通知书》应载明被查单位或个人所违反的具体法律法规条款、违法事实以及改进要求。《责令赔偿损失通知书》应载明违法事实、处理依据、赔偿数额、当事人申请复议或提起诉讼的期限、机关等。《行政处罚决定书》必须符合《行政处罚法》第三十九条的规定。

第二十一条 本局行政执法人员收缴罚款必须严格遵循法定程序。不当场收缴事后难以执行的罚款，执法人员可以当场收缴并同时出具《行政处罚决定书》和由省财政部门统一制发的罚款收据；除此之外的罚款，应当到指定银行缴纳，执法人员不得自行收缴。

第二十二条 有关单位接到本局出具的行政处分的执法文书后，应按要求及时处理，并将处理结果回执退回；如对处理意见有异议，应于接到该文书之日起十五日内向本局提出书面意见。十五日内既不退回处理回执，又不向本局提出书面意见的，本局有权询问情况和建议其上级机关督促执行。

第二十三条 违法当事人对本局做出的处理决定不服，可依法申请行政复议或提起行政诉讼，但复议和诉讼期间不停止对处理决定的执行。在规定的期限内，当事人既不申请复议或起诉，又不履行处理决定的，本局应当申请人民法院强制执行。

第四章 执法责任

第二十四条 本局行政执法实行行政首长负责制。局长领导本局行政执法工作，将其纳入本局工作议事日程，以年度目标的形式布置到各业务科室，严格检查验收，奖惩逗硬；各副局长协助局长抓好本局执法工作，承担分管科室的行政执法责任；各业务科室负责人承担本科室的行政执法责任；坚持一级抓一级，下级服从上级并对其负责的原则，分级管理，层层落实。

第二十五条 行政执法应与档案业务工作密切结合。本局法律宣传教育科负责调查本方案第十一条、第十二条、第十七条所列违法行为，由局长办公会议作出处理决定。其他业务科室在本科室业务范围内负责调查本方案第十条、第十一条（四）项所列违法行为，如在执法过程中发现本方案第十一条（一）、（二）、（三）、（五）项、第十二条、第十七条所列违法行为，移交并协助法律宣传教育科调查取证。

第二十六条 对本局实施的具体行政行为，当事人不服，向市政府或省档案局申请复议的，由本局有关科室准备材料；向人民法院提起诉讼的，由本局出庭应诉，相关职能科室承办应诉事务。对县、市、区档案局实施的具体行政行为的行政复议事务，由法律宣传教育科承办；当事人对改变原具体行政行为的复议决定不服并提起行政诉讼的，由本局出庭应诉，法律宣传教育科承办应诉事务。

第二十七条 本局行政执法人员应熟悉现行有效的档案法律法规，明确职责范围，不得越权执法或放弃法定职责；明确行政执法涉及的有关行政管理部门，主动协调执法关系，提高行政执法效率。

第五章 执法监督

第二十八条 档案行政执法监督实行内部监督和外部监督相结合的原则。

第二十九条 建立本局内部监督机制，局长、副局长负责对各业务科室的监督，各业务科室负责人负责对本科室行政执法人员的监督。

第三十条 建立健全本局行政执法监督检查程序，完善案件登记、立案、审批、审查、处理案件集体负责、错案追究等办案制度，强化内部监督机制。

第三十一条 本局接受市人大的法律监督、市依法治市领导小组办公室和市政府法制局的行政监督以及司法机关的司法监督。

第三十二条 本局认真受理群众的来信、举报、申述、接受新闻单位的社会舆论监督。

第三十三条 本局法律宣传教育科负责本局机关和全市档案系统行政执法工作的指导、协调、监督检查。对监督检查中发现的问题，可以直接处理的，签发《行政执法监督决定书》；需要提请有关机关处理的，出具《行政执法监督处理建议书》。

第六章 考核与奖惩

第三十四条 对行政执法人员的考核，坚持领导考核与群众评议相结合、平时检查与半年、年终总结相结合的办法进行。

第三十五条 对符合《国家公务员奖励暂行规定》的行政执法人员，本局给予奖励或报请市政府、省档案局奖励。

第三十六条 本局行政执法人员违反本方案规定，玩忽职守、打击报复、滥用职权、受贿索贿、违法执法等，按照《国家公务员暂行条例》等规定行政处分或予以辞退；情节严重构成犯罪的，依法追究刑事责任。

第三十七条 因本局行政执法人员或行政案件审批责任人员的故意或者重大过失造成错案，给当事人的合法权益造成损失的，应当追究有关责任人的错案责任。如当事人提出赔偿请求，按《中华人民共和国国家赔偿法》的规定由本局承担赔偿义务。本局赔偿损失后，可以责令有故意或者重大过失的行政执法人员、行政案件审批责任人员承担部分或全部赔偿费用。

第七章　附　则

第三十八条　全市档案行政执法文书由省档案局提供格式。

第三十九条　本方案由本局法律宣传教育科负责解释。

第四十六条　本方案自公布之日起施行。

（说明：1996年11月26日制定，1998年1月14日第一次修改，2000年8月31日第二次修改，2003年8月5日第三次修改）

达州市档案局工作规则（试行）

一、干部人事管理制度

1. 局（馆）机构设置、人员编制，严格按照达州市人民政府办公室《达州市档案局（档案馆）职能配置、内设机构和人员编制规定的通知》（达市府办〔2001〕157号）执行。

2. 选拔任免中层以上干部，必须严格执行"四化"方针，坚持德才兼备、任人唯贤的原则。局（馆）科级及以下领导职务和非领导职务干部的配备，按规定的职数执行。

3. 干部任免按照《党政领导干部任用工作暂行条例》和《国家公务员职务任免暂行规定》执行。选拔任用干部的程序是：（一）民主推荐或民主测评；（二）组织考察；（三）局党组研究决定；（四）按规定进行任前公示；（五）按规定报市委组织部或人事局审核；（六）领导审签；（七）组织谈话。

4. 选调机关工作人员，严格按《达州市委组织部、达州市人事局关于人事制度改革3个〈试行办法〉配套规定的通知》（达市人发〔2003〕43号）文件执行。凡选调人员一律由局党组会议研究提出进人计划，原则上采用统一考试、综合考察、择优选调的办法。凡新进人员，经局党组研究确定后，均实行试用半年制度。试用合格后，由办公室办理调动手续。

5. 加强干部培训，提高干部素质。按规定组织全局干部参加岗位培训、党校学习及有关业务培训，鼓励机关干部职工参加在职学历教育和自学。

6. 机关干部实行交流制度。干部因工作需要、任同一职务时间较长、需要回避等原因，按规定可定期或不定期在机关内部或其他机关及企事业单位进行交流。交流包括调任、转让、轮换和挂职。

二、首问责任制度

首问人要负责接待、督办，本人能处理的事务可直接办理，并将办理情况如实填写"办理情况登记表"，交分管或值班领导审签后交指定科室办理，不得互相推诿，切实做到为机关服务、群众办事热情周到，做到件件有回音、事事有着落，构建方便群众办事的绿色通道。对接待来局（馆）办事人员态度生硬、甚至吵架，不予及时办理的，凡举报查实的，经局党组研究对当事人视其情况给予严肃处理，其值班领导要承担一定责任。

三、限时办结制度

对上级和局领导交办的违反《档案法》及有关方面信访件，承办科室或承办人一般在一个月内办结；如交办领导有明确时限的，应在领导规定的时限内办结。如确实不能按期办结时，应提前向交办领导做出说明并提出延期办结的期限，在得到交办领导同意后，在按新规定的时限办结。若未按要求和时限办结的，视其情况追究承办科室和承办人的责任，对造成后果的要视其情节给予处分或批评教育。

四、责任追究制

1．凡办结违法案件因事实不清楚，证据不确凿、定性不准确、实用法规不当，或者手续不完备，程序不合法，在处理上造成应当追究而未追究或不应当追究而作了追究，按照案件调查、审理、审批三个环节，分段追究其责任。

2．科室人员出现违纪违法的其主要责任由当事人承担，涉及科室和分管领导的负责领导责任。

3．科室人员出现失泄密或以权谋私的，视其情节，由当事人承担主要责任，其科室领导和分管领导承担领导责任。

4．受到上级机关或市委、市政府等通报批评的相关科室和个人的，其所在科室和分管领导负有批评教育责任。

5．不顾全大局，闹无原则纠纷或吵架斗殴者，第一次发生吵架斗殴者，扣罚当事人当月精神文明奖；第二次再发生吵架斗殴，扣罚当事人全年精神文明奖，取消当年评优、评先资格；第三次再发生类似问题的，给予一定处分，并追究所在科室领导及分管领导责任。

6．局（馆）干部职工全年迟到、早退5次以上不得评优、评先，无故迟到、早退1次扣当月文明奖10元，无故旷工一次，扣罚当月文明奖，无故旷工三次以上扣罚全年精神文明奖。

7．不能认真履行岗位职责，造成工作失职或失误者，责成当事人承担经济责任或书面检讨，视其情况酌情处理。涉及所在科室或分管领导负责教育批评责任。

2003年9月7日

达州市档案馆开放档案试行细则

第一条 根据《中华人民共和国档案法》和国办发〔1986〕67号、川办发〔1987〕6号文件以及国家档案局颁布的《档案馆开放档案暂行办法》等文件精神，结合我馆实际，特制订本试行细则。

第二条 依法向社会开放档案，是档案馆的基本业务之一，是繁荣我国学术事业，促进公民从事教育、科学、技术、文学、艺术等事业研究与创造的重要措施，也是建设社会主义政治文明、物质文明和精神文明的需要。

第三条 我馆保存的档案，自形成之日起满三十年的（除未解密或需要控制使用的部分外）均应分期分批地向社会开放。

第四条 凡属下列内容的档案，暂不开放。

（一）建国以来的档案

1．有损我党和领导人形象的档案；

2．党、政机关会议记录，涉及党内有争议尚未做出结论的重大问题及重大历史事件的档案；

3．建国以来历次政治运动中涉及干部职工和著名人物的不宜公开的有关政治历史和评述方面的档案；

4．涉及民主人士、起义将领、现居港、澳、台和侨居海外人员的统战档案；

5．涉及我市重要资源、中外财产、债权、债务的档案；

6．反映我市在政治、经济、外事、军事、科学、技术、政法等工作中，涉及国家机密，不利于党内团结、民族团结、国家统一的档案；

7. 涉及公民个人利益和隐私的档案。

（二）革命历史档案

1. 川陕革命根据地、四川地下党县以上党组织的会议记录、文件及有关材料；

2. 涉及党和国家领导人以及县以上干部政治历史的档案；

3. 仍未做出结论的重大历史事件的档案；

4. 地下党组织工作中的组织关系、策略手段、工作方法、情报来源的档案；

5. 川陕革命根据地的出版物中有损国家统一和国内民族团结的报刊资料。

（三）民国档案

1. 有损共产党和人民军队形象的档案；

2. 涉及民族上层人士、宗教上层人士、爱国民主人士、国民党起义将领政治历史中不宜公开的档案；

3. 现居港、澳、台及侨居海外人员的档案；

4. 涉及中外产权、债权方面的档案；

5. 涉及个人的政治、隐私，开放有损其子女、亲朋声誉，不利安定团结的档案。

第五条 我馆开放的档案、资料已经过整理编目，并备有利用者自行检索的开放目录、索引和内容介绍。

第六条 我馆已设置有开放的阅览室，配有咨询服务人员，热情为利用者服务。

第七条 凡我国公民和单位，持有介绍信、工作证、居民身份证等合法证明，经本馆同意，均可利用开放的档案资料；港、澳、台同胞和侨胞利用开放档案、资料，需经市对台办公室介绍；外国人士（含外籍华人）需经主管机关介绍，省档案局同意后方可利用。

第八条 利用开放的档案，本馆须履行查验证件、借阅登记、校对复核、送还注销、检查案卷等手续。

第九条 利用者利用开放档案、资料必须在开放阅览室阅看，并注意保护档案、资料，严禁在档案、资料上勾划、圈点、加批、涂改、污损、撕毁、裁剪、拆散和窃取。如有违者，将严格按照《档案法》及有关规定处理。

第十条 利用者如需采用抄录、复印、照相等方法复制档案、资料，须经本馆同意。复印、照相均由本馆办理，照相底片由本馆保存。如复制材料用作证明的，应由本馆加盖公章后方才有效。

第十一条 本馆档案的公布出版权属于本馆及档案形成机关和市委、市政府授权的有关部门。利用者可以在著述中引用，如需全文公布或汇编出版，需征得我馆同意，并签订出版合同。下级机关不得采取任何形式擅自公布或出版上级机关颁发的档案文件，如需公布或出版，需经上级发文机关或主管机关同意。未开放或控制使用的档案，未经授权和批准，任何利用者不得公布或出版。

第十二条 利用档案应按照市物价局核准的《市档案馆收费标准》收取费用。

第十三条 本细则由市档案馆负责解释。

2005年10月

达州市档案局
关于贯彻落实《国家档案局关于加强对基层单位档案工作监督、指导的意见》的情况报告

达市档发〔2007〕78号

四川省档案局：

根据川档发〔2007〕11号文件下发后，我局及时将文件精神以达市档发〔2007〕43号转发到各县市（区）档案局，并提出了贯彻执行意见，要求各县市（区）档案局认真贯彻执行。与此同时市档案局组织干部职工认真学习了《国家档案局关于加强对基层单位档案工作监督、指导的意见》，充分认识加强对基层档案工作指导监督的重要意义，对基层档案工作的指导进行了安排布置，建立了对基层档案工作开展监督、指导的工作机制。现将贯彻落实情况报告于后：

一、加强学习，提高对基层单位档案工作监督、指导重要性的认识

对基层单位档案工作进行监督、指导，不仅是档案行政管理部门的法定职责，而且是贯彻落实《档案法》和《档案法实施办法》的基本任务，是坚持科学发展、依法行政的具体表现。为此，我局组织干部职工认真学习《国家档案局关于加强对基层单位档案工作监督、指导的意见》，深刻领会其精神实质，把握对基层单位档案工作监督、指导的重点难点。我们始终把贯彻落实《国家档案局关于加强对基层单位档案工作监督、指导的意见》与贯彻落实国家档案局8号令相结合，与贯彻执行四川省《中华人民共和国档案法》实施办法相结合，与推动全市档案工作规范化管理相结合，与档案行政执法检查相结合。认真总结我市过去在基层单位档案工作监督、指导中存在的问题，从思想上找根源，从措施上找差距，要求全市档案工作者要从贯彻落实科学发展观、服务和谐社会建设的高度，统一思想，提高认识，切实履行对基层单位档案工作进行监督、指导的法定职责。使全市档案干部职工在思想上形成共识，在工作中形成合力，把思想和行动统一到文件精神上来，统一到全市档案事业发展上来。

二、完善措施，建立对基层单位档案工作监督、指导的长效机制

要做好对基层单位档案工作的监督、指导工作，必须强化措施，建立和完善监督、指导长效机制。经过近几年的档案工作实践，我们不断修订和完善档案保管保护制度、档案查阅利用制度、档案工作年度考评制度、档案干部推先荐优制度、档案行政执法责任制度、档案业务监督指导制度等，以求真务实的作风推动档案事业的发展，以真抓实干的精神统筹档案事业的发展，以科学完善的制度保障档案事业的发展。今年，根据基层单位档案工作的特点，我局组织4个分类监督指导工作组，深入到市级机关、企业事业单位和各县市（区）机关企事业单位、乡镇农村、社区进行监督和指导，进一步加大行政执法检查力度，今年以来，全市对560余个机关团体、企业、科技事业单位进行了行政执法检查，对工作突出的单位给予了表彰，并对30个单位档案工作较差的单位提出了限期整改，使档案管理水平不断提高，档案保管保护条件不断改善。

三、加大投入，保证对基层单位档案工作监督、指导取得实效

近年来，我市按照《四川省机关档案工作规范化管理标准》，全市新建规范化档案

室783个，其中省一级82个，省二级295个，省三级406个。全市县直机关和乡镇机关324个，科技事业单位15个，企业11家，基层站所393个，行政村12个，社区28个。档案管理设施设备投入近500多万元。

监督、指导基层立档单位认真做好各种门类不同载体档案的立卷归档工作。我局抽调业务骨干10人，对全市200多个机关、团体、企事业单位和乡镇的档案工作进行指导和督促；取得了明显成效，促进了基层单位档案工作的协调发展。

四、继续教育，不断提高基层单位档案人员的综合素质

档案事业的发展需要造就一支政治强、业务精、作风好、纪律严的干部队伍。坚持以人为本的科学发展观，积极组织各类培训和不同形式的档案业务继续教育，使档案干部及时掌握档案工作所需的各种新知识、新技能，不断提高档案人员的综合素质，从而提升档案信息服务和谐社会建设的服务水平。据初步统计，今年全市组织各种培训班15期，培训档案人员近2000人次。

今年我市档案工作在四川省档案局的指导下，按照国家档案局关于加强对基层单位档案工作监督、指导的意见要求，我们认真开展基层各项档案工作，切实履行对基层单位档案工作进行监督、指导的法定职责，做到了监督到位、指导到位、检查到位、服务到位，切实提高了基层档案工作人员的业务素质，为档案工作进一步服务社会、服务大众奠定了坚实的基础。

达州市档案局
二〇〇七年九月三十日

达州市档案馆接收档案的范围和质量标准

依据国档发〔1986〕2号文关于印发《各级国家档案馆收集档案范围的规定》、1990年颁布的《中华人民共和国档案法》和四川省2002年发布四川省《中华人民共和国档案法》实施办法、1993年《四川省文书立卷与案卷构成一般要求》、《科学技术档案案卷构成一般要求》、《会计档案管理办法》、《照片档案管理规范》，2000年国家颁布的行业标准《归档文件整理规则》的规定。结合本市馆情况，特制定本馆档案接收范围和质量标准。

一、达州市档案馆接收档案的范围

按《中华人民共和国档案法》第十三条规定：机关、团体、企业事业单位和其他组织必须按照国家档案局的规定，定期向有关档案馆移交档案，专业性较强或需要保密的档案，经档案管理部门检查同意后，可以延长向档案馆移交的期限。保管条件恶劣可能导致不安全或损毁的档案，可以提前向档案馆移交。根据上述规定，制定市档案馆接收档案的范围：

（一）机关、团体、企业事业单位和其他组织在工作活动中形成的，具有长期、永久保存的不同载体文字、图表等材料。专业性较强或需要保密的档案，经市档案管理部门检查同意后，可以延长向市档案馆移交的期限。保管条件恶劣可能导致不安全或损毁的档案，可以提前向市档案馆移交档案。

（二）撤销、合并后的机关、团体、企业事业单位的档案，依照国家有关规定清理、移交。

（三）破产企业的档案，经市档案行政

管理部门批准后，向市档案馆移交。

（四）国有企业事业单位资产转让时，转让档案按《国家档案局、国家经济体制改革委员会 国家经济贸易委员会、国有资产管理局关于印发《国有企业资产与产权变动档案处置暂行办法》的通知的有关条款办理。

（五）中华人民共和国成立以前本行政区域形成的档案或从事某项事业的行政管理机关和企事业单位形成的档案。中华人民共和国成立前的革命历史档案。

（六）属于地方和上级主管部门双重领导的单位形成的反映地方某项事业或建设活动为主的档案。

（七）死亡县职以上的干部档案。

二、档案进市档案馆质量要求

凡是进市档案馆的档案必须保持全宗的完整性，案卷质量必须符合《四川省文书立卷与案卷构成一般要求》《科技档案立卷与案卷构成一般要求》《会计档案管理办法》《照片档案管理规范》《机关档案室基础业务建设》的规定执行。具体要求如下：

（一）达州市档案馆收集归档材料的范围。

第一，本单位的文件。凡是本机关工作活动中形成的能反映本机关历史面貌并办理完毕，且具有查考利用价值的不同载体的文字、图片等材料，均属归档收集范围。

第二，上级机关发给本机关的文件，上级机关召开的会议文件。下级机关的重要报告、年度总结、年度统计报表。

第三，同级机关和非隶属机关需要本单位长期保存的文件材料。

第四，会计档案。市馆只接收本单位年度财务决算报表和工资名册。直属单位的年度决算报表。

第五，照片档案收集范围：本馆接收具有永久、长期保存价值的档案：

（1）记录本单位主要职能活动和重要工作成果的照片。

（2）领导人和著名人物参加本单位、本地区有关重要公务活动的照片。

（3）记录本单位；本地区重大事件、重大事故、重大自然灾害及其异常情况和现象的照片。

（4）记录本地区地理概貌、城乡建设、重点工程、名胜古迹、自然风光以及民间风俗和著名人物的照片。

（5）其他具有永久、长期保存价值的照片。

第六、科技档案文件材料收集范围。

按产业的科技领域分主要有：工业生产技术档案、农业生产技术档案、自然科学研究档案、基本建设档案、设备仪器档案、地质档案、测绘档案、天文档案、水文档案、气象档案、环保档案、地震档案、医疗卫生档案；专业档案、标准化档案等。具体归纳为四个方面如下：

（1）产品档案

（2）基建档案

（3）设备档案

（4）科研课题

（二）归档文件材料分类。在材料收集齐全完整的基础上，按制定的分类方案和保持文件材料之间联系，结合保管期限科学地进行分类。

1. 文书材料分类。

第一，分年度。将文件材料按其形成针对的年度分开，不同年度的文件材料一般不得放在一起立卷，但跨年度的请示与批复，归入批复年度，没有复文的，放在请示年立卷，跨年度的规划。计划、预算、归入文件材料内容针对的第一个年度，跨年度的总结、决算、归入文件材料内容针对的最后一个年度，跨年度的会议文件，归入会议开幕的年度，法规性文件归入公布或批准年度。

第二，分机构。将文件材料按其产生或承办部门分开。

第三，分级别。将文件材料按其作者与本机关之间的关系，分成上级、本机关、同级、下级，其中针对本机关有密切联系的文件材料放在一起。

第四，分问题。将文件材料按其内容反映的问题分开，凡涉及若干问题的文件，应按所反映的主要问题分。

第五，分期限。根据文书材料保管期限标准的规定，将文件按不同的保管期限分开存档。

2. 会计档案的分类。年度财务决算表和工资报表按年度分。

3. 照片归档材料的分类。应在全宗内按保管期限—年度—问题进行分类。跨年度且不可分的照片，也可按保管期限—问题—年度进行分类，分类方案应保持一致，不应随意改变。

4. 科技档案归档文件材料的分类。

第一，按科技档案种类分类。

第二，按产品（或设备仪器）分类。

第三，按工程项目分类。

第四，按科研课题分类。

第五，按专业分类。

第六，按地域分类。

第七，按时间分类。

第八，按阶段分类。

第九，按结构分类。

第十，按用途分类。

（三）归档文件材料组卷要求。遵循文件材料的形成规律和特点，保持文件之间的有机联系，区别不同价值，便于保管和利用组卷。具体按以下方法组卷：

第一，文书档案材料组卷要求。

（1）会议文件，按会议届次的名称立卷。

（2）人民来信材料，主要按信件作者、信件处理形式或信件所反映的问题立卷。

（3）统计报表，名册等文件，按照格式，名称或地区立卷。

（4）简报、刊物按名称结合期号立卷。

（5）其他文件、调研材料、制度、条例、法规等，按责任者结合问题立卷。

（6）工作计划、总结等文件，按责任者结合名称或问题立卷。

（7）文件和电报，按其内容的联系合一立卷。

第二，会计档案组卷要求。

年度财务决算报表材料多，按问题或重要程度组成一卷或多卷，工资按月份组一卷或多卷。单位小材料少，工资名册和年度决算报表可以一起组卷。

第三，照片的入册要求。

应按照片分类、排列顺序号顺序将照片固定在芯页上，底片用专用照相纸袋装好，插入同一张照片的侧面。

对于照片册放不下的大幅照片，可卷入筒，外用软白纸包装好。

第四、科技档案组卷。

1. 组卷要求。遵循科技文件材料的形成规律，保持案卷内科技文件的系统联系，并要便于档案利用和保管。

（1）产品，科研档案，基建项目、设备仪器按其部件结构、阶段等分别组卷。

（2）与产品、科研课题、基建项目、设备仪器关系密切的管理性文件、应列入产品、科研课题、基建项目、设备仪器类中组卷。

（3）要保证案卷内所反映问题的齐全完整，科技文件材料的制作和书写材料有益于长期保存。

2．组卷方法。

（1）按结构组卷。此方法适用于机械产品和设备科技文件（特别是图样），按机械产品的部件或系统将其科技文件组成案卷。

（2）按子项组卷。此方法主要适用于基本建设工程科技文件。各子项的科技文件分别是具有机联系的整体，即可分别组成案卷。

（3）按工序组卷。把反映同一程序的科技文件组成一个案卷。

（4）按专业组卷。按科技文件内容所涉及的专业、分别组卷。

（5）按问题组卷。按照科技文件反映的不同问题，分别组卷。

（6）按科技文件名称或材料性质组卷。按文件名称组卷，就是按照科技文件的不同名称分别组卷，按科技文件材料性质组卷，就是将属于同一类型、性质的文件材料分别组卷。

（7）按地域组卷。主要适用于地质勘探科技文件材料，以及水文、气象观测科技文件材料等。

（8）按时间组卷。就是按照科技文件所反映的时间或形成的时间组卷。

（9）按作者组卷。就是按照科技文件的形成者分别组卷。

3．案卷内文件的排列。

第一，文书档案文件的排列：卷内文件按重要程度或时间顺序排列。密不可分的材料应放在一起，即批复、批示在前，请示在后，正件在前，附件在后，印件在前，定稿在后，转发件在前，被转发件在后。

第二，会计档案文件的排列：卷内文件年度报表和工资名册一起组卷的，工资名册排在前，年度报表排在后，材料多的，年度决算报表组一卷或多卷，按重要程度或问题排列。工资名册依时间顺序排。

第三，照片档案册内照片的排列：按问题结合时间，重要程度等进行排列，为便于提供利用，照片排列及入册应考虑不同密级照片的定位。

第四，科技档案卷内科技文件的排列

（1）产品文件，按工作程序排列，也可按其产品系列、（部件或分部件）排列。

（2）科研课题文件，按工作阶段排列。

（3）基建工程文件，按依据性材料、基础性材料工程设计（含初步设计、技术设计、施工设计）、工程施工、工程竣工验收等排列。

（4）管理性科技文件材料按问题、时间或重要程度排列。

（5）案卷内既有文字材料又有图样材料，在排列时应文字材料在前，图样在后。

（6）图样材料有目录的按图样目录进行排列，无图样目录的按隶属关系或反映隶属关系的图号排列，或按总体与局部关系排列。

（四）案卷编目。

1．文书档案和会计档案案卷编目

案卷编目包括编写页号、件号，编卷内文件目录，填写案卷封面项目和背脊项目，填写卷内备考表。

第一，编写页号的要求，一是2001年前包括2001年形成的档案，编页号，在文件的右上角编页号，用阿拉伯数字从1起依次编号，有双面字的，双面编页号，背面编在左上角。一个卷内文件编页号要求准确，不得有重号、漏号、跳号。二是2002年后包括2002年的档案，按件编件号。在文件上端的空白位置加盖归档章，并填写相关内容或在文件的封面按要求填写内容。

第二，卷内文件目录的编制，填写卷内文件目录必须按规定项目填写清楚。

（1）顺序号。成卷的档案，以卷内文件排列先后顺序填写序号。以盒装的档案，盒内文件以件排列编号的，盒内文件以件为顺序编号的，以件为顺序的顺序号。

（2）文号。文件制发机关的发文字号。

（3）责任者。对档案内容进行创造或负有责任的团体或个人，即文件的署名者，没有责任者的文件，应考证清楚后填写。

（4）题名。即文件的标题，一般应照实抄录，没有标题或标题不能说明文件内容的文件，可自拟标题，外加"〔 〕"号。

（5）日期。填写文件的形成时间，填写时可省略"年"、"月"、"日"，字，在表示年、月的数字右下角加"、"号。

（6）页号。除卷内最后的一份文件填写起止页号外，其余文件只填写首页号。按件装订的，文件目录上要注明文件的起止页号或填写这份文件的总页数。

（7）备注。卷内文件的变化或缺损作必要的说明。卷内目录排列在案卷内首份文件材料之前。

第三，备考表要填写卷内文件总页数、件数、立卷人、检查人、卷内文件的缺损、修改、移出等作必要的情况说明。案卷立好后发生或发现的问题由有关的档案人员填写，并签名标注时间。卷内备考表排列在案卷内文件材料尾页之后。

第四，案卷封面的填写。案卷封面项目包括全宗名称、类目名称，案卷题名，时间，保管期限，件（页）数，归档号、档号。

（1）全宗名称即立档单位的名称，填写全宗名称必须用全称或通用简称填写。

（2）类目名称指全宗内分类的第一类目名称，按问题分类的填写问题名称，按内部组织机构分类的，填写内部组织机构的名称，在一个全宗内应按统一的方案分类，并保持分类体系的完整稳定性。

（3）案卷题名即案卷标题，应简明、确切揭示卷内文件材料内容，案卷题名一般包括责任者、问题和文种。结构完整，文字通顺、标点正确、不超过五十个字，"责任者"项不得简称为"本部"、"本委"、某某局等，两个以上的责任者，可以适当概括并写主要的作者，"问题"拟写要求概括准确，文字简练，文种应标明确，卷内主要文件的文种2~3个，并兼顾不同性质的文种。

（4）时间。卷内文件所属的起止年、月。

（5）保管期限。立卷时划定的案卷保管期限。

（6）件、页数。成卷装订的案卷要填写总件数和总页数。

（7）封面档号。由全宗号、目录号、案卷号组成

（8）全宗号。是市档案馆指定给某单位的号。

（9）目录号。是全宗内案卷所属目录的编号，在同一全宗内不允许出现重复的案卷目录号。

（10）案卷号。是一个目录内案卷的顺序号，在同一个案卷目录内不允许出现重复的案卷号。

第五，卷脊编号。市档案馆以规范、美观为原则，将盒脊上每个栏目盖号的位置、字钉的大小、字的色彩作了统一的规定。凡是进市档案馆的档案，盒脊统一用字钉和章盖号。卷脊项目包括全宗号、目录号、年度、案卷号、应与封面的档号完全一致，每个号的高度以市档案馆特制的档案尺为准，用阿拉伯数字字钉编号，卷脊上不得出现其他字样。

以盒装订的文书档案，盒脊上的全宗号、年度、保管期限、机构（问题）、盒号靠底线编号，起止件号，起号字靠上面的室或（馆）编号，止号字靠下面的线编号。起止号的中间用一的竖线隔开。科技档案盒脊编号，只编档号，其他不填。案卷背脊编号。统一用蓝黑油编号，字迹要清晰、耐久。

2．照片档案册盒内内容的填写。

第一，照片号。照片号是固定和反映每张照片在全宗内分类与排列顺序的一组字符

或代码。由全宗号—目录号—盒号—张号组成。

凡是照片、底片同时存放在一起，照片和底片合一编号。大幅照片的编号，编入封面的软白纸上方。

第二，照片名称。应简明概括，准确反映照片的基本内容、人物、时间、地点、事由等要素尽可能齐全。

第三，作者。填写摄影者个人，必要时可加写单位。

第四，底片所在。卷页号填写底片所在某卷册内的某页和某号。

第五，文字说明。应综合运用事由、时间、地点、人物、背景、摄影者等要素，概括揭示照片影像所反映的全部信息；或仅对题名未及内容做出补充，其他需要说明的事项亦可在此说明。例如照片归属权不属于本单位的，应注明照片版权、来源等。

第六，拍摄时间。填写摄影时间。必须用阿拉伯数表示。1—4位表示年，第5—6位表示月，7—8位表示日，如2002年4月10日写作20020410。

第七，照片盒首页的填写：

第一栏填写全宗名称

中间大筐填写题名。揭示盒内照片的主要内容，人物、时间、地点、事由等要素尽量填写齐全。

下面小框的填写：

案卷号。填写照片册排列时编制的顺序号。

保管期限。填写组卷时划定的保管期限。

卷内照片。共 张 填写照片档案册内一共多少张。

最后一栏小框。填写起止年、月。

最下面一排

全宗号。填写市档案馆给定的全宗号。

目录号。填写本单位编制的照片档案目录的目录号。

案卷号。填写案卷的顺序号。

3．科技档案卷卷的编目。

第一，编写卷内文件页号：页号编写位置，单面书写的科技文件材料在右下角；双面书写的科技文件材料，正面在右下角，背面在左下角；案卷封面，卷内目录（原有图样目录除外），卷内备考表不编写页号。

第二，卷内目录的编制。是案卷内登记文件及其排列次序的目录，卷内目录的项目和填写要求是：

（1）顺序号：用阿拉伯数字人从1起依次标注；

（2）文件材料题名（文件标题）：填写科技文件材料标题名称；

（3）文件编号；填写文件的文号或图样的图号。

（4）责任者；填写科技文件材料的直接编制部门或主要责任者；

（5）日期：填写制成科技文件材料的年、月、日；

（6）页次：填写每份科技文件材料始页上标注的页号（最后一份文件需标注起止页号）。

第三，案卷封面的编制。

案卷封面内容项目和要求是：

（1）编制单位：填写案卷内科技文件材料的形成单位或主要责任者；

（2）编制日期：填写案卷内科技文件材料的起止日期；

（3）保管期限：填写立卷时划定的卷内文件最长保管期限；

（4）密级：填写立卷时划定的卷内文材料的最高密级；

（5）档号：填写全宗号、目录号、案卷号、件号。

案卷题名（又称案卷标题）应简明、准确揭示卷内科技文件材料的内容，案卷题名主要内容包括项目名称、代号、代字及其组件、部件、阶段的代号和名称等。

（五）案卷装订的要求

（1）卷内文件材料要去掉金属物，破损的文件材料应裱糊，字迹已扩散的应复制，复制件放在原件后面。

（2）装订时应将卷内文件的底边和右边对齐，大于公文纸的要折叠压平，未留装订线的应加边，成卷装订的案卷应采用三孔一线法装订，装订位置在文件左侧中部，距订口边4cm，装订长度15cm为宜，结合在背后中孔。

按件装订的文件材料，在文件的左上角或左侧用缝纫机扎边，文件厚的在文件的左侧中间使用三孔一线装订方法装订。

附则：

1. 其他专业档案，属文书档案类型的，按文书档案标准要求归档整理；属科技档案类型的，按科技档案要求归档整理。

2. 凡列入本馆收集档案范围的单位，其自己制成的反映本单位主要职能活动和基本历史面貌的各种活动中形成的档案，具有永久和长期保存的档案，按照《档案法》规定一律进馆。

3. 凡列入本馆收集档案范围的单位之间相互发送的重要文件，除请示、批复文件外，一般只由发文单位归档进馆，收文单位的上述档案不予进馆。

4. 上级党政领导机关，专业主管部门发给本机关的文件，需要长期保存的文件材料，分别由本级党政领导机关和直接业务部门归档进馆，其他非隶属单位不得归档。

达州市档案局
2009年10月

达州市档案局
关于达州市新农村建设档案工作情况的调研报告

达州市档案局

农业和农村档案是国家档案的重要组成部分，它记载了农村的发展变化过程和历史面貌，是广大农民建设中国特色社会主义实践活动的真实写照和原始记录。加强社会主义新农村建设档案工作，是推进农业现代化的需要，是保持农村稳定与发展的需要，是帮助农民奔小康的需要。做好社会主义新农村建设档案工作，对于加强农村基层政权建设，深化农村各项改革，促进农业发展，维护农民合法权益具有十分重要的意义。为认真分析研究新农村建设档案工作的现状，探索社会主义新农村建设档案工作的方法和途径，统筹规划，积极引导，做好分类指导，按照省档案局的要求，我市扎扎实实开展了社会主义新农村建设档案工作示范县、示范乡镇创建活动。在试点基础上，今年9月下旬，达州市档案局组成调研组，深入到渠县、大竹县、开江县、通川区、宣汉县等县的9个乡镇（其中4个为创建新农村建设档案工作示范乡镇）和10个行政村，对新农村建设档案工作进行了深入调研，通过听取汇报、实地察看、召开座谈会等方式初步掌握了我市新农村建设档案工作的基本情况。

一、新农村建设档案工作基本情况

达州市位于四川省东北部，地处川渝鄂陕结合部，属经济欠发达地区，辖5县1区

1市，幅员1.66万平方公里，总人口668万，全市共有310个乡镇、2815个行政村、21495个村民小组，是四川省的农业大市和人口大市。

（一）新农村建设档案工作取得的成效。

1. 行政村建档工作取得可喜成就。90年代中后期，我市档案部门紧紧围绕党委、政府中心工作，在抓好涉农部门、乡镇机关、乡镇基层站所档案工作的同时，积极开展行政村建档工作。通过几年的努力，截至2005年，我市行政村全部实现了村级建档，建档率达100%。随着乡镇机构改革，实行村财乡管，我市大多数行政村的财务会计档案已由乡镇农业服务中心（办公室）集中统一管理和提供利用。

2. 档案规范化管理工作取得显著成效。2005年起，我市认真落实《四川省档案工作规范化管理办法（试行）》，掀起了档案工作规范化管理高潮。截至目前，所有县级涉农部门和310个乡镇已全部实现档案工作规范化管理，419个基层站所（主要包括财政所、计生办、税务所、工商所、林业站、信用社等，占总数的56.5%）、24个行政村实现了档案工作规范化管理。

3. 档案基础业务工作逐步规范。2007年，我市在贯彻国家档案局第8号令时，全市涉农部门和乡镇机关均重新制定了《机关文件材料归档范围和文书档案保管期限表》，经同级档案局审批后执行。2008年市档案局与市民政局、农业局联合转发了《国家档案局、民政部、农业部关于加强社会主义新农村建设档案工作的意见》，对新农村建设档案工作进行了安排布置，并在达县、宣汉县分别选择了一个行政村进行了社会主义新农村建设档案工作试点。通过试点，初步明确了新农村建设档案的收集范围、门类和管理的基本要求。今年，我们把新农村建设档案工作纳入年度目标管理，在达县开展了新农村建设档案工作示范县创建活动，选择大竹县蒲包乡、万源市官渡镇、开江县普安镇、宣汉县双河镇、通川区北外镇等5个乡镇开展了新农村建设档案工作示范乡（镇）创建活动。同时我们要求全市乡镇机关和所有行政村要结合试点取得的成果和自身实际修订完善各种门类档案的归档范围和保管期限表，进一步规范档案的收集、整理、归档和利用等工作，推动全市农业农村档案工作逐步走向规范化。

4. 新农村建设档案管理机制基本形成。全市所有县级涉农部门和乡镇机关都建立了相应工作机构，明确了工作人员，建立完善了管理制度，实现了档案工作规范化管理，部分涉农部门还达到了省一级标准。各行政村均明确了村文书为档案管理人员，负责档案的收集整理工作。

5. 档案保管保护条件得到改善。全市涉农部门和大多数乡镇机关都设置了专门档案室，配有档案柜、空调或电风扇、干湿温度计、灭火器等基本保管保护设施。多数行政村配有档案专用柜，基本保证了档案的安全保管保护。截至目前，全市乡镇、村保管档案65000余卷（册、盒）、12万余件。主要有文书档案、林改档案、基本建设档案、会计档案、音像（电子）档案和荣誉档案等六个门类。

（二）新农村建设档案中工作存在的主要问题。

1. 档案意识薄弱。个别乡镇领导档案意识较为淡薄，对档案工作不重视，对搞好新农村建设档案工作的重要性认识不足，在人力上、经费上投入较少；乡镇档案工作人员大多由办公室主任兼任，投入精力少，而且人员不稳定，变动频繁，对行政村档案工作处于放任状态；村干部档案意识不强，业务知识缺乏，把文件材料视为已有，不愿意交出来归档，还存在"纸箱档案"、"口袋档案"和"包包档案"现象，建档工作难度大。

2．条块分割，档案集中保管难度大。乡镇机关组成部门如财政、计生、广播、农技、林业、畜牧等都实行了归口或上划管理，新农村建设中形成的业务工作档案分散在乡镇各个组成部门或其上级主管部门，甚至有的业务档案未进行整理，保存在各站所工作人员手中，乡镇档案部门不能对其档案行使有效的集中统一管理，乡镇全宗内容大大减少。

3．档案管理制度不健全。大多数行政村没有建立规范的档案工作规章制度，即使建立了制度，也没有严格执行，对村级组织在工作中形成的文件材料在归档、保管、利用方面缺乏制约机制，档案管理混乱，造成档案材料丢失。

4．案卷质量较差。行政村保管的档案中大量存在"三笔"和用纸不统一的现象；档案人员缺乏档案专业知识，对文件材料整理、分类等归档程序不了解，按照自己的理解整理文件，案卷质量不符合要求。

5．档案保管保护条件较差。由于经费困难，村级办公条件差，全市近80%的村没有专门的档案室；档案室基本上都与村办公室共用；存放档案的办公室长期无人看管，不利于档案的安全保管保护。村兼职档案员，普遍把未经整理的档案资料放在自己家里进行保管，档案得不到安全保管和有效利用。

二、对策及措施

（一）加强领导，理顺乡镇、村档案管理体制，形成新农村建设档案工作长效机制。

1．建立健全市、县、乡镇（村）级档案管理网络，实施统一领导，分级负责，整体推进，从组织上保障新农村建设档案工作健康发展。

2．加强与涉农部门的协调，统筹安排，纳入目标管理，定期检查，逗硬奖惩，联合推动新农村建设档案工作。

3．积极争取党委、政府的重视，加大经费投入，改善村级档案保管保护条件，确保村级档案的完整与安全。

4．实行"村档乡管"，改善村级档案管理的现状。我市属经济欠发达地区，大多数行政村档案管理在经费、人员及保管保护条件上都存在极大的困难。根据我市的实际情况，最佳管理模式是实行"村档乡管"，即每年初由乡镇办公室统一组织相关人员对各行政村的档案集中收集整理归档，由乡镇统一保管和提供利用。这样既解决了行政村档案人员缺乏的问题，又解决了行政村档案保管保护条件较差，档案室无人值守，不方便利用的问题。当然，有条件的行政村仍可采取村档村管的模式。

（二）抓住重点，夯实基础，切实加强村级档案资源建设。

1．大力加强档案法律法规宣传，不断增强广大农村干部的档案意识，积极支持和配合新农村建设档案工作。

2．加强培训，采取以会代训、上门指导、做示范卷等方式加强对乡镇、村档案人员的业务培训，进一步提高档案业务水平，确保档案整理规范。

3．建立健全村级档案收集、整理、保管、利用等档案工作制度，明确职责，落实责任，确保档案管理规范。

4．严格考核验收，对照新农村建设档案工作示范乡镇评定标准考核细则，逐项逐条检查，确保新农村建设档案工作质量。

（三）整合资源，强化利用，科学有效服务新农村建设。

1．围绕社会主义新农村建设20字目标，把农村发展、变化的过程准确、真实地记录和完整规范保存，积极主动参与经济、精神文明、政治、文化、生态建设，科学、有效服务新农村建设。

2．整合涉农档案信息资源，深化开发利用，加强编研工作，归纳、汇编与农业、农村、农民有关的科技信息、市场信息、致富信息、政策信息和历史文化信息，为"三农"工作提供集成化、全方位、一站式的档案信息服务，推动社会主义新农村建设又好又快发展。

2009年11月1日

达州市档案馆接收档案实施细则

为建设内容丰富、结构合理的馆藏档案资源体系，完好地保存党和国家的档案财富，确保接收进馆档案齐全、完整，根据《中华人民共和国档案法实施办法》《全国档案馆设置原则和布局方案》《各级各类档案馆收集档案范围的规定》，结合达州实际，制定本细则。

第一条 本细则中的"文书档案"包括纸质档案和与之相对应的电子档案；"照片档案"包括纸质照片（含底片）和数码照片；"音像档案"包括录音、录像带和音、视频光盘；"实物档案"包括中共达州市委、达州市人大常委会、达州市人民政府和政协达州市委员会对外交往形成的纪念品、市级各部门（单位）获得的省部级以上的综合性荣誉奖状、证书及印章等。

第二条 新中国成立前本行政区内各个历史时期政权机构、社会组织、著名人物的档案列入市档案馆收集范围。

本行政区内重大活动、重要事件形成的档案、涉及民生的专业档案列入市档案馆收集范围。

市档案馆与社会组织、集体和民营企事业单位、基层群众自治组织、家庭和个人协商后，可通过接受捐赠、购买等形式，收集或代存其形成的对国家和社会有价值的档案。

第三条 市档案馆依法接收市本级下列组织机构的档案：

（一）中国共产党委员会及所属各部门；
（二）人民代表大会及其常设机构；
（三）人民政府及其所属各部门（单位）；
（四）人民政协及其常设机构；
（五）人民法院、人民检察院；
（六）各民主党派机关；
（七）工会、共青团、妇联等人民团体；
（八）国有企业、事业单位。

第四条 市属国有企业发生破产、转制，事业单位发生撤销合并等情况，其档案按照有关规定由市档案馆接收。

第五条 部分单位因形成的专门档案数量较少，未作为单独门类列出，纳入文书档案管理。

第六条 尚未列入进馆范围的其他门类档案，市档案馆与档案形成协商后，按照国家有关规定，确定其归属和流向。

第七条 市级各部门（单位）收集保存的本部门（单位）及其直属单位在履行行政管理职能中形成的保管期限为永久、长期和30年以上（含30年）的档案，要按有关规定定期向市档案馆移交。

第八条 列入接收范围的档案，应当按规定时间向市档案馆移交：

（一）党政机关、群众团体的文书档案、专门档案、照片档案、音像档案和实物档案自形成之日起满10年移交；重大活动档案一般在活动结束后3个月内移交；政府公开信息和已公开现行文件于形成的次年10月底前移交。

（二）因保管条件恶劣可能导致不安全或者严重损毁的档案，经市档案行政管理部门同意，可以提前移交；专业性较强或者需要保密的档案，可以适当延长移交时间。

（三）其他单位和个人档案的移交时间，可以参照党政机关档案移交时间确定。

第九条 为适应信息化建设的需要，市级各部门（单位）应向市档案馆移交电子档案和纸质档案的数字化副本。

第十条 市级各部门（单位）在移交

档案时，应同时移交有助于反映档案内容和历史资料的相关材料。

第十一条 市级各部门（单位）在档案移交进馆前，须对纸质档案 卷（件）进行开放鉴定，提出开放或不开放的意见；对电子文件应当逐件按相对应纸质文件密级进行标识。没有密级的按内部、公开两个等次标识。

第十二条 本细则由达州市档案局（馆）负责解释。

第十三条 本细则自发布之日起实施。

达州市档案局
2012 年 9 月 24 日

达州市城乡居民社会养老保险业务档案管理办法

达市档发〔2015〕22号

第一条 为规范城乡居民社会养老保险（以下简称城乡居保）业务档案管理，维护城乡居保业务档案真实、完整和安全，发挥档案的服务作用，根据《中华人民共和国档案法》《社会保险业务档案管理规定（试行）》和《四川省社会保险业务档案管理实施细则（试行）》，结合我市实际，制定本办法。

第二条 依法经办城乡居保业务的机构（以下简称城乡居保经办机构）管理城乡居保业务档案，适用本办法。

第三条 本办法所称城乡居保业务档案，是指城乡居保经办机构在办理城乡居保业务过程中，直接形成的具有保存和利用价值的文字材料、电子文档、图表、声像等不同门类、不同载体的历史记录。

第四条 城乡居保业务档案的管理工作由城乡居保经办机构负责，并接受同级档案行政管理部门和人力资源社会保障行政管理部门的监督、检查和指导。

第五条 城乡居保经办机构应当明确分管档案工作的领导，设立档案室，配备专职或兼职的档案管理人员，集中统一管理本机构业务工作中形成的全部档案，保证档案工作所需经费、场所和设施，并根据需要配备适应档案现代化管理要求的技术设备，确保档案安全。

第六条 城乡居保经办机构应当建立档案收集、整理、保管、保密、利用、移交、鉴定、销毁等管理制度，保证城乡居保业务档案妥善保管、有序存放，严防毁损、遗失和泄密。

第七条 城乡居保业务档案分类应当按照城乡居保业务经办的规律和特点，以方便归档整理和检索利用为原则，采用"年度—业务环节"的方法对城乡居保业务材料进行分类整理。

第八条 城乡居保经办机构应按照《达州市城乡居民社会养老保险业务档案分类、归档范围与保管期限表》（见附件），准确划分归档范围，及时收集分散在各岗位人员手中已办结的各种形式和载体的文件材料、业务资料、财务和统计报表、凭证等，确保归档材料的完整、安全。

第九条 文件材料收集要保持彼此之间的相互联系，保证衔接有序、内容完整、真实有效以及电子文件的正常读取。每份材料应当按照主表在前、附件在后，审核结果在前、审核依据在后，重要凭证在前、次要凭证在后的原则排序，做到数量准确，字迹、印章清晰，正文、附件、正本、副本齐全。

第十条 城乡居保业务档案以卷为单位进行整理。

按照"管理类、征缴类、待遇类、统计报表类、稽核监管类"分类整理，根据每类文件的保管价值、所反映的业务环节、记载信息的类型等组卷。

第十一条 各类归档文件材料中属于城乡居保业务档案的材料按照《达州市城乡居民社会养老保险业务档案分类、归档范围与保管期限表》确定保管期限；基金管理类的材料依照《会计档案管理办法》确定保管期限；涉及电子类的材料依照《电子公文归档管理暂行办法》确定保管期限；其他文件材料依照国家档案局关于《机关文件材料归档范围和文书档案保管期限的规定》确定保管期限。

第十二条 案卷的排列，以全宗为单位，按不同保管期限、不同年度、不同业务类别排列。排列方法要统一，保持相对固定，不可随意改动。按照案卷的排列顺序编制案卷号，以固定案卷位置。

不同保管期限、不同年度、不同险种、不同类别的文件材料应当归入不同案卷，不得混合组卷。

第十三条 城乡居保业务档案的保管期限分为永久和定期两类。定期保管期限分为100年、50年、30年，保管期限代码分别标识为：Y（永久）、H（100年）、C（50年）、Z（30年），具体保管期限按照《达州市城乡居保社会保险业务档案分类、归档范围与保管期限表》执行。城乡居保业务档案的保管期限，自形成之日的次年1月1日开始计算。

档案类别代码分别标识为：gl（城乡居民社会养老保险管理类）、zj（城乡居民社会养老保险基金征缴类）、yl（城乡居民社会养老保险待遇类）、tj（城乡居民社会养老保险业务统计报表类）、jh（城乡居民社会养老保险稽核监管类）。

第十四条 档号的编制，采用"全宗号—年度—目录号—案卷号"的结构形式。

全宗号由各级国家综合档案馆编制，各级城乡居保经办机构填写。

年度编制四位阿拉伯数字。

目录号为保管期限代码+业务类别代码。

案卷号在同一目录号下分年度从1拉通编制。

以保管期限为100年的管理类为例：

管理类：全宗号—2000（年度）—Hgl（目录号）—1……N（案卷号）

全宗号—2001（年度）—Hgl（目录号）—1……N（案卷号）

全宗号—2002（年度）—Hgl（目录号）—1……N（案卷号）

…………

第十五条 归档文件材料装订前应当进行修整。去除金属物，修裱破损或纸张幅面过小影响装订的文件，超大幅面（超过A4）纸张折叠成A4纸张大小，不耐久字迹材料和热敏材料作复印处理。

装订均按"三孔一线"。装订时应按照正本在前，定稿在后；正文在前，附件在后；原件在前，复制件在后；转发文在前，被转发文在后；复文在前，来文在后；凭证在前，单据在后；经办机构的材料在前，参保者提供的材料在后；结论性材料在前，证据性材料在后的顺序排列。

第十六条 整理后的案卷，按照附件式样填写案卷封面（图＜一＞）、案卷背脊（图＜二＞）、卷内文件目录（图＜三＞）、卷内备考表（图＜四＞）、案卷目录（图＜五＞）、案卷目录封面（图＜六＞）。

案卷背脊（图＜二＞）应在对应内容下加盖文字，且与上下和左右处于居中位置。字迹应整齐美观，无污迹。

卷内文件目录（图＜三＞）中本条内容属于个人信息的，"文号"一栏填写当事人身份证号码。

第十七条 整理后的文件材料，经城乡居保业务档案管理人员检查，符合质量要求的及时移交档案室，并严格履行签字手续；不符合质量要求的，退回文件材料形成部门或经办人员整改，合格后方可移交归档。

第十八条 城乡居保业务档案管理人员应当认真检查归档文件整理质量，在同一目录号下按照案卷号排序，以从左至右、从上至下的顺序将案卷上架定位，并在柜架上标明档案类别、保管期限、目录号、起止年度、起止案卷号等。

第十九条 各级城乡居保经办机构应当建立计算机检索目录，并分别按照卷或件标准式样打印卷内文件目录、案卷目录、全引目录、备考表等。可根据工作需要，编制其他检索工具，建立居保业务档案检索工具体系，便于查找和利用。

第二十条 各级城乡居保经办机构应按国家有关规定配置专用档案库房。档案库房应当具备防火、防盗、防有害生物、防有害气体的条件和设施，严禁在库房周围存放易燃易爆物品。

光盘、移动硬盘等特殊载体档案应当采取防磁等特殊保护措施。对破损、虫蛀、变质的档案，应当及时进行修补、复制或作其他技术处理。

第二十一条 城乡居保经办机构依法为参保个人提供档案信息查询服务。

第二十二条 城乡居保经办机构应当对已到保管期限的城乡居保业务档案按有关规定进行鉴定。鉴定工作应由城乡居保经办机构相关负责人、业务人员和档案管理人员，以及人力资源社会保障行政部门有关人员组成的鉴定小组负责进行，并提出处理意见。需要继续保存的，应当重新确定保管期限；无保存价值的应按规定销毁。经鉴定后确需销毁的档案，应按规定清点核对，编制销毁清册，经城乡居保经办机构主要负责人批准并报同级人力资源社会保障行政部门备案后，由鉴定小组两名以上人员送指定销毁点销毁。监销手续和销毁清册永久保存。

第二十三条 保管期限为永久的城乡居保业务档案应按照有关规定向同级国家综合档案馆移交。除永久保管期限以外的城乡居保业务档案原则上由县级以上城乡居保经办机构集中保存，也可以根据实际情况，经同级档案行政管理部门同意后向同级国家综合档案馆移交。

第二十四条 在城乡居保档案工作中做出突出成绩的单位和个人，由市档案局和市城乡居民社会养老保险局予以通报表彰。

第二十五条 城乡居保经办机构有下列行为之一的，限期改正，并对直接负责的工作人员、主管人员和其他直接责任人员依法给予处分；给参保者个人造成损失的，依法承担赔偿责任：

（一）不按规定归档或者不按规定移交档案的；

（二）伪造、篡改、隐匿档案或者擅自销毁档案的；

（三）玩忽职守，造成档案遗失、毁损的；

（四）违规提供、抄录档案，泄漏个人信息的；

（五）其它违反《档案法》和国家有关档案法律、法规的行为。

第二十六条 城乡居保业务中涉及会计、电子文档等档案材料，国家有特别规定的，从其规定。

第二十七条 本规定自2015年5月1日起施行。

达州市档案局　　达州市城乡居民社会养老保险局
2015年4月29日

达州市档案资料征集管理办法

(经市政府同意，2017年11月25日，市政府办公室印发)

第一章 总 则

第一条 为加强对散存、散失档案资料的征集管理，防止档案资料的损毁和流失，有效保护和利用档案资源，更好为经济建设和社会发展服务，根据《中华人民共和国档案法》《中华人民共和国档案法实施办法》《四川省〈中华人民共和国档案法〉实施办法》《四川省国家档案馆管理办法》等有关规定，结合我市实际，制定本办法。

第二条 本办法所称征集，是指本市各级综合档案馆（以下简称"档案馆"）依照法律、法规和本办法规定，将散存、散失的具有保存价值的档案收集进入档案馆的活动。

第三条 市档案行政管理部门负责全市档案资料征集工作的监督和管理。各县（市、区）档案行政主管部门依照职责权限，负责本辖区内档案资料征集工作的监督和管理。

第四条 档案资料征集所需经费由同级财政解决。

第五条 公民、法人及其他组织都有义务保护档案资料、支持配合档案资料征集工作。

第二章 征集范围及方式

第六条 档案资料征集范围主要是具有永久保存价值的散存在各组织或个人手中的珍贵档案，其范围如下：

（一）反映达州革命历史时期的文件、手稿、信札、标语、票证、回忆录、革命历史文物等；

（二）达州籍或在达州工作、学习、生活过的党和国家领导人、历史名人、知名人物在达州活动时期形成的讲话稿、题词、自传、日记、照片、录音（像）、信札、著作、碑文、画卷、史稿、个人收藏及使用过的实物等；

（三）反映达州历史文化情况的城乡建设、重要活动、重要事件、重点工程项目、城市变迁、知名企业、老字号形成的文件、布告、图纸、照片、影像、报纸、宣传册、旗帜、牌匾、证章等各种载体档案资料；

（四）达州地区各个历史时期的报纸、刊物、著作、契约、票证、钱币等各种载体的档案资料；

（五）反映达州人民生活、风俗民情、地方掌故、民族宗教、非物质文化遗产、风景名胜等方面的照片、影像、图书、画册、手稿、信札、商标、广告、家谱、证章、地图、字画、工具、实物、工艺品等各种载体档案资料；

（六）文革时期群众组织的档案资料，包括各种小报、照片、漫画、像章、邮票、连环画、火花、陶瓷、搪瓷、宣传画、票证、粮票、下乡知青等档案资料；

（七）其他具有永久保存价值的档案资料。

第七条 档案资料可以按照以下方式征集：

（一）接受移交：征集范围内的档案资料，属于国家所有的，持有档案资料的单位或者个人应按照有关法律、法规规定向同级国家综合档案馆无偿移交；

（二）接受捐赠：对国家和社会具有重要保存价值，非国家所有的档案资料，鼓励所有人主动捐赠；

（三）接受寄存或代管：对于比较珍贵的档案资料，所有者不愿意捐赠、出售的，但由于其保管条件差，愿意寄存的，档案资料所有者与档案馆双方协商，签订协议，档案馆提供寄存或者代管服务，其档案资料所有权不变；

（四）征购：对于确实具有较大社会保存价值但属个人所有的档案资料，所有者愿意出售的，视档案资料具体价值，经过双方协商，进行有偿征购；

（五）复制原件：对于特别珍贵的档案资料孤本，所有者不愿意捐赠、出售、寄存的，可采取对原件仿真复制的方式进行征集；

（六）其他合法征集方式。

第三章 征集程序

第八条 征集人员借助网络等各类媒体和其他方式，搜集征集线索，与征集对象建立联系并跟踪关注，向征集对象详细说明各项规定和其享有的权利，做到依法依规征集。

第九条 为确保征集档案资料的真实性、完整性，准确判定其价值，严格馆藏准入制度，档案资料征集应当建立专家评审机制，成立档案资料鉴定委员会，对拟征集的档案资料进行鉴定。档案资料鉴定委员会由本级档案行政管理部门聘请具有相关知识的专家组成。鉴定、评估档案资料工作应当由3名以上相关专家共同进行。根据所鉴定的档案资料的形成年代、数量、原始性、特殊性、完整性来综合分析拟征集档案资料的史料价值和收藏价值，在确认所鉴定档案资料符合进馆标准后，根据其价值划定管理等级（分一、二、三级），并提出科学管理与保护的意见。

第十条 在征集过程中，对档案资料的真伪或价值有异议的，档案馆或档案资料持有者可以提请档案资料鉴定委员会鉴定、评估。拟征购的档案资料，必须经档案资料鉴定委员会鉴定、评估，并依据评估结果协商确定征购价格。

第十一条 档案馆在征集档案资料时，应当有二人以上征集人员共同进行，并主动出示表明身份等证明文书，供档案资料所有人核实。

第十二条 在办理交接手续时，档案馆应详细记录档案资料的数量和内容，向征集对象出具目录清单。征集双方应当签订征集协议，明确双方权利和义务，对档案资料的所有权和处置权做出明确认定。寄存或代管的档案资料应当明确寄存或代管期限，以及期满后档案资料的处置方式。

第十三条 对捐赠进馆的档案资料，档案馆应当向捐赠人颁发捐赠证书，并可根据捐赠档案资料的价值和数量对捐赠人给予一定的物质奖励。

第十四条 经鉴定属于二级以上管理的档案资料，档案馆可以举行捐赠仪式。

第四章 保管和利用

第十五条 征集进馆的档案资料应按照档案整理办法，科学分类、规范整理、妥善保管。

第十六条 征集进馆的档案资料实行集中统一管理，应当有专人专库或专柜保管，档案库房严格按照档案管理"八防"要求进行管理，确保档案安全。特殊材质的档案资料应做好必要的技术处理并配备合理的保护装具，以确保档案资料安全完好。

第十七条 征集进馆档案资料的利用：

（一）利用档案必须严格履行借阅登记手续；

（二）因举办展览等确实需要使用档案原件的，须办理借用审批手续；

（三）珍贵的档案资料不提供原件，可提供复制件或照片。

（四）捐赠者对捐赠的档案资料享有优先利用权，可无偿使用；捐赠者对捐赠的档案资料提出限制使用条件的，档案馆应当设定该档案资料限制使用条件；

（五）对于寄存的档案资料，档案馆应当根据寄存协议提供优质安全保管服务，并严格保护寄存者的隐私权，除国家法律法规另有规定外，一般只提供寄存者自身利用，其他组织或个人需利用的，应当征得寄存者同意。

第五章 奖励和处罚

第十八条 非国家所有的反映本地区历史和地方特色的珍贵档案资料，鼓励档案资料所有人向档案馆捐赠；档案馆接受捐赠的，市、县级人民政府或者档案行政主管部门应当给予奖励，并颁发荣誉证书。

第十九条 对在档案资料的征集、整理、保护和提供利用等方面作出特殊贡献的单位和个人，市、县级人民政府或者档案行政主管部门应当给予奖励。

第二十条 档案资料征集人员将征集的档案资料据为己有的，由档案行政主管部门责令其移交档案馆，并依法给予行政处分；造成损失的，依法赔偿损失；涉嫌犯罪的，移送司法机关依法处理。

第六章 附 则

第二十一条 本办法自2017年12月1日起施行。有效期五年。在有效期内，法律、法规、规章或上级规范性文件另有规定的，或已按程序对本办法作出废止、修改决定的，从其规定或决定。

达州市档案局 达州市扶贫和移民工作局关于切实做好脱贫攻坚档案工作的通知

达市档发〔2017〕19号

各县（市、区）档案局、扶贫和移民工作局：

为认真贯彻落实省档案局、省扶贫和移民工作局《关于进一步规范脱贫攻坚档案工作的意见》（川档发〔2017〕1号）文件要求，结合达州市脱贫攻坚领导小组办公室、达州市档案局《关于转发〈四川省脱贫攻坚领导小组办公室、四川省档案局关于进一步加强精准扶贫档案工作的意见〉的通知》（达市脱贫办发〔2016〕24号）具体要求，现就切实做好全市脱贫攻坚档案工作及相关要求通知如下。

一、提高认识，进一步增强做好脱贫攻坚档案工作的责任感

各地各部门要高度重视，进一步完善脱贫攻坚档案工作体制，建立健全党委政府统一领导、扶贫部门组织协调、档案部门监督指导、相关单位各负其责的脱贫攻坚档案工作机制；将脱贫攻坚档案工作纳入脱贫攻坚整体工作部署，落实脱贫攻坚档案工作的责任主体，协调脱贫攻坚工作时，根据需要吸收档案行政管理部门参加。同时，各级各部门要按照档案管理的要求，积极增加经费投入，不断改善脱贫攻坚档案管理的基础条件，提升脱贫攻坚档案科学管理水平。在改善硬件管理条件的同时，要推进档案管理的现代化、信息化，实现脱贫攻坚档案目录及全文数字化管理。各地各单位务必高度重视脱贫攻坚档案工作，以高度的责任感做好脱贫攻坚档案，充分发挥档案工作在推进脱贫攻坚中的积极作用，全面真实记录我市脱贫攻坚重大历程，更好地为脱贫攻坚工作服务。

二、严格建档，进一步增强做好脱贫攻坚档案工作的规范化

（一）加大收集力度。各级各部门要重视脱贫攻坚文件资料的收集工作，把与脱贫攻坚密切相关的各类文件材料收集齐全完整，不遗漏、不流失。扶贫部门要收集本单位所有脱贫攻坚文件资料，各相关专业主管部门、企事业单位和社会组织要收集本单位涉及脱贫攻坚工作的有关文件材料，有扶贫任务的行政村要收集本村脱贫攻坚过程中产生的各类文件资料，特别是精准识别精准脱贫材料。

（二）规范归档整理。各级各部门要结合实际，严格档案规范和标准，按照《精准扶贫档案管理办法》（档发〔2016〕13号）和《四川省精准扶贫档案管理办法》（川脱贫办发〔2016〕31号）要求，把好规范整理关，确保案卷质量。各级扶贫部门要区分脱贫攻坚文书材料和业务材料，分别归入文书档案和专业档案，并移交本单位档案部门管理；其他各相关单位可以根据实际情况将涉及脱贫攻坚工作文件材料纳入本单位档案统一管理；档案行政管理部门要加强指导，促进脱贫攻坚档案统一规范。

（三）确保信息安全。各级各部门要严格执行脱贫攻坚档案安全保密管理制度，严防把涉密档案传输到非涉密网络上；对存有涉密档案、重要档案的移动存储介质进行检验和认证，确保性能安全、稳定、可用；加强对全国扶贫开发信息系统和我省脱贫攻坚"六有"大数据平台形成电子数据的安全保密管理，严防信息在传输过程中失泄密；建立健全脱贫攻坚档案信息公开发布保密审查机制，严格档案信息公开保密审查，确保公开的档案信息不涉及国家秘密、商业秘密和个人隐私。

（四）重视开发利用。各级扶贫部门要统筹协调，各级档案行政管理部门要充分发挥职能作用，主动与相关专业主管部门协商沟通，及时制定相关政策，努力推动脱贫攻坚档案信息资源共享。一方面建立完善档案利用制度，采用现代化信息手段，加快脱贫攻坚档案的数字化进程，充分利用档案数字化成果，使档案公共服务惠及广大群众。另一方面，根据脱贫攻坚工作需要，通过档案汇编、专题研究、历史大事记等多种形式开展档案信息编研。

三、强化领导，进一步增强做好脱贫攻坚档案工作的时效性

（一）加强组织领导。各级各部门要加强对脱贫攻坚档案工作的组织领导，把脱贫攻坚档案管理作为重要工作来抓，建立健全组织机构，明确任务、落实责任，科学制定档案工作责任制和考核机制，加强档案队伍建设，为做好脱贫攻坚档案管理工作提供组织保障。

（二）搞好协调配合。各级扶贫部门和档案行政管理部门要通力合作，紧密配合，协同推进脱贫攻坚档案工作，逐步完善工作机制和制度办法，不断提升脱贫攻坚档案的管理水平。各相关单位要积极支持，主动作为，推动档案管理更好地为脱贫攻坚服务。

（三）强化监督指导。各级档案行政管理部门要会同同级扶贫部门，加强对脱贫攻坚档案工作的监督指导。要把脱贫攻坚档案管理纳入各相关单位扶贫工作评估内容，重点检查脱贫攻坚档案完整收集、安全保管和有效利用情况。要落实脱贫攻坚档案监管责任，对重点脱贫攻坚档案明确落实监管责任主体，要求各主管部门切实加强管理。要加大执法检查力度，定期开展脱贫攻坚档案管理专项检查。

达州市档案局　　达州市扶贫和移民工作局
2017年3月16日

以实干为荣 以实干为责

——四川省达州档案局以创新突破促工作全面提升

达州，地处四川东部，辖4县2区1市，是四川的资源富市、工业重镇、交通枢纽和革命老区，享有"巴人故里""中国气都"之称，至今已有1 900多年的历史。达州，也是川陕革命根据地的重要组成部分，徐向前、李先念等老一辈无产阶级革命家曾在这里生活和战斗，孕育了张爱萍、陈伯钧、向守志等50多位共和国将军。达州档案事业在这种氛围中得到发展壮大，全市档案人苦干实干，大力发扬爱岗敬业、求真务实的创业精神，突破困境，换来了档案事业前所未有的新发展、新突破。2015年12月，达州市档案局馆被国家档案局和人社部授予"全国档案系统先进集体"荣誉称号。

重能力、强管理，着力打造干事创业和谐团队

近年来，达州市档案局馆以争创"四好"班子为主导，以争创"六型"机关为纽带，狠抓干部职工思想政治建设、作风建设、组织纪律建设和廉政建设，努力打造品行好、能力强、素质高、团结和谐的一流档案干部队伍。局党组一班人始终坚持"在实干中添活力、在创新中求发展"的工作思路，主动作为，率先垂范，破除制约档案事业发展的"瓶颈"，彻底改变"守住摊子，不出乱子"的保守理念，一步一个脚印，在现有基础上实现了档案事业的新发展。

建立完善了机关工作的各项规章制度，规范了职责范围和决策程序，努力形成了用制度管人、用制度管事的良好氛围，为健康有序发展找准路径；狠抓规范管理，严格考核，认真履行岗位职责，激发干部职工在实干中得到成长和收获，在奖励中凸显先进和典型，在惩罚中彰显公平和力度，不断营造机关新风尚；为激发全局馆干部职工干事创业的活力，要求全体干部职工从思想上、观念上解放更新，从作风上、能力上转变提升，从行动上、服务上主动优化，引导大家树立爱拼才会赢、有为才有位的发展理念，树立敢想、敢为、敢打拼，我能、我行、我成功的强势信心；采取人尽其才的办法，优化科室人员配置，明确任务，责任到人，两年来，通过遴选共考调4人，挂职下派锻炼1人，走上领导岗位2人，1人考上研究生，为全局馆各项工作发展注入了强劲动力。

重特色、扬优势，稳步推进基础业务建设

"十二五"期间，达州市紧紧抓住国家支持中西部地区县级综合档案馆建设的契机，抓好档案阵地建设，构筑档案服务平台，努力推进档案事业科学发展。截至目前，全市共有6个档案馆相继开工建设，已建成投入使用2个档案馆，正在建的4个档案馆。其中，占地面积8.7亩、投资6 500万元、总建筑面积1.26万平方米的达州市档案馆新馆已完成主体工程建设，现正在进行室内外的装饰工作，预计今年10月投入使用。

近年来，市档案局馆以推动档案基础业务建设为重点，不断适应新形势、新任务、新要求。强化档案基础业务的监督指导，努力服务全市机关、企事业单位档案工作，一

方面不断提高档案业务人员的素质，加强培训教育、交流学习，另一方面注重业务人员吃苦耐劳、敬业奉献的精神培养，念好勤动脑、勤动手、勤动腿"三字诀"；加大档案接收征集力度，不仅注重日常档案进馆渠道的接收工作，同时注重涉及民生、重大活动等新领域，以及地方特色档案资料的接收进馆，每年以市委办、市政府办的名义下发《档案接收征集工作计划》，适时督查通报，召开推进会，将档案移交进馆工作纳入目标考核，使馆藏档案数量从3年前的165个全宗9.8万卷4万件发展到如今的238个全宗17.3万卷23万件，资料1.6万余册，打破了市档案馆近10年来未接收档案资料进馆的局面；随着档案资源体系建设的纵深发展，市档案馆档案查阅利用不断创历史新高，据统计，近3年来，档案馆接待查档者已突破3万人次，提调档案5.6万余卷次，复印5.2万页；为加快档案信息化建设，2014年投资209万元完成数字档案馆运行平台设备设施搭建，2015年又投入70万元完成150万页档案的全文数字化工作，同时主动融入"达州智慧城市"建设，运用"互联网＋"等现代信息手段，着力加强智慧档案馆建设。

重法治、优环境，档案法治建设有了新起色

近年来，市档案局始终坚持依法行政、依法治档，认真贯彻落实档案法律法规，依法开展档案工作，以档案行政监督检查为手段，以服务档案管理为目的，建立健全了档案法制机构和执法队伍，不断完善执法责任监督机制，规范执法行为，认真查处档案违法事件，深入推进了全市依法治档工作，优化了档案事业法制环境。

首先，市档案局积极争取市法制办、市司法局等部门的支持，每年开展1次至2次常规性的档案执法检查，并有针对性地开展专项执法检查，如对重大建设项目档案工作、档案馆（室）安全保密等进行执法检查。2013年，市人大常委会带领执法检查组对通川区、达川区、万源市等地贯彻实施《档案法》的情况开展了综合执法检查，这是自《中华人民共和国档案法》颁布以来，达州市第一次以市人大常委会名义开展的执法检查，范围之广、影响之大、效果之好前所未有。

其次，创新机关学法活动，市档案局定期组织开展法律法规学习活动，邀请法律专家学者授课，与有关部门进行法律法规业务交流讨论，组织档案执法干部学习典型案例。通过法律知识培训，极大地增强了档案执法干部的法律意识。

此外，市档案局切实加大了对各类档案违法违纪案件的查办力度，对严重违反《档案管理违法违纪行为处分规定》的违法违纪案件一查到底，对维护政策和档案管理秩序，教育广大群众正确利用档案，起到了十分重要的作用。

重宣传、塑形象，档案宣传教育形式推陈出新

做好宣传工作，重视是前提，方式是关键。近年来，市档案局馆因地制宜，不仅注重报纸杂志、简报信息、展览等传统模式的宣传报道，同时注重加大网络、微博、微信等新兴媒体对档案和档案工作的宣传引导，同时，充分利用纪念日、法制宣传日进行街头宣传，开展送档案"六进"活动，举办全市档案学术交流会，不断拓展宣传领域和范围。在宣传内容上，既注重档案法律法规的宣传教育，又结合档案工作实际宣传档案基础业务知识，让更多的群众了解档案和档案工作，努力营造社会档案意识，提升档案的社会认知度与认同感。

据统计，3年来，市档案局馆共制作电视专题节目5期，其中《解密档案》1期、纪念中国人民抗日战争暨世界反法西斯战争胜利70周年专题片2期；举行大型的法制宣传6次；制作展板48块；悬挂标语12幅；印发宣传资料1.2万份；送档"六进"活动8次；在各级报纸杂志上发表交流文章、信息180篇；深入单位指导2 300人次。

此外，达州档案人在深化档案文化建设方面，立足自身优势，注重地方档案资源的开发利用，努力把档案资源转化为各种形式的文化产品，不断提高档案工作社会影响力，走出了一条具有达州特色的编研之路，让档案文化成为达州文化的亮点。3年来，先后公开出版发行了《达州"元九登高"文化的多维视域》《达州记忆——民俗篇》《达州记忆——城市篇》等书籍，以及《达州市档案馆指南》《融入与服务》《达州珍档》等10余种内部出版物，其中一些编研作品还被国家图书馆收藏。

面对新形势新任务新要求，达州档案工作任重而道远，只要"不驰于空想，不骛于虚声，而唯以求真的态度做踏实的功夫"，以实干为荣、以实干为责，大力弘扬实干精神，就一定能够创造出更加美好的未来。

——原载于《中国档案报》2016年9月5日 第一版

安安静静做事情 默默无闻自芬芳
——记四川省宣汉县档案局馆务股股长安定芳

《中国档案报》记者 秦海庆 特约记者 高 勇

"是什么力量让您在档案这个普通的工作岗位上默默无闻、无怨无悔地坚守了30年？"

"热爱，只有热爱这份工作，你才能把它当成事业来做，才有十足的劲头为之奋斗，再苦再累也会觉得很值得。"

"在这30年的档案工作中，对您来说什么是最幸福的事？"

"为那些着急上火的查档利用者解决了问题，看到他们笑容满面地离开，这就是我最幸福的事了。"

"听说您马上就要退休了，您对退休后的生活有什么计划安排吗？"

"可能先去医院吧，这些年来身上积下了很多职业病，老伴儿和孩子催了我好多次，让我去治疗一下，退休了就有时间还这个账了……"当"老安"平静而略带幽默地这样说出自己退休后的打算时，记者的心还是为之一震。

"老安"就是安定芳，四川省达州市宣汉县档案局馆务股股长。"在我们宣汉县档案局馆，老安可以说是一个灵魂性的人物，他虽然只是每天安安静静地在做事，但大家看到他就觉得心里踏实，他身上的那种坚守、平静、认真、负责是我们大家一直追求和学习的，他就是我们身边最好的榜样……"县档案局馆副局馆长向党权向记者这样介绍安定芳。

为民服务，他始终真心实意

"档案工作最终还是要落实到服务社会、服务百姓上，把老百姓的事当成自己的事来办，就没有什么办不好的事。30年来，我始终坚持这一条原则，就是把查档利用者视为亲人，用我最大的热情去帮助他们解决实际困难。"安定芳向记者平静地说道。

宣汉县档案局馆长张庆国接着说道："老安是我们局馆里的'一宝'，他对档案馆馆藏的熟悉程度让人惊讶，档案有多少全宗，多少单位，起止年代，档案数量，哪份档案放在哪个位置，他都一清二楚，业务这么熟，又加之他对档案工作极为热爱和投入，所以，从我们建馆到现在，没出现过一起被投诉的事件，这都与老安认真细致地工作是分不开的。"

在30年的档案工作中，有太多的经历让安定芳难以忘怀。"2009年7月的一天，中午12点左右，就在我准备下班时，重庆市重型机械厂的人事科长张新民到档案馆来查阅该厂17个人的知青、招工档案，我二话没说就为他查了起来，由于人员多、插队的地方分散，时间也久远，所以查找起来十分困难。当时正值盛夏，天气异常炎热，我一个人在库房里花了近4个小时才找齐了他要的所有档案，把张新民送走后，才发觉自己还没吃中午饭呢。"

在宣汉县档局馆，对于安定芳为民服务、无私奉献的事情，同事们谁都能讲出几个来。县档案局馆副局馆长杨永清回忆说："前年3月份的一天，一位王先生因为他弟弟在广州打工时受了伤，要到馆里查阅相关赔偿文件，可当时正值星期六，而王先生也着急赶回广州，时间很紧张，当老安接到值班室电话后，二话没说就赶到单位查找相关文件和资料，并详细向王先生介绍了理赔的相关程序和注意事项，最终王某一行成功争得了20余万元赔偿。后来其弟专程给老安送来5 000元表示感谢，被老安婉言谢绝了。老安这么多年来，从来不分节假日和周末，从无怨言，这也正是我们向他学习的地方。"

据统计，从参加工作到现在，安定芳先后接待群众7万多人次，提供档案22万多卷，为群众解决各类难题9 000多件。特别是2008年12月，为落实知青政策这一项工作，他一个月就接待了1 000多人，提供档案1 560多卷，那一个月，安定芳"掉"了6斤肉。

为了档案，他始终坚持原则

在宣汉县档案局馆工作的同事都知道安定芳是个办事极其认真负责的人，他的认真劲儿是出了名的。

"2004年，我们县档案馆在第二次新建过程中，老安当时吃住在工地，主要负责质量监督，工程一直进行得很顺利，但在10月底工程建设进入收官阶段时，老安发现施工方铺设的瓷砖与设计的标准不符，当时他就和人家红了脸，要求对方重新按要求施工，对方软磨硬泡求他'放一马'，但老安却始终不松口，坚持原则，让对方按标准进行了整改，保证了库房的建设质量。"宣汉县档案局馆纪检组长周相兰回忆说。

安定芳对记者说："在2008年办理知青档案的那两个月里，每天都是人山人海，我先后为1000多人办理了相关手续。记得有名姓张的女士当时特别急躁，因为没能及时找到她的相关档案就骂骂咧咧，我深知查档者的心理，所以一直认真帮她找到晚上11点左右才找到，当时她就流着泪向我道歉，并拿出几百元钱向我表示感谢，我严词拒绝了。在这些年的工作当中，有很多人找关系、托门子、送钱来修改档案，但我始终记着自己的工作职责，档案工作在我心里是神圣不可侵犯的，因为每份档案都是最真实的记录，绝对不能随意更改，这也正是我们档案工作重要意义所在，这是一条最基本的底线。我参加档案工作30年来，类似的情况还有很多。"

安定芳就是这样，在档案工作中始终坚

守着自己的原则，无论是做人的原则，还是做事的原则。

为了事业，他始终无怨无悔

人常说："无巧不成书。"安定芳在30年的档案工作中遇到了不只一次让他艰难抉择的事，这些事，一直在他心里深深埋藏着。

"1989年，我们县档案局的库房第一次搬迁，共7万多卷档案和2万多册资料，当时人员少，我对库房情况比较熟悉，我每天带着几个搬运工具体负责档案的搬迁。这次搬迁工作一直是我具体负责，我想如果丢失一份档案，那后果不堪设想。可就在这时，我接到母亲病危的消息，下班后，我坐了5个小时的车到乡下看望了已处于昏迷状态的母亲后，又连夜返回县城，局馆领导知道后，让我回家处理事情，可我知道当时档案搬迁工作很紧迫，一刻也停不得。第二天晚上11点多，我接到了母亲去世的消息。于是，我含泪给哥哥磕了个头，让他代我尽孝。当我站在母亲的坟前时，已经是6个月后。"

"2005年，不知是天意还是巧合，我又面临了一次无奈的抉择。我唯一的亲哥哥得了肺癌，要人陪同到重庆做手术，而此时我正在组织档案馆库房的第二次搬迁，档案数量多达15万卷，并且工作已进入攻坚阶段，我握着哥哥的手向他讲明了情况，最终也没能陪他一起去治疗，没想到那是我最后一次握哥哥的手……"说到这里，安定芳的泪水夺眶而出。

从2006年起，宣汉县档案馆按照上级档案部门安排，开始了对2.5万多卷馆藏国家重点档案的抢救工作。馆务股的张文茜对记者说："老安每天都和我们年轻人一样对档案进行鉴定、编码、溜口、补洞、接边、裱糊、装订，而且每天坚持早来晚走，这些年来从未间断，目前，他个人就完成了3000多卷，比全馆平均抢救速度快了近30%。由于破损档案对身体影响很大，去年体检时，他被查出了多种慢性职业病，领导让他休息，他总说等到重点档案抢救完了再说吧。"说到这，小张有些哽咽。

"工作嘛，趁自己能干的时候多干点，退休了想干还干不成了。我最欣慰的就是在30年的工作当中，档案在我手里没丢一片纸，没缺过一个角，也为老百姓解决了很多问题，我无怨无悔啦！"安定芳最后向记者这样说。

达州市档案局馆长张强说："他把档案工作当作事业在追求，档案就是他的'心头肉'，他在我们的心里早已成了'最美'的人，这种美是心灵上的，更是精神上的。"愿老安的"美"能够传承下去，让兰台上有更多这样的"最美"档案人！

——原载于《中国档案报》2014年3月14日 总第2582期 第一版